FRÜHE VILLEN
UND LANDHÄUSER
AM
STARNBERGER SEE

Zur Erinnerung
an eine Kulturlandschaft

GERHARD SCHOBER

Frühe Villen und Landhäuser am Starnberger See

Zur Erinnerung
an eine Kulturlandschaft

OREOS VERLAG

Die Deutsche Bibliothek - CIP-Einheitsaufnahme

Frühe Villen und Landhäuser am Starnberger See : zur Erinnerung an eine Kulturlandschaft / Gerhard Schober. - Waakirchen-Schaftlach : Oreos 1998
ISBN 3-923657-53-6

© 1998 OREOS Verlag GmbH, 83666 Waakirchen-Schaftlach
Layout: Walter Lachenmann und Gerhard Schober
Lektorat: Klaus W. Koop, München
Reproduktionen: Eurolitho S.A., Tarzo (TV), Italien
Druck: Aumüller Druck KG, Regensburg
Einband: Ludwig Auer GmbH, Donauwörth
Printed in Germany   ISBN 3-923657-53-6

Inhalt

Dank 6

Vorwort 7

Der Starnberger See und seine Entwicklung zur
Villenlandschaft 8

Starnberg 32
   Söcking 101
   Percha 112

Pöcking 120
   Niederpöcking 143
   Possenhofen 174

Feldafing 192
   Roseninsel 240

Tutzing 256

Berg 310
   Kempfenhausen 311
   Berg 334
   Leoni 343
   Allmannshausen und Maxhöhe 366

Münsing 385
   Ammerland 385
   Seeheim 408
   Ambach 411

Seeshaupt 446

Bernried 460

Übersichtskarte 468

Anhang
   Anmerkungen zu:
   Der Starnberger See und seine Entwicklung zur
   Villenlandschaft 469
   Starnberg 471
   Pöcking 481
   Feldafing 486
   Tutzing 496
   Berg 504
   Münsing 514
   Seeshaupt 520
   Bernried 521

Literaturverzeichnis 529
Abbildungsnachweis 532
Register 533

Dank

Autor und Verlag sind nachfolgend genannten Personen und Institutionen zu ganz besonderem Dank verpflichtet. Ohne ihre großzügige Unterstützung hätte dieses Buch weder seinem Umfang nach, noch in dieser reichhaltigen Ausstattung realisiert werden können. Vor allem war nur durch die gewährten Spenden ein Verkaufspreis zu erreichen, der es jedem interessierten Bürger ermöglicht, das Buch zu erwerben.

Landkreis Starnberg
Landkreis Bad Tölz-Wolfratshausen
Bezirk Oberbayern
Gemeinde Berg
Gemeinde Bernried
Gemeinde Feldafing
Gemeinde Pöcking
Gemeinde Seeshaupt
Gemeinde Tutzing
Stadt Starnberg
Bayerische Landesstiftung, München
Bayerische Hypotheken- und Wechsel-Bank
Bayerische Vereinsbank
Kreissparkasse Wolfratshausen
Vereinigte Sparkassen Starnberg
Franziska-Günther-Stiftung, München
Schutzverband für das Ostufer des Starnberger Sees, Ambach

Marianne Breiter, Berg
Francine von Finck, München
Prof. Dr. Erwin Hipp, Berg
Dr. Georg Kofler, Pöcking
Senator Peter Lanz, Berg
Dr. Michael Roever, Feldafing
Regina von Schrenck-Notzing, Ammerland
Prof. Dr. Albrecht Struppler, Feldafing
Volker Zahm, Pöcking
sowie zwei großherzige Spender, die nicht genannt werden möchten.

Der Autor möchte sich auch ganz besonders bei allen Privatpersonen, Sammlern und Museen für bereitwillige Auskünfte und die Überlassung von historischem Bildmaterial bedanken. Besonders hervorgehoben seien hier die Herren Erich Bodemann (Tutzing), Jürgen Bannach (Berg), Roland Gröber (Leverkusen), Hubert Rank (Ammerland), Dr. Christoph Schwingenstein (München), Frau Dr. Walburga Scherbaum (Bernried), Regina Westenrieder (Starnberg) sowie Herr Antiquar Paul Heinemann (Starnberg) und die Galerien Schwarzmann (Starnberg) und Bayer (München).

Ganz besonderer Dank gebührt auch Regine Biebl und Albrecht Schober für das mühevolle und gewissenhafte Umzeichnen der oft zerschlissenen oder nicht mehr reprofähigen Originalbaupläne.

Vorwort

An den Ufern des Starnberger Sees hat sich im 19. Jahrhundert und im ersten Drittel des 20. Jahrhunderts ohne Zweifel eine der bedeutendsten Villenlandschaften Deutschlands entwickelt. Es entstand dabei nicht nur eine hochinteressante, farbige Kulturlandschaft von großer Breite, es wurde vor allem eine Reihe von bemerkenswerten Villen und Landhäusern gebaut, die zu den herausragenden architektonischen Leistungen der Zeit gezählt werden dürfen. Viele bedeutende Münchner Architekten, aber auch bekannte auswärtige Namen waren hier mit Entwürfen vertreten. Die Vielfalt der Villen ließ nicht nur die Entwicklung der Architektur sichtbar werden, sie war auch ein Spiegelbild der wirtschaftlichen wie der gesellschaftlichen Verhältnisse. Untrennbar mit der Entstehung der Landvillen verbunden war die Anlage von Garten- und Parkanlagen, die hier in nicht wenigen Fällen eine beachtliche Größe und fast immer eine heute kaum noch realisierbare gestalterische Qualität aufwiesen.

Während viele an Kunst und Geschichte Interessierte ihre Stadt oder die Schlösser und Kirchen ihres Landkreises recht gut kennen, wurde die Villenkultur am Starnberger See bisher in ihrer Vielfalt nur von wenigen bewußt wahrgenommen. Auch die Architekturforschung hat sich bis heute noch kaum systematisch mit diesem Kapitel unserer Kulturgeschichte befaßt. Freilich verhinderte schon der See, daß man sie als Ganzes überblicken konnte. Hinzu kommt, daß viele Villen heute von der Straße aus nicht oder nur unvollständig zu sehen sind, ihre Innenräume naturgemäß nur in den seltensten Fällen einmal besichtigt werden können. Die vorliegende Dokumentation möchte diesem Mangel etwas abhelfen. Sie möchte den unglaublichen Reichtum dieser Landschaft sichtbar machen, vor allem aber für den Erhalt des noch Vorhandenen werben. Leider wurde in den vergangenen Jahrzehnten das meiste schon stark entwertet. Sehr viele Häuser wurden umgebaut, unsensibel modernisiert oder bereits abgebrochen. Die meisten Garten- und Parkanlagen wurden in ihrer ursprünglichen Gestaltung aufgegeben oder gar zerstückelt und verbaut.

Dem Autor waren die Schwierigkeiten bei der Auswahl der Häuser bewußt. Bei einer Beschränkung auf die hochrangigen Objekte wäre sicher das ganze farbige Spektrum der Kulturlandschaft nicht hinreichend sichtbar geworden. Viele Häuser durften auch aus dem Zusammenhang der historischen Entwicklung unserer Uferorte nicht gelöst werden, ohne ihren Beitrag zur Typologie des Landhauses am Starnberger See zu unterschlagen und ohne die gesellschaftlichen und sozialen Verhältnisse völlig zu vernachlässigen. Die großen Häuser waren schließlich keine isolierte Erscheinung. Eine lückenlose Darstellung war dennoch weder angestrebt noch möglich, so daß man sicher das eine oder andere Haus mit Recht vermissen wird.

Unterbrunn, im Sommer 1998 *Gerhard Schober*

Der Starnberger See und seine Entwicklung zur Villenlandschaft

Die Landschaft des Starnberger Sees gehört ohne Zweifel zu den reizvollsten Gegenden des Alpenvorlandes. Schon im 15./16. Jahrhundert gehörte der See zu den beliebtesten Zielen der wohlhabenden Münchner Patrizier, die mit Vorliebe hier ihr Geld anlegten und ihre kleinen Herrensitze durch Zukäufe allmählich zu Hofmarken ausbauten. Starnberg, Possenhofen, Garatshausen, Tutzing, Rösselsberg, Ammerland, Allmannshausen, Berg und Kempfenhausen – wie ein Perlenkranz legten sich ihre Sitze am Ende des 16. Jahrhunderts um den See. Vielleicht war es bereits die schöne Landschaft, die sie hier herauslockte, vielleicht auch nur das Fahren mit den Gondeln, das fischreiche Wasser und das vergnügliche Jagen auf Enten und »Blassln« an den Ufern. Wir wissen ja nicht, wie man zu dieser Zeit die Seelandschaft und die Alpenkulisse erlebte. Es lag damals noch ausschließlich unverbaute, unverbrauchte Natur vor den Toren der Stadt, und wildreiche Wälder gab es in allen vier Himmelsrichtungen. Aber ein Landsitz am Starnberger See scheint doch auch damals schon etwas ganz Besonderes gewesen zu sein.

Der See war selbst im 17./18. Jahrhundert eines der bevorzugten Ziele bei Landausflügen des Münchner Hofes, und die berühmten Seefeste mit der kurfürstlichen Flotte gehörten zu den gesellschaftlichen Höhepunkten des Jahres. Man hatte bei diesen Gelegenheiten jedoch offenbar kein besonderes Auge für die Schönheiten der Landschaft, wenn man den verschiedenen Hofberichterstattern vertrauen darf, die zwar den Ablauf der Seefeste ausführlich schildern, mit keinem Wort jedoch auf die Landschaft eingehen.[1] Es heißt zwar einmal, das Fest finde »auf dem schönsten See der Welt« statt, auf Grund welcher Merkmale man jedoch zu diesem Urteil kam, wird nicht weiter ausgeführt.

Der Starnberger See ist genau nach Süden zur Alpenkette hin ausgerichtet, die hier, vor allem zwischen Benediktenwand und Zugspitze, ein besonders ausgeprägtes und eindrucksvolles Relief aufweist und die an Föhntagen in Seeshaupt in dramatischer Szene aus dem Wasser aufzusteigen scheint. Er ist relativ schmal, und die Moränenrücken, die ihn säumen und begleiten, sind von jeder Stelle aus, vor allem auch vom gegenüberliegenden Ufer, gut zu überschauen und zu erleben. Das ist ein ganz entscheidendes Motiv für den Bau der Villen, für deren Sichtbeziehungen. Der Blick von Terrassen und aus Fenstern braucht Ziele, die Sichtachsen durch die Gartenanlagen dürfen nicht ins Leere laufen. Es ist bezeichnend, daß auch die Maler immer wieder genau das gereizt hat! Deshalb gibt es gerade vom Starnberger See unzählige Zeichnungen, Aquarelle und Gemälde, auf denen sie den Blick über den See hinweg und die Staffelung Westufer – See – Ostufer – Bergkette dargestellt haben. Dieses Motiv haben sie in solcher Großartigkeit bei keinem anderen See gefunden!

Nach Süden hin weitet sich der See infolge der Krümmung des Ostufers, verliert er jede Enge, wird er für das Auge in seiner Begrenzung nicht mehr so leicht faßbar. Das läßt ihn größer erscheinen als er tatsächlich ist. Die begleitenden Höhenzüge sind sehr abwechslungsreich gestaltet. Geschlossene Rücken wechseln mit flacheren Senken, bewaldete Partien mit ihrer wunderbaren Laubfärbung im Frühjahr und im Herbst mit freien, hellen Wiesenflächen. Vor allem unterbrechen die ausgedehnten und dicht belaubten Parkanlagen der Schlösser, aber auch einzelner Villen immer wieder die kurzen Siedlungsbänder der Villen und trennen sie voneinander. Damit verleihen sie den Ufern Ruhe und Rhythmus zugleich. Vor allem haben sie nachhaltig verhindert, daß die Bebauung sich ungehindert über alle Uferabschnitte hat ausbreiten können, ein unschätzbar glücklicher Umstand für die gesamte Landschaft am See.[2]

Die infolge der Nord-Süd-Ausrichtung sich ergebende, im Tageslauf wechselnde Beleuchtung steigert den Eindruck und leistet ganz Entscheidendes für das Erlebnis der Landschaft. Die Morgensonne etwa verleiht besonders dem Westufer wunderbar frische Farben. Wie strahlten da einst die Schlösser Garatshausen und Possenhofen oder das Almeida-Palais, als sie noch nicht von den hochgewachsenen Bäumen verdeckt wurden, wie großartig liegt da Niederpöcking über dem leichten Frühnebel auf dem Wasser! Die Abendsonne dagegen legt sich mit warmem Licht auf das Ostufer und läßt die Schlösser Berg, Allmannshausen und Ammerland oder einzelne Villen wie das de Osa-Seehaus, die Villa Poschinger oder die Villa Knecht in Berg herrlich aufleuchten. Welcher Blick dann, vom Midgard-Haus etwa, hinüber nach Ammerland! Und selbst die grelle Mittagssonne, die sonst die Farben ein wenig welken läßt, sie verleiht mit ihrem schräg einfallenden Licht beiden Ufern für ein paar Stunden kräftige Konturen. Ob man von einer Terrasse aus das Auge über das gegenüberliegende Ufer wandern oder ob man auf einem Schiff die Ufer vorbeiziehen läßt, immer bietet sich ein höchst farbiges und abwechslungsreiches Bild. Dazu kommt noch, wenn sich der See an schönen Tagen belebt, der farbenfrohe Vordergrund der hellen Motorschiffe, der Kähne und der bunten Segelboote.

Der Starnberger See und seine Entwicklung zur Villenlandschaft

Eugen Napoleon Neureuther, Die Landschaft des Starnberger Sees. Aquarell und Deckfarben, 1839 (Stiftung Preußische Schlösser und Gärten Potsdam-Sanssouci)

Diese Merkmale sind es ohne Zweifel, welche von jeher ihre Wirkung auf Besucher wie Siedler nicht verfehlten. Schon Westenrieder bezeichnet den Starnberger See 1784 bei seiner ersten Begegnung als »Elisium«[3] und schwärmt beim Anblick von See und Alpenkette: »So weit offen und groß der Anblick ist, so enthält er doch nichts Wildes, noch Fürchterliches, sondern, wo das Aug sich hinwendet, genießt es einen lauteren Jubel und eine ununterbrochene Heiterkeit von Ende zu Ende.«[4] Viele spätere Reiseschriftsteller wie Schaden, Link, Noë, Stieler u.a. teilen seine Begeisterung.[5]

Diese von den Malern und Schriftstellern gepriesenen landschaftlichen Schönheiten haben seit dem frühen 19. Jahrhundert die Münchner Bürger wie die Fremden begeistert. Sie haben hier schon eine sich stetig steigernde Bautätigkeit ausgelöst, als an den anderen Seen noch kaum Landhäuser zu sehen waren. Sie haben einst die zahlreichen Touristen und Sommerfrischler angezogen und den Dampfern im ersten Drittel unseres Jahrhunderts eine im Vergleich zu heute geradezu traumhafte Auslastung beschert. Und sie sind letztlich sogar noch heute für den oft überbordenden Naherholungsverkehr wie für die exorbitanten Grundstückspreise in unseren Seegemeinden verantwortlich.

Die hohe und von keinem anderen Gewässer des Alpenvorlandes erreichte Attraktivität des Starnberger Sees ist vor allem auch den Schlössern und Villen an seinen Ufern zu verdanken. Sie erhoben die wunderbare Naturlandschaft mit ihrer zum Teil bedeutenden Architektur und mit ihren Gärten und ihren Parkanlagen zu einer großen, gestalteten Kulturlandschaft. Sie vor allem haben die Besucher immer wieder fasziniert, und nicht wenige Touristen haben die Dampfer zuerst ihretwegen bestiegen. Die vielen, in mehreren Auflagen erschienenen illustrierten Starnberger-See-Reiseführer des 19. und des frühen 20. Jahrhunderts sind ausnahmslos für eine solche Besichtigungsfahrt geschrieben. Sie führen die Gäste auf den Schiffen von einer Villa zur nächsten, nennen ihre jeweiligen Besitzer und schwärmen von den besonderen Sehenswürdigkeiten. Sie zeigen die alten Schlösser und gehen auf ihre Geschichte ein. Für viele Segler ist es noch heute ein besonderes Vergnügen, die schönsten Villen an den Ufern abzufahren und sich an der Baumkulisse der Parkanlagen zu erfreuen.

Als man am Ende des 18. Jahrhunderts die Welt vor den Toren der Stadt und vor den Schloßmauern zu entdecken begann, gehörte der Starnberger See zu den ersten Landschaften, die man sich eroberte. Es waren zuerst vor allem die Wissenschaftler, die Botaniker und die Geologen, die sich auf einmal für die Landschaft interessierten. Ihnen folgten bald die Schriftsteller und die Maler, denen das neue Naturerlebnis zur Offenbarung wurde, die plötzlich die Welt der Bauern und Fischer mit ihrem unverbogenen Le-

Der Starnberger See und seine Entwicklung zur Villenlandschaft

Ludwig Neureuther, Starnberg. Aquarell vor 1830 (Staatliche Graphische Sammlung, München)

ben entdeckten und sich für das schlichte Bauernhaus, für die farbenfrohen Trachten, für Brauchtum und Volksmusik begeisterten.

Ihre warmherzigen Schilderungen lockten bald die ersten Münchner zu ausgedehnten Wanderungen hinaus. Ihnen folgten ein paar wagemutige Sommergäste und schließlich die ersten, die sich ein Häuschen am See bauen wollten. Noch um 1810 ist Staatsrat von Krenner einer der ersten, die sich auf dem von München aus mit der Kutsche leichter erreichbaren Ostufer eine Villa hinstellen lassen. Nur wenig später folgen ihm Münzdirektor Leprieur mit seiner Villa am Georgenbach sowie Staatskassier von Ertl, der die alte Georgskapelle zu einem kleinen Sommerhäuschen umbauen läßt. Prinz Karl, der Bruder des Königs, läßt sich 1832 an seiner Stelle eine große, ganz »italienische« Villa bauen. 1827 schon hat sich der erfolgreiche Baurat Johann Ulrich Himbsel drüben in Leoni sein kleines, biedermeierliches Landhaus gebaut. 1842 stellt er daneben sein großes, weit über den See wirkendes Landhaus mit der schönen Lüftlmalerei von Kaulbach hin.

Auch die alten Hofmarksschlösser, um die es in den letzten Jahrzehnten so still geworden war, kehrt wieder reges gesellschaftliches Leben ein. 1834 erwirbt Herzog Max Possenhofen und Garatshausen und macht sie zu neuen gesellschaftlichen Mittelpunkten am See. 1841 zieht Graf Pocci in Ammerland ein, Hofrat Dr. Anton von Schauß übernimmt 1850 Kempfenhausen. Frhr. von Wendland, der spätere Gesandte in Paris, baut die alten Klostergebäude in Bernried zum Schloß aus, 1869 erfährt Schloß Tutzing durch Eduard Hallberger den Ausbau zur großbürgerlichen Villa. Und 1850 kehrt mit König Max II. auch der Münchner Hof wieder nach Berg und an den Starnberger See zurück.

Es war zunächst eigentlich nicht viel an Bautätigkeit. Doch um 1850/55 setzt dann der große Aufschwung ein, der bald in einen wahren Bauboom übergeht und in Starnberg oder Niederpöcking in kurzer Zeit für dichte Bauzeilen sorgt. Kamen die Bauherren zunächst mehrheitlich aus der Oberschicht des Münchner Bürgertums, so kommen ab 1865/70 immer mehr auch Auswärtige aus Württemberg oder dem Rheinland, aus Sachsen oder aus Berlin.[6] Ein, zwei Jahrzehnte später, als dann in Scharen die Mittelständler, die Handwerker, Offiziere und Beamten nachziehen, reicht es in Starnberg schon nur noch zu einem Platz in der zweiten oder dritten Reihe, zieht sich die Bebauung bereits die Hänge hinauf! Noch ein wenig später, um die Jahrhundertwende etwa, sind hier, aber auch in Pöcking, Feldafing oder Tutzing nur noch in Ausnahmefällen attraktive Plätze mit Aussicht auf den See und das Gebirge zu finden.

Einer der Auslöser für die zunehmende Bebauung nach der Jahrhundertmitte waren zweifellos der Bau der Eisenbahn nach Starnberg 1854 und die Verlängerung der Strecke 1865 über Possenhofen, Feldafing, Tutzing und Bernried nach Weilheim, nach Kochel und Garmisch. Pro-

Der Starnberger See und seine Entwicklung zur Villenlandschaft

Schloß Berg, um 1900/1910

Schloß Possenhofen, um 1920

fitiert hat davon natürlich in erster Linie das Westufer, und man kann deutlich verfolgen, wie hier die Bebauung sofort überproportional ansteigt. Das stillere Ostufer, das lange Zeit trotz der Dampferlinien schwerer zu erreichen war, blieb dagegen deutlich zurück und zog zudem eine andere Schicht an, ein Publikum, welches ein ruhigeres Landleben suchte, als es in Starnberg oder Feldafing im Anschluß an diese Entwicklung noch möglich war.

Ohne Zweifel hat auch die Rückkehr des Münchner Hofes an den See eine Rolle gespielt. Schon kurz nach 1800 hatte König Max I. Schloß Berg für seine Fahrten mit dem neuen Leibschiff »Carolina« wieder ein wenig herrichten lassen.[7] Er ließ vor allem den alten barocken Lustgarten (bzw. was davon noch übrig war) von Friedrich von Sckell in eine Parkanlage nach englischem Vorbild umwandeln. Max II., der eine besondere Vorliebe für den Starnberger See zeigte, entschloß sich schließlich, Berg für den Sommeraufenthalt der königlichen Familie ausbauen zu lassen. Er beauftragte Eduard Riedel mit dem Umbau im englischen Tudorstil.[8] König Ludwig II. liebte Berg ebenfalls und nahm immer wieder dort Aufenthalt. Die Anwesenheit des Hofes war im 19. Jahrhundert zweifellos noch ein Motiv für viele Villenbesitzer, sich in der Nähe des Fürsten anzusiedeln, auch wenn dabei nur das persönliche Gefühl bedient, kaum aber die tatsächliche gesellschaftliche Stellung berührt oder gar beeinflußt wurde. Dafür gab sich der Münchner Hof viel zu zurückhaltend.

Ein weiterer Anstoß war der Bau des Casinos auf der Roseninsel. Vor allem hatte dieser Bau nachhaltige Wirkung auf die Gestaltung der frühen Villen, wie wir noch sehen werden. Dabei war die Roseninsel zunächst nur ein erster Schritt zu einem großen Landschloß für Max II. auf dem Feldafinger Ufer, mit dessen Bau 1863 begonnen wurde und für welches bereits seit 1853 ein großer Schloßpark nach Entwürfen von Peter Josef Lenné angelegt wurde. Der Schloßbau wurde zwar 1864 beim Tod des Königs eingestellt, der Bau auf der Roseninsel war jedoch bereits fertiggestellt, die Parkanlagen auf der Insel und auf dem Feldafinger Ufer soweit gediehen, daß sie nicht mehr aufgegeben werden konnten. Noch bevor der junge König Max II. sich für den Bau eines Schlosses entschied, waren verschiedene mögliche Standorte geprüft worden. In diesem Zusammenhang hatte Franz Jakob Kreuter, der Architekt des Casinos, aus seinem persönlichen Erlebnis der großartigen Kulturlandschaft, die durch die verschiedenen Schlösser und Gärten in Potsdam entstanden war, einen Plan für eine ähnliche Gestaltung der Ufer des Starnberger Sees vorgestellt. Christoph Hölz hat auf dieses Gutachten von 1850 hingewiesen, welches einen Anstoß zu einer groß angelegten, einheitlichen Villenlandschaft als Rahmung der Schlösser Berg und Feldafing geben wollte und das die weitere Entwicklung am See ideell vorweggenommen hat.[9]

Der Zug der Bürger aufs Land und der Bau von Sommervillen ist indes nicht nur aus dem neu erwachten Naturgefühl heraus zu erklären. Es verbirgt sich dahinter auch ein soziales Problem, das im 19. Jahrhundert zunehmend an Schärfe gewinnt und das heute bereits ungeahnte Dimensionen angenommen hat. Schon im fortschreitenden 18. Jahrhundert hat man in zunehmendem Maße eine gewisse Lebensfeindlichkeit der Stadt erkannt. Ihre drangvolle Enge, die geringe individuelle Entfaltungsmöglichkeit, die oft unzureichenden, durch die dichte Bebauung kaum lösbaren Wohnverhältnisse mit ihrer fehlenden sozialen Distanzierungsmöglichkeit sowie die zum Teil katastrophalen hygienischen Verhältnisse hatten städtisches Leben schon längst fragwürdig werden lassen. Im 19. Jahrhundert verschärfte sich der Konflikt zunehmend. Gleichzeitig wurden der durch die Schleifung der Stadtbefestigung gewonnene und dringend benötigte stadtnahe Siedlungsraum und die durch die Industrialisierung eröffneten neuen Arbeitsmöglichkeiten durch die einsetzende Landflucht und die massenhafte Zuwanderung rasch wieder verbraucht. Die Möglichkeit, sich auf dem Lande ein Haus mit Garten zu bauen, wurde unter diesen Umständen als Befreiung empfunden.[10] Alle Hinweise auf Landhäuser und Villen in den frühen Landschaftsbeschreibungen und Reiseführern (Schaden, Föringer, Link u.a.) und die Besprechungen neuer Villen und Landhäuser in den Architekturzeitschriften lassen immer wieder erkennen, wie sehr man das Landhaus als Idylle und als Lösung von der einengenden Zivilisation der Stadt gesehen hat. Das ungebundene Leben innerhalb des eigenen Grundstücks war Ziel aller Sehnsüchte. Das »gesunde« Leben draußen in der Natur, in Sonne und frischer Luft war verbunden mit einer Rückkehr

Der Starnberger See und seine Entwicklung zur Villenlandschaft

Karl Schmid/Max Kuhn, Lithographie um 1870 (Stadtmuseum München).
1: Zenetti, Niederpöcking; 2: Widnmann, Ambach; 3: Mayerfels, Niederpöcking; 4: Holz, Starnberg; 5: von Elsholtz, Berg;
6: von Spreti, Tutzing; 7: Rieger, Ambach; 8: Ebers, Tutzing; 9: von Rambaldi, Berg; 11: Ammann, Niederpöcking;
12: Hotel, Feldafing; 13: Heintz, Tutzing; 14: Fuchs, Berg; 16: Bernried

zur Idee eines in der Stadt verloren gegangenen »natürlichen« Lebens. Man verband das Landhaus deshalb oft mit einer kleinen Landwirtschaft, nicht etwa aus Gründen der Versorgung – man sehnte sich nach den Ursprüngen des Lebens, nach dem unverbildeten, einfachen Dasein der Bauern, Hirten und Fischer, auch wenn dies am Ende sich als Trugbild erwies.[11] Zur Beschaulichkeit des kultivierten Gartens trat ganz im Sinne romantischen Empfindens die ungezähmte Natur ringsum in Kontrast. Man nannte nicht nur die kleine, intime Welt eines Hauses und eines eigenen Gartens sein eigen, man hatte damit die gesamte grandiose Landschaft des Starnberger Sees zu ungestörtem, ganz privatem Erleben gleichsam kostenlos dazuerworben. Ja, das Leben auf dem Lande wurde im Sinne der Romantik lange von einem tief empfundenen religiösen Gefühl begleitet und überhöht. Die Gartenanlagen vieler früher Villen und Landhäuser (zum Beispiel Himbsel, Knorr, Mayerfels, von Miller, Gabriel Max u.a.) waren mit kleinen Kapellen und Einsiedeleien ausgestattet, mit Bildstöcken und Grotten, ja mit ganzen Kreuzwegen.[12]

Freilich gelang diese Flucht in die ersehnte Freiheit nur den ersten Siedlern, die von den Bauern und Fischern noch ein umfangreiches Stück Land von 10 000 qm und mehr erwerben konnten. Die nachfolgenden mußten sich schon mit kleineren Grundstücken zufriedengeben, und ein, zwei Jahrzehnte später wurde bereits damit begonnen, die ausgedehnten Gärten, vor allem die unten am Ufer, zu teilen (vgl. die frühen Abtrennungen aus dem Grundstück du Pré) und zu bebauen. Damit waren die ersten »Paradiese« schon fast wieder verdorben. Die fortschreitende Besiedlung, die alle Uferorte erfaßte und dort fast die gesamte Landschaft in Besitz nahm, hat schließlich das Urziel aller Sehnsüchte, die freie, unverfälschte, unberührte Natur nachhaltig verändert, wenn nicht gar zerstört. Es entstand freilich durch eine qualifizierte Gartengestaltung bei fast allen Villen eine sehr farbige, attraktive Kulturlandschaft, die man nun als Ersatz akzeptieren, ja vielleicht sogar als Steigerung sehen konnte.

Heute, da durch die zunehmende Versteinerung, die oft unerträgliche Verkehrsbelastung, die Abgase und die Schändung des überlieferten Stadtbildes weite Teile der Stadt rapide an Wohnwert verlieren, hat die Flucht hinaus ins Umland bedrohliche Ausmaße angenommen. Der Druck auf attraktive Landschaften wie das Würmtal oder den Starnberger See führt dort inzwischen zu rücksichtsloser Ausbeutung, zur Zerstörung der historischen Villen und Landhäuser, zur Zerstückelung der alten Gärten. Das führt immer wieder zur Beseitigung des wertvollen Baumbestan-

Der Starnberger See und seine Entwicklung zur Villenlandschaft

Karl Schmid/Max Kuhn, Lithographie um 1870 (Stadtmuseum München).
1: Kustermann, Tutzing; 2: Neustätter, Tutzing (?); 3: Seeseiten; 4: Prestele, Starnberg; 5: von Klenze, Tutzing; 6: von Maffei, Feldafing;
7: von Poschinger, Berg; 8: Schloß Kempfenhausen; 9: Leoni; 10: Reiffenstuel, Grad, von Dall'Armi, Starnberg, Perchastraße;
11: Griesmayr, Possenhofen; 12: Höhenried; 13: Noël und Groß, Leoni; 14: Weger, Ambach; 15: Seeshaupt mit Villa von Günther

des, insbesondere der hohen und für das Landschaftsbild so wichtigen großkronigen Bäume. Und das endet wohl in absehbarer Zukunft mit der Vernichtung ihres einmaligen Kulturwertes. Es gibt heute keinen noch so kleinen Obstgarten mehr, der nicht ausgeschlachtet werden könnte, keinen noch so kleinen, vergessenen Winkel, der nicht zum Bauen »geeignet« erklärt würde. Das solitäre Haus im Garten, einst die Regel, ist längst zur seltenen, fast unbezahlbaren Ausnahme, zum Traumziel für wenige Vermögende geworden. Für den von der Massenbewegung erfaßten Normalbürger ist hier am Starnberger See sogar das Reihenhaus, ja selbst die kleine Eigentumswohnung fast schon unerreichbar.[13]

Die aus der Größe des Grundstücks resultierende Freiheit hatte Folgen für das Bauen, hatte Auswirkungen auf die Art und Weise, wie und was man baute, wie man seinen Traum verwirkliche. Sobald die Beschränkungen durch den Bauplatz, durch vorgegebene Baulinien oder die vorhandene Nachbarbebauung wegfielen, konnten sich die ureigensten Wünsche und die verborgensten Phantasien entfalten, konnten die eigenen Vorstellungen und der persönliche Geschmack zwanglos offenbart werden. Dieser Umstand ist für die Definition der Villa auf dem Lande und für die Beurteilung der praktizierten Stile wie der erzielten Ergebnisse von größter Bedeutung. Er erklärt die offenkundige Freizügigkeit bei der Wahl der Bau- und Ausstattungsstile, erklärt die Vielfalt der gebauten Villen. Weder in der Stadt noch auf dem Dorf, wo das bodenständige Bauernhaus mit seinem Formen- und Materialkanon herrschte, konnte so frei, ja fast willkürlich gebaut werden.

Der Adel verlor im 19. Jahrhundert mit dem Verlust alter herrschaftlicher Rechte und Aufgaben (vor allem der Auflösung der Grundherrschaft und der mit den Hofmarken verbundenen niederen Gerichtsbarkeit 1848) mehr und mehr seine beherrschende und bis dahin unangefochtene Stellung innerhalb der Gesellschaft. Im Gegenzug stieg das Bürgertum infolge der stark veränderten Bedingungen in Verwaltung, Wissenschaft, Handel und Industrie zu ganz neuer Bedeutung auf. Das führte natürlich auch zu neuen und andersartigen Bauaufgaben. Schloßbauten als Herrschaftszeichen konnten kaum mehr in Auftrag gegeben werden, dafür fehlte nunmehr mit der verlorenen Herrschaftsfunktion die Voraussetzung. Der Adel blieb zurückgezogen auf den alten Schlössern, versuchte, soweit dies möglich war, seine historische gesellschaftliche Abgrenzung zu konservieren. Wo dies infolge fehlender ökonomischer Ausstattung oder mangels neuer Aufgaben nicht mehr möglich war, konnte er sich am Ende dem Prozeß der

Der Starnberger See und seine Entwicklung zur Villenlandschaft

Fritz Bamberger, Am Starnberger See. Ölgemälde um 1870 (Privatbesitz)

Verbürgerlichung nicht entziehen. In solchen Fällen war der Bau einer attraktiven bürgerlichen Villa eine durchaus akzeptable Lösung. Der arrivierte und zu Geld gekommene Bürger jedoch wollte und mußte seinen sozialen Aufstieg erst beweisen und dokumentieren. Der etablierte Künstler, der erfolgreiche Großkaufmann oder der Industrielle mußten ihre neue Stellung in der Gesellschaft, mußten ihren Rang, ihre Bedeutung und schließlich ihre Macht sichtbar machen durch eine aufwendige Lebensführung, durch besondere gesellschaftliche Aktivität und nicht zuletzt mit einem entsprechenden Wohnsitz. Auf die Architektur kam eine neue, in diesem Umfang völlig unbekannte Bauaufgabe zu: die großbürgerliche, repräsentative Villa in neuen, ausgewählten Stadtrandlagen und das herrschaftliche Sommerhaus draußen auf dem Lande. Das war neben Natursehnsucht und Stadtflucht zweifellos ein weiteres, maßgebendes Motiv. Die Selbstdarstellung, das Auftrumpfen und das Ausstechen der anderen ist zweifellos eines der vordergründigsten Motive für den Villenbau. Dieser ist damit mindestens so sehr ein soziales wie ein künstlerisches und ästhetisches Problem. Das war durch alle Zeiten eine treibende Kraft, und sie ist es bis auf den heutigen Tag. Die Belege dafür reichen von entsprechenden Neubauten der letzten Jahre in Starnberg, Berg oder Feldafing bis hin zum verkaufsfördernden Argument »Residenz« oder »Palais« für übertreuerte Eigentumswohnanlagen. Daß Villen in entsprechender Größe und Form ihre beabsichtigte Wirkung dann tatsächlich nicht verfehlt haben, läßt sich mit zahlreichen Beispielen am Starnberger See belegen. Nicht ohne Hintergrund werden verschiedene größere Villen traditionell sogar als »Schloß« bezeichnet (Seeburg, Oberambach, Weidenkam, Seeseiten, Seewies), obwohl dafür die Funktion des Amts- und Wohnsitzes einer Herrschaft im ursprünglichen Sinne zu keinem Zeitpunkt gegeben war!

Mit der Freiheit des Bauens im 19. Jahrhundert wurde ein Problem geboren, mit dem man bisher nie oder nur sehr selten konfrontiert war. Es war die Frage nach einem dem eigenen Wollen, dem persönlichen Geschmack und den gesteckten Zielen gemäßen Baustil. »In welchem Style sollen wir bauen?«, fragte schon 1828 der badische Baudirektor Heinrich Hübsch etwas ratlos und berührte damit eine Seite der Bauplanung, die zu einem zentralen ästhetischen Problem in der Architektur des 19. Jahrhunderts werden sollte. Vor allem nach 1870, als ein nie dagewesener Stilpluralismus zu herrschen begann, führte dies zu tiefer Unsicherheit.

Die ersten Villen am Starnberger See wurden freilich noch auf dem sicheren Grund eines Klassizismus gebaut, wie er in München von Karl von Fischer oder Leo von Klenze und ihren Schülern vertreten und wie er noch von der Bauordnung her als »classischer und mustergültiger Stil« gefordert wurde. »Ordnung und Symmetrie« wurden verlangt, der Bau sollte »einfach und regulär« sein.[14] Es waren durchwegs sehr schlichte und gerade, aber auch sehr noble Bauten, bei denen der repräsentative Anspruch sehr zurückhaltend und selbstsicher vorgetragen war. Eine regelmäßig gebaute Fassade und eine soweit wie möglich symmetrische Anordnung sowie ein relativ bescheidener Zuschnitt der Räume waren allen gemeinsam. Nur die zum Garten oder zur Landschaft gerichtete Schauseite wurde meist durch zusätzliche Mittel wie eine aus dem Gelände herausgehobene Terrasse, einen Giebel oder das Würdemotiv eines Säulenportikus stärker betont, die übrigen Fassaden waren fast immer ganz einfach gestaltet. Es wirkte allein die Noblesse eines gut proportionierten Baukörpers. Der Eingang mit dem Treppenhaus lag regelmäßig rückseitig, auf der Mittelachse. Die Hauptwohnräume wurden zentral angeordnet, nach dem Vorbild des Stadtpalais' manchmal noch in der Beletage des Obergeschosses, was zeigt, daß in solchen Fällen die herrschaftlich motivierte historische Ordnung der Räume noch nicht durch die dem neuen Naturerlebnis besser entsprechende Anordnung zu ebener Erde abgelöst war. Die wichtigsten Vertreter dieses Stils waren die Villa des Staatsrates Krenner in Assenbuch sowie die Villa des Münzdirektors Leprieur und das Prinz-Karl-Palais in Starnberg. Im Nachklang jedoch tradierten die in dieser Zeit ausgebildeten Landbaumeister das klassizistisch geprägte Landhaus in zahlreichen Varianten noch bis weit in die 70er Jahre hinein.

Kurz nach 1850 schloß sich ein Villentyp an, der in seiner Grundform dem Landhaus der Toskana, unmittelbar aber dem Casino für Max II. auf der Roseninsel folgte. Dieser von Franz Jakob Kreuter entworfene Bau wurde zum Prototyp für mehrere Villen am Starnberger See, wie die Elsholtz-Villa in Berg, die Ebers-Villa in Tutzing, die Villen Reber und Tausch in Pöcking oder die Knorr-Villa in Niederpöcking. Charakteristische Merkmale für diese villa all'italiana sind das relativ flache Satteldach sowie der beigestellte Belvedereturm mit offener oder verglaster Galerie und flachem Zeltdach. Bezeichnend auch die an das Haus angeschlossene Pergola und eine axial auf die Fassade bezogene Treppen- und Brunnenanlage.

Gleichzeitig entstanden einige wenige Bauten, welche den in München entwickelten Maximilianstil zur Anwendung brachten. Vor allem Arnold Zenetti gestaltete einige Villen in Niederpöcking in diesem Stil. Auch die Villa Simmerl in Starnberg und die Villa Hussel in Leoni wären hier zu nennen.

Inzwischen hatte sich mit der gesteigerten Bautätigkeit des Mittelstandes ein Haustyp breitgemacht, der einmal fast ortsbildprägend wirkte und den man noch heute in allen Uferorten beobachten kann, der allerdings nicht allein auf den Starnberger See beschränkt war. Es war dies ein sehr einfacher, meist eingeschossiger Satteldachbau, der in vielen Details aus dem Klassizismus abgeleitet, durch die beschränkten Raumverhältnisse und die Verwendung von viel Holz aber doch zu einem eigenständigen Bild weiterentwickelt worden war. Wichtigstes Element war der in die Mitte der Schauseite gesetzte Zwerchgiebelrisalit mit dem Balkon und den Fenstern der wichtigsten Wohnräume. In vielen Fällen bestand dieser in einer übereinandergestellten offenen oder verglasten Dreiereinheit von Veranda, Balkon und Hochlaube in Holzkonstruktion. Diese dem Steinbau in Holz vorgeblendete Einheit war ein Ableger der bereits in der ersten Hälfte des 19. Jahrhunderts beginnenden Suche nach einem neuen bodenständigen Landhaus in national-bayerischen Formen. Vor allem die am See so beliebten und unzählige Male variierten Laubsägearbeiten im Giebelfeld kommen aus dieser Richtung.[15] Mitunter wurde dieser Risalit noch bis auf die Höhe der Firstlinie herausgezogen und übernahm dann gleichsam die Funktion eines Belvedere. Fast immer liegt der Eingang mit dem kleinen, raumsparenden Treppenhaus dann als Risalit auf der Gegenseite. Die Räume sind von bescheidenem Zuschnitt und meist in noch ganz klassizistischer Symmetrie angeordnet. Die Ausstattung der Räume war durchwegs einfach und ohne besonderen Aufwand.

Um 1865/70 geriet der zurückhaltende Spätklassizismus mehr und mehr in eine Krise, weil er für viele Bauherrn zu schlicht und zu wenig repräsentativ war. Vor allem trat in diesen Jahren der zunehmenden Industrialisierung eine neue Schicht von Auftraggebern in den Vordergrund, die ihren raschen ökonomischen Aufstieg kundgeben und in einen entsprechenden gesellschaftlichen Status münzen wollte. Der Bau einer größeren Stadtvilla oder eines Landhauses mit entsprechender Parkanlage gab die beste Gelegenheit dazu. Der noch vor der Jahrhundertmitte einsetzende Historismus mit seinem wachsenden Stilpluralismus eröffnete dafür alle Möglichkeiten zur Verwirklichung der eigenen Träume.

Die Neugotik war der erste Stil, der, noch fast parallel zum Klassizismus, für die neuen Bauaufgaben herangezogen wurde.[16] Erste Spuren am Starnberger See führen bis zum Bau des Prinz-Karl-Palais zurück, das, obwohl in reinstem Klassizismus errichtet, in Details wie dem Treppengeländer oder der ersten Einfriedung bereits den gotisierenden Spitzbogen zeigt. Etwas später wurde anläßlich der »Modernisierung« der Schlösser Berg und Possenhofen ebenfalls die Gotik als geeigneter Stil angesehen. Man empfand ihn, als man in der Zeit nach den Befreiungskriegen eine neue nationale Identität suchte, als besonders »teutsch«. Eigenartigerweise hat dieser Stil im Villenbau am Starnberger See keine Rolle gespielt, wenn man vom Nachzügler der Villa Thudichum in Tutzing absieht. Wohl aber für Details im Innenausbau und natürlich für sakrale Bauten wie die Kapelle neben der Villa Mayerfels in Niederpöcking oder der kleinen Rindenkapelle hinter dem Himbsel-Haus. Mit den Bauten im Maximilianstil, der ja sehr viel Gotik aufgenommen und eingeschmolzen hat, ist er freilich auf etwas breiterer Basis in Erscheinung getreten.

Noch vor 1870 entdeckte man die Renaissance für den repräsentativen Villenbau. Das war ein Stil, der alle Voraussetzungen mitbrachte, die Wünsche und Vorstellungen der neuen Bauherrn zu erfüllen! Er bot ungeahnte Möglichkeiten, den Fassaden Gewicht und Bedeutung zu geben. Er ermöglichte es, die Häuser mit beeindruckenden Entrees und Treppenhäusern, die Räume mit reich gearbeiteten Paneelen und wuchtigen Möbeln auszustatten. Zusammen mit dunklem Plüsch und schweren Samtvorhängen trugen sie wirkungsvoll Wohlstand und Gediegenheit zur Schau. Mit Porträts im breiten Goldrahmen, mit Wappen und Wahlsprüchen, mit Bücherschränken und Klavieren konnte man Herkunft vortäuschen und zeigen, daß man sich zum Bildungsbürgertum zählte. Das war vor allem ein Stil, der nach dem gewonnenen Krieg von 1870/71 den starken nationalen Empfindungen entsprach, der die Brücke zu einer Zeit schlug, in der deutsches Bürgertum und deutsches Handwerk in größter Blüte standen. Sie stand damit signifikant für das Bürgertum, das an die Spitze der wirtschaftlichen Entwicklung getreten war, das

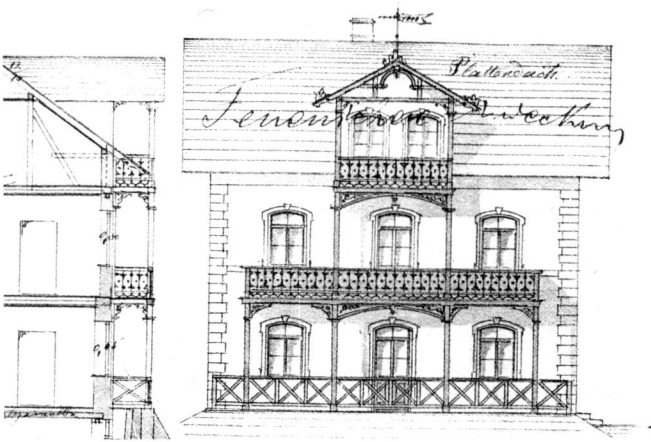
Landhaus Fink, Starnberg; Andreas Fischhaber, 1898

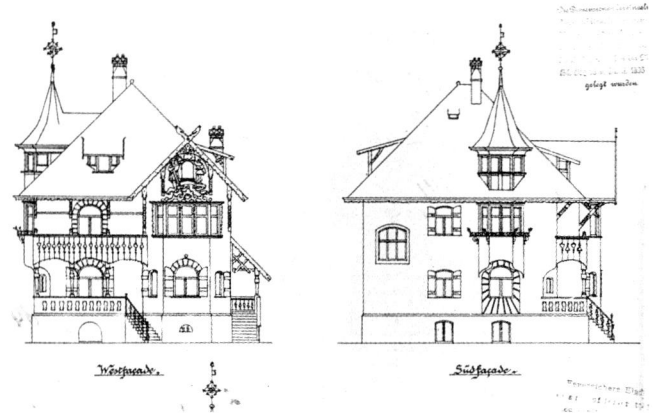
Villa Schröder, Pöcking; Eugen Drollinger, 1900

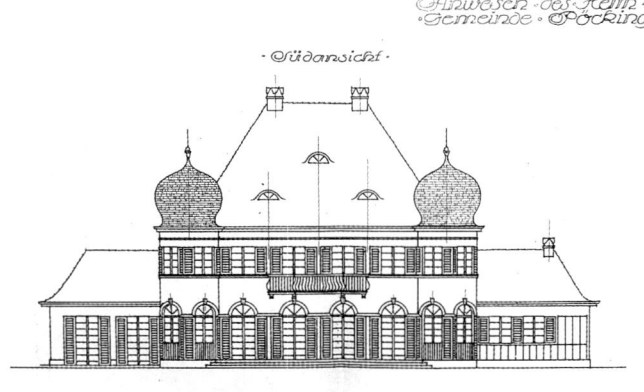
Villa Bäumler, Pöcking; Anton Hatzl jun., 1921

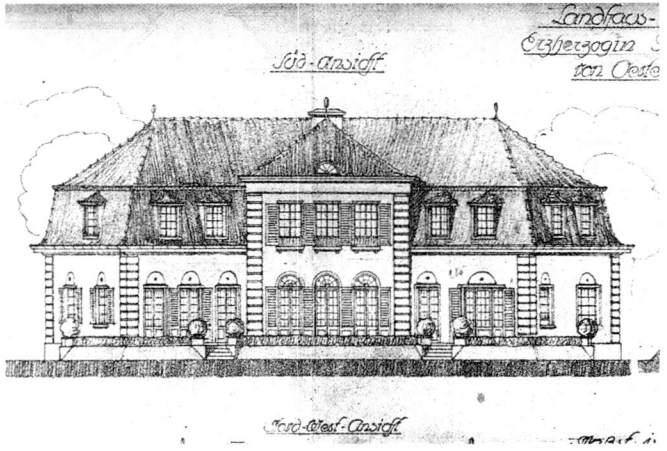
Villa Erzherzogin Franziska, Starnberg; Franz Deininger, 1923

den Adel in der gesellschaftlichen Rangordnung eingeholt, wenn nicht abgelöst hatte.

Neben der zuerst aufgegriffenen Stilrichtung der italienischen Renaissance, für die wir mit der Kustermann-Villa in Tutzing einen charakteristischen Vertreter besitzen und die noch in der Böhler-Villa (Sonnenhof) mit originalen Kassettendecken und Kaminen für den Zug ins Große sorgte, trat natürlich immer mehr die deutsche Variante in den Vordergrund. Vor allem mit »altfränkischen« Motiven wie das auf seine dekorative Funktion reduzierte Fachwerk, die Gauben und Türmchen, die Erker und Butzenscheiben, die großen Kachelöfen und die dunklen Kassettendecken.[17]

Als eine Sonderform erweist sich die Villa, welche sich die mittelalterliche Burg zum Vorbild nahm. Natürlich wurden deren ursprünglich wehrtechnisch bedingte Bauelemente hier umgedeutet und in rein dekorativer Funktion verwendet. Und selbstverständlich wurde das Haus innen nach dem neuzeitlichen Standard wohnlich eingerichtet. Dieses Haus hatte Gewicht und Bedeutung. Hier wurde nicht nur romantische Schwärmerei für das stolze Rittertum des Mittelalters bedient, hier wurde unverblümt auf die eigenen Tugenden, auf Stärke und Selbstbewußtsein verwiesen, wurde der Versuch unternommen, den Großbürger in seiner dem Adel gleichwertigen Stellung zu legitimieren. Natürlich wurde der Typus der Burg selten so souverän und eigenständig umgesetzt wie im Falle der Riccius-Villa in Pöcking. In den meisten anderen Fällen wurden nur Teile der Burg als attraktive Versatzstücke aufgegriffen und mit anderem kombiniert, wurden solche Details vor allem auf Grund ihres besonderen Stimmungswertes gesucht und eingebaut.

Es blieb also nicht mehr bei der Suche nach einem für das jeweilige Vorhaben »passenden« Stil. Mit einem weiteren Schritt konnte man den einengenden Stilrahmen sprengen und aus allen Richtungen interessante Motive und brauchbare Bauteile eklektizistisch zusammensuchen. Es herrschte bald völlige Ungezwungenheit. Der Wille des Bauherrn und seine Vorstellungen bestimmten dann oft, wie gebaut wurde. Der Stilpluralismus wurde schließlich als Ausdruck der Freiheit und Liberalität im 19. Jahrhundert gefeiert und akzeptiert. Gleichzeitig entwickelte sich größte Freiheit auch in der Organisation der Grundrisse, in der Durchbildung des Baukörpers, der Fassaden und der Dächer. Dazu gehörte natürlich auch die unabhängige Wahl der Farbgebung, die wirkungsvolle Kombination unterschiedlicher Materialien. Das Ergebnis wurde dann als besonders »malerisch« empfunden. »Lebhafte Fassadengestaltung«, »wirkungsvolle Gruppierung« und »reizvolle Mannigfaltigkeit« waren einige der gebräuchlichsten Kriterien.

Die Architekten lernten schnell, mit Sicherheit und Leichtigkeit mit diesen Möglichkeiten umzugehen. Sie wurden dabei von zahlreich erschienenen Musterbüchern unterstützt und beraten [18], in denen Baudetails, Turm- und Erkerformen oder Tür- und Fensterformate nach dem Baukastenprinzip zusammengesucht werden konnten, aus denen man wie aus einem Tapetenkatalog Dekorationsfor-

Villa von Hövel, Tutzing; Xaver Knittl, 1905

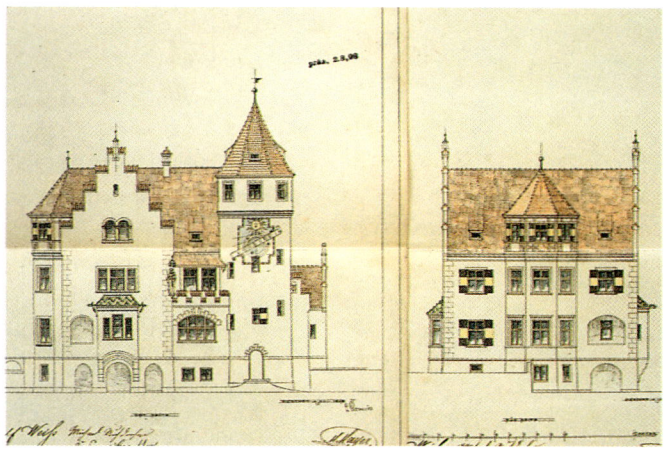

Villa Riccius, Pöcking; Leonhard Romeis, 1898

Villa Krauß, Söcking; Eugen Drollinger, 1895

men und Ornamente wählen konnte. Schlechte Architekten verließen sich dann ganz auf diese Musterbücher, und das Ergebnis war entsprechend. In schlimmen Fällen geriet der Bau zur Karikatur und zum Knusperhäuschen.

Kurz vor der Jahrhundertwende wurde auch der Barockstil wieder aufgenommen, den viele zwar als lächerlich und dekadent abgelehnt hatten, der aber hier in Bayern stets latent wirksam geblieben war. Natürlich lagen dafür die besten Vorbilder aus der großen altbayerischen Bautradition unmittelbar vor der Haustür, und für die Münchner Architekten war es selbstverständlich, aus diesem reichen Reservoir zu schöpfen. Die Villen von Gabriel und Emanuel Seidl, Gustav von Cube und Eugen Drollinger bis hin zum reduzierten Barock eines Franz Zell, eines Anton Hatzl oder eines Franz Deininger lassen die hohe Qualität dieser aus heimatlichem Boden genährten Architektur erkennen. Gleichzeitig führte die Entwicklung wieder weg von den malerisch und effektvoll aufgelösten Baukörpern der 80er und 90er Jahre und hin zu ruhigeren, klareren Fassaden und zu helleren, freundlicheren Räumen. Der bald nachfolgende Neoklassizismus, der diese Tendenz konsequent fortführte, kehrte wieder zu ganz regelmäßig aufgebauten, schlichten Fassaden und zu überschaubaren, symmetrischen und lichtdurchfluteten Raumfluchten zurück.

Indes machte sich schon in den beiden letzten Jahrzehnten des 19. Jahrhunderts, als der Späthistorismus seinen Zenit bereits überschritten hatte, zunehmende Kritik an dieser Architektur breit. Sie steigerte sich noch unmittelbar vor der Jahrhundertwende zu vehementer Ablehnung, doch es folgten noch Jahre der Unsicherheit und erbitterter Diskussionen, bis sich der Fortschritt allgemein durchzusetzen begann. Schließlich führte diese Entwicklung hin zur Heimatschutzbewegung, zur Reformarchitektur und zur »Neuen Sachlichkeit« und endlich zum modernen Bauen, wie es das Bauhaus propagiert hat. Architekten wie Hermann Muthesius, einer der führenden Architekten des Werkbundes, oder Heinrich Tessenow legten die Schwächen dieser Baugesinnung bloß und zeigten neue Wege auf.[19] Sie mahnten aber auch aus einem veränderten Lebensgefühl und einem neuen Gesundheitsbewußtsein heraus Reformen an. Sie forderten einen von Vernunft geleiteten, an den wahren Bedürfnissen des modernen Menschen sich orientierenden, aus bodenständiger Tradition und heimischen Materialien entwickelten, auf die Landschaft und ihre klimatischen Bedingungen abgestimmten Landhausbau. Sie forderten angesichts des ungeheuren Verbrauchs an Landschaft bereits ein landschaftsschonendes, »umweltverträgliches« Bauen. Und sie mahnten angesichts der drängenden sozialen Problematik völlig neue städtebauliche Grundlagen an, für die sie schließlich im Rahmen der Gartenstadtbewegung richtungweisende Ansätze verwirklichten. Es gab auch innerhalb der Villenlandschaft am Starnberger See vorbildliche Beispiele für das neue Bauen,

Der Starnberger See und seine Entwicklung zur Villenlandschaft

Villa Ende, Starnberg; Ernst Zeh, 1923

Villa Eichthal, Starnberg; Franz Zell, 1909

von Architekten wie Josef Heldmann, Erdmann Hartig, Johann Mund, Heinrich Pössenbacher, Carl Sattler, Richard Riemerschmid oder Hugo Häring.

Gleichzeitig wurden neue Formen und Inhalte auch bei der Inneneinrichtung gefordert. Die eigens dafür gegründeten Vereinigten Werkstätten in München oder die Dresdener Werkstätten entwickelten schlichte, ganz auf Funktionalität abgestimmte Möbel und Einrichtungen, machten sie durch Serienproduktion auch dem Normalbürger für seine neuzeitliche Wohnung erschwinglich. Große Architekten wie Henry van de Velde, Richard Riemerschmid, Bruno Paul, Bernhard Pankok, Peter Behrens, Hermann Obrist u.a. machten es sich zur vordringlichen Aufgabe, dafür Einrichtungs- und Gebrauchsgegenstände zu entwerfen, die noch heute durch ihren Gebrauchswert, ihre Materialgerechtigkeit, ihren hohen ästhetischen Reiz und ihre Würde überzeugen. Daß auch vermögende Bauherren am Starnberger See (zum Beispiel Rudolf von Simolin in Seeseiten, Dr. Walter Sack in Tutzing, Franz Haus und Dr. Sandler in Pöcking, Dr. Carl in Feldafing) ihre großen Villen damit ausstatteten, beweist ihre besondere Qualität.[20] Daneben gab es auch Architekten, die etwas andere Wege gingen, wie Heinrich Pössenbacher, Theodor Veil und Gerhard Herms, die stärker an den Biedermeierstil anknüpften.

Inzwischen sehen wir die Architektur des Historismus, wie überhaupt das 19. Jahrhundert, mit etwas anderen Augen, haben wir die gültigen Werke der Zeit als hochrangige, eigenständige Leistung erkannt. Dazu haben die Zerstörung unserer Städte im Zweiten Weltkrieg und die von Unverständnis für diese Architektur getragenen massenhaften Abbrüche und »Modernisierungen« unser Bewußtsein für ihre noch erhaltenen Zeugen geweckt. Zum anderen hat die sehr sachliche und betont schmucklose Architektur, besonders auch die in zunehmendem Maße nur noch nach wirtschaftlichen Erwägungen ausgerichtete, oft phantasielose Bauweise der letzten Jahrzehnte breite Schichten verunsichert und ernüchtert. Vor allem hat uns der fade Einheitsbrei in vielen neuen Wohnsiedlungen die Augen geöffnet für unverwechselbare, individuelle und ausdrucksstarke Villenbauten. Dazu kommt in einer Zeit des Massenangebots der Baumärkte eine neue, höchst positive Bewertung und Wertschätzung des Handwerklichen am alten Landhaus. Nicht zuletzt war der von jeher bestimmende und noch heute aktuelle Antrieb vieler Villenbauer, sich standesgemäß darzustellen, für viele mit moderner Architektur scheinbar nicht zu verwirklichen. Die hohen Qualitäten der neuzeitlichen Baukunst haben viele Bauherrn nicht zu überzeugen vermocht, offensichtlich auch viele Architekten nicht. Dies läßt sich leider überall am Starnberger See beobachten, und oft genug mit peinlichen Ergebnissen.[21]

Die breite und harsche Kritik an der Bauweise des Historismus, vor allem an einer meist unkünstlerischen, nur eklektizistisch praktizierten Bauweise war in vielen Fällen

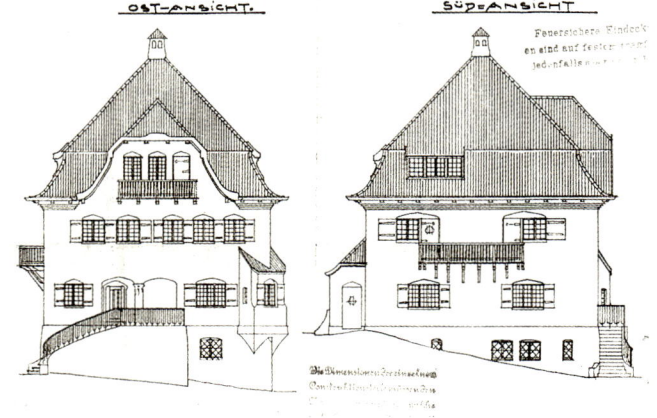

Villa Haus, Pöcking; Richard Riemerschmid, 1902

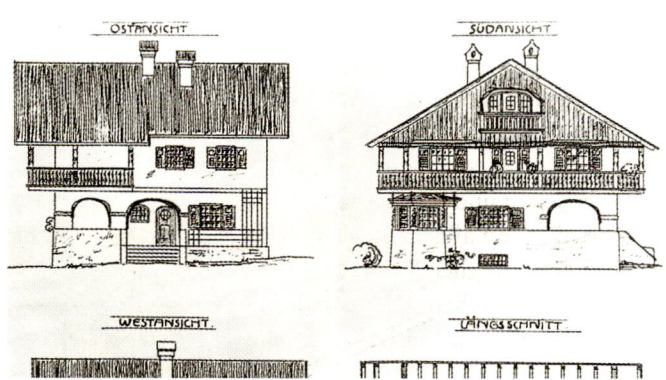

Landhaus Schmidt, Tutzing; Xaver Knittl, 1912

zweifellos berechtigt. In den noblen Vierteln am Stadtrand, wo die hochherrschaftlichen Stadtvillen der potenten Großbürger mit repräsentivem Prunk glänzen sollten, auch unter den Monumentalbauten ließen sich zahlreiche Beispiele finden. Auch in den noblen Villensiedlungen im Umkreis anderer Großstädte läßt sich Zutreffendes entdecken. Für die am Starnberger See verwirklichten Villen und Landhäuser muß sie in dieser Schärfe, von Ausnahmen abgesehen, aus heutiger Sicht jedoch zurückgewiesen werden. Die hier tätigen Architekten, die fast alle aus der Münchner Architektenschule kamen, haben sich fast nie von Bauherren zu Verzerrungen und groben Übertreibungen provozieren lassen, haben sich eigentlich nie darauf eingelassen, ihre Bauten vordergründig mit zusammengesuchten architektonischen Lesefrüchten zu dekorieren. Sie haben Historisches fast nie einfach nur reproduzierend übernommen, sondern stets versucht, die verschiedenen Stilelemente eigenständig und in modern reduzierter Form zu etwas Neuem zu verschmelzen. Der Wille zur schöpferischen Stilsynthese wird immer wieder sichtbar. Vor allem haben sie es immer wieder verstanden, aus der bodenständigen Bautradition heraus zu arbeiten, sie organisch weiterzuführen. Architekten wie Gabriel und Emanuel Seidl, Friedrich und August Thiersch, Theodor Fischer, Franz Zell, Ernst Haiger, Hans Noris, Richard Berndl, Eugen Drollinger, Leonhard Romeis, Anton Hatzl, Eugen Hönig und Karl Söldner, Paul Pfann und Günther Blumentritt, Richard Riemerschmid u.a. haben hier mit unverwechselbarer Handschrift und in souveränem Umgang mit dem historischen Material ganz noble Bauten errichtet und dabei immer wieder grundsolide und doch ganz individuelle Architektur geschaffen. Ihnen, aber auch den guten einheimischen Baumeistern verdanken wir, daß die vielschichtige Gesamtheit der Villen und Landhäuser am Starnberger See zu einer erstaunlich homogenen Kulturlandschaft geworden ist, die ganz sicher zu den bedeutendsten Villenlandschaften Deutschlands gezählt werden darf.[22] Es handelte sich hier am Starnberger See freilich ausnahmslos um reine Sommervillen, die nur für ein paar kurze Monate oder an einem sonnigen Wochenende im Frühling und Herbst bewohnt wurden. Die meisten waren trotz der beabsichtigten Repräsentation in erster Linie für den Rückzug ins Private gedacht, für entspannte, erholsame Wochen im Kreise der Familie. Sie waren, von Ausnahmen abgesehen, deshalb von Anfang an schlichter angelegt und sehr viel sparsamer ausgestattet als die Stadtvillen. Dies läßt sich in zahlreichen Fällen (von Miller, Kustermann, Pschorr, Adolf von Hildebrand, Schrenk-Notzing, Lenbach u.a.) nachprüfen.[23]

Die Kritik an der Situation gegen Ende des 19. Jahrhunderts wurde von vielen Architekten geteilt. Man suchte nach neuen Wegen, nach Vorbildern. Für viele war das englische Landhaus, das sich in nahezu ungebrochener Tradition entwickelt und dabei einen hohen Grad an Vollendung und vor allem an allgemein akzeptierter Gültigkeit erreicht hatte, ein bestmöglicher Ausgangspunkt. Hermann Muthesius hat in seinen Schriften immer wieder auf diese Architektur hingewiesen.[24] Er bewunderte, wie zurückhaltend es sich äußerte, wie sehr es frei schien von der Befrachtung, gesellschaftlichen Status vermitteln zu müssen, wie natürlich und selbstverständlich es im Einklang mit dem umgebenden Garten und mit der Landschaft stand. Letzten Endes, und das war allen klar, konnte jedoch nur die Rückkehr zur eigenen bodenständigen Bautradition und zu den bodenständigen Materialien, wie sie bis hinein in das frühe 19. Jahrhundert beim Bauernhaus und beim biedermeierlichen Wohnhaus noch geübt wurde, zu einer befriedigenden Lösung führen.

Die Heimatschutzbewegung, die diese Gedanken aktiv vorantreiben und unterstützen wollte, erarbeitete die entsprechenden Grundlagen, Architekten wie Otto Orlando Kurz, Franz Zell, August Thiersch, Gabriel und Emanuel Seidl und andere waren die treibenden Kräfte. Man ging hinaus aufs Land, suchte reine Quellen für das neue Bauen, sammelte Informationen, photographierte und zeichnete Details. Von den beiden Seidl-Brüdern etwa weiß man, daß sie kistenweise Zeichnungen von beispielgebenden Häusern und wertvollen Details zusammengetragen haben. Mit diesem Material und den gewonnenen Erfahrungen schufen sie sich die Grundlagen für eine Erneuerung ihres Bauens. Dabei war jedoch nicht schon wieder die komplette Übernahme des überlieferten Formenkanons das Ziel, sondern seine zeitgemäße Weiterentwicklung.[25]

Am Starnberger See wurde vor allem das Bauernhaus des Oberlandes als Vorbild gesehen. Hier hatte bereits 1825 Johann Ulrich Himbsel ein Beispiel eines biedermeierlich schlichten Landhauses gegeben, welches ganz aus der bodenständigen Tradition heraus entwickelt war. Mit seinem großen Landhaus von 1842 griff er unmittelbar das Bauernhaus des Alpenvorlandes auf und setzte es erstaunlich konsequent um. Daß er dabei auch Gestaltungsdetails wie Fensterläden, Pfettenköpfe und sogar die heimatliche Lüftlmalerei übernahm, und zwar qualitativ gleichwertig, macht sein Haus zu einem ganz frühen und bemerkenswerten Vorläufer und zur Inkunabel der späteren Heimatschutzbewegung. Auch andere versuchten in der Folge mit ihrem Landhaus an die bodenständige Tradition anzuschließen. Das Landhaus des Malers Hermann Holz, das erste Landhaus Maffei in Feldafing, das Landhaus des Malers Moritz von Schwind oder das Jägerhaus der Grafen Rambaldi in Berg wären hier zu nennen, die Landbaumeister haben seit den frühen 70er Jahren sogar eine ganze Reihe solcher Landhäuser gebaut.[26] Gegen Ende des 19. Jahrhunderts und in den Jahren nach der Jahrhundertwende wurden immer mehr auch große Häuser gebaut, die von dieser neuen Baugesinnung getragen waren. Die Landhäuser Werlé, Dr. Sicherer, Max-Joseph-Höhe, oder Schreiber in Starnberg, vor allem natürlich das von August Thiersch als Musterhaus für die Landwirtschaftsausstellung entworfene Haus an der Wilhelmshöhenstraße, oder die schönen Landhäuser, die in Tutzing entstanden sind (Fraunberg, Zentz, Dr. Schmidt, Ploetz, Derigs), mögen hier als Beispiele genügen. Dabei stellten diese Landhäuser nicht etwa nur eine Möglichkeit für den weniger potenten Mittelstand dar, sie wurden mehr und mehr auch für herrschaftliche Verhältnisse entwickelt.[27]

Natürlich hat man dieses Landhaus im Inneren nicht auf

Der Starnberger See und seine Entwicklung zur Villenlandschaft

Wilhelm Bode, Der Starnberger See bei Feldafing. Ölgemälde 1862 (Privatbesitz)

die Grundrisse oder gar die Raumgrößen und Raumhöhen des Bauernhauses reduziert. Man übernahm gerne die Verwendung von Holz für Böden, Decken und Wandverkleidungen, auch der Kachelofen gehörte unbedingt dazu. Sonst jedoch verzichtete man nicht auf den im Villenbau erreichten Standard. Umlaufende Altanen, Loggien, größere Fenster und zweiflügelige Terrassentüren, welche die Verbindung zum Garten herstellten, waren ebenso selbstverständlich wie eine freie Grundrißbildung oder eine größere Differenzierung der Räume in Größe und Bestimmung (Salon, Speisezimmer, Herrenzimmer, Kneipstübchen, Küche, Aufenthaltsräume für Bedienstete usw.). Die Architekten der Heimatschutzbewegung gingen noch einen Schritt weiter und machten sich die Entwicklung entsprechender Möbel, etwa nach dem Muster der Tölzer oder Miesbacher Bauernmöbel zur Aufgabe.[28] Derartige, ganz am bäuerlichen Vorbild orientierte Einrichtungen wurden allerdings relativ selten in die Landhäuser am Starnberger See aufgenommen, wie etwa bei der Sieber-Villa in Tutzing. Häufiger dagegen hat man mit ihnen Kinderzimmer, die Wohnräume der Dienstboten und Fremdenzimmer (Seeshaupt, Villa Ebers; Pöcking, Villa Heidinger und Villa Schmidt) ausgestattet.

Die Anordnung und die Zweckbestimmung der Innenräume folgte im wesentlichen der stilistischen Entwicklung der Architektur und war entsprechend in einem ständigen Wandel begriffen. Die Räume der ersten am Klassizismus orientierten Villen waren noch ganz regelmäßig, meist sogar symmetrisch angeordnet. Grundrisse und Raumgröße waren schlicht, die Widmung wenig differenziert. Mit dem fortschreitenden Historismus wird auch die Anordnung der Räume immer abwechslungsreicher. Die strenge Raumflucht wird aufgelöst zugunsten einer freien Gruppierung, die mit unterschiedlichen Raumgrößen, Ausstattungen, ja sogar mit bewußten Niveausprüngen, mit unterschiedlichen Beleuchtungsverhältnissen für Kontraste und Überraschungen sorgt. Die Raumfolge sollte bestimmte Stimmungen vermitteln. Das Speisezimmer, als wichtigster gesellschaftlicher Raum, und das Elternschlafzimmer nahmen vielfach die Mitte ein. Dazu kamen eigene Räume, die als Salon, als Musikzimmer, Bibliothek oder als Arbeitszimmer eingerichtet waren. Fast alle Räume erhielten über eine Terrasse, eine Loggia oder einen Balkon direkten Zugang zum Garten und zur Landschaft. Das kleine, meist rückseitig angeordnete Treppenhaus wurde zunehmend vom großen, repräsentativen Treppenhaus mit Halle oder geräumiger Diele abgelöst. Nach 1900, unter dem Eindruck der Reformbestrebungen, wurden die Grundrisse jedoch wieder regelmäßiger, überschaubarer, organischer.

Interessant ist die Entwicklung der Nebenräume. Vor allem die Stellung der Küche veränderte sich sehr stark. War sie zuerst irgendwo hinten in einem Raum neben der Treppe und oft diametral zum Speisezimmer angeordnet, so rückte sie immer näher an das Speisezimmer heran, viel-

Gustav Adolf van Hees, Der Starnberger See auf Höhe der Roseninsel. Ölgemälde um 1900, Ausschnitt (Privatbesitz)

fach unter Zwischenschaltung einer Anrichte. Oft lag sie auch unterhalb und wurde mit einem Speisenaufzug versehen. In zwei Fällen wurde sie, der Geruchsbelästigung wegen, über dem Speisezimmer angeordnet. Für die Entwicklung der sozialen Verhältnisse sehr instruktiv ist die Plazierung der Kinderzimmer, die zunächst sehr klein und untergeordnet und nicht auf der klimatisch besten Seite des Hauses zu finden sind. Sehr bemerkenswert auch die Zimmer für die Dienstboten, die sich anfangs durchwegs in untergeordneter Lage befanden und ohne ausreichende sanitäre Versorgung waren, meist rückseitig (ohne Sonne), oft in Dachkammern, mitunter auch in Nebengebäuden. Erst nach 1900 wurde hier die Lage besser, bekamen die Dienstboten bessere Räume, zuletzt auch ein gemeinsames eigenes Bad mit Toilette. Die Räume für den Sohn oder die Tochter rückten ebenfalls erst um diese Zeit in die Nähe von Bad und Elternschlafzimmer.

Die sanitären Verhältnisse waren natürlich infolge der fehlenden Strom- und Wasserversorgung für heutige Vorstellungen völlig unzureichend und absolut »ländlich«. Die meisten Villen hatten wenigstens ein (wohl nicht immer gegen Geruchsbildung isoliertes) Trockenklo innerhalb des Hauses. Als Bad diente zunächst ein kleines Badstübchen im Untergeschoß, das Wasser mußte wohl vom Pumpbrunnen oder aus dem See geholt werden. Erst mit der Einrichtung von örtlichen Wassernetzen und der Versorgung mit Strom verbesserten sich die Verhältnisse. Aber auch dann blieben diese Einrichtungen noch lange vergleichsweise unterentwickelt, und man muß schon bis auf ein paar ganz hochherrschaftliche Villen der 20er Jahre warten, bis man auf mehrere Toiletten und ein zweites oder gar drittes Bad trifft. Von heutigen Verhältnissen, da nicht wenige Villen über fünf und mehr Bäder verfügen, sind wir noch weit entfernt; auch vom Einrichtungsstandard heutiger Bäder. Wo der Herr Geheime Kommerzienrat noch in der Zinkbadewanne neben dem bullernden Badeofen saß, finden wir heute geradezu verschwenderisch ausgestattete Luxusbäder in weißem Marmor, die von weit mehr Aufwand zeugen als das Wohnzimmer. Ein Detail, das nicht vergessen werden darf, ist die Beheizung. Die Villen waren als reine Sommerhäuser nur mit Kaminen oder Kachelöfen ausgestattet. Es waren oft auch nur ein paar wenige Räume für kalte Tage beheizbar. Eine Dauerversorgung war nicht nötig. Die Häuser hatten meist auch nur einfache Fenster, die nicht ausreichend für den Winter isoliert waren. Die allermeisten Häuser mußten erst einmal mit Winterfenstern und Zentralheizungen nachgerüstet werden, als nach dem Verlust der Stadtwohnungen im Zweiten Weltkrieg eine ganzjährige Nutzung erforderlich geworden war.

Untrennbar und schon der Idee nach unverzichtbar mit Villa und Landhaus verbunden war die Garten- und Parkanlage. Die ersten Siedler in der Mitte des 19. Jahrhunderts konnten noch riesige Grundstücke erwerben. Selbst am begehrten Seeufer konnten Leute wie du Pré in Starnberg, Pel-

Der Starnberger See und seine Entwicklung zur Villenlandschaft

Robert Weise, Blick von der Terrasse eines Hauses in Oberberg auf das Starnberger Ufer. Ölgemälde 1910 (Galerie Schwarzmann, Starnberg)

let in Kempfenhausen, Himbsel in Assenbuch, von der Pfordten in Seeseiten, Kustermann in Tutzing oder Knorr in Niederpöcking noch Grundstücke von 5 bis 10 und mehr Hektar erwerben. Die Parkanlage von Angelo Knorr hatte etwa 850 m Uferlänge, die der anderen Genannten sicher nicht viel weniger. Aber selbst später waren, wie die Beispiele Littmann (Heidinger) in Pöcking, Böhler oder Max-Joseph-Höhe in Starnberg oder Weidenkam in Ambach zeigen, weiter zurück noch ähnlich ausgedehnte Anlagen zu bekommen. Selbst bei den übrigen Villen vor der Jahrhundertwende war das Grundstück nur selten unter 5000 qm groß. Hinzu kommt, daß die Grundstücke damals kaum durch Zäune ganz abgeschlossen waren, so daß ein Garten fließend in den nächsten (zum Beispiel in Niederpöcking) oder in die freie Landschaft übergehen konnte.

Am Anfang waren die Gartenanlagen meist noch recht bürgerlich und auch nicht in ihrer ganzen Ausdehnung gestaltet. In Hausnähe war das übliche Repertoire zu finden: planierte Terrassen, Blumenbeete, ein paar alte große Bäume mit schattigen Sitzbänken darunter, ein Parapluie für Sonne und Regen, vielleicht ein kleiner Teepavillon und unten am Ufer natürlich das unvermeidliche Bootshaus und die Badehütte. Auch ein kleiner Obst- und Gemüsegarten gehörte meist dazu. Die im Farbteil wiedergegebenen Landhäuser der Maler Holz in Starnberg und Gabriel Max in Ambach illustrieren dies zutreffend. Im übrigen ließ man die Landschaft in ihrem gewachsenen Zustand und erschloß sie durch mehr oder weniger verzweigte Spazierwege. In einzelnen Fällen jedoch, wie bei Knorr in Niederpöcking, wurde der Park nach dem Vorbild englischer Anlagen gestaltet. Hier wurden bereits Sichtachsen angelegt und freigehalten, wurde der Wechsel zwischen dicht bewachsenen Abschnitten und offenen Gartenteilen sorgfältig berechnet, wurden überraschende Ausblicke auf See und Alpenkette organisiert. Hier arbeitete man auch schon mit fremdländischen Bäumen und Sträuchern und achtete genau auf Kronenbildung und Laubfärbung. In diesen Fällen wurden bereits renommierte Gartenarchitekten wie Karl von Effner oder leistungsfähige Gartenbaufirmen wie die von Michael Buchner herangezogen, wurden mehrere eigene Gärtner beschäftigt, sorgte eine eigene Gärtnerei mit Treibhaus für die notwendigen Nachzüchtungen. Hier finden sich auch regelmäßig Pergolen und Laubengänge, Brunnenanlagen und Freitreppen, größere Hafenanlagen und sogar Tennisplätze.

Die Villen und Landhäuser wurden im allgemeinen gut überlegt in die Landschaft gestellt. Sie wurden stets so in den Winkel zwischen See und Alpenkette ausgerichtet, daß die wichtigsten Räume eine optimale Aussicht hatten. Ausnahmen sind zu beobachten, wo das Gelände, etwa ein Steilhang diese Schrägstellung nicht zuließ (zum Beispiel einige Villen der Höhenberg-Kolonie in Feldafing). Hier hat man jedoch durch die Anordnung der Terrassen und Balkone Abhilfe geschaffen. In Niederpöcking stehen die Villen alle im rechten Winkel zur Uferlinie, die hier jedoch schräg nach Nordost verläuft und die Häuser damit automatisch in die gewünschte Position versetzt. Auf dem Ostufer stehen ebenfalls einige Villen axial zur Uferlinie, weil hier eine Schrägstellung wegen der Krümmung des Ostufers keine bessere Sicht auf die Berge gebracht hätte.

Der Starnberger See und seine Entwicklung zur Villenlandschaft

Blick auf den See und die Alpenkette, um 1925 (im Vordergrund die Villen am Hanfelder Berg)

Die Villen wurden, soweit möglich, etwas von der Straße abgerückt, um Distanz zu gewinnen. Die Zufahrt führte dann in vielen Fällen direkt auf die Villa zu und wirkte dabei als Herrschaftsmotiv. In anderen Fällen wurde sie bewußt in einem Bogen an die Villa herangeführt, um die malerische Wirkung des Hauses zu erhöhen. Ein wesentlicher Bestandteil waren die Nebengebäude wie Kutschenremise, Pferdestall und Kutscher- und Gärtnerwohnung. In einigen Fällen gab es, etwas weiter abgesetzt, noch einen Hühner-, Schweine- und Kuhstall. Auch eine Kegelbahn gehörte gerne dazu. Sie waren meist abweichend gestaltet, um das Bedeutungsgefälle sichtbar zu machen. Sie wahrten aber immer ein entsprechendes gestalterisches Niveau, im Gegensatz zu heute, da derartige Nebengebäude oft von erschreckender Banalität sind.

Die Villenlandschaft hatte in den Jahren vor und nach dem Ersten Weltkrieg ihren Höhepunkt erreicht. Die Baumlandschaft war eindrucksvoll hochgewachsen, die Gärten hatten eine zauberhafte Balance zwischen gärtnerischer Absicht und natürlichem Gewährenlassen erreicht. Die Häuser hatten etwas Patina angesetzt, die ihnen ein wenig die Härte und Direktheit des Neuen nahm. Die Geschichte, die ihnen inzwischen zugewachsen war, verlieh ihnen Individualität und Würde. Nur wenige Jahre noch waren ihr vergönnt, in denen sie, fast noch ein wenig von romantischem Zauber und wohltuender Ruhe erfüllt, ihren Charme und ihre Schönheit hat bewahren können.

Was ist daraus geworden? Viele der schönen Villen und Landhäuser sind nicht mehr, die übriggebliebenen oft umgebaut, vereinfacht, oft in blindem Glauben an den Fortschritt modernisiert und dabei langsam entwertet. Die wundervollen Gärten und die weiten Parkanlagen wurden zerstückelt und überbaut. In vielen noch verbliebenen Anlagen ist die einstige kunstvolle Gestaltung aufgegeben und versunken, weil sich niemand mehr den Unterhalt leisten kann. Kaum ein Besitz bleibt noch in Familientradition, weil er beim nächsten Erbfall entweder veräußert oder zu Baugrundstücken zerschlagen werden muß. Was heute noch erhalten und erlebbar ist, was gar noch in der Denkmalliste erfaßt werden konnte, ist nur noch ein Bruchteil des großen historischen Bestandes. Von den großen Parkanlagen hat bis heute kaum mehr als eine Hand voll überlebt.

Die Villenlandschaft am Starnberger See hat man einmal zu den bedeutendsten Deutschlands zählen können. Sie bot ein interessantes Spiegelbild der wirtschaftlichen, gesellschaftlichen und kulturellen Verhältnisse der Zeit, und sie stellte eine eindrucksvolle Sammlung wertvoller Architektur dar. Sie war ganz ohne Zweifel ein kulturhistorisches Dokument ersten Ranges, vergleichbar dem gewachsenen Ortsbild alter Städte. Es liegt eine tiefe Tragik darin, daß sie, kaum auf dem Höhepunkt, nicht einmal ein paar Jahrzehnte hat überdauern können, wie über Jahrhunderte etwa die Altstadt von Landshut, Regensburg oder Eichstätt.

Starnberg

Gustav Kraus, Starnberg. Kolorierte Lithographie, um 1836 (Privatbesitz)

G. Durand, Villa des Prinzen Karl von Bayern. Aquarell, um 1840 (Stiftung Preußische Schlösser und Gärten, Potsdam-Sanssouci)

Johann Jakob Dorner, Villa des Prinzen Karl von Bayern. Ölgemälde, um 1840 (Privatbesitz)

Starnberg

Max Kuhn, Blick über die »Au« auf Starnberg. Aquarell, um 1855/60 (Privatbesitz)

Leopold Rottmann, Villa Simmerl. Aquarell, um 1870 (Staatliche Graphische Sammlung München)

Lorenz Quaglio, Im Garten des Landrichterhauses in Starnberg. Ölgemälde, 1832 (Kunstmuseum Düsseldorf)

Friedrich Wilhelm Pfeiffer, Landhaus des Malers Holz. Ölgemälde, um 1870 (München, Schlösserverwaltung)

Starnberg

Starnberg, Villa Keil, Gartenfassade vor dem Umbau, 1985

Villa Keil, Wohnraum im 1. Obergeschoß, ausgemalt von Joseph Wörsching (um 1880), 1985

Starnberg, Villa des Prinzen Karl von Bayern und seiner Gemahlin Sophie von Bayrstorff (Almeida-Palais), 1984

Starnberg

Paul Thiem, Blick von einem Zimmer der Villa Thiem auf den Starnberger See. Ölgemälde, 1912 (Privatbesitz)

Paul Thiem, Blick vom Balkon der Thiem-Villa in den Garten der Villa Böhler. Ölgemälde, 1904 (Galerie Schwarzmann, Starnberg)

Franz von Lenbach, Entwurfsskizze zur Villa Lenbach. Ölgemälde, um 1903 (Starnberg, Heimatmuseum)

Unbekannt, Landhaus Schleich auf dem Mühlberg. Ölgemälde, um 1890/95 (Privatbesitz)

Johann Wölfle, Blick auf den Starnberger See. Lithographie, um 1860

Starnberg

Die Entwicklung des ehemaligen Bauern- und Fischerdorfes Starnberg zum attraktiven Villenort beginnt im ersten Viertel des 19. Jahrhunderts. Es ist nicht viel darüber bekannt, ob auch schon im 17. und 18. Jahrhundert Sommerwohnungen der Münchner in Starnberg bestanden. Das kurfürstliche Schloß hatte seine Rolle als Anziehungspunkt längst verloren, aber die Nähe des Sees zur Stadt mag vielleicht doch die eine oder andere Einquartierung während der Sommermonate gebracht haben. Vor allem nach der Wende ins 19. Jahrhundert muß es hier zahlreiche Gäste gegeben haben, vor allem Schriftsteller und Maler, die sich hier in einfachen, noch kaum auf Fremdenverkehr eingestellten Quartieren einlogierten und von Starnberg aus ihre Wanderungen den See entlang unternahmen.

Die ersten Wohnhäuser, die man als Landhäuser oder Villen im eigentlichen Sinne bezeichnen konnte, kamen erst einige Zeit später, als die Gelehrten, die Schriftsteller und vor allem die Maler die Landschaft schon längst entdeckt und in Besitz genommen hatten. Auf ihre warmherzigen Schilderungen des Fünf-Seen-Landes und seiner landschaftlichen Reize hin erfaßte allerdings auch die Bürger in der Stadt die Sehnsucht nach dem freien, unbeschwerten Landleben. Nun drängte es alle, die es sich leisten und die gut laufen konnten, hinaus vor die Tore der Stadt, ins wildromantische Isartal und an den Starnberger See mit seinen malerischen Ufern und seiner großartigen Bergkulisse.

War das Haus des kgl. Landrichters an der Schloßbergstraße im Grunde ja noch eine Art Dienstwohnung, so hatten sich Standort und Architektur des Hauses doch schon deutlich von der bodenständigen Bauweise abgesetzt. 1804 begann der Kapitän und Leibschiffsmeister Heinrich Zimmermann mit dem Bau des ersten Landhauses am nördlichen Rand der Au, unmittelbar am Georgenbach. Ein schmaler, langgezogener Garten, der bis herein zur heutigen Ludwigsstraße reichte, weist schon ganz deutlich auf den eigentlichen Landhauscharakter des Neubaus hin. Dem folgte erst 1827 der Umbau der alten Kapelle auf dem Georgsbichl durch Staatskassier von Ertl, der den schon Ende des 18. Jahrhunderts aufgegebenen Sakralbau in eine kleine Villa umwandeln ließ. Auch Ertl legte einen weitläufigen Garten an, mit Spazierwegen bis hinunter in das Siebenquellental. Die kleine Ertl-Villa hatte jedoch keinen Bestand; denn schon wenige Jahre später wurde sie abgebrochen und 1832 durch das neue Palais des Prinzen Karl ersetzt, das dieser für seine Gemahlin Sophie von Bayrstorff in Auftrag gegeben hatte. Es war der erste ganz große Villenbau in Starnberg. Etwas später folgte in unmittelbarer Nähe noch die Villa von Dr. Karl von Linprun, dem Leibarzt des Prinzen Karl.

Die große Wende in der Entwicklung brachte schließlich der Bau der Eisenbahnlinie Pasing (München)–Starnberg 1854.[1] Baurat Johann Ulrich Himbsel, einer der Pioniere einer neuen Zeit in Bayern, hatte 1851 bei Maffei in der

Starnberg, Maximilianstraße (Hotel Seehof), um 1920/25

Vor dem Bahnhof Starnberg, um 1925

Hirschau das erste Dampfschiff für den Starnberger See bauen lassen. Die Auslastung ließ zunächst jedoch noch zu wünschen übrig. Deshalb projektierte Himbsel die Bahn als Zubringer für seine Dampferlinie, natürlich auch als Spekulationsobjekt im Hinblick auf eine gewinnträchtige Entwicklung des Transport- und Verkehrswesens. Bereits zwei Jahre später war die Strecke fertiggestellt. Damit begann für Starnberg die folgenreiche Entwicklung zum Naherholungszentrum, zur Sommerfrische und zum Badeort.

Es bedeutete auch den Beginn einer regen, mitunter sogar hektischen Bautätigkeit, die einen ersten Höhepunkt in den 80er und 90er Jahren hatte und durch die sich das Gesicht Starnbergs in wenigen Jahrzehnten völlig veränderte. Sie brachte natürlich auch dem alten Ortskern einen bedeutenden Aufschwung. Die Neubauten wurden in überwiegendem Maße von ortsansässigen Baumeistern entworfen und von einheimischen Baufirmen und Handwerkern errichtet. Gleichzeitig verzeichnete der Handel bedeutende Prosperität. Die Folge war nicht nur eine umfangreiche Erneuerung der überlieferten Bausubstanz und eine deutliche Verdichtung des alten Ortskerns. Viele Handwerker legten ihr Geld gut in Wohnhäusern in den neu erschlossenen Quartieren an, im Viertel um die heutige Von-der-Tann-Straße oder die Zimmermannstraße etwa. Aber auch an den neuen Straßenzügen der Au wurden nicht wenige Neubauten als Renditehäuser gut verdienender Starnberger Bürger gebaut.

Die ersten Sommervillen für auswärtige Bauherren, zu dieser Zeit noch vorwiegend Münchner Bürger, entstanden ab 1850 am Seeufer südlich des Undosa und an der alten Landstraße nach München, der heutigen Josef-Jägerhuber-Straße und der Perchastraße, wo die Herren Daffner, von Perfall (beide 1856) und Dall'Armi (1858) sich ansiedelten. Einige kleinere und einfachere Häuser wurden bereits auch an der Söckinger Straße und am unteren Hanfelder Berg gebaut. Dann folgte in zügigen Schritten die Besiedlung der bis dahin noch freien Au. Hier wurden zwei parallel geführte Straßen, die Maximilianstraße und die Kaiser-Wilhelm-Straße, von der alten Münchner Straße zum Seeufer projektiert. Die Ludwigstraße erhielt die Funktion einer Querverbindung, die Wittelsbacher Straße kam erst 1925 hinzu. Die Bautätigkeit begann hier zunächst in Bahnhofsnähe mit den Villen für die Herren Hirt (1865) und Karl von Schmid-Kochheim (1866) sowie für den Münchner Bildhauer Johann von Halbig in der Theresienstraße (1855). Neben einigen größeren Etagenvillen im Stil des Historismus eingangs der Maximilianstraße entstanden hier auf den etwas enger gereihten Grundstücken vor allem kleinere Häuser mit idyllischen, noch ganz biedermeierlich schlicht konzipierten Gärten, vor den Fronten kleine, oft überquellende Vorgärten. Die Häuser ergaben mit ihren meist schlichten Fassaden, die in ihrer Formensprache und ihren Details meist vom bodenständigen Bauernhaus abgeleitet oder in spätklassizistisch strenger Ordnung gehalten

Hansahaus und Bayerischer Hof, um 1930

Blick in die Zweigstraße, um 1930/35

Starnberg

Die Münchner eilen zu den Dampfern, um 1910

Gäste werden am Bahnhof abgeholt, um 1905/10

waren, oft auch die am Starnberger See so charakteristische Dreiereinheit von Veranda, Balkon und Hochlaube aufwiesen, ein ruhiges, sehr einheitliches Straßenbild. Die Bebauung in der etwas vornehmeren Kaiser-Wilhelm-Straße war vom Zuschnitt der Grundstücke ein wenig großzügiger angelegt. Als um die Jahrhundertwende diese Bebauung langsam zusammenwuchs, war ein bürgerlich gemütliches Quartier von hohem Reiz entstanden.

Die alte Badeanstalt von Alois Deiglmayer, aus der sich 1891 unter dem neuen Besitzer Karl Podewith das »Seebad Starnberg« mit einem eigenen »Café-Restaurant« (das heutige Undosa) entwickelte und welches der Baedeker von 1904 als »die luxuriöseste Schwimmschule« bezeichnete, vermittelte dazu die heitere Atmosphäre eines Badeortes.[2] Als dann 1905 auch noch, südlich anschließend, das »Undosa-Wellenbad« mit einer sensationellen Wellenmaschine und mit einem Sprungturm hinzugefügt wurde, gehörte man endgültig zu den beliebtesten Zielen der Münchner und der Touristen. Podewith ließ 1890 die südliche Seepromenade erweitern und mit einer Lindenallee neu gestalten. 1924 wurde das Bad erneut umgebaut und mit einem großen Festsaal versehen. An den Dampferstegen vor dem Bahnhof lagen prächtige Schiffe. Der ältere, noch kleinere Dampfer »Ludwig«, der ganz im Renaissancestil ausgestattete Salondampfer »Bavaria«, die »Wittelsbach« und der herrliche ganz in Rot, Schwarz und Gold gehaltene »Luitpold«, von den gefragtesten Münchner Künstlern ausgestattet sicher eines der schönsten Schiffe seiner Zeit. Tausende strömten an den Sonntagen aus den ankommenden Zügen. Die Schiffe fuhren eine Rundfahrt nach der anderen, und in den Gasthäusern und Cafés war kaum noch ein Platz zu bekommen. Eine Reihe neuer Hotels (Bayerischer Hof, Hotel Bellevue, Hotel Walter, Pension Hartl, Deutsches Haus, Pellet-Mayer) brachte mit ihren Gästen aus aller Welt sogar ein wenig internationales Flair an den See. Es war eine große Zeit für Starnberg.

Obwohl die Starnberger Topographie mit ihren auf der Flurkarte von 1815 noch gut erkennbaren gestaffelten Hanglagen ideale Voraussetzungen bot, blieben die vom See abgelegenen Hänge noch einige Zeit frei von Bebauung. Nur der durch seinen Kampf gegen Richard Wagner bekannt gewordene Literat und Herausgeber der satirischen Zeitschrift »Punsch«, Dr. Martin Schleich, hatte sich oben auf dem Mühlberg, an der heutigen Josef-Fischhaber-Straße, ein kleines Landhaus hinstellen lassen. Um die Jahrhundertwende entstand dann unterhalb, an der Mathilden-, der Gisela- und der Leopoldstraße eine Zeile anspruchsvoller Landhäuser. Gleichzeitig wuchs die Bebauung langsam die Wilhelmshöhenstraße hinauf, entstanden die ersten Villen am Prinzenweg. Ab 1900 schließlich wurden auch die Anhöhen am Mühlberg und am oberen Hanfelder Berg für große, repräsentative Villen erschlossen. Damit waren die besten Standorte der Hanglagen wie die

Vor dem Undosa, 1912

Das Undosa-Bad, um 1925

Die Staffelung der Villen auf dem Starnberger Westufer, um 1930

Plätze auf einer Tribüne besetzt. Um 1910 schloß sich schließlich noch der Bereich um Heinrich-Wieland-Straße, Max-Emanuel-Straße und Schießstättstraße an.

Mit dem Ersten Weltkrieg und den 20er Jahren war die Entwicklung Starnbergs zu einem der bedeutendsten Villenorte Bayerns im wesentlichen abgeschlossen. Nach diesem Höhepunkt wurden, von wenigen Ausnahmen abgesehen, in den bestehenden Quartieren nur noch Lücken bebaut. Nun begann aber bereits der zerstörerische Prozeß der ständigen Verdichtung, der das Ende vieler Garten- und Parkanlagen bedeutete, kam es zu den ersten Abbrüchen für eine nachfolgende Bebauung. Heute ist dies alles bereits so weit fortgeschritten, daß Starnberg sein Gesicht zu verlieren droht. Bauträger und Immobilienhaie finden wie Trüffelschweine jeden Quadratmeter verwertbaren Grund. Bei einer Baugesinnung, die oft nur schnellen Umsatz mit Gewinnmaximierung kennt, ist dann oft kein Platz mehr für architektonische Qualität, für das Individuelle, Eigenwillige, ja sogar ein wenig Extravagante, für das Farbige, das einst Starnberg so unverwechselbar geprägt hat – für das Ruhige, bürgerlich Gemütliche ohnehin nicht mehr in unserer Zeit.

Der sog. Georgsbichl ist eine sanfte Erhebung, die als Teil des Moränenrückens zu sehen ist, der den See begleitet und der mit dem Standort des Starnberger Schlosses zum Graben des Georgenbaches hin abbricht. Er fällt gegen den See hin relativ steil ab und ermöglicht damit eine ungehinderte Aussicht auf den gesamten See und die Alpenkette. Bis zum Beginn des 19. Jahrhunderts stand hier inmitten lichter Buchenbestände die kleine Georgskapelle.[3] Sie war gegen Ende des 18. Jahrhunderts als Sakralbau aufgegeben und profaniert worden. Einige Zeit wohnte dann ein Klausner in der Kapelle und erteilte Starnberger Kindern Unterricht. Nach dem Bau des ersten Schulhauses wurde sie vom Seejäger Franz Groll übernommen und bewohnt. 1827 schließlich erwarb sie der Hauptstaatskassier Franz Michael von Ertl und baute sie zu einem kleinen Landhaus um. Gleichzeitig gestaltete er den Hügel zur »geschmackvollsten Gartenanlage« um, wie es bei Föringer heißt. Das Wegesystem weitete er bis in das Siebenquellental hinunter zur »Promenade« aus. Adolph von Schaden schreibt dazu: »Er begnügte sich nicht, seine Villa mit einem herrlichen Garten zu umgeben, sondern auch aus mehreren Tagwerken seines an und für sich selbst romantischen Gehölzes schuf er englische Anlagen, deren großartiger Typus alles weit hinter sich läßt, was ich in der Art bisher gesehen. Eine der schön-

Bahnhof und Seepromenade, um 1910/15

Die Dampfer »Starnberg« und »Tutzing« (ex »Ludwig«), um 1925

Starnberg

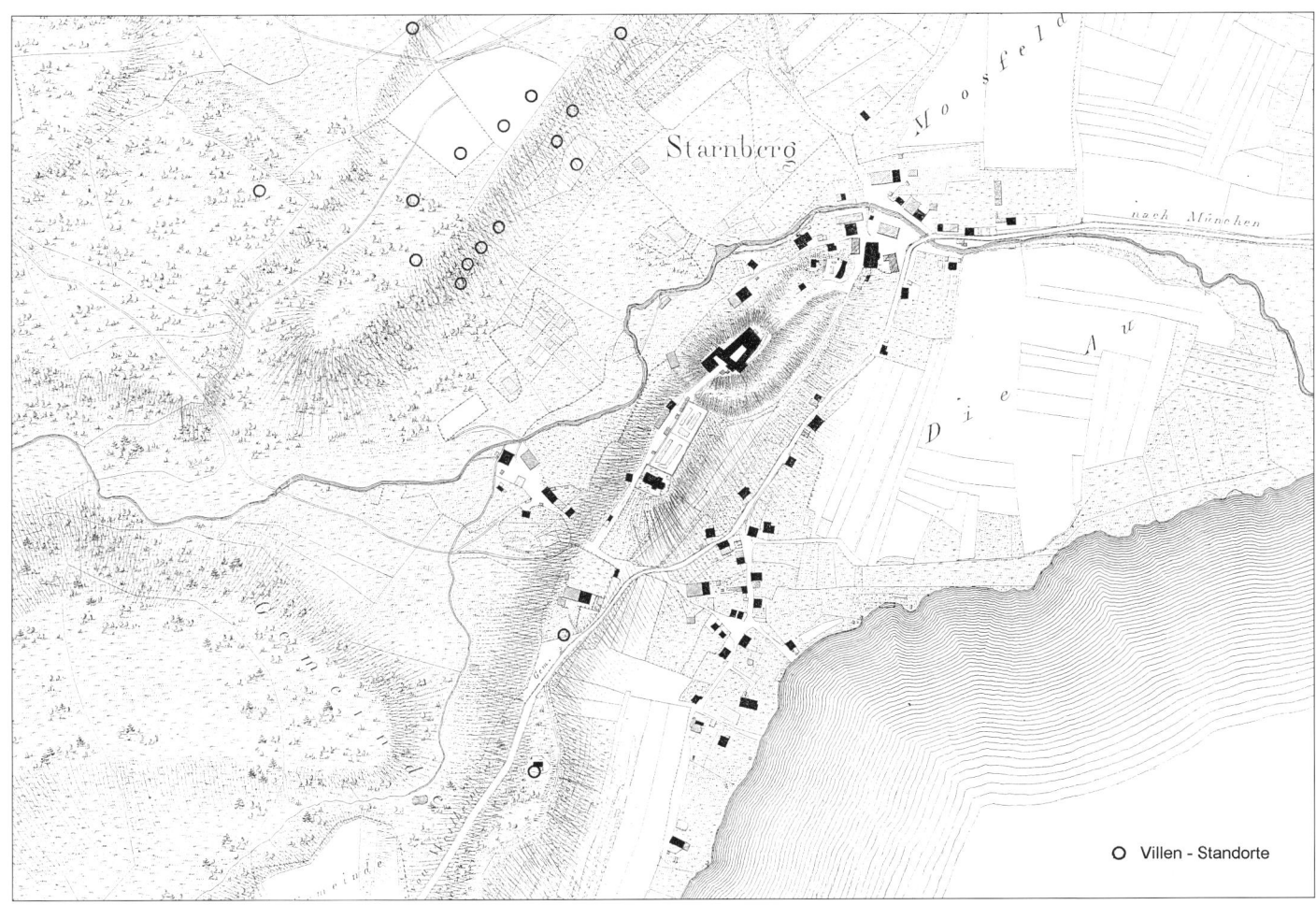

Starnberg, Flurkarte, 1806 (Staatsarchiv München) mit Markierung der späteren Villenstandorte

sten unter den vielen reizenden Partien dieses Zauberhains bilden die sieben Quellen und die anmutige Gegend, in der sich die Konstitutionssäule erhebt. Man erfreut sich auf dem Ertlberge einer wahrhaft entzückenden Aussicht auf den See, und kein sinniger Seegast sollte versäumen, diese Höhe und die interessanten Anlagen in ihrer Nähe zu besuchen.«[4]

1831 jedoch schon kaufte Prinz Karl, bayerischer Feldmarschall und Bruder König Ludwigs I., das kleine Haus und ließ es abbrechen, um eine große Villa für seine Gemahlin, Freifrau Sophie von Bayrstorff, erbauen zu lassen. Durch die Heirat ihrer Tochter mit dem kaiserl. brasilianischen Kammerherrn Paulo Visconde d'Almeida ging die Villa später in die Hände der Grafen Almeida über.[5]

Der Architekt der Villa, Franz Xaver Eichheim, mußte erst die kegelförmige Hügelkuppe abtragen lassen, um genügend Platz und den erforderlichen Umgriff für den Neubau zu erhalten. Der Abraum wurde dann auf der Hangseite zur Gewinnung eines größeren Vorplatzes aufgeschüttet.[6] Eichheim entwarf einen annähernd quadratischen Baukörper mit sehr flachem Walmdach, der seeseitig durch zwei erdgeschossige Flügelbauten repräsentativ in die Breite gezogen ist. Die zum See hin gewandte Ostfassade ist zweigeschossig ausgebildet, auf der rückwärtigen Westseite

C. A. Lebschée, Die alte Georgskapelle, um 1830

C. A. Lebschée, Landhaus Ertl, um 1830 (München, Stadtmuseum)

Unbekannt, Die Villa des Prinzen Karl von Bayern. Lithographie, um 1840

ist das Untergeschoß mit dem Entree, dem Gefälle des Terrains entsprechend, freigestellt und ergibt damit eine etwas steilere, dreigeschossige Fassade.

Die seeseitige Hauptfassade ist ein Muster einer sehr harmonischen klassizistischen Fassadengestaltung, die trotz ihres Reichtums im Detail zurückhaltend und nobel wirkt. Da ist nichts, was einer Sommervilla auf dem Lande nicht angemessen wäre, da findet sich keines jener Baudetails, die bei so manchen späteren Villen so aufgesetzt wirken, so ungeniert Reichtum zur Schau stellen. Dennoch wird der hochherrschaftliche Anspruch des Auftraggebers an allen wesentlichen Stellen berücksichtigt, etwa in der Art, wie der zentrale Speisesaal im Erdgeschoß über fast raumhohe Fenster und Türen und über eine portikusartig von Wandpfeilern und toskanischen Säulen gebildete kurze Vorhalle mit der Terrasse und dem Garten verbunden wird.

Die zentrale Bauaufgabe, über das Repräsentative hinaus einen angenehmen Sommeraufenthalt zu ermöglichen und für das ungehinderte Natur- und Landschaftserlebnis eine optimale Verbindung aller Räume zum Garten und zur umgebenden Landschaft zu schaffen, ist mit den Terrassenvorbauten des Erdgeschosses und den großflächigen Hochterrassen des Obergeschosses, aber auch mit den großzügig bemessenen Fensteröffnungen voll und ganz erfüllt. Die Formensprache entspricht genau der Zeit, die hier vorgetragenen Stilelemente sind bei den frühen Bauten Gärtners bereits ausgeprägt. Die Fassade ist reich an Abwechslung.

Sie wirkt deshalb nicht flach oder spannungsarm, sondern farbig und rhythmisch durchgebildet. Die ruhigeren Flächen der Eckrisalite bedeuten eine Unterbrechung und Gliederung der stärker geöffneten Gebäudemitte gegenüber den beiden Flügelbauten. Ein kräftiges horizontales Gesims verklammert die verschiedenen Fassadenteile. Diese gute Gliederung, bei der auch ausreichend für Schattenbildung und damit für Konturen gesorgt ist, kommt vor allem der Fernwirkung der Villa zugute. Sie ist auch vom See her, also aus einiger Entfernung, gut erkennbar und kann damit eine bedeutende Wirkung für das Orts- und Landschaftsbild an dieser Stelle entfalten.

Im Erdgeschoß (von rückwärts gesehen das 1. Obergeschoß) wurden die Hauptwohnräume angeordnet: In der Mitte der Speisesaal, seitlich anschließend Wohnzimmer und Arbeitszimmer. An den beiden Seitenfassaden lagen die Schlafzimmer, die Toilettenzimmer sowie ein Bad, das bereits damals von der darunter liegenden Küche mit kaltem und warmem Wasser versorgt wurde. Rückseitig erstreckte sich das Treppenhaus bis über die Gebäudemitte hinaus. Daneben wurde eine zusätzliche Wendeltreppe für die Dienstboten angeordnet, die bis in die Speicherräume führt.

Das Obergeschoß ist in der Grundrißbildung mit dem Erdgeschoß identisch. Es wies in der Mitte einen Empfangssalon auf, seitlich befanden sich weitere Zimmer (Schlaf- und Arbeitszimmer, Toilettenzimmer, Dienerzim-

Starnberg

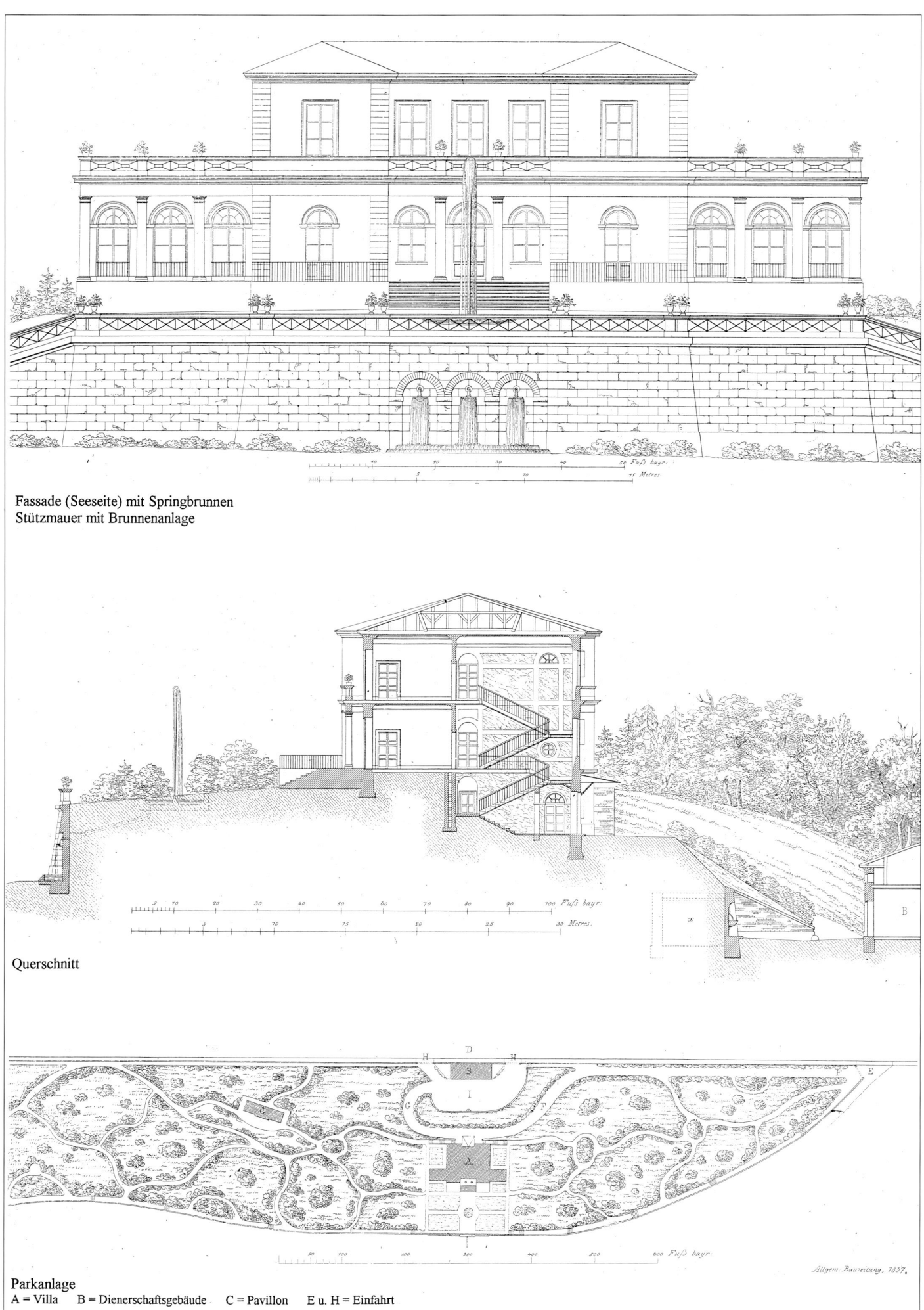

Fassade (Seeseite) mit Springbrunnen
Stützmauer mit Brunnenanlage

Querschnitt

Parkanlage
A = Villa   B = Dienerschaftsgebäude   C = Pavillon   E u. H = Einfahrt

Villa des Prinzen Karl; aus: Allgemeine Bauzeitung, 1837

Almeida-Palais (Villa des Prinzen Karl von Bayern, Weilheimer Straße), Seeseite, 1984

mer u.a.) Die seitlichen Flügelbauten enthielten sog. Blumenzimmer, wohl Aufenthaltszimmer oder Räume für eine festliche Gesellschaft. Sie bilden oben große Terrassen, die früher nach Bedarf gegen Regen oder Sonne mit Leinendächern (über Rollen und Schnurzüge) auf einer leichten Eisenstangenkonstruktion abgedeckt werden konnten. Die gewölbten Untergeschoßräume, die besonders gegen eindringende Feuchtigkeit geschützt wurden, nahmen neben dem Entree die Wirtschaftsräume wie Küche, Speisekeller, Weinkeller und Bedientenzimmer auf.

Der Blumengarten vor der Terrasse wurde nach Osten hin von einer starken, aus Bruch- und Tuffsteinen gebildeten Stützmauer begrenzt, die das aufgeschüttete Terrain gegen den Abhang sicherte. Das Wasser des vor der Terrasse gelegenen Springbrunnens wurde zu dieser Mauer abgeleitet und speiste nach Aussage der Planbeilage der Allgemeinen Bauzeitung einen von drei Röhren gebildeten Wandbrunnen in der Mitte der Stützmauer. Während der Springbrunnen und die Stützmauer durch zeitgenössische Darstellungen bestätigt werden, ist der untere Wandbrunnen in der im Plan angegebenen Form an keiner Stelle dokumentiert. Heute existiert nur eine leere Nische am Fuß der Stützmauer. Unterhalb dieser Stützmauer begann der »Prinzenweg«, auf dem Prinz Karl von Bayern seine täg-

Almeida-Palais, südliche Fassade, 1984

Villa des Prinzen Karl. Lithographie von Lebschée, 1830

Starnberg

Almeida-Palais, Entree, 1984

Almeida-Palais, Treppenhaus, 1984

lichen Spaziergänge entlang der aussichtsreichen Hangkante in Richtung Possenhofen und Pöcking unternahm. Der Weg verlief damals noch durch Wiesen und schattige Baumgruppen und führte zu einer alten, mächtigen Eiche, unter der der Prinz Rast zu machen pflegte, und die deshalb den Namen »Prinzeneiche« erhielt. Sie mußte 1903 gefällt und durch eine Neupflanzung ersetzt werden, die jedoch heute nicht mehr existiert.

Die Parkanlage, die in der Allgemeinen Bauzeitung als »englische Anlage« bezeichnet wird, reichte vom Einfahrtstor am heutigen Almeidaweg bis hin zum Prinzenweg. Inwieweit die Ertl'sche Anlage für die Neugestaltung des Gartens übernommen wurde, ist nicht zu sagen. Zumindest wird wohl der Großteil der hochgewachsenen Bäume als Solitäre oder in kleinen Baumgruppen stehen geblieben sein. Der Park wurde nach Aussage des Lageplans von 1837 von einem verzweigten Wegenetz erschlossen. Die Wege sind von Bäumen und Büschen gesäumt, dazwischen liegen offene Wiesenflächen mit Solitärbäumen. Ein

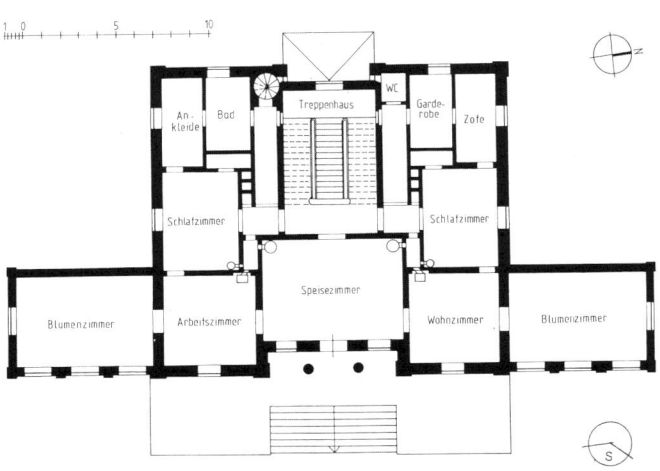

Villa des Prinzen Karl, 1. Obergeschoß, 1837

Weg mit kleinen Treppenabsätzen führt an der Grundstücksgrenze entlang zum Blumengarten vor der Villa. Die zeitgenössischen Darstellungen zeigen die Villa freilich ziemlich freistehend und ohne Bäume und Büsche in Hausnähe, so daß dieser Plan vielleicht zu dieser Zeit noch als Idealplan zu verstehen ist. Der rückseitig gegen die Straße gelegene Parkteil wird in der Allgemeinen Bauzeitung allerdings als »Tannen- und Buchenhain« bestätigt. Zur späteren Gestaltung des Parks heißt es in einem Gartenmagazin von 1889: »Der zur Villa führende Weg und die Umgebung derselben sind durch besonders schönen, feinen Rasen ausgezeichnet. Die den Anlagen zu Grunde liegende Idee, welche von den dermaligen Besitzern zur Geltung gebracht wurde, zeigt eine Art der Bepflanzung, wie sie selten erdacht und durchgeführt wird. Das vorhandene hügelige Terrain wurde in äußerst wirksamer Weise ausgenutzt. Jeder Baum, jeder Strauch, jede Konifere kommt zur Geltung, es ist, als ob alles für sich allein stünde, und doch gruppiert sich das Ganze sehr schön. Auf die Zaunbepflanzung sei auch aufmerksam gemacht (Jasmin oder Holler). Die vor dem Schlosse angebrachte teppichartige Pflanzung macht Herrn Schloßgärtner Maurer alle Ehre. Es waren neben anderen Teppichpflanzen besonders coleus Verschaffelti in großer Menge verwendet, die, mit weiß-buntblättrigen Geranien und dem alten, aber so dankbar blühenden Destiné-Geranium gemischt, großen Effekt machten. Hochstämmige Rosen, besonders Thea-Noisette-Sorten sah ich nicht leicht wo mit größeren Blumen und schönerem Laub, als in diesem Parterre.« Auch der Obst- und Gemüsegarten in der Südwestecke der Anlage wird überaus lobend erwähnt.[7]

Unterhalb der Villa, an der Weilheimer Straße, lag ein eigenes Wohnhaus für die Bediensteten. Es wurde 1897 durch ein neues Gebäude nach Plänen von Ludwig Deiglmayr ersetzt.[8] Im Park gab es ein Gewächshaus und an verschiedenen Stellen »Lauben und Parasols«, zum Schutz gegen Sonne und Regen überdachte Sitzplätze. Nahe der südlichen Grenze der Gartenanlage und in unmittelbarer Nähe der Straße bestand um 1850 ein ganz in Gußeisen hergestellter Pavillon, den der Gärtner-Schüler Eduard Bürklein entworfen und gebaut hatte.[9] Der Pavillon dürfte in dieser Ausführung, vor allem mit seinen ungewöhnlich farbigen und aufwendigen Details wohl ein Sonderfall am Starnberger See gewesen sein. Wann er abgebaut bzw. zertrümmert wurde, ist nicht bekannt. Erhalten ist dagegen der schlichte klassizistische, gemauerte Gartenpavillon mit seinem Dreiecksgiebel und den hohen rundbogigen Terrassentüren. Er hat allerdings seine etwas rückseitig angefügten kleinen Seitenflügel eingebüßt. Die in den alten Flurplänen dargestellte Parkanlage existiert noch, mit Ausnahme eines kleineren Flurstücks an ihrem südlichen Ende. Sie ist heute allerdings stark vereinfacht. Das vor der großen Stützmauer liegende, zum See hinunter abfallende Vorfeld, welches die Villa einst so schön freigestellt hat, ist heute fast vollständig verbaut. Wie großartig und mit welch ortsbildprägender Wirkung stand die helle Villa einst oben auf dem Hügel, hoch über dem »Badeort« Starnberg!

Blick auf die Villa und die Gartenanlage, um 1930

Undosa-Bad und Almeida-Palais, um 1900

Dampfer »Ludwig«, Almeida-Palais, um 1900

Pavillon (von Eduard Bürklein), Gußeisen, 1852

Das Gartenhaus, 1984

Starnberg

Villa Linprun (Thomaß, Weilheimer Straße), Ostfassade, 1984

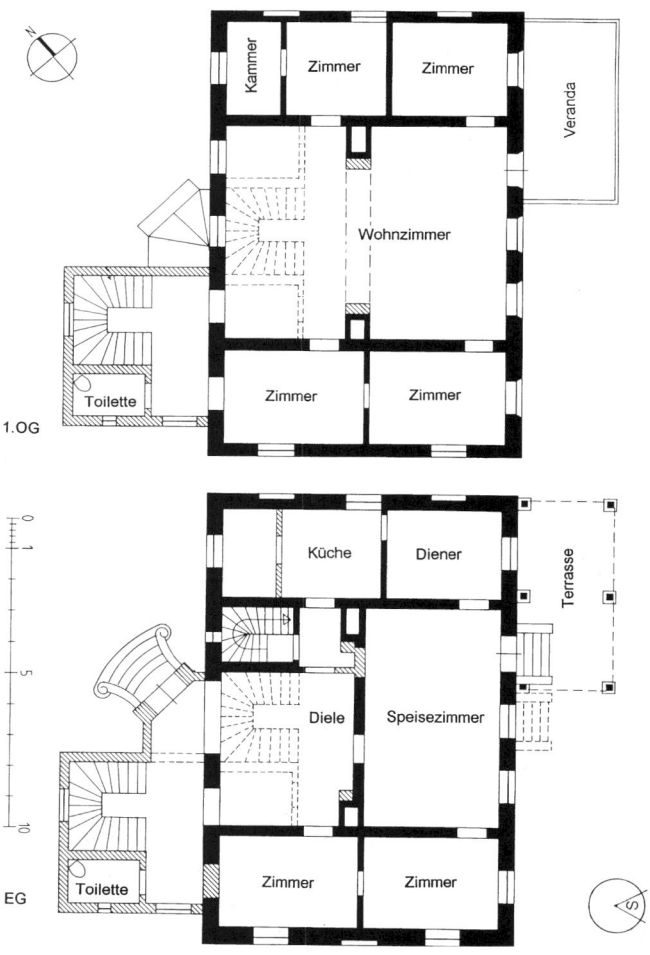

Erdgeschoß und Obergeschoß, 1893

Der kgl. Rat Dr. Karl von Linprun, der Leibarzt des Prinzen Karl von Bayern, ließ sich in unmittelbarer Nähe des Prinz-Karl-Palais' um 1850 eine eigene Villa errichten.[10] Wer den Plan dazu entworfen hat, ist nicht bekannt, doch dürfte der Urheber aus dem Kreis der Münchner Architekten um Klenze oder Gärtner gekommen sein. Der mit einem Flachwalmdach versehene Bau ist in schlichten klassizistischen Formen gehalten. Sein würfelförmiger Körper erhält über dem 1. Obergeschoß eine deutliche Zäsur durch ein stark vorspringendes umlaufendes Gesims. Darüber sind die beiden östlichen Ecken stark eingezogen, so daß sich zwei kleine gedeckte Veranden mit Aussicht auf den See ergeben. Die Fassaden wirken durch ihre Schlichtheit, nur der Gesims- und der Dachansatz werden durch einfache Putzfriese betont.

Das Haus wurde 1893 von dem berühmten Münchner Bildhauer Adolf von Hildebrand erworben. Gleichzeitig bekam Emanuel Seidl den Auftrag, die rückwärtige Erschließung mit dem Treppenhaus neu zu organisieren und gleichzeitig zeitgemäße Toilettenanlagen zu schaffen. Seidl fügte dafür einen rechtwinkelig angeordneten Flügel an und legte den Eingang in der für ihn charakteristischen Art in den Innenwinkel. Auch im Inneren wurden einige Umbauten zur Vergrößerung einzelner Räume durchgeführt. 1895 ließ sich Hildebrand dann noch ein neues Atelier westlich der Villa errichten. Erneute Umbaupläne 1921 für Kommerzienrat Eugen Thomaß (Inhaber der Thomaß-

Blick in die untere Parkanlage, um 1990

Brauerei), mit denen wieder Emanuel Seidl beauftragt war und die eine bedeutende Vergrößerung der Villa gebracht hätten, wurden jedoch nicht verwirklicht.[11] Die Villa ist heute noch in ursprünglicher Form erhalten.

Von großem historischem Wert, aber auch von größtem Gewicht für das Ortsbild ist die Parkanlage, eine der am besten erhaltenen in Starnberg. Die ursprüngliche Gartenanlage war freilich noch kleiner als heute. Sie erstreckte sich südlich der Villa entlang der Weilheimer Straße und bezog auch den Abhang mit ein. Die Talsohle selbst (sog. Mühlanger) kam erst 1960 hinzu. Dagegen wurde der südliche, bis zur Fischzuchtanstalt reichende Teil der Anlage mit dem Tennisplatz 1928 an den Nachbarn Volkardt abgegeben. Eine kleine Serie von Aufnahmen aus den Jahren um 1900 bis 1910 überliefert die Gestaltung der Parkanlage und vermittelt einen guten Eindruck von ihrem hohen Stimmungsgehalt. Man erkennt einen wundervollen alten Baumbestand (überwiegend Buchen, Linden, Eichen und Eschen) und die traditionelle Ausstattung mit Gartenmöbeln. Auch hier hat Emanuel Seidl mit der Anlage der Terrasse bei den beiden großen Buchen und dem Entwurf der Pergola beim Tennisplatz gestaltend mitgewirkt. Der Brunnen im Blumengarten wurde um die Jahrhundertwende erworben.

Obere Gartenanlage, 1985

Brunnen in der oberen Gartenanlage, um 1900

Starnberg

Villa Linprun, Parkanlage, um 1900

Parkanlage, um 1900

Parkanlage, um 1900

Parkanlage, um 1900

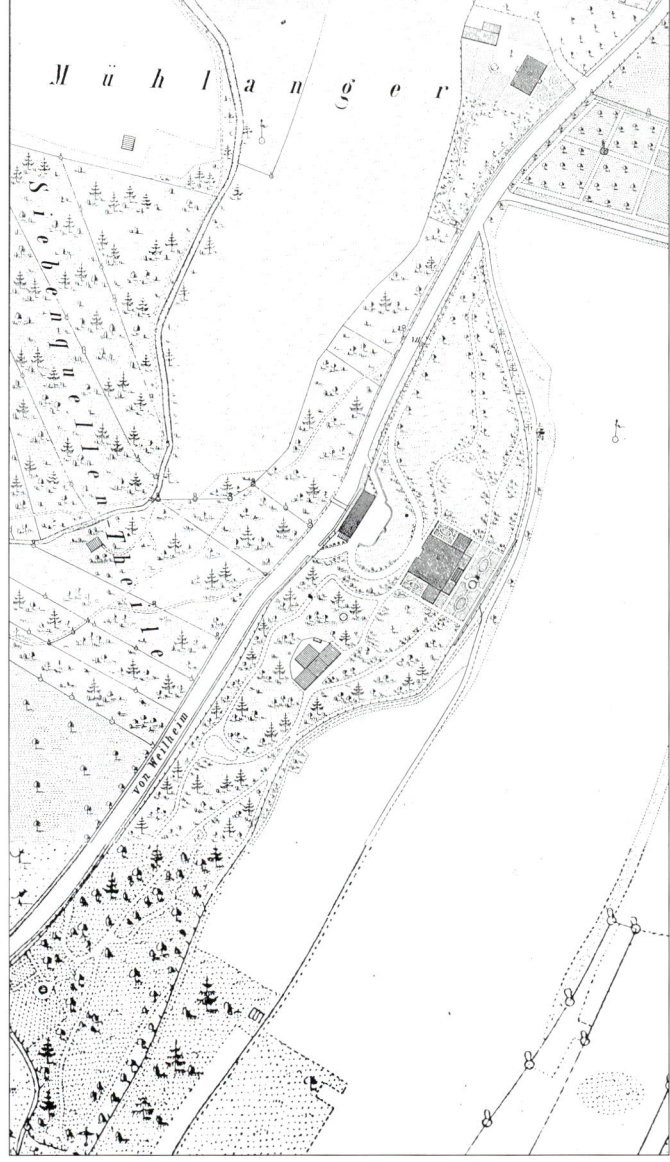

Die Gartenanlagen der Villa Linprun (oben) und des Almeida-Palais' (in der Mitte), Ausschnitt aus der Flurkarte von 1863

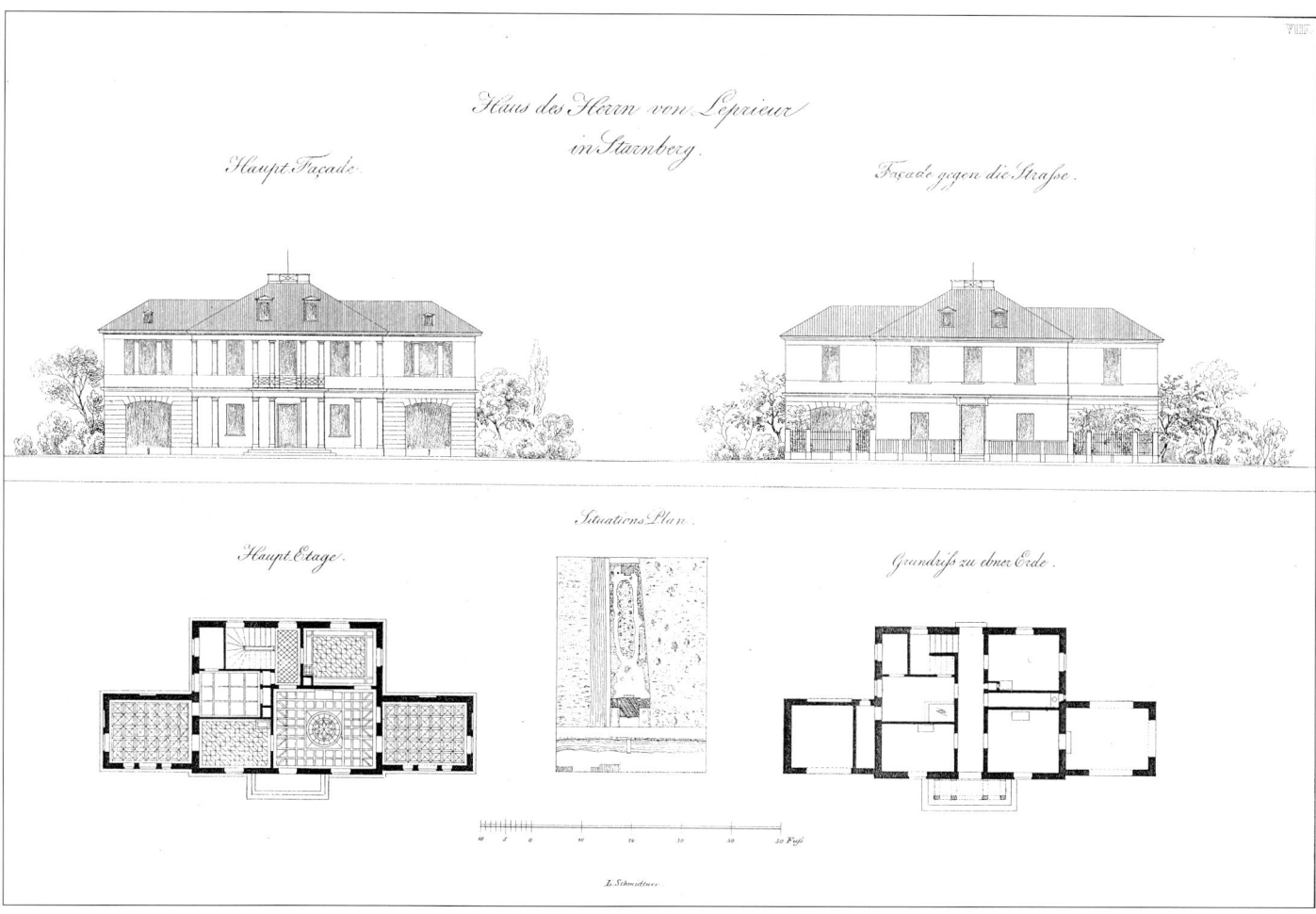

Leonhard Schmidtner, Entwurf zur Villa Leprieur, 1827 (Weilheim, Stadtmuseum)

Zu den ältesten Villenbauten Starnbergs gehörte das Landhaus des Kapitäns und Leibschiffsmeisters Heinrich Zimmermann, das sich dieser 1804 am nördlichen Ende der Au und am Georgenbach bauen ließ.[12] Es handelte sich um ein Haus auf leicht rechtwinkeligem Grundriß, mit einem steilen Walmdach und mit zwei kleinen, den nördlichen Hausecken beigestellten Nebengebäuden. Dieses Haus ist auf zwei Gemälden von 1816, auf dem Bollinger-Litho von 1811 sowie auf Aquarellen von Ludwig Neureuther und Heinrich Adam dokumentiert.[13] Als Zimmermann nach einem Jahr bereits verstarb, übernahm seine Witwe das Haus, veräußerte es jedoch sofort an den Münchner Kaufmann Albert Ullein, der es bald darauf an seinen Schwager Georg Mitterer weitergab. Dieser war Bäckermeister und erhielt nach dem Besitzwechsel die zweite Bäckerkonzession in Starnberg (Neubäck).

1827 erwarb der Direktor der kgl. Münze in München, Heinrich Joseph Ritter von Leprieur, das Landhaus. Er kaufte vom Bachschmied Kergl noch weiteren Grund dazu und ließ das Landhaus von dem Architekten Leonhard Schmidtner umbauen und erweitern. Schmidtner war ein Schüler Karl von Fischers und wirkte vor allem in Nürnberg (Theater, 1833) und in Niederbayern, wo er in Landshut als Regierungsbauinspektor tätig war.[14] Schmidtner brach die beiden seitlichen Nebenbauten ab und fügte dem Haus zwei an die Fluchtlinie der südlichen Fassade gerückte Seitenflügel hinzu. Die vorher wohl einfachen, schlichten und in bodenständiger Formensprache gehaltenen Fassaden wurden dem sehr viel höheren Repräsentationsanspruch des Bauherrn entsprechend im Sinne des Klassizismus überarbeitet. Der Mittelteil des Erdgeschosses und das Obergeschoß als Beletage wurden auf der Gartenseite durch toskanische Pilaster gegliedert und in ihrer Bedeutung gesteigert. Vier freistehende Pfeiler bildeten in der Mitte eine Art Portal zum Garten und trugen die Altane des Obergeschosses. Die Seitenflügel setzten sich im Erdgeschoß durch ihre rustizierten Mauerflächen und ihre großen Öffnungen vom Mittelrisalit ab. Die übrigen Fassaden waren dagegen ganz schlicht gehalten.

Wie die beiden Seitenflügel genutzt wurden, läßt sich heute nicht mehr zuverlässig sagen. Vielleicht waren sie ursprünglich für die Kutschen gedacht. Die großformatigen Öffnungen könnten auch auf einen Gartensalon (sala terrena) hinweisen, vor allem beim östlichen Flügel, der später tatsächlich als solcher genutzt wurde. Er war nach Auskunft eines erhaltenen Photos mit gemalten Tapeten mit floralen Motiven, Gartenbildern und Gartenarchitekturen sowie mit Spiegeln ausgestattet. Der Raum im westlichen Flügel wurde um 1896 in ein Kinderspielzimmer umgewandelt. In dieser Form ist die Villa auf der kolorierten Lithographie von Gustav Kraus (1836) gut zu erkennen (vgl. die Abbildung Seite 24).

Starnberg

Villa Grimm (Villa Leprieur, heute Fichtl; Wittelsbacher Straße), Gartenfassade, 1896

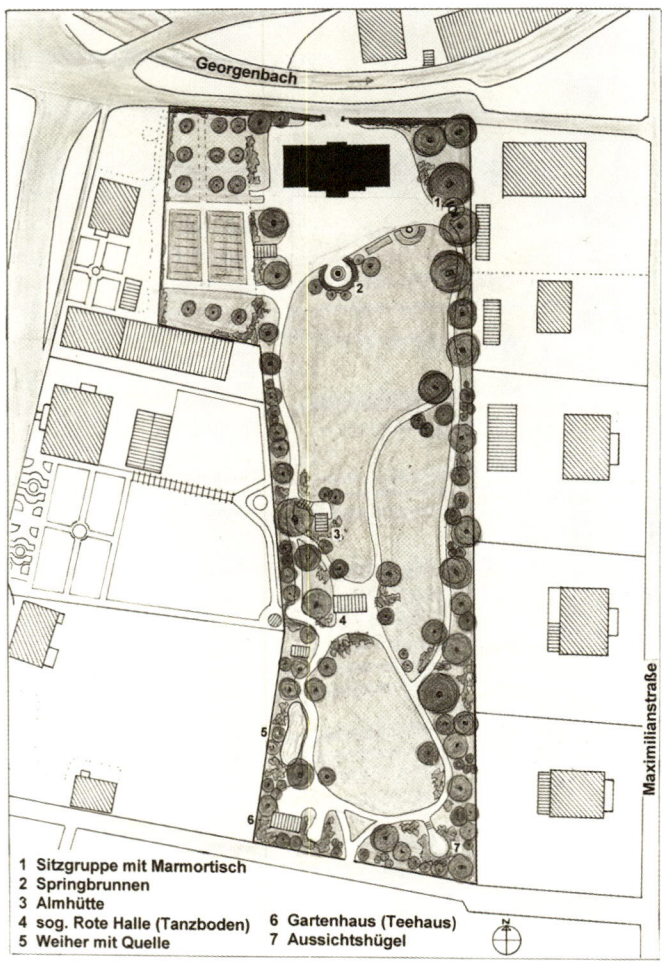

Die Gartenanlage, um 1900 (Rekonstruktion)

Das Innere nimmt im Erdgeschoß mit der Erschließung durch einen durchgehenden Flur auf der Mittelachse und der seitlich abzweigenden Treppe noch einmal das traditionelle Grundrißschema der Herrschaftsbauten des 16./17. Jahrhunderts im Fünf-Seen-Land (Rösselsberg, Leutstetten, Pfarrhof Machtlfing) auf. Die den Fassadenplänen beigegebenen Grundrisse lassen deutlich die hochwertige Gestaltung des Obergeschosses als Beletage und Wohnbereich erkennen. Über die Ausstattung läßt sich nicht mehr viel aussagen. Um die Jahrhundertwende waren jedoch in verschiedenen Räumen noch weiße Kachelöfen vorhanden, im zentralen Raum des Obergeschosses (Salon, Speisezimmer?) ein großer Empirelüster.

Das Blatt enthält auch einen »Situationsplan«, der in groben Umrissen die Gartenanlage erkennen läßt. Ob sie bei der Übernahme des Anwesens durch Leprieur schon in dieser Form existierte oder als Entwurf einer Gartenanlage zu sehen ist, kann nicht gesagt werden. Es handelt sich um eine langgezogene Gartenanlage mit seitlichen Wegen, die eine große, gestreckte Wiesenfläche rahmen. Man erkennt ein Gartenhaus am Ende der Anlage und eine Kegelbahn seitlich. Auf der Mittelachse des Hauses befindet sich ein kleiner Brunnen, der auch auf dem Photo von 1895 noch mit einem kleinen bemoosten Tuffsteinfelsen zu erkennen ist. Der spätere Obst- und Gemüsegarten, der sich nach Westen hin anschloß, ist hier noch nicht vorhanden.

Auf dem Flurplan von 1863 ist diese Gartenanlage (ca. 5700 qm), bereits in ihrer Endform zu sehen.[15] Das Wegesystem ist jetzt wesentlich differenzierter und im englischen Gartenstil mit Baum- und Buschgruppen sowie freien Wiesenflächen gestaltet. Der Brunnen vor der Villa ist gut zu erkennen. Er war von Kornelkirschenbäumchen gerahmt, an die sich Blumenrabatten anschlossen. Am östlichen Rand des Vorplatzes befand sich unter einer riesigen Esche ein schwerer, runder Marmortisch, am Haus selbst wuchsen blaue Trauben. An der Ludwigstraße befand sich ein Gartenhaus mit dem damals vielleicht noch möglichen Ausblick auf den See. Es war um 1890 mit einem kleinen Speisesaal ausgestattet. Etwas nördlich davon ist ein kleiner Weiher zu erkennen, in der Mitte der Anlage befand sich ein offener Pavillon, der als Tanzsaal genutzt und als »rote Halle« bezeichnet wurde. In den 90er Jahren wurde nördlich davon ein neuer Forellenweiher ausgehoben und das Material daneben zu einem kleinen Hügel aufgeschüttet, auf den dann eine Almhütte gestellt wurde.[16]

Nach verschiedenen Zwischenbesitzern, unter ihnen der Münchner Kaufmann Alois Sabbadini, der Schwiegervater von Angelo Knorr in Niederpöcking, erwarb der Münchner Maurermeister Johann Grimm die Villa und nahm einschneidende bauliche Veränderungen vor. Er zog die Seitenflügel bis auf die Fluchtlinie der Straßenfassade vor und gewann damit neue Räume. Im Inneren veränderte er in einigen Bereichen den lockeren Grundriß zu etwas steiferer Regelmäßigkeit hin. Vor allem ersetzte er das alte Walmdach durch ein schiefergedecktes Mansarddach mit Gauben und einem renaissancehaften Schweifgiebel auf der Straßenseite, der auf dem Photo von 1896 über der Firstlinie zu sehen ist. 1896 erwarb der Direktor der Bayerischen Hypotheken- und Wechsel-Bank, Dr. Friedrich Klee, die Villa. Seine Erben veräußerten das Anwesen schließlich 1917 an die Löwenbrauerei. Das Haus ist heute noch erhalten, jedoch in seiner Erscheinung weitgehend verändert (Fichtl-Haus, Fahrradwerkstatt).

Schon bald nach der Jahrhundertwende plante die Gemeinde Starnberg eine weitere Straße vom Tutzinger-Hof-Platz zum Bahnhof. Da sie jedoch ausschließlich über die Parkanlage der Villa Leprieur geführt werden sollte, war dieser Plan zunächst nicht zu realisieren. Erst nach dem Verkauf an die Löwenbrauerei, welche die Grundstücke bereitwillig veräußerte, konnte der Bau der Straße (Wittelsbacher Straße) durchgesetzt werden. Die Restflächen wurden zur Bebauung freigegeben, und es entstanden in der Folge die heute bestehenden Gebäude zwischen Fichtl und Ludwigstraße (Schuhhaus Kunkel, Allgemeine Ortskrankenkasse, Zigarren-Grosser, Portobello). Die schöne Parkanlage der Villa Leprieur war damit ausgelöscht, einzelne alte Bäume standen jedoch noch lange in den rückwärtigen Gärten und Hofräumen.

An die Parkanlage nach Süden anschließend baute 1863 der Rentamtsbote Georg Ecker eines der kleinbürgerlichen Landhäuser, wie sie nur wenig später in der Maximilianstraße die Regel wurden. Auch dieses Haus wurde von einer kleinen Gartenanlage gerahmt, die im Kataster etwas großzügig als »englische Anlage« bezeichnet wurde.[17]

Die Gartenfassade, 1898

Blick in die Gartenanlage, um 1895

Brunnen, Almhütte und »rote Halle«, 1896

Die Almhütte, 1897

Villa Hirt am Bahnhof, um 1880

Villa Harffen (Theresienstraße), 1983

Landhaus des Bildhauers J. Halbig (Theresienstraße), 1983

Das Landrichterhaus (Schloßbergstraße), 1981

Zu den Anfängen der Starnberger Villenlandschaft gehören auch einige kleinere Häuser, vorwiegend in Bahnhofsnähe. So die Villa des Privatiers Karl von Schmid-Kochheim von 1866 am Bahnhofplatz[18] und die Villa des Maurermeisters Georg Hirt von 1865, die später zur Pension Hartl und schließlich zum Hotel Seehof umgebaut wurde.[19] In der Theresienstraße hatte 1855 der Maurermeister Matthäus Wannerstorfer ein kleines biedermeierliches Landhaus gebaut (Theresienstraße 8), das 1857 der kgl. Professor und Bildhauer Johann Halbig erwerben konnte.[20] Es wurde 1912 etwas umgebaut; dabei wurde der Ostgiebel neu gestaltet und ein verglaster Belvedereaufbau auf das Dach gesetzt. In unmittelbarer Nähe entstand 1892 die Villa für die Hoteliers Johann und Therese Harffen (Theresienstraße 5), ein kleiner Bau mit einem Mansarddach nach französischem Vorbild und einer kräftig strukturierten Neurenaissance-Fassade.[21] Dieses Haus gehörte vor dem Ersten Weltkrieg dem kaiserlichen Botschafter in Wien, Fürst Philipp zu Eulenburg-Hertefeld. In der benachbarten Achheimstraße ließ sich Fürst Theodor Cantacuzene 1891 das alte Glasergütl als Landhaus herrichten (Achheimstraße 1), ein Beispiel für viele Umbauten älterer Starnberger Häuser zu Sommeraufenthalten.[22]

Weitere Beispiele früher Starnberger Landhäuser finden sich in der Söckinger Straße: wie das Wohnhaus des Malers Heinrich Knirr (Neubau 1878, Söckinger Straße 4), das später vom Maler Armin Commichau bewohnt wurde, oder das Landhaus des Malers Robert Weise (Mitglied der Künstlergruppe »Die Scholle«), das einmal dem Leibschiffsmeister Doll gehört hatte (Söckinger Straße 11).[23]

Auch oben auf dem Höhenrücken entstanden ein paar Landhäuser, wie das Landrichterhaus (Schloßbergstraße 4), welches wohl noch Ende des 18. Jahrhunderts von dem Landrichter Joseph Anton Weltin auf Rosen gebaut wurde und das nach 1818 der Maler Wilhelm Doppelmair bewohnte. Es ist in seiner ursprünglichen Form auf zahlreichen frühen Aquarellen und Lithographien dokumentiert, besonders schön auf dem Gemälde von Lorenz Quaglio, welches uns einen so eindrucksvollen Einblick in die biedermeierliche Ruhe und die heitere Gelöstheit der Sommerfrische in einem Starnberger Landhaus gewährt (siehe Abb. Seite 27 oben). Weiter südlich (Am Vogelanger 4) erwarb der Leibarzt des Prinzen Karl, Dr. Michael Hastreiter, 1843 ein Haus, das bereits 1831 entstanden war. In der Nachbarschaft wohnten etwas später der Hofjuwelier und Abgeordnete Karl Thomaß und der Maler Fritz Oßwald.[24]

Zu erwähnen wären an dieser Stelle auch noch ein paar Häuser an der alten Landstraße nach München (heute Josef-Jägerhuber- bzw. Perchastraße) wie das Landhaus, das Matthäus Wannerstorfer für seine Familie errichtet hatte und welches 1864 in die Hände des Privatiers August von Dall'Armi überging (Josef-Jägerhuber-Straße 10). Oder die Villa Rosenthal von 1881 (Josef-Jägerhuber-Straße 6), die in den 80er Jahren abgebrochen und durch einen Neubau ersetzt wurde. Jenseits der Bahnlinie wären noch das Landhaus Daffner zu erwähnen und das Landhaus (Ecke Percha- und Uhdestraße), in dem später der berühmte Maler

Villa Von der Tann (ehemals Mayer, Unterer Seeweg), 1985

Fritz von Uhde den Sommer über lebte und seine stimmungsvollen Interieurs und Gartenbilder malte.

Auf dem südlichen Seeufer, zwischen dem Seebad (später Undosa) und der Flurgrenze zu Niederpöcking, entstanden schon früh einige bemerkenswerte Villen. Der erste Bauherr war Charles du Pré, der am südlichen Ende des Starnberger Seeufers ein größeres Gelände erwarb und bereits 1851 ein kleines Landhaus errichten ließ. Ihm folgten bald nach 1860 andere, und um 1880 war dieser Uferstreifen im wesentlichen bereits besetzt.

Einer der letzten auf diesem Gelände war der Kaufmann Eduard Mayer aus Frankfurt, der 1879 ein Stück Grund aus dem Ziegl-Anwesen erworben hatte und bereits 1880 seinen Neubau fertigstellen konnte.[25] Es handelte sich um einen schlichten Satteldachbau, dessen dreiachsige seeseitige Fassade etwas mit Neurenaissance-Elementen und Balkonen angereichert war. In der Mitte der Fassade war ein schmales zweites Obergeschoß turmartig herausgezogen und bildete eine Art Belvedere.

Dieses Haus wurde nach der Übernahme durch Gustav Becker 1918 von dem Architekten Hans Noris völlig umgestaltet. Auf der Seeseite wurde ein erdgeschossiger Gartensaal angebaut, mit schönen hohen Terrassentüren und einer Altane darüber. Das Dachgeschoß wurde mit einem eleganten Mansarddach zu einem durchgehenden 2. Obergeschoß ausgebaut.

Die gut erhaltene und von prachtvollen Baumgruppen gerahmte Villa überliefert mit ihrer Situierung unmittelbar am Ufer und der damit verbundenen Spiegelung im Wasser eindrucksvoll die Idee einer »Villa am See«. Sie ist an dieser Stelle von ungewöhnlicher Wirkung für die Uferlandschaft und besitzt damit einen hohen Stellenwert innerhalb der Starnberger Villenlandschaft (Abb. Seite 113).

Auch westlich der Seepromenade und bereits jenseits der Bahnlinie entstand bis zur Jahrhundertwende noch eine Reihe erwähnenswerter Landhäuser, so die Villa Klenze, die Landhäuser Flemming und Mussinan, die Villen des Malers Lipps und des Majors Rock.[26]

Das Erdgeschoß, 1918

Starnberg

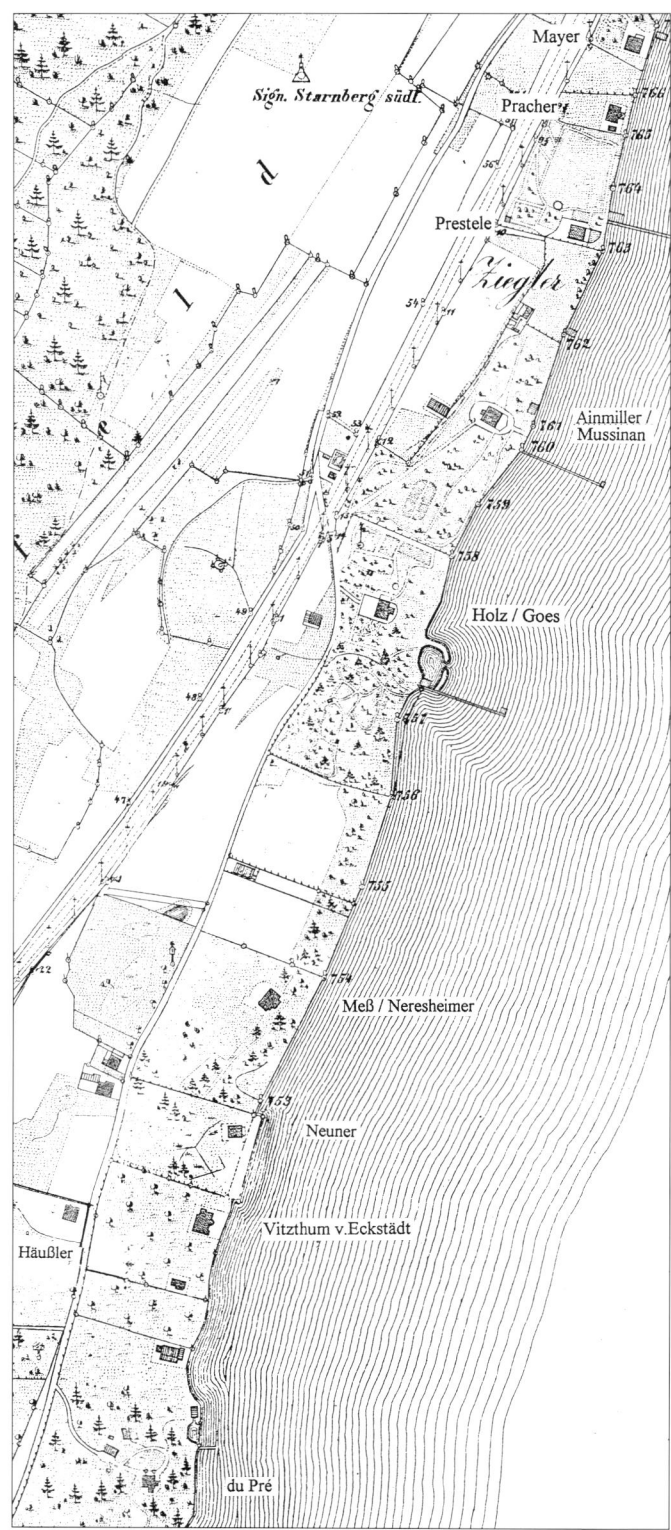

Das Starnberger Seeufer, Flurkarte, 1863 (Stand um 1875)

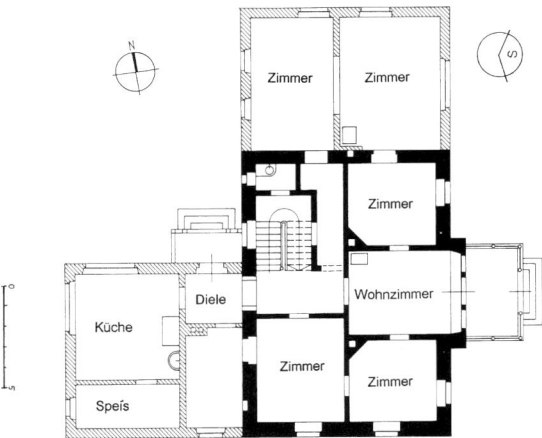

Villa Schuh, Erdgeschoß, 1907

1898 erwarb Hofrat Dr. Georg Ritter von Schuh, Erster Rechtskundiger Bürgermeister der Stadt Nürnberg, das Haus und ließ es im Stil der Nürnberger Renaissance zu einer komfortablen Villa umbauen. 1901 und 1907 erfuhr sie weitere Umbauten, die eine beträchtliche Erweiterung der Wohnfläche brachten. Das Haus existiert noch, ist jedoch völlig umgebaut und in seiner Architektur entwertet.

Bereits 1865 war auf dem Grund des Ziegl ein weiteres Landhaus am See entstanden, die Villa des Münchner Kaufmanns Karl Prestele.[28] Es war ein schlichter Satteldachbau, der giebelseitig zum See gestellt war. Eine breite Terrasse gehörte hier ebenso zum Bild einer Villa am See wie Bootshaus, Badehütte und ein kleiner Teepavillon auf der rückwärtigen Anhöhe. Dieses Haus mietete König Ludwig II. für Richard Wagner anläßlich seines zweiten Aufenthalts am See. Wagner wohnte hier von Ende Mai bis Mitte Juni 1867 und fuhr fast jeden Tag nach Berg hinüber. 1911 veränderte ein weiterer Umbau das Gesicht des Hauses. Die alte Terrasse wurde wurde von einer über die ganze Fassade reichenden verglasten Veranda auf hohem Sockelgeschoß abgelöst.

Nach einigen weiteren Besitzern erwarb 1918 der Schriftsteller Gustav Meyrink das Haus und nannte es »Haus zur letzten Latern«. Meyrink, der als Dichter des »Golem«, einer Erzählung aus dem alten Prager Ghetto, berühmt geworden ist, hatte bereits seit 1911 in Starnberg gewohnt, und zwar in der Villa des Majors Rock in der Possenhofener Straße 23. In der Prestele-Villa verbrachte er zusammen mit seiner Frau Philomena ein paar glückliche Jahre, erfüllt von Arbeit und ausgedehnten Fahrten mit dem Ruderboot.[29] Ende der 20er Jahre mußte er das Haus jedoch aus finanziellen Gründen an den Münchner Antiquar Otto Böhler verkaufen. 1939 übernahm es dessen Bruder Julius Böhler, der Meyrink bereits 1919 einen Teil des Gartens für sein neues »Seehaus« abgekauft hatte, und ließ die alte Prestele-Villa abbrechen.

1871 erwarb der Münchner Rentbeamte Johann Pracher ein Stück Grund aus dem Ziegl-Anwesen von Franz Wach und baute sich ein kleines, für den Starnberger See charakteristisches Landhaus. Es handelte sich um einen mit der Traufseite zum See gestellten Satteldachbau. Ein schmaler Mittelrisalit mit Zwerchgiebel bildete die Mitte der Fassade. Er war im Erdgeschoß mit einer Veranda mit zwei seitlich in den Garten führenden Treppen und im Obergeschoß mit einem Balkon verbunden. Das Haus ist in den verschiedenen Link-Führern abgebildet.[27]

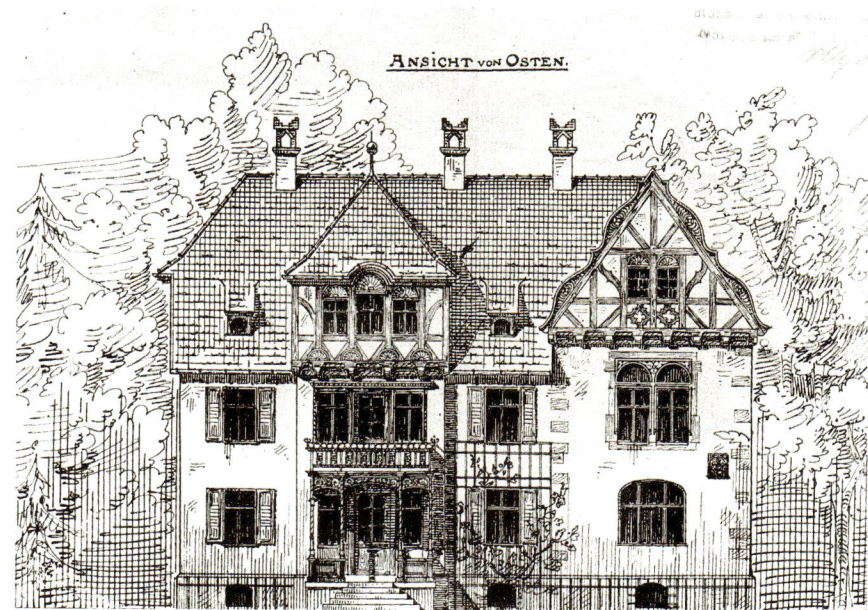

*Villa Schuh (ehemals Pracher, Unterer Seeweg), 1898.
Die seeseitige Fassade zeigt charakteristische Gestaltungsmerkmale des bürgerlichen Renaissance-Hauses in Nürnberg.*

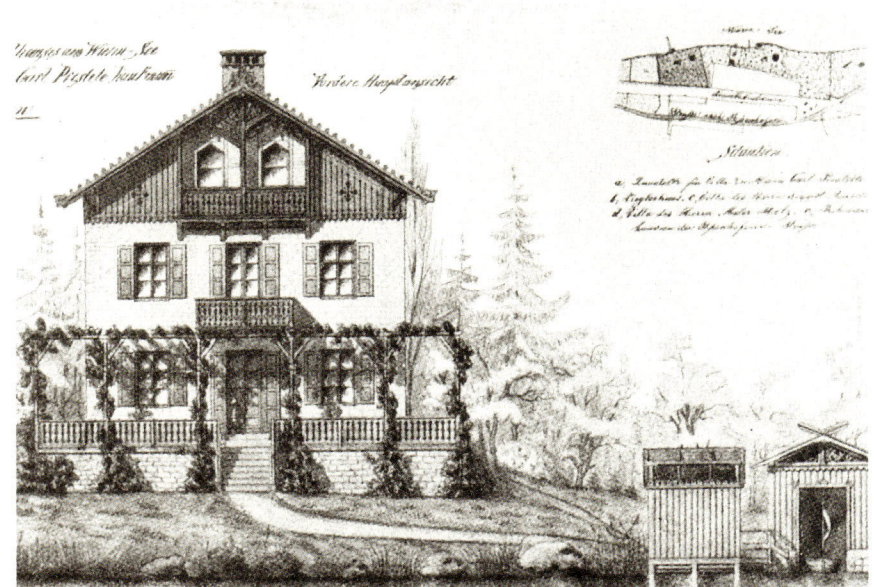

*Landhaus Prestele, Entwurfszeichnung, 1865.
Am Ufer die typischen Bade- und Bootshäuschen der frühen Villen am See*

*Landhaus Prestele (Unterer Seeweg), um 1880/90.
Die Büsche und Bäume der Gartenanlage sind im Zeitraum von knapp 30 Jahren dicht zusammengewachsen. Richard Wagner wohnte hier 1867.*

Starnberg

Das sog. »Seehaus«, gebaut für Julius Böhler (Unterer Seeweg). Luftaufnahme: O. Braasch, Bayerisches Landesamt für Denkmalpflege, 1989

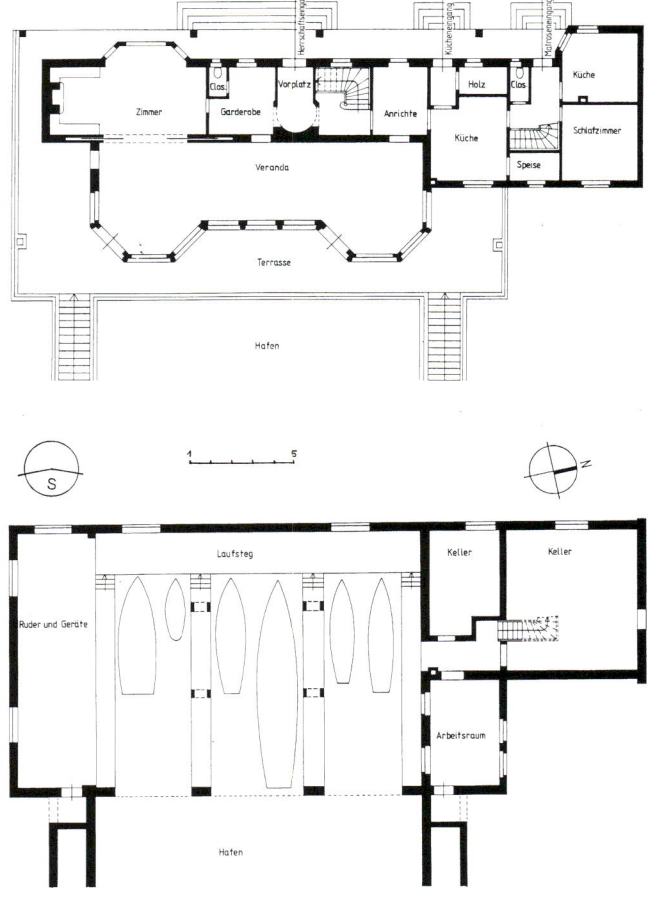

Untergeschoß (Hafenanlage) und Erdgeschoß, 1922

Um 1919 hatte der Münchner Antiquar Julius Böhler jun. einen Teil des Prestele-Grundstücks erworben. Der Münchner Architekt Hans Noris entwarf mit dem »Seehaus« einen schlichten, unaufdringlichen Bau, der dennoch ganz herrschaftlich gemeint war und wie kein zweites Haus am See einen Idealtyp eines Hauses am Wasser verkörpert.[30]

Der erdgeschossige, holzverkleidete Walmdachbau fügt sich wunderbar zurückhaltend in die umgebende Natur ein und übt dennoch eine starke Wirkung auf das Ortsbild an dieser Stelle aus. Er steht auf einem hohen Sockelgeschoß, das unmittelbar aus dem Hafenbecken aufsteigt und eine große Terrasse bildet. In diesem Untergeschoß sind hinter drei großen Toren die Boote untergebracht. Diese unmittelbare Einbeziehung des Bootshauses in die Villa ist ungewöhnlich und auch einmalig am See. Sie unterstreicht den besonderen Stellenwert, den der Bauherr hier dem Leben am See und dem Segelsport einräumte. Das Haus ist rückseitig mit drei separaten Eingängen ausgestattet, einem Eingang für die »Herrschaft«, einem Kücheneingang für die Dienerschaft und einem sog. »Matroseneingang«, der den Zugang zur kleinen Schiffshalle unter der Villa bildet. Zwei lange Treppenläufe führen von der Terrasse in den Garten herab und rahmen gleichzeitig das Hafenbecken, wobei die konvexen Ausbuchtungen der Ufermauer reizvoll auf die beiden Erker der Ostfassade antworten. Einen im Vergleich zur Grundfläche des Erdgeschosses ungewöhnlichen Raum nimmt hier die sog. Veranda ein, die zwar vermutlich wohnlich gestaltet war, im Grunde jedoch mit ihrer durchgehenden Auffensterung wie bei einem Hotel am See dem Genuß von Landschaft und Sonne vorbehalten war. Der eigentliche, rückseitig gelegene Wohnraum wirkt dagegen vergleichsweise bescheiden. Das Obergeschoß enthält dann nur noch Schlaf- und Gästezimmer, eine nicht einsehbare, in die südliche Dachschräge integrierte kleine Sonnenterrasse läßt wie die große umlaufende Terrasse im Erdgeschoß den »Sonnenkult« erkennen, der aus dem veränderten Lebensgefühl der Zeit erwuchs. Das Haus war wohl für erholsame Ferien am See vorgesehen, nicht für längeres Wohnen einer Familie.

Bereits 1864 war südlich des Ziegl-Anwesens die Villa des kgl. Glasmalereiinspektors Maximilian Ainmiller entstanden, ein schlichter, spätklassizistisch geprägter Walmdachbau. Ainmiller war ursprünglich aus der Porzellanmalerei (Nymphenburg) gekommen, setzte sich aber auch als wichtiger Maler der Münchner Schule durch. Er begründete die neue Münchner Glasmalerschule und führte sie zu international anerkannter Bedeutung.[31] Seine berühmten Fenster finden sich unter anderem in den Domen von Regensburg, Speyer und Köln oder in der St. Paul's Cathedral in London. Die Villa Ainmiller wurde im Laufe der Zeit mehrmals leicht verändert, wobei der Umbau des schönen, auf den älteren Xylographien noch dokumentierten Walmdaches in ein etwas gedrücktes, eckiges Mansarddach sich besonders nachteilig auswirkte. Auch die ursprüngliche, von der Terrasse herab zu einer Pergola am See führende Treppenanlage samt den beiden bogenförmig und symmetrisch angelegten Wegen verschwand im Laufe der Zeit. Die leerstehende Villa wurde 1989 durch Brand vernichtet.

Ebenfalls 1864 war das Landhaus des Hofphotographen und Porträtmalers Hermann Holz aus Bremen entstanden.[32] Es handelte sich um einen bescheidenen, aber sehr reizvollen Satteldachbau, der ganz aus dem Repertoire bodenständiger Formen und Materialien entwickelt ist und damit ein sehr frühes Beispiel für die Übernahme heimischer Bautraditionen darstellt. Das kleine Gemälde von Pfeiffer (Abb. Seite 27) überliefert uns eine biedermeierliche Idylle voll Ruhe und breiter Behaglichkeit. Die sonnige Terrasse, der Treppensteig hinauf zu einem kleinen Teepavillon, ein paar Wege zum Spazieren, schattige Sitzplätze, ein Bootshaus und ein Fahnenmast für die Beflaggung, es ist alles vorhanden, was zu einem Häuschen am See gehört. Wilhelm Trübner, der hier im Herbst 1911 und 1912 gewohnt und gemalt hat, bestätigt uns diese zauberhafte Atmosphäre noch Jahre nach der Jahrhundertwende.[33]

Der nachfolgende Besitzer, Friedrich Goes, gebürtig aus Bamberg und mittlerweile Rentier in Milwaukee, ließ 1899 von Valentin Wolff an Stelle der alten, baufälligen Terrasse einen starken, weit über die Ostfassade herausgezogenen Terrassenvorbau mit neuen Wohnräumen vorsetzen. 1918 ging das Haus in den Besitz des Münchner Yachtclubs über, der es unter Berücksichtigung der neuen Nutzung 1921 und 1930 erneut umbauen ließ. In dieser Form ist der Bau, der das alte Landhaus des Malers Holz noch gut erkennen läßt, bis heute erhalten.

Villa Mussinan (ehemals Ainmiller), um 1880

Villa Steininger (ehemals Ainmiller, Unterer Seeweg), 1975

Villa Goes (ehemals Holz), Entwurf für den Umbau, 1899

Landhaus Holz/Goes (heute Münchner Yachtclub), 1983

Starnberg

Villa Morath/Pflüger (Possenhofener Straße), 1994

Villa Meister, Entwurfszeichnung, 1911

Landhaus Neuner (Possenhofener Straße), um 1875

Vom südlichen Teil der Gartenanlage der Villa Goes wurden nach der Jahrhundertwende zwei Grundstücke abgetrennt und bebaut. 1910 erwarb der Münchner Architekt Georg Meister eine Teilfläche und errichtete sich eine sehr interessante Villa mit Zeltdach auf quadratischem Grundriß.³⁴ Im Erdgeschoß waren ein Speisezimmer und ein Wintergarten mit drei großen Terrassentüren auf die Seeseite gelegt. Im Obergeschoß lagen darüber zwei Schlafzimmer, von denen eines hinter einer Loggia mit drei großen Bogenöffnungen lag. Die beiden Treppen und die Küche lagen rückseitig. Dieses Haus wurde in den 50er Jahren abgebrochen und durch ein nichtssagendes Mehrfamilienwohnhaus mit Flachdach ersetzt.

Auf dem anschließenden Restgrundstück zwischen der Villa Meister und der Villa Meß baute 1910 Dr. Hans Morath, Sanitätsrat aus Wandsbek.³⁵ Es entstand ein ruhiger Walmdachbau, der nur in der Mitte von Terrasse, Balkon und dreiachsiger Gaube sowie seitlich von einem etwas ungewöhnlich über Eck gestellten Erker belebt wird. Die Villa ist erhalten, jedoch im Bereich der Fenster stark vereinfacht. 1932 erwarb der Fabrikbesitzer und Generalkonsul Wilhelm Pflüger die Villa.

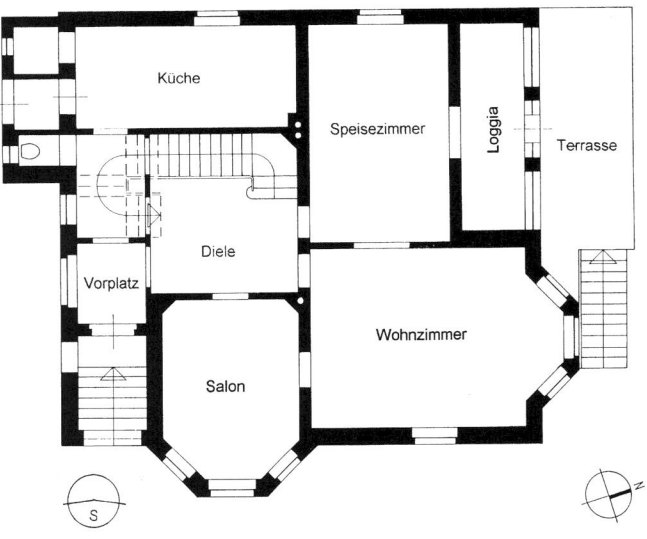

Villa Meister, Erdgeschoß, 1911

Zu den ersten Villenbesitzern an diesem Uferabschnitt gehörte der kgl. Advokat Ludwig Neuner mit seinem kleinen Landhaus von 1868.³⁶ Es handelte sich um einen schlichten, in bodenständigen Formen ausgeführten Satteldachbau, der hart am Ufer stand. Von der über die gesamte Giebelbreite reichenden Veranda führte eine Treppe zum Wasser herab. Das Haus ist ein anschauliches Beispiel für die zahlreichen, vom heimischen Bauernhaus abgeleiteten kleinen Landhäuser am See. Es wurde 1880 von Kommerzienrat Richard Ritter von Poschinger, Fabrikbesitzer aus Theresienthal bei Zwiesel, erworben. 1892 folgte der Baumeister Max Häußler. 1938 wurde das Haus abgebrochen und durch den heute bestehenden Neubau ersetzt.

1868 kaufte der Direktor des Zuchthauses in München, Dr. Eduard Meß, ein größeres Grundstück am Seeufer und ließ sich eine Villa bauen und mit einer Parkanlage im englischen Stil umgeben.[37] Die Villa war nach Ausweis der (allerdings etwas pauschalen) Xylographie bei Link sowie der frühen Photographie aus der Zeit um 1870 noch in spätklassizistischer Formensprache konzipiert. Das flache Walmdach verleiht dem Bau die entsprechende Ruhe. Die von großen rundbogigen Fenstern geprägte Fassade wird von einem stärker vorgeschobenen dreiachsigen Mittelrisalit mit Dreiecksgiebel beherrscht. Ecklisenen und kräftige Gesimse geben der eleganten, ausgewogenen Fassade Farbe und Kontur. Auch der Grundriß zeigt noch ganz die strenge Symmetrie und die charakteristische Dreiachsigkeit der Raumanordnung.

1888 erwarb der Münchner Kaufmann Friedrich Neresheimer die Villa und ließ an der Südseite einen größeren Anbau anfügen. Die seeseitige Fassade des Neubaus war erkerartig polygonal angelegt, übernahm aber hinsichtlich der Gliederung und der Ausstattung das Fassadenschema des Altbaus. Damit war leider die alte Harmonie verdorben, das Gleichgewicht deutlich zum Neubau hin verschoben.

Unter der nächsten Besitzerin, Prinzessin Leopoldine von Ratibor, wurde 1910 nördlich ein neuer Wirtschaftstrakt angefügt (Küche, Speis, Dienerschaft), der sich durch seine Holzverkleidung jedoch deutlich und in architektonisch unglücklicher Form von der Villa absetzte.

Bereits 1915 übernahm Direktor Paul Metz aus Frankfurt die Villa und ließ an der Südseite eine neue Veranda und am Mittelrisalit der alten Meß-Villa eine halbkreisförmige, doppelstöckige Veranda mit Balusterbrüstungen und Säulen anfügen, womit sich die Balance der seeseitigen Fassade wieder etwas verbesserte. Die Rückseite erhielt ein neues Eingangsportal. 1916 wurde das Ufer durch Aufschüttungen stark erweitert und mit einer langen Ufermauer mit Steinbrüstung versehen (Architekt: Ludwig Lutz). Die beiden Eckpunkte der Ufermauer wurden mit sehr modern wirkenden, polygonalen Pavillons besetzt. Die Verlängerung der Ufermauer endete bei einem großen Hafenbecken, dessen Anlegestelle von zwei liegenden Löwen bewacht wurde. Die durch die Aufschüttungen gewonnenen Flächen wurden als Rosenparterre gestaltet.

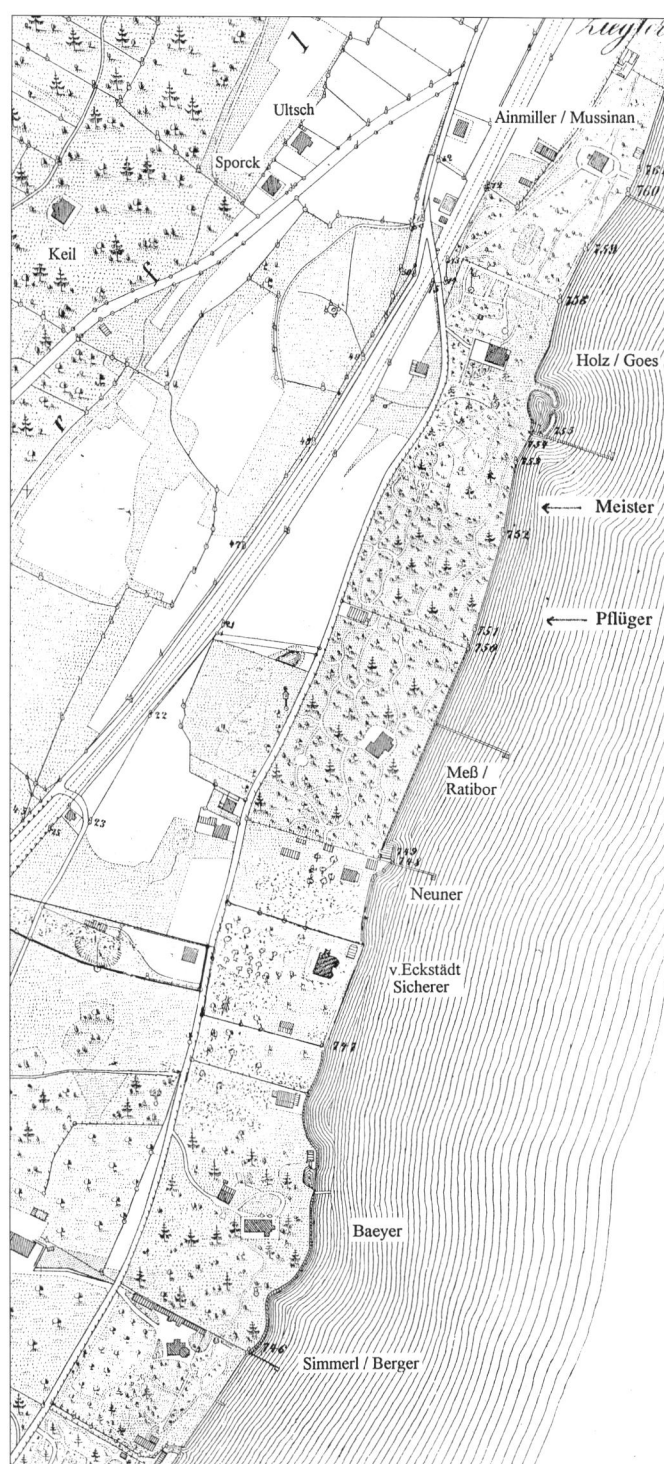

Der Starnberger Uferabschnitt, Flurkarte, um 1910

Villa Metz (Meß), Südfassade, 1915

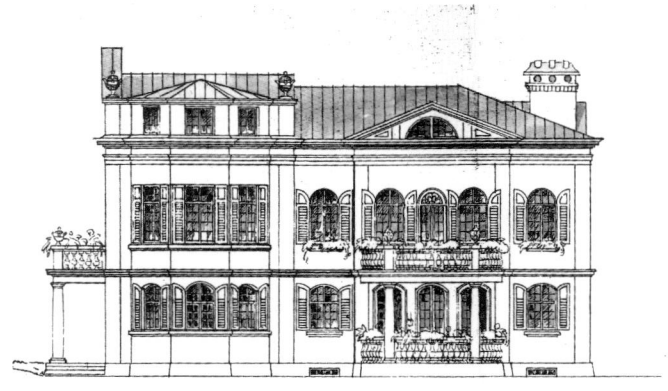

Seeseitige Fassade, 1915

Starnberg

Einen weiteren, das Erscheinungsbild stark verändernden Umbau erfuhr die Villa nach dem Kauf durch Thomas Prehn, einem Rentier aus Rostock mit Brauereibesitz in Amerika. Er ließ die Villa 1925 von Architekt Max Roth erneut umbauen und auf der Nordseite erweitern. Der Architekt wiederholte den gesamten südlichen Anbau und verband ihn mit dem etwas nach rückwärts versetzten Wirtschaftstrakt. Damit wurde die repräsentative Symmetrie wieder hergestellt. Gleichzeitig wurden die Räume der Villa umgewidmet und neu gestaltet. Aus der eleganten, klassizistischen Villa Meß war damit ein riesiger, überladener Kasten mit protziger Attitüde geworden, der freilich seine Wirkung auf die vorbeifahrenden Segler und Dampfergäste nicht verfehlt haben wird. Im Inneren war die Villa entsprechend gestaltet. Die Decken waren von Vouten mit starken Wülsten gefaßt, dazu hohe Fenster und Türen, die zum Teil doppelflügelig angeordnet waren. Die Wände der Repräsentationsräume waren mit dunklen Stoffbahnen bespannt, die Fenster von Plüschvorhängen gerahmt, dazu das übliche schwere Mobiliar des Späthistorismus.

Als schließlich der Antiquitätenhändler Otto Böhler 1933 die Villa erwarb, ließ er sie von Karl Nungesser (Büro Hans Noris) völlig umbauen und im Stil der Zeit auf ein ruhiges, fast bescheiden wirkendes Landhaus zurückführen, das ein wenig an die Formensprache des Böhler'schen Seehauses erinnert. Die Ufermauer mit der Freitreppe blieb erhalten, die beiden Pavillons und die Balusterbrüstung sind inzwischen beseitigt. Nach dem Zweiten Weltkrieg wurde dieses Haus in eine Eigentumswohnanlage umgewandelt. Damit hat eine auch am See nicht ganz alltägliche Umbauserie ihr vorläufiges Ende gefunden. Sie zeigt nicht nur anschaulich den Wandel des Geschmacks, sie ist auch ein frühes Beispiel für die oft rigorose Art mancher Bauherren am Starnberger See, mit überlieferter Architektur umzugehen.

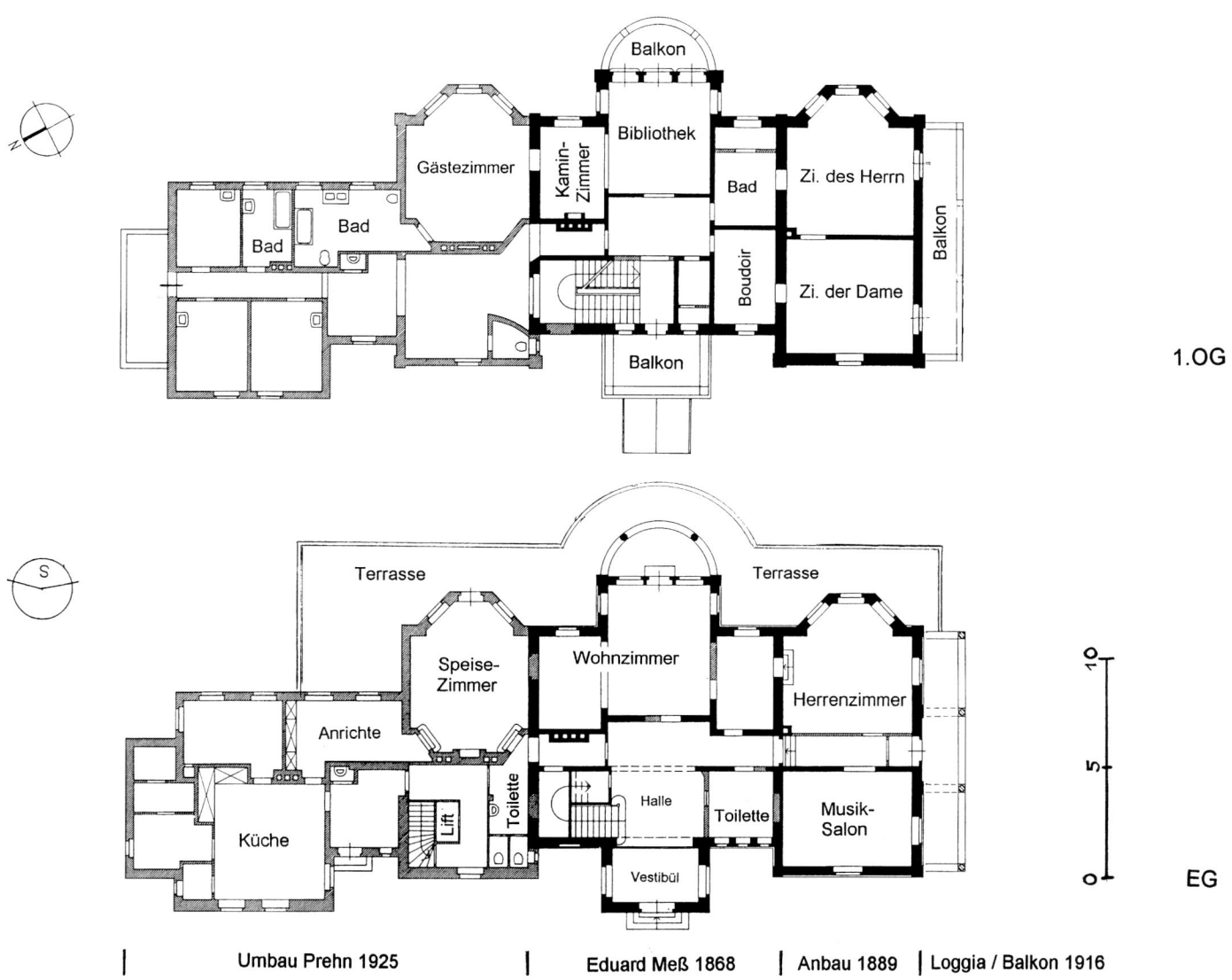

Villa Meß-Prehn, Umbauten 1889, 1916, 1925

Villa Meß (Possenhofener Straße), um 1870

Villa Prehn mit Rosenparterre, um 1920

Villa Prehn (ehemals Meß), um 1920

Hafenanlage, um 1920

Villa Böhler (ehemals Prehn), um 1935

Starnberg

Villa Graf Vitzthum von Eckstädt, um 1890/95

Etwas später als das Landhaus Neuner, aber noch vor 1873, entstand auf einem von der Parkanlage der Villa du Pré abgetrennten Grundstück die Villa des Privatiers Christoph Pick.[38] Die Villa stand traufseitig zur Uferlinie und unmittelbar am Wasser. Die Haupfassade wurde von einem Zwerchgiebelrisalit und von einem polygonalen Erkerturm beherrscht, der in seinem Obergeschoß als Belvedere ausgebildet war. Das Haus wurde rückseitig durch einen Treppenturm erschlossen, der ein wenig an die »italienischen« Türme der Knorr-Villa oder der Villa Reber in Pöcking erinnerte. Diese Anordnung und vor allem auch die Fassadengestaltung im Sinne des Spätklassizismus und der Maximilianszeit erinnern sehr stark an die Villa Simmerl, die bereits weiter südlich an der Grenze zu Niederpöcking stand. Eine kleine Kapelle mit Spitzturm oben an der Possenhofener Straße sowie ein kleiner Pavillon auf einem höheren Natursteinsockel unten am Ufer sind später (wohl beim Abbruch der Villa) wieder verschwunden.

Dem Bauherrn folgten unter anderem 1878 der Münchner Modewarenhändler Ludwig van Hees, 1894 der kgl. sächsische Landjägermeister Graf Vitzthum von Eckstädt und 1896 der Maler Franz von Lenbach. Nach seiner Scheidung überließ er das Haus seiner geschiedenen Frau Magdalena (einer geb. Gräfin von Moltke).

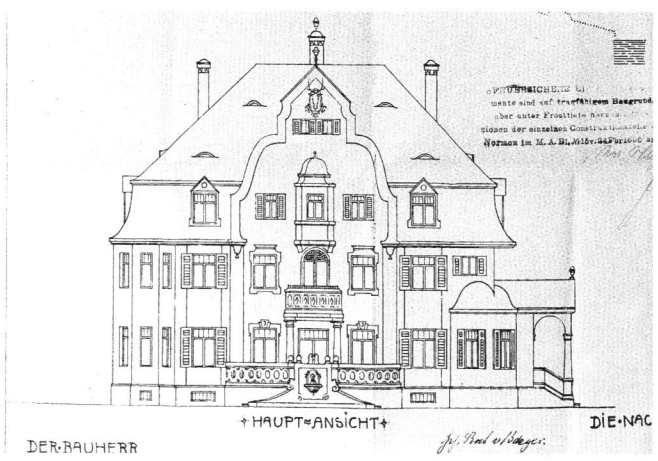

L. von Courten, Entwurf für eine Villa, 1910

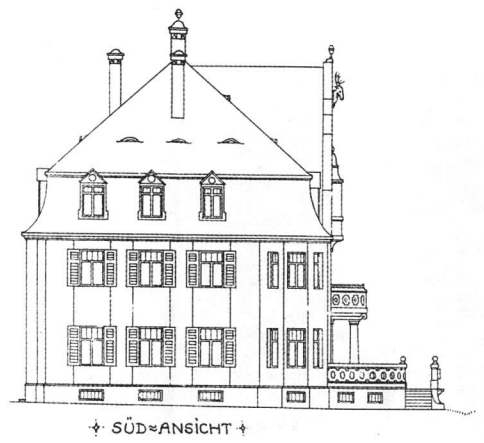

Seitenansicht, 1910

Landhaus Dr. Sicherer (Possenhofener Straße). Aquarellierte Zeichnung, 1911

1909 erwarb der Schriftsteller und Privatgelehrte Dr. Joseph Sicherer die Villa und ließ sie abbrechen. Ein erstes Neubauprojekt 1910 stammte von dem Architekten Louis von Courten. Er entwarf einen mächtigen, schloßartigen Walmdachbau mit barockisierendem Schweifgiebel und einer großen vorgelagerten Terrasse. Dieser sehr aufwendige Entwurf kam jedoch nicht zur Ausführung. Verwirklicht wurde 1911 schließlich das Alternativprojekt des Münchner Architekten Ludwig Ritzhaupt, das eine ganz konträre, dabei sehr viel zurückhaltendere Baugesinnung erkennen läßt. Es handelt sich um einen aus dem Formenkanon des bodenständigen Landhauses entwickelten, relativ schlichten Satteldachbau mit einem kleinen Zwerchgiebel auf der Südseite. Die zum See gewandte Fassade wird von einer breiten Giebellaube, einer schönen Terrasse sowie einem polygonalen Eckerker beherrscht. Dieses Landhaus ermöglicht mit seinen geräumigen Aussichtsmöglichkeiten auf allen Stockwerken eine wesentlich intensivere Verbindung zum Garten und zur Landschaft als das einseitig auf Repräsentation bedachte erste Projekt und erweist sich damit als der zeitgemäße und damit weit modernere Bau. Es ist heute noch mit einigen Änderungen erhalten. Im seitlich angeordneten Bootshaus mit Terrasse und Pavillon haben wir wieder einen charakteristischen Vertreter dieser am See so

L. Ritzhaupt, Landhaus für Dr. Sicherer, 1911

Entwurf der südlichen Fassade, 1911

Starnberg

Landhaus Dr. Sicherer, um 1920

Emanuel Seidl, Villa Prof. von Baeyer, Entwurf, 1895

Villa von Baeyer mit dem Anbau von 1900 (Possenhofener Straße)

Pavillon (Atelier) für van Hees, um 1885

oft verwirklichten Kombination. Leider ist es heute nicht mehr in ursprünglicher Form erhalten.

Wie schon erwähnt, war der Privatier Charles du Pré mit seinem kleinen Landhaus von 1857 der erste auf dem Starnberger Uferstreifen gewesen.[39] Das etwa 3 ha umfassende Grundstück wurde in der darauffolgenden Zeit im englischen Stil gestaltet und mit einem verzweigten Wegenetz erschlossen. Neben den unentbehrlichen Nebengebäuden wie Stall und Wagenremise gab es im Park ein eigenes Sommerhäusl, ein Bienenhaus und einen Obst- und Gemüsegarten. Der kleine Satteldachbau, der nur in den Link-Führern dokumentiert ist, war mit der Giebelseite zur Uferlinie hin orientiert und mit einer kleinen Terrasse ausgestattet. 1871 erwarb Ludwig van Hees, Inhaber eines Modegeschäftes in München, das Haus. Er ließ am nördlichen Ende des Grundstücks und unmittelbar am Wasser ein großes zweigeschossiges Atelier errichten. Ein kleiner, offenbar bewohnbarer Vorbau war mit einer Terrasse mit Balusterbrüstung und zwei antikisierenden Steinfiguren überdeckt.

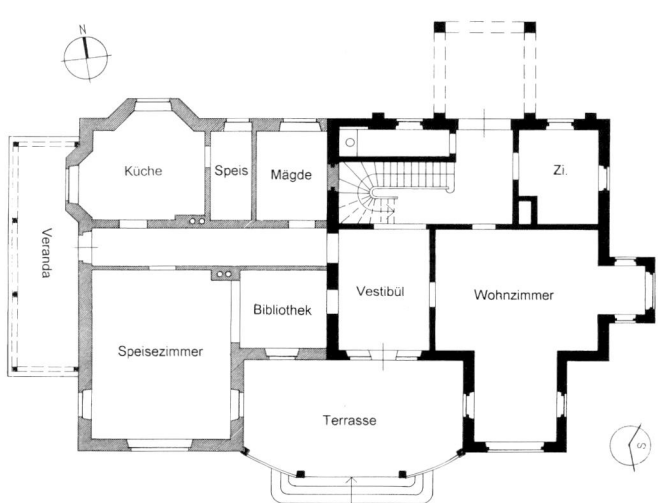

Grundriß Erdgeschoß (Umbauplan, 1895)

Das Haus selbst erweiterte er durch einen Erkerrisalit mit Altane auf der Seeseite sowie einen zweiten ähnlichen Anbau auf der Südseite. Van Hees ließ auch die Parkanlage überarbeiten und durch Neupflanzungen ergänzen. In Ufernähe entstand ein oktogonaler Pavillon, über dessen weiteres Schicksal aber nichts bekannt ist.

1895 übernahm der berühmte Chemiker Geheimrat Prof. Adolf von Baeyer das Landhaus. Er war seit 1875 Nachfolger Justus von Liebigs an der Münchner Universität und bekam 1905 für seine bahnbrechenden Forschungen (u.a. Indigofarbstoff, Benzol) den Nobelpreis für Chemie. Geheimrat von Baeyer ließ das alte Landhaus von Emanuel Seidl völlig umbauen und erweitern. Seidl verlängerte den Bau nach hinten und schuf auf der Südseite eine größere, überdeckte Veranda. Auf der Westseite fügte er eine hölzerne, mit Dekorationsdetails aus dem Formengut des Schweizerhauses versehene Loggia mit Altane hinzu. Seidl überarbeitete den übernommenen Bau offenbar nicht und setzte den Anbau durch die Gestaltung der Fenster und

Villa Hofrat Simmerl (Possenhofener Straße), 1874.
Hinter der Villa ist der Treppenturm sichtbar.

Villa Simmerl, später Augenarzt Dr. Berger.
Südliche Fassade (Gartenseite), 1984

durch Läden deutlich vom Altbau ab. In den Anbau kamen ein neues Speisezimmer, die Küche und die Bibliothek. 1900 wurde westlich noch eine Erweiterung in Form eines Aussichtsturmes (Architekt: A. Fischhaber) hinzugefügt. Das Haus ist heute durch spätere Umbauten völlig verändert und entwertet.

Der letzte Bau an der Grenze zu Niederpöcking war die 1855 gebaute Villa des kgl. Advokaten Hofrat Dr. Joseph Simmerl.[40] Obwohl sie eigentlich auf Söckinger Flur steht, die hier in einem schmalen Streifen an das Seeufer grenzt, zählte sich ihr Bauherr zunächst zum Kreis der Niederpöckinger Kolonie. Der kleine Bau wird dominant von einem polygonalen Turm an der Südostecke beherrscht, der in den beiden unteren Geschossen als Erker in die Wohn- und Repräsentationsräume eingebunden, in seinem 2. Obergeschoß jedoch mit großflächigen Fenstern zur Rundumsicht ausgestattet ist. Rückwärts befindet sich ein zweiter Turmanbau mit dem Treppenhaus. Das Haus wirkt eher schlicht als repräsentativ, die Mauerflächen werden nur durch flache Lisenen und Kerbschnittfriese etwas aufgewertet. Der Architekt ist nicht bekannt. Auf Grund der Tatsache, daß die Villa zusammen mit den Niederpöckinger Häusern entstanden ist, könnte man, auch stilistisch, an Zenetti denken.[41] Das Haus ist im Inneren schlicht und ohne besondere Merkmale ausgestattet, was durchaus dem Bild der meisten Niederpöckinger Villen entspricht.

1886 übernahm der Augenarzt Hofrat Dr. Berger die Villa. Vermutlich hat er sie auf der Westseite um eine Fensterachse erweitert, was sich auf der Fassade noch durch das geänderte Dekorationssystem ablesen läßt. Heute gehört sie der Katholischen Jugendfürsorge. Sie wird aber nicht genutzt und verfällt zusehens. Auch die Gartenanlage und die zugehörigen Nebengebäude wie Kutschenremise, Kegelbahn und Pavillon, die an der nördlichen Grundstücksgrenze angeordnet waren, sind bereits untergegangen.

Starnberg

Starnberg, Flurkarte, um 1895

Seit 1865 etwa begann in großem Umfang die Bebauung auch der Innenstadt. In der Hauptstraße wurden einige Lücken mit neuen Villen geschlossen. So entstand neben der Villa des Gastwirts Clement Obermayer die Villa des Privatiers Christian Friedrich Israel.[42] Gleich daneben bestand bereits seit 1865 die Villa des Kaufmanns Ludwig Zanoli, die 1889 vom Privatier Robeller übernommen und vor wenigen Jahren als »Schutz-Villa« abgebrochen wurde. Und weiter südlich baute 1864 der kgl. Notar Ludwig Meilbeck ein Haus, das 1901 von dem Arzt Dr. Martin Penzl übernommen wurde.

Oben an der Schloßbergstraße und hinter dem heutigen Rathaus entstand 1895 die heute stark veränderte Villa des Privatiers Karl Dederer.[43] Auf der anderen Seite der Au, an der Dampfschiffstraße, ließ sich 1892 Georg Wiedemann, der Besitzer der Starnberger Lederfabrik, eine Villa hinstellen, die in ihren repräsentativen Neurenaissanceformen über den erreichten Wohlstand und den damit verbundenen

Standort innerhalb der Starnberger Gesellschaft Auskunft geben sollte.⁴⁴ In den Jahren nach 1870 wurde in raschem Tempo auch die Au erschlossen und mit kleinen, sauber in Baulinie gestellten Stadtvillen bebaut. Die Bautätigkeit begann zunächst am Bahnhofsplatz und setzte sich vor allem in der Maximilianstraße fort. Dort ergab sie bis etwa 1885/90 ein fast geschlossenes, sehr einheitlich wirkendes Straßenbild von hohem Reiz. Die Häuser zeichneten sich alle durch ihre schlichte Fassadengestaltung und die kleinen reizvoll gestalteten Vorgärten aus. Heute sind, von den großen Geschäftshäusern und Etagenvillen am Eingang der Maximilianstraße (Nr. 3, 5, 7, 9) nur noch wenige Häuser in einigermaßen originalem Zustand erhalten. Ein paar von ihnen seien hier als Beispiele herausgegriffen.⁴⁵ So etwa das Haus für Joseph Jakob, das 1882 der Münchner Caféhausbesitzer Georg Greif und 1891 Baronin Babette von Tein übernahmen. Gegenüber, an der Ludwigstraße, das Haus von Georg Ecker von 1871 (Nr. 11), das 1883 der Hauptmann à la suite Max von Klenze erwarb (später Ingenieur Frikart). Auf der anderen Straßenseite, nördlich an die Ludwigstraße angrenzend, die Villa des bekannten Starnberger Arztes Hofrat Dr. Rudolf Magg, und zwei Häuser weiter die noch bestehende Villa Dr. Heinrich Heiß (Nr. 16). Ganz am Ende der Maximilianstraße das Haus des Uhrmachermeisters Weiß (Nr. 22) und des Herrn Oberst Leeb von 1882. Westlich der großen Etagenvillen, an der heutigen Wittelsbacher Straße, befand sich das Landhaus von Julie Boley, deren schöner, großer Garten sich bis zur heutigen Zweigstraße hinzog (heute Photo-Wörsching).

Die Bebauung der Kaiser-Wilhelm-Straße folgte in einigem Abstand, hier lag der Schwerpunkt der Bebauung erst nach 1880.⁴⁶ Da wären in Bahnhofsnähe das Landhaus des Gärtners Karl Hörner (J. Fischhaber, 1895) zu nennen, oder das Haus des Münchner Kunstmalers Friedrich Steub (Vogt und Neuhoff, 1896), das vor Jahren einem Neubau (heute Redaktion des Starnberger Merkur) hat weichen müssen. An der Ludwigstraße stand bis zu ihrem Abbruch 1987 die Villa des Dampfsägewerksbesitzers Franz Stadler (Otto Gaßner, 1911), und weiter nördlich befindet sich noch in ursprünglichem Zustand die Villa des Rechtsanwalts Dr. Eugen von Ziegler von 1909. Gegen Ende der Kaiser-Wilhelm-Straße bestehen noch heute die Etagenvilla Grad (Wannerstorfer, 1902) und die in ihrem Aussehen etwas reduzierte Villa von Oskar Dall'Armi (Josef Heldmann, 1912), zu der es Vorentwürfe mit verstärkten Jugendstileinflüssen gegeben hat. Am Ende der Straße, unmittelbar am Georgenbach, stand die Villa des Münchner Zigarettenfabrikanten Georg Zuban, ein sehr eigenwilliger, interessanter Bau (A. Hirt, 1897). Er war mit Rücksicht auf die etwas beengten Grundstücksverhältnisse winkelförmig angelegt. Zur äußeren Ecke Straße–Georgenbach hin war eine große Veranda mit seitlichen Treppen angelegt, die über eine große Loggia betreten werden konnte. Die rustizierten Pfeiler der Loggia trugen über ein starkes attikaartiges Gesims das Walmdach im Beaux-Arts-Stil. Die Loggia im Innenwinkel war über offene Säulenarkaden zum Garten hin geöffnet. An der Stelle der Zuban-Villa befindet sich heute ein Mietshaus.

Villa Wiedemann (Dampfschiffstraße), um 1900

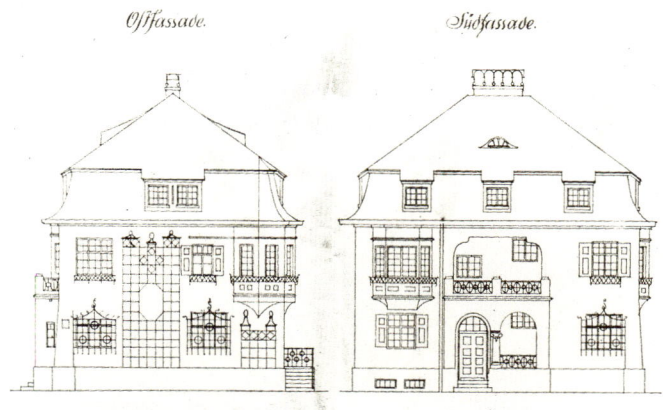

Villa Ziegler (Kaiser-Wilhelm-Straße), Entwurfszeichnung, 1908

Villa Zuban (Kaiser-Wilhelm-Straße), 1899

Villa Dall'Armi, Kaiser-Wilhelm-Straße, Entwurfszeichnung, 1911

Starnberg

Villa Bayerlein (später: Alte Oberschule), 1932

Villa Bayerlein, Treppenhaus, 1932

Villa Bayerlein, Speisezimmer, 1932

Villa Bayerlein, Herrenzimmer, 1932

Der Bayreuther Industrielle und Vizekonsul von Rumänien Adolf Bayerlein erwarb 1922 einen der letzten verfügbaren Bauplätze in Seenähe, etwas eingezwängt zwischen dem benachbarten Hotel Bayerischer Hof und der älteren Bebauung.[47] So weit her war es freilich mit der Seenähe nicht, lagen doch zwischen Villa und Wasser die Bahnhofstraße und der erhöhte Damm der Eisenbahn. Ein bedeutenderer Garten zum See hin war bei der geringen Größe des Grundstücks ebenfalls nicht möglich, aber bei der durch das starke Sockelgeschoß erhöhten Lage der Villa konnte man doch von allen Stockwerken auf den See schauen. Sie wirkte mit ihrer Größe und ihrem repräsentativen Anspruch damals vermutlich ein wenig fremd im relativ kleinteilig und kleinbürgerlich bebauten Umfeld des Achheimviertels, und man fragte sich wohl, wie eine derartige Villa hier an diesen im Grunde unattraktiven Platz zu stehen kam.

Die Villa, 1923 von dem Bayreuther Architekten Stephan Stadelbauer entworfen, präsentiert sich als mächtiger, geschlossener Kubus mit zeltartigem Mansarddach und kleinem Belvederetürmchen. Da dieses Dach relativ flach ausgebildet ist, wirkt es nur aus der Fernsicht und läßt das Haus aus der Nähe noch blockhafter erscheinen. Eine schwere, über die ganze Fassade gezogene zweigeschossige Veranda mit starken Säulen setzt dazu noch einen kraftvollen, aber auch ein wenig schwerfälligen und aufdringlichen Akzent in die Fassade. Insgesamt wirkt die Villa damit nicht besonders elegant.

Die Villa, heute allerdings einiger ihrer qualitätvollen Details beraubt, überrascht durch die hochwertige Ausstattung im Inneren. Über eine etwas steile, ungegliederte seitliche Treppe, die das hohe Sockelgeschoß überwinden muß, erreicht man die geräumige Diele mit dem Treppenhaus, ausgestattet mit Vertäfelungen und Kassettendecken in feinstem Eichenholz. Diese aufwendige, Gediegenheit und Wärme ausstrahlende Ausstattung ist im Stil der 20er Jahre gehalten und befindet sich – im Gegensatz zum Außenbau – ganz auf der Höhe der Zeit. Die Räume sind dagegen wieder zurückhaltend angelegt, bestechen jedoch auch durch ihren großzügigen Zuschnitt, die schönen Fenster und Terrassentüren, durch noble, zum Teil raumhohe und in einigen Fällen auch doppelflügelige Zimmertüren. Auch hier führen die hochwertigen Materialien den außerordentlichen Standard der Ausstattung fort.

Die Villa kam 1938 in Besitz der Stadt Starnberg, wurde lange als Schule genutzt (Alte Oberschule) und beherbergt heute die Räume der Volkshochschule.

Villa Bayerlein, Herrschaftsküche, 1932

Herrschaftsküche, 1932

Starnberg

Villa Bayerlein, untere Diele, 1932. Die Diele und das Treppenhaus sind noch unverändert erhalten.

Villa Bayerlein, obere Diele, 1932. Die Verwendung von Holz in bester Qualität verleiht dem Treppenhaus eine besondere Note.

Villa Bayerlein, Schlafzimmer des Herrn, 1932

Die Villen unterhalb des Mühlberges, 1916 (Riemerschmid, Rettenberger, Eichthal, oben: Werlé)

Villa Eichthal (Mathildenstraße), 1983

Starnberg

Villa Hartlieb (von Bressensdorf, Leopoldstraße), 1984

Villa von Bressensdorf (Leopoldstraße), um 1901

Landhaus Rettenberger (Mathildenstraße), 1984

Als die Hanglagen in Seenähe besetzt waren, wandte sich die Bebauung der westlich des Georgenbachtales aufsteigenden Anhöhe und den Lagen am Hanfelder Berg zu. Der Mühlberg war bis in die 90er Jahre völlig frei geblieben, nur der Redakteur des »Punsch«, Dr. Martin Schleich, hatte sich oben an der heutigen Josef-Fischhaber-Straße ein kleines Landhaus mit einer großen Gartenanlage bauen lassen. In den Jahren 1890 bis etwa 1910 wurden sowohl die obere Zeile an der Josef-Fischhaber-Straße, als auch die Zeile am Hangfuß, an der Leopold- und der Mathildenstraße mit großen Villen bebaut.

An der Leopoldstraße war der Münchner Hafnermeister Joseph Bräu der erste Bauherr gewesen.[48] 1898 erwarb der Generalleutnant und kgl. bayerische Kämmerer Adolar von Bressensdorf das Haus und ließ nördlich von J. Fischhaber einen Turm mit Aussichtsbalkon anfügen, der die Dachtraufe um ein Geschoß überragte. 1901 und 1903 wurde die Villa noch einmal nach Süden hin erweitert. An diese Villa schlossen sich das Landhaus des Münchner Antiquitätenhändlers Rudolf Lotze (1900 von Albert Wolff, nicht mehr erhalten) und das Haus von August Baumgartner an. Der Villa Bressensdorf gegenüber baute 1900 Prof. Paulsen aus Steglitz sein Landhaus, und etwas weiter abwärts errichtete Otto Gaßner 1912 eine sehr schöne, fortschrittlich konzipierte Villa.[49]

Auf dem an die Villa Bressensdorf nördlich anschließenden und von der Parkanlage des Ritter von Grundner abgetrennten Grundstück baute Josef Fischhaber für Ludwig von Hartlieb gen. Wallsporn ein Haus, das durch seine dekorative Fachwerkgliederung des 2. Obergeschosses den gewünschten Landhauscharakter erhielt.[50] Der Rentier Dr. Gustav Metz übernahm es bereits 1900 und ließ es durch Fischhaber geringfügig erweitern. In dieser Form, einschließlich der verglasten Veranda im 1. Obergeschoß, ist das Haus, das heute von der Familie von Bressensdorf bewohnt wird, noch unverändert erhalten. Wichtigstes Element der schönen alten Gartenanlage ist die gebogene doppelläufige Treppe, die zu einem planierten Rondell herabführt.

Die bedeutendste Villa an diesem Hangfuß ist zweifellos die Villa Eichthal in der Mathildenstraße, 1909 von Franz Zell für Baronin Louise von Eichthal errichtet.[51] Franz Zell, der zu den Begründern des sog. Heimatstils, der Erneuerung des Bauens aus der bodenständigen Tradition gehörte, lieferte einen sehr individuellen Entwurf. Das Mansardwalmdach ist tief bis zum Erdgeschoß herabgezogen und läßt dadurch den Baukörper kleiner erscheinen. Ein exedraartiger Mittelrisalit mit dem Hauptwohnraum durchbricht die Trauflinie und bildet darüber einen hohen, ausdrucksvollen Schweifgiebel, der aus dem süddeutschen barocken Formenschatz abgeleitet ist.[52] Dieser Giebel setzt einen kräftigen Akzent und läßt zugleich mit den beiden Gauben das ausgebaute Dachgeschoß in Erscheinung treten. Das Haus ist noch gut erhalten, die Fenster im Bereich des Obergeschosses sind jedoch bereits vereinfacht. Die Treppe, die von der Terrassentüre zur großen Terrasse und zur eigentlichen Gartentreppe herabführte, ist durch eine kleine Terrasse ersetzt, die durch ihren hohen Sockel den

Villen am Mühlberg, um 1915/20

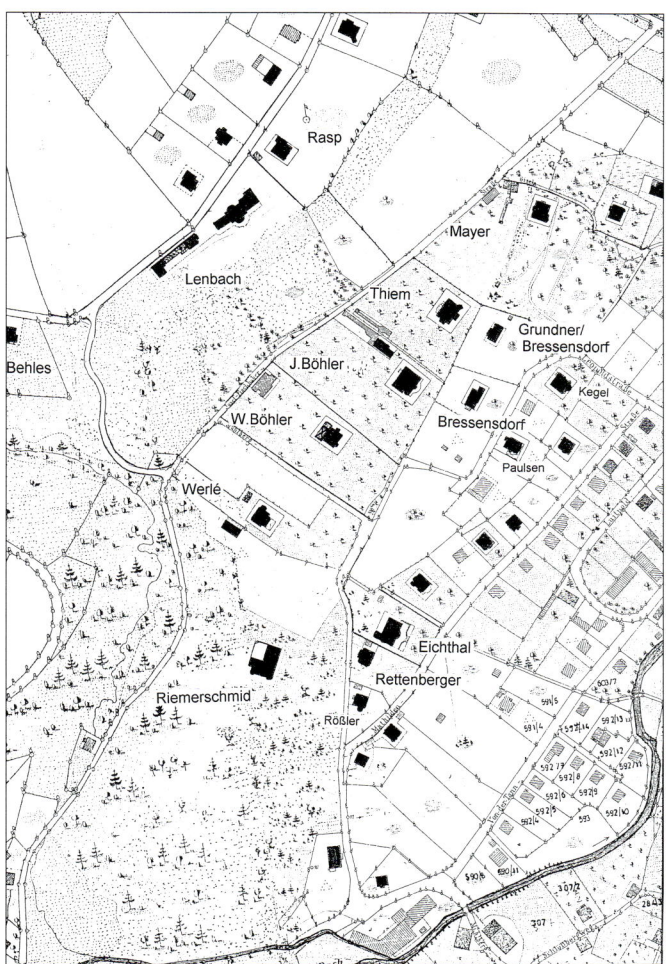

Villen am Mühlberg, Flurkarte, Stand um 1925

architektonischen Zusammenhang an dieser Stelle doch etwas stört. Die kleine Gartenanlage ist ebenfalls bereits vereinfacht.

Anschließend an das Grundstück von Eichthal ließ sich Franz Rettenberger um 1900 ein Landhaus bauen.[53] Die auf die Südostecke des Hauses konzentrierten Landhausmotive einer Loggia mit großen Arkaden, einer voll aufgefensterten Veranda und der großen Fenster im 2. Obergeschoß verleihen dem Haus ein ungewohntes Aussehen und ergeben ein etwas unharmonisches Gesamtbild mit scheinbar willkürlich angeordneten Details.

Auf den Grundstücken neben Eichthal und Rettenberger baute der Architekt Albert Wolff für den Ingenieur Hugo Rößler 1922 zwei fast baugleiche Häuser, die mit ihren seitlich tief herabgezogenen Mansarddächern und der mit Säulen bestückten Loggia im Obergeschoß eine Serie von ähnlichen Häusern an der Mathildenstraße eröffneten.

Wie bereits erwähnt, hatte sich der Literat und Redakteur der satirischen Zeitschrift »Punsch«, Dr. Martin Schleich, dessen Ruf sich heute noch auf seinen Kampf gegen Richard Wagner gründet, 1862 oben auf dem Mühlberg ein schlichtes Landhaus in bodenständigen Formen bauen lassen, das auf dem zeitgenössischen Gemälde mit den Anbauten durch Franz Mayer (siehe Abbildung Seite 31) dokumentiert ist.[54] Der Bauplatz lag nicht weit von der Anhöhe am Hanfelder Berg entfernt, von der aus im frühen 19. Jahrhundert die schönsten Gemälde und Aquarelle mit der Starnberger Landschaft aufgenommen worden waren.

Starnberg

Villa Mayer (Josef-Fischhaber-Straße), Ostfassade, 1985

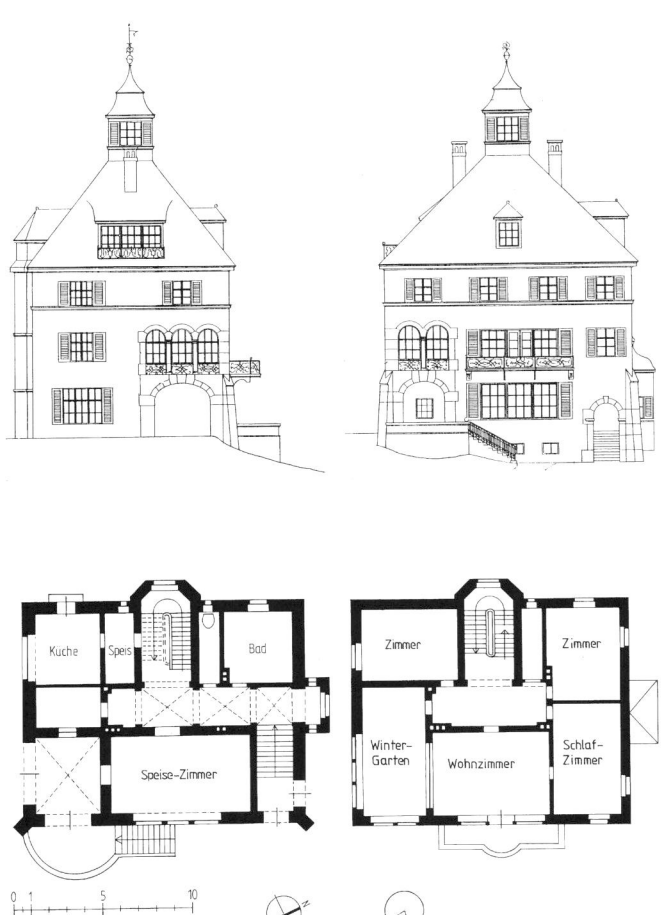

Emanuel Seidl, Villa Mayer, 1898

Schleich besaß also einen der schönsten Standorte, die hier oben möglich waren. Welchen Umfang der Garten hatte, läßt sich nicht mehr eindeutig festlegen. Er reichte jedoch noch nicht, wie später, den Hang hinunter bis zur heutigen Gisela- und Leopoldstraße. 1882 erwarb der kgl. Major Josef Ritter von Grundner das Landhaus von den beiden Töchtern Schleichs und erweiterte es 1888 durch verschiedene Anbauten. 1889 trat er den Besitz jedoch an Kommerzienrat Franz Mayer ab, den Besitzer der international bekannten »Franz Mayer'schen Hofkunstanstalt« in München. Dieser kaufte weiteren Grund hinzu, so daß sich die Parkanlage 1896 bis zur heutigen Leopoldstraße hinunter erstreckte und etwa 14700 qm umfaßte. Er gab 1891 auch noch einmal einen kleinen Umbau in Auftrag, ließ aber 1898 das alte Landhaus schließlich doch abbrechen und durch eine neue Villa ersetzen. Der damit beauftragte Architekt Emanuel Seidl entwarf einen kubischen Bau mit Zeltdach und Belvederetürmchen, der durch seine klare Form und seine Ausgewogenheit besticht, obwohl hier jede Symmetrie in den Fassaden vermieden ist. Die zum See gewandte Seite wird von einem großen Balkon und den mehrteiligen Fenstern des Salons beherrscht. Die Südecke mit der Hauptblickrichtung zur Parklandschaft hat Seidl in der Hauptetage in zwei beziehungsweise drei schöne Arkadenfenster aufgelöst, die ganz italienisch wirken. Die übrigen Fenster sind schlicht und ganz landhausmäßig mit zweifarbigen Läden versehen. Darüber hinaus werden die Schauseiten nur durch ein umlaufendes Gesims, das die oberste Etage vom Hauptgeschoß absetzt, und durch die Verwendung von Haustein bei den Arkadenfenstern und am Sockel des Hauses dekorativ belebt. Das hangseitig hervortretende Untergeschoß, das Küche, Speis und Bad sowie ein großes, über eine Loggia mit halbrunder Terrasse zum Garten hin geöffnetes Speisezimmer aufnahm, wurde nach dem Krieg in eine separate Wohnung umgebaut und dabei auch im Äußeren etwas verändert. Das Zentrum des Hauses jedoch bildet der besonders aufwendig gestaltete Salon. Er besitzt eine reizvolle Stuckdecke mit einem Deckenspiegel, dessen Rahmen von stuckierten pflanzlichen Ornamenten, Putten und kleinen, in Form eines Sternenkreises gesetzten Lampen gebildet wird. Die Wände sind mit Vertäfelungen im Stil des Neurokoko verkleidet, die bemalte Felder (Blumen und idealisierte Landschaften) und größere Spiegel enthalten. An den Salon schließt das Gartenzimmer (im Plan: Wintergarten) mit den großen Bogenfenstern an. Schon um 1893 hatte Kommerzienrat Mayer von der renommierten Münchner Gartenbaufirma Michael Buchner auch die Parkanlage überarbeiten bzw. neu gestalten lassen.[55]

Villa Mayer, Salon im 1. Obergeschoß, 1989

Villa Mayer, originaler Gartenplan von Michael Buchner, vor 1894

Starnberg

Villa Paul Thiem, Entwurfszeichnung, 1896

Villa Thiem (Josef-Fischhaber-Straße), Ostfassade, 1896

Neben Kommerzienrat Mayer erwarb der reiche Berliner Bankier Adolf Thiem, Mitbegründer der Dresdner Bank und seinerzeit einer der bedeutendsten Kunstsammler in Deutschland, 1896 ein größeres Grundstück.[56] Er übereignete es seinem Sohn, den Kunstmaler Paul Thiem (1858 bis 1922), der in München bei Karl von Piloty, bei Löfftz, Raupp und Gysis studiert hatte, sich in gleichem Maße aber auch für Literatur und Musik interessierte. Noch im selben Jahr lieferte der Architekt Karl Lemmes die Entwürfe für ein großes, geräumiges Landhaus mit Atelier. Nach diesen Plänen entstand ein Bau, der sich an bodenständigen Formen orientierte und durch seine über die gesamte seeseitige Fassade reichenden Balkone eine optimale Sicht auf die Landschaft ermöglichte. Die Fassaden sind mit Zwerchgiebeln und Erkern belebt, das Dach ist plastisch durchformt. Der Baukörper wirkt dadurch im Sinne der Zeit sehr malerisch.

Die Villa war im Inneren relativ schlicht, aber sehr gediegen ausgestattet und mit wertvollen Antiquitäten eingerichtet. Paul Thiem hat in vielen, impressionistisch duftigen Bildern das von den Fenstern und Balkonen aus mögliche und in zahllosen Exkursionen erwanderte Erlebnis der Seelandschaft eingefangen. Das Haus gehört seit 1980 der Stadt Starnberg, die es inzwischen zu Etagenwohnungen umgebaut hat. Die ehemalige Gartenanlage ist heute weit-

Villa Thiem, Wohnzimmer, um 1910

Villa Julius Böhler (Josef-Fischhaber-Straße), Zeichnung von Richard Lipps, 1901 (in: Architektonische Rundschau, 1901)

gehend reduziert. Auch die Kegelbahn an der Grenze zum benachbarten Böhler-Grundstück, einst Mittelpunkt fröhlicher Feste mit den Nachbarn oder den Malerkollegen (vor allem aus der bekannten Münchner Künstlergesellschaft »Allotria«), ist nicht mehr.

Gleichzeitig mit Thiem (Grundstücksteilung) erwarb der Münchner Kunst- und Antiquitätenhändler und kaiserliche Hofantiquar Julius Böhler sen. das benachbarte Grundstück und ließ sich von dem Architekten Ulrich Merk 1897/98 eine sehr repräsentative Villa bauen.[57] Merk entwarf einen malerisch aufgelösten Gruppenbau mit stark durchmodelliertem Dach. Auf der Südostseite, zum See hin, sind die architektonischen Schwerpunkte angeordnet: ein polygonaler Eckerkerturm mit Zierfachwerk und Spitzhelm, ein Mittelrisalit mit exedraartigem Erkervorbau und einem reich dekorierten Renaissance-Treppengiebel, sowie im Obergeschoß eine Altane mit gotisierender Brüstungsmauer. Diese dicht gefügte Ansammlung verschiedener architektonischer Elemente und zusammengetragener Dekorationsformen sollte zusammen mit verschiedenen außen und innen eingebauten Sammlerstücken (Wandbrunnen, Reliefs u. a.) sicher etwas über den Bauherrn, den arrivierten und kundigen Kunsthändler, aussagen, demonstriert aber auch gutbürgerlichen Wohlstand und erreichten gesellschaftlichen Status. Die Schindelverkleidung des Dachgeschosses, Fensterläden, dekoratives, ursprünglich vielleicht farbig gefaßtes Fachwerk sowie verschiedene Fensterformate verleihen dem Baukörper zusätzlich Spannung und Farbe. Damit ist die Ostseite der Villa, die knapp an der Hangkante steht, auch auf Fernwirkung berechnet. Der Fassade ist eine breite Terrasse mit hohem Sockel und Balusterbrüstung vorgelagert, die zum Garten überleitet.

Starnberg

Villa Böhler, Treppenhaus, um 1910/20

Die nicht sehr große, aber sehr wirkungsvoll nach Westen und Südwesten angelegte Parkanlage ist noch relativ gut erhalten. Ein zusätzlicher Obst- und Gemüsegarten erstreckte sich ursprünglich auch den Hang hinunter. Rückseitig, zur Straße hin, schließt sich die Remise an, die 1908 um ein neues Hausmeisterhaus erweitert wurde.

Im Inneren wurde die Villa reich mit Täfelungen und Kassettendecken im Stil der deutschen Renaissance ausgestattet. Sie strahlen mit ihren schönen Hölzern Wärme aus und vermitteln einen entsprechenden Stimmungsgehalt, legen aber auch Zeugnis ab von der Qualität handwerklicher Ausführung. Erschlossen wird die Villa durch die Treppe in der rückwärtigen zweigeschossigen Halle. Die Raumanordnung läßt gut das herrschaftliche Konzept erkennen: In der Mitte das Speisezimmer, vorbehalten dem Essen als dem Zentrum des gesellschaftlichen Lebens. Seitlich die nachgeordneten Räume für die anschließende zwanglose Gesprächsrunde, das Wohn- und Musikzimmer für die Damen auf der einen sowie das Rauchzimmer für die Herren auf der anderen Seite. Im Obergeschoß nimmt das Schlafzimmer als wichtigster privater Bereich die Mitte ein.

In der Villa war nach dem Krieg das Kreisbauamt des Landkreises untergebracht, gegenwärtig ist sie an die Montessori-Schule Starnberg vermietet.

Villa Böhler, Speisezimmer, 1985

Speisezimmer, Detail

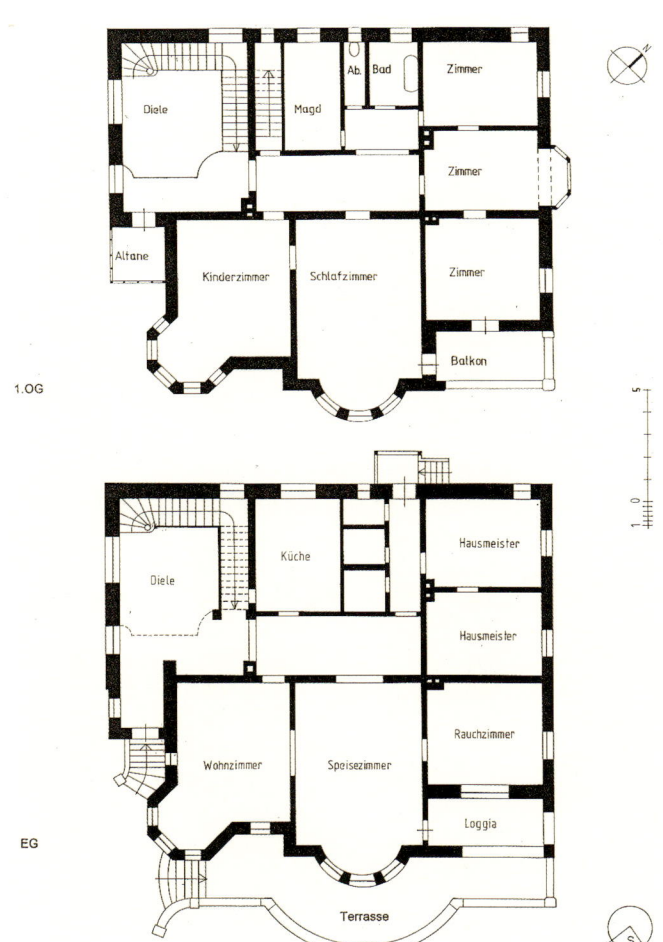

Villa Böhler, Grundrisse, 1901

Villa Böhler, Tür im Wohnzimmer, 1985

Starnberg

Villa Wilhelm Böhler (Fischhaberstraße), 1903

Villa Wilhelm Böhler (mit Lolo von Lenbach), 1903

Villa Böhler, 1903

Landhaus Werlé (Josef-Fischhaber-Straße), Entwurfszeichnung von Carl Lemmes, 1897

Auf dem anschließenden Grundstück ließ sich Wilhelm Böhler, ebenfalls Kunsthändler in München, eine Villa bauen, mit deren Entwurf auch er den Architekten Ulrich Merk beauftragte.[58] Dieser erstellte zur benachbarten Villa eine Art Kontrastprogramm auf der Stilebene Barock-Rokoko. Der annähernd quadratische, sehr geschlossen wirkende Bau mit Mansardwalmdach wird nur von einem seitlichen Anbau mit dem Treppenhaus und von einem Giebelrisalit, beide mit geschweiftem Giebel, etwas aufgelockert. Der Bau zeigt in allen Details barockisierende Formen, vor allem im Bereich der Fenster und Türen. Merk beschränkte sich im Entwurf auf die Gestaltung dieser Baudetails und legte die übrigen Fassadenbereiche sehr zurückhaltend an. Der fertige Bau enthält jedoch zahlreiche Zutaten (zum Beispiel die Hausmadonna über dem Eingang, die portalartige barocke Terrassentüre oder der zierliche, filigran dekorierte Rokokoerker darüber), die vermutlich vom Kunsthändler Böhler als Sammelobjekte und Versatzstücke hierher übertragen und eingebaut wurden. Das Haus ist durch spätere Anbauten und den Verlust an Details inzwischen in seiner Aussage stark reduziert. Auch das schöne Hausmeisterhaus, unter dem späteren Besitzer, Graf Bernstorff, an der Josef-Fischhaber-Straße errichtet (1907 von Ulrich Merk), existiert nicht mehr. Die Gartenanlage ist ebenfalls weitgehend verändert. Die Villa wurde übrigens für einen Sommer von dem Maler Franz von Lenbach gemietet, als seine eigene Villa oben an der Karlstraße noch nicht fertiggestellt war.

1899 plante der Architekt Karl Lemmes neben der Böhler-Villa ein größeres Landhaus für Elisabeth Werlé, Privatiere aus München.[59] Er entwarf einen kompakten Satteldachbau mit einem Zwerchgiebelrisalit, der das Nebentreppenhaus aufnahm. Die Gestaltung der Fassaden schließt sich eng den überlieferten Traditionen des oberbayerischen Landhauses an. Prägendes Motiv sind neben dem überstehenden Satteldach vor allem die zum Teil über zwei oder drei Seiten laufenden Balkone, die einen umfassenden Kontakt zum Garten und zur Landschaft gewähren. Die Hochlauben auf den beiden Giebelseiten, die Fensterläden und ganz besonders das kleine Glockentürmchen verstärken diesen Eindruck. Das Haus ist seinem Grundkonzept nach durchaus mit der Thiem-Villa vergleichbar, wirkt jedoch ruhiger und schlichter, bleibt sehr viel näher am Vorbild des alpenländischen Bauernhauses. Im Inneren ist den Grundrissen nach jedoch deutlich eine Tendenz zu repräsentativer Großzügigkeit zu erkennen, vor allem in der Anlage der geräumigen Halle.

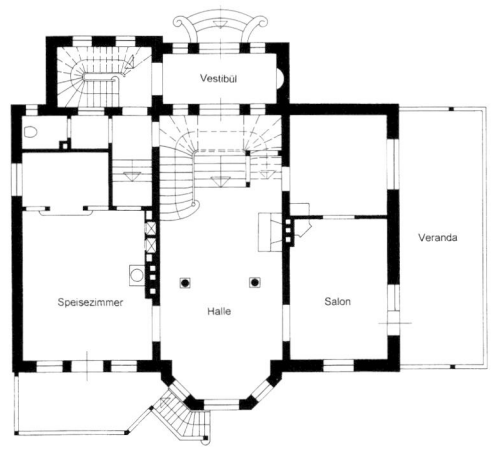

Landhaus Werlé, Grundriß Erdgeschoß, 1899

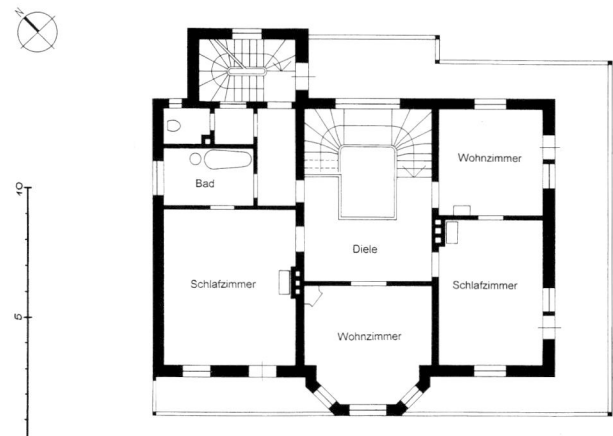

Landhaus Werlé, Obergeschoß, 1899

Starnberg

Villa Eduard Riemerschmid (Riemerschmidstraße, heute Max-Planck-Gesellschaft), 1899

Theodor Fischer, Entwürfe für die Villa Riemerschmid, 1899

Starnberg

Villa Riemerschmid, um 1905

Villa Riemerschmid, Innenhof, um 1905

1899 erwarb Eduard Riemerschmid, der Bruder des Architekten Richard Riemerschmid, am südlichen Ausläufer des Mühlbergs ein ausgedehntes Grundstück von über 50 000 qm, das bis zum Maisinger Bach hinunterreichte.[60] Er war Teilhaber der »Likör- und Essigfabrik Anton Riemerschmid« in München und nebenbei Kunstmaler. Die burgartig konzipierte Villa ist als rechteckiger Baukörper angelegt, dem auf der Nordseite ein starker Seitenflügel so zugeordnet ist, daß ein Winkelbau entsteht. Damit war die Möglichkeit gegeben, allen Haupträumen Anteil an der Sicht auf die Landschaft im Osten und Süden zu geben. Von Westen her ist ein starker, sich nach oben etwas verjüngender Turm herangeschoben, der die Villa um ein ganzes Stockwerk überragt und oben eine umfassende Rundumsicht eröffnet. Das Steildach mit den verschiedenen Gauben und das aus der nordöstlichen Gebäudeecke herausgezogene Türmchen verstärken weiter den Burgencharakter der Villa. Auch die Schließung des vom Innenwinkel der beiden Baukörper gebildeten Hofes durch eine hohe Mauer mit Einfahrtstor gehört zu diesem Konzept. Die wichtigsten Räume haben zusätzlich zu den Fenstern aus kleinen, über Bögen geöffneten Loggien freie Sicht auf den See. Hinter den Bogenöffnungen am Ende der dem Erdgeschoß vorgelagerten Terrasse liegt ein großer Gartensaal, der vom gewölbten Gang aus über die drei verglasten Bögen auch einen Ausblick auf den Hof besitzt. Über dem Gartensaal liegt das Atelier. Im Gegensatz zur Ostseite mit ihrer für die Fernwirkung bedeutsamen Staffelung der einzelnen Baukörper ist die südliche Fassade wesentlich ruhiger gehalten. Sie ist mit ihren beiden barockisierenden Erkern und der deutlichen Symmetrie auch sehr viel mehr Villa als Burg. Es ist insgesamt bemerkenswert, wie Fischer bei der Herstellung des offenbar vom Bauherrn gewünschten Burgencharakters der Villa sich in fortschrittlicher Weise auf eine entsprechende Gruppierung der Baukörper und auf wenige architektonische Zitate beschränkt und es vermieden hat, den Baukörper dann noch mit den sonst üblichen dekorativen Details zu versehen. Im Erdgeschoß – es tritt hangseitig als 1. Obergschoß in Erscheinung – wurden die Wohn- und Repräsentationsräume angeordnet. Die Südecke mit dem Erker besetzt das etwa 70 qm große Wohnzimmer mit einer bemalten Decke aus Lärchenholz, daneben liegt das Speisezimmer mit einem Spiegelgewölbe auf flachen Stichkappen. Auf der anderen Seite schließen sich über das Bindeglied einer kleinen Loggia das Musikzimmer und das Zimmer der Dame an, die beide mit Stuckdecken ausgestattet wurden. Über die ursprüngliche Gestaltung der Parkanlage kann heute nichts mehr ausgesagt werden. Sie dürfte wohl als Landschaftspark mit weitgehender Übernahme des vorhandenen Baumbestandes angelegt gewesen sein. Die Villa wurde für die Nutzung durch ein Institut der Max-Planck-Gesellschaft völlig umgebaut und dabei um ihren hohen architektonischen Wert gebracht.

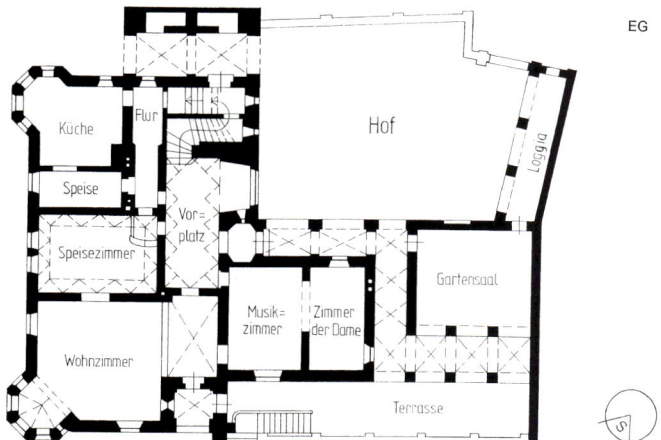

Grundriß Erdgeschoß, 1899

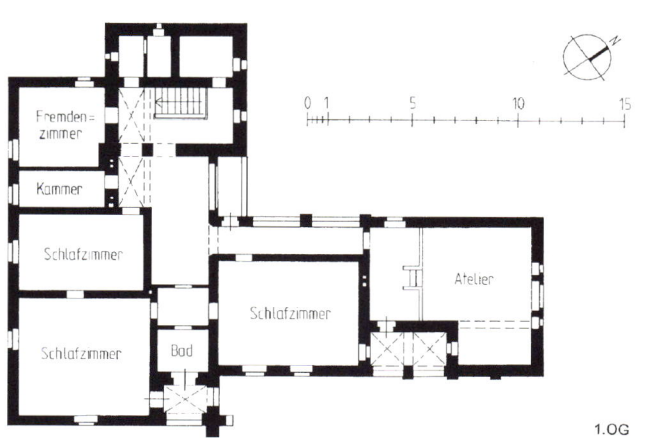

Grundriß Obergeschoß, 1899

Starnberg

Villa Böhler (Sonnenhof, Hanfelder Straße), um 1915

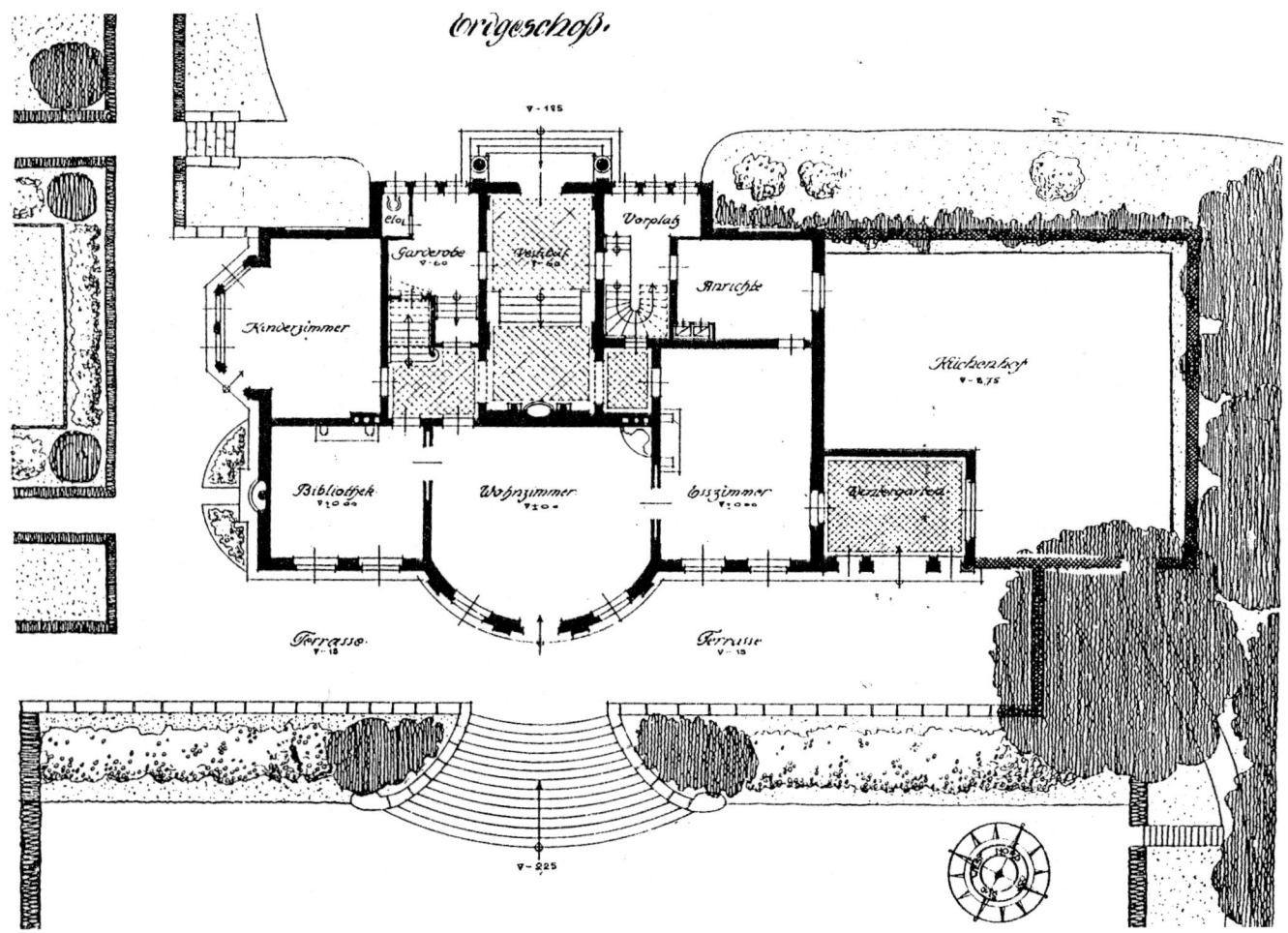

Villa Böhler, Grundriß Erdgeschoß, 1912

Hans Noris, Gartenfassade der Villa Böhler, 1912

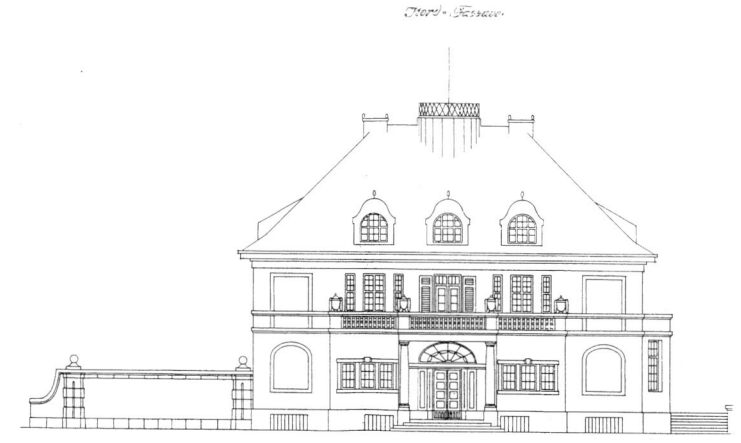

Entwurf der rückwärtigen Fassade, 1912

Kurz vor dem Ersten Weltkrieg besetzte der Kunst- und Antiquitätenhändler Julius Böhler jun. mit seiner neuen Villa einen der letzten großen Starnberger Aussichtspunkte am oberen Hanfelder Berg, wo sich noch einmal ein attraktiver Fernblick über die Starnberger Landschaft eröffnete.[61] Er konnte hier in unmittelbarer Nachbarschaft zum Park der Max-Joseph-Höhe ein zusammenhängendes Grundstück von fast 64000 qm erwerben, das mit seinem alten, gewachsenen Baumbestand im oberen Teil hervorragende Voraussetzungen für eine Parkanlage bot. Vor diese Kulisse gestellt, zählte der schloßartige Bau, der nicht nur allen Anforderungen an einen luxuriösen Landsitz gerecht werden, sondern auch den geschulten Geschmack und den Lebensstil des Bauherrn zum Ausdruck bringen sollte, zu den bedeutendsten Villen am Starnberger See. Der Architekt Hans Noris schuf hier einen Bau, der besonders durch seine hervorragende Situierung in der Landschaft zur Wirkung gelangt, der aber auch durch die zurückhaltende Anlage der Fassaden, die in ihrer Regelmäßigkeit große Ruhe und Noblesse ausstrahlen, überzeugt. Die Villa ist auf Wirkung nach allen Seiten berechnet, und anders als bei den älteren Häusern am See, die oft nur eine Schauseite besitzen, sind hier alle vier Fassaden gleichwertig ausgebildet. Die nach Süden gerichtete Gartenfassade läßt klar die innere Organisation der Villa ablesen. So wird das Erdgeschoß mit den raumhohen französischen Rundbogenfenstern als Bereich der Wohn- und Repräsentationsräume gekennzeichnet.

Das Haus überrascht im Inneren durch seine sehr großzügige Grundrißgestaltung und den Zuschnitt seiner noblen, lichterfüllten Räume. Man betritt die Villa rückseitig durch ein von Säulen flankiertes Portal. Von einem gewölbten und mit Rotmarmortreppen ausgestatteten Vestibül erreicht man die großen Wohnräume im Erdgeschoß, die alle zur südlichen Parkseite angeordnet sind. Die Mitte nimmt das große Wohn- und Musikzimmer ein. Seitlich sind der Salon und die Bibliothek angeordnet. Sie sind beide mit hierher transferierten alten Kassettendecken und Marmorkaminen (Italien, 16./17. Jahrhundert) ausgestattet. An die Bibliothek schließt sich ein Gartensaal an, der sich auf der einen Seite zum Garten öffnet, auf der anderen zum Speisezimmer führt. Diesem ist eine Anrichte angefügt, deren Speisenaufzug die Verbindung zur Küche im Untergeschoß herstellt.[62] Die Räume des Obergeschosses sind etwas einfacher gestaltet.

Die Villa steht auf einer planierten Fläche, vor ihr liegt die durch Aufschüttungen erhöhte Terrasse. Eine elegante barocke Treppe führt zu einem großen, ausbuchtenden und ursprünglich barockisierend gestalteten Gartenparterre, das an seinem Scheitel von einer bogenförmigen Brüstung mit barockem Ziergitter begrenzt wird. Zu beiden Seiten des Gitters beginnen Spazierwege in den unteren Parkteil. Auf der Rückseite der Villa mündet die Auffahrt in eine große Wendefläche, die nach Norden durch eine exedraartige Anlage begrenzt wird. Diese besteht aus zwei gestaf-

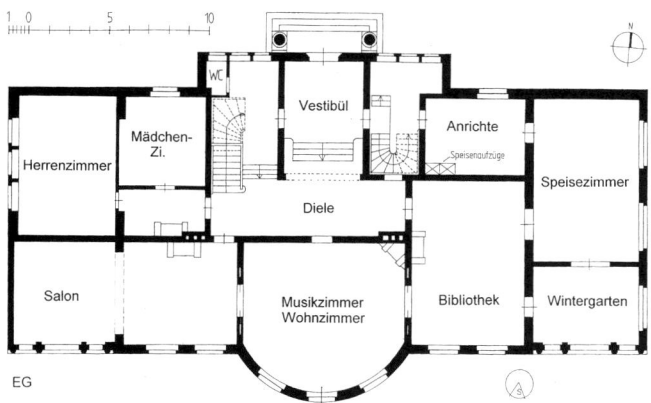

Grundriß Erdgeschoß (nach dem Umbau), 1920

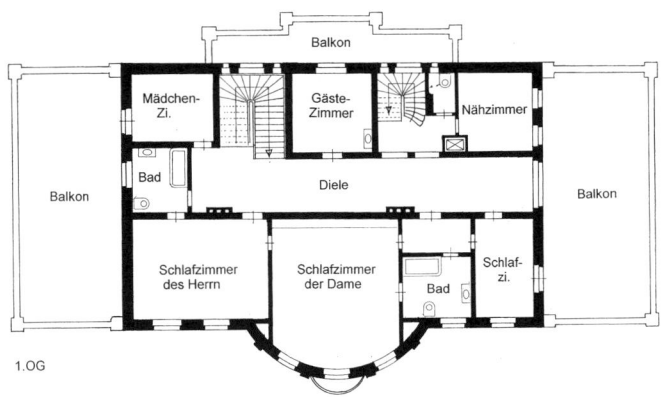

Grundriß Obergeschoß, 1920

Starnberg

Villa Böhler (Sonnenhof), Vestibül, 1997

Villa Böhler, Wohn- und Musikzimmer, 1997

Villa Böhler, Bibliothek, 1997

Villa Böhler, Salon, 1997

felt angelegten Tuffsteinmauern, in deren Mitte Treppen nach oben führen. Im Scheitel des oberen Bogens führt die Treppe in einen von Tuffsteinmauern gebildeten, barockisierend gestalteten Raum mit Sitzbänken und einem Brunnenbecken. Hier gehen auch die Wege in den hinteren Parkteil ab. Seitlich wird die Villa von einem rechteckigen Gartenparterre begleitet, das von einer hohen Tuffsteinmauer mit kleinen Figurennischen begrenzt wird. In die Fassade ist der schöne, elegante Wandbrunnen eingelassen. Diese unmittelbar auf die Villa bezogenen und in extremer Weise durchgestalteten Gartenteile bilden innerhalb des langgezogenen Abhangs terrassenartig abgestufte Flächen, die stark an italienische Vorbilder erinnern. Durch sie wird die Villa wirkungsvoll aus dem Gelände herausgehoben und in ihrer Bedeutung gesteigert. Die ausgedehnte, nach englischem Vorbild gestaltete Parkanlage zieht sich vom Scheitel der Anhöhe bis zur Oßwaldstraße hinunter. Sie bildet eine langgezogene, trapezförmige Fläche, die nach Süden hin deutlich abfällt und damit an allen Stellen eine ungehinderte Aussicht auf die Landschaft eröffnet. Der östliche Randbereich fällt dabei auch relativ steil zur Hanfelder Straße hin ab, wodurch die verdeckte Situierung der Nebengebäude und der Wirtschaftsflächen ermöglicht wurde. Am westlichen Rand steigt das Gelände rasch auf Traufhöhe der Villa zu einem bewegten, modellierten Höhenzug an, der im hügelartigen Aussichtspunkt südwestlich der Villa gipfelt. Damit ergibt sich nicht nur eine sehr wirkungsvolle Staffelung, sondern auch die Möglichkeit für ein Wegesystem in bewegter, sehr abwechslungsreicher Führung.[63]

Als sich Julius Böhler von seiner Frau trennte, überließ er ihr den herrlichen Besitz. Sie veräußerte die Villa jedoch um 1 100 000 Mark an den Botschafter Johann Graf Bernstorff. Dieser ließ von Hans Noris einige bauliche Veränderungen an der Villa vornehmen. Dabei wurde an der Westseite spiegelbildlich zum sog. Wintergarten ein gleichartiger Anbau angefügt und mit der ehemaligen Bibliothek zu einem neuen, größeren Salon vereinigt. Die Bibliothek wurde in das bisherige Speisezimmer verlegt. Durch die Weiterführung des Wintergartenanbaus bis zur rückwärtigen Fassade konnte ein neues Speisezimmer gewonnen werden.

Zur Villa gehörte auch eine Reihe von Nebengebäuden wie das Pförtnerhaus mit Stall und Kutschenremise hinter dem schönen Einfahrtstor an der Hanfelder Straße. Die große Gärtnerei, die nach dem Krieg unten an der Ecke der Hanfelder Straße zur Oßwaldstraße entstand, hat den ehemaligen Nutzgarten mit Gemüsebeeten und Obstbäumen ausgelöscht und der Parkanlage erste empfindliche Verluste zugefügt. Vor einigen Jahren hat dann die Stadt Starnberg, welche Villa und Park erwerben konnte, die gesamte untere Parkhälfte abgetrennt und mit mehrgeschossigen Wohnhäusern verbaut. Damit wurde der Niedergang einer der bedeutendsten Gartenanlagen am Starnberger See in dramatischer Weise beschleunigt. Jenseits der Oßwaldstraße liegt noch heute das große Gärtnerhaus, der zugehörige weitläufige Obstgarten ist inzwischen allerdings mit Gebäuden des Krankenhauses Starnberg bebaut.

Kamin im Wohnzimmer, 1997

Rückseite der Villa, 1984

Rückwärtiges Gartenrondell, 1997

Einfahrt und Torhaus, 1984

Villa Böhler (Sonnenhof), 1997

Brunnen an der Westfassade, 1984

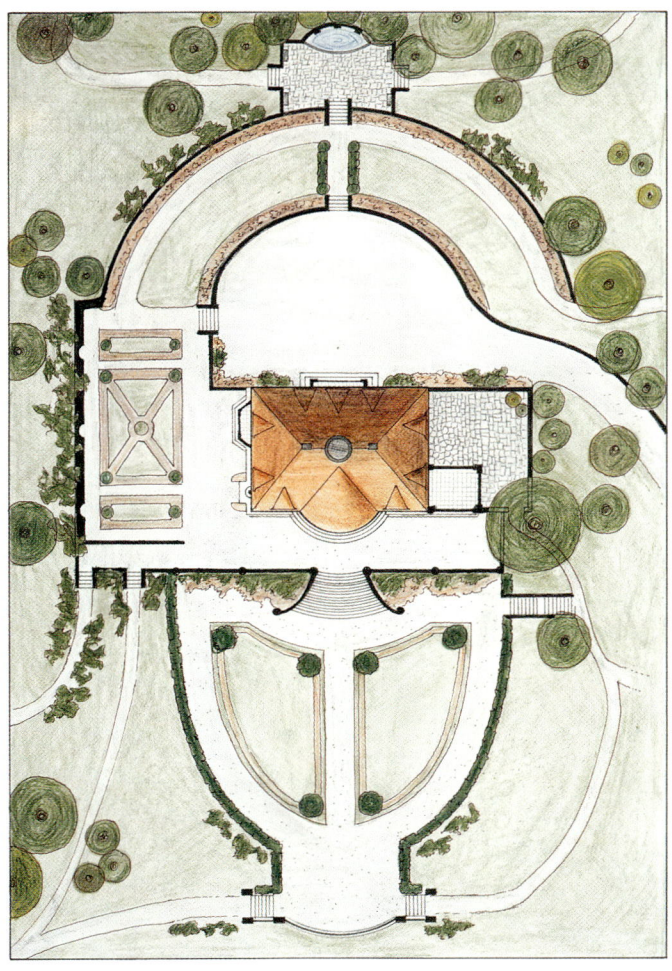

Gartenanlage, um 1915/20 (Rekonstruktion)

Garten- und Parkanlage, um 1915/20 (Rekonstruktion)

Starnberg

Landhaus Max-Joseph-Höhe, 1996

Landhaus Max-Joseph-Höhe, 1996

Die ältere Geschichte des Landhauses auf der Max-Joseph-Höhe, das sich bereits auf Söckinger Flur befindet, ist nicht restlos aufzuhellen. Um 1886 übernahm Franz von Norman ein erdgeschossiges Landhaus, das dem Forstmeister Ferdinand Hochfärber gehört hatte und das vor 1863 gebaut worden sein muß.[64] Auch der rückwärtige runde Turm war zu diesem Zeitpunkt schon vorhanden, seine Zweckbestimmung war allerdings nicht zuverlässig zu ermitteln. Am wahrscheinlichsten ist wohl, daß er als Wasserreservoir Verwendung fand, nachdem ein Aussichtsturm hier oben wenig Sinn gehabt haben dürfte.

Baron von Norman ließ 1887 westlich des Landhauses eine große, kreisrunde Reithalle mit Kegeldach errichten sowie 1897 das Wohnhaus umbauen und um ein Stockwerk erhöhen. Es entstand dabei ein großes Landhaus, das nicht nur den unmittelbaren Landschaftsabschnitt beherrschte, sondern auch vom See her gut vor der dunklen Baumkulisse der Anhöhe sichtbar war.

Das Haus steht inmitten einer riesigen Parkanlage an der Kante eines Plateaus, das rückseitig von einem kleinen Höhenzug begrenzt wird und das unmittelbar an der Villa nach Osten und Süden hin abfällt. Das ergibt einen unbehinderten Standort, der zu den schönsten Aussichtspunkten der Starnberger Landschaft zählt und der schon zur Bauzeit des Hauses für seine lohnende Fernsicht gepriesen wurde.[65] Das Landhaus weist durchwegs traditionelle Bau- und Dekorationselemente auf und schließt mit seinem weit

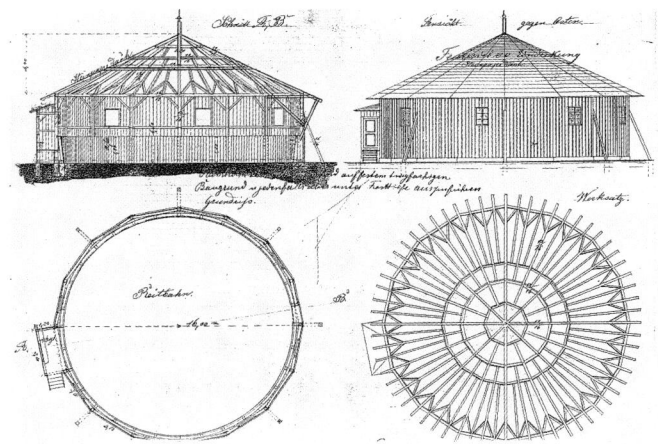

Max-Joseph-Höhe, Entwurf für die Reithalle, 1897

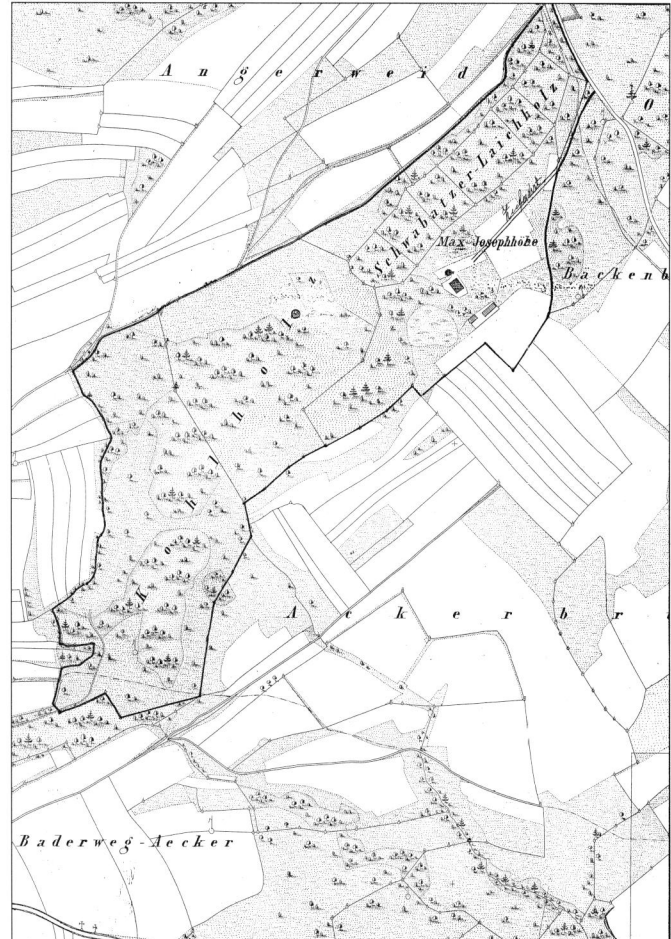

Parkanlage, Flurkarte, um 1900

überstehenden Satteldach mit Glockenstuhl, seiner Holzverkleidung des Dachgeschosses, den Fensterläden und den im Stil der oberbayerischen Lüftlmalerei gestalteten Fensterrahmen sowie seinen Balkonen bewußt an das bodenständige Bauernhaus an. Hirschgeweihe an den Fassaden signalisieren vergnügliches Landleben.

Das Haus war im Inneren schlicht ausgestattet und ganz als Sommeraufenthalt eingerichtet.[66] Das gesamte südöstliche Erdgeschoß war dem Speisesaal mit dem Erker vorbehalten. Hier war der Raum für große Gesellschaften, von hier aus konnten sich die Gäste bequem auf die Terrasse oder in den Garten begeben. Die Räume im Obergeschoß waren dem privaten Leben vorbehalten.

Nach der Jahrhundertwende wurde auf den oberen Hanglagen des Hanfelder Berges noch eine Reihe Villen gebaut, die hier jedoch nur kurz erwähnt werden können. So entstand noch 1895 auf einem etwas erhöhten Aussichtspunkt an der Hanfelder Straße die Villa Kirschner,[67] die zu ihrer Gestaltung mit verschiedenen Elementen aus dem Formenrepertoire der mittelalterlichen Burg den bezeichnenden Namen »Villa Wartburg« erhielt. An der Hanfelder Straße entstanden auch später noch einige schöne, in einfachen, zeitgemäßen Formen gestaltete Villen, wie die Villa Dürr von 1924 oder, der Villa Sonnenhof gegenüber, die Villa Klinke von 1921. Am Fuchsengraben entstand 1910 aus dem Umbau eines älteren Hauses das Landhaus Obermayer. Und ganz oben, an der Schießstättstraße, bildeten ein paar Villen in größeren Gartenanlagen den Abschluß, so die Villa Gottfried, die Villa des Bildhauers Heinrich Wadere, an deren Stelle später das Rummelsberger Stift gebaut wurde, oder die Villa Aurora. Um 1909 wurde an der Heinrich-Wieland-Straße eine Reihe von schlichten, mit jugendstilhaften Dekorationselementen angereicherten Villen gebaut, wie die Villa Kastrup, die Villa Aigner, die Villa Höhn, die Villa Bauer oder die Villa Gebhard.

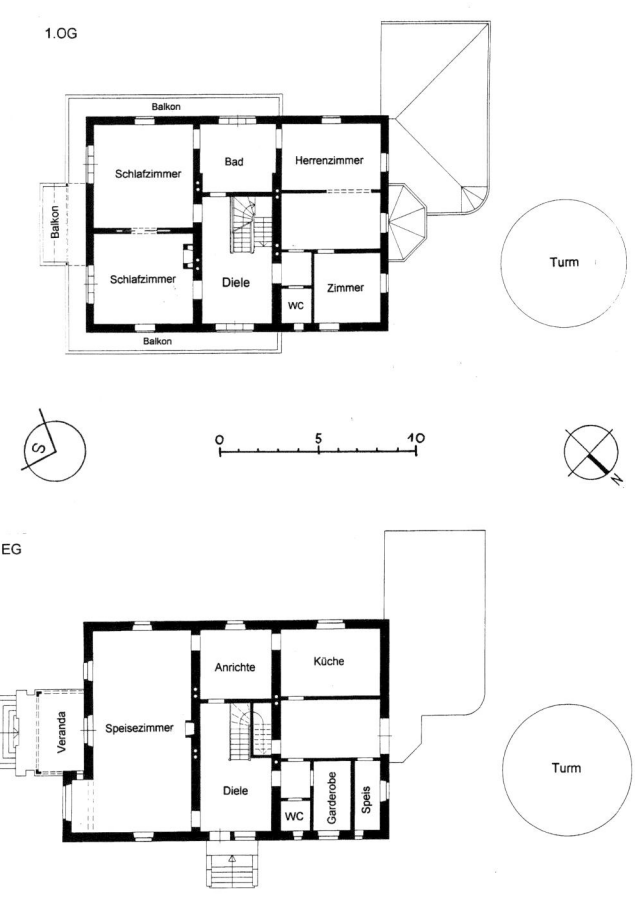

Max-Joseph-Höhe, Grundrisse, um 1900 (Rekonstruktion)

Starnberg

*Villa Wartburg (Hanfelder Straße).
Zeichnung von R. Lipps, 1900*

Villa Höhn (Heinrich-Wieland-Straße), 1983

Landhaus Gebhard, um 1920

Villa Gottfried (Schießstättstraße), um 1930

Villa Aurora (Schießstättstraße), 1984

Starnberg

Villa Dr. Seibt (Max-Emanuel-Straße), Gartenfassade, 1986

1925 ließ sich der Schriftsteller Dr. Anton Seibt an der Max-Emanuel-Straße eine Villa bauen.⁶⁹ Der Entwurf zu dem relativ kleinen, aber sehr individuellen und reich ausgestatteten Haus stammte von Karl Nungesser, der bereits im Büro Noris gearbeitet hatte. Der Architekt legte die Villa in rechtem Winkel an und konnte so die untergeordneten Räume rückseitig anordnen. Vorne bekam er Platz für eine ausreichend breite Schauseite mit den repräsentativen Wohnräumen. Ganz deutlich wirkt hier das Vorbild der Böhler-Villa von Hans Noris an der Hanfelder Straße nach. Erschlossen wird die Villa hinten durch einen schmalen Treppenturm im Innenwinkel. Über eine geräumige Diele erreicht man die Zimmer, die alle eine verschiedene Ausstattung besitzen und unterschiedliche Stimmungswerte vermitteln. Die Vielfalt im Erdgeschoß, von der exklusiven Gestaltung der Diele über die schöne Balkendecke des Speisezimmers, über das Wohnzimmer mit seiner Stuckdecke (Vorbild: Böhler-Villa) bis hin zur Ausstattung des Herrenzimmers mit feinen Holzverkleidungen setzt sich im Obergeschoß fort. Dort befand sich auch eines der wenigen Bäder, die in der Villenlandschaft am Starnberger See noch in originaler Form überlebt hatten (inzwischen beseitigt). Die Gartenanlage war, den Umständen entsprechend, auf engsten Raum beschränkt.

Zu beiden Seiten der Seibt-Villa entstanden zwei fast baugleiche Villen für den Schauspieler Fritz Helmerding und den Grafen Korff-Schmising.⁷⁰

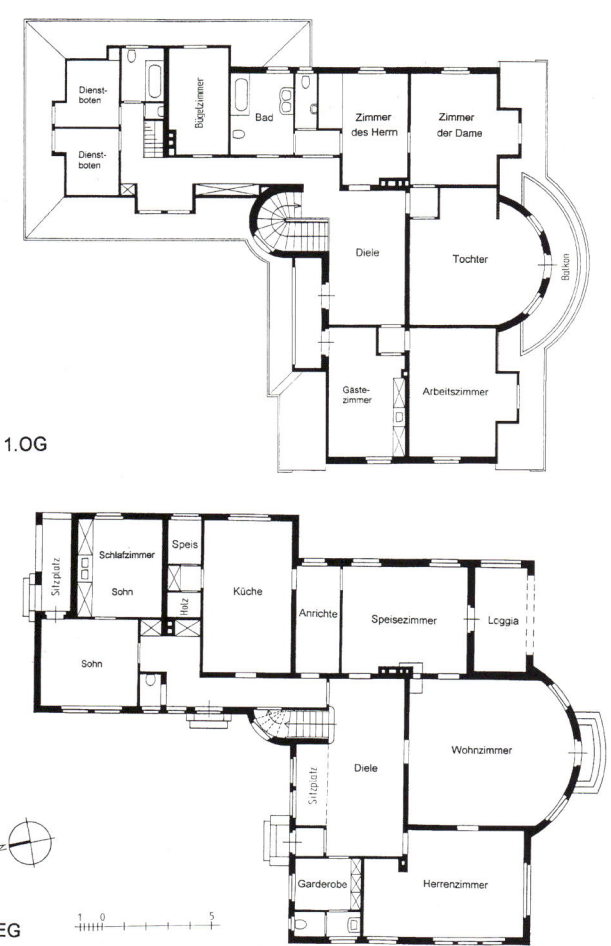

Karl Nungesser, Grundrisse der Villa Dr. Seibt, 1925

Starnberg

Villa Dr. Seibt, Speisezimmer im Erdgeschoß, 1986

Das Arbeitszimmer im Obergeschoß, 1988

Das Wohnzimmer im Erdgeschoß, 1988

Das Bad, 1988

Das Vestibül mit der Treppe, 1986

Das Herrenzimmer im Erdgeschoß, 1988

Etwas weiter nördlich, an der Josef-Sigl-Straße, konnte Erzherzogin Franziska von Österreich, die nachmalige verheiratete Gräfin Wernberg, 1920 noch ein großes attraktives Grundstück von über 50 000 qm erwerben.[71] Franz Deininger errichtete für sie auf einem kleinen Geländevorsprung innerhalb des abfallenden Terrains eine kleine, sehr individuell gestaltete Villa. Er ordnete den Grundriß sternförmig an. Damit konnte er untergeordnete Räume nach hinten verlegen und im Winkel der Schauseite eine schöne, fast intime Terrasse schaffen, die gegen den Abhang von einem bogenförmigen Abschluß (niedere Buchshecke mit Buchskugeln) begrenzt war. Er konnte damit vor allem die Erschließung sehr elegant in das Zentrum des Hauses legen. Die dort angeordnete Halle war ursprünglich mit einer Treppe ausgestattet, die oben in eine umlaufende Galerie mündete (heute beseitigt). Das Innere des Hauses, das heute von der Bayerischen Beamten-Fachhochschule genutzt wird, ist leider stark verändert, die originale Ausstattung weitgehend reduziert. Von ihrer hohen Qualität geben nur noch zwei Räume Auskunft, die im Zentrum gelegene Bibliothek und das Bad, welches hier wie durch ein Wunder erhalten geblieben ist. Wie die Parkanlage organisiert war, läßt sich heute nicht mehr sagen, da die vielen Zubauten der Hochschule weite Bereiche völlig verändert haben.

Villa Erzherzogin Franziska von Österreich (Gräfin Wernberg), 1983

Starnberg

Villa Gräfin Wernberg (Josef-Sigl-Straße), Eingangsseite, 1983

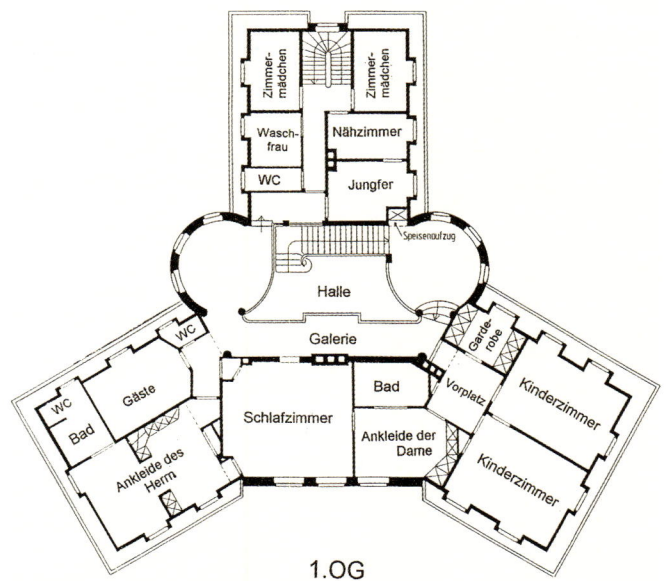

Villa Gräfin Wernberg, Wohnzimmer, 1983

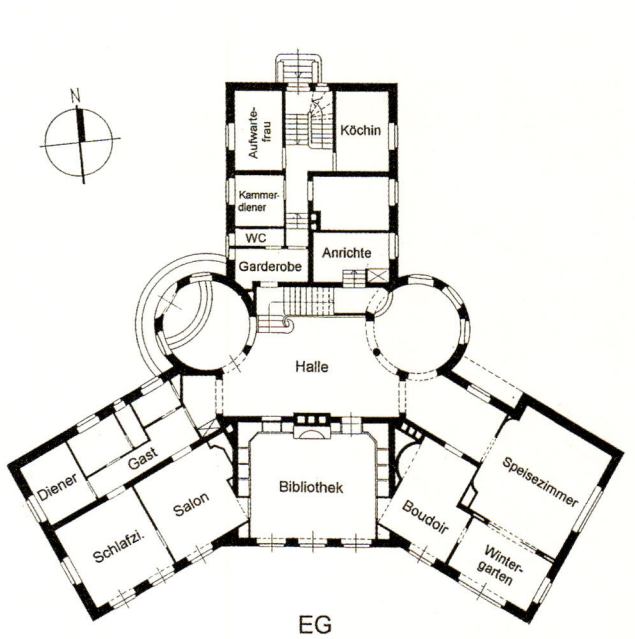

Franz Deininger, Grundrisse der Villa Wernberg, 1920

Das Badezimmer, 1997

Villa Keil (Kornmann, Prinzenweg), seeseitige Fassade vor dem Umbau, 1983

Eine sehr frühe Villa entstand 1878 oben auf dem Prinzenweg. Der Münchner Kaufmann Wilhelm Keil hatte seit 1874 große Waldstücke auf diesem Höhenzug aufgekauft[72] und damit begonnen, Teile davon in einen Park nach englischem Vorbild umzuwandeln. Der größere Teil dürfte dabei in naturnahem Zustand (Buchen- und Fichtenbestände) belassen und nur mit Spazierwegen erschlossen worden sein. Von dieser weitläufigen Anlage ist heute nichts mehr vorhanden. Das gesamte Gelände ist bis auf einen kleinen Umgriff verbaut, die letzten Nadelbäume der ehemaligen Parkanlage (völlig gesund, Stammdurchmesser über 1m) wurden 1983 gefällt.

Die Villa wurde an die Kante des Steilhanges gestellt. Damit ergab sich nicht nur eine umfassende Sicht über die ganze Landschaft, die Villa konnte hier mit ihrer prägnanten und eindrucksvollen Schauseite eine Fernwirkung bis über den See entfalten. Diese Ostfassade wird von einer über alle Geschosse gelegten Ordnung von ionischen Pilastern auf rustizierten Pfeilervorlagen sowie von regelmäßigen Fensterachsen geprägt. Diese sehr ausdrucksvolle Fassade wird auch von den zwei leichten Eisenbalkonen kaum in ihrer ruhigen Monumentalität gestört. Sie wird noch von einer kräftigen Attika überhöht, hinter der sich eine Belvedereplattform verbirgt. Das Untergeschoß tritt auf dieser Seite infolge der Hanglage voll in Erscheinung, wird jedoch durch die Rustizierung als Sockelgeschoß abgesetzt und als untergeordneter Fassadenteil gekennzeichnet. Da das sehr flache Dach kaum in Erscheinung tritt, wirkt der Baukörper vor allem durch seine stark kubische Form. Die drei anderen Fassaden sind in charakteristischer Bauauffassung der Zeit ganz schlicht gehalten.

Die Villa wird von der Rückseite über ein zweigeschossiges, geräumiges Treppenhaus mit einem schönen schmiedeeisernen Geländer erschlossen. Im Entwurfsplan von J. Berthold ist die spätklassizistische Dreiachsigkeit der Raumordnung deutlich zu erkennen. Im Treppenhaus und in den wichtigsten Wohnräumen hat sich die originale Dekoration, ausgeführt von dem Starnberger Maler (und Photographen) Joseph Wörsching, erhalten. In den Nebenräumen besteht sie aus einem System von schablonierten Zierbändern und flächenfüllenden, textilen Mustern. Die Haupträume im ersten Obergeschoß werden durch umfangreiche, zum Teil mit freier Hand aufgetragene Wand- und Deckenmalereien herausgehoben. Der südöstliche Salon weist die aufwendigste Dekoration auf: er zeigt eine Art Architekturmalerei im Stil der pompejanischen Villen, im oberen Teil mit Veduten und mit Dekorationselementen aus den Musterbüchern des Späthistorismus. Diese Raumfassung aus der Bauzeit wurde 1987/88 freigelegt und restauriert. Sie ist sowohl nach Umfang als auch nach ihrer Qualität bisher einmalig im Bereich der Starnberger Villen geblieben. Zweifellos hat es ähnliche Gestaltungen aber auch in anderen Häusern gegeben. Die Villa gehörte seit 1920 dem Kunsthistoriker Dr. Egon Kornmann.

Starnberg

Villa Keil, Wohnzimmer, Dekorationen von Joseph Wörsching, 1985

Villa Keil, Detail der Wanddekoration

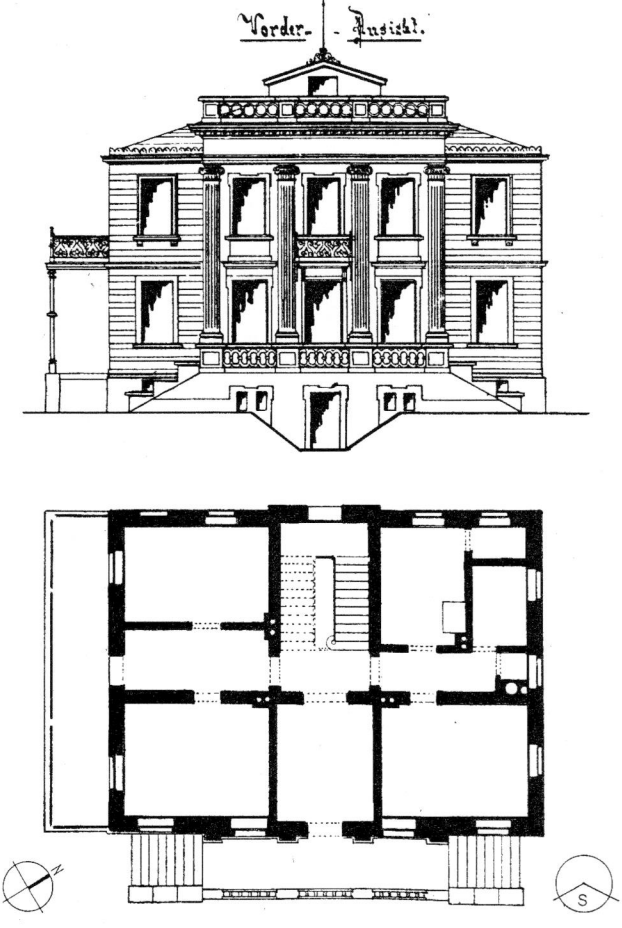

Entwürfe für die Villa Keil, 1878

Starnberg

Leopold Keil, Entwürfe für das Landhaus Schreiber, 1921

Eine für Starnberg wichtige Villenbebauung entwickelte sich die Wilhelmshöhenstraße hinauf, wo sich auch nach der Jahrhundertwende noch große Grundstücke finden ließen. Unten am Eingang der Straße wurden 1895 und 1896 zwei sehr ähnliche, kleinere Villen mit beigestelltem Turm errichtet, die Villa Glöckner (Ultsch) und die Villa für den Grafen Spork[73], beide von Fischhaber entworfen. In unmittelbarer Nähe errichtete der Architekt Prof. Erdmann Hartig 1922 sein Landhaus.

Wenn man die Straße weiter aufwärts geht, erblickt man unmittelbar an der Kante eines steilen Abhangs das Landhaus Schreiber[74], das zwar der Adresse nach am Prinzenweg steht, aber doch von der Wilhelmshöhenstraße aus am besten zur Wirkung kommt. Das 1922 von Leopold Keil entworfene Haus realisiert bereits weitgehend die von den Vertretern des Heimatstils aufgestellten Grundsätze, nach denen im Landhausbau die Rückkehr zu bodenständigen Formen und Ausstattungsdetails gefordert wurde. Dem wurde in der Form des Erkers ebenso stattgegeben wie in der Ausbildung der Balusterbrüstung des Balkons, in der Form der Giebellaube wie in der Gestaltung der Türen und Fenster. Im Detail ist freilich die eigenständige Weiterentwicklung der traditionellen Formelemente deutlich erkennbar.

Landhaus Schreiber (Prinzenweg), 1984

Starnberg

Villa Rabe (Wilhelmshöhenstraße), 1997

Die großen und wichtigen Landhäuser liegen am Ende der Wilhelmshöhenstraße. 1923 entstand dort die Villa Rabe inmitten eines ausgedehnten Grundstücks, das vom Fußweg zur Prinzeneiche bis herab zur Wilhelmshöhenstraße reicht.[75] Die Villa steht frei und wirkungsvoll auf halber Höhe des Abhangs auf einer größeren planierten Fläche. Sie wirkt vor allem durch ihr hohes Mansardwalmdach, welches das gesamte Obergeschoß abdeckt. Dadurch erscheint der Bau trotz seines Volumens fast zierlich und stark dem Boden verhaftet. Er ist völlig regelmäßig gebaut. Die Gartenfassade wird von zwei Erkern gerahmt, die Mitte der Fassade durch ein Frontispiz und eine starke halbkreisförmige, doppelgeschossige Veranda in hinreichendem Maße akzentuiert. Rückseitig sind, wieder symmetrisch, zwei kurze Seitenflügel angeordnet. Die Villa überrascht im Inneren durch ihre noch weitgehend erhaltene qualitätvolle Ausstattung. Die weitläufige Parkanlage ist heute in ihrer ursprünglichen Form wohl schon reduziert, beeindruckt jedoch noch immer durch ihre Weite und ihre naturnahe Gestaltung. Besonders reizvoll sind verschiedene Details wie der kleine schilfgesäumte Weiher. Er erhält wie der kleine Springbrunnen, der sich noch vor der Villa im Garten befindet, sein Wasser von Quellen, die hinter dem Haus aus dem Hang treten.

Villa Rabe, Wohnraum, 1987

Villa Rabe, Wohnraum im Erdgeschoß, 1987

An der oberen Wilhelmshöhenstraße entstanden drei Landhäuser, die den Forderungen nach Erneuerung des Villen- und Landhausbaus voll, wenn auch mit unterschiedlichem Ergebnis Rechnung trugen. Am weitesten ging dabei Prof. August Thiersch mit dem Landhaus Baumann, Wilhelmshöhenstraße 21.[76] Es war allerdings nicht als Bau für diesen Standort gedacht, sondern als Versuch einer Erneuerung des Miesbacher Bauernhauses ein Beitrag zur Landwirtschaftsausstellung 1905 in München. Es wurde erst hinterher für den Direktor der Bayerischen Vereinsbank, Ernst Duckstein, hierher transferiert. August Thiersch, der zu den Wegbereitern des Heimatschutzgedankens zählt, hat hier natürlich bewußt die wesentlichen Elemente des Miesbacher Bauernhauses, die Blockbauweise, den umlaufenden Balkon oder die Giebellaube, aufgegriffen und verwertet. Wichtigster Hinweis auf die eigenständige Fortschreibung dieses überlieferten Haustyps sind die vergrößerten Fenster mit den farbig bemalten Läden. Auch an anderen Bauteilen sind leuchtend farbige Dekorationen unter Verwendung traditioneller Motive zu finden. Das Haus war auf der Ausstellung mit den entsprechenden, ebenfalls aus der Miesbacher Tradition entwickelten Möbeln ausgestattet. Es wurde dort erworben und an den gegenwärtigen Standort transferiert. Dabei wurde der auf der Ausstellung noch fehlende Stallteil mit gleichen Mitteln, aber entsprechend der anders gearteten Nutzung ergänzt. Das Haus ist gut erhalten und zählt zu den Inkunabeln der Heimatbewegung.

Landhaus Baumann (Wilhelmshöhenstraße), 1997

Landhaus Baumann, Wohnzimmer, 1998

Friedrich Thiersch, Entwurf zum Landhaus Thieme, 1905

Auf der gegenüberliegenden Straßenseite entstanden zwei Landhäuser nach Entwürfen von Friedrich Thiersch, dem berühmteren Bruder des vorigen.[77] Auch sie folgten den genannten Reformideen, blieben jedoch sehr viel zurückhaltender im Detail. Auch hier sind das einfache Satteldach mit der traditionellen Giebelverschalung und der Hochlaube, die schlichten Balkone oder die am Bauernhaus üblichen Fensterläden verwendet. Doch entfernen sich diese Details viel weiter vom Vorbild des bodenständigen Bauernhauses, sind sie für ein großbürgerliches Landhaus freier interpretiert. Leider sind beide Häuser, im Werk von Friedrich Thiersch seltene Beispiele für einen Landhausbau, nicht mehr ganz original erhalten.

Landhaus Thieme (Wilhelmshöhenstraße), 1984

Landhaus Förster (Wilhelmshöhenstraße), 1984

Starnberg

Villa Vetter (Jahnstraße), 1984

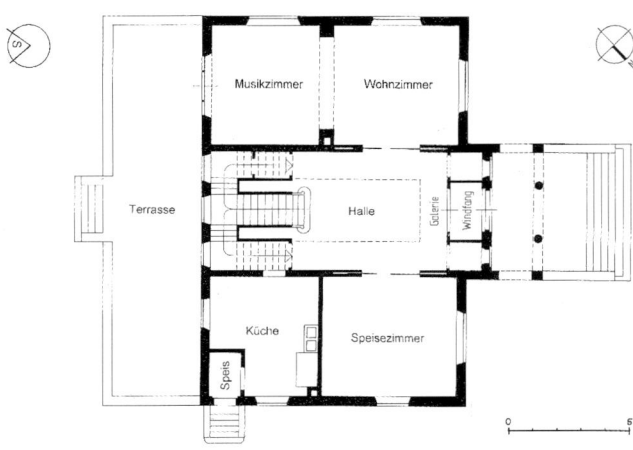

Joseph Linder, Grundriß Villa Vetter, 1927

Die Villa des Münchner Holzgroßhändlers Heinrich Vetter wurde 1927 als eines der ersten Häuser des neu erschlossenen Baugebiets am Nixenteich errichtet.[78] Sie wurde in einen relativ schmalen, langgestreckten Garten gestellt, der jedoch sehr wirkungsvoll gestaltet war. Der Architekt Josef Linder entwarf einen vornehm zurückhaltenden, etwas klassisizierend kühlen Bau, der mit dem axialen Zugang, der breiten, steilen Eingangstreppe und dem Säulenportikus doch auch Anspruch auf repräsentative Bedeutung erhebt. Sehr eigenwillig, aber elegant ist das niedere, geschweifte Dach mit der großen Belvedereplattform. Die Villa ist im Inneren sehr qualitätvoll ausgestattet. Das Zentrum des Hauses wird auf ganzer Tiefe von einer zweigeschossigen und im Vergleich zum Gesamtvolumen fast riesigen Halle mit doppelläufiger Treppe und umlaufender Galerie eingenommen. Sie bestätigt den außen bereits erhobenen Anspruch, der wohl gesellschaftlich motiviert war. Große Schiebetüren führen in die seitlich angeordneten Wohn- und Repräsentationsräume, das Speisezimmer, das Wohn- und das Musikzimmer. Alle Räume sind wie die Halle hochwertig ausgestattet. Interessant ist die Gestaltung der Decken mit netzartig gespannten Stuckprofilen. Gartenseitig ist der Villa eine breite Terrasse vorgelagert. Eine Treppe führt in den Garten (inzwischen stark verklei-

Villa Vetter, Halle mit Treppenhaus, 1989

Villa Vetter, Wohnzimmer, 1989

Villa Buchsbaum (Ottostraße), 1984

Villa Hoessle (Ottostraße), 1984

nert und in der Anlage reduziert) und zum Schwimmbad, welches noch aus der Bauzeit stammt.

Ein paar Villen entstanden auch unten in der Senke zwischen dem Almeidaberg und dem Mühlberg. Hier war zwar keine Fernsicht mehr gegeben, doch die reizvolle Landschaft bot auch hier gute Standorte für Landhäuser und Parkanlagen.

1894 erwarb der Münchner Bankdirektor Ludwig Buchsbaum ein größeres Grundstück an der Ottostraße[79] und ließ sich ein schlichtes Landhaus erbauen, das jedoch im Inneren durch eine qualitätvolle Ausstattung überraschte.

Etwas weiter südlich baute 1896 der Civilingenieur Heinrich von Hössle[80] inmitten eines umfangreichen, als naturnahe Parklandschaft gestalteten Grundstücks, das bis zur Fischzuchtanstalt hinunterreichte. Gleich neben Buchsbaum errichtete Hofrat Dr. Doldi eine Villa, dahinter 1909 Max Deckelmann.

Villa Buchsbaum, Vestibül, 1984

Villa Buchsbaum, Wohnraum, 1984

Starnberg

Ernst Zeh, Entwürfe zur Villa Ende, 1923

Villa Ende (Ludwigshöhe, Ringstraße), 1984

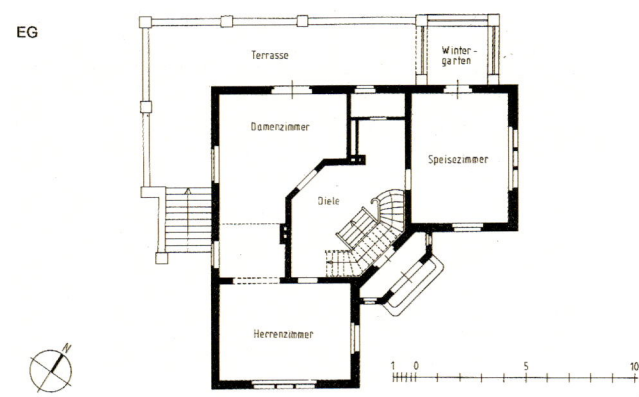

Villa Ende, Grundriß Erdgeschoß, 1923

Das Gebiet auf dem Mühleich wurde Mitte der 90er Jahre vor allem auf Betreiben des Münchner Realitätenbesitzers und Bauspekulanten Anton Lang als Baugebiet ausgewiesen und erschlossen. Um die Jahrhundertwende entstand hier eine kleinbürgerlich schlichte Bebauung. Gleich neben dem Restaurant Ludwigshöhe entstand die Villa des Kunstmalers Ernst Bertuch, ein schlichtes, in klassizisierenden Formen gebautes Haus.[81] In der Ringstraße am Ende der Ludwigshöhe wurde 1923 die Villa Ende errichtet.[82] Architekt Ernst Zeh schuf mit ihr einen der interessantesten Vertreter unter den kleineren Starnberger Villen. Vor allem der Grundriß des im Winkel angelegten Baukörpers ist hier bemerkenswert. Durch den Eingang im Innenwinkel, der durch den barockisierenden Schweifgiebel betont ist, betritt man eine kleinere Diele, von der man unmittelbar in die erdgeschossigen Räume gelangt. Mit dieser Anordnung ist auf relativ kleiner Grundfläche ein Raumprogramm verwirklicht, das alle Ansprüche an ein Sommerhaus, aber auch für den Empfang von Gästen erfüllt. Um diese günstige Anordnung der Wohnräume zu ermöglichen, wurden alle Nebenräume in das Untergeschoß verlegt, vor allem die Küche, die hier einen eigenen Zugang zum Garten erhielt.

Villa Bertuch (Ottostraße), 1920

Villa Bertuch, Diele mit Treppenhaus, 1920

Villa Rasp (Prinz-Karl-Straße), 1984

Villa Rasp, Detail (Fries an der Dachuntersicht), 1997

Söcking

Eine Reihe von großen und bedeutenden Villen entstand am östlichen Rand der Söckinger Flur auf einem Höhenzug, der noch einmal einen etwas entfernten, aber doch eindrucksvollen Blick über Starnberg hinweg auf See und Alpenkette bot. Einer der begehrtesten Standorte war die Prinz-Karl-Straße, wo die Villen noch einmal eine Terrassenstufe über den Villen an der Josef-Fischhaber-Straße postiert werden konnten. Eines der ersten Häuser war das des Regierungsdirektors Rasp von 1898, ein ruhiger, blockhafter Bau, der nur durch einige Dekorationsdetails aufgelokkert ist.[83] Einige Räume haben noch die ursprüngliche Ausstattung (Kachelofen, Paneele) erhalten.

Ein weiteres bemerkenswertes Haus, auf das hier jedoch nicht weiter eingegangen werden kann, ist das im Schweizer Heimatstil in Blockbauweise errichtete Landhaus Behles.[84] Eine ebenso interessante Villa, die jedoch bereits abgebrochen und durch moderne Mietshäuser ersetzt wurde, war die Villa des Münchner Optikers Theodor Hörtkorn an der heutigen Zeppelinpromenade.[85] Die von Ulrich Merk 1909 errichtete Villa stand in einer Parkanlage von 26 000 qm.

Villa Rasp, Treppenhaus, 1984

Ulrich Merk, Villa Hörtkorn (Zeppelinpromenade), 1909

Starnberg

Villa Lenbach (Prinz-Karl-Straße), um 1905

Der Münchner Malerfürst Franz von Lenbach hatte bereits 1896 die Villa Pick unten am Seeufer erworben, sie dann aber bei seiner Scheidung seiner Frau Lena (Magdalena von Lenbach, geb. von Moltke) überlassen. Da er aber den Starnberger See besonders liebte, wollte er hier für seine Familie und für seinen Lebensabend wieder ein »Paradies« schaffen.[86] Um 1902 konnte er schließlich ein größeres Gelände an der Prinz-Karl-Straße erwerben, das mit guter Fernsicht ausgestattet und für den Bau einer großen, repräsentativen Villa geeignet war.[87] Er beauftragte Gabriel Seidl, einen der renommiertesten Münchner Architekten mit dem Entwurf. Er selbst begleitete alle Stadien der Planung, und es ist interessant zu beobachten, wie es den Künstler immer wieder drängte, die Entwürfe vorab in gemalte Wirklichkeit umzusetzen (vgl. seinen Entwurf auf Seite 31). Er hatte inzwischen seine zweite Frau, Lolo, eine Tochter des Münchner Komponisten von Hornstein, geheiratet und erwartete die Fertigstellung der Villa mit Ungeduld.

Seidl plante einen Villenbau, der sichtlich von den Kavaliersbauten am Nymphenburger Rondell abgeleitet ist. Sein nebenstehend abgebildeter Vorentwurf zeigt einen, trotz der kurzen Seitenflügel, solitär wirkenden, von einem steil aufragenden Mansarddach überhöhten Baukörper. Obwohl er sichtbar mit der umgebenden Landschaft verbunden werden sollte, wirkt er hochherrschaftlich dominant und läßt den Willen zu fast barocker Repräsentation erkennen. Hier wird ein schloßartiger Landsitz als adäquater Rahmen für den Münchner Malerfürsten entworfen!

Beim nächsten Planungsschritt wird der Bau noch repräsentativer in die Breite gezogen. Die erdgeschossigen Seitenflügel sollen das Atelier Lenbachs auf der einen und, im Sinne einer »sala terrena«, ein großes Spielzimmer für die Kinder auf der anderen Seite aufnehmen. Rudimentäre, akzenthafte Aufbauten erinnern wieder an das Vorbild Nymphenburg, nur jetzt weniger an die untergeordneten Kavaliersbauten als an den Schloßbau selbst! Die gewollte Steigerung ist evident. Die klare Dreiachsigkeit der Raumdisposition als barockisierendes Prinzip wird außen sichtbar gemacht, der zentrale Wohnraum durch eine starke exedraartige Ausbuchtung und durch flache toskanische Pilaster hervorgehoben. Verschiedene barocke Fensterformen beleben die Fassade und charakterisieren die verschiedenen Geschosse.

Eine Planänderung im Oktober 1903 griff nachhaltig in die Grundrißordnung ein, indem sie das Atelier unmittelbar an die Villa heranrückte und die offene Loggia an die Ecke legte. Sie hatte auch gewichtige Konsequenzen bezüglich des äußeren Erscheinungsbildes. So wurde das steile, vielleicht etwas schwere Mansardwalmdach in die heutige Form übergeführt, das nunmehr in Putz ausgeführte 2. Obergeschoß als Vollgeschoß sichtbar gemacht und durch ein starkes Gesims, ein Rudiment des Mansarddaches, von den beiden unteren Geschossen abgesetzt. Die Seitenflügel wurden durch flache Dächer abgedeckt, die an

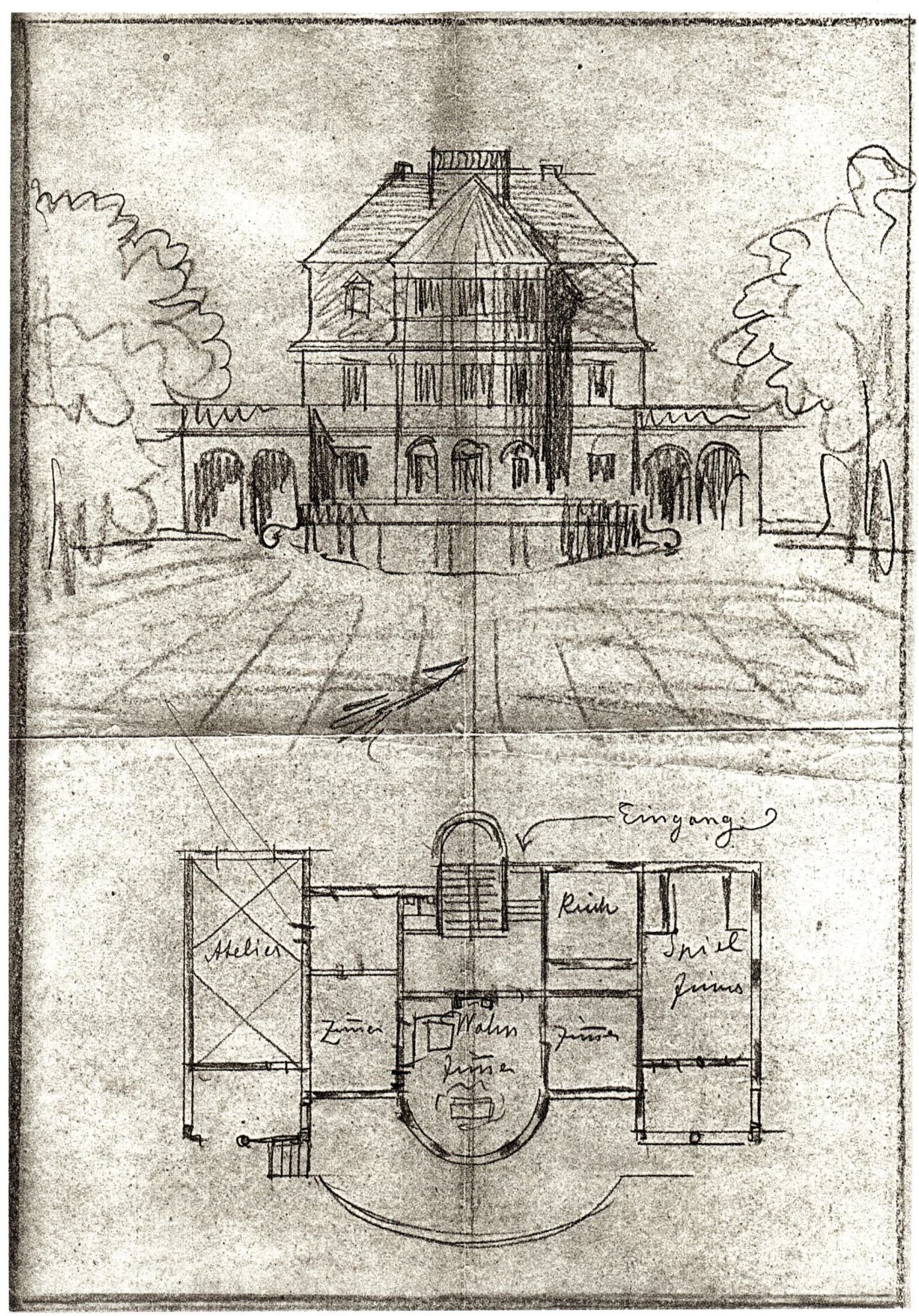

Gabriel Seidl, erste Entwürfe zur Villa Lenbach, 1902/03

Starnberg

Villa Lenbach, Wohnzimmer, 1984

Villa Lenbach, Kachelofen, 1984

den Enden der Flügel von kleinen, in der Form identischen Aufbauten etwas überragt wurden. Damit war die so wichtige Symmetrie gewahrt. Das Dach des Atelierflügels wurde auf schlanke quadratische Pfeiler gestellt, das des anderen auf die schönen geschnitzten Holzstützen. Diese Aufbauten wirkten jedoch leicht, weil sie im ersten Fall nach beiden Seiten offen und damit transparent, im anderen Fall nur mit einer unter der Firstlinie angeordneten leichten Wand mit Fenstern versehen waren.

Da Lenbach bereits am 5. Mai 1904 starb, konnte er die Fertigstellung seiner Villa nicht mehr erleben. Mit seinem Tod hatte sich jedoch auch der gesellschaftliche Hintergrund schlagartig geändert, und als Folge verlor ein Teil der inneren Organisation der Villa (zum Beispiel das große Atelier) seine ursprüngliche Sinngebung. Unter diesem Eindruck ließ die Witwe dann auch 1906 von Seidl bauliche Veränderungen vornehmen. Dabei wurde die Loggia im Obergeschoß des Atelierflügels geschlossen und rückseitig für neue Wohnräume erweitert. Dafür mußte das Dach stark angehoben werden, wodurch die Symmetrie der Seitenflügel verloren ging. Die einstige Dominanz des Mittelbaus wurde abgeschwächt, der stark von barocken Prinzipien bestimmte zentralisierte Villenbau entwickelte sich zum lockeren, malerisch gestimmten Gruppenbau hin.

Villa Lenbach, vor 1906

Villa Lenbach, südlicher Seitenflügel, 1984

Blick auf die Gartenanlage, um 1910

Villa Lenbach, Pavillon, 1984

Starnberg

Witwe Lolo von Lenbach und Tochter Gabriele (rechts), um 1925

Sitzecke im Wohnzimmer, rechts Gabriele von Lenbach, um 1925

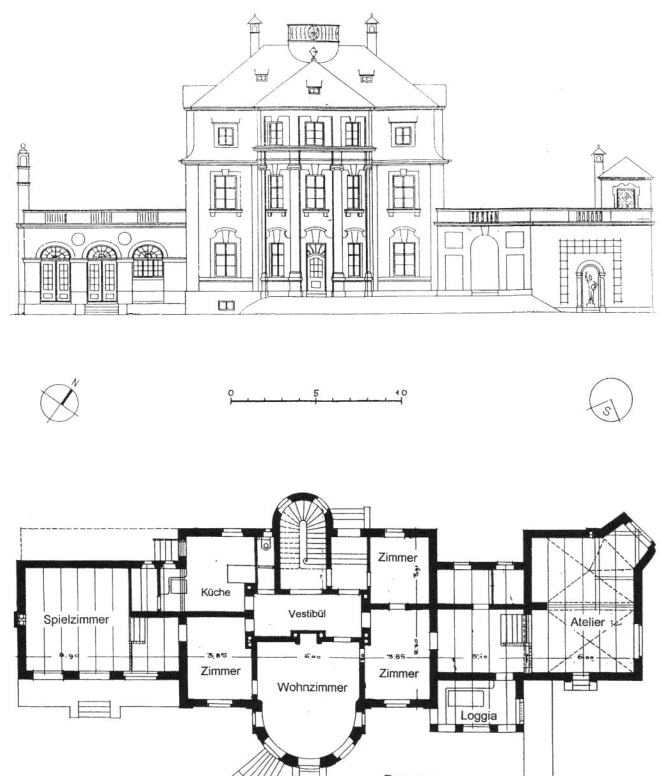

Gabriel Seidl, Entwurfszeichnungen, 1903

1920 wurde der Atelierflügel durch Otto Gaßner erneut umgebaut und rückwärts mit einer eigenen Treppe versehen. Damit wurde eine abgeschlossene Wohnung für Marion von Lenbach geschaffen. Sie war eine Tochter Lenbachs aus erster Ehe und war mit dem Grafen La Rosée und nach dessen Tod mit Vizeadmiral Löhlein verheiratet. Der zu Lenbachs Lebzeiten als Atelier geplante Raum war inzwischen zu einem großen Gesellschaftsraum mit Theaterbühne umgewandelt worden. Er wurde auch als Bibliothek genutzt. Das ursprüngliche Spielzimmer wurde, nachdem die Kinder dem Spielalter entwachsen waren, zu einem Gartensaal umgestaltet, in dem die Sommerfeste gefeiert wurden. Der mit feiner Stuckdecke ausgestattete zentrale Raum, ursprünglich als Wohnzimmer geplant, wurde nun als Speisezimmer genutzt, das nördlich anschließende Zimmer war sehr elegant mit Empiremöbeln ausgestattet und diente als Salon. Lenbachs Witwe Lolo führte ein Haus mit vielfältigen gesellschaftlichen Aktivitäten. Es kamen nach Lenbachs Tod zwar nur noch wenige Künstler aus dem Münchner Kreis um Lenbach heraus, häufiger dagegen gemeinsame Bekannte, vor allem Leute aus ihrem eigenen Bekanntenkreis, zu denen sie noch von ihrem Elternhaus her in Verbindung stand. Man pflegte auch gute Kontakte zu den hiesigen Villenbesitzern, besonders die Töchter hatten hier einen großen Bekanntenkreis, zu dem auch die Jugend aus den umliegenden Landhäusern (zum Beispiel von Miller, Riemerschmid, Thiem u.a.) zählte.

Über die ausgedehnte und offenbar reich ausgebaute Parkanlage, als deren Schöpfer der Münchner Gartenkünstler Michael Buchner angenommen werden darf, kann heute nicht mehr viel gesagt werden. Sie wurde vermutlich schon seit langem vernachlässigt und wurde dabei mehr und mehr von der Natur übernommen, so daß heute nicht einmal mehr die originale Wegeführung rekonstruiert werden kann. Es dürfte sich jedoch, wie sich aus dem einzigen erhaltenen Photo erschließen läßt, um ein von der breiten Terrasse ausgehendes Wegesystem gehandelt haben, das im Vorfeld der Villa symmetrisch angelegt und mit barockisierenden Details (Steinvasen, Gartenfiguren) ausgestattet war.[88] Der schöne, polygonale und ganz im Stil der Villa gehaltene Pavillon wurde erst 1926 errichtet. Der Entwurf dazu stammte vermutlich von Otto Gaßner.

Vor einigen Jahren wurde die Villa in Eigentumswohnungen aufgeteilt. Dabei wurde ihre innere Raumordnung weitgehend aufgehoben, die Villa in ihrer ursprünglichen Sinngebung entwertet. Verschiedene Ausstattungsdetails wurden beseitigt, mit der Schließung der nördlichen Erdgeschoßloggia sowie der schönen, einst so leicht wirkenden Obergeschoßloggia des südlichen Seitenflügels auch wesentliche Gestaltungsmerkmale der Fassade eliminiert. Der einst hochherrschaftlich gestimmte Villenbau, mit seiner ausgreifenden Geste und seiner präzise formulierten Beziehung zur durchgestalteten Garten- und Parklandschaft einer der machtvollsten, eindrucksvollsten am Starnberger See, ist zur kleinbürgerlichen Eigentumswohnanlage herabgesunken. Ein zeitgemäßes Starnberger Schicksal!

Söcking

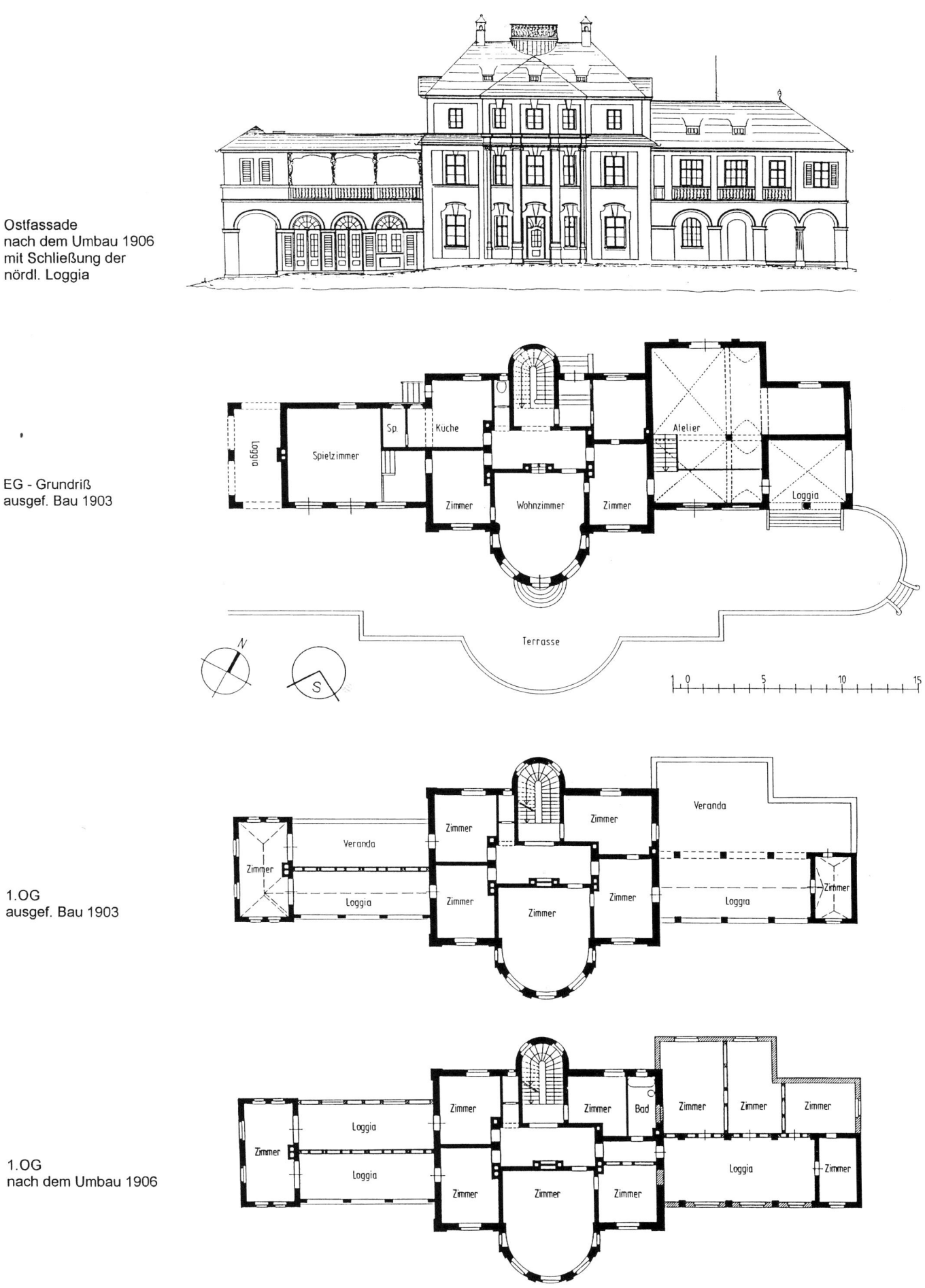

Ostfassade nach dem Umbau 1906 mit Schließung der nördl. Loggia

EG - Grundriß ausgef. Bau 1903

1.OG ausgef. Bau 1903

1.OG nach dem Umbau 1906

Gabriel Seidl, Umbaupläne, 1903 und 1906

Starnberg

Villa Brands (Dziembowski), 1906

Die Halle mit dem Treppenhaus, 1984

Halle, Sitznische mit Kamin, 1984

Hönig und Söldner, Entwürfe zur Villa Brands, 1905

1905 entstand an der Straße nach Söcking eine Villa für den Kaufmann Alphonse Brands[89], die ohne Zweifel zu den bedeutendsten am Starnberger See zählte. Sie war im Vergleich zu den anderen großen Häusern – ihr Entwurf datiert nur ein bis zwei Jahre später als die Pläne zur Lenbach-Villa oder zu den großen Villen auf dem Höhenberg in Feldafing – außergewöhnlich klar und zurückhaltend konzipiert.

Die Architekten Prof. Eugen Hönig und Karl Söldner entwarfen im Vergleich zu den genannten Parallelen einen sehr fortschrittlichen Bau, der deutlich die Abkehr von den Vorstellungen des Späthistorismus und die Hinwendung zu einer sehr viel strengeren, moderneren Haltung erkennen läßt. Er wurde auf fast quadratischem Grundriß entwickelt, das leicht mansardartig gebrochene mächtige Pyramidendach verleiht dem Bau Gewicht und Bedeutung. Die Fassaden sind mit ihren regelmäßigen Fensterachsen sehr ruhig gehalten und werden nur an der Südostecke von einem fein geschnittenen Runderker und an der Westecke von einer zweigeschossigen Loggia belebt. Nur die rückwärtige Fassade mit dem Entree wurde mit einem Säulenportikus (mit vorzüglich gestalteter Eingangstüre und seitlichen steinernen Sitzbänken) im Sinne eines repräsentativen Empfangs etwas aufwendiger gestaltet.

Man betritt die Villa durch einen kleinen Windfang und gelangt in eine ungewöhnlich geräumige, zweigeschossige Halle, welche mit großer Geste von einer aus feinstem Eichenholz gebauten Treppe und einer um drei Seiten laufenden Galerie geprägt wird. Trotz dieses fast dramatischen Auftakts ist auch hier, wie in den übrigen Räumen, die Zurücknahme der Mittel auf das Notwendige zu beobachten, wurde nur die Wirkung der Architektur und des hochwertigen und sorgfältig bearbeiteten Materials gesucht. Die Treppenseite wurde unten mit einer tieferen Nische mit Kamin und Sitzbänken aufgelockert, über dem Treppenlauf durch ein Doppelfenster mit Rundbogen und Mittelsäule. Eine schlichte Balkendecke auf Konsolen überspannt die Halle. Die großzügigen, hellen Wohn- und Repräsentationsräume sind ebenfalls sehr schlicht gestaltet und wirken vor allem durch die schönen Decken (Vouten, Stuckleisten) sowie die eleganten Türen (zum Teil Doppelschiebetüren) und Fenster. Eine ungewöhnliche Besonderheit dürfte das Bad im Obergeschoß gewesen sein. Seine Gestaltung ist leider nicht überliefert. Schon die Situierung in der Mitte der Gartenfront ist im Vergleich zu den nur um fünf bis zehn Jahre älteren Bädern eine unerhörte Neuerung und läßt einen tiefgreifenden Wandel in seiner Benutzung erkennen. Es handelte sich offenbar um ein sogenanntes Tiefbad, zu dessen Wanne man zwei bis drei Stufen hinabsteigen mußte. Es lag vermutlich vor einer Empore mit Doppeltreppe. Die Villa erhielt 1912 einen erdgeschossigen Anbau auf der Ostseite (Architekt: Heinrich Volbehr).

Die Villa ist in eine umfangreiche Parkanlage eingebettet, die von der in weitem Bogen aufwärtsstrebenden Straße nach Söcking begrenzt wird. Die ursprüngliche Gestaltung

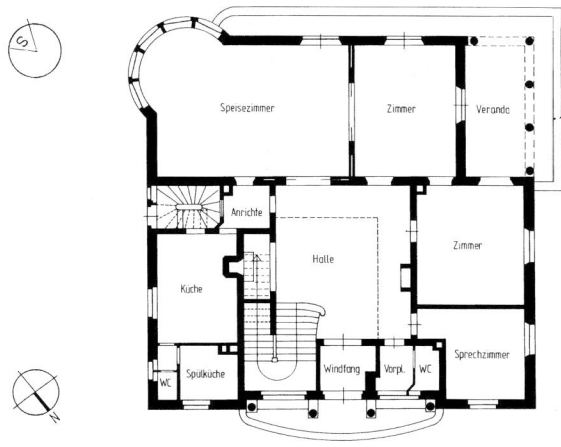 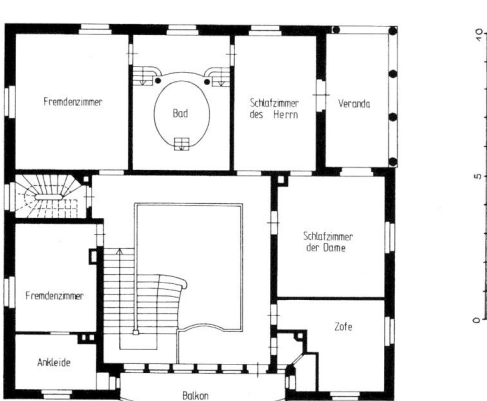

Grundrisse, 1905

Starnberg

Villa Dziembowski (Villa Brands, Dziembowski-Straße), 1978

Villa Dziembowski, 1978

Villa Dziembowski, Eingangsseite, 1978

Die beiden Loggien, 1978

Villa Brands, Kutscherhaus, um 1905

als englische Anlage ist heute weitgehend gelöscht, als bedeutendste Merkmale wirken jedoch noch heute die starke Hanglage, die eine entsprechende Fernsicht gewährt, sowie ein wertvoller Bestand an alten, eindrucksvollen Buchen. Am westlichen Ende der Anlage wurde 1906 das zugehörige Kutscher- und Gärtnerhaus errichtet.

Die Villa wurde in den 80er Jahren zweimal baulich stark verändert. Beim ersten Baufall wurde auf der Westseite eine überdimensionierte und architektonisch fragwürdige Schwimmhalle angehängt und der Villa eine breite Terrasse im Hollywoodstil vorgelagert. Damit verlor der Bau seinen unmittelbaren, bewußt gesuchten Standort auf der Erde. Diese starke Verbindung zum Park, ohne eine auf Repräsentation angelegte, aber Distanz zur Natur schaffende Terrassenanlage, war als ein besonders augenfälliges, aber auch sinngebendes Merkmal der hier realisierten Reformarchitektur zu werten. Beim zweiten Umbau Ende der 80er Jahre wurde die Villa durch massivste und äußerst unsensible Eingriffe in das äußere Erscheinungsbild wie in die noch weitgehend originale Substanz im Inneren so sehr entwertet, daß von ihrer einstigen signifikanten Qualität kaum noch etwas geblieben ist. Diese Vorgänge sind ein besonders negatives Beispiel für den Umgang mit überlieferter, wertvoller Architektur am Starnberger See.[90]

Der Villa Dziembowski gegenüber stand in einem sehr ausgedehnten Grundstück schon seit 1895 die Villa des Münchner Ingenieurs Kaspar Krauß, geplant von Eugen

Villa Krauß (Auersberg), 1984

Drollinger.[91] Der Bau ragt auf einem hohen Sockelgeschoß steil auf und gewinnt durch einen Belvedereturm an der vorderen Ecke zusätzliche Bedeutung. Er übernimmt viele Details aus dem Repertoire der mittelalterlichen Burg und ist, der Bauzeit entsprechend, noch ganz aus dem Geist des Späthistorismus entstanden. Er ist noch ganz malerisch empfunden. Die Fassaden sind stark mit farbgebenden Details angereichert, mit zweifarbigen Läden, mit Wandmalereien und dem sehr dekorativen Zierfachwerk (Abb. S. 17). Die Villa wurde vor Jahren sehr sorgfältig renoviert und gibt ein ganz anderes Beispiel für den Umgang mit historischer Architektur als das Haus gegenüber.

Auf Söckinger Gebiet entstanden noch einige weitere bemerkenswerte Villen wie die Villa Hanau, noch vor 1900 für den Maler Ludwig Scheuermann errichtet. Etwas unterhalb (Klenzestraße 2) steht eine kleine Villa, von Hans Denzinger 1901 gebaut.[92] Eine sehr interessante Villa an der Straße nach Perchting wurde allerdings nicht realisiert. Es sollte dort nach Plänen von Fritz von Courten eine repräsentative, der Villa Heidinger in Pöcking vergleichbare Villa für den kgl.-bayer. Adjutanten und Kammerjunker Carlo von Courten entstehen.

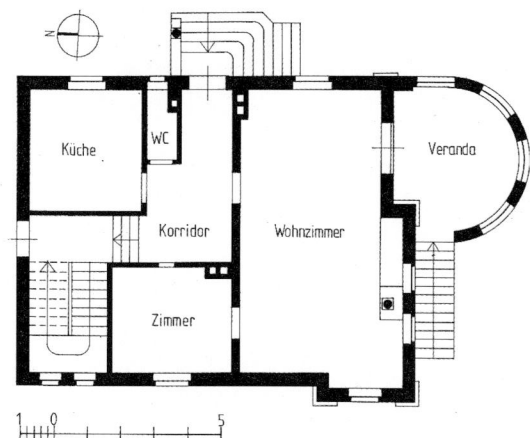

Grundriß Erdgeschoß, 1895

Villa Hanau (Andechser Straße), 1985

Starnberg

Villa Maffei (Buchhof), um 1910

Percha

Innerhalb des Ortsteils Percha entstanden ebenfalls einige Landhäuser, vor allem zwischen dem alten Dorfkern um die Kirche und dem Seeufer. So unter anderen die Villa Eichinger und die Villa des Schriftstellers Friedrich Alfred Schmid Noerr an der Berger Straße[93] oder die Villa Reck aus dem Jahre 1895 etwas oberhalb auf dem Riedlberg. Ein paar kleinere Landhäuser wurden auch an der Würmstraße und an der Haarkirchener Straße gebaut. Eine eigenständige, organisch zusammenhängende Villenlandschaft ist dabei allerdings nicht entstanden.

Der bedeutendste Villenbau war zweifellos die Villa Maffei in Buchhof. Ursprünglich war Buchhof eine aus zwei Höfen bestehende bäuerliche Siedlung gewesen. Im 15. Jahrhundert wurden die beiden Anwesen vermutlich zu einem Gut im Besitz des Klosters Schäftlarn vereinigt. 1806, also kurz nach der Säkularisation, ging es in die Hände des kgl. Pfistermeisters Jakobi in München über, und 1841 konnte Karl von Maffei den Besitz um 45 500 Gulden erwerben.[94] Er ließ sich 1875 von dem renommierten Münchner Architekten Georg Hauberrissser, dem Erbauer des Neuen Rathauses am Marienplatz, eine neue Villa errichten.

Hauberrisser erstellte, als Kopfbau an die Wirtschaftsbauten anschließend, einen großen, repräsentativen Bau im Stil der Neorenaissance. Die von einem Schweifgiebelrisalit und einem behelmten Eckerkerturm beherrschte Schauseite ist der ehemaligen, leicht zum See hin abfallenden Parkanlage zugewandt und auf Fernsicht auf den See berechnet. Der Eingang liegt auf der Seite und führt zu einem geräumigen Treppenhaus, das den rückwärtigen Teil der Villa einnimmt. Es ist oben um eine Stockwerkshöhe über das Walmdach der Villa herausgezogen und bildet eine Art Rechteckkuppel, die mit großen Rundbogenfenstern zur Belichtung ausgestattet ist. Von der wandfesten Ausstattung des Hauses ist heute nur noch wenig erhalten.

Die Villa wird seit 1967 als Schulgebäude der Munich International School genutzt. Die vielen Zubauten (Schulgebäude, Sportanlagen) haben von der umgebenden Parkanlage kaum noch etwas übrig gelassen. Da bisher weder Pläne noch alte Photographien bekannt geworden sind, kann über ihre ursprüngliche Gestaltung nichts mehr gesagt werden. Sie wird wohl, der Zeit entsprechend, in Hausnähe mit regelmäßigen Blumenbeeten, im übrigen als Landschaftspark unter Einbeziehung des gewachsenen Baumbestands angelegt gewesen sein.

Villa Von der Tann, 1992

Landhaus Max-Joseph-Höhe, 1997

Starnberg

Villa Böhler, 1985. Gebaut von Ulrich Merk (1897) für den Kunst- und Antiquitätenhändler Julius Böhler

Villa Mayer, 1986. Gebaut von Emanuel Seidl (1896) für Kommerzienrat Franz Mayer, Inhaber der Mayer'schen Hofkunstanstalt in München

Villa Böhler, Speisezimmer, 1985

Villa Böhler, Speisezimmer, 1985

Villa Mayer, Salon, 1997

Salon, Detail

Salon, Detail

Starnberg

Villa Vetter, 1984. Gebaut von Joseph Linder (1927) für den Holzhändler Heinrich Vetter

Villa Hartlieb (von Bressensdorf), 1984

*Landhaus Baumann, 1997.
Von August Thiersch als Musterhaus für die Landwirtschaftsausstellung 1905 in München entworfen.*

Villa Gräfin Wernberg, Wohnzimmer, 1983

Villa Böhler (Sonnenhof), Wohn- und Musikzimmer, 1997

Villa Böhler (Sonnenhof), Bibliothek, 1997. Decke und Kamin sind Originale (wohl florentinisch, 16. Jh.), beim Bau der Villa hier eingebaut

Starnberg

Villa Dr. Seibt (Max-Emanuel-Straße), Vestibül mit Treppe, 1986

Villa Dr. Seibt, Arbeitszimmer, 1988

Villa Dr. Seibt, ehemaliges Speisezimmer, 1986

Villa Rabe (Wilhelmshöhenstraße), 1997. Die Villa steht eindrucksvoll am oberen Rand einer ausgedehnten Gartenanlage.

Villa Rabe, Wohnraum, 1987

Villa Rabe, Fenster im Wintergarten, 1987. Die sehr dekorativen Scheiben (unbekannter Künstler) sind um 1915/20 im Rheinland entstanden. 1923 wurden sie hier in der Villa eingebaut.

Pöcking

Villa Bachmayer, Lithographie (Allgemeine Bauzeitung 1877)

Eine der größten und interessantesten Pöckinger Villen war jene des Kaufmanns Heinrich Bachmayer.[3] Der Entwurf stammte von dem Wiener Architektenbüro Claus und Groß, gebaut wurde sie 1874–76. Ein kleiner, aus dem Gelände herausragender Höhenrücken bot den idealen Standort mit umfassender Aussicht, ein Park von annähernd 5 ha mit altem Baumbestand und Gewässern den entsprechenden Rahmen. Der zweigeschossige Satteldachbau war mit der Traufseite nach Osten gestellt und ermöglichte damit aus allen wichtigen Räumen freie Sicht auf See und Alpenkette. An den beiden Ecken wurde er von einem Turm und einem Zwerchgiebelrisalit gerahmt, die auf beiden Etagen zu geräumigen Loggien geöffnet waren. In seiner Gestaltung wies der Bau Elemente auf, die neu und vielleicht auch ein wenig fremd waren in der Starnberger Villenlandschaft (zum Beispiel die Gestaltung des Turmes, vor allem des Turmhelmes), die jedoch aus der Herkunft der Architekten aus der Wiener Bautradition zu erklären sind. Die Villa, die leider nicht mehr existiert, wirkte damit sehr repräsentativ, mit ihren eklektizistisch zusammengetragenen Motiven auch ein wenig protzig in der relativ bescheiden gehaltenen Villenlandschaft am Starnberger See.

Über den Bau der Villa und ihre innere Organisation gewährt eine zeitgenössische Beschreibung interessante Einblicke: »Die Villa liegt in einer so schönen Landschaft, daß es wohl nur wenige Punkte in Deutschland geben dürfte, die dieser Lage gleichkommen.

Von der Eisenbahnstation Possenhofen rechts erheben sich auf dem gegen Pöcking zu sanft ansteigenden Terrain zwei ziemlich bedeutende Hügel, von denen der erste mit mehreren uralten Eichen geschmückt den Vordergrund der Villa bildet, welche auf dem zweiten mit mächtigen Buchen, Tannen, Fichten und Eichen bewaldeten Hügel erbaut ist. Am Fuße dieser beiden Hügel ist das wellenförmige Terrain in einen reizenden Park umgewandelt, der, außer verschiedenen Terrassen und Aussichtspunkten, eine Quelle und einen kleinen Teich enthält.

Von der Villa selbst hat man eine freie Fernsicht nach drei Seiten, und um noch die vierte Seite zu erreichen, wurde der gegen Osten gelegene Turm so hoch gehoben, daß man von dem oberen Turmzimmer aus das vollständige Panorama sehen und genießen kann. Gegen Süden liegt als Vordergrund in tiefem Grün das reizende Possenhofen. Die Villa besteht aus einem geräumigen, überall gewölbten Souterrain, worin die Koch- und Waschküche, Weinkeller, Holzlagen und eine Kneipstube untergebracht sind. Eine Pumpe treibt das Wasser in ein Reservoir zum Dachraum, von wo aus die Bäder, Retiraden, Waschtische etc. versorgt werden.

Das Parterre ist gegen Norden zu ebener Erde, gegen Süden durch eine Freitreppe erreichbar und enthält Schlaf-, Wohn- und Speisezimmer, ein Bad, Vor- und Treppenhaus und eine Veranda, welche sich in Verbindung mit dem Turm über die ganze Südseite des Hauses erstreckt. Ebenso ist der

Starnberg

Villa Rabe (Wilhelmshöhenstraße), 1997. Die Villa steht eindrucksvoll am oberen Rand einer ausgedehnten Gartenanlage.

Villa Rabe, Wohnraum, 1987

Villa Rabe, Fenster im Wintergarten, 1987. Die sehr dekorativen Scheiben (unbekannter Künstler) sind um 1915/20 im Rheinland entstanden. 1923 wurden sie hier in der Villa eingebaut.

Pöcking

Als die Eisenbahn 1865 bis Tutzing weitergeführt wurde, begann auch in Pöcking eine rege Bautätigkeit. Allerdings blieb sie hier, im Gegensatz zu Starnberg, eher auf einige Schwerpunkte beschränkt, blieb der alte Ortskern an der Hauptstraße zunächst weitgehend unberührt. Vor allem verhinderte der riesige, zusammenhängende, zu Schloß Possenhofen gehörige Besitz östlich der Bahnlinie eine Ausdehnung der Villensiedlung zum See hinunter und eine Verbauung der Landschaft im empfindlichen ufernahen Bereich. Die Pöckinger Landschaft bot ideale topographische Voraussetzungen für den Bau von attraktiven Villen. Östlich des Dorfbereiches fällt das Gelände stetig zum See hin ab und erlaubte damit die gewünschte Staffelung mit den begehrten Ausblicken auf See und Alpenkette. Einzelne, aus dem Hang noch herausragende Erhebungen boten sogar extrem günstige Voraussetzungen, so für die Villa Röhr auf dem sogenannten Pesthügel oder die Villa Bachmayer auf dem Hügel oberhalb der Bahnlinie. Deutlich ist aus den Flurkarten auch erkennbar, wie verschiedene Terrassenbildungen genutzt wurden. Schon die erste Stufe östlich des Dorfes bot gute Standorte für Neubauten, von den ersten Häusern an der Alten Bahnhofstraße über die Villen Schröder (Defregger) und Röhr bis hin zur Feldafinger Straße, die dann der Terrassenkante folgt und mit einer ganzen Reihe von Villen besetzt wurde. Dabei wurde das Gelände zunächst ohne besondere Ortsplanung erschlossen, die Neubauten siedelten sich einfach an den bereits bestehenden, den Geländeformen ideal angepaßten Ortsverbindungen und bäuerlichen Fahrwegen an. An der Alten Bahnhofstraße zum Beispiel wurden bereits nach 1870 die ersten Bauten errichtet, für Joseph Pichlmayr oder Joseph Schmetterer etwa. Auch an der Hindenburgstraße, die ebenfalls einem alten Feldweg (Possenhofener Weg) folgt, wurde früh gebaut, 1865 ein Haus für Therese Tausch, die Villa Röhr oder die Häuser für den kgl. Oberappellationsgerichtsrat von Pixis wie für Maria Herold.[1] Eine kleine Kolonie mit bescheidenen Landhäusern entstand westlich des Dorfes am Ascheringer Weg, wo sich Pauline Hilpert 1908 von Xaver Knittl das ehemalige Gopperl-Anwesen zum Landhaus umbauen ließ (Hauptstraße 1), wo 1875 schon Häuser für Franz Xaver Gegenfurtner (den Herausgeber der bekannten Starnberger-See-Reiseführer) und Johann Gebhard errichtet wurden. Die bedeutendste bauliche Entwicklung erfuhr jedoch der Bereich an der Straße nach Feldafing. Bereits 1861 ließ sich Anna Jank dort ein kleines, um 1843 errichtetes Haus durch Um- und Anbauten zum bequemen Landhaus umbauen. Für die bekannten Münchner Maler Christian und Angelo Jank wurde es später zum langjährigen Sommeraufenthalt.[2] 1873 baute Professor Franz Reber seine kleine Villa, wenig später folgten die Häuser für den Staatsminister von Lutz (1874), für Professor Soxhlet, den Architekten Professor Fritz Jummerspach, für Jakob Koch, den Kunstmaler Karl Bouche, für den Fabrikanten Karl Hausmann u. a. Ein weiterer Schwerpunkt bildete sich in dem Quartier am südlichen Rand der Pöckinger Flur, zwischen Feldafinger Straße und Heinrich-Knote-Straße, wo der Münchner Architekt Max Littmann seine Villa plante, wo Kriegsgerichtsrat Haus, der Kunsthistoriker Fritz von Ostini, Baurat Ferdinand Beutel und Kammersänger Heinrich Knote sich ansiedelten. Unten am Seeufer schließlich entstanden seit der Jahrhundertmitte die Possenhofener Villen und nicht zuletzt Niederpöcking, die bedeutendste Villenkolonie auf Pöckinger Gebiet.

Pöcking, Hauptstraße, um 1920

Pöcking, um 1940

Pöcking

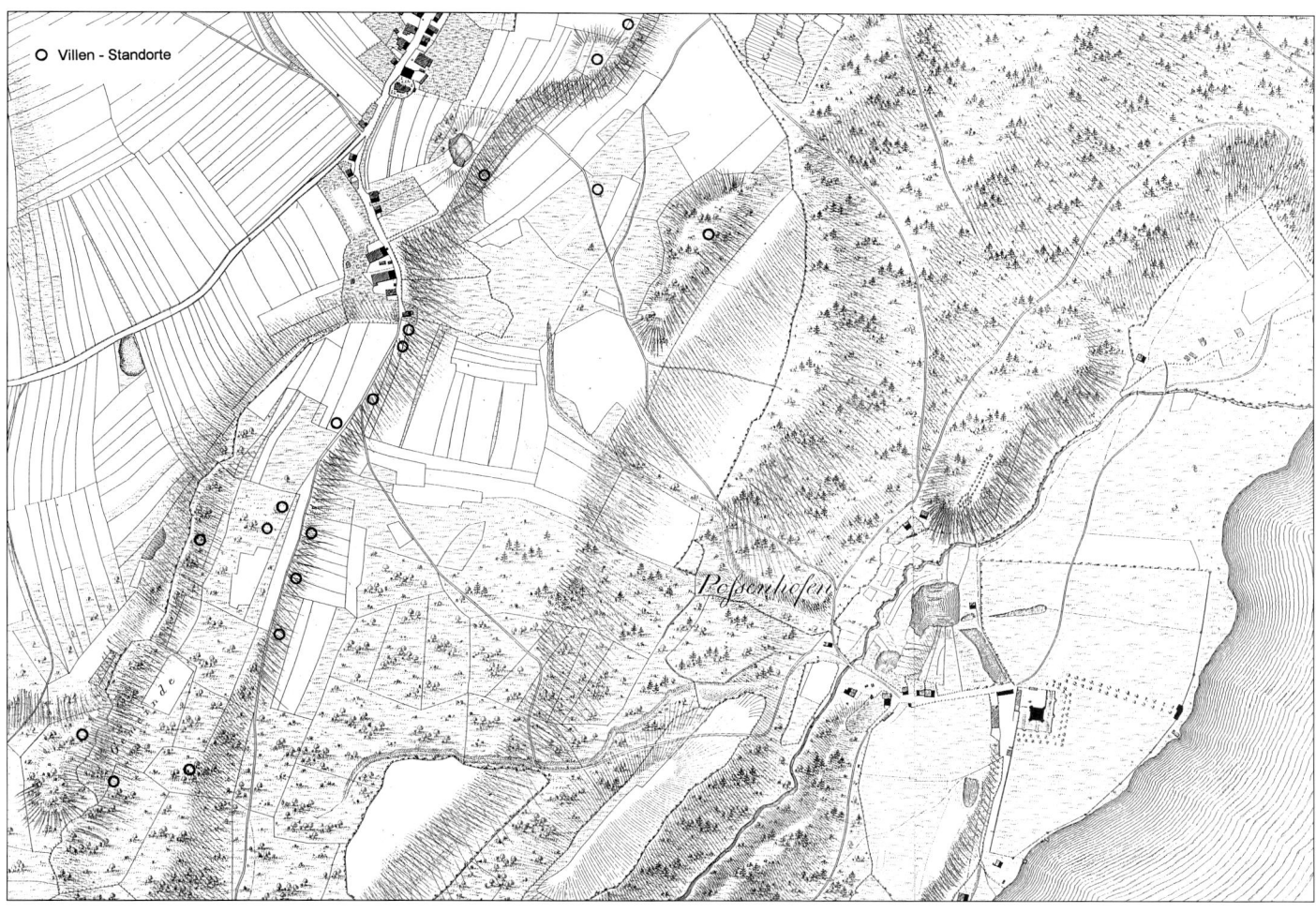

Pöcking und Possenhofen, Flurkarte, 1806 (Staatsarchiv München), mit Markierung der späteren Villenstandorte

Pöcking und Possenhofen, Flurkarte, Stand um 1925

Pöcking

Villa Bachmayer, Lithographie (Allgemeine Bauzeitung 1877)

Eine der größten und interessantesten Pöckinger Villen war jene des Kaufmanns Heinrich Bachmayer.[3] Der Entwurf stammte von dem Wiener Architektenbüro Claus und Groß, gebaut wurde sie 1874–76. Ein kleiner, aus dem Gelände herausragender Höhenrücken bot den idealen Standort mit umfassender Aussicht, ein Park von annähernd 5 ha mit altem Baumbestand und Gewässern den entsprechenden Rahmen. Der zweigeschossige Satteldachbau war mit der Traufseite nach Osten gestellt und ermöglichte damit aus allen wichtigen Räumen freie Sicht auf See und Alpenkette. An den beiden Ecken wurde er von einem Turm und einem Zwerchgiebelrisalit gerahmt, die auf beiden Etagen zu geräumigen Loggien geöffnet waren. In seiner Gestaltung wies der Bau Elemente auf, die neu und vielleicht auch ein wenig fremd waren in der Starnberger Villenlandschaft (zum Beispiel die Gestaltung des Turmes, vor allem des Turmhelmes), die jedoch aus der Herkunft der Architekten aus der Wiener Bautradition zu erklären sind. Die Villa, die leider nicht mehr existiert, wirkte damit sehr repräsentativ, mit ihren eklektizistisch zusammengetragenen Motiven auch ein wenig protzig in der relativ bescheiden gehaltenen Villenlandschaft am Starnberger See.

Über den Bau der Villa und ihre innere Organisation gewährt eine zeitgenössische Beschreibung interessante Einblicke: »Die Villa liegt in einer so schönen Landschaft, daß es wohl nur wenige Punkte in Deutschland geben dürfte, die dieser Lage gleichkommen.

Von der Eisenbahnstation Possenhofen rechts erheben sich auf dem gegen Pöcking zu sanft ansteigenden Terrain zwei ziemlich bedeutende Hügel, von denen der erste mit mehreren uralten Eichen geschmückt den Vordergrund der Villa bildet, welche auf dem zweiten mit mächtigen Buchen, Tannen, Fichten und Eichen bewaldeten Hügel erbaut ist. Am Fuße dieser beiden Hügel ist das wellenförmige Terrain in einen reizenden Park umgewandelt, der, außer verschiedenen Terrassen und Aussichtspunkten, eine Quelle und einen kleinen Teich enthält.

Von der Villa selbst hat man eine freie Fernsicht nach drei Seiten, und um noch die vierte Seite zu erreichen, wurde der gegen Osten gelegene Turm so hoch gehoben, daß man von dem oberen Turmzimmer aus das vollständige Panorama sehen und genießen kann. Gegen Süden liegt als Vordergrund in tiefem Grün das reizende Possenhofen. Die Villa besteht aus einem geräumigen, überall gewölbten Souterrain, worin die Koch- und Waschküche, Weinkeller, Holzlagen und eine Kneipstube untergebracht sind. Eine Pumpe treibt das Wasser in ein Reservoir zum Dachraum, von wo aus die Bäder, Retiraden, Waschtische etc. versorgt werden.

Das Parterre ist gegen Norden zu ebener Erde, gegen Süden durch eine Freitreppe erreichbar und enthält Schlaf-, Wohn- und Speisezimmer, ein Bad, Vor- und Treppenhaus und eine Veranda, welche sich in Verbindung mit dem Turm über die ganze Südseite des Hauses erstreckt. Ebenso ist der erste Stock, nur mit dem Unterschied, daß über dem Speisezimmer mit hübscher Naturholzdecke, ebensolchem Getäfel und Malerei, das Billardzimmer untergebracht ist. Auch hier tritt man von allen gegen Süden gelegenen Zimmern direkt auf die Terrasse. In der Dachkonstruktion liegen noch zwei Fremdenzimmer und der Zugang zur Turmaussicht.

Sämtliche Tischler- und Schlosserarbeiten wurden in Wien angefertigt, ebenso die Parquetten. Alle übrigen Arbeiten wurden in München und die Maurer- und Zimmermannsarbeiten von dortigen Bauhandwerkern auf das beste besorgt. Der Bau wurde im Herbst des Jahres 1874 begonnen, im Sommer 1875 fortgesetzt und im Juni 1876 bezogen.«[4]

Auch zur Gartenanlage gibt es eine zeitgenössische Beschreibung: »War schon die Wahl des herrlichen Punktes, von dem aus man den ganzen See und die Gebirgskette übersieht, eine besonders glückliche, so vereint sich in den die Villa umgebenden Park- und Gartenanlagen so viel Schönes, daß solche mit zu den sehenswertesten gehören dürften. Herr Hofgärtner Bischoff hat das von der Natur bereits Vorhandene vortrefflich benutzt und das Neugeschaffene demselben in wohlüberlegter Weise angepaßt, so daß es ist, als ob besonders die Waldpartien von jeher so gewesen und nicht erst durch gärtnerische Kunst geschaffen worden wären. Sicher ein Verdienst ist es, daß der im frischesten Grün prangende Hügel gelassen wurde, wie er war, mit seinen verwitterten, malerisch schönen Eichen, die als ein Zeichen längst vergangener Zeiten dastehen. Im Park sind alle einheimischen Gehölze vertreten, besonders prächtige Fichtenpartien vorhanden. An alle großen Eichen und Buchen lehnen sich Jungpflanzungen in schönster Harmonie. Gewöhnliche und virginische Wacholder, Eiben, Lärchen, Weymouthkiefer, alles frisch und kräftig wachsend, sind verwendet. Auch feinere Koniferen sind angepflanzt, überraschend schöne Exemplare von abies pinsapo machen sich, allein im Rasen stehend, vorteilhaft bemerkbar. Breite, äußerst saubere und accurate Wege führen in großer Abwechslung zur Villa, zu einem künstlich geschaffenen, idyllischen Teich, zur Kegelbahn, zu dem Glashaus, Gemüsegarten ect. auch an schönen Sträucherpartien vorüber, immer Neues bietend. Daß auch hier Rosen und andere Kinder Flora's ein gutes Heim gefunden, muß wohl nicht erst bemerkt werden...[5]«

Mit dem Bauplatz auf dem sog. Pesthügel konnte der Dirigent Hugo Röhr, der unter den Generalmusikdirektoren Zumpe, Mottl und Walter von 1896 bis 1918 als Hofkapellmeister an der Münchner Hofoper wirkte, einen der schönsten Aussichtspunkte in Pöcking erwerben. 1901 ließ er sich von Hofbaurat Eugen Drollinger die Pöckinger Villa erbauen.[6] Ihre beiden Schauseiten wurden so ausgerichtet, daß die wichtigsten Zimmer den vollen Ausblick auf den See und die Alpenkette hatten. Der Bau war sehr malerisch empfunden, in seiner Masse stark aufgelöst und fast überhäuft mit Loggien, Erkern, Altanen und Gauben. Hier sollte jedoch nicht in protziger Attitüde Reichtum zur Schau gestellt werden, es sollte damit aus jedem einzelnen Raum eine eigene Aussichtsmöglichkeit mit eigener Stim-

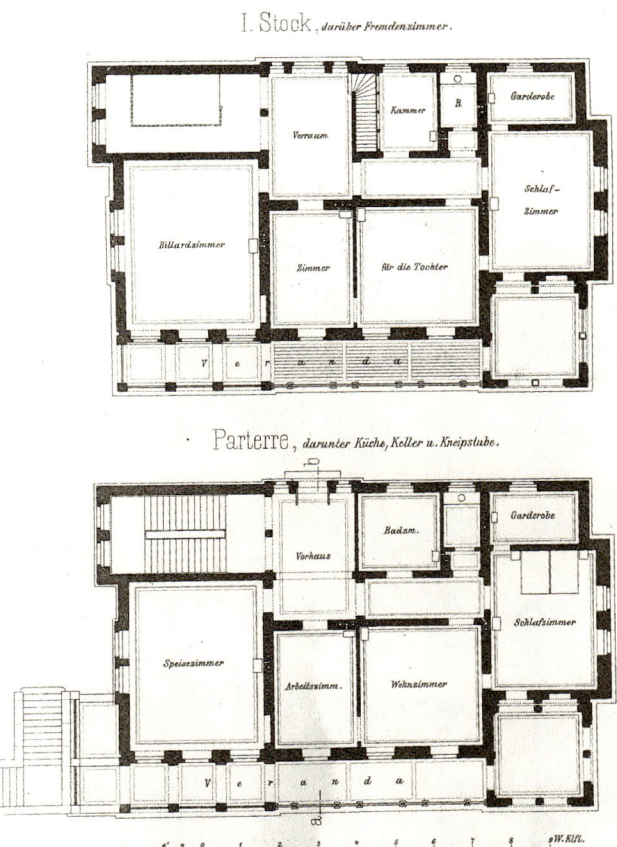

Grundrisse, 1877 (Allgemeine Bauzeitung, 1877)

Ostfassade, 1877

Villa Tausch (Hindenburgstraße), 1985

Pöcking

*Villa des Münchner Hofkapellmeisters
Hugo Röhr. Zeichnung von A. Nopper, 1904
(Architektonische Rundschau 20)*

*Villa Röhr nach dem Umbau 1922
(Villa Schmidt). Heute Villa Habsburg
(Hindenburgstraße), 1984*

mung geschaffen, sollte aus jedem Raum ein unmittelbarer Kontakt zum Garten und ein anderes Erleben der Landschaft ermöglicht werden. Im Erdgeschoß hatten das Speisezimmer und der Wohnraum Anteil an der großen Terrasse, die über eine Freitreppe mit dem Garten verbunden war. Im Obergeschoß konnte man von den Schlafräumen und vom Gästezimmer aus die teilweise überdeckte Altane betreten. Eine zeitgenössische Beschreibung gibt uns weitere Einblicke: »Das Äußere ist ganz in Putzcharakter, nur teilweise von Holzwerk durchzogen, hergestellt. Bemalte Fensterläden und einige sinnig wirkende Putzornamente treten zur Flächenbelebung in Erscheinung. Das Parterre nimmt die Wohnräume mit den zugehörigen Nebenräumen auf. Schlafräume, Arbeitszimmer und Bad liegen im I. Stock, zwei weitere Zimmer und Kammern im Dachgeschoß. Nach der Hauptfront liegt das Kellergeschoß fast vollständig frei, sämtliche Wirtschaftsräume wie Küche, Speisekammer, Anrichte, Keller, Waschküche, Mädchenzimmer und außerhalb ein Kneipstübchen sind darin untergebracht.«[7]

Ein Totalumbau mit Erweiterung 1922 veränderte das Aussehen der Villa vollständig. Die Erneuerung ergab einen sehr viel ruhigeren Baukörper mit großen, klaren Flächen, der nun jedoch auch etwas farbloser wirkte. Die barock-klassizisierende Hinwendung zu Regelmäßigkeit und Symmetrie sowie die Anlage einer kraftvollen, doppelgeschossigen Veranda, einer aufwendigen Treppenanlage und eines mächtigen exedraartigen Terrassenvorbaus bedeuteten einen Wandel vom ehemals mehr privaten Landhaus zur eindrucksvollen, repräsentativen Villa. Auch im Inneren setzte sich diese Vorstellung durch: Im Erdgeschoß nahm nun die Bibliothek die Mitte ein, zu beiden Seiten wurden Musikzimmer und Speisezimmer angeordnet. Im Obergeschoß lag das Schlafzimmer in der Mitte, beidseits ein Biedermeierzimmer und ein Ankleidezimmer. Es gab vier Bäder.

Villa Schmidt, Speisezimmer, um 1925

Villa Schmidt, Salon und Bibliothek, um 1925

Villa Schmidt, Fremdenzimmer, um 1925.
Die Ausstattung von Fremdenzimmern nach den
Vorstellungen der Heimatschutzbewegung ist
charakteristisch für die Zeit.

Pöcking

Villa Schmidt, Damenzimmer, um 1925

Villa Schmidt, Badezimmer (Tiefbad), um 1925

Villa Schmidt, Musiksalon, um 1925

Der Musiksalon, um 1925. Farbiges Glasfenster mit Wotans Abschied (Richard Wagner, »Die Walküre«)

1899 kaufte der Münchner Schreinermeister Wilhelm Schröder von Professor Heinrich Spitta das Grundstück nördlich des sog. Pesthügels und ließ sich im Jahr darauf von Eugen Drollinger eine Villa bauen.[8] Wie bei der benachbarten Villa Röhr konzipierte der Architekt einen malerisch empfundenen Bau, der aber insgesamt etwas ruhiger und geschlossener wirkte. Er wird wesentlich von einem großen Walmdach und von einem Erkerrisalit an der Nordostecke beherrscht. Auf der Südseite bildet ein Erker, welcher turmartig durch die Dachfläche stößt, ein Gegengewicht dazu. Alle Räume sowie die Altane und die Loggia sind auch hier ganz auf Fernsicht berechnet. Die kräftige polychrome Fassung der Holzteile im Sinne des Heimatstils sowie die Wandmalereien über der Altane und am Ziergiebel tragen wesentlich zur malerischen Wirkung der Villa bei. Sie sind ein charakteristisches Gestaltungsmittel Drollingers, das sowohl bei der Villa Röhr als auch bei der Pfister-Villa in Feldafing ganz ausgeprägt zur Anwendung kam. Sie sind hier außergewöhnlich gut in ihrer ursprünglichen Form und Qualität erhalten. Die Villa verfügte infolge ihrer Situierung an der Kante des Höhenzuges über eine starke Fernwirkung und ist auch heute, trotz des hochgewachsenen Baumbestandes und der starken Verbauung des Umfeldes, noch immer eindrucksvoll im Ortsbild präsent. Das ursprüngliche Raumkonzept ist ebenfalls fast unverändert erhalten: Das Erdgeschoß wird über die geräumige Diele mit einer (ursprünglich freistehenden) Mittelsäule erschlossen. Von hier aus geht auch die Treppe nach oben. Im Erdgeschoß liegen die einstigen Repräsentationsräume, das Wohnzimmer und der Musiksalon.

In einer zeitgenössischen Beschreibung heißt es: »Die Villa (...) liegt auf einer Anhöhe am Starnberger See, den man von den Fenstern der beiden (...) Hauptachsen fast vollständig überblickt. Der Bestimmung als Sommerwohnung entspricht die knappe Grundrißeinteilung in allen Punkten. Der größte Raum im Erdgeschoß ist das als Hauptaufenthalt gedachte Wohnzimmer, dem sich ein Salon, die Küche und die Speisekammer angliedern. Der erste Stock enthält die Schlafräume und das Bad. Ein geräumiges Aussichtszimmer, Kammer und Speicherräume sind im Dachstock, ein Kneipzimmer, Raum für Gartengeräte, Waschküche und Kellerräume im Untergeschoß untergebracht.«[9]

Villa Schröder, Entwurfszeichnung, 1904 (Arch. Rundschau 20)

Villa Schröder (Defregger, Alte Bahnhofstraße), 1993

Pöcking

Villa Schröder, Wohnzimmer, 1982

Villa Dr. Sandler (Schulweg), 1981

Villa Dr. Sandler, Wohnraum, 1901

Villa Schröder, Giebeldekoration, 1997

Etwa in der Mitte zwischen der Hindenburgstraße und der Feldafinger Straße wurde zur selben Zeit (1900) eine größere Villa für den Münchner Privatgelehrten Dr. Christian Sandler gebaut, die von dem Architekten Georg Meister entworfen worden war.[10] Auch hier entstand wieder ein sehr aufwendig angelegter Bau, der jedoch mit seiner Häufung der Details (stark modellierte Dachpartie, Türmchen, Erker, Quaderung der Gebäudekante u. a.) doch etwas überladen wirkte. Die beiden doppelgeschossigen polygonalen Erker auf der Ostseite beleben die Fassade mit kräftigen Akzenten, ergeben vor allem gute Aussichtsmöglichkeiten und interessante Raumelemente für die verschiedenen Wohnräume. Bemerkenswert war diese Villa jedoch wegen ihrer einheitlichen, zu ihrer Zeit sehr modernen Ausstattung mit Möbeln aus den Vereinigten Werkstätten. Die verschiedenen Zimmer waren nach Entwürfen von Richard Riemerschmid, Paul Schulze-Naumburg, Karl Bertsch, Bernhard Pankok und Otto Schnartz gearbeitet.[11]

Die erste Villa an der Feldafinger Straße war, nach dem Landhaus Jank, die im Jahre 1873 erbaute Villa Reber.[12] Das Grundstück besaß die Form eines etwas gezogenen Rechtecks und reichte ein Stück den Hang hinunter. 1877 gelang es Reber, das benachbarte Schaffler-Anwesen zu er-

Villa Dr. Sandler, Entwurfszeichnung, 1899

Pöcking

Villa Reber (Feldafinger Straße), Salon, 1982

werben, so daß ein geräumiger Garten angelegt werden konnte. Im Grundbuch wird zwar Max Wagenbauer, der Schwiegervater Rebers, als Eigentümer angegeben. In den Bauakten tritt jedoch stets Professor Reber als Auftraggeber auf, und er war es wohl, der schließlich bestimmend auf Form und Gestaltung des Baus eingewirkt hat. Wir dürfen deshalb annehmen, daß das Haus seinen besonderen Vorstellungen entsprach. Das Vorbild der toskanischen Landvilla, das zu dieser Zeit hochaktuell, aber nicht jedem Bauherrn geläufig war, ist sicherlich vom versierten Kunsthistoriker Reber, der bereits mehrere Werke über die Baukunst der Antike verfaßt hatte, in die Planung eingebracht worden. Zweifellos ist seinen Intentionen auch die hochwertige Ausstattung der Räume zu verdanken. Geheimrat Professor Dr. Franz von Reber (1834–1919) lehrte seit 1858 Kunstgeschichte an der Universität München, seit 1869 an der dortigen Technischen Hochschule. 1865 wurde ihm die Leitung der bayerischen Gemäldegalerien und damit vor allem die der Münchner Pinakotheken übertragen. Während dieser Zeit schrieb er Werke über die Kunst des Mittelalters und über die Malerei des 14. bis 18. Jahrhunderts.

Villa Reber, Gartenseite, 1978

Villa Reber, Westfassade, 1982

Pöcking

Villa Reber, sog. Märchenzimmer (»Brüderlein und Schwesterlein«, 1878), 1986

Die kleine Villa wurde von Maurermeister Joseph Knittel (Tutzing) erbaut. Ob er dabei nur ausführender Handwerker war oder den Bau auch entworfen hat, ist nicht mit letzter Sicherheit zu sagen. Es kam hier nicht selten vor, daß einheimische Baumeister die Villen nach fremden Entwürfen ausführten, die gesamte Organisation übernahmen und sogar die Eingabepläne unterschrieben.

Der Bau ist im Äußeren schlicht gehalten und klar gegliedert. Er bleibt durchwegs im Formenkanon der kleineren spätklassizistischen Landvillen am Starnberger See, nur der in den Bau integrierte, als Treppenhaus dienende Turm sowie die Terracottareliefs der vier Elemente (Feuer, Erde, Wasser, Luft) heben ihn über das übliche Niveau. Der Grundriß ist noch ganz dem Spätklassizismus verhaftet und vollkommen symmetrisch angelegt. Der Anbau einer Toilette an den Turm, eines kleinen Nebenraumes im Anschluß an das »Märchenzimmer« und die Erweiterung an der Südseite (Bad) sind spätere Veränderungen, die bei der Renovierung 1895 hinzugefügt wurden. Auch das Vordach mit den schönen Kustermann-Säulen stammt aus dieser Zeit.

Im Obergeschoß bildet der Salon als weitaus größter Raum die Mitte. Seitlich sind je zwei gleich große Räume angeordnet, südlich zwei kleine Schlafzimmer, nördlich das »Märchenzimmer« und der Turm mit dem Treppenhaus. Die Raumfolge im Erdgeschoß deckt sich fast genau mit dem Grundriß im Obergeschoß. Hier nimmt das sog. Gartenzimmer, das über die Veranda Verbindung zum Garten hat, die Mitte ein. Der eigentliche Repräsentationsraum ist der mit reichen Dekorationen von Franz Müller-Grashoff (1874) versehene obere Salon. Er erstreckt sich über die gesamte Gebäudetiefe und hat je zwei Fenster zur Straßen- wie zur Gartenseite. Er ist in seiner Gestaltung völlig regelmäßig angelegt. Die Fenster und Türen wie die einzelnen Dekorationselemente besitzen je ein entsprechendes Gegenüber. Zwischen den Fenstern sind große wandfeste Spiegel in Goldrahmen angebracht. Sie werden von Blumengirlanden und je zwei nackten Putten mit Attributen

Villa Reber, Salon, Detail, 1994

Salon, Detail (Relief: Der Herbst), 1994

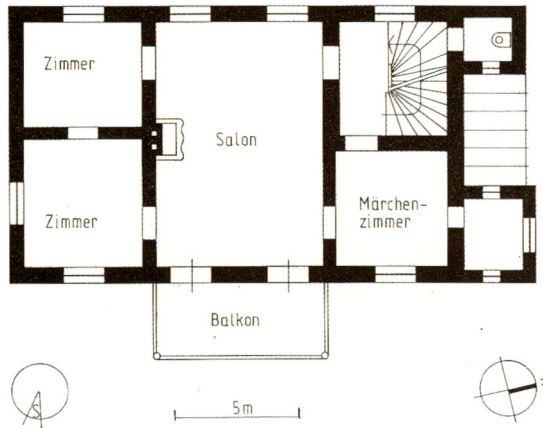

Villa Reber, Grundriß Obergeschoß

der Jagd, der Fischerei, der Gartenkunst und der Schäferei gerahmt. An den Längsseiten befinden sich über den Türen gemalte Supraporten mit Darstellungen der vier Jahreszeiten. Sie zeigen je zwei Putten mit den entsprechenden Attributen, zwei davon haben die Voralpenlandschaft mit der Zugspitze zum Hintergrund. Zur Mitte hin schließen sich je zwei Terracottareliefs (Tondi) mit Darstellungen der vier Lebensalter an.[13] Es ist dies wieder, wie schon in der Himbsel-Villa, ein Bildprogramm, das mitten im 19. Jahrhundert noch aus der Überlieferung der barocken Raumdekorationen schöpft, hier im barock gestimmten bayerischen Oberland freilich aus tiefreichenden Wurzeln.

Die Mitte des Raumes beherrscht ein großer weißer Kachelofen, auf dessen Oberteil nackte Putten ein Medaillon mit Krone halten. Dieser Ofen wurde aus dem Haus Nr. 7 in der Münchner Ludwigstraße erworben und in Pöcking wieder aufgestellt. Der Sockelbereich der Wände ist in (grauer) Marmorimitation gehalten, der Deckenspiegel verfügt über einen breiten Rahmen aus einem grünen Lorbeerstab und verschiedenen farbigen Bändern.

Das nördlich anschließende »Märchenzimmer« ist mit einem über vier Seiten reichenden gemalten Wandfries mit Darstellungen aus dem Märchen »Brüderlein und Schwesterlein« von Josef Widmann (1878) versehen. Vom selben Maler stammt auch die Dekoration im Turmstübchen.

Der Garten wurde in den folgenden Jahren angelegt.[14] Da die Pflanzungen ausführlich dokumentiert sind, soll an dieser Stelle ein Einblick in die Anlage eines Nutz- und Ziergartens dieser Zeit gewährt werden.

Von der Terrasse gelangte man über zwei seitliche Treppen in den Garten, dessen Wegesystem sich an einem größeren Wiesenrondell orientierte. Er war im wesentlichen als Blumen- und Obstgarten angelegt. Neben Beerensträuchern, Blumenbeeten, Rosen- und Ziersträuchern wurden zahlreiche Obstbäume gepflanzt, vor allem im Mittenrondell und auf den seitlichen Wiesenstücken. Bis 1881 wurden (vor allem von der kgl. Baumplantage Triesdorf bezogen) folgende Bäume gepflanzt:

»3 Pfirsich, 1 Nußbaum (Fertile de la St-Jean), mehrere Apfelbäume (darunter Wintergoldparmäne, Pepping, Kaiser Alexander, u.a.), 3 Pflaumen (Frühpflaume, frühe blaue

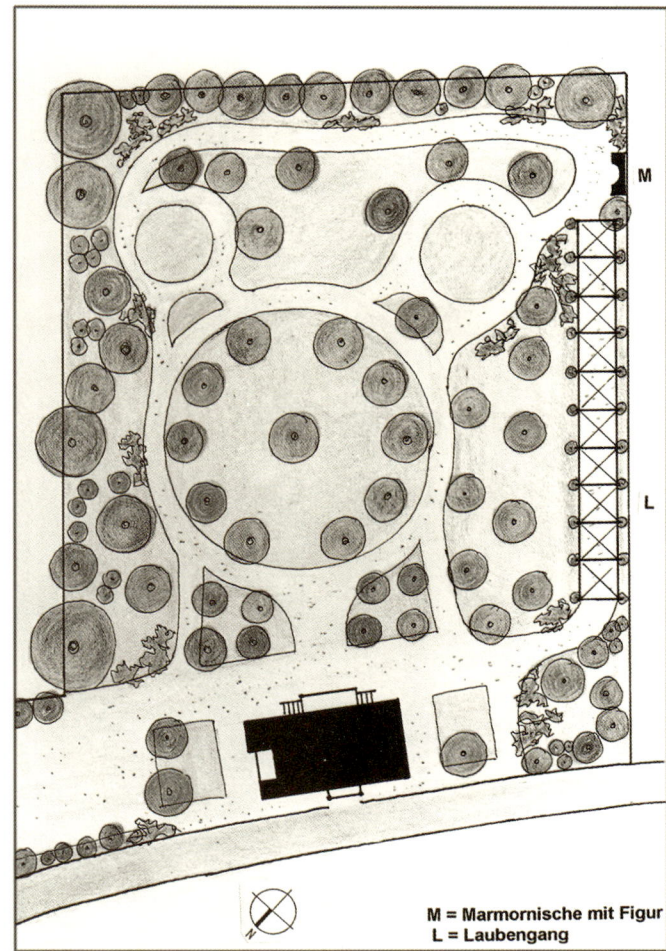

Villa Reber, Gartenanlage (Stand um 1890, Rekonstruktion)

Katharinenpflaume, gelbe Pflaume), 3 Zwetschgen (große engl. Zwetschge), 3 Reineclauden, 4 Birnbäume (Williams-Christbirn, Salzburgerbirn, Marie Louise, Louise bonne Avrange), 4 Kirschen (große späte schwarze Herzkirsche, früheste Maikirsche, Schmitt'sche Knorpelkirsche, abfallende Knorpelkirsche), 4 Weichsel (Double Marmotte u.a.) und 4 Amarellen.«

Dazu an den Grundstücksgrenzen verschiedene Nadel- und Laubgewächse:

»6 heimische Fichten, 1 Eiche, 2 Ahorn, 1 großblättrige Linde, 1 rotblühende Akazie, 2 Silberpappeln, 2 Ulmen, 1 Esche, 2 Birken, 3 Wacholder sowie zahlreiche Büsche und Heckenpflanzen.«

Das hölzerne Gartenhäuschen wurde mit wildem Wein eingegrünt.

Pöcking

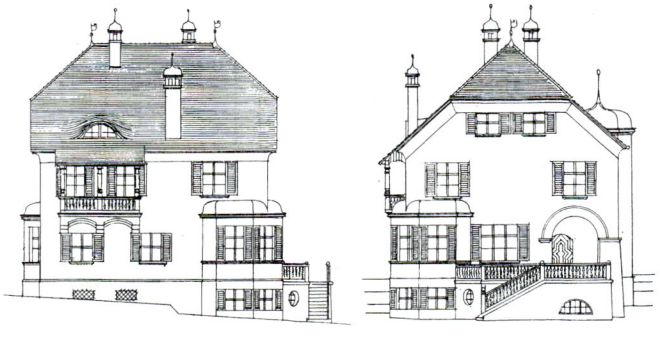

Villa Soxhlet, Entwurfszeichnung, 1896

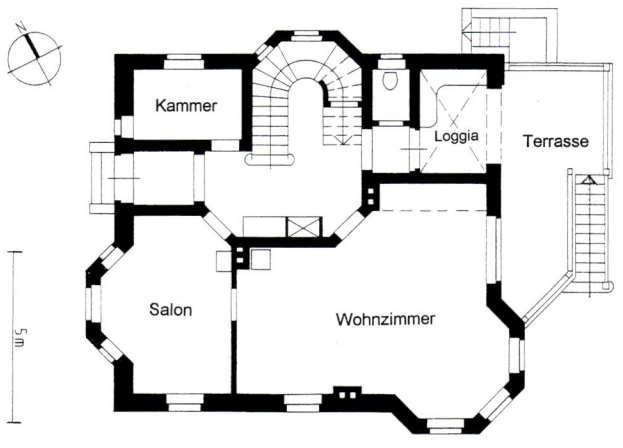

Grundriß Erdgeschoß, 1896

Villa Soxhlet (Feldafinger Straße), 1984

Anschließend an die Villa Reber siedelte sich der berühmte Agrarchemiker Professor Franz Soxhlet (1848–1926) an.[15] Er war seit 1879 Professor an der Technischen Hochschule München, dazu Direktor der Landwirtschaftlichen Zentralversuchsstation in Bayern. Er hatte ein Verfahren zur Bestimmung des Fettgehalts von Flüssigkeiten entwickelt und war vor allem durch sein neues Verfahren der Sterilisation und Entfettung von Milch für Säuglinge (»Soxhlet-Milch«) bekannt geworden.

Die Villa wurde von den Architekten Professor Paul Pfann und Günther Blumentritt entworfen und überzeugt durch ihre für die Zeit um 1896/97 bemerkenswert zurückhaltenden Formen. Sie nimmt früh die um die Jahrhundertwende nachdrücklich formulierte Forderung nach einer Abkehr von den Bauauffassungen des Späthistorismus auf. Sie beschränkt sich auch auf wenige, bodenständige Materialien und folgt so bereits den Grundsätzen des Heimatstils.

Der Baukörper ist von klarem, einfachem Zuschnitt. Er wird nur von einem polygonalen Erker akzentuiert, zur Gartenseite hin schließen sich eine mit einer kleinen Loggia verbundene Veranda und eine Freitreppe an. Auch das Innere ist in schlichten Formen gehalten. Der Salon im Erdgeschoß wies mit dunklen Paneelen, Fensterrahmen, Dielen und Türen ursprünglich eine etwas gedämpfte Raumfassung auf. Die Sitznische und der Erker waren mit einer Schablonenmalerei in Grüntönen versehen. Die Wände waren oben mit einem farbigen Band abgeschlossen, die Decke von einer Stuckleiste gerahmt. In den Oberlichten des Erkers haben sich noch kleine farbige Glasbilder erhalten. Die nach draußen anschließende Loggia war an den Seitenwänden ursprünglich ebenfalls mit einer Schablonenmalerei dekoriert. Die Küche hatte man ursprünglich im Untergeschoß (Südost-Ecke) untergebracht, 1903 wurde sie jedoch in einen Anbau an der Nordost-Ecke des Erdgeschosses verlegt.

Die Villa war zunächst, wie die anderen Landhäuser auch, nur in den Sommermonaten bewohnt. Entsprechend war sie nur mit Kachelöfen ausgestattet. Es gab bis zum Anschluß an die örtliche Wasserversorgung (um 1905/10) auch nur Trockenklosetts. Das Regenwasser wurde gesammelt und zum Waschen verwendet, und erst in den 30er Jahren wurde ein neuzeitliches Bad eingerichtet. Geheimrat Soxhlet hatte sich jedoch eine Gasbeleuchtung installieren lassen. Zu diesem Zweck wurden im Keller ein Apparat zur Erzeugung von Acetylen aufgestellt und das Gas über Bleirohre in die einzelnen Zimmer geleitet. Eine Acetylenlampe war auch auf einer Fahnenstange neben dem Haus installiert. Sie leuchtete stets, wenn der Hausherr anwesend war.

Der Garten war ebenfalls einfach gestaltet: Blumenbeete in Hausnähe, geschwungene Wege, die in weitem Bogen um ein größeres freies Wiesenstück herumführten, Büsche und Bäume an den Grundstücksgrenzen. Die Wegeführung ist heute noch gut ablesbar, ebenfalls ein kleiner planierter

Villa Lutz (Dallmayr, Feldafinger Straße), Ostfassade, 1995

Platz für einen Pavillon. Vom südlichen Teil des Grundstücks wurde etwas später ein Streifen abgetrennt und verkauft. Hier entstanden anschließend die Villa Jummerspach, die Villa Koch und einige weitere Landhäuser.[16]

Das heute unter dem Namen Villa Dallmayr bekannte Haus wurde 1875 für den kgl. Staatsrat und Minister Johann von Lutz erbaut.[17] Er war seit 1866 Sekretär des Königs, 1867–71 Justizminister, anschließend bis 1890 Staatsminister des Inneren und 1880–90 Vorsitzender im Ministerrat.

Die Villa, deren Architekt leider nicht mehr zu ermitteln war, ist auf regelmäßigem, kreuzförmigem Grundriß entwickelt und entspricht mit ihrem symmetrischen Aufbau noch ganz den Idealen des Spätklassizismus. Die Fassaden strahlen in ihrer Schlichtheit Ruhe und Noblesse aus. Die Fenster des Mittelrisalits zeigen durch ihre Dreiteiligkeit die in der Mitte gelegenen Hauptwohnräume an, das 1. Obergeschoß ist durch die besondere Fensterform mit Rundbögen zusätzlich als die eigentliche repräsentative Wohnetage gekennzeichnet.

Südlich benachbart stand bis vor dem Krieg eine weitere Villa, die in ähnlichen spätklassizistischen Formen auf kreuzförmigem Grundriß entworfen und ebenfalls um 1875 gebaut worden war. Von besonderem Interesse war

Villa Schwind (Umbau durch Richard Riemerschmid), 1922

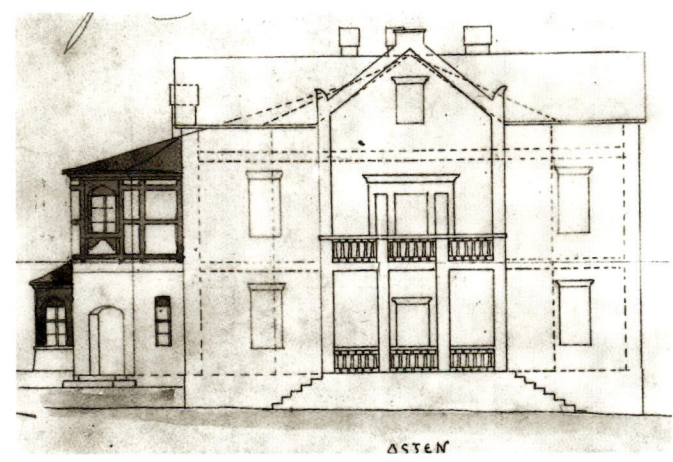

Ehemalige Villa Schwind, Umbauplan, 1922

Pöcking

Villa Hausmann (Villa Riccius, Feldafinger Straße), 1902

dieses Haus dadurch, daß 1922 von Richard Riemerschmid auf der Südseite ein Anbau angefügt wurde, durch den im Erdgeschoß eine neue Diele und ein Wohnzimmer, im Obergeschoß zwei Schlafzimmer und eine offene Veranda gewonnen wurden.[18]

Im Jahr 1898 erwarb der Münchner Kaufmann Karl Hausmann an der Feldafinger Straße ein größeres Grundstück für den Bau einer Villa.[19] Er konnte anschließend noch weiteren Grund erwerben, so daß eine zusammenhängende Fläche entstand, die den weiten Hang hinunter bis fast zur Bahnlinie reichte. Gleichzeitig ließ er sich von dem bekannten Münchner Architekten Leonhard Romeis eine Villa entwerfen, mit deren Bau 1898 begonnen werden konnte.

Ihr kraftvoller, sehr malerisch aufgefaßter Baukörper ist ganz in der charakteristischen Formensprache Romeis' entwickelt, in der er vor allem in München mehrere vergleichbare Villen gebaut hat.[20] Trotz der Vielfalt der architektonischen Elemente ist der Aufbau klar und übersichtlich. Die Wohn- und Schlafräume sind im südlichen Teil des Baus konzentriert, wobei die beiden wichtigsten Räume in den jeweiligen Stockwerken symmetrisch die Mitte einnehmen. Dieser Teil ist außen in einer Kreuzgiebelanordnung durch zwei gegenüberliegende Treppengiebel gekennzeichnet, die im Erdgeschoß zusätzlich durch kleine flache Erker akzentuiert werden. Ein großer, über alle Geschosse reichender polygonaler Erker beherrscht die Mitte der Südseite und verleiht dem Salon und dem darüberliegenden Schlafzimmer eine besondere Raumnote. Es ist gerade bei dieser Villa augenfällig, wie bei einem guten Entwurf die architektonischen Elemente Erker und Loggia nicht nur als äußere Bereicherung der Fassade gedacht und gleichsam von außen her angefügt sind, sondern auch aus dem Grundriß der Räume funktional abgeleitet werden. So kann man aus dem Salon über die Empore sowohl den östlichen Erker als auch die Loggia in der Südost-Ecke betreten und damit eine umfassende Verbindung zum Garten und zur Landschaft aufnehmen. Gleichzeitig sind Empore, Loggia und die beiden Erker ganz bedeutende Raumelemente, welche den Salon nicht nur erweitern, sondern ihn in seinem Raumgefüge je nach Standort auch ganz unterschiedlich erleben lassen.

Ähnlich ist die Situation im Obergeschoß, wo zwar nur das Hauptschlafzimmer Anteil am großen Erker hat, wo aber alle Zimmer über die Diele Zugang zur überdeckten und gut geschützten Altane haben, von der aus sich ein traumhafter Ausblick auf die Seenlandschaft im frühen Morgenlicht eröffnet. Unvergleichlich auch das Erlebnis der warmen Morgensonne in diesem windstillen Winkel. Von diesem Wohnteil ein wenig abgesetzt ist der nördliche Teil des Hauses, der im Erdgeschoß die Wirtschaftsräume, im Obergeschoß das Bad enthält.

Die fast ausschließliche Verwendung architektonischer Elemente der mittelalterlichen Burg macht die Villa zu einem Sonderfall unter den Häusern am Starnberger See. Diese Bauidee ist aber durchaus zeitgemäß, wie einige weitere Beispiele im Landkreis, wie die Seeburg bei Allmannshausen, die Villa Scheuermann in Herrsching oder die Villa Kirschner in Starnberg (mit der bezeichnenden Namensgebung »Villa Wartburg«) zeigen. Und nicht nur Leonhard Romeis hat diesen Villentyp gerne gebaut, auch andere Architekten (in München zum Beispiel G. Hauberrisser, M. Ostenrieder u. a.) griffen gerne darauf zurück, da hier reiche Möglichkeiten für repräsentative Bauten des aufstrebenden Bürgertums und des neuen Geldadels geboten wurden. Natürlich wurden die verschiedenen Elemente nicht mehr in ihrer ursprünglichen, wehrtechnisch bedingten Funktion und den sich daraus ergebenden Gestaltungsprinzipien übernommen. Die Auswahl erfolgte hier allein nach ästhetischen Kriterien und auf Grund ihres spezifischen Stimmungswertes. Burg und Schloß waren über Jahrhun-

Süd- und Ostfassade (mit Blick zum See), 1997

Vorhalle im Erdgeschoß, 1993

Der Salon mit Empore (Wohnzimmer), 1993

Pöcking

Ostseite

Südseite

Villa Hausmann (Riccius), Entwurfszeichnung, 1898

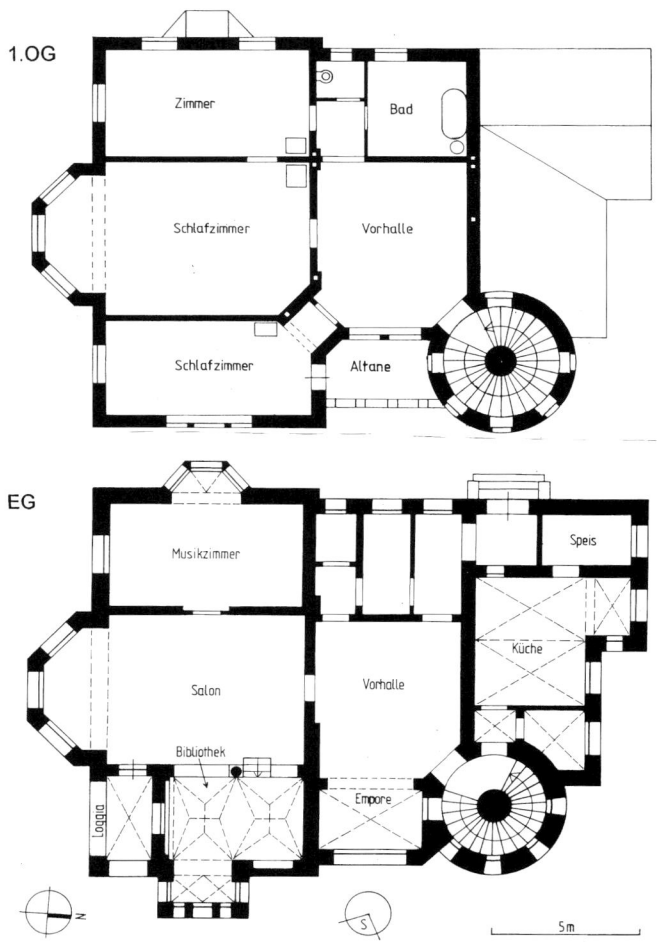

Grundrisse Erdgeschoß und Obergeschoß, 1898

derte architektonische Zeichen der Herrschaft und der Macht, des Reichtums, des Adels und der führenden Oberschicht. Das in den Gründerjahren steil aufstrebende Bürgertum suchte nach adäquaten Ausdrucksmöglichkeiten, um die neue, mit Macht und Geld verbundene Stellung sichtbar zu machen. Vor allem boten bautechnisch aufwendige Erker, Loggien, Giebel, Türmchen und mächtige Aussichtstürme Gelegenheit, die finanzielle Leistungsfähigkeit unter Beweis zu stellen. Zugleich war man sich aber doch auch der Herkunft aus dem einfachen Bürgertum bewußt und beneidete den Adel um seine Vergangenheit. Die burgartige Villa vermochte nach außen hin alte Herkunft und fehlende Familientradition vorzutäuschen. Auch sollte die neue gesellschaftliche Stellung und neu erworbenes Bildungsbürgertum repräsentiert werden. Dazu waren Vestibüle und Treppenhäuser für den Empfang der Gäste, geräumige Salons und Musikzimmer für den Gesellschaftsabend und das Hauskonzert und weitläufige Parkanlagen für das Flanieren gefordert. Dieser Villentyp kam aber auch dem Lebensgefühl der Spätromantik entgegen. Man nehme nur die historische Aufnahme der hellstrahlenden Riccius-Villa oberhalb der dunklen Parkanlage und vor der Kulisse des Zugspitzmassivs im Hintergrund, um diese romantische Stimmung, ja fast schon theatralische Wirkung und den damit verbundenen Akzent in der Landschaft zu spüren. Nicht zuletzt kam die Hinwendung zu gotischen und romanischen Formen dem neu erwachten Nationalbewußtsein nach der Reichsgründung 1871 entgegen.

Die Gestaltung der Details folgt dem bruchlos: Quaderung der Gebäudekanten, Butzenscheiben für verschiedene Fenster, die Gestaltung der Erkerdächer mit verschiedenfarbig glasierten Ziegeln oder die in der ursprünglichen Tradition heraldisch motivierte Zweifarbigkeit (schwarzgelb) der Fensterläden. Dies setzt sich auch im Inneren fort: Kreuzgratgewölbe, dunkle Balkendecken oder Kassettendecken für die verschiedenen Räume, Steinböden und schöne Riemenböden sowie in dunklen Holztönen belassene Vertäfelungen, Türen und Fensterrahmen.

Die Parkanlage ist nach vielen Verkäufen in den vergangenen Jahrzehnten untergegangen und in ihrer Ausformung nicht mehr rekonstruierbar. Heute ist nur mehr ein kleiner Rest geblieben, der im Hinblick auf die Größe und die Wirkung der Villa nur noch als knapper Umgriff bezeichnet werden kann. Die ursprüngliche Wegeführung und die Ausstattung existieren auch in Ansätzen nicht mehr und wurden durch eine neuzeitliche Gartengestaltung ersetzt.

Villa Hausmann, Westseite, 1986 *Erker auf der Westseite, 1986*

Pöcking, die wichtigsten Villen mit ihren Gartenanlagen (auf Flurkarte, Stand Nachkriegszeit)

Pöcking

Villa Knote, um 1905

Villa Kammersänger Knote (Heinrich-Knote-Straße), um 1910

Villa Knote, 1914

Der berühmte Wagner-Sänger Heinrich Knote (1870 bis 1953) hatte 1899 einen der schönsten Bauplätze Pöckings ganz oben auf dem Höhenrücken erwerben können.[21] Er war seit 1892 Mitglied der Münchner Hofoper und galt als einer der bedeutendsten Heldentenöre seiner Zeit. Er sang die Titelrolle des Stolzing, als 1901 das Münchner Prinzregententheater mit den »Meistersingern« eröffnet wurde, und er feierte auf dieser Bühne über viele Jahre Triumphe bei Wagner-Aufführungen der Münchner Festspiele.

Heinrich Knote war der Starnberger See schon von Kindheit an vertraut. 1872 hatte sein Vater die Villa Elsholtz hoch über Schloß Berg und neben der alten Berger Kirche erworben, und 1880 war seine Mutter mit den Kindern nach Seeshaupt zu ihrem zweiten Mann, dem Maler Gustav Adolf Horst, gezogen.

Die Villa Knote war, wie viele Landhäuser des späten 19. Jahrhunderts, reichlich mit Aussichtsmöglichkeiten (Loggien, Balkone, Turm) versehen, die sich in ihrer Anordnung bestimmend auf die Architektur auswirkten. Durch die starke Hanglage konnten die Wirtschaftsräume in das Untergeschoß verlegt und das Erdgeschoß mit den Wohnräumen (Speisezimmer, Salon, Musikzimmer) rückseitig ebenerdig betreten werden. Im Obergeschoß befanden sich die Schlafräume der Eltern und ein Schreibzimmer, im 2. Obergeschoß die Kinderzimmer, die Fremdenzimmer und Räume für die Dienstboten. 1909 wurde die Villa durch einen an der Südseite angesetzten Anbau für ein neues großes Musikzimmer erweitert. Beheizt wurde das Haus in den Wohnräumen mit schönen Kachelöfen (im Musikzimmer mit einem weißen Kachelofen aus Meißener Porzellan), in den oberen Stockwerken durch gußeiserne Öfen. Es verfügte bereits über ein Badezimmer und Spülklosetts. An Hauspersonal hatte man zwei Dienstmädchen, eine Köchin, ein Gärtnerehepaar und einen Chauffeur.

Auf dem großen Grundstück gab es noch ein Gärtnerhaus, kleine landwirtschaftliche Gebäude mit Stallungen (für zwei Kühe, Hühner, Schweine), eine große Almhütte, eine Kegelbahn und, ganz oben auf der Anhöhe, einen hölzernen Aussichtsturm, der die höchsten Bäume um mehrere Meter überragte und einen Rundblick über die Landschaft von den Chiemseer Bergen bis hinüber zu den Allgäuer Alpen gewährte. Auch eine Garage gab es schon; denn Knote war einer der ersten Autobesitzer in Pöcking! Die Villa wurde fast das ganze Jahr über bewohnt. Kammersänger Knote empfing hier gerne seine Schüler und seine zahlreichen Gäste, vor allem Kollegen vom Theater. Sehr häufig gab es dann ausgedehnte Kegelabende.

Der Münchner Architekt und Bauunternehmer Max Littmann hatte vor der Jahrhundertwende einen umfangreichen Grundbesitz auf dem oberen Teil des Höhenzuges und am Ende der Pöckinger Flur erworben.[22] Er begann sein Villenprojekt 1900 mit dem Bau eines Pförtnerhauses un-

Villa Bäumler (Villa Heidinger, Heinrich-Knote-Straße), Ostfassade mit Blick zum See, 1996

ten an der Heinrich-Knote-Straße. Es war mit einem großen Einfahrtstor und einem Pavillon verbunden. Dieses Pförtnerhaus, welches noch einigermaßen ursprünglich erhalten ist, wurde als Satteldachbau mit Zwerchgiebel und doppelgeschossigem Erker konzipiert. Die Verwendung von Zierfachwerk im Bereich des Obergeschosses unterstreicht die malerische Wirkung und weist das Haus als ein im Verhältnis zur Herrschaftsvilla nachrangiges Gebäude aus.

Trotz dieser Zweckbestimmung war es im Inneren sehr schön und komfortabel ausgestattet. Das Photo der Jagdstube vermittelt einen guten Eindruck von dem hier angeschlagenen Niveau. Vielleicht war es ursprünglich auch als Gästehaus gedacht.

Max Littmann hat sein Projekt aus unbekannten Gründen aufgegeben und die geplante Villa nicht verwirklicht. Er veräußerte das Gelände 1917 an den Münchner Textilfabrikanten Hans Bäumler, der sich 1921 von dem Architekten Anton Hatzl jr. die bestehende Villa errichten ließ. Sie kam auf dem Scheitel des weiten, sanft zum See hin abfallenden Wiesenplans zu stehen. Das Terrain wurde durch Aufschüttungen so planiert, daß sich vor der Villa eine weite, exedraartige Terrasse mit Treppe zum Wiesenhang und zum Auffahrtsweg ergab.

Die Villa folgt der seit der Jahrhundertwende erhobenen Forderung nach Einfachheit und Funktionalität und nach Bodenständigkeit der Formen und Materialien. Der Architekt griff dabei auf das Vorbild kleinerer altbayerischer Schlösser wie Schwindegg, Kapfing oder Tüßling zurück und erreichte einen Baukörper von großer Ruhe und Eleganz. Die neue Haltung und das entsprechende Ergebnis werden im Vergleich mit der Riccius-Villa deutlich. Dennoch wird herrschaftlicher Anspruch befriedigt. Die beiden runden Ecktürme und die etwas zurückgesetzten niedrigeren Seitenflügel lassen den Mittelbau mit seinem steilen Walmdach dominant zur Wirkung kommen. Die strenge Symmetrie steuert Wesentliches dazu bei. Die hohen Rundbogentüren und Rundbogenfenster im Erdgeschoß lassen die repäsentative Ebene erkennen und trennen sie optisch von der privateren Sphäre der Schlafräume im Obergeschoß. Auch rückseitig wird mit einem großzügigen, exedraartig nach außen gezogenen Treppenhaus der schloßartig-herrschaftliche Charakter hergestellt. Die auf allen Seiten bis ins Detail durchgehaltene Ordnung erweist den Bau als Architektur von großer Noblesse und von hoher Qualität.

Auch im Inneren sind diese Vorgaben eingehalten: Große, symmetrisch angeordnete, helle, lichtdurchflutete Räume von harmonischem Zuschnitt, mit schlichter, aber hochwertiger Ausstattung an Türen, Fenstern und Böden. Auch hier ist wieder die veränderte Haltung erkennbar, vor allem im Vergleich mit den Raumvorstellungen, die zu den dunklen, schweren Innenräumen der Villen der 80er und 90er Jahre geführt hatten.

Pöcking

Villa Bäumler (Heidinger), Wohnzimmer, um 1935

Villa Bäumler, Gästehaus, Stübchen, um 1925

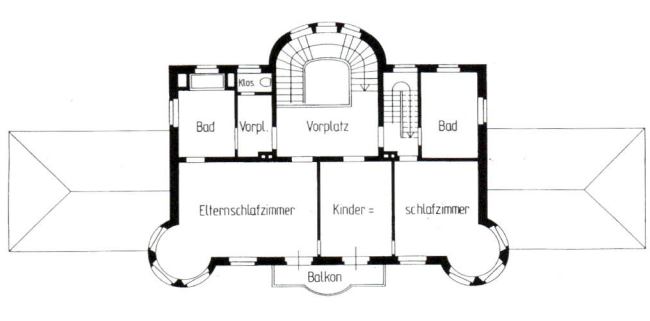

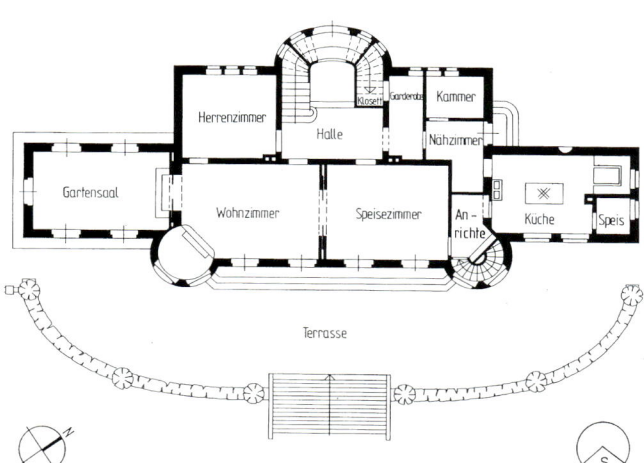

Grundrisse Erdgeschoß und Obergeschoß, 1921

Die Parkanlage, die ursprünglich etwa 100 000 qm umfaßte, wirkt in erster Linie durch die großzügige Weite, vor allem durch den freien Wiesenhang vor der Villa und den fast ungehinderten Blick über die Landschaft des Starnberger Sees. Die ursprüngliche Auffahrt zur Villa führte vom Einfahrtstor beim Pförtnerhaus in weitem Bogen um den Wiesenplan, an der Terrasse vorbei. Dabei konnte man den Blick auf die Villa aus verschiedenen, sich verändernden Perspektiven erleben. Südlich der Villa wurde ein kleiner, in barocken Formen gestalteter und gegen den Wiesenhang von einer Brüstung begrenzter Ziergarten angelegt, da das abfallende Gelände vor der Villa dafür ungeeignet war. Rückseitig wurde ein größerer Garagenbau errichtet. Nahe der südwestlichen Grundstücksgrenze befanden sich Wirtschaftsgebäude und ein Gästehaus, das ganz im Heimatstil, nach dem Vorbild der schönen bemalten oberbayerischen Bauernmöbel eingerichtet war.

Das südlich benachbarte Landhaus Fleischmann gehört bereits zur Gemeinde Feldafing.

Der bekannte Münchner Kunsthistoriker Fritz von Ostini ließ sich von dem Architekten Fritz Jummerspach 1910/11 ein kleines Landhaus unterhalb der Heidinger-Villa und in der Nachbarschaft von Baurat Ferdinand Beutel errichten.[23] Das Haus ist als Mansarddachbau ausgebildet, wie er um 1910 modern, ja geradezu Mode war (besonders in Starnberg, Gauting, Stockdorf, Krailling). Seine Größe, aber auch der kräftige Zwerchgiebelrisalit, der

Villa Bäumler, Pförtnerhaus, vor 1920

Pförtnerhaus, Jagdstübchen, um 1910

Pöcking

Blick von der Terrasse der Villa Bäumler (Heidinger) auf das Pförtnerhaus und den See, um 1925

schöne Erker und ein ausladender Terrassenvorbau heben es jedoch deutlich über das Maß der kleinbürgerlichen Häuser im Würmtal heraus. Der zugehörige kleine Garten war trotz des engen, spitzwinkeligen Grundstücks sehr schön gestaltet. Ein schmaler Weg führte die Grundstücksgrenze entlang, wo er gegen die Straße von einer dichten Baumreihe abgeschirmt wurde. Am südlichen Wendepunkt des Weges befand sich ein kleines Rondell (mit einer Stele oder einer Gartenfigur), zwischen den Wegen lag ein schmaler Obstgarten. In unmittelbarer Nähe des Hauses gab es schöne Blumenbeete. Das Grundstück wurde später bis hinunter zur Villa Eickemeyer erweitert.

Neben Ostini hatte bereits 1904 Baurat Ferdinand Beutel sein Landhaus errichtet. Der planende Architekt war Johann Biersack[24]. Östlich, an der Abzweigung und der Heinrich-Knote-Straße, ließen sich der Oberingenieur Karl Eickemeyer und die Bauratswitwe E. Eickemeyer von Architekt A. Bachmann eine Doppelvilla bauen.[25] 1929 übernahm Kammersänger Rudolf Laubenthal das Haus. Ein 21 m hoher Aussichtsturm, den dieser hier aufstellen wollte, wurde nach wütenden Protesten aus der Nachbarschaft abgelehnt.

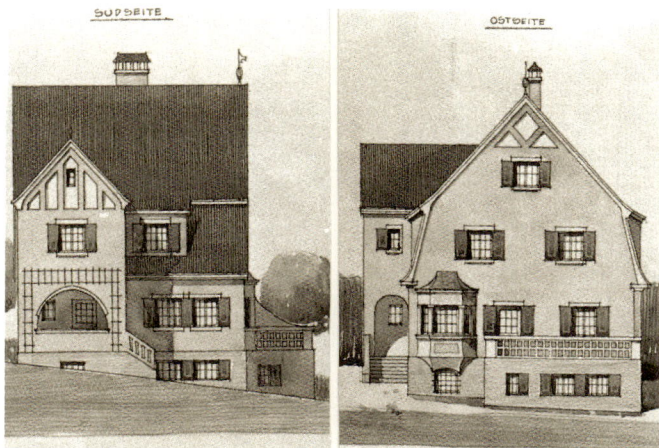

Villa Ostini, Entwurfszeichnung, 1910

Villa Ostini (Heinrich-Knote-Straße), um 1912

Pöcking

Villa Haus (Heinrich-Knote-Straße), 1983

Villa Haus, Speisezimmer von Richard Riemerschmid, 1904

Villa Haus, Wohnzimmer von Richard Riemerschmid, 1904

Die Villa des Kriegsgerichtsrates Franz Haus entstand unterhalb der Heidinger-Villa, zwischen der Heinrich-Knote-Straße und der Straße nach Feldafing.[26] Der mit Franz Haus befreundete Architekt Richard Riemerschmid erarbeitete 1901/02 zwei sehr unterschiedliche Entwürfe, von denen der letztere schließlich ausgeführt wurde. Die Villa ist ein sehr geschlossener, auf quadratischem Grundriß fast würfelartig wirkender Baukörper, der nur auf der dem See zugewandten Südostseite durch einen Mansardgiebel und eine Loggia mit Freitreppe zum Garten etwas belebt wird. Die Loggia öffnet sich über zwei Bögen auf einer massiven Steinsäule, deren Kapitell romanisches Formengut jugendstilhaft umdeutet. Leichte Balkone gewähren auch von den oberen Stockwerken aus das Erlebnis der Landschaft. Der markante und helle Bau besaß zu seiner Zeit, frei am Hang stehend, auch eine ganz bedeutende Fernwirkung. Die Verdichtung des Umfeldes mit mittelmäßiger Architektur hat auch hier das Bild einer eindrucksvollen Kulturlandschaft weitgehend verdorben.

Die Villa war auch im Inneren ganz von Richard Riemerschmid gestaltet und möbliert. Die Einrichtung zeichnete sich, auf den ausgesprochenen Wunsch des Bauherrn hin, durch eine sehr schlichte, zurückhaltende Gestaltung und die hochstehende handwerkliche Verarbeitung aus, wie sie für die Entwürfe Riemerschmids charakteristisch ist. Die Möbel für die Wohnräume im Erdgeschoß wurden eigens für Franz Haus entworfen. Da die Gattin des Hausherrn die Herstellung der übrigen Möbel nicht abwarten mochte, wurde die Einrichtung der oberen Stockwerke (Schlafzimmer) von den Dresdener Werkstätten nach Katalog geliefert. Die Möbel sind heute noch zum großen Teil erhalten, befinden sich aber nicht mehr in der Villa.[27]

Über die Gestaltung der Gartenanlage ist nichts bekannt. Da der Großteil des ehemals zugehörigen Geländes schon vor langem abgetrennt und bebaut wurde, lassen sich auch hier keine Feststellungen mehr treffen.

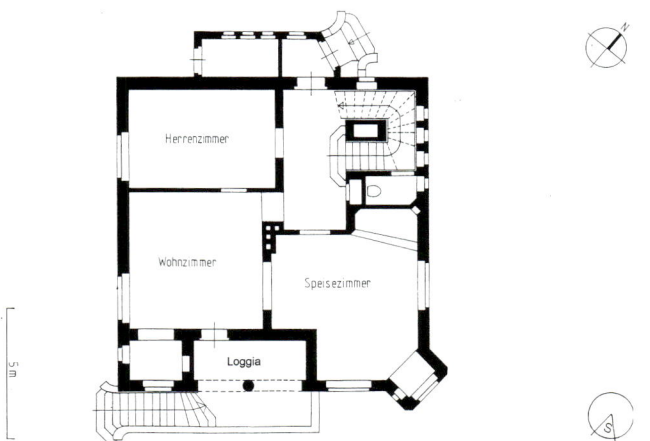

Grundriß Erdgeschoß, 1902

Niederpöcking

Zu den frühesten und den bedeutendsten Villensiedlungen am Starnberger See gehört die Niederpöckinger Kolonie, die innerhalb von nur wenigen Jahren (1852–58) entstanden ist. Das Niederpöckinger Seeufer, das sich zu Beginn des 19. Jahrhunderts noch ganz in Besitz des Königshauses und der Herrschaft Possenhofen befunden hatte, war vor dem Bau der Villen noch sehr stark von lockeren Baumbeständen und waldigen Abschnitten geprägt. Das Gelände steigt hier steil an und bildet einen Höhenrücken, der das Ufer begleitet und ideale Standorte für Villen bietet. Parallel dazu verlief jedoch schon die alte Straße von Starnberg nach Possenhofen. Sie begrenzte die Grundstücke und ließ nur Gartenanlagen mit relativ geringer Tiefe zu, so daß diese vergleichsweise knapp bemessen waren. Da aber die meisten Grundstücke nicht durch dichte Zäune gegeneinander abgegrenzt waren, ja in einigen Fällen (zum Beispiel Ammann – von Miller – von Mayerfels oder Zenetti – Knorr) sogar eine übergreifende Wegeführung besaßen, bildeten sie dennoch eine große zusammenhängende Parkanlage.

Die Grundstücke hatten, mit Ausnahme von Knorr, eine Größe zwischen 4000 und 7000 qm. Die Gärten wiesen dennoch die wichtigsten Gestaltungselemente auf: ein weitläufiges Wegesystem, dazwischen kleine Wiesenflächen und Blumenbeete, meist auch einen kleinen Gemüsegarten, Treppenanlagen zum Ufer hinunter und die beliebten Gartenfiguren. Bootshaus, Badehütte und Steg gehörten selbstverständlich dazu. Sehr bemerkenswert waren auch die Kapellen, Kruzifixe und Kreuzwege (von Miller, von Mayerfels, Knorr), die ganz aus dem Gefühl der Romantik und dem religiös empfundenen Erlebnis des Landlebens heraus entstanden. Die Villen wurden alle unmittelbar an die Hangkante gerückt, mit der Fassade rechtwinkelig zum See. So war eine rundum freie Sicht auf den See und das Ostufer gegeben. Und weil die Uferlinie hier schräg in nordöstlicher Richtung verläuft, war auch die großartige Alpenkette von den Tegernseer Bergen bis hin zur Zugspitze wirkungsvoll präsent.

Die Entstehung der kleinen Kolonie in nur wenigen Jahren ist bemerkenswert, wird aber verständlich, wenn man die Namen der Bauherren – ausnahmslos Mitglieder der gehobenen Münchner Gesellschaft – liest. Die meisten von ihnen waren befreundet, einige sogar mehr oder weniger nah miteinander verwandt (zum Beispiel Knorr und Zenetti). Das erklärt vielleicht auch, daß die Villen vermutlich von nur einem Architekten, nämlich Arnold Zenetti, entworfen wurden. Fritz von Miller, der Sohn des Erzgießers, erzählt dazu in seinen Erinnerungen: »Einmal, im Jahre 1855 wars, fuhr Vater mit der Mutter und uns älteren Geschwistern an einem Sonntag hinauf durch den Forstenrieder Park an den Starnberger See. In einem Wäldchen am westlichen Ufer wurde biwakiert. Eine Anzahl Freunde mit ihren Frauen kam dazu, und als die Gesellschaft am Abend auseinanderging, hatten die Unternehmenderen unter ihnen beschlossen, an diesem Platze zu einer Kolonie sich zusammenzutun und hier am Ufer des Sees für den Sommer eigene Nester zu bauen – so entstanden das heutige Niederpökking und die Villa Quellenheim«.[28]

Die neue Niederpöckinger Kolonie erhielt bald den Spottnamen »Protzenhausen«. Ob es hier ursprünglich Kröten gegeben hat, was bei der Nähe des Gewässers und des ausgedehnten Waldes ringsum denkbar ist, oder ob man damit auf die »geballte« Ansiedlung begüterter Münchner anspielte, sei dahingestellt. Die Villensiedlung blieb lange Zeit weitgehend unverändert und wegen der Grundstücksbeschaffenheit auch vor Teilungen und weiteren Neubauten verschont. Erst nach dem Zweiten Weltkrieg und in den letzten Jahrzehnten setzte hier ein zerstörerischer Verdichtungsprozess ein, welcher dem Uferstreifen schon viel von seiner einstigen Qualität genommen hat.

Von Starnberg kommend war die Villa Schwind (von Schwind »Thanneck« genannt) die erste auf Niederpöckinger Gebiet.[29] Moritz von Schwind, einer der bedeutendsten Maler der deutschen Romantik, war 1828 von Wien nach

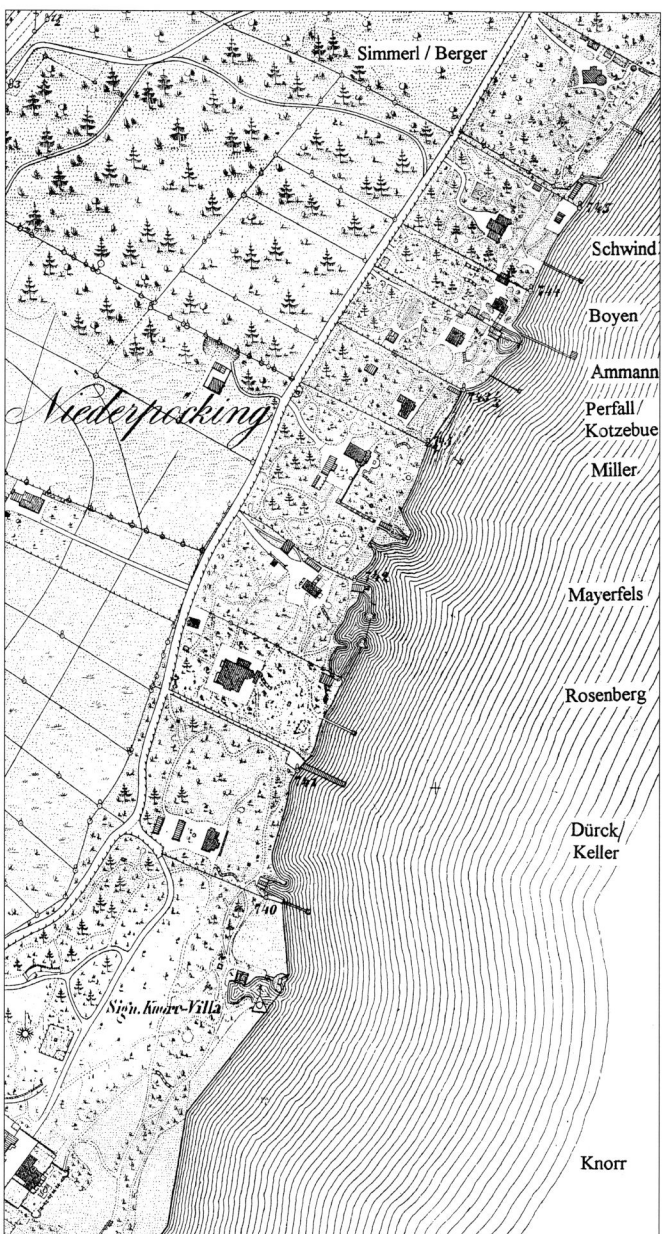

Niederpöcking, Flurkarte 1863 (Stand um 1905)

Pöcking

Landhaus Moritz von Schwind (Ferdinand-von-Miller-Straße), um 1910

München übersiedelt, wo er bald mit Arbeiten im neugebauten Festsaalbau und im Königsbau der Residenz beauftragt wurde. Im Frühjahr 1855, während der Arbeiten an den Wartburgfresken, erwarb er das Niederpöckinger Grundstück, um sich ein stilles Refugium für den Sommer und für ein unbeschwertes Leben in der Natur zu schaffen. Der Architekt seines neuen Landhauses ist unbekannt. Ob auch hier Arnold Zenetti in Frage kommt, ist nicht zu sagen. Er hat für Schwind allerdings etwas später ein Bootshaus entworfen.[30] Da die nebenstehend abgebildete Federzeichnung Schwinds, die das Haus sehr exakt wiedergibt, nicht datiert ist, kann nicht beurteilt werden, ob sie eine, die eigenen Vorstellungen konkretisierende Skizze darstellt oder das bereits fertige Haus. Schwinds Anteil am Entwurf ist damit nicht abzuschätzen, wenngleich man davon ausgehen darf, daß er selber das einfache, ganz der Landschaft am See und am Wald angepaßte Holzhaus gewollt hat (von Schwind oft als »Malepartus« oder als »mein Pfahlbau am See« bezeichnet) und nicht eine der repräsentativen Villen seiner Nachbarn Miller oder Knorr.

Das Haus war vor den späteren Anbauten ein hochgewachsener, mit der Giebelseite zum See hin orientierter Satteldachbau, dessen obere Geschosse vollständig mit Holz verkleidet waren. Das 1. Obergeschoß war mit einem umlaufenden Balkon versehen, dessen Brüstung aus einer originell ausgesägten, fast ornamental aufgefaßten Bretterfüllung (Tiere des Waldes wie Hirsch, Hase, Wildschwein) bestand. Der Giebel mit dem weit vorgezogenen Satteldach war nach Art des oberbayerischen Bauernhauses zu einer großen, tiefen Giebellaube geöffnet, hinter der noch ein Wohnraum (Atelier?) lag. Am 18. Juni 1856 schenkte Schwind das fertige Haus »Thanneck« seiner Gattin zum Geburtstag und schnitt das Datum eigenhändig in die Bretterverkleidung ein.

Im Erdgeschoß lagen ein Bauernstüberl, die Küche und einige Gästezimmer, im Obergeschoß ein Wohnzimmer, ein Billardzimmer und die Schlafzimmer. Das Haus war, wie spätere Photos zeigen, in wohnliche, nicht zu große Räume eingeteilt und zum Teil mit Biedermeiermöbeln, zum Teil mit hellem, bäuerlichem Mobiliar eingerichtet. Leider ist nicht eindeutig überliefert, ob und wieweit einzelne Räume von Schwind dekoriert waren.[31] Eine spätere Baueingabe spricht von einem »Schwind-Zimmer« im 1. Stock zum See hin, der Billardraum war der Überlieferung nach getäfelt und mit Entwürfen zu den Fresken in der Wiener Oper dekoriert.

Die gemütliche Stube im Erdgeschoß, die Frau Schwind mit einer Sammlung von Zinngeschirr ausgestattet hatte, ist uns bildlich überliefert und wird uns vom Maler Ludwig Richter in seinen Erinnerungen bestätigt: 1860, 18. Juli (Richter wird von Schwind vom Bahnhof in Starnberg nach Niederpöcking gerudert): »Wir fahren über den See bei einbrechender Nacht. Er jauchzt und jodelt den seinen zu. Fernes Jodeln aus dem Walde als Antwort. Wie die Anna und die Nichte den Papa umarmen und umjubeln! Wie er freundlich zur etwas ernsteren Hausfrau tut! Abendessen in dem köstlichen kleinen Holzstübchen, mit Zinntellern und Krügen ausstaffiert.« Und am Sonntag, dem 19. Juli, schreibt er: »Ich stehe auf, gehe in den Garten und betrachte seine am Geländer des Altans gemalten Fabeln. Trinke an dem kleinen Quell unten am Abhang. Hinter dem Hause Fichtenwald. Alles schlief noch. Die Morgensonne leuchtet an den fernen Alpen, der See ist ruhig. Endlich erscheint Frau Schwind; sie spaziert mit mir in dem Garten umher. Schwinds rotes, lustiges Gesicht erscheint am geöffneten Fenster seiner Schlafstube; er hat ›himmlisch‹ geschlafen. Er war die Woche über abgehetzt am Bilde und von den vielen Besuchen der Fremden. Großes Behagen. Frühstück. Zinnerne Becher für den Kaffee. Brot und frische Butter. Wir gehen hinauf. Er spielt aus der ›Zauberflöte‹ den Chor der Knaben...«[32] Schöner kann man das heitere, gelöste Landleben am See nicht schildern, und es wird nur bestätigt, wenn Schwind selber in einem Brief an Mörike schwärmt: »Mein Pfahlbau am See ist das Charmanteste, was man sehen kann, Wald, See und Gebirg. Ein liebenswürdiges, gewohntes Atelier, die heimlichsten Plätzchen im Garten, die reizendste Aussicht in die Ferne...« Schwind führt stets ein offenes, gastfreundliches Haus, immer wieder besuchen ihn Künstlerkollegen und Freunde, füllt es sich mit Kindern und Enkeln.

Die Gestaltung des Gartens läßt sich nicht mehr rekonstruieren. Nur die Blumenbeete, die Wege, die Treppe zum Ufer sowie Bootshaus, Steg und Badehütte sind nachgewiesen. Unterhalb des Hauses befand sich auf einer kleinen Geländestufe unter einem großen, schattigen Baum eine Terrasse zum Sitzen. Schwinds Wunsch war es noch, im Garten einen tempelartigen Rundbau zu errichten (den er bereits entworfen hatte), in dessen Inneren das »Märchen von der schönen Melusine« als Fries gemalt sein sollte. Ein Wunsch, der sich ihm leider nicht mehr erfüllte.[33]

Noch vor dem Tod Schwinds 1871 wurden an das Haus zwei Seitenflügel mit über Eck gestellten Erkern angebaut, um die Wohn- und Schlafräume der inzwischen angewachsenen Familie anzupassen.[34] Sein Sohn Hermann, der das Haus 1901 von der Mutter erbte, verkaufte an den Architekten Georg Meister. Dieser erhöhte 1902 den rückseitig wegen des abfallenden Geländes nur erdgeschossigen Quertrakt und stellte einen Aussichtsturm dazu. Er veräußerte jedoch das Haus bereits 1908 wieder an Karl von Hirsch, der eine Enkelin von Schwind geheiratet hatte und die Villa für seine Frau zurückkaufte. Dieser ließ den Aussichtsturm 1909 wieder abbrechen und an seiner Stelle ein Dienerzimmer anbauen (Architekten: Gebrüder Ludwig). Die Schwind-Villa wurde Mitte der fünfziger Jahre abgebrochen und durch einen Neubau ersetzt.

Moritz v. Schwind, Federzeichnung, um 1856 (Staatsgalerie Stuttgart)

Landhaus Moritz von Schwind, um 1875

Die Eingangsseite, um 1909

Das Zirbelstübchen, um 1910

Pöcking

Niederpöcking (von Miller, von Perfall, Zitzmann, von Boyen), 1985

1856 erwarb der Maler Joseph Anton Schwarzmann das Grundstück neben Schwind.[35] Auch hier ist der Architekt leider unbekannt. Das bescheidene, aber sehr interessante Haus war als etwas hochgestreckter, fast geschliffen klarer Baukörper mit einem niedrigeren nördlichen Anbau konzipiert. Die Proportionen und die strenge, flächige Fassadengestaltung waren noch ganz klassizistisch empfunden. Das Untergeschoß trat infolge der Hanglage nur seeseitig ganz in Erscheinung und enthielt ein einziges Fenster in der Mitte. Das Erdgeschoß wies auf der Seeseite eine dreiteilige Fenstergruppe auf, wie sie für den Klassizismus, aber auch den Maximilianstil (zum Beispiel München, Maximilianstraße 32) charakteristisch war. Auf der Südseite gab es fünf Fensterachsen, wobei auch hier wieder drei näher auf die Loggia zusammengerückte Fenster bzw. Terrassentüren die Mitte betonten. Das Obergeschoß schließlich verfügte dann über fünf bzw. sieben eng gereihte, schmale Fenster, die sich wie ein Fensterband über die Fassaden legten. Damit wurde es wie eine verglaste Galerie zu optimaler Rundsicht geöffnet. Diese Fenster hatten keine Rahmung und saßen scharf geschnitten in der Fassade. Dadurch, daß sie unten auf einem feinen Gesims standen und oben durch den im Putz abgesetzten Giebel begrenzt wurden, wirkten die schmalen Mauern dazwischen wie Pfeiler. Der für hiesige Verhältnisse sehr knappe Dachüberstand schließlich wies erneut auf das Vorbild des italienischen Landhauses hin. Südlich der Villa lag, über die Terrasse mit dem Haus verbunden, das Bootshaus mit einer mit Marmorfiguren besetzten kleinen Terrasse und einem Pavillon. Dahinter befand sich ein Atelierbau.

Villa Schwarzmann (Ferdinand-von-Miller-Straße), um 1875

Villa Oskar von Boyen (Schwarzmann), um 1900

Der Maler und Partikulier Oskar von Boyen, der das Haus 1861 erworben hatte, ließ 1891 das Bootshaus erneuern und später auch die Fassaden mit einer Dekoration aus Linien und farbig abgesetzten Flächen überarbeiten, wodurch der Bau etwas farbiger wurde, aber auch etwas von seiner ursprünglichen Klarheit und Präzision verlor. Eine weitere Veränderung brachte ein Umbau 1928.[36] Jeweils drei gleiche Fensterachsen auf allen Geschossen, zwei zusätzliche Balkone und die Ausbildung eines etwas schweren Giebeldreiecks bedeuteten ein völlig neues Fassadenkonzept. 1976/77 wurde das Haus schließlich noch auf der Südseite durch einen Seitenflügel erweitert und mit einem ausladenden Terrassenvorbau versehen.

Villa von Boyen, um 1975

1855 ließ sich der Münchner Zahnarzt Dr. Friedrich Wilhelm Ammann von Arnold Zenetti eine kleine Sommervilla errichten.[37] Das über einem leicht rechteckigen Grundriß entwickelte Haus war mit der Traufseite zum See hin orientiert. Im Erdgeschoß befanden sich ein größeres Wohnzimmer und ein kleinerer Nebenraum, auf der Westseite das Treppenhaus und die Wirtschaftsräume. Das im Grundriß identische Obergeschoß enthielt die Schlafräume und zum See hin einen größeren Salon. Die Innenräume waren schlicht und ohne besondere Dekoration gehalten. Die seeseitige Fassade mit drei Fensterachsen war durch einen für die Münchner Bautradition charakteristischen Mittelrisalit, der mit spitzem Giebel über die Traufe hinausgezogen war, akzentuiert. Er war erdgeschossig mit einer hölzernen, laubenartigen Loggia mit seitlich abgehenden Treppen verbunden, im Obergeschoß mit einer Altane. Diese Gliederung wurde durch zwei schmale Gesimse horizontal verklammert. Die projektierte Giebelgestaltung mit einem großen, sehr dekorativen Rundfenster wurde allerdings etwas vereinfacht und mit einem kleineren runden Fenster ausgeführt, die beiden seitlichen Giebelfassaden über die Dachfläche hochgezogen. Zur Gartengestaltung (im Kataster 1863: »englische Anlagen«) gehörten auch hier eine Badehütte und ein Bootshaus, das an einem größeren, von Mauern begrenzten und zusammen mit dem Nachbarn Oskar von Boyen genutzten Hafenbecken lag. Die Villa wurde, wie auch die übrigen Landhäuser der Nachbarschaft, nur im Sommer bewohnt. 1907 war sie für ein paar Sommerwochen an den Maler Wilhelm Trübner vermietet, der hier einige seiner Landschaftsbilder vom See schuf. 1888 erbte der Orthopäde Dr. Ottmar Ammann die Villa. Er besaß in München eine orthopädische Klinik und richtete auch hier in Niederpöcking eine kleine Praxis ein. Zu diesem Zweck ließ er 1894 seeseitig eine große Terrasse anbauen, unter welcher er einen Saal für »schwedische Heilgymnastik« einrichtete.

Arnold Zenetti, Entwürfe zur Villa Ammann (Stadtmuseum München)

Pöcking

Villa Zitzmann (heute DGB-Schulungsstätte, Ferdinand-von-Miller-Straße), 1985

1919 erwarb Geheimrat Dr. Karl Zitzmann, Generaldirektor in Erlangen, die alte Ammann-Villa und ließ sie 1922 abbrechen. Anschließend erfolgte der Neubau der großen Villa durch die Karlsruher Architekten Reg.-Baumeister Dr. Otto Gruber und E. von Gutmann. Gleichzeitig wurde die alte natürliche Hangsituation zum See hin völlig aufgelöst, indem der Villa eine riesige, gärtnerisch gestaltete und über die gesamte Grundstücksbreite reichende Terrasse vorgelagert wurde. Unter ihrem Mittelteil wurde ein großer Gartensaal eingerichtet. Eine doppelläufige Treppenanlage verbindet die Terrasse mit dem Gartenparterre am See. Südlich davon wurden das Hafenbecken angelegt und eine Bootshalle mit Terrasse und Teehaus errichtet. Die sehr hochherrschaftlich konzipierte Villa ging weit über die Verhältnisse der benachbarten Bebauung hinaus und sprengte den Maßstab der Kolonie. Sie stieß deshalb dort zunächst auf allgemeine Ablehnung (»Wannsee-Villa«). Der Walmdachbau verfügt im Gegensatz zu den älteren Landhäusern über vier gleichwertig ausgebildete Fassaden. Er ist weit über den See hin sichtbar und beherrscht die Niederpöckinger Kulisse, überzeugt aber trotz seiner Monumentalität durch die architektonische Qualität. Die seeseitige Fassade wirkt mit ihrer strengen Symmetrie und der starken Betonung der Mitte durch die Altane und die doppelläufige Treppe sehr ruhig und nobel. Auch im Inneren war die Villa ganz symmetrisch angelegt, das Speisezimmer als wichtigster Repräsentationsraum sowie das elterliche Schlafzimmer im Obergeschoß nahmen auch hier die Mitte ein. Die Ausstattung der Villa war natürlich auf dem neuesten Stand. Das Haus verfügte über eine eigene Wirtschafts- und Dienerschaftstreppe, über einen Lift und einen Speisenaufzug. Im 1. Obergeschoß gab es zwei moderne Bäder, die der Zeit entsprechend bereits den Schlafräumen zugeordnet waren. Mehrere Räume waren mit schön gearbeiteten Einbauschränken ausgestattet. Interessant war die Zusammenfassung verschiedener Wirtschaftsräume wie Küche, Vorratskammer oder Bügelzimmer im 2. Obergeschoß. Diese sehr seltene Anordnung (ähnlich: Villa de Osa, Kempfenhausen) sollte gewährleisten, daß die dort auftretenden Gerüche nicht in die Wohn- und Schlafräume gelangen konnten.

Nach dem Krieg (1949) wurde die Villa zunächst an den Bayerischen Jugendring vermietet. 1953 übernahmen zuerst der Bayerische, dann der Deutsche Gewerkschaftsbund die Villa und nutzten sie als Schule. Für deren Bedürfnisse wurde vorne an der Straße (unter Beseitigung des alten Pförtnerhauses, der Wirtschaftsgebäude und eines Teils der Parkanlagen) ein zusätzliches Gebäude für Personal, Schulleitung und für Kursteilnehmer errichtet. 1977–82 wurde auch die Villa vollständig umgebaut. Dabei wurden die Innenräume und ihre Einteilung fast vollständig verändert, nur die Bibliothek und die Eingangssituation blieben erhalten.

Niederpöcking

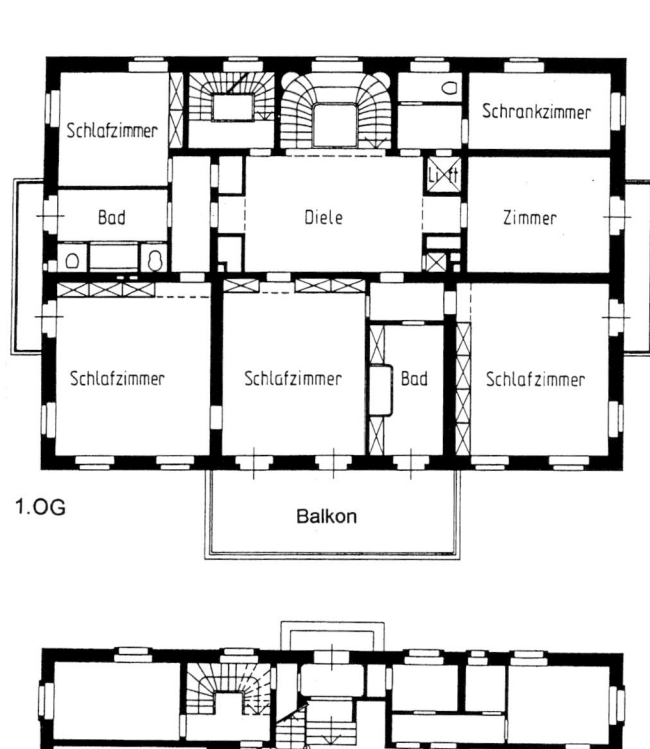

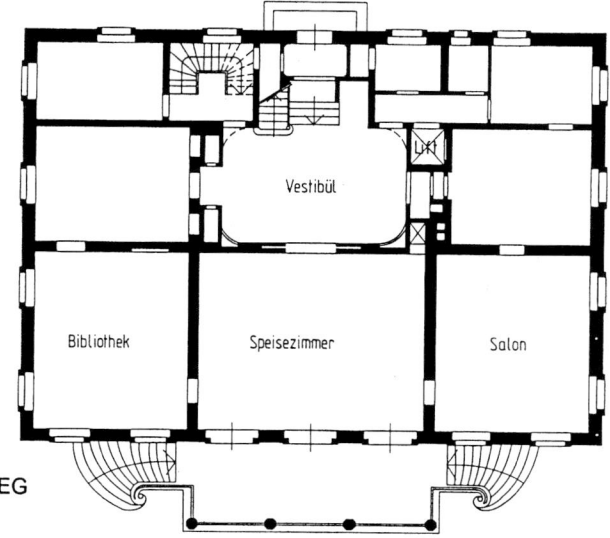

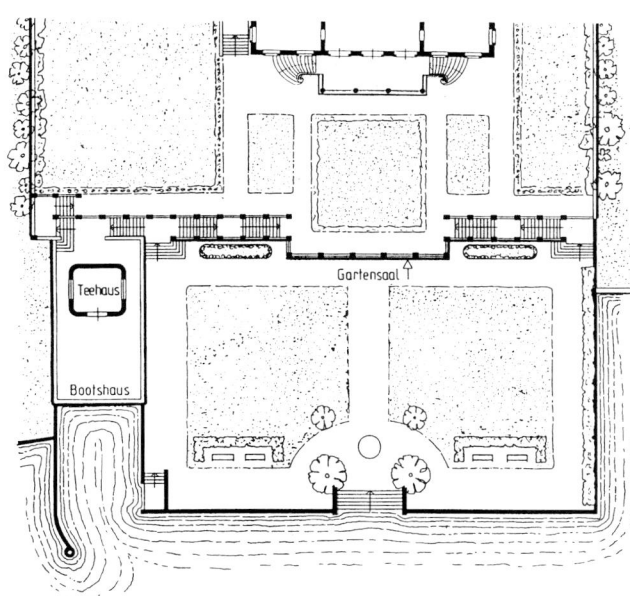

Villa Zitzmann, Grundrisse und Gartenplan, 1923

Villa Zitzmann, Ostfassade, 1985

Die Bibliothek, 1982

Gartensaal, Bootshaus mit Teepavillon, 1985

Pöcking

1855 ließ sich der kgl. Kämmerer Max von Perfall auf einem Grundstück von ca. 5000 qm von Baurat Arnold Zenetti ein kleines hölzernes Landhaus bauen.[38] Es war das kleinste und bescheidenste Haus der Niederpöckinger Kolonie, läßt aber dennoch gut die Hinwendung zur Natur und die gesteigerte Freude am Landleben nachempfinden. Die an den Erker nach Süden anschließende, als Laube gestaltete und mit wildem Wein bewachsene Terrasse oder die gemütliche Sitzbank unter der mächtigen, alten Buche rufen in uns entsprechende Bilder wach. Das Haus ist mit einer Farblithographie in Degens »Münchner Architektonischem Album« gut in seiner ursprünglichen Form dokumentiert.

Der mit der Giebelseite zum See gerichtete Flachsattelbau wird auf seiner Südseite durch einen etwas zurückgesetzten, erdgeschossigen Anbau mit einer kleinen vorgelegten Terrasse ergänzt. Er enthält im Erdgeschoß ein Wohnzimmer mit Erker, einen Schlafraum und ein kleines Kinderzimmer. Rückseitig wurden die Küche und ein kleines Treppenhaus angeordnet. Das Obergeschoß wurde vom »Zimmer des Herrn« eingenommen. Das in einem warmen Rotbraun gehaltene Haus besteht noch weitgehend original, verschiedene Verzierungen (der Giebelschmuck, die Windbretter und der Balkon) wurden inzwischen jedoch in den Details vereinfacht.[39]

1863 erwarb der kaiserlich-russische und kgl. bayerische Hofmaler Alexander von Kotzebue, der Neffe des Dichters August von Kotzebue, das Haus.[40] Er war ein gesuchter Landschafts- und Tiermaler, vor allem einer der bedeutendsten Schlachtenmaler seiner Zeit, der im Auftrag des Zaren die wichtigsten Gemälde zur russischen Kriegsgeschichte schuf. Er ließ sich 1863 weiter rückseitig ein Atelier und ein Stallgebäude sowie am Ufer eine neue Schiffshütte errichten.

P. Thiesenhausen, Landhaus von Perfall. Aquarell, um 1870 (Privatbesitz). Das Bild übermittelt wunderbar die Idylle wie die behagliche Ruhe, die mit diesem kleinen Landhaus verbunden waren.

Landhaus von Perfall, 1993. Daß dieses kleine spätbiedermeierliche Sommerhaus in dieser exponierten Lage noch erhalten ist, zählt zu den wenigen Wundern, die am Starnberger See noch zu registrieren sind.

Die Villa des Erzgießers Ferdinand von Miller (Ferdinand-von-Miller-Straße), 1985

1854 und 1855 erwarb der kgl. Erzgießereiinspektor Ferdinand von Miller in der Nachbarschaft des Kaufmanns Karl Riederer ein Grundstück von etwa 7500 qm.[41] Er ließ sich im darauffolgenden Jahr von Arnold Zenetti eine Villa sowie ein Gärtnerhaus mit Pferdestallung und Wagenremise errichten. Ferdinand von Miller war nach der Ausbildung zum Erzgießer bei seinem Onkel Johann Baptist Stiglmair und an der Kunstakademie dessen Nachfolger in der Leitung der kgl. Erzgießerei (die er 1878 käuflich erwerben konnte) geworden. Er war einer der bedeutendsten Erzgießer seiner Zeit. Berühmt geworden war er vor allem durch den Guß großformatiger Bildwerke (u. a. der Bavaria auf der Theresienwiese, des Niederwalddenkmals, des Goethe- und Schillerdenkmals in Weimar sowie bedeutender Denkmäler in Amerika), aber auch durch seine Kunst des Vergoldens großer Bronzewerke (u. a. der Herrscher im Thronsaal der Münchner Residenz).

Die Villa repräsentiert neben der Villa Knorr am reinsten und eindrucksvollsten den Stil der Münchner Maximilianszeit.[42] Die zum See hin orientierte Fassade ist als reich ausgebildete Schauseite konzipiert, während die übrigen Fassaden sehr schlicht gehalten sind. Ähnlich der Ammann-Villa hat Zenetti auch hier die Ostseite durch die Ausbildung eines über die Dachtraufe führenden Mittelrisalits dreigeteilt. Im Erdgeschoß wird sie zusätzlich durch zwei stark hervortretende polygonale Erker belebt und repräsentativ in die Breite gezogen. Verstärkt wird diese Rhythmisierung durch die paarweise gruppierten und im Detail reich ausgebildeten Fenster. Feine Gesimse und Zahnschnittfriese verklammern die Fassade horizontal. Durch die unmittelbare Situierung an der Hangkante ergab sich seeseitig ein Untergeschoß, das loggienartig über drei Bögen auf starken Säulen geöffnet ist. Die Absicherung des Baus durch eine Stützmauer schuf nicht nur einen geräumigen Vorplatz, es wurde damit auch optisch eine bedeutende vertikale Streckung der Fassade erreicht, die den hellen Bau vor dem dunklen Hintergrund der Baumkulisse wesentlich größer und eindrucksvoller erscheinen läßt. Wie die ursprüngliche Farbgebung ausgesehen hat, läßt sich ohne genauere Untersuchung nicht sagen. Wo heute ein einheitlicher Gelbton herrscht, dürfte wohl ein differenzierteres Bild angestrebt gewesen sein. Vermutlich waren die gliedernden Elemente und architektonischen Details wie Gesimse, Zahnschnittfriese, Fensterrahmungen, die Säulchen zwischen den Fenstern oder der Giebelschmuck (Akroterien, ein charakteristisches und gerne verwendetes Architekturdetail im Maximilianstil) farblich abgesetzt (zum Beispiel im Ton von Sandstein oder Terrakotta). Der Umstand, daß die Akroterien auf den drei Giebeln in einem hellgrauen Metall gegossen sind (vermutlich Zinkguß), könnte auch auf eine Fassung dieser Teile in einem Grauton hinweisen. Es ist fast selbstverständlich, daß Miller seine Villa und auch den Garten mit Figuren aus seiner Werkstatt ausgestattet hat. Oben im Mittelrisalit der Ostfassade steht beherrschend die Figur der Muttergottes,

Pöcking

Arnold Zenetti, *Entwurf zur Villa von Miller, 1855 (Stadtmuseum München)*

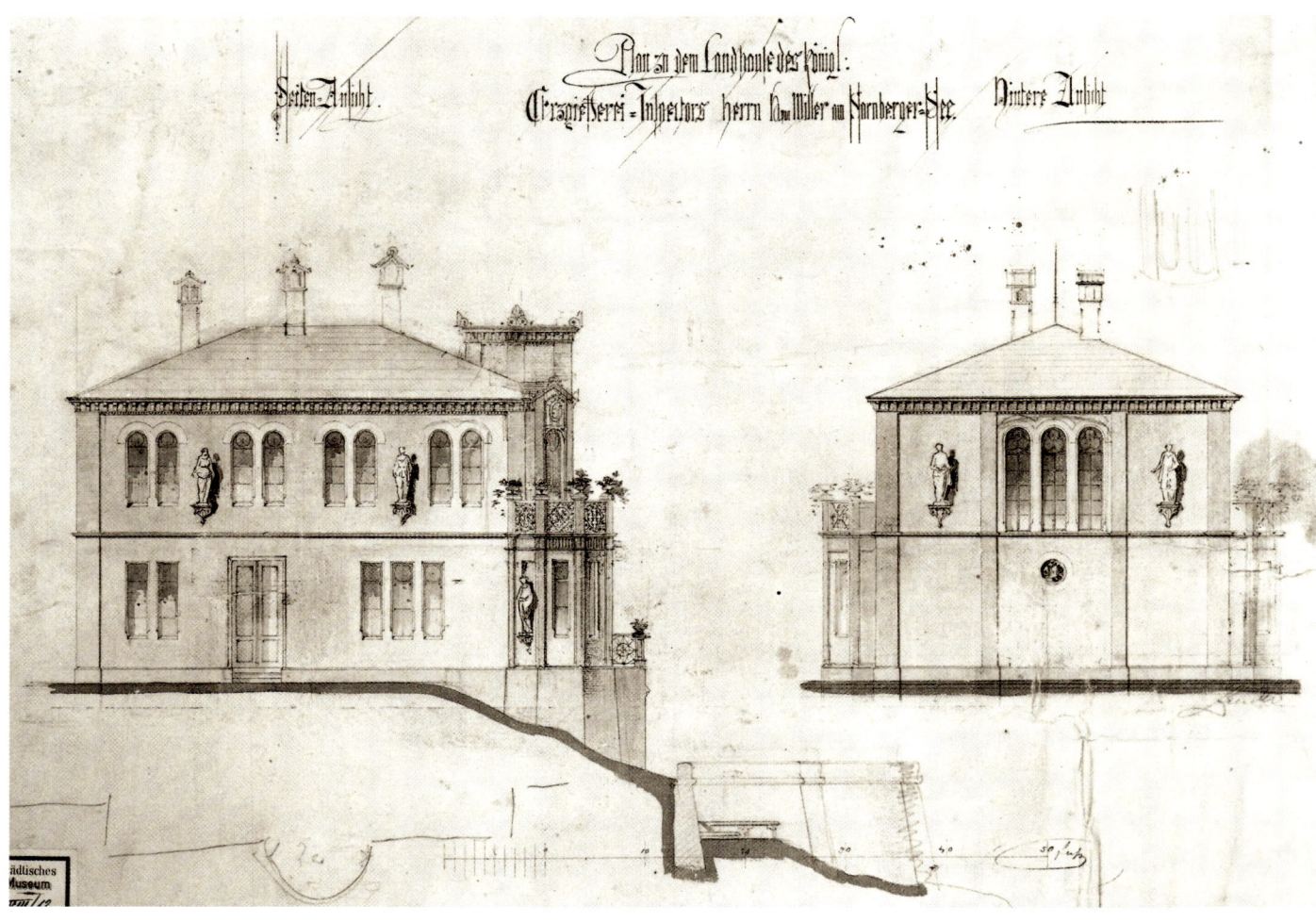

Arnold Zenetti, *Entwürfe zur südlichen und zur westlichen Fassade, 1855 (Stadtmuseum München)*

Villa von Miller, 1975

in einer Nische auf der Altane die kleine Figur des bettelnden Knaben (von Miller bei seinem Studienaufenthalt in Paris geschaffen) und vor der Villa die in Zink gegossene Figurengruppe des Weib und Kind verteidigenden Mannes von Max Widnmann. Die Bogennischen über den Türen zu den beiden Erkeraltanen wurden von Moritz von Schwind mit Fresken des hl. Ferdinand und der hl. Anna (Namenspatrone der Eheleute Miller) geschmückt. Südlich des Hauses befindet sich neben der Treppe ein kleiner Wandbrunnen mit einem Löwenkopf (von seinem Sohn Ferdinand, Bildhauer und ebenfalls Erzgießer). Und neben der Einfahrt steht unmittelbar an der Straße noch der Christusbrunnen mit einem von Ludwig Schwanthaler modellierten Kruzifix.

Die Villa ist auch im Inneren von bemerkenswerter Qualität. Die Erschließung erfolgt über den Eingang an der Südseite. Die Seite östlich des Flurs wird von einem großen Wohnraum (ursprünglich als Speisezimmer genutzt) und einem kleinen Nebenraum (Damenzimmer, heute Speisezimmer) eingenommen. Dieser Wohnraum ist reich ausgestattet: Die Wände sind mit halbhohen Paneelen verkleidet, in dessen System sich auch die Türe und ein verglaster Eckschrank fügen. Die profilierte Balkendecke ruhte ursprünglich auf geschnitzten Konsolen, zwischen denen Ornamente und kleine Wappen angebracht waren (diese Details fehlen heute). Der südliche Erker in der Ecke des Wohnraums ist in besonderer Weise gestaltet. Die in den Ecken des Polygons aufsteigenden schmalen Dienste tragen eine farbig gefaßte Kassettendecke, die in der Form eines Sternengewölbes gefeldert ist. Zwischen den Bögen der acht Seiten befinden sich kleine Wappenschilde der »Tafelrunde-Freunde« Fortner, Josef Petzl, Gerhard, Habenschaden, Wölfle, Schwanthaler, Braun und Franz Seitz. Xaver Schwanthaler selbst, mit Faß und Humpen unter dem Arm, stand ehedem als kleines Figürchen auf einem Postament.[43] Der nördliche Erker ist ohne besondere Ausstattung, da er früher eine Wendeltreppe vom Schlafzimmer im Obergeschoß hinunter zum Badstübchen im Untergeschoß enthielt. Erwähnenswert ist noch der schöne Kachelofen mit einem Gußrelief von Ludwig Foltz, das den Segen des Feuers für die Menschen versinnbildlicht.

Die Treppe beginnt in der Mitte des Flurs, teilt sich dann auf einem Absatz auf halber Höhe in zwei Läufe und bildet ein sehr großzügig wirkendes, mit drei Fenstern ausgestattetes Treppenhaus. Seine farbige Gestaltung in der Art pompejanischer Landvillen mit Reliefs der vier Tageszeiten von dem Dresdner Ernst Rietschel (1850 datiert) ist noch original erhalten.

Das Obergeschoß enthält die Schlafräume. Im Untergeschoß war auf der Nordseite ein Badstübchen eingerichtet, das über eine Wendeltreppe im Erker mit den Schlafräumen

Pöcking

Arnold Zenetti, Entwürfe zum Speisezimmer, 1855 (Stadtmuseum München)

verbunden war. In der Mitte befand sich die Hauskapelle, die später in das nördliche Erkeruntergeschoß (mit Zugang von außen) verlegt wurde. Anschließend, unter dem südlichen Erker, gab es ein Kneipstübchen, in dem viele fröhliche Abende und Feste mit den Nachbarn aus der Niederpöckinger Kolonie gefeiert wurden. Fritz von Miller, der älteste Sohn und Goldschmied, erzählt vom fröhlichen Landleben in Niederpöcking: »Oft mußten die zwei Schwestern und wir Brüder auf Holzbänken und in Hängematten übernachten, um den unerwartet eingetroffenen Freunden Nachtlager in dem Haus zu geben, das unter der Eltern unbegrenzter Gastfreundschaft sich zu dehnen und strecken schien, damit Platz für alle wurde. Vater hatte selbst mit seinen Schlossern und Schmieden in der Erzgießerei ein eisernes Schiff mit niedrigem Kiel gebaut. Wir Buben wurden in gleichartige Matrosenanzüge gesteckt und streng im taktfesten Rudern geschult. Das Schiff mit den ›Millerbuben‹ war am ganzen See bekannt. Als im Jahre 1859 das große Künstlerfest auf der Rottmannshöhe gefeiert wurde, zimmerten wir auf Vaters Geheiß einen riesigen Schwan, so groß wie der Körper des bauchigen Schiffes es zuließ. Der naturgetreu geformte Hals konnte von dem zwischen den gehobenen Flügeln versteckten Lenker des Schiffes in jeder Richtung und bis zum Wasserspiegel gebogen werden. So segelte das märchenhafte Tier phantastisch dahin, bei allen

Jubel erregend, die es von der Ferne über den Wasserspiegel kommen sahen. Zu verschiedenen Malen waren die sämtlichen Arbeiter der Gießerei Mutters Gäste, dann ging's hoch her. Im großen Kessel des Waschhauses wurden Bratwürste und Fleisch gesotten und unter den Buchen an langen Tischen getafelt.«[44]

Die kleine Parkanlage war durch ein verschlungenes Wegesystem erschlossen.[45] Auch hier wurde ein Teil des vorhandenen Baumbestands übernommen und durch Neupflanzungen ergänzt. Besonders dekorativ und wirkungs-

Arnold Zenetti, Entwürfe zum südlichen Erker, 1855

Niederpöcking

Villa von Miller, Speisezimmer, um 1912

Das Wohnzimmer (ehemals Speisezimmer), 1992

Der Kamin im Wohnzimmer, 1985

Pöcking

Das Treppenhaus, 1984

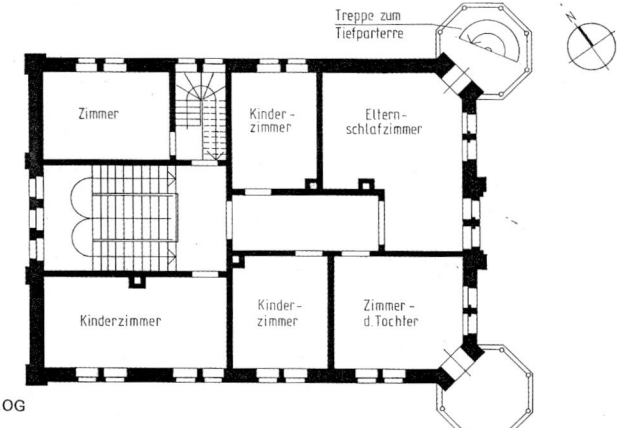

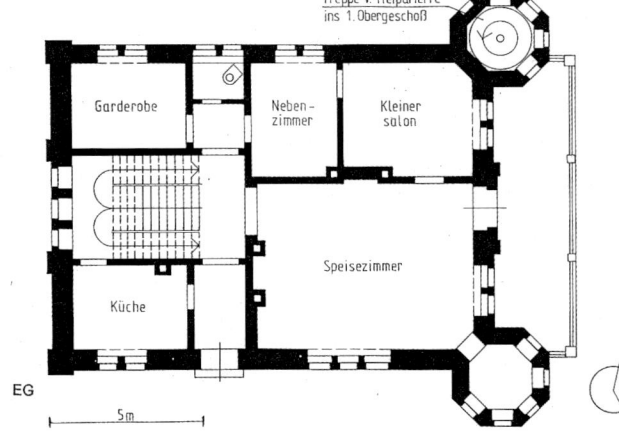

Grundrisse Erdgeschoß und Obergeschoß, 1855

Der südliche Erker, 1996

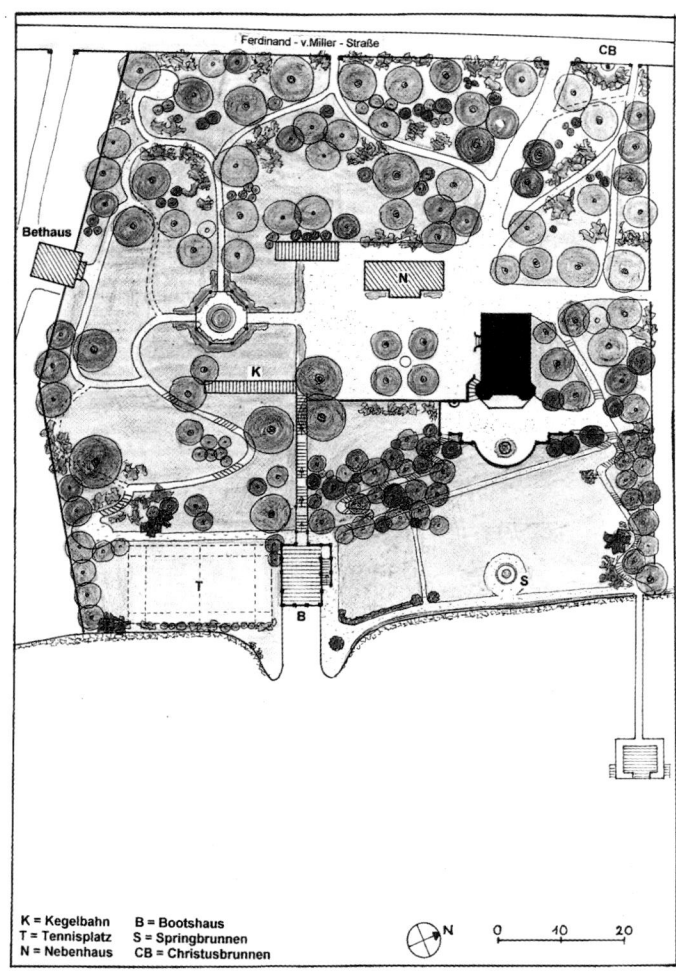

Die Gartenanlage, um 1920 (Rekonstruktion)

M. Widnmann, »Der Mann verteidigt Weib und Kind«, Zinkgußfigur, um 1860

Ludwig Schwanthaler, Christusbrunnen, Zinkguß, um 1860

voll waren die Buchen westlich sowie eine Vierergruppe von Linden südlich der Villa. Zwei Wege mit Treppen führten auf beiden Seiten der Villa zum Seeufer hinunter. Dort gab es, axial auf die Fassade bezogen, zwei hohe Buchsbäume und einen Springbrunnen mit einem großen bemoosten Felsengebilde, der jedoch beim Bau der Ufermauer 1912 beseitigt wurde. Das reichlich vorhandene Quellwasser hatte nicht nur der Villa den Namen »Quellenheim« gegeben, sondern auch diesen und die oben schon erwähnten Brunnen mit Wasser versorgt. Es war neben der Ausstattung mit Figuren zum wichtigsten Element der Gartengestaltung geworden. Mit der dichten Bebauung westlich der Straße und beim ehemaligen Gasthaus »Garibaldi« sind diese Quellen allerdings versiegt.

1869 ging das Anwesen in die Hände der Miller'schen Erbengemeinschaft über. 1912 übernahm es Oskar von Miller in alleinigen Besitz und bezahlte seine Geschwister aus. Er zählte inzwischen zu den bedeutendsten Elektroingenieuren seiner Zeit. Er hatte nicht nur das Deutsche Museum in München geschaffen, er hatte vor allem die erste elektrische Fernleitung der Welt (1882 von Miesbach über 50 km nach München, 1891 von Lauffen nach Frankfurt über 180 km) realisiert, hatte große Kraftwerke wie das Walchenseekraftwerk gebaut, war Mitbegründer der Bayernwerke und hatte 1884 zusammen mit Walter Rathenau die Leitung der »Deutschen Edison-Gesellschaft« übernommen, aus der später die AEG hervorging. Sein 1890 in München eröffnetes Ingenieurbüro schließlich wurde bald führend auf dem Gebiet der Energiewirtschaft.[46] Oskar von Miller ließ das Haus 1912 unterkellern, trockenlegen und für den ganzjährigen Betrieb mit einer Dampfheizung versehen, die man in den Wintermonaten, wenn die Villa nicht bewohnt war, nicht jedesmal wie eine Warmwasserheizung entleeren mußte. Dabei wurde das Untergeschoß in einen großen Gartensaal für größere Festlichkeiten umgebaut. Das Badstübchen wurde durch ein neues Bad im Obergeschoß ersetzt. Im Erdgeschoß wurde der Erker nach dem Wegfall der Wendeltreppe geöffnet und dem Wohnraum zugeschlagen. Zur selben Zeit wurde ein neues großes Bootshaus mit Terrasse gebaut, für das der Architekt Hermann von Miller, ein Sohn Oskar von Millers, die Pläne entworfen hatte. Die Villa ist noch heute, inzwischen bereits ein selten gewordener Fall, in Familienbesitz.

Pöcking

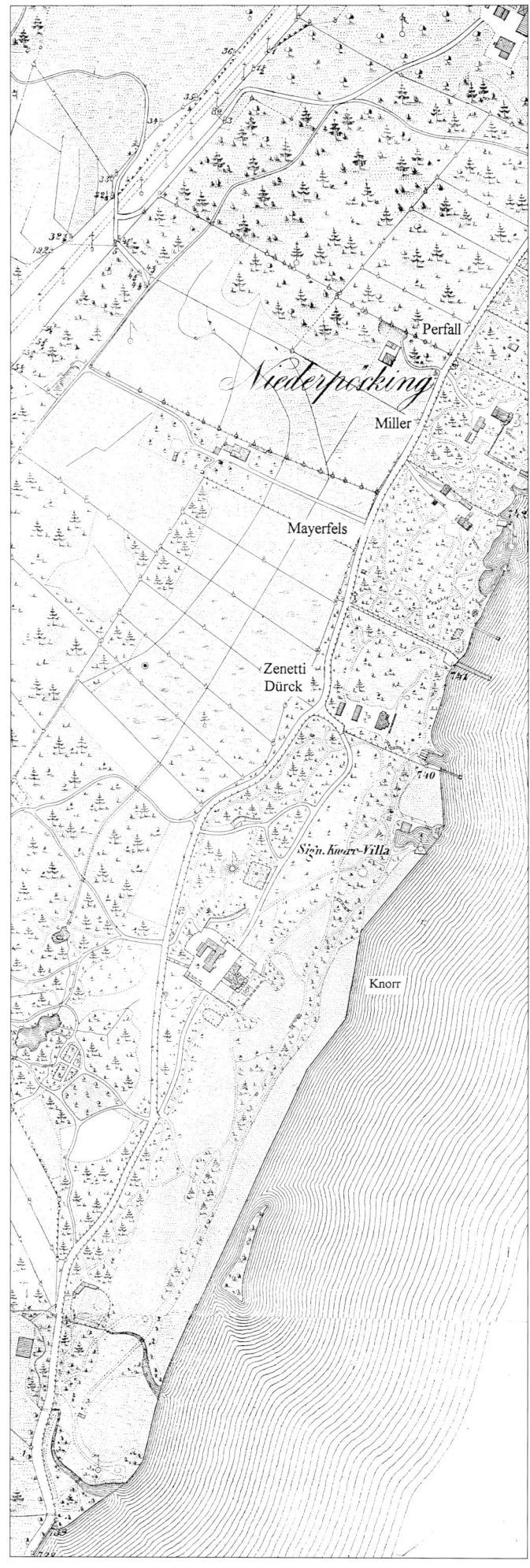

Südliches Niederpöckinger Ufer, Flurkarte, 1863

1854 erwarb der Münchner Kaufmann Karl Riederer aus dem Besitz von Knorr ein Grundstück von etwa 1,4 ha und ließ sich unmittelbar an der Hangkante ein Landhaus bauen.[47] Ob auch hier Arnold Zenetti als Architekt in Frage kommt, ist nicht zu sagen. Die Gestaltung des Hauses unterschied sich zwar ganz wesentlich von den gesicherten Zenetti-Bauten von Ammann, von Miller und Knorr, hatte jedoch wieder mit dem benachbarten Landhaus des Kaufmanns Zenetti, bei dem die Urheberschaft Arnold Zenettis wohl vorausgesetzt werden darf, vieles gemein. Daneben zeigte Zenetti mit dem Landhaus von Perfall auch, daß er zu ganz unterschiedlichen Konzeptionen in der Lage war. Das Landhaus Riederer war sehr schlicht gehalten. Vom Untergeschoß in einer Art Fachwerk mit Sichtziegelmauerwerk setzte sich das Obergeschoß ab, das ganz mit einer kleinteiligen, sehr ornamental empfundenen und wohl farbig gefaßten Holzverkleidung versehen war. Sie mag vielleicht Noë zu seinem Vergleich einiger Niederpöckinger Häuser mit geschnitzten Zigarrenkistchen veranlaßt haben. Die verschiedenen Wappen in den hochkant gestellten quadratischen Feldern waren wohl erst eine Bereicherung durch den Heraldiker Mayer von Mayerfels. Die seeseitige Fassade zeigte die für den Landhausbau am See charakteristische übereinandergestellte Einheit von Loggia, Altane und Hochlaube. Dieses Landhaus ist in einer kleinen Xylographie im Reiseführer von A. Link von 1858 dokumentiert.

1860 erwarb das Anwesen der kgl. Kammerjunker und Landwehrobrist-Leutnant Dr. Karl Heinz Ritter und Edler Mayer von Mayerfels, eine in der Münchner Gesellschaft bekannte, sehr farbige Persönlichkeit. Seine besondere Liebe galt den mittelalterlichen Burgen, von denen er eine ganze Reihe besaß, die er renovierte und damit oft vor dem Verfall bewahrte (so Karneid, Hocheppan, Stein am Ritten in Tirol, Schwaneck im Isartal, die Meersburg am Bodensee). Seine Vorfahren stammten aus Südtirol, seine Mutter war eine Tochter des bedeutenden Münchner Ingenieurs und Erfinders Georg von Reichenbach. Er hatte nach einem Studium der Archäologie in Freiburg promoviert, kam dann 1848 zur bayer. Landwehr, wo er später zum Oberstleutnant avancierte. Er war ein leidenschaftlicher und bedeutender Kunstsammler, der einen eigenen Katalog seiner Sammlungen mit über 3000 Nummern zusammenstellen konnte. Darüber hinaus war er ein angesehener Heraldiker, der sogar ein Fachbuch über Wappen veröffentlichte.[48]

Mayer von Mayerfels entfaltete bald nach dem Kauf des Landhauses eine rege Bautätigkeit. So ließ er 1863 nördlich des Hauses eine neue Pferdestallung mit Wagenremise errichten. Im selben Jahr wurde die hoch über den Hangdurchstich auf ein gewölbtes Untergeschoß gestellte neugotische Kapelle eingeweiht. Man erreicht sie über zwei symmetrisch angeordnete Freitreppen und einen kleinen gedeckten Vorplatz mit Maßwerkbalustrade. Sie darf wohl nach Vergleich mit einem ganz ähnlichen, in seinem Nachlaß erhaltenen Kapellenentwurf Arnold Zenetti zugeschrieben werden. Interessant und aufschlußreich ist auch ein Vergleich mit der König-Otto-Kapelle in Kiefersfelden von Joseph Daniel Ohlmüller (1836), der eine starke, bis in Details reichende Verwandtschaft erkennen läßt.[49] Die Ka-

Landhaus Mayer von Mayerfels (auf der Bank am Ufer: Mayer von Mayerfels), 1864

pelle ist als ein charakteristisches Element der Villensiedlung am Starnberger See zu sehen, als Ausdruck eines romantisch geprägten, stark religiös bestimmten Lebens auf dem Lande (vgl. von Miller, Knorr, Himbsel u. a.). Die Ausstattung entsprach dem Rang des Bauwerks: Die fünf Maßwerkfenster erhielten qualitätvolle Scheiben (datiert 1862, wohl aus einer führenden Münchner Glasmalereiwerkstatt), welche u. a. Patrone und Wappen der Familie zeigten. Sie sind nur noch teilweise erhalten. Der kleine spätgotische Flügelaltar, der schon vor dem Zweiten Weltkrieg verkauft wurde, stammte wohl aus der Mayerfels'schen Sammlung. Er enthielt im Schrein die drei (hier wohl nicht ursprünglichen) Figuren einer Heiligen sowie zweier heiliger Bischöfe, auf den Flügeln die Halbreliefs der hll. Sebastian und Nikolaus. Im Auszug befanden sich zwischen reichem Gespreng die wohl zusammengehörigen Figuren der Muttergottes mit dem Jesukind und der hll. Barbara und Florian, auf dem Antependium eine Darstellung des Schweißtuches der Veronika.

1864 ließ Mayer von Mayerfels der Kapelle gegenüber noch einen Betsaal errichten. Über einer erdgeschossigen Wohnung lag ein zur Kapelle hin offener Raum, in welchem die Nachbarn aus der Niederpöckinger Kolonie die Messe in der Kapelle verfolgen konnten. Neben dem Betsaal, der an das von Miller'sche Grundstück angrenzte und auch von dort betreten werden konnte, gab es einen Kalvarienberg mit einer lebensgroßen Christusfigur und Kreuzwegstationen. Mayerfels gestaltete auch die Gartenanlage um und ließ sie reich im Sinne der Romantik ausstatten. Neben einem durch Aufschüttungen gewonnen Hafenbekken mit Bootshaus und Badehütte gab es nahe der südlichen Grundstücksgrenze auf einem künstlichen Hügel eine kleine hölzerne, mit Rinde verkleidete Kapelle, vor der sich Mayerfels mehrmals als Klausner ablichten ließ. Ferner gab es eine Blockhütte, einen Teepavillon, einen mit Stroh gedeckten Parapluie, eine Gedenkstätte für die Eltern, eine Wappensäule in Form eines Bildstocks, einen Brunnen in reichen barocken Formen (vielleicht 18. Jahrhundert, wohl aus seiner Sammlung), eine große halbkreisförmige Steinbank unmittelbar am Ufer sowie mehrere, über die Gartenanlage verteilte Steinfiguren. Das alles war sicher als ideelle Einheit gedacht. Das wurde immer wieder auch im Detail

Pöcking

Landhaus Mayer von Mayerfels, 1864. Rechts der Villa die von Arnold Zenetti gebaute Kapelle, links der Betsaal

Landhaus Mayer von Mayerfels, 1864. Die Dekorationen des Ostgiebels sind vom Heraldiker Mayer von Mayerfels entworfen.

Die neugotische Kapelle und der Betsaal, 1864. Von der Öffnung im Obergeschoß aus konnte man die Messe in der kleinen Kapelle verfolgen.

Die Rindenkapelle am Ufer, 1864. Im Kahn: Mayerfels als Klausner

Die Kapelle (auf der Treppe Mayerfels), 1864

sichtbar, so zum Beispiel in der reichen Bestückung der Dächer mit den ein wenig wie ostasiatische Schattenspielfiguren anmutenden, oft bizarren Zeichen und Wetterfahnen sowie den immer wiederkehrenden heraldischen Motiven (Mayerfels-Wappen) des Sterns und des Eisenhuts (vgl. Dachreiter auf dem Bethaus, Turmabschluß und Dachfries der Kapelle, Ornamente der Windbretter u. a.).[50]

Nach Mayerfels folgte eine Reihe von verschiedenen Besitzern, unter ihnen so bekannte Namen wie der Hofphotograph Edgar Hanfstaengl, der durch seine Liaison mit Prinzessin Sophie, der Braut Ludwigs II., von sich reden machte, der Architekt Heinrich Lempuhl, Kommerzienrat und Hofmöbelfabrikant Anton Pössenbacher, der Möbel für die Schlösser Ludwigs II. geliefert hatte, sowie der Architekt Heinrich Pössenbacher. Das Haus wurde während dieser Besitzerfolge einige Male erweitert. So wurde 1907 an den Seitenflügel, dessen Bau nicht datiert werden kann, ein Bad angefügt. 1924 gestaltete der Architekt Heinrich Pössenbacher das Haus außen und innen völlig um, wobei der Charakter des alten Mayerfels'schen Hauses eliminiert und der Bau zu einem modernen, sachlichen Landhaus hin entwickelt wurde.[51] 1933 wurde seeseitig noch eine große Veranda über einem Speisezimmer (Architekt: von Breunig) hinzugefügt. In den 70er Jahren wurde das Haus abgebrochen und durch einen Neubau ersetzt. Etwas später erfolgte der Umbau des Betsaals zu einem eigenständigen Wohnhaus.

1904 wurde der südliche Teil der zur Villa Mayerfels ge-

Ein Fenster der Kapelle, 1986

Pöcking

Elterngedenkstätte, 1864   *Der Altar der Kapelle, um 1935*   *Wappensäule, 1864*

Mayer von Mayerfels begrüßt mit Kanone (links vor dem Bootshaus) und Trompete seine Gäste im Ruderboot, 1864

Niederpöcking

Villa von Rosenberg (von Blücher), Luftaufnahme (Ferdinand-von-Miller-Straße; Luftbildverlag Bertram, Haar), 1961

hörigen Anlagen abgetrennt. Anschließend wurde oben auf der Anhöhe eine repäsentative Villa für Baron Max von Rosenberg, kgl. Kammerherr und Major a. D. in Berlin, gebaut.[52] Wer den Entwurf geliefert hat, ist nicht bekannt; wahrscheinlich war es der Münchner Architekt Ludwig Grothe, der anschließend die Einfriedung des Anwesens geplant hat. Die Hauptfassade der Villa wurde von einem Schweifgiebelrisalit beherrscht, der im Bereich der beiden oberen Stockwerke reich mit Jugendstilornamenten dekoriert und durch die besondere Gestaltung der Fenster zusätzlich hervorgehoben war.[53] Nördlich war ihm ein polygonaler Turm beigestellt, an dem in allen Stockwerken die Eckräume Anteil hatten. Turm und Schweifgiebelrisalit wurden durch eine halbkreisförmige Loggia verklammert, die im Untergeschoß (Gartensaal) mit hohen Glastüren versehen war. Das Hauptgeschoß war ursprünglich offen, wurde später jedoch ebenfalls durch Verglasung geschlossen. Das von Säulen getragene Dach bildete eine Altane, die von den Schlafräumen des Obergeschosses aus betreten werden konnte. Die ursprüngliche große Freitreppe von der Mitte der Fassade zum Garten wurde 1937 abgebrochen und durch eine Treppe ersetzt, die sich an die Rundung der Loggia anlehnte. Die Rückseite der Villa beherrschten ein turmartig ausgebildetes Treppenhaus (Nebentreppe) und das riesige Rundbogenfenster der Eingangshalle. Der Haupteingang war sehr repräsentativ als

Villa Blücher, um 1930

Villa Blücher, Bootshaus, 1984

163

Pöcking

Entwurf Ostfassade (Umbau), 1937

Südfassade (Umbau), 1937

Säulenportikus angelegt. Das Haus war im Inneren sehr geräumig und großzügig disponiert, wies aber keine Stuckdekorationen oder Malereien auf. Im Erdgeschoß erreichte man durch einen Windfang zunächst eine große Halle (mit Treppe), von der man über hohe Doppelflügel- bzw. Schiebetüren in das Arbeitszimmer, den Salon und das Speisezimmer gelangte. An das Speisezimmer schloß sich eine Anrichte (mit den Porzellan- und Silberschränken) an, die über einen Speisenaufzug mit der Küche im Untergeschoß verbunden war. Die oberen Privaträume erreichte man über die Galerie der Halle. Das mit versenkter Wanne (»Tiefbad«) ausgestattete Bad und die Toilette wurden bereits 1904 ganz neuzeitlich den Schlafräumen beigeordnet. Weitere Bäder befanden sich im 2. Obergeschoß, wo die Kinder und das Personal untergebracht waren. Die Kinder hatten neben den Schlafräumen ein eigenes Spielzimmer. Sie lebten hier etwas von der Welt der Erwachsenen abgesondert, benutzten auch die untergeordnete Dienerschafts-

treppe. Es gab bis zum Beginn des Zweiten Weltkriegs eine Reihe von Dienstboten entsprechend den gehobenen Ansprüchen: ein Hausmeisterehepaar, einen Chauffeur, eine Köchin, ein Hausmädchen und eine Kinderfrau sowie einmal pro Woche eine Waschfrau. Das Kinderfräulein aß mit den Kindern am Tisch der Herrschaften, das übrige Personal in einem eigenen Speisezimmer im Untergeschoß. Kurz nach Kriegsende wurde die Villa, wie fast alle großen Häuser am See, von den Amerikanern beschlagnahmt; es waren hier zeitweise bis zu vierzig Soldaten untergebracht! Nach diesem Zwischenspiel wohnte auch Dr. Ernst von Siemens, der Bruder der Hausherrin, mit in der Villa. Er brachte vor allem den Garten wieder in Ordnung und bereicherte ihn ganz entscheidend. Er war ein bedeutender Hobbybotaniker und brachte von seinen ausgedehnten Reisen immer wieder seltene Pflanzen mit. So entstanden neue prachtvolle Blumenbeete und an mehreren Stellen Steingärten mit Gebirgspflanzen. Nach dem Verkauf der Villa 1961 setzte er diese Arbeit in seiner neuerbauten Villa in Eurasburg fort und hinterließ dort eine so bedeutende Gartenschöpfung, daß sie heute vom Botanischen Garten in München als Außenstelle betreut wird. Leider ist von der sicher ebenfalls hochinteressanten Gartengestaltung in Niederpöcking nichts mehr überliefert. Aus dieser Zeit ist allein noch das Bootshaus mit Teepavillon von 1910 erhalten. Die Villa wurde Ende der 70er Jahre abgebrochen und durch eine wenig zurückhaltende Wohnanlage ersetzt.

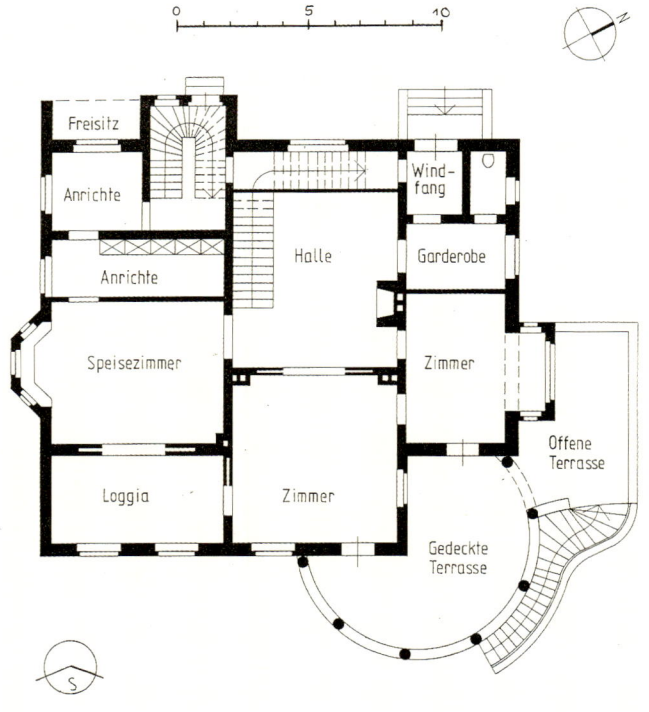

Grundriß Erdgeschoß, 1937

Westfassade der Villa, 1935

Niederpöcking

Andreas Link, Landhaus Zenetti. Xylographie, 1857

Landhaus Ferdinand von Keller mit Anbau, um 1910

Anbau, Innenansicht des Salons, um 1905

Ferdinand v. Keller, »Villa Malfried«. Ölgemälde, 1884 (Privatbesitz)

Terrasse der ehemaligen Villa Keller und Gästehaus, 1992

1853 siedelte sich der Münchner Kaufmann August Ferdinand Zenetti, der mit einer Schwester von Angelo Knorr verheiratet und in leitender Position in der Firma seines Schwagers tätig war, in Niederpöcking an.[54] Der Architekt seines kleinen Landhauses dürfte hier wohl ebenfalls Baurat Arnold Zenetti gewesen sein. Die Gestaltung dieses Hauses ist leider nur sehr schlecht überliefert. Auskünfte geben nur die kleine Xylographie von Link von 1858 und ein Photo aus der Zeit des Malers Ferdinand Keller. Es handelte sich um einen schlichten, traufseitig zum See gestellten Satteldachbau, der von einem stark hervortretenden Zwerchgiebelrisalit mit weitem Dachüberstand über einer offenen Loggia beherrscht war. Oben auf dem Giebel saß ein kleines Glockentürmchen. Das Haus wies im Obergeschoß eine Fassadengestaltung in Form eines Fachwerks auf, wobei nicht zu sagen ist, ob das nun Dekor war oder doch konstruktiv bedingtes Detail. Jedenfalls liegen gerade da Parallelen zum Landhaus von Riederer und Mayerfels. Die tiefe Laube im Obergeschoß und das stark überstehende Dach erinnern dagegen wieder an die Schwind-Villa, so daß man zwischen diesen drei Häusern und auch dem Perfall-Haus eine gewisse Verwandtschaft zu erkennen glaubt. Über die innere Organisation des Hauses läßt sich nichts mehr aussagen. Bereits 1864 übernahm das Haus der Maler Friedrich Dürck, 1884 kaufte es der Maler Professor Ferdinand von Keller aus Karlsruhe (Villa Malfried). Er ließ 1890 nördlich an das Haus einen neuen großen Salon anbauen. Dieser, von den Münchner Architekten E. Vogt und Dr. Neuhoff konzipierte Anbau war ein oktogonaler Flachdachbau mit Attika und Vasenverzierungen auf den einzelnen Ecken. Die Gebäudekanten und die Fensterrahmungen waren in bossierten Quadern ausgeführt. Innen war der Raum, wohl nach eigenen Entwürfen, sehr dicht im Stil des Neurokoko gestaltet. Die Wände waren mit großformatigen Schäferszenen in der Art eines Boucher dekoriert (wohl eigenhändig von Keller), ob und wie der Spiegel des Muldengewölbes bemalt war, ist nicht zu sagen.[55] Die dem Haus vorgelagerte hohe Stützmauer für eine große Terrasse ist noch erhalten, das Haus wurde beim Neubau des bestehenden Landhauses abgebrochen.

Pöcking

Der erste, der sich am Niederpöckinger Ufer niedergelassen hatte, war der Münchner Großkaufmann Angelo Knorr.[56] Bereits 1852 hatte er vom Starnberger Wirt Pellet etwa 8,3 ha Grund erworben, der an den nördlichen Teil des Possenhofener Schloßparks anschloß. Er kaufte in den Jahren darauf noch weiteren Grund hinzu, so daß er schließlich eine der umfangreichsten Parkanlagen am Starnberger See (1856: 13 ha; 1866: 18,5 ha) mit einer Uferlänge von fast 850 m besaß. Angelo Knorr hatte von seinem Vater Ludwig Knorr eines der größten Münchner Handelshäuser übernommen. Dazu gehörten nicht nur die Augustiner-Brauerei und der Knorr-Bierkeller, sondern auch das große Geschäft in der Kaufingerstraße (Sabbadini & Knorr). Er war Mitinhaber der von seinem Vater begründeten und von seinem Bruder Julius geleiteten »Münchner Neuesten Nachrichten« (Knorr & Hirth) und Besitzer der Knorr-Häuser in der Brienner Straße (heute Luitpoldblock). Angelo Knorr war nun mit dem jungen Münchner Baurat Arnold Zenetti verwandt, und zwar über zwei seiner Schwestern, die mit Vettern Zenettis verheiratet waren. Deshalb erhielt dieser den Auftrag zum Bau einer Villa in Niederpöcking. Zenetti war Schüler von August Voit gewesen. Über ihn stand er unmittelbar mit der Gärtnerschule in Verbindung, deren Einfluß auf seine Bauauffassung immer wieder deutlich zu spüren ist. In einem ersten Entwurf plante Zenetti einen relativ kurzen Satteldachbau mit beigestelltem Belvedereturm. Der Bau war hier noch ganz nahe an das Ufer gerückt, während er heute oben auf der Anhöhe steht. Der Entwurf zeigt bereits die wesentlichen Gestaltungsmerkmale des ausgeführten Baus, auch die rückwärtige Kutschenremise ist bereits geplant und wie heute axial auf die Villa bezogen. Das interessanteste Baudetail ist jedoch die ungewöhnlich umfangreiche und sehr dekorative, ganz in Gußeisen konstruierte Einheit von Veranda und Balkon auf der Seeseite. Eine sehr moderne Lösung für die Zeit, die in dieser reichen Ausformung jedoch einmalig in der Villenarchitektur am See geblieben ist und die wohl auf den Einfluß von Voit und auf die in München noch ganz neuen Eisenkonstruktionen des Glaspalastes und vor allem der Schrannenhalle zurückzuführen sein dürfte. In einer Weiterentwicklung dieses Plans, die Zenetti 1855 in der »Zeitschrift für Bauwesen« publizierte[57], geht er noch einen Schritt weiter: Er führt die Gußeisenveranda auch noch über die Südseite und einen Teil der Nordseite der Villa. Hier erscheint nun auch das Motiv der kurzen, risalitartigen Seitenflügel, und zwar gleich in doppelter Anordnung. Verwirklicht wurden dann jedoch nur die beiden östlichen Risalite, die gedeckte Veranda der beiden Seitenfassaden entfiel in der Bauausführung ganz. Der Bau, den Zenetti selbst nicht mehr betreut hat, wurde auch

Arnold Zenetti, 1. Entwurf zur Villa Knorr. Aquarellierte Zeichnung, 1852/53 (Stadtmuseum München)

noch in anderen Details abgeändert und vereinfacht, wozu Zenetti in seiner Publikation bedauernd schreibt: »Leider konnte ich die Ausführung dieser Villa nicht selbst leiten, weshalb diese auch in ihren Details keineswegs nach meinem Sinne ausgefallen ist.« Dieser zweite, publizierte Entwurf Zenettis ist aufwendiger, repräsentativer als der erste. Nicht nur die wegen der Verschiebung der Villa nach Westen notwendig gewordene Stützmauer mit der doppelläufigen Treppe zum Ufer zeigt dies, der Bau selbst wurde breiter, gewichtiger. Er steht jetzt gleichsam nicht mehr auf der Erde wie ein schlichtes Landhaus, er wird durch die breite Terrasse bedeutungsvoll aus der umgebenden Landschaft herausgehoben. Das war ein architektonischer Kunstgriff, der zwar zunächst durch die Situierung der Villa im Gelände bedingt war, der aber, ähnlich wie bei der Miller-Villa, seine Wirkung nicht verfehlt hat. Auch in den Grundrissen ist die schlichte Ordnung des Landhauses in entscheidendem

Niederpöcking

Arnold Zenetti, Entwürfe zur Villa Knorr, 1855

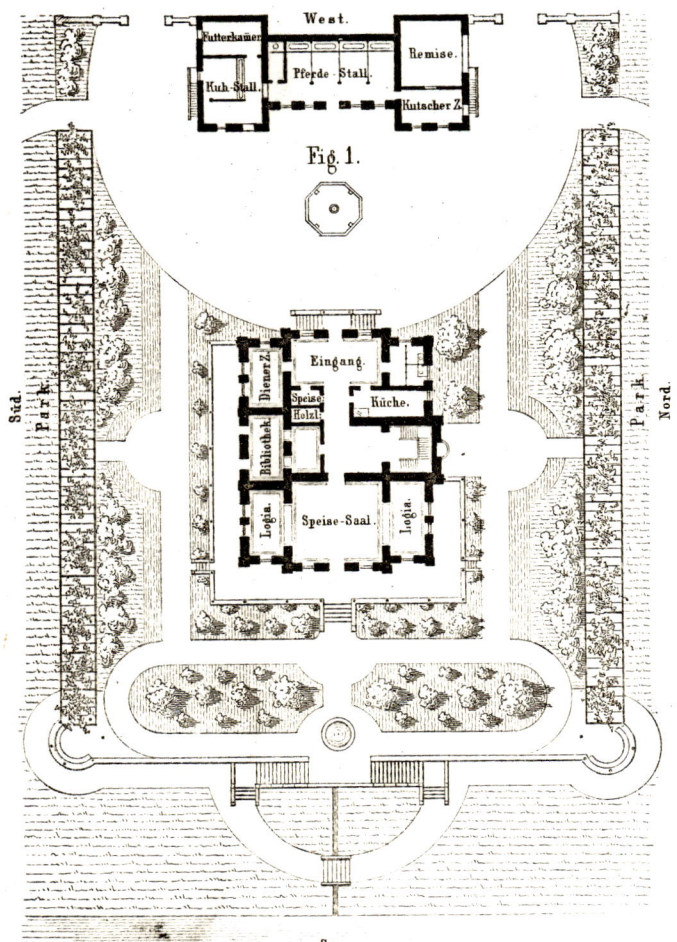

Arnold Zenetti, Erdgeschoßgrundriß und Entwurf zum Umgriff (Terrassen, Freitreppen, Laubengänge) der Villa Knorr (Detail), 1855

Pöcking

Villa Knorr, 1993

Villa Knorr, Parkanlage, um 1900 (Rekonstruktion)

Niederpöcking

Arnold Zenetti, Entwürfe zur Villa Knorr, 1855

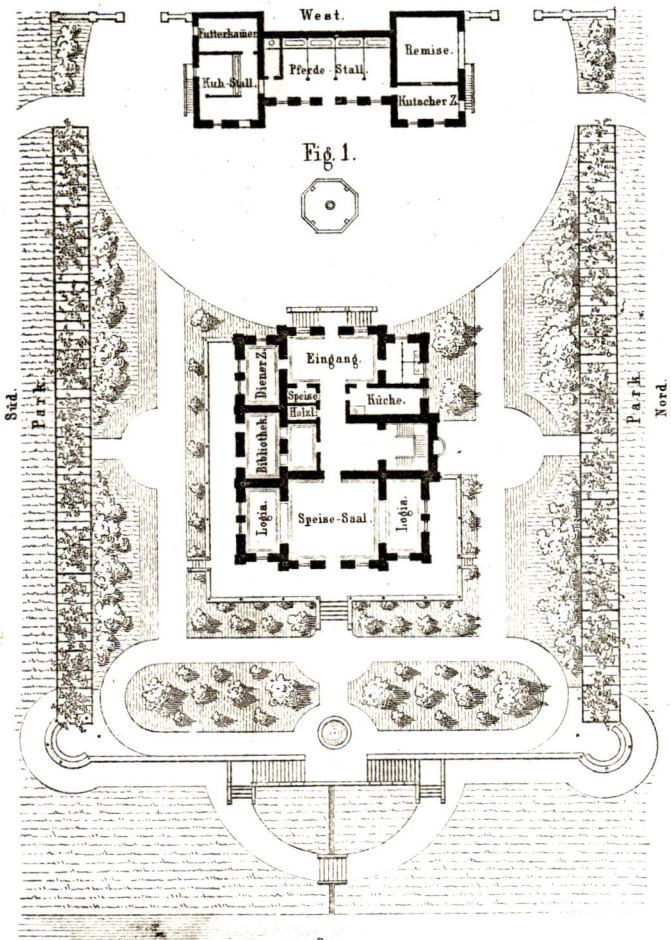

Arnold Zenetti, Erdgeschoßgrundriß und Entwurf zum Umgriff (Terrassen, Freitreppen, Laubengänge) der Villa Knorr (Detail), 1855

Pöcking

Villa Knorr, 1993

Villa Knorr, Parkanlage, um 1900 (Rekonstruktion)

Niederpöcking

Arnold Zenetti, Entwürfe zur Villa Knorr, 1855

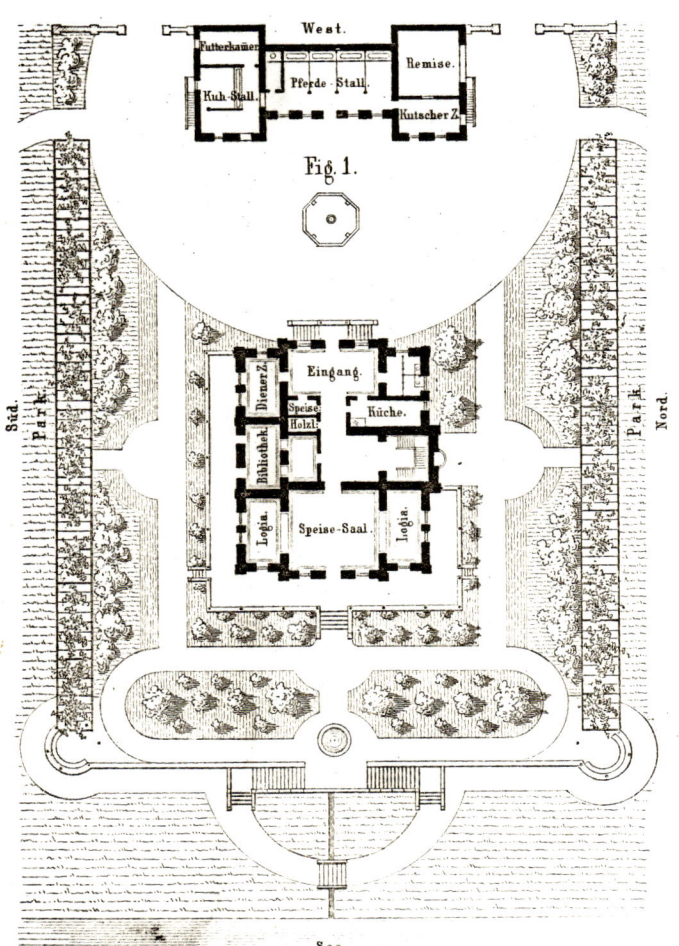

Arnold Zenetti, Erdgeschoßgrundriß und Entwurf zum Umgriff (Terrassen, Freitreppen, Laubengänge) der Villa Knorr (Detail), 1855

Pöcking

Villa Knorr (Ferdinand-von-Miller-Straße), um 1875/80

Villa Knorr, 1881. Im Vordergrund Mitglieder der Familie

Maße repräsentativ weiterentwickelt. Der Speisesaal in der Art eines Gartensalons im Erdgeschoß geht jetzt über die gesamte Breite des Hauses und erhält noch zwei kleinere, als »Loggien« bezeichnete Nebenräume. Die Bibliothek schließt sich auf der Südseite an, den Besucher empfängt zuerst ein geräumiges Vestibül. Der Grundriß wirkt jetzt stark symmetrisch, auch im Obergeschoß, wo auf der Seeseite ein großer »Gesellschaftssaal« angeordnet ist, in dem später dann die großen Feste gefeiert wurden. Die gesellschaftlich bedeutenden Räume sind also auch hier wieder alle zum See hin und zur Sicht auf die Parkanlage orientiert, die Schlafzimmer und die Wirtschaftsräume liegen rückseitig. In der Bauausführung schließlich wurde diese Ordnung nochmals verändert. Das Vestibül nimmt nun die Hälfte des rückwärtigen Baus ein, der westliche Flügelanbau und die ebenerdige Verbindung (Bibliothek) sind weggefallen. Um nun neben dem Vestibül noch akzeptable Räume zu erhalten, wurde der Bau verbreitert, von 11,5 m auf über 15 m. Auch

außen an der Ostfassade ist dies deutlich abzulesen. Sie wirkt nun breiter, ruhiger. Vermutlich wurden die Wirtschaftsräume schon um 1855 in dem seitlichen Anbau hinter dem Turm untergebracht. Ob dieser Bauteil gleichzeitig ist oder geringfügig später angefügt wurde, läßt sich nicht mehr entscheiden. Er ist jedoch um 1860 bereits existent (Zeichnung Adam, Katasterplan 1863), es schließt auch seine Fassadengestaltung ohne Bruch an die der Villa. Dieser Anbau brachte jedoch hinsichtlich der sonst peinlich beachteten Symmetrie wie der Gewichtsverhältnisse zwischen Villa und Turm eine empfindliche Verschlechterung. Durch all diese Veränderungen wurde das Bild der Villa auch stärker zum See hin orientiert, und die Südfassade, die über die gedeckte Veranda ursprünglich stark zum Garten hin entwickelt und geöffnet und der Ostfassade gleichwertig war, wurde zur Nebenfassade herabgestuft. Zur Ausführung des Baus schreibt Zenetti: »Das Material zum Bau ist Backstein mit teilweiser Anwendung von Kalktuff, welcher nicht weit

Eugen Adam. Blick vom rückwärtigen Hügel auf die Villa. Bleistiftzeichnung, um 1860/65 (Privatbesitz)

entfernt bricht. Die Fassaden sollen unverputzt bleiben, und die auf der Süd- und Ostseite herumlaufende Veranda soll aus Gußeisen konstruiert und mit Blech gedeckt werden«.[57] Die Fensterrahmungen sind in einem einheitlichen Ockerton (Sandstein) gehalten. Dabei sind die Fenster der Ostfassade durch Größe und Gestaltung in ihrer Bedeutung hervorgehoben. Die der übrigen Fassaden sind schlichter gehalten, wobei in beiden Fällen das Gestaltungsprinzip – oben runde Bögen, unten flache Segmentbögen – durchgehalten wird. Ganz aus dem Rahmen fallen die oberen Fensterpaare der Seitenflügelfassaden. Sie sind in ungewöhnlich reicher und dekorativer Form wie flache Erker gestaltet. Sie sind in Naturstein ausgeführt und mit einer Rosette und zwei Feldern geschmückt, die mit plastischen Ornamenten (Rosetten im Vierpaß, Voluten) gefüllt sind. Die profilierten Rundbogenrahmungen der Fenster enden oben in einem Treppengiebel, der von Akroteren bekrönt wird. Ein Architekturdetail, das noch sehr an Gärtner erinnert und das auch in München in dieser Qualität nur an bedeutenden Bauten der Zeit zu finden ist. Der nördlich beigestellte Belvedereturm, der das Treppenhaus enthält, dient nicht nur der Aussicht, sondern ist auch als repräsentatives Symbol zu verstehen. Er ist ein bezeichnendes und markantes Element der frühen Landhausarchitektur am Starnberger See (zum Beispiel bei der fast gleichzeitigen pompejanischen Villa auf der Roseninsel, der Villa Ebers in Tutzing, der Villa Reber). Der Turm ist mit seinem flachgedeckten, offenen Obergeschoß eine Anleihe aus der Architektur der toskanischen Landvilla und leistet für die Fernwirkung des Baus einen ganz entscheidenden Beitrag. Die Innenausstattung der Villa war wohl

schlicht, bedeutendere Details waren vor dem letzten Umbau kaum noch vorhanden. Daß es aber solche gegeben hat, beweist ein gemalter Bilderfries mit Szenen aus verschiedenen Opern (zum Beispiel der »Zauberflöte«) aus dem nördlichen Erdgeschoß-Nebenzimmer, der noch in Privatbesitz erhalten ist. Die Villa wurde im Inneren mehrmals von Nutzungsänderungen nachhaltig berührt. Nachdem 1873 die Witwe Betty Knorr das Anwesen übernommen hatte, erbte es 1900 ihr Sohn, Geheimrat Professor Dr. Ludwig Knorr, der mit einer Tochter des Malers Piloty verheiratet war und als Chemiker 1884 das erste synthetische Schmerzmittel »Antipyrin« gefunden hatte. Nach seinem Tode 1921 stand die Villa zunächst leer, wurde dann zum Töchterpensionat »Buchenhain« und schließlich während des Krieges Heim für die Hitlerjugend. 1946 eröffnete der Arzt Dr. Walter Knorr hier eine kleine Frauenklinik. Nach der Schließung dieser Klinik wurde das Restaurant »Kalinka« eingerichtet.[58] Seit dem Umbau 1989 ist die Villa Tagungshotel.

Große Bedeutung kam der Parkanlage zu.[59] Das Gelände bot ideale Voraussetzungen. Ein leicht bewegter Höhenrücken, der im Süden sanft, im nördlichen Teil steiler zum See hin abfällt, eröffnete hervorragende Möglichkeiten für Staffelungen, Gelegenheiten für eine höchst abwechslungsreiche Wegeführung und einen der schönsten Standorte am See für eine Villa. Das Geländerelief wurde an verschiedenen Stellen durch Planierungen und Aufschüttungen zusätzlich geformt. So wurde nordwestlich des Hauses ein großer, umfangreicher, mit Serpentinen und Treppen erschlossener Hügel aufgeschüttet, um die Fernsicht zu erhöhen. Die Zeichnung von Eugen Adam ist von

Pöcking

Villa Knorr, 1993

Villa Knorr, Parkanlage, um 1900 (Rekonstruktion)

dort oben aufgenommen. Unten am See wurde eine künstliche Insel geschaffen. Offenbar wurde ein Großteil des vorhandenen Baumbestands übernommen und durch Auslichten und durch Neupflanzungen zu einer »englischen Anlage« geformt. Die ersten Aquarelle und Ölbilder zeigen, wie auch das Planmaterial von 1863, eine bereits relativ fertige Parkanlage. Ein weitläufiges Wegesystem mit sonnigen und schattigen Abschnitten, das auch in das weitgehend natürlich belassene Gelände westlich der Straße übergreift, wird kombiniert mit weiten, freien Wiesenflächen, mit Bächen, kleinen Weihern und reichen Blumenbeeten. Natürlich fehlen hier das Hafenbecken mit Bootshaus und die obligatorische Badehütte nicht. Obstbäume, ein Gemüsegarten und mehrere Glashäuser ergänzen die Anlage.

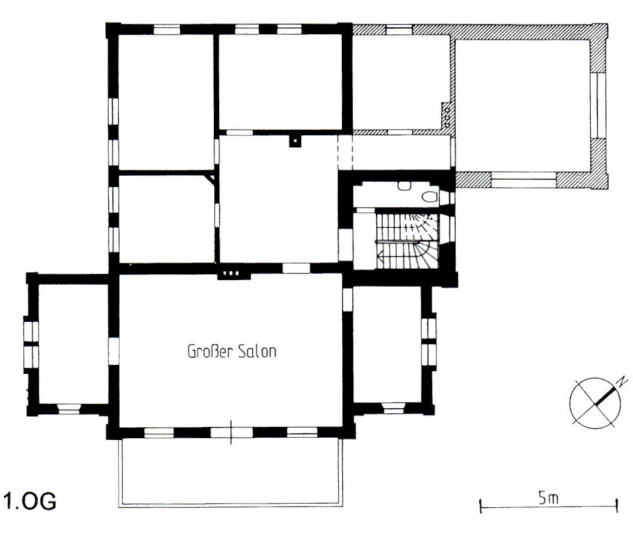

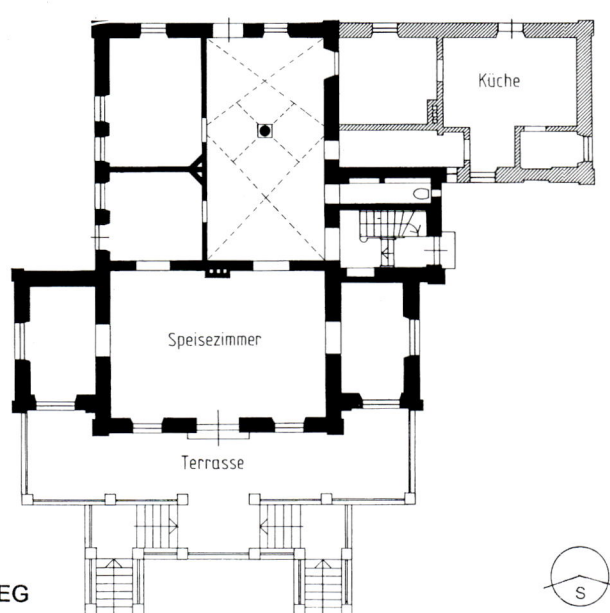

Grundrisse Erdgeschoß und Obergeschoß, um 1900

Von der Villa aus gehen die baumfreien Sichtachsen auf das Gebirge und die gegenüberliegenden Uferpartien. Die Veranda funktioniert als Bindeglied zwischen Villa und Garten. Über eine große Treppenanlage mit Springbrunnen gelangt man zunächst auf ein geräumiges Gartenparterre. Es wird von der langen Stützmauer begrenzt, deren Brüstung

Südlicher Seitenflügel, Fenstergestaltung, 1994

Rückgebäude (ehemals Stall, Remise, Kutscherwohnung), 1993

Landhaus Betty Knorr, um 1910

Pöcking

Wilhelm Trübner, Blick von der Terrasse des Landhauses Betty Knorr. Ölgemälde, um 1908 (Privatbesitz)

einmal mit Gartenfiguren (wohl mehrheitlich aus der antiken Mythologie) und Ziervasen besetzt und von offenen Pavillons begrenzt war, deren weißblaue Dächer reizvoll mit der gleichfarbigen Markise des Balkons korrespondierten. In weitem Bogen führen von hier Wege zum Ufer hinunter zu einer Ufermauer mit Brunnen und zu einer ins Wasser führenden Treppe. Auf der Nordseite der Villa führte ein Laubengang bis auf die Höhe der Kutschenremise und den Aufstieg zum rückwärtigen Hügel. In der schon zitierten Beschreibung von »Gärten am Starnberger See«, 1889,[60] heißt es zum Park der Knorr-Villa: »Nach den Plänen des Herrn Hofgärtners Bischoff wurde das Vorhandene benutzt und mit großem Aufwand Neues dazu geschaffen. Von einem künstlich angelegten Hügel (an dessen Nordseite pontische Azaleen sehr gut gedeihen) ist ein prächtiger Anblick auf See und Gebirge, besonders auch auf die Roseninsel. Eine gleichfalls erst durch Kunst entstandene Insel bietet angenehme Abwechslung. Solche bot Gelegenheit zur Anpflanzung einer großen Anzahl von Weiden der seltensten Arten. Manche davon sind noch erhalten, viele der feineren Gattungen sind im strengen Winter 1879/80 eingegangen. Das gleiche Schicksal hatten amerikanische Eichen und Magnolien. Fast von allen im besten Stande befindlichen Wegen in diesem großen Park bieten sich die schönsten Aussichtspunkte. Um die im italienischen Stil erbaute Villa sind kleine Blumenparterres angebracht, und Herr Obergärtner Rehm zeigt dabei sehr viel Fleiß und Geschick. Sehr praktisch ist ein Glaspavillon zur frühen Traubengewinnung benutzt, indem Weinreben so gezogen sind, daß sie gleich in einem Treibhause behandelt werden können. Obstbäume sind in großer Anzahl vorhanden.«

Ein erster Eingriff in diese Anlage fand statt, als die Witwe Betty Knorr sich 1900 im nördlichen Bereich der Parkanlage einen kleinen Witwensitz errichten ließ.[61] Dieses Haus war in seinen wesentlichen Details aus dem oberbayerischen Bauernhaus entwickelt, der Balkon und der verschalte Giebel erinnern unmittelbar an das Haus im Isartal, wie es bereits auf der anderen Seite des Sees anzutreffen war. 1912/13 wurde es nach Entwürfen der Münchner Architekten Theodor Veil und Gerhard Herms neu ausgestattet (Vereinigte Werkstätten). Auf der Terrasse des Hauses, das an eine steile Stelle des Abhangs gestellt war, unten am Ufer und in der weiten Parkanlage hat der Maler Wilhelm Trübner, der hier in den Jahren 1908/10 seine Sommerferien verbracht hat, viele seiner Bilder vom Starnberger See geschaffen.[62] 1927 wurde das Haus an den Münchner Fabrikanten Anton Seidl (Hut-Seidl, heute Zechbauer) verkauft. Es wurde 1952 abgebrochen und durch einen Neubau ersetzt. Mit dem Verkauf des Landhauses wurde auch der ganze nördliche Teil der Parkanlage abgetrennt. Nach dem Krieg begann dann die Auflösung und Parzellierung auch des südlichen Teils. Heute ist nur noch der zentrale Bereich um die Villa erhalten geblieben.

Niederpöcking

Landhaus Betty Knorr, Treppenhaus, 1912/13 ausgestattet von Theodor Veil und Gerhard Herms

Landhaus Betty Knorr, Wohnzimmer, Vereinigte Werkstätten, 1912/13, nach Entwürfen von Theodor Veil und Gerhard Herms

Landhaus Betty Knorr, Speisezimmer, Vereinigte Werkstätten, 1912/13, Entwürfe von Theodor Veil und Gerhard Herms

Pöcking

Possenhofen, Villa von Fischer (Kurt-Stieler-Straße), 1985

Villa von Fischer, Billardzimmer, 1988

Speisezimmer, 1988

Possenhofen

Eine kleine Villenkolonie entstand seit Mitte des 19. Jahrhunderts in Possenhofen. Obwohl das Ufer hier natürlich sehr attraktiv für Villenbauten gewesen wäre und die ansteigenden Hanglagen hervorragende Standorte ermöglicht hätten, kam es auf diesem Uferabschnitt nur zu ein paar wenigen Bauten. Das lag natürlich daran, daß der gesamte Uferstreifen zwischen dem alten Ortskern und dem See vom Schloßpark Possenhofen besetzt war. Auch nach Süden hin schlossen sich Gründe der Possenhofener Herrschaft an, die wohl wenig Interesse daran hatte, hier Grundstücke zu verkaufen. Es ist dies eine ähnliche Situation wie in Bernried, wo der alte Klosterkomplex, der nach 1803 in Privathand überging, ebenfalls eine bedeutendere Villensiedlung verhinderte.

Bereits 1849 erwarb der Obermedizinalrat und Professor in München, Hofrat Dr. Heinrich von Fischer ein Grundstück an der heutigen Kurt-Stieler-Straße, am Westrand des Possenhofener Schloßparks.[63] Er ließ sich in den Jahren darauf eine schöne Gartenanlage anlegen. 1890 ließ Hofrat Fischer die Wirtschaftsgebäude jenseits der Straße abbrechen und die heute noch bestehende Villa errichten, einen Bau in den Formen der deutschen Renaissance, mit malerischem Zierbundwerk in den oberen Stockwerken. Infolge der Hanglage kann das Hauptgeschoß (auf der Straßenseite als 1. Obergeschoß sichtbar) mit den Wohnräumen von der Rückseite her ebenerdig betreten werden. Den nördlichen Teil des Erdgeschosses nimmt ein großer, mit einem Tonnengewölbe überspannter Raum ein, der ursprünglich als Küche genutzt wurde. Die Ausstattung der Räume mit dunklen Balken- und Kassettendecken, Paneelen und Holzböden, mit Kachelöfen und schönen alten Fenstern entspricht dem Charakter des Außenbaus und bewahrt die Stimmung des repräsentativen Wohnens in einer Architektur des Späthistorismus.

Südlich des Schlosses Possenhofen war um 1855 unmittelbar am Ufer das Landhaus des pensionierten Generals von Kretschmann entstanden, ein kleiner Satteldachbau, ganz schlicht in bodenständigen Formen gehalten.[64] Auf der Seeseite war das Dach zum Schutz weit über den Giebel vorgezogen und ganz im Stil eines Bauernhauses gestaltet (ausgesägte Windbretter, reicher Giebelschmuck, später durch ein kleines Kreuz ersetzt, Bundwerk). Den Wohnräumen im Erdgeschoß war eine in Holzkonstruktion ausgeführte Veranda vorgesetzt. Dieses Landhaus und die umgebende Gartenanlage vermitteln noch unverfälschtes biedermeierlich-bürgerliches Landleben, voll Ruhe und Behaglichkeit, fernab vom gesellschaftlichen Leben in den großen Herrschaftsvillen. Die Gartenanlage enthielt in bescheidenem Rahmen alles, was zum Landhaus am See gehörte, eine Kutschenremise mit Pferdestall und Kutscherzimmer, einen Hühnerstall, natürlich ein kleines Gartenhäuschen und die unvermeidliche Schiffhütte. Dabei gehörte der unmittelbare Uferstreifen nicht mehr zum Grundstück. Er war noch in Besitz des Fischers Glas verblieben, dessen zum Trocknen aufgehängte Netze die Idylle noch abrunden.

Possenhofen

Das Haus, das bereits 1864 der kgl. Advokat Dr. Max Griesmayr erwarb, ging im Laufe der Zeit durch viele Hände. Besitzer waren u. a. der kgl. Hauptmann Ernst von Malaisé, der Architekt Jakob Heilmann, Graf Adolf von Spreti-Weilbach und der niederländische Konsul Carl Friedrich Mayr. Seit den zwanziger Jahren besaß es die Familie Hemmer, heute gehört es zur Bootswerft Glas.

1888 wurde ein Teil des Grundstücks der Griesmayr-Villa mit der Wagenremise an Rittmeister Graf von Spreti-Weilbach veräußert. Dieser ließ sich anschließend an Stelle der Remise ein neues Landhaus bauen.[65] 1896 erwarb Hofrat Professor Dr. Albert Hilger das Anwesen und ließ es zur Seeseite hin anbauen. Im Erdgeschoß kamen ein Treppenturm und ein großes Wohnzimmer mit Erker hinzu, zwischen denen eine geräumige Diele (Halle) mit großem Rundbogenfenster zum See gelegt wurde. Im Obergeschoß ergaben sich ein neues Schlafzimmer und, über der Diele, eine Loggia, die sich über drei Bögen zum See hin öffnet.

Unbekannt, Villa Griesmayr (Seeweg). Lithographie, um 1870

Villa Griesmayr (Konsul Mayr), um 1900/1910

Possenhofen, Flurkarte, Stand um 1910

Landhaus Hilger (Seeweg), 1993

Villa Mog (Villa von Wedel, Seeweg), vor 1935

Die 1908 für den Advokaten Gaston Mog erbaute Villa ist im Stil des Neubarock konzipiert.[66] Der ausgeführte Bau entspricht dem Fassadenentwurf des Eingabeplans, das Dach des Mittelrisalits wurde jedoch in konvexer Form ausgeführt. Von der Loggia in der Mitte der Ostfassade führt ein axial angeordneter, mehrfach abgetreppter Weg aus Natursteinplatten zum kleinen hölzernen Pavillon am Seeufer. Seitlich des Pavillons befindet sich ein Springbrunnen. Die Villa wurde durch mehrere Anbauten auf der Straßen- wie auf der Seeseite mehrfach verändert. Im Inneren jedoch ist die ursprüngliche wandfeste Ausstattung (Türen, feine Stuckdecken) noch erhalten. Das Haus wird rückseitig durch ein sehr großzügiges Treppenhaus erschlossen, das eine über beide Stockwerke reichende Halle bildet. Seine ursprüngliche Dekoration aus gemalten kleinen Bäumchen sowie Bändern und Ranken von Weinlaub ist noch erhalten. Die Räume sind, ganz zeitgemäß und der außen ablesbaren strengen Dreiteiligkeit entsprechend, regelmäßig angeordnet. Charakteristisch für dieses Stilempfinden ist auch die Tendenz, die Räume in abgerundeten, vom Licht weich gezeichneten Konturen (Vouten, runde Zimmerecken) zu halten. Im Erdgeschoß waren ursprünglich auf der Westseite die Küche und das Dienerzimmer angelegt, im Obergeschoß, dessen Grundriß sich mit dem des Erdgeschosses deckt, eine Magdkammer und ein Zimmer. Auf der Seeseite lagen das Speisezimmer und der Salon sowie das Schlafzimmer im Obergeschoß.

Der Dampfer »Luitpold« vor Possenhofen, 1927

Possenhofen

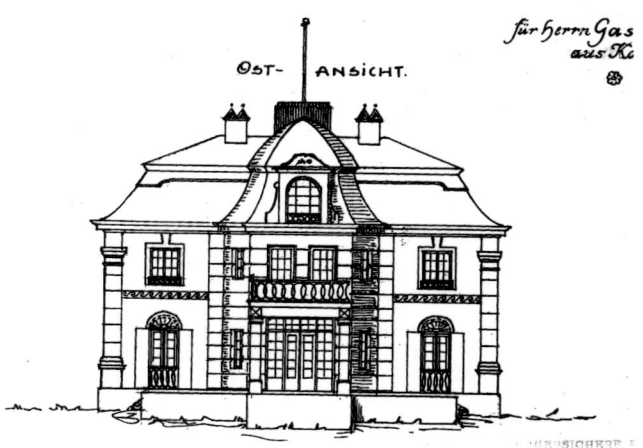

Hugo Roeckl, Entwurf zur Villa Mog, 1908

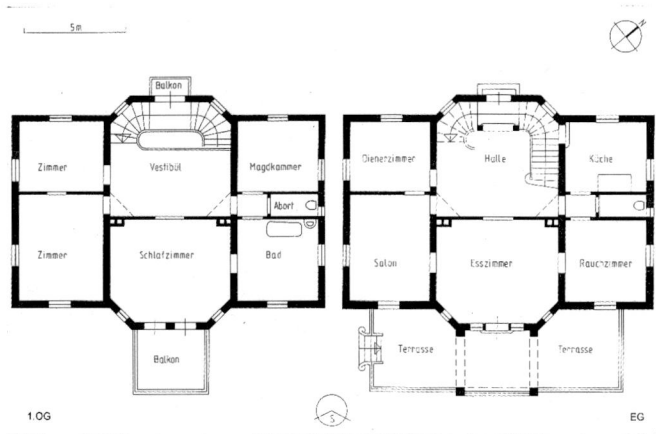

Grundrisse, 1908

Villa Mog, Treppenhaus, vor 1935

Villa Mog (Villa von Wedel), Speisezimmer, vor 1935

Pöcking

Villa Reber, Salon im Obergeschoß, 1998

Villa Reber, Salon, Detail, 1997

Villa Bäumler (Dr. Heidinger), 1996

Villa Lutz (sog. Ministervilla, Villa Dallmayr), 1995

Pöcking

Theodor Pixis, Blick auf die Villa Hausmann (Riccius). Aquarell, 1899 (Privatbesitz)

Edward Harrison Compton, Villa Koch (Ranke). Aquarell, o. J. (Privatbesitz)

Pöcking

Theodor Pixis, Landhaus Pixis (Hindenburgstraße). Aquarell, 1899 (Privatbesitz)

Pöcking

Eugen Adam, Landhaus Griesmayr, Possenhofen. Aquarell, 1866 (Privatbesitz)

Rechte Seite: Unbekannt, Widmungsblatt für Angelo Knorr, mit den Häusern der Niederpöckinger Kolonie. Aquarellierte Bleistiftzeichnung, 1862 (Aus dem Album »Der Harbni-Ritter Fahrt nach Starenberg«, Privatbesitz)

Dem Gründer von Niederpöcking

Pöcking

Arnold Zenetti, Entwurf zur Villa Knorr. Aquarellierte Zeichnung, 1852/53 (Stadtmuseum München)

Villa Knorr, 1995

Eugen Adam, Blick auf die Terrasse und den Park der Villa Knorr. Aquarellierte Zeichnung, 1865 (Privatbesitz)

Heinrich von Pechmann, Villa Knorr. Ölgemälde, um 1870 (Privatbesitz)

Pöcking

Unbekannt, Familie Angelo Knorr in der sog. »Grünen Gondel« (Begleitschiff des Ruderschiffes »Delphin«) vor der Villa Knorr. Ölgemälde, um 1860 (Privatbesitz)

Monogrammist S. P. (P. S.?), Villa Knorr. Aquarell, um 1860 (Privatbesitz)

Pöcking

Moritz von Schwind, Der Maler mit seiner Familie vor dem Landhaus. Ölgemälde, 1864 (Niedersächsisches Landesmuseum Hannover)

Pöcking

Pöcking, Villa Hausmann (Riccius), 1997

Niederpöcking, Villa von Miller, Treppenhaus, 1996

Niederpöcking (Villa von Miller, Landhaus von Perfall), 1994

Niederpöcking (Villa Zitzmann, Villa O. von Boyen), 1994

Pöcking

Villa von Miller, 1996

Pöcking

Arnold Zenetti (?), Entwurf zur Villa von Miller. Gouache, um 1855 (Privatbesitz)

E. Emminger, Blick von der Terrasse des Hotels »Kaiserin Elisabeth«. Lithographie, um 1858 (Antiquariat Heinemann)

Feldafing

Die Ortschaft Feldafing zählte zu Beginn des 19. Jahrhunderts noch zu den kleineren Dörfern des Fünf-Seen-Landes, mit Höfen, die nur über vergleichsweise geringen Grundbesitz verfügen konnten. Da sich die Ertragskraft dieser Anwesen auch im 19. Jahrhundert kaum steigern ließ, war hier die Neigung, die Landwirtschaft aufzugeben, besonders ausgeprägt. Eine Reihe von Höfen wurde so bereits um die Mitte des 19. Jahrhunderts in Wohnhäuser mit Geschäften oder Handwerksbetrieben umgewandelt, einige auch an Auswärtige verkauft, die sich hier anschließend die ersten Sommerwohnungen einrichteten. Von größter Tragweite für die Ortsentwicklung war jedoch der 1853 erteilte Auftrag König Max II., den Großteil der Flur vom Seeufer bis hinauf zum Höhenberg für die Anlage eines neuen Schloßparks nach den Plänen von Peter Joseph Lenné[1] aufzukaufen. Schon bald darauf konnte Hofgartendirektor Karl Effner mit den Arbeiten beginnen. Der ufernahe Bereich wies an verschiedenen Stellen bereits einen lockeren Baumbestand auf,[2] und Effner konnte vermutlich einiges davon übernehmen, vor allem wohl die schönen Solitärbäume. Mit umfangreichen Neupflanzungen und einem genau berechneten, raumschaffenden Wegesystem schuf er schließlich einen Landschaftspark nach englischem Vorbild und eine der bedeutendsten Anlagen der Zeit. Die Lagen jenseits Straße nach Tutzing ließ man dabei zunächst weitgehend in ihrem überlieferten Zustand. Sie erfüllten jedoch den Zweck, jegliche störende Bebauung dort oben auszuschließen. Nur der Scheitel des Höhenberges wurde zur besseren Konturierung des Horizonts zusätzlich mit Schwarzkiefern bepflanzt.

Auf Höhe der Roseninsel sollte ein großes Schloß errichtet werden, wofür Gottfried Neureuther und August Voit seit 1858 verschiedene Entwürfe lieferten.[3] Der Bau war in den Grundmauern bereits angelegt, als der König 1864 starb. Ludwig II. hatte an dem Schloßprojekt in Feldafing jedoch kein Interesse, ließ den Bau umgehend einstellen und die Fundamente wieder abtragen. Die Parkanlage wurde zunächst sich selbst überlassen. Nachdem 1880 ein Antrag des Münchner Bauunternehmers J. B. Heinwetter auf Bebauung des oberen Teils der Parkanlage noch abschlägig beschieden worden war, wurde 1897 das gesamte, westlich der Straße Feldafing–Tutzing gelegene Gelände an die Heilmann'sche Immobiliengesellschaft verkauft.[4] Die Bebauung mit größeren, repräsentativen Häusern in den folgenden Jahren schuf schließlich eine der bedeutendsten Villenkolonien im Umkreis von München. Gleichzeitig wurden Gärten angelegt, die jedoch infolge der starken Hanglage und der vergleichsweise geringeren Grundstücksgrößen nur in einigen Fällen die Form und die Ausstattung anderer herrschaftlicher Parkanlagen am Starnberger See erreichten. Dennoch vereinten sie sich in ihrer Aneinanderreihung zu einer zusammenhängenden Parkanlage, die durch die Staffelung der Villen auch eine bedeutende Fernwirkung entwickeln konnte. Der verbliebene

E. Knittl, Umbau Landhaus Mössel (Wielinger Straße), 1924

Landhaus Mössel, Speisezimmer, um 1925

Rest der Schloßanlage, heute Lenné-Park genannt, verhinderte in der Folge eine Bebauung bis hinab zum Seeufer und bewahrte damit der Landschaft des Starnberger Sees ein bemerkenswertes Stück Natürlichkeit. Er wurde 1926 in eine der schönsten Golfanlagen Deutschlands umgewandelt.

Die wichtigsten Feldafinger Villen entstanden zweifellos östlich der Bahnlinie. Doch auch westlich davon fanden sich verschiedene Standorte mit guter Aussichtsmöglichkeit. So für das kleine Landhaus von Prof. Heinrich Schönchen von 1866 an der Wielinger Straße. Sein Schwiegersohn, der bekannte Kunst- und Dekorationsmaler Prof. Julius Mössel, ließ es 1924 durch Engelbert Knittl umbauen. Es wurde aufgestockt und mit einem eleganten Dach in Spitzbogenform versehen. Anschließend stattete Mössel es im Inneren mit wohl eigenhändigen, sehr dekorativen Malereien aus. Auch der straßenseitige Giebel wurde mit einer an Textilmuster erinnernden Dekoration versehen. Diese Arbeiten Mössels bestehen jedoch leider nicht mehr.[5]

Weitere Beispiele für Landhäuser jenseits der Bahnlinie sind die Villa des Barons Friedrich von Arnim von 1905[6] und das Landhaus des Direktors der Heilmann'schen Immobiliengesellschaft, August Fleischmann (1897), in Nachbarschaft zur Villa Heidinger an der Gemeindegrenze zu Pöcking gelegen.[7]

Landhaus Mössel, Blick in das Atelier, um 1925

Landhaus von Arnim (Bergstraße), 1985

Landhaus Fleischmann, 1984

Feldafing

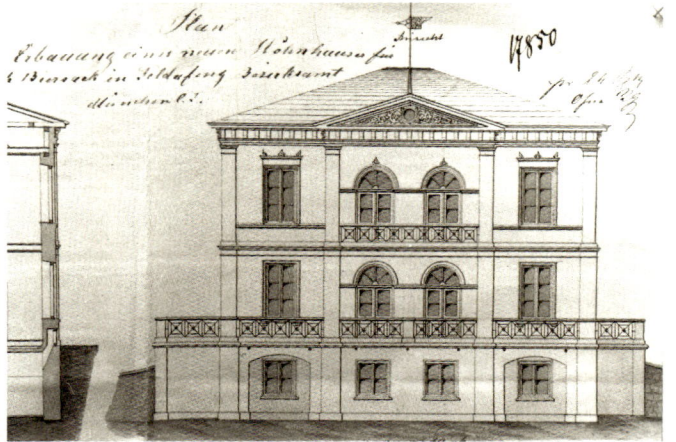

J. Biersack, Entwurf zur Villa Rosa, 1870

Villa Rosa (Von der Tann, Seestraße), um 1900

Villa Rosa nach dem Umbau, 1992

Landhaus Krauss (Bernheimer, Possenhofener Straße), Umbau 1913

Nördlich des Ortskerns entstanden im Bereich der Seestraße und der Possenhofener Straße einige frühe Villen, die zu ihrer Zeit noch die ungeschmälerte Fernsicht der oberen Hanglagen nutzen konnten. 1871 errichtete Johann Biersack die Villa Rosa an der heutigen Seestraße. Ob er sie für sich geplant oder in fremdem Auftrag gebaut hat, eventuell auch als Spekulationsobjekt, ist heute nicht mehr feststellbar. Biersack entwarf einen Bau, der mit seinem kubisch geschnittenen Körper und seiner strengen Fassadengestaltung noch ganz das spätklassizistische Villenideal überliefert und anschaulich die Herkunft vieler Landbaumeister aus diesem Stilkreis belegt. 1872 verkaufte Biersack die Villa an die berüchtigte Geldverleiherin Adele Spitzeder, die mit ihrer »Dachauer Volksbank« den Bürgern das Geld aus der Tasche lockte und die meisten dabei um Hab und Gut brachte.

Nach ihrer Verurteilung 1873 erwarb Graf Anton von Preysing-Lichtenegg die Villa um 23 000 Gulden. Später eröffneten hier Georg Siedhoff und Dr. Gast ein Institut, das zunächst als eine Art Kurklinik mit Sportmöglichkeit geplant war, dann aber, nach dem frühen Ausscheiden des Arztes Dr. Gast, als Sportpension (Tennis) geführt wurde. Zu diesem Zweck wurden verschiedene Um- und Anbauten ausgeführt, die das ursprünglich so klare Bild stark verwässerten.

1990 wurde die inzwischen auch arg vernachlässigte Villa von Grund auf saniert und umgebaut. Dabei wurde der häßliche Vorbau von 1935 beseitigt und die Villa wieder dem ursprünglichen Bild von 1870 angenähert. Auch der Garten wurde neu angelegt, wobei freilich die sehr ausladende Freitreppe mit dem Schwimmbad die ursprünglichen Intentionen außer Acht ließ und den ehemaligen grünen Hang in einen optisch wie architektonisch übergewichtigen Unterbau umwandelte.[8]

Bereits Ende der 60er Jahre hatte Maria von Dürnitz ein großes Grundstück an der Possenhofener Straße für ein Landhaus erworben, welches 1869 gebaut wurde.[9] 1879 ging dieses Landhaus in den Besitz des Münchner Fabrikanten Kommerzienrat Georg Krauss über, der als Inhaber der 1866 gegründeten »Lokomotivfabrik Krauss & Comp.« als einer der bayerischen Eisenbahnpioniere gilt und als solcher einen bemerkenswerten Beitrag zur Industrialisierung Bayerns im 19. Jahrhundert geleistet hat. 1931 wurde diese traditionsreiche Fabrik mit der Firma Maffei vereinigt.[10] Kommerzienrat Krauss erwarb gleichzeitig das benachbarte Grundstück, ließ das darauf ebenfalls seit 1869 bestehende Haus abbrechen und den vergrößerten Garten neu anlegen. 1912 kaufte Kommerzienrat Dr. Max Bernheimer das Landhaus und ließ es von Richard Steidele umbauen. 1940 ging der Besitz in die Hände von Rudolf Haniel über, 1994 wurde das Haus abgebrochen.

1869 entstand ein weiteres Landhaus an der Possenhofener Straße, die Villa des Direktors der Bayerischen Hypotheken- und Wechsel-Bank, Johann Baptist Ströll.[11] Es handelte sich um einen Satteldachbau mit schmaler, zum See hin gerichteter Giebelfassade und einem um 1900 angefügten Querflügel. Die Hauptfassade war durch eine überdeckte Terrasse und eine Altane auf paarweise angeordneten Säulen betont. Mit reichem Fachwerk im 2. Obergeschoß und einer ganz in Holz gehaltenen Giebellaube wurde versucht, die Fassaden farbiger zu gestalten und sich bodenständiger Details und Materialien zu bedienen. Ein um diese Zeit durchaus üblicher Weg, »Landhauscharakter« mit repräsentativer Geste herzustellen, auch wenn die Zusammenstellung manchmal ziemlich mißlang. 1883 wurde nordöstlich des Hauses noch ein Neubau erstellt, der für Familienangehörige gedacht war. 1917 erwarb das Landhaus Ströll der bekannte Münchner Kunsthändler Heinrich Thannhauser.[12]

1882 kaufte der Besitzer der Spatenbrauerei München, Kommerzienrat Gabriel Sedlmayr, das ehemalige Hofbauernanwesen, das J.A. von Maffei 1869 bereits zu einem Landhaus umgebaut hatte. 1914 erwarb die Schriftstellerin Emma Bonn aus New York das Haus von dem damaligen Besitzer Hauptmann a.D. Ludwig Lufft und ließ es zur bestehenden Villa umbauen. 1925 kaufte sie auch noch das benachbarte Haus Nr. 24 hinzu und ließ mit dessen Grund die Gartenanlage erweitern. Emma Bonn, die hier in Feldafing auch mit Thomas Mann bekannt wurde, war bedürftigen Feldafingern eine große Wohltäterin. Sie verstarb als alte und schwerkranke Frau im KZ Theresienstadt. Die Villa wurde 1940 vom »Braunen Band von Deutschland« übernommen. Heute gehört die Villa zur Klinik Feldafing.[13]

Regierungsdirektor Eugen Mahla erwarb 1898 aus dem Besitz der Herrschaft Possenhofen (Herzog Max, Herzog Karl Theodor in Bayern) ein Haus, das diese dem Revierförster der Possenhofener Waldungen als Wohnsitz zugewiesen hatte. Er ließ es zum bestehenden Landhaus Charlotte umbauen.[14] Der Charakter des Hauses, das von bodenständigen Formen und Materialien geprägt war, blieb dabei weitgehend erhalten.

Der Architekt Engelbert Knittl, der aus der Tutzinger Baumeisterdynastie stammte, erbaute sich 1909, als er nach dem Tode von Johann Biersack dessen Baugeschäft übernommen hatte, ein eigenes Haus.[15] Es wirkt in seinem Baukörper sehr bewegt und malerisch aufgelöst und erweist sich damit als charakteristischer Bau der Zeit. Die Giebelbildungen, das farbig wirkende Zierfachwerk und breite dekorative Fensterfronten verleugnen die Verbindung zum englischen Landhaus nicht. Ein Haus mit ortsbildprägender Wirkung auf den gesamten Straßenabschnitt.

Landhaus Ströll (Possenhofener Straße), Umbau 1901

Villa Bonn (Schluchtweg), 1987

Landhaus Charlotte (Mahla, Possenhofener Straße), um 1905/10

Landhaus Knittl (Rat-Jung-Straße), 1985

Feldafing

Villa von Maffei (Seestraße), 1905

Der Münchner Weinwirt Ignaz Huber konnte im Jahr 1839 Teile des Hofbauerngutes erwerben. Nur wenig später ließ er sich neben dem neuen Pfarrhof und auf dem wohl schönsten Standort östlich des Dorfes ein neues Landhaus erbauen und eröffnete damit noch vor der Jahrhundertmitte und vor dem Bau der Eisenbahnlinie 1865 die Entwicklung Feldafings zu einer der bedeutendsten Villensiedlungen am Starnberger See.[16] Gleichzeitig ließ er einen Garten anlegen, der auf relativ kleinem Raum die wichtigsten Elemente einer Parkanlage der Zeit aufwies: Blumenbeete, verzweigte Gartenwege, Baum- und Buschgruppen, die mit offenen Wiesenflächen abwechselten, einen Laubengang, einen kleinen Pavillon sowie einen Gemüsegarten. Einer dieser Wege, der später als »Ruffini-Allee« bezeichnete Weg, verließ den Garten an der östlichen Grundstücksgrenze und führte zum Seeufer hinunter, zum sog. Hofgarten, bei dem sich auch Bootshaus und Badehütte befanden. Dieser Garten ist, vermutlich in seiner Endform, auf der Flurkarte von 1864 dokumentiert. Ignaz Huber verkaufte dieses Landhaus jedoch bereits 1844 an den Münchner Fabrik- und Großgrundbesitzer Reichsrat Joseph Anton von Maffei, der im selben Jahr auch das Hofbauerngut übernahm.[17]

1872 erbte sein Neffe Reichsrat Hugo von Maffei den Feldafinger Besitz. Er ließ 1901 das alte Landhaus abbrechen und durch eine neue, hochherrschaftlich angelegte Villa nach den Plänen von Emanuel Seidl ersetzen. Dessen erklärte Aufgabe war dabei, das neue, sehr viel größere Gebäude mit möglichst wenigen Verlusten in den bestehenden Garten einzufügen.[18] Seidl veränderte schließlich, wie der Lageplan von 1905 zeigt, nur die Auffahrt, die er in die Ecke an der Possenhofener Straße verlegte und durch den alten Gemüsegarten und den Laubengang bogenförmig zur Villa führte. Neu geordnet wurde wohl auch die Südwestecke mit dem neuen Gärtnerhaus, dem Gewächshaus und der Wagenremise. Der übrige Garten dürfte, entsprechend der gestellten Bauaufgabe, wohl weitgehend unverändert übernommen worden sein. Auch eine Erweiterung der Parkanlage unterblieb, wie spätere Luftaufnahmen beweisen. Bei der hohen Attraktivität des seit 1854 angelegten und unmittelbar angrenzenden Lenné-Parks bestand dazu wohl auch gar keine Notwendigkeit.[19]

Seidl entwarf einen etwa quadratischen Bau mit Walmdach, in dem die Wohn- und Repräsentationsräume vereinigt wurden. Über das Gelenk eines eingestellten Rundturmes und einer hallenartigen Diele mit dem Treppenhaus schloß er, in einem für ihn charakteristischen schrägen Winkel, einen etwas niedrigeren Satteldachbau an. Damit konnte er die Schlafräume in idealer Form vom Wohnteil trennen und gleichzeitig die große Baumasse optisch gliedern. Erschlossen wird das Haus im rückwärtigen Winkel mit einer für Seidl charakteristischen Eingangslösung (vgl. Villa Bischoff, Leoni). Die Fassaden sind durch variable Fensterformen und Fenstergrößen sehr plastisch gestaltet.

Feldafing

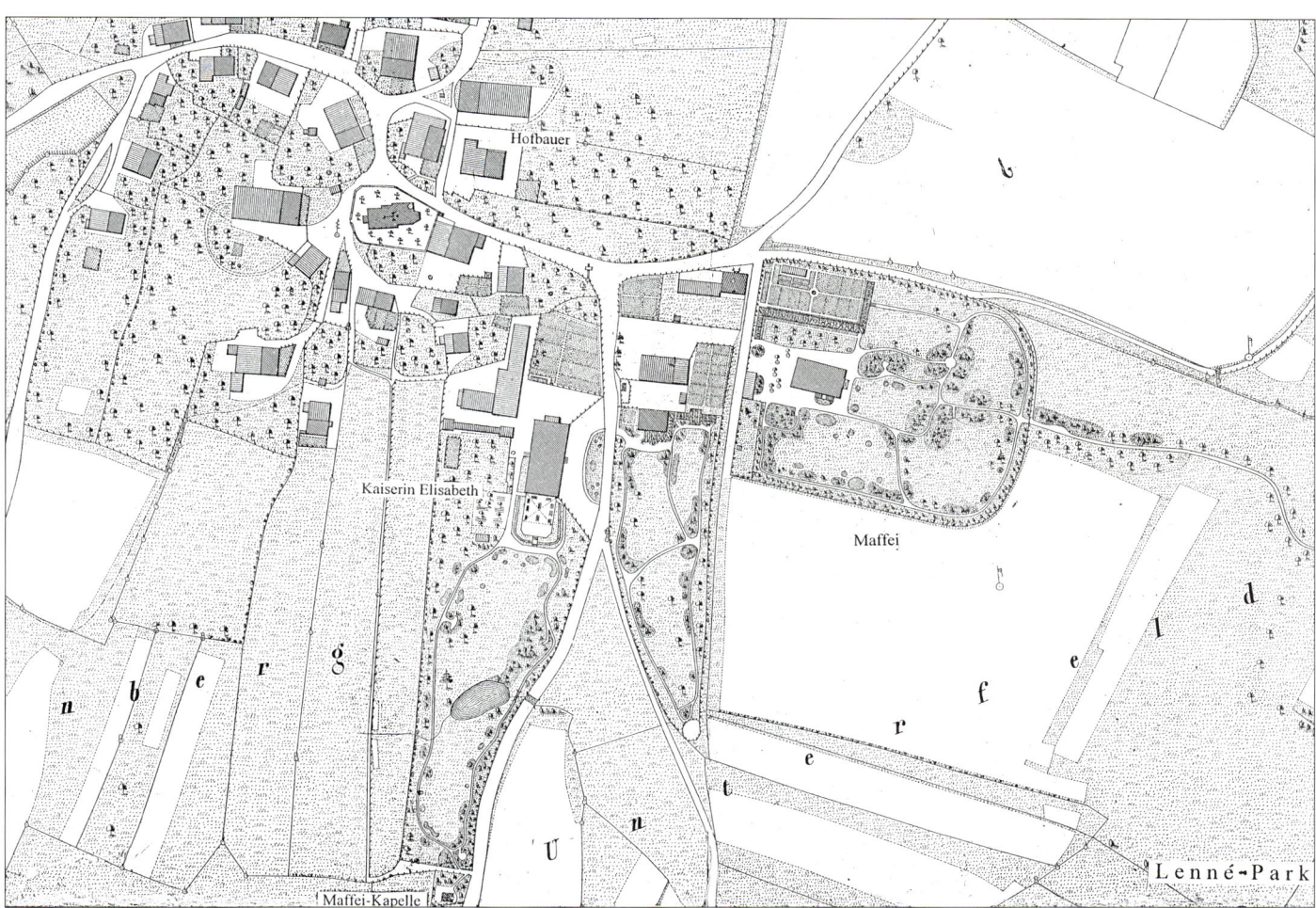

Der Feldafinger Ortskern, Flurkarte, 1863

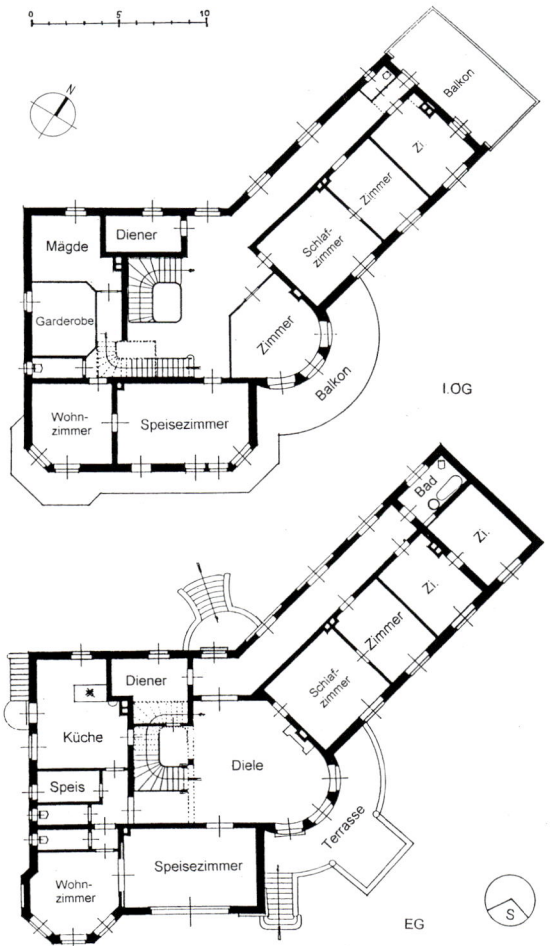

Die Ausbildung des hohen Sockels, des Eckerkers und verschiedener Mauerteile im Obergeschoß in Tuffstein sowie der Einsatz dekorativer Spaliere und der für Seidl charakteristischen zweifarbigen Fensterläden bringen Farbe und Abwechslung in die Fassadenoberfläche.[20]

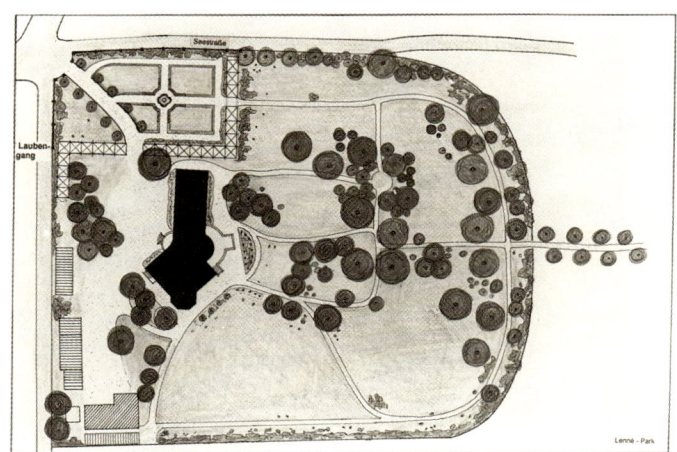

Grundrisse Erdgeschoß und Obergeschoß, 1902   *Gartenplan, um 1930/35 (Rekonstruktion)*

Feldafing

Villa von Maffei, Einfahrt mit dem Laubengang, 1905

Villa von Maffei, Westfassade mit dem Eingang, 1905. Über der Eingangstür steht der Wahlspruch: »Dies Haus/ hab ich hieher gestellt/ als man 1902 gezählt/ Hugo von Maffei«.

Villa von Maffei, ehemaliges Wohnzimmer im Erdgeschoß, 1985

Feldafing

Villa Pschorr (Bahnhofstraße), um 1900

Die Pschorr-Villa steht an einem kurzen, steilen Abhang, der östlich der Bahnhofstraße verläuft. Sie wurde 1875 von Johann Biersack errichtet und 1884 von dem Münchner Bierbrauer Kommerzienrat Georg Pschorr erworben.[21] Der auf kreuzförmigem Grundriß und noch ganz in spätklassizistischer Bauauffassung entwickelte Bau zeigt eine starke Verwandtschaft zur Villa Lutz (Villa Dallmayr) in Pöcking sowie zur Villa Rosa an der Seestraße. Dabei wird nicht nur wieder die Herkunft Biersacks aus dem Stilkreis des Klassizismus deutlich, sondern auch seine recht einheitliche Formensprache zu dieser Zeit. Die großzügigen Terrassenvorbauten auf der Seeseite stellen auch hier die Verbindung zur Landschaft her, eine mehrfach gewinkelte, mit Steinvasen und Gartenfiguren besetzte Treppenanlage führt den steilen Abhang in den Garten hinab. Dort führten Wege die Grundstücksgrenze entlang und erschlossen eine relativ kleine, aber sehr reizvolle Gartenanlage, die auch heute noch sorgfältig gepflegt wird. Der südliche Teil des Grundstücks wurde in den 60er Jahren allerdings für den Bau der neuen Pfarrkirche abgetrennt.

Die Villa Pschorr ist mit dem Komponisten Richard Strauss verbunden, dessen Mutter bekanntlich eine geborene Pschorr war. Der junge Richard Strauss verbrachte viele schöne Ferientage hier im Landhaus seines Onkels, hier versuchte er auch, sich von den Nachwirkungen einer schweren Lungenentzündung zu erholen.

Blick auf die Freitreppe und die weite Gartenanlage, um 1900

Feldafing

Villa Bernheimer (Höhenbergstraße), um 1915

Villa Bernheimer, Wohnzimmer, um 1915

Feldafing

Villa Pschorr (Bahnhofstraße), um 1900

Die Pschorr-Villa steht an einem kurzen, steilen Abhang, der östlich der Bahnhofstraße verläuft. Sie wurde 1875 von Johann Biersack errichtet und 1884 von dem Münchner Bierbrauer Kommerzienrat Georg Pschorr erworben.[21] Der auf kreuzförmigem Grundriß und noch ganz in spätklassizistischer Bauauffassung entwickelte Bau zeigt eine starke Verwandtschaft zur Villa Lutz (Villa Dallmayr) in Pöcking sowie zur Villa Rosa an der Seestraße. Dabei wird nicht nur wieder die Herkunft Biersacks aus dem Stilkreis des Klassizismus deutlich, sondern auch seine recht einheitliche Formensprache zu dieser Zeit. Die großzügigen Terrassenvorbauten auf der Seeseite stellen auch hier die Verbindung zur Landschaft her, eine mehrfach gewinkelte, mit Steinvasen und Gartenfiguren besetzte Treppenanlage führt den steilen Abhang in den Garten hinab. Dort führten Wege die Grundstücksgrenze entlang und erschlossen eine relativ kleine, aber sehr reizvolle Gartenanlage, die auch heute noch sorgfältig gepflegt wird. Der südliche Teil des Grundstücks wurde in den 60er Jahren allerdings für den Bau der neuen Pfarrkirche abgetrennt.

Die Villa Pschorr ist mit dem Komponisten Richard Strauss verbunden, dessen Mutter bekanntlich eine geborene Pschorr war. Der junge Richard Strauss verbrachte viele schöne Ferientage hier im Landhaus seines Onkels, hier versuchte er auch, sich von den Nachwirkungen einer schweren Lungenentzündung zu erholen.

Blick auf die Freitreppe und die weite Gartenanlage, um 1900

Feldafing

Feldafinger Ufer und Insel Wörth, Flurkarte, 1806 (mit Standorten der späteren Villen)

Landhaus Niggl (Kapellenweg), 1985

Landhaus Jordan (Villa Sophie, Kapellenweg), 1930

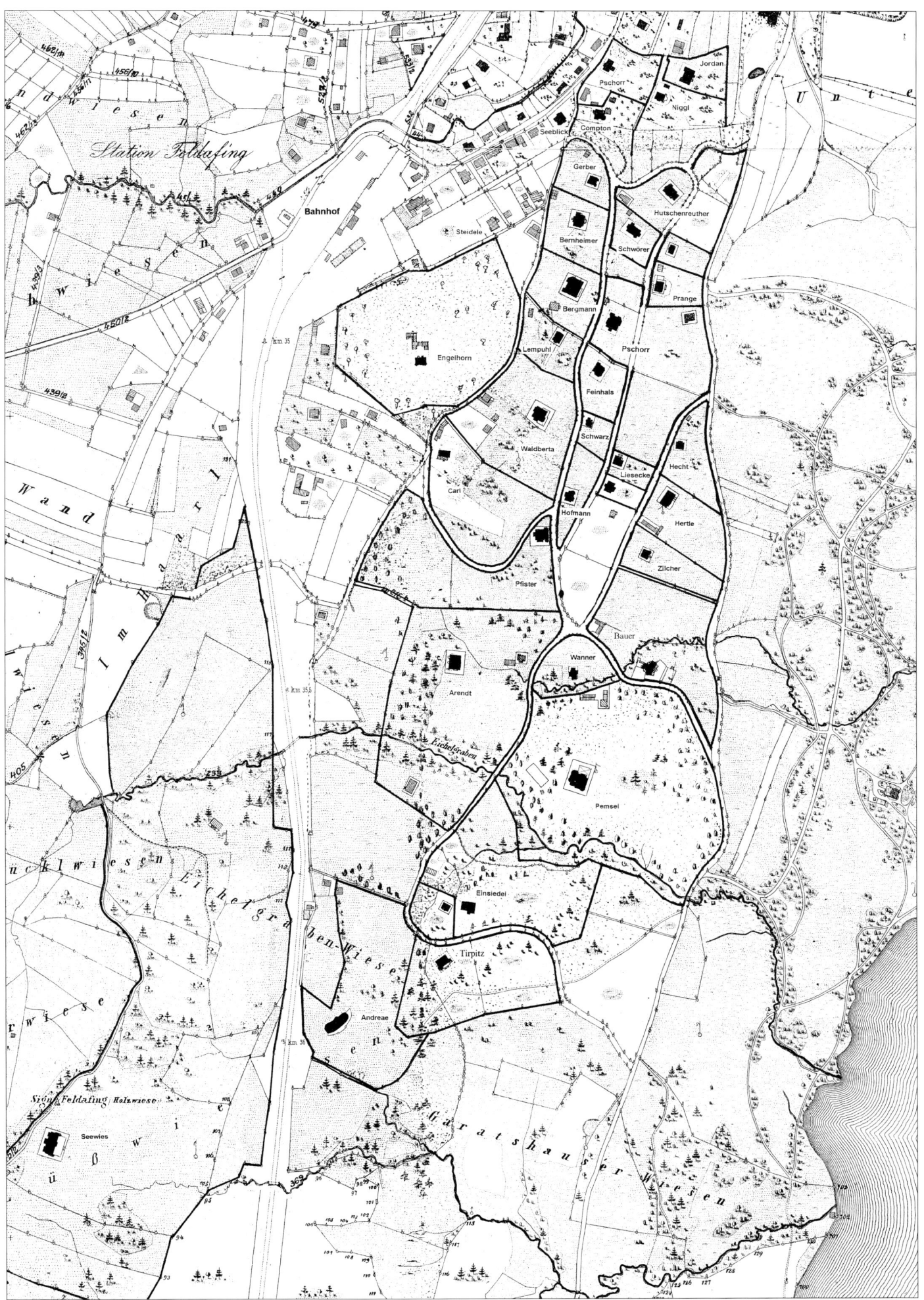

Feldafing, Villenkolonie am Höhenberg. Flurkarte, Stand um 1930

Feldafing

Villa Bernheimer (Höhenbergstraße), um 1915

Villa Bernheimer, Wohnzimmer, um 1915

Wie schon erwähnt, war das Schloßprojekt mit dem Tode König Max II. 1864 aufgegeben worden. 1898 erwarb die Heilmann'sche Immobiliengesellschaft in München den gesamten westlich der Tutzinger Straße gelegenen Teil des Schloßparks, um auf dem Gelände eine repräsentative Villenkolonie zu gründen. Nachdem das Gelände überarbeitet und trockengelegt worden war, wurden die nötigen Straßen zur Erschließung angelegt, wurden die Trinkwasserversorgung und die Kanalisation vorbereitet. Gleichzeitig wurden auch die Projektierung und der Bau von Villen angeboten. Die Bebauung lief zügig an und war etwa zu Beginn des Ersten Weltkriegs in den wesentlichen Bereichen abgeschlossen. Damit war eine der bedeutendsten Villenkolonien im Umkreis von München entstanden.[22]

Zu ihrer Geschichte gehören freilich auch ein paar Seiten eines dunklen Kapitels unserer jüngeren Vergangenheit, die Zeit der »Reichsschule der NSDAP«, die hier ab 1934 eingerichtet wurde.[23]

Noch vor dem Bau der ersten großen Villen der Höhenbergkolonie waren zwischen dem alten Ortskern und dem neuen Baugebiet ein paar frühe Landhäuser entstanden. So das Landhaus Niggl, das Johann Biersack, wohl als Spekulationsobjekt, 1871 gebaut hatte.[24] Etwas später entstanden 1877 das Haus des englischen Malers Edward Theodore Compton[25] und 1885 in unmittelbarer Nachbarschaft die Villa Jordan.[26] Mit der Villa Seeblick, die sich Johann Biersack 1898 an der Bahnhofstraße errichtete,[27] und mit dem Landhaus des Druckereibesitzers Gerber von 1899 entstanden die ersten Bauten der Höhenbergkolonie.[28]

1912 kaufte der Münchner Kunsthändler Kommerzienrat Otto Bernheimer das Grundstück zwischen Gerber und Bergmann, welches der Herdfabrikant Friedrich Wamsler bereits 1899 von der Heilmann'schen Immobiliengesellschaft erworben hatte. Anschließend wurde die Villa nach den Plänen des Architekturbüros der Fa. Heilmann und Littmann gebaut.[29] Es ist ein in den Dimensionen relativ bescheidener, gedrungener Walmdachbau, dessen seeseitige Fassade über die beiden Runderker geschickt in eine zweigeschossige Schauseite übergeführt wird. Er ist mit seinem symmetrisch angelegten Körper klar und regelmäßig aufgebaut und läßt stark barockisierende Details erkennen, die beiden Runderker mit ihren raumhohen Fenstern nach

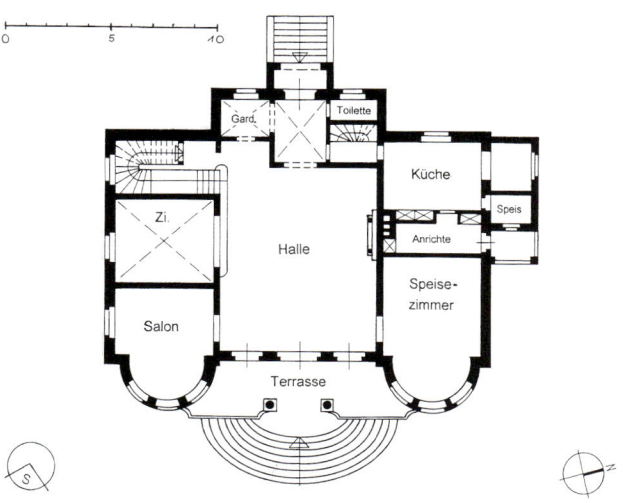

Villa Bernheimer, Erdgeschoß, 1912

französischem Vorbild etwa, die Terrasse mit den beiden toskanischen Säulen und der steilen, halbkreisförmigen Freitreppe, oder das helle Spalier, das ganz ornamental über die Fassaden gelegt ist. Im Inneren setzt sich die Symmetrie fort. Im Erdgeschoß wird eine geräumige Wohnhalle von schmäleren Raumfolgen flankiert, die sich spiegelbildlich entsprechen und in den Runderkern enden. Das Obergeschoß mit den Schlafräumen, dem Bad und den Gästezimmern weist dieselbe Einteilung auf, ist aber im Mittelteil mit dem Balkon in zwei Räume geteilt. Das Haus war sehr qualitätvoll ausgestattet. Es gab in den Repräsentationsräumen schöne, in Mustern verlegte Parkettböden, profilierte Decken und elegante Türen. Die Halle beherrschten ein fast raumhoher offener Kamin und hohe, gefelderte Paneele. Die Einrichtung bestand aus wertvollen, wohl antiken Möbeln, schönen Teppichen und Bildern.

Gleichzeitig mit dem Bau der Villa wurde vorne an der Straße ein Torbau errichtet, der sich mit seiner Backsteinfassade als untergeordnetes Gebäude von der Villa absetzte. 1928 kam eine eigene Autohalle hinzu.

Der wie bei den meisten Villen am Höhenberg relativ kleine Garten war ebenfalls stark barockisierend angelegt. Wie auf der Luftaufnahme der Höhenbergkolonie gut erkennbar, war vor der Fassade ein typisches barockes Gartenparterre aus zwei Feldern angelegt. In der Mitte war, auf

Landhaus Gerber (Höhenbergstraße), 1996

Villa Seeblick (Bahnhofstraße), 1984

Feldafing

Villa Bergmann (Parkvilla, Höhenbergstraße), 1993

die Freitreppe bezogen, eine halbkreisförmige, rondellartige Kiesfläche ausgespart. Die beiden Felder waren mit schmalen Blumenrabatten eingefaßt. Von der Hangkante weg, die durch einen geraden Weg markiert war, fiel die Anlage wie bei vielen barocken Gartengestaltungen schräg zur Straße hin ab. Unten an der Straße und entlang der Grundstücksgrenzen war die Wegeführung vermutlich freier.

In der Villa wurde nach dem Zweiten Weltkrieg die Volksschule des Ortes eingerichtet. Die Gartenanlage ist, durch den Schulbetrieb bedingt und infolge größerer Zubauten, völlig untergegangen.

Die sog. Parkvilla an der Höhenbergstraße wurde 1903 für den Gründer und Generaldirektor der Bergmann-Elektrizitätswerke in Berlin, Kommerzienrat Sigmund Bergmann, errichtet. Sie wurde schon relativ früh als private Landvilla aufgegeben und nach dem Kauf durch Antonie und Helene Scheidt in ein Internat (Pensionat für Mädchen) umfunktioniert. 1937 erwarb die NSDAP das Haus für ihre Reichsschule, die sich in Feldafing bereits breit gemacht hatte. Nach dem Krieg befand sich hier wieder für einige Jahre ein Internat.[30]

Der von Hofbaurat Eugen Drollinger entworfene, schloßartige Bau gehört zu den eindrucksvollsten Villen am Starnberger See. Er steht mit seiner hellen, strahlenden Fassade frei an der Hangkante und besitzt damit eine bedeutende Fernwirkung über den See. Es handelt sich um einen mächtigen, mehrgeschossigen Bau auf hohem Sockelgeschoß, mit Zeltdach und Belvederetürmchen. Er verbindet barockisierende Formen mit verschiedenen Jugendstildetails und ist, vor allem auf der Süd- und Ostseite, reich mit verschiedenen architektonischen Elementen wie Freitreppe, Wandbrunnen, polygonalem Erker, Loggien, Veranden und Balkonen bestückt. Sie verleihen den Fassaden Farbe und Plastizität und mildern ihre in der Hanglage begründete starke Höhenentwicklung. Sie stellen vor allem die Verbindung der Repräsentationsräume und der Schlafzimmer zum Draußen, zum Garten und zur Landschaft her. Dabei sind Aussichts- und Aufenthaltsmöglichkeiten nicht nur in alle Himmelsrichtungen, sondern auch für alle Tageszeiten und Sonnenstände gegeben.

Die Villa wird über eine überdeckte Vorfahrt rückseitig betreten. Durch ein ovales Vestibül gelangt man in eine geräumige achteckige Diele, von der aus man die verschiedenen Räume erreicht. Die Repräsentationsräume liegen alle nach Süden und Osten, die Wirtschaftsräume mit der Dienertreppe und dem großen Treppenhaus sind rückwärts angeordnet. Der für Drollinger charakteristische Grundriß erscheint auf den ersten Blick und im Vergleich zu den strengen, meist symmetrischen Raumfolgen der spätklassizistischen Villen unübersichtlich, ja verworren. Bei genauer Betrachtung erkennt man die gewollte Vielfalt mit ihren überraschenden Effekten, sieht man eine logische Abfolge der Räume und die verschiedenen Möglichkeiten, familiäre oder gesellschaftliche Aktivitäten zu entwickeln. Es ist die

Idee der herrschaftlichen Landvilla, die hier verwirklicht ist. Dabei ist natürlich auch die topographische Situation der Hanglage berücksichtigt. Formal ist die auf die Ostfassade bezogene Dreiachsigkeit, die von einer diagonal kreuzförmigen Anordnung überlagert wird, gut zu erkennen, besonders im 1. Obergeschoß.

Die Villa war entsprechend hochwertig ausgestattet, was heute zum Beispiel noch an den schönen, eleganten Fenstern abzulesen ist. Leider ist infolge der frühen wesensfremden Umnutzung (Internat, NS-Wohnheim) vieles an Detail verloren gegangen. Auch die Gartenanlage ist, schon durch die vielen Zubauten der Schulnutzung bedingt, früh weitgehend reduziert worden. Heute ist sie auf einige Grundelemente, wie etwa den schräg ansteigenden Weg vor der Ostfassade, beschränkt.

Villa Bergmann, 1917

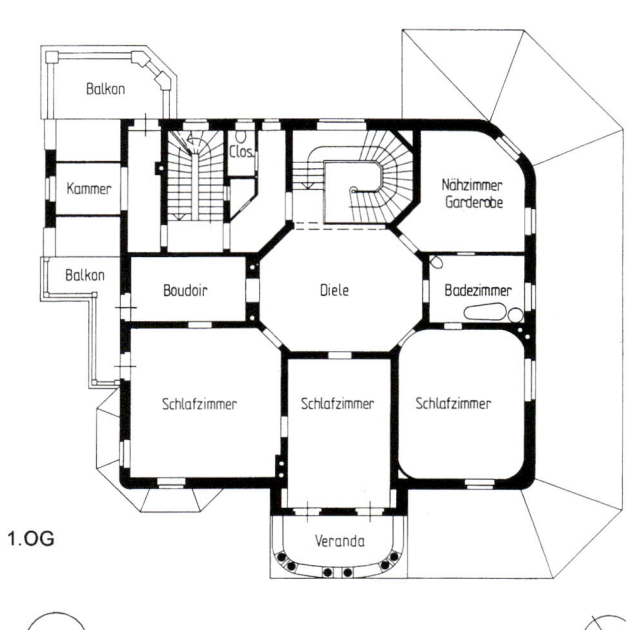

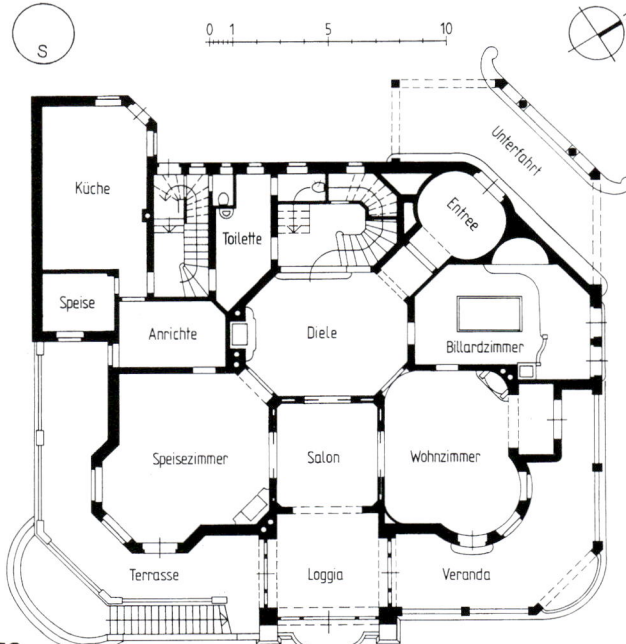
Grundrisse Erdgeschoß und Obergeschoß, 1903

Wandbrunnen an der Südfassade, 1997

Salon im Erdgeschoß, 1986

Feldafing

Villa Bergmann, um 1905/10

Nach Süden an die Parkvilla anschließend entstand die Villa des Münchner Baumeisters Heinrich Lempuhl, die auf der nebenstehenden Luftaufnahme der Höhenbergkolonie gut zwischen der Parkvilla und der Villa Waldberta zu erkennen ist.[31] Es handelt sich um einen relativ schlichten Walmdachbau auf rechteckigem Grundriß. Die einzige Besonderheit sind die im Erdgeschoß und Obergeschoß in der Südostecke gelegenen Loggien, die sich in großen Rundbögen, im Erdgeschoß auf gemauerten Pfeilern, im Obergeschoß auf gedrungenen Steinsäulen, zur Landschaft hin öffnen. Sie waren ursprünglich offen, heute sind sie durch große Glasfenster geschlossen. Ein kleiner, in barockisierenden Formen angelegter Garten war wegen der starken Hanglage seitlich vor der Südfassade angeordnet, eine Lösung, die man bei ähnlichen topographischen Situationen des öfteren am Starnberger See antreffen konnte (vgl. Villa Heidinger, Pöcking).

Feldafing

Blick auf die Höhenberg-Kolonie, um 1930

Die Villa Waldberta gehört zu den größten und eindrucksvollsten Villen der Höhenbergkolonie. 1901 ließ sie der Münchner Bankier Bernhard Schuler von dem Architekten G. Baierle erbauen.[32] Doch bereits 1903 verkaufte er den Besitz an den holländischen Schriftsteller und Verleger Albertus Willem Sythoff aus Leiden.[33] 1926 schließlich erwarb sie der Arzt Dr. Franz Koempel aus New York. Er hatte bei Konrad Röntgen in Würzburg studiert und sich in New York als Leiter des Deutschen Krankenhauses einen großen Ruf erworben. Vor allem hatte er entscheidend dazu beigetragen, die Röntgentechnik in Amerika noch vor der Jahrhundertwende durchzusetzen. Er gründete 1929 die Steuben Society und war deren langjähriger Vorsitzender. Die Villa Waldberta hatte in den Jahren, in denen das Ehepaar Koempel hier den Sommer verbrachte, ihre große Zeit. Während des Krieges wurde die Villa beschlagnahmt und als Lazarett genutzt, nach Kriegsende diente sie zunächst der Besatzungsmacht (für Zwecke der UNRRA), dann als Unterkunft für ehemalige Häftlinge des KZ Dachau. 1951 erhielt die inzwischen verwitwete Bertha Koempel den Besitz zurück und renovierte Villa und Park. 1965 vermachte sie das Haus der Stadt München, die es 1967 Willy Daume zur Vorbereitung der Olympischen Spiele 1972 zur Verfügung stellte. Dafür wurden leider im Inneren Umbauten durchgeführt, welche die überlieferte Ausstattung stark veränderten.[34] Während der Spiele selbst wohnte Bundeskanzler Willy Brandt in der Villa. Seit 1982 schließlich nutzt sie die Stadt als internationale Begegnungsstätte für Künstler, die als Stipendiaten zu einem Studienaufenthalt nach München eingeladen werden.

Die Villa Waldberta ist ein sehr repräsentativer Bau, der unmittelbar an der Hangkante steil aufragt und mit prägnanter Fernwirkung die Landschaft bis über den See hinüber beherrscht. Er ist auf ein mächtiges Sockelgeschoß gestellt, das oben eine ausgedehnte Terrasse trägt und sich unten zu zwei geräumigen, kühlen Loggien (die südliche mit Kreuzgratgewölben, Wandbrunnen und Wandmalereien im Stil der deutschen Romantik) öffnet.[35] Dieses Untergeschoß hebt den eigentlichen Villenbau bedeutungsvoll aus dem Gelände heraus und mildert gleichzeitig die Steilheit der Ostfassade. Der Baukörper wirkt mit seinen gleichsam ineinandergeschobenen Kuben stark plastisch und vor dem Hintergrund der Baumkulisse ausgesprochen malerisch. Dazu trägt vor allem die reichliche Verwendung von (ursprünglich an einzelnen Stellen farbig gefaßtem) Holz mit seinem Farb- und Materialkontrast bei. Seine Gestaltung läßt deutliche Anleihen aus dem Formengut des Schweizerhauses erkennen, das um die Jahrhundertwende noch immer als eines der großen Vorbilder für das Landhaus der Zeit galt. Auch bei dieser Villa bestimmt wieder die Verbindung zum Park und zur Landschaft die innere Ordnung des Hauses und sein äußeres Erscheinungsbild. Von allen Räumen aus hat man über Balkone sowie über große teils gedeckte, teils offene Veranden und Terrassen eine umfassende Aussicht. Der Turm mit seinen über mehrere Etagen verteilten Aussichtsmöglichkeiten gewährt sogar eine unbeschreibliche Rundumsicht und damit nicht nur einen

Feldafing

Villa Waldberta (Höhenbergstraße), Gartenfassade mit Blick zum See, um 1950

G. Baierle, Fassadenpläne (Ostfassade und Südfassade) zur Villa Schuler (Waldberta), 1902

Überblick über den ganzen See, sondern auch über die gesamte, von hier aus sichtbare Alpenkette von den Chiemseer Bergen bis hin zu den Allgäuer Alpen.

Das Äußere des Baukörpers spiegelt seine innere Ordnung wieder. Um eine geräumige Halle im Zentrum gruppieren sich frei die verschiedenen Räume, so daß jeder außen ablesbar wird und keine zwei Räume eine gemeinsame Fluchtlinie besitzen. Dennoch geben drei über Kreuz angeordnete Raumfluchten (Treppenhaus – Vestibül – Louis-XVI-Zimmer sowie Speisezimmer – Salon – rückwärtige Nebenräume) die nötige formale Ordnung. Die Anordnung der Räume sollte so viel Abwechslung und Variation wie möglich bieten. Anders als beim spätklassizistischen Landhaus oder wieder bei den Villen nach dem Ersten Weltkrieg mit ihrer klaren, gut überschaubaren Raumfolge ist hier jeder Raum anders angelegt, bieten sich beim Betreten eine jeweils andere Perspektive, eine andere Ausstattung, andere Lichtverhältnisse und damit eine andere Stimmung. Zum individuellen Raumcharakter tragen auch verschiedene Fensterformate und Erkerlösungen bei. Die Ausstattung der verschiedenen Räume mit feinen Balkendecken oder mit Stuckleisten und flachen floralen Stuckreliefs sowie mit Parkettböden folgten diesen Vorgaben. Verschiedene dieser Ausstattungsdetails wie auch die schönen jugendstilhaften Glastüren oder die Kamine aus hellem Sieneser Marmor sind, wie oben schon angesprochen, im Laufe der Nutzungsänderungen nach dem Tode von Bertha Koempel entfernt oder an andere Stellen innerhalb des Hauses versetzt worden. Das Haus verfügte nicht nur über 14 Zimmer, 3 Dienstbotenzimmer und eine sehr große Küche, es hatte von Anfang an Zentralheizung und elektrisches Licht, 2 Bäder (sowie eins für das Personal), Speiseaufzug und Telefon in den wichtigsten Räumen wie an bestimmten Stellen des Gartens.

Die Villa wird von einer ca. 22000 qm großen Gartenanlage umgeben, die von dem renommierten Münchner Gartenkünstler Michael Buchner angelegt wurde. Sie besteht westlich der Villa aus einer ebenen, aber im Relief etwas modellierten Fläche, die an der östlichen Gebäudeflucht der Villa über eine durch das gesamte Grundstück verlaufende Hangkante gleichmäßig steil bis zur Thurn-und-Taxis-Straße hinab abfällt. Neben repräsentativen Treppenanlagen in Hausnähe erschließt ein verschlungenes Wegesystem den gesamten Garten und schwingt in weiten Bögen auch den Abhang hinunter. Es führt abwechslungsreich über sonnige Abschnitte und durch schattige Bereiche, führt zu Stellen mit überraschenden Ausblicken auf die Landschaft und zu besonders gestalteten Gartenpartien. Dazu gehörten mehr artifizielle Ausstattungsdetails wie der Springbrunnen unterhalb der Villa, der mit einem Becken in Form einer riesigen Muschel ausgestattet ist, oder die kunstvollen, in den typischen Brokatmustern der Zeit an-

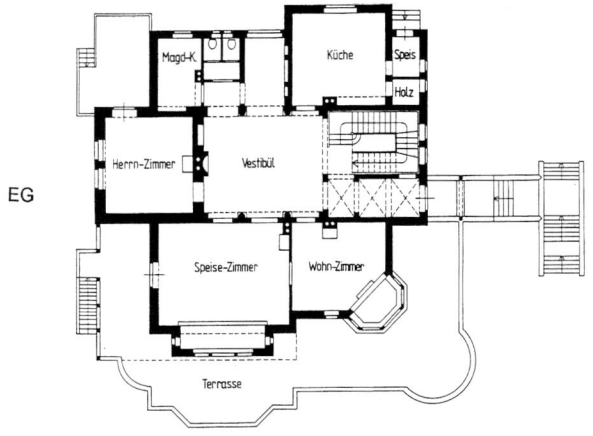 

Grundrisse Erdgeschoß und Obergeschoß, 1902

Feldafing

Villa Waldberta, Eingang, 1917

Empfangssalon (Empirezimmer, Wohnzimmer), 1915

Speisezimmer, 1917

Speisezimmer, 1917

Vestibül (große Diele im Erdgeschoß), 1996

Treppenhaus, 1996

Eßzimmer, ehemals Herrenzimmer (Stadtmuseum München), 1986

Feldafing

Villa Waldberta, Parkanlage, um 1915 (Rekonstruktion)

gelegten Blumenrabatten. Da gab es aber auch »natürlich« wirkende Details und überraschende Szenerien wie die kleine Tuffsteingrotte, das in dieser Zeit so beliebte Alpinum oder den kleinen »Wasserfall«, der über künstliche, in den Steilhang gebaute Felsenkaskaden geführt wurde und sich am Ende in einen Goldfischteich ergoß. Unten an der Straße wurde eine monumentale Steinbank aufgestellt, mit Figuren, die sich nicht mehr ganz zuverlässig deuten lassen (Natur, Kunst und Wissenschaft?). Sie ist ein Werk des Münchner Bildhauers Karl Kiefer und war 1907 im Glaspalast ausgestellt. Verschiedene kleine Bauten waren als Zielpunkte über den Park verteilt. Da gab es einen kleinen runden, mit Rinden verkleideten Pavillon (genannt »Käppele«, noch erhalten) und, oben in der Nordwestecke des Parks, ein ganz von Rosen bewachsenes Gartenhaus (genannt »Rosenhäusl«). Südlich dieser Anlage wurde ein breiter Streifen dem Obstgarten vorbehalten, an den sich oben an der Höhenbergstraße ein großer Gemüsegarten mit Mistbeeten, einem großen Treibhaus (mit Pflanzenwinterhaus, Kalthaus und Warmhaus) und einem Gärtnerhaus anschloß. Im Treibhaus wurden während der kalten Jahreszeit die in großen Pflanztrögen gezogenen Gartenpflanzen, zum Beispiel kleine Palmen, untergebracht. Im Gemüsegarten wurde alles angebaut, was man für den Haushalt brauchte, damals auch schon Tomaten, Artischocken, Mais, Paprika oder Melonen.

Der Baumbestand, der überwiegend aus Kiefern und mächtigen Buchen besteht, geht zum Teil noch auf Pflanzungen zurück, die noch vor dem Kauf durch die Heilmann'sche Immobiliengesellschaft für den oberen Abschluß des Schloßparks durchgeführt worden waren, zum anderen Teil auf zusätzliche Pflanzungen nach dem Bau der Villa.[36]

Parkbank, Karl Kiefer, 1907

Garten mit Muschelbrunnen, um 1950

Das Ehepaar Koempel am Muschelbrunnen, um 1950

Loggia mit Wandbrunnen, um 1950

Jugendstil-Einfriedung (A. Thunig, 1907), 1986

Feldafing

Villa Hutschenreuther (Maffeistraße), Ostfassade mit Blick zum See, 1995

Speisezimmer im Obergeschoß, 1993

Speisezimmer, 1993

Feldafing

Speisezimmer mit Blick in den Erker, 1993

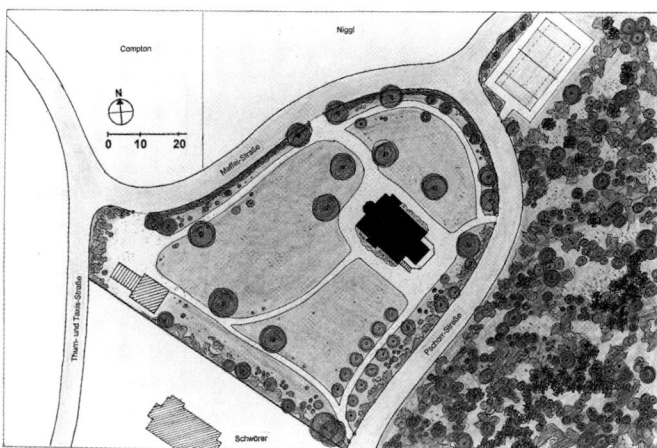

Gartenanlage, um 1940 (Rekonstruktion)

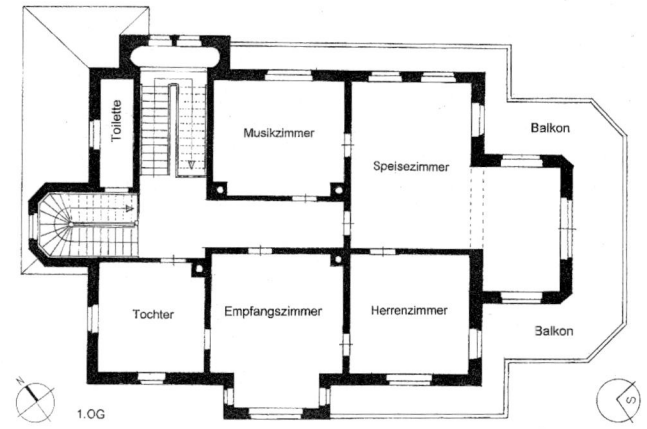

Grundriß Obergeschoß, 1903

Die Villa Hutschenreuther in der Maffeistraße wurde 1903/04 für Victor Hutschenreuther, den Besitzer der 1857 gegründeten Porzellanmanufaktur in Selb, gebaut. Der Architekt war vermutlich Johann Biersack.[37] Das Haus ist auf rechteckigem Grundriß nach Osten gerichtet, wodurch sehr viele Zimmer Anteil an der sonnigen Südseite bekamen. Der über drei Seiten gelegte, durchgehende Balkon ermöglicht auch hier wieder von allen Räumen des Obergeschosses den Kontakt zur umgebenden Landschaft. Die Ostfassade schließlich bietet in der für den Starnberger See so charakteristischen vertikalen Anordnung einer schattigen Loggia im Untergeschoß, einer Veranda im Erdgeschoß, des Balkons im 1. Obergeschoß sowie einer überdeckten und verglasten Veranda im 2. Obergeschoß einen herrlichen Ausblick über den Lenné-Park hinweg auf den See. In der Gestaltung der Fassaden greift Biersack bodenständige Details auf und stellt mit der Verwendung von sehr viel, zum Teil farbig gefaßtem Holz den gewünschten Landhauscharakter her. Die gerade auf dieser Ostseite ungewöhnliche Verschmälerung des Grundrisses ist eine Folge der Raumdisposition im 1. Obergeschoß, wo sich die Herrschaftsräume, bestehend aus Speisezimmer, Herrenzimmer mit Bibliothek und Salon befinden. Victor Hutschenreuther hatte nämlich aus seinem Haus in Selb ein sehr schönes, vollständig getäfeltes Speisezimmer mitgebracht, das hier in unveränderter Form eingebaut werden sollte und auf das der Grundriß der Feldafinger Villa abzu-

stimmen war. Die Herkunft dieses Zimmers ist heute leider nicht mehr zu klären. Möglicherweise ist es um 1880 in einer Nürnberger Werkstatt entstanden.[38] Im Erdgeschoß befanden sich bei gleicher Raumanordnung ein weiterer Salon und das Musikzimmer, im 2. Obergeschoß die Schlafräume und die Gästezimmer. Der Garten war trotz des relativ kleinen Grundstücks sehr sorgfältig geplant. Er wurde später über die Pschorrstraße hinüber durch Zukäufe erweitert und reichte dann bis zur Tutzinger Straße hinunter. Rückseitig ist noch das sehr reizvolle ehemalige Gärtnerhaus erhalten, das zu einem eigenständigen Wohnhaus umgebaut wurde.[39]

215

Feldafing

Landhaus Schwörer (ehemals Thurn-und-Taxis-Straße), um 1905/10

Villa Prange (Pschorrstraße), um 1905/10

Zu den frühen Häusern am Höhenberg gehörte das Landhaus des Kunstmalers Friedrich Schwörer in der Thurn-und-Taxis-Straße, das 1901/02 durch Johann Biersack errichtet wurde.[40] Es handelte sich um einen schlichten Satteldachbau in bodenständigen Formen, der seine Details aus dem Repertoire des Bauernhauses des Oberlandes bezog. Die zum See gewandte Ostfassade wies in der Südostecke einen erdgeschossigen, polygonalen Erker, in der Mitte eine kleine, vom Balkon des Obergeschosses überdeckte Veranda mit Treppe zum Garten auf. Das gesamte Obergeschoß besaß einen umlaufenden Balkon, das 2. Obergeschoß wies die traditionelle Giebelverschalung auf und war mit einem kleinen Balkon ausgestattet. Der Eingang lag rückseitig. Die Holzteile waren zum Teil polychrom gefaßt, wie es den Ideen des Heimatstils entsprach. Das Haus wurde nach dem Zweiten Weltkrieg abgebrochen.

Die Villa Prange wurde 1903 für den Zahnarzt Dr. Wilhelm Christensen errichtet, der aus Dänemark stammte, jedoch in München praktizierte.[41] Der planende Architekt war G. Baierle, der schon die Villa Waldberta gebaut hatte. Der relativ kleine Walmdachbau wird auf der Ostseite von einem schmalen Giebelrisalit auf ionischen Säulen und mit einer Freitreppe zum Garten beherrscht, der repräsentativ gemeint war, hier aber doch eher als Versatzstück wirkt und etwas in einen Hollywoodstil abgleitet. Zwischen den Säulen war ein kleiner Balkon eingespannt, der später auf dem südlichen Fassadenteil weitergeführt wurde. Erdgeschossig zieht sich eine überdeckte Veranda (unter Verwendung ionischer Säulen) über drei Seiten des Hauses. Der Eingang befand sich ursprünglich auf der Nordseite. Rückwärts überragt die Villa ein mächtiger Belvedereturm mit offenem Obergeschoß. Die Fassaden zeigten ursprünglich an verschiedenen Stellen eine jugendstilhafte Dekoration, ein schöner Jugendstil-Wandbrunnen ist auf der Nordseite noch erhalten. Die Villa wurde in den 30er Jahren auf der Südseite angebaut und stark erweitert, wodurch das Gleichgewicht der Fassade sehr nachteilig verändert wurde. Veränderungen im Inneren und der Umbau 1986 haben die Villa stark entwertet.

Ein sehr interessanter, etwas eigenwilliger Bau war die Villa des Kölner Theaterintendanten Julius Hofmann, 1905 von Franz Mayr errichtet.[42] Der in seinen Formen stark jugendstilhaft aufgelöste Baukörper wurde von einem sehr steilen, von verschiedenen Gauben durchbrochenen Walmdach beherrscht, das rückwärts von einem niedrigeren, barock geschweiften Walmdach ergänzt wurde. Ein steiler Giebelrisalit mit einem großen Panoramafenster im Erdgeschoß verklammerte beide auf der Südseite. Die leicht geschwungene Ostfassade bestand aus zwei großen Bogenöffnungen, von denen die eine zu einem runden Erker überleitete, die andere eine Loggia mit Steinbrüstung aufnahm. Über die innere Organisation des nicht mehr bestehenden Hauses ist nichts bekannt.

Feldafing

Die Villen Pfister, Waldberta und Hofmann, um 1915

In unmittelbarer Nähe entstanden weitere Villen und Landhäuser, die hier leider nicht alle ausführlicher vorgestellt werden können, die aber auch nicht mehr in ihrer ursprünglichen Form existieren. So, nördlich anschließend, das kleine Landhaus der Hofschauspielerin Clotilde Schwarz, 1902 von Johann Biersack errichtet.[43] Weiter unten, nördlich der Villa Pemsel, wurde 1901 das Landhaus Wanner gebaut.[44] An der Pschorrstraße entstand 1907 das Landhaus von Lisette und Sophie Liesecke, Pensionsinhaberinnen in München[45], und, nördlich von Wanner, 1905 das Landhaus Bauer, ein eigenartiger, leicht abgewinkelter Bau mit einem weit herabgezogenen Reetdach. An der Einmündung der Trendelstraße in die Tutzinger Straße wurde 1905 das Landhaus des Kaufmanns Julius Hecht gebaut[46], etwas weiter heroben 1912 das Haus von Dr. Ferdinand Zilcher, Direktor des Hofbräuhauses München.[47]

Villa des Theaterintendanten Hofmann, 1920

Feldafing

Villa Pschorr (Villa Greite, Thurn-und-Taxis-Straße), Ostfassade mit Blick zum See, 1910

1903 ließ sich der Großbrauereibesitzer Kommerzienrat Joseph Pschorr, dessen Vater bereits die Villa an der Bahnhofstraße besaß, eine repräsentative Villa an der Thurn-und-Taxis-Straße erbauen.[48] Er war mit Louise Bergmann verheiratet, deren Vater, Kommerzienrat Sigmund Bergmann, sich etwas oberhalb seine Villa errichten ließ. Der Architekt Eugen Drollinger entwarf hier einen stark plastisch durchgeformten, etwas unruhig wirkenden Walmdachbau, der mit zahlreichen architektonischen Elementen beladen ist. Auf der Ostseite folgen unmittelbar aufeinander ein zweigeschossiger Erker, hinter dem das große Wohnzimmer liegt, ein flacher Erkervorbau mit Veranda darüber und ein Runderker, dem eine überdeckte Veranda mit Freitreppe vorgelagert ist und der oben in einen Turm mit abgestuftem Helm übergeht. Auch auf den beiden anderen Gartenseiten gibt es Terrassen, Loggien und Balkone. Rückseitig ragt noch ein Treppenturm aus dem Bauwerk heraus. Verschiedene Fenstergrößen und Fensterformen tragen weiter zur unruhigen Fassadengestaltung bei. Natürlich ist auch hier wieder die Verbindung der einzelnen Räume zur Landschaft gesucht, soll wieder von jedem Zimmer aus eine umfassende Aussicht ermöglicht werden. Das ist die typische Bauaufgabe am Starnberger See. Die hier gebotenen Lösungen lassen sich mit denen anderer Villen vor allem mit den Ergebnissen der Villa Bergmann vergleichen, nur sind sie hier doch weit weniger elegant vorgetragen als dort. Das Sockelgeschoß ist auch hier deutlich vom eigentlichen Villenbau abgesetzt, um die starke Hanglage auszugleichen. 1909 wurde auf der Südseite noch ein Anbau (Schreibzimmer) mit Terrasse darüber angefügt. Die Fassadengestaltung zeigt auf den älteren Aufnahmen noch viele jugendstilhafte Details, die heute leider beseitigt sind. Die Villa hat darüber hinaus Änderungen erfahren und Anbauten erhalten, die das ursprüngliche Erscheinungsbild stark verändert haben. So wurde an der südlichen Fassade ein starker, mehrgeschossiger Seitenflügel angefügt, wurde die Südfassade überarbeitet und stark vereinfacht. Über die ursprüngliche Gestaltung der Innenräume kann nicht mehr viel ausgesagt werden, da die Villa während des Krieges und vor allem durch die Zwangseinquartierungen nach dem Krieg viel von der Qualität der Raumausstattung verloren hat. Ein Photo aus der Zeit um 1910/20 zeigt jedoch eine gediegene Ausstattung mit Stuckprofilen an der Decke und schönen Türen.

Der Garten war im Vergleich zu den anderen Anlagen der Höhenbergkolonie sehr umfangreich, da zwei größere Grundstücke jenseits der Pschorrstraße, die bis zur Tutzinger Straße hinunterreichten, hinzugekauft worden waren. Um zu diesen Gartenteilen zu gelangen, wurde die Pschorrstraße 1910 mit einer eigenen Brücke überbaut. 1926 wurde auch noch das nach Norden anschließende Grundstück erworben.

Villa Pschorr, Wohnraum, um 1910

Villa Pschorr, vom Park aus gesehen, um 1930

Villen am Höhenberg, 1915

Villa Feinhals (Thurn-und-Taxis-Straße), 1996

Villa Feinhals, Fassadenentwürfe, 1902

Der Pschorr-Villa benachbart steht noch die Villa, die Eugen Drollinger 1902 für den Kammersänger Fritz Feinhals (1869–1940) errichtete.[49] Dieser galt zu seiner Zeit als einer der bedeutendsten Sänger des Baritonfachs. Er war 1898 an die Münchner Hofoper gekommen, der er bis 1927 angehörte. Er war unter anderem auch an der Metropolitan-Opera in New York unter Vertrag und wirkte 1917 bei der Uraufführung von Pfitzners »Palestrina« in München mit.

Der im Vergleich zu den anderen Villen Drollingers schlicht gehaltene Walmdachbau zeigt als besonderes architektonisches Merkmal einen polygonalen Erkerturm und das charakteristische Drollinger-Motiv der abgewinkelten, über die Gebäudeecke geführten, überdeckten Veranda. Diese endet infolge der Hanglage auf der Südseite ebenerdig und ermöglicht dort über eine kleine Freitreppe den Zugang zum Garten. Der Bau wird rückseitig über ein schönes, geräumiges Treppenhaus erschlossen. Die Fassaden wurden an verschiedenen Stellen verändert und haben bereits einige Details (Fenstergliederung, Spaliere) eingebüßt.

Man betritt das Haus von Süden. Über ein kleines Vestibül erreicht man das geräumige Treppenhaus. Auf der Ostseite liegen das Wohnzimmer und das Speisezimmer mit einem schönen Erker. Beide Räume sind mit dem Vorraum (Treppenhaus) und miteinander durch große, doppelflügelige Schiebetüren verbunden. Zwischen der Küche in der Nordostecke und dem Speisezimmer liegt eine Anrichte. Im Obergeschoß befinden sich die Schlafräume und ein Gästezimmer, im Souterrain Weinkeller, Waschküche und Hausmeisterwohnung.

Feldafing

Villa Pfister (Höhenbergstraße), um 1905/10

Villa Pfister, Zeichnung von A. Nopper, 1899

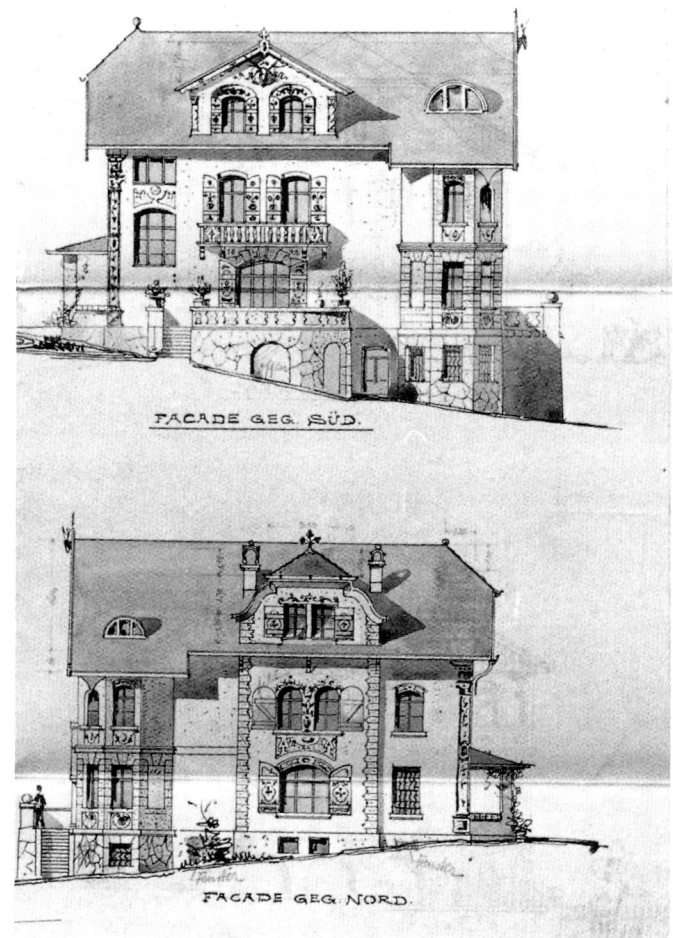

Eugen Drollinger, Entwürfe zur Villa Pfister, 1898

Eine der ersten Villen der Höhenbergkolonie war die Villa des Münchner Mühlenbesitzers und Großkaufmanns Otto von Pfister. Auch dieses Haus hatte Eugen Drollinger entworfen und bereits 1899 fertigstellen können.[50] Der Bau überrascht durch die reiche farbige Gestaltung seiner Fassaden. Neben Motiven des Schweizerhauses, der geschwungenen Giebelform der Ostfassade zum Beispiel, wurden verschiedene Putzvarianten (Quaderung, Wechsel von Glatt- und Rauhputz) mit ihren besonderen Oberflächenreizen und ihren verschiedenen Licht- und Schattenwirkungen angewendet. Hinzu kam eine kräftige farbige Fassung der Holzteile, besonders der Giebelverschalung und der Fensterläden. Das ergab ein lebhaftes, aber harmonisches Bild von besonderer malerischer Wirkung und trug bereits den Forderungen des Heimatstils Rechnung. Auch hier sind wieder von allen wichtigen Räumen Aussichtsmöglichkeiten geschaffen, die allerdings sehr zurückhaltend gestaltet sind. So vor allem die halbkreisförmige Veranda mit Freitreppe zum Garten auf der Südseite sowie die zwischen die beiden Eckerker eingespannte Veranda im Obergeschoß und die erdgeschossige gewölbte Loggia mit Mittelsäule und Freitreppe. Sehr interessant und elegant wirkt der kleine dreipassige Balkon im Giebel. Die Wetterseite wurde gleichzeitig oder etwas später mit einem Schirm von kleinen Schuppenschindeln versehen. Die Villa ist noch relativ gut, auch mit einigen der genannten Details erhalten. Das Innere war mit Paneelen, großen Schiebetüren und

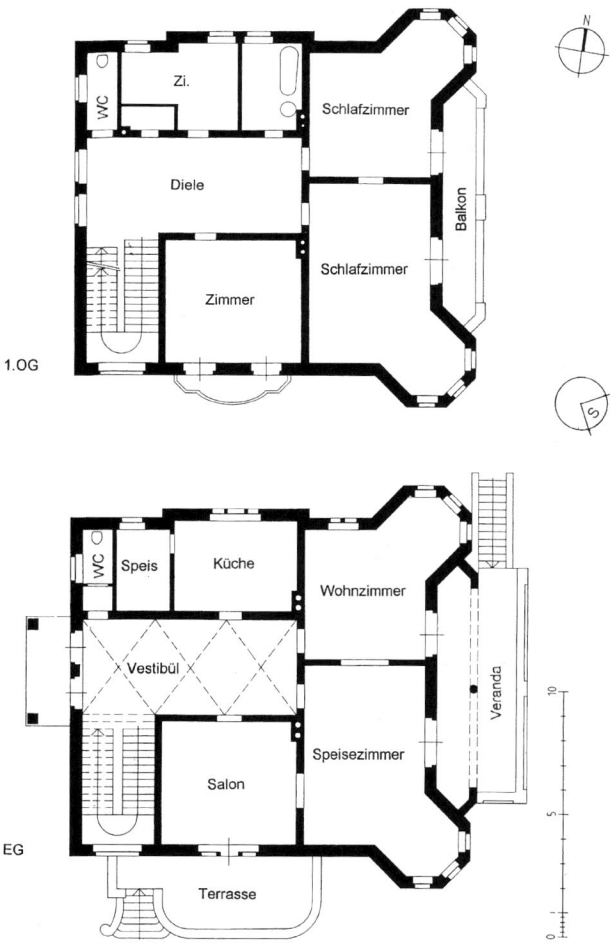

Grundrisse Erdgeschoß und Obergeschoß, 1898

Feldafing

Franz Rank, Villa Pemsel (Siemensstraße), 1902

Stuckleisten an den Decken schlicht, aber durchaus herrschaftlich gestaltet. Das Haus wird von rückwärts durch einen schmalen Gang mit Kreuzgratgewölben erschlossen. Seitlich zweigt das geräumige Treppenhaus ab.

Von der großen Gartenanlage (über 2 ha) ist heute nicht mehr viel erhalten. Die ursprüngliche Wegführung und die Gestaltungsmerkmale sind nicht mehr zu rekonstruieren.

Am südlichen Rand der Höhenbergkolonie ließ sich Hofrat Dr. Hermann Pemsel 1900 eine große Villa nach dem Entwurf von Franz Rank errichten.[51] Das Grundstück reichte im Süden über den Eichgraben hinaus und gehörte mit fast 79 000 qm zu den größten der Höhenbergkolonie. Die Villa wird von einem mächtigen Satteldach und einem an der Südostecke beigestellten Erkerturm beherrscht. Auch hier eröffnen zahlreiche Loggien und Veranden wieder alle gewünschten Aussichtsmöglichkeiten und verleihen der gewaltigen Baumasse starke Plastizität, aber in der Häufung der Motive auch starke Unruhe. Die sehr reiche Verwendung von Holz im oberen Teil gibt Farbe und betont den Landhauscharakter, stellt aber auch sehr betont Reichtum und bürgerliche Gediegenheit zur Schau. Im Grundriß sind die großen Wohn- und Repräsentationsräume wie die wichtigsten Schlafräume und Gästezimmer wie üblich an die Süd- und die Ostseite gerückt. Die Raumfolge scheint jedoch etwas willkürlich und ohne die Eleganz der Grundrißlösung etwa der Parkvilla zusammengestellt. Die Räume wirken wie zufällig aneinandergereiht, ohne formale Bindung, und ergeben ein etwas unharmonisches Bild. Allerdings läßt sich daraus nicht zuverlässig erkennen, wie die Raumfolge unter diesen Umständen, auch unter Berücksichtigung einer entsprechenden Ausstattung sowie der wechselnden Lichtverhältnisse und Stimmungen auf die Bewohner oder die Gäste gewirkt hat.

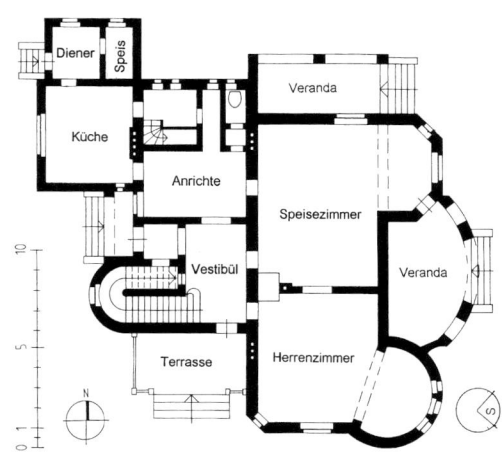

Grundriß Erdgeschoß, 1900

Eine zeitgenössische Beschreibung gibt weitere Einblicke in die Bauaufgabe und ihre Lösungen: »Für die Grundrißdisposition im allgemeinen lag ein sehr exakt niedergelegtes Programm zu Grunde. Der Hauptraum, das 56 qm große Wohnzimmer, wurde nach Nordosten gelegt, in Verbindung zur Ostterrasse, die zur Einnahme der Hauptmahlzeiten vorgesehen ist. Südlich davon liegt der 48 qm große Arbeits- und Billardraum des Hausherrn, für welchen im Programm reichliche Lichtzufuhr gefordert war. Vom Bauherrn wurde weniger Gewicht auf eine opulente Treppen- und Dielenanlage gelegt, vielmehr auf große Raumentwicklung der Zimmer gesehen, deren Beheizung in ergiebigem Maße durch mit Kacheln verkleidete irische Öfen und durch offene Feuerung erfolgt. Die Schlafräume der Eltern sind im 1. Stock, diejenigen der Söhne im 2. Stock und darüber die Dienstbotenkammern untergebracht.

Wesentliche Forderungen waren: Das Haus sollte im Sommer wie im Winter bewohnbar sein. Es sollte mit wenigen Dienstboten zu bewirtschaften sein. Überdeckte Balkone sind dem Hause nach Ost, Süd und Nord vorgelegt und alle so groß ausgeführt, daß Tische und Stühle bequem Platz haben, außerdem noch ein Raum für einen Serviergang übrig bleibt. Für die in den verschiedenen Geschossen nicht übereinandergehenden Mauern waren verhältnismäßig kostspielige Eisenkonstruktionen nötig. Um dem massig erscheinenden Biberschwanzdache auch eine entsprechende Farbwirkung zu geben, wurde ein schöner, dunkelroter Ziegel gewählt. Die Westseite erhielt zum Schutz vor Witterung einen Bretterschirm. Die Außengestaltung des Hauses sollte sich an die einfachen Formen des mitteldeutschen Bauernhauses anlehnen. Das Dunkelbraun des Holzwerks am Äußeren und die weiße Mauertünchung wird durch die lebhaften Farben natürlicher Blumen, welche in Kästen entlang der Verandabrüstungen gepflanzt sind, angenehm unterbrochen. Dem Wunsche des Bauherrn entsprechend wurden alle Rohrleitungen und Spülapparate außerhalb der benützten Räume gelegt, wodurch dem unangenehmen Geräusch der Spülung vorgebeugt wurde.«[52]

Die riesige Parkanlage, die vor allem die romantische und sehr reizvolle Eichgrabenschlucht einbeziehen sollte, wurde soweit wie möglich in natürlichem Zustand belassen und nur durch ein ausgedehntes Wegesystem erschlossen. Die Pläne zu dieser Anlage stammten von Hofgarteninspektor Kaiser. Diese Parkanlage ist heute fast vollständig aufgeteilt und überbaut, ein anschauliches Beispiel für den allgemeinen Niedergang der Gartenlandschaft am Starnberger See, die einmal so entscheidenden Anteil an dieser bedeutenden Kulturlandschaft hatte. Die Villa ist erhalten, hat aber bereits viele Details eingebüßt.

Eine weitere große Villa am Südrand der Höhenbergkolonie war die Villa, die sich Kommerzienrat Dr. Arendt 1901 nach Plänen von Franz Rank hatte errichten lassen.[53] Auch hier gehörte mit etwa 52 000 qm wieder ein riesiges Grundstück dazu. Die Villa war als großer Walmdachbau konzipiert, dem ein mächtiger Belvedereturm beigestellt war.

Villa Pemsel, um 1905/10

Franz Rank, Entwurfszeichnung zur Villa Arendt, 1899

Villa Arendt, nach dem Umbau für Hans von Steffens, 1919

Feldafing

Villa Arendt (ehemals Firnhaberstraße), 1901

Auch hier wurde die Baumasse von angefügten oder herausgezogenen Gebäudeteilen stark aufgelöst und mit dekorativen Versatzstücken überhäuft. Das sollte wohl malerisch und vor allem repräsentativ wirken, erreichte aber am Ende allenfalls bürgerliche Spießigkeit. Alles, was bei der Villa Pemsel noch kraftvoll und großzügig wirkte, geriet hier zum Nippeskästchen. Die protzige, unproportional auftrumpfende Treppen- und Brunnenanlage vor der Gartenfassade steigert das Bild noch einmal. Auch die seitlich angesetzte Pergola, welche die gedeckte Terrasse mit einem kleinen offenen Sitzplatz verbindet, wirkt in diese Richtung.[54]

Über die von Hofgarteninspektor Kaiser geplante Gartenanlage kann heute nichts mehr ausgesagt werden. Auch sie hat wohl weitgehend auf das vorhandene Landschaftsbild Rücksicht genommen. So mußte der Standort der Villa an der Hangkante zusätzlich aufgeschüttet werden, um eine dichte, schützende Baumgruppe hinter dem Haus erhalten zu können. Zur Villa gehörte eine kleine Gärtnerei mit Treibhaus.

Nachdem bereits 1911 ein Umbau stattgefunden hatte, wurde die Villa 1920 nach den Plänen des Büros Liebergesell und Lehmann für den neuen Besitzer Hans von Steffens vollständig überarbeitet. Der Turm wurde abgetragen, die Fassaden stark reduziert und geglättet. Dabei erhielt der Bau ein wesentlich ruhigeres und moderneres Erscheinungsbild. Nach dem Ende des Zweiten Weltkrieges ist die Villa abgebrannt.

Die wesentlich schlichtere, ihrer Entstehungszeit nach natürlich auch wesentlich modernere Villa Engelhorn wurde 1913 westlich der Höhenbergstraße für den Rentier Emil Kniep gebaut.[55] Das relativ kleine Haus liegt in einem sehr großen Grundstück, das ursprünglich beinahe 34 000 qm umfaßte. Durch ein schönes schmiedeeisernes Tor in Rokokoformen (1875 dat. und von unbekanntem Standort hierher versetzt) gelangt man zu einer Auffahrtsallee, die in

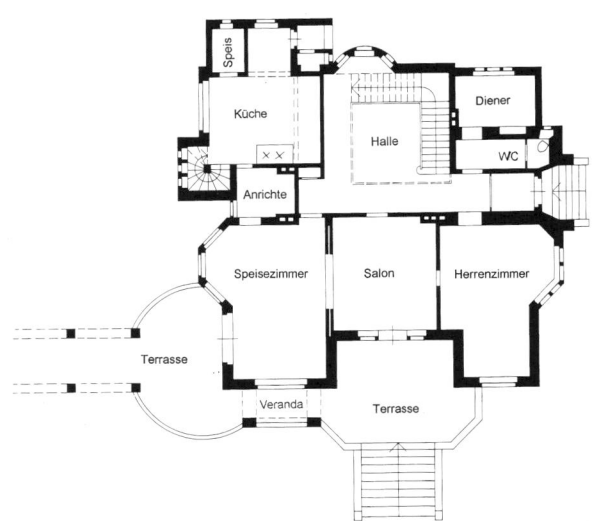

Villa Arendt, Grundriß Erdgeschoß, 1900

weitem, geschwungenem Bogen über die Hügelkuppe zur Villa führt, die hier nicht mehr repräsentativ gerade auf das Haus zuführt, sondern zuerst auf die Landschaft, den eigentlichen Anlaß des Bauens, einstimmt. Die Villa ist ganz auf die zur Bauzeit noch unverstellte Fernsicht ausgerichtet und in den Winkel zwischen See und Alpenkette gestellt. Sie steht auf einer großen, breitgelagerten Terrasse, die auf beiden Seiten von kleinen Pavillons begrenzt wird und von deren Kante weg der weite, am Ende von Apfelbäumen gesäumte Wiesenplan sanft zur Grundstücksgrenze hin abfällt. Ein heiteres, sommerliches Bild! Fern jeder herrschaftlichen Attitüde gibt sich der fein ausgewogene Bau zurückhaltend und privat, läßt aber doch im Anknüpfen an barocke Gestaltungsprinzipien, wie etwa in seiner absoluten Symmetrie oder in den fast raumhohen Terrassentüren, auch den Willen zu nobler Repräsentation erkennen. Der Villa ist rückseitig axial ein Remisengebäude zugeordnet, hinter dem weitere Wirtschaftsgebäude (Ställe, Kutschenremise, Hühnerhaus) liegen, noch einmal ein schönes Beispiel für die Idee des mit einer kleinen Landwirtschaft verbundenen Lebens auf dem Lande.

Eine weitere, modern konzipierte Villa, die Emanuel Seidl 1913/14 für den Leipziger Fabrikanten Gustav Hertle baute, liegt weiter unten an der Trendelstraße, bereits in unmittelbarer Nähe des Lenné-Parks.[56] Der Bau wird von einem ruhigen Mansarddach beherrscht, das sich nur auf der Ostseite zu einer zweigeschossigen Fassade öffnet. Hier liegen im Erdgeschoß die Hauptwohnräume, im Obergeschoß die durch ein Frühstückszimmer getrennten Schlafräume. Auch in diesem Fall strahlt der Baukörper Zurückhaltung und Ruhe aus, werden die Fassaden allein durch schöne Fenster und feingegliederte Spaliere bereichert. Nur auf der Rückseite tritt ein oktogonaler Erker aus dem Baukörper heraus, die Ostseite wird vom Halbrund eines Erkers und von einer halbkreisförmig vor die Fassade gelegten Terrasse betont. Das Haus wurde nach dem Zweiten Weltkrieg leider völlig umgebaut und damit entwertet. Auf dem rückwärtigen Teil des Grundstücks bestehen noch die ehemaligen Wirtschaftsgebäude (Gärtnerhaus, Glashaus), heute vom Hauptgrundstück abgetrennt und zur Wohnnutzung umgebaut.

Villa Engelhorn (Höhenbergstraße), 1984

Villa Engelhorn, Einfahrtstor, 1984

Villa Hertle (Trendelstraße), 1918

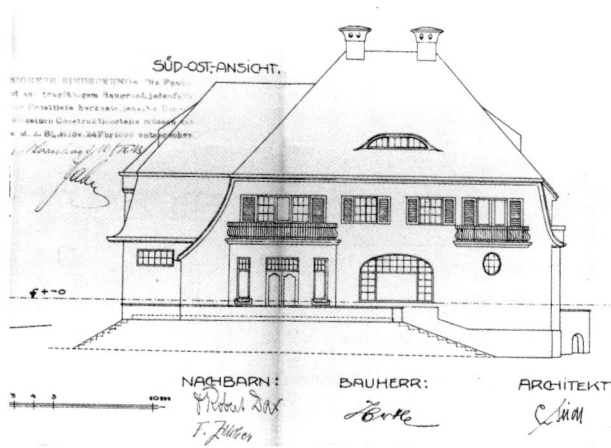
Emanuel Seidl, Entwurf zur Villa Hertle, 1913

Villa Hertle, Gärtnerei, 1918

Feldafing

Villa Dr. Carl (Höhenbergstraße), 1993

Die Villa Carl darf als eine der wertvollsten und interessantesten Villen in Feldafing bezeichnet werden.[57] Sie wurde 1910/11 von Richard Riemerschmid für den Chemiker und Verleger Dr. Carl errichtet, der schon aus seiner Zeit in Würzburg Möbel von Riemerschmid besaß, also mit dessen Stil bereits vertraut war. Der Architekt entwarf dabei nicht nur das Haus, sondern, mit Ausnahme des Speisezimmers nach Entwürfen von Bruno Paul, die gesamte Inneneinrichtung. Das erstreckte sich nicht nur auf die Planung der festen Ausstattung mit Türen, Fenstern, Bad und Küche, sondern auch auf das Mobiliar und auf Details wie Heizungsverkleidungen, Beschläge, Lampen oder Vorhänge, ja sogar auf den Entwurf von eigenen Geschirrteilen. Es ist dies nicht nur ein einmaliges Gesamtkunstwerk, es ist in gleicher Weise ein hochinteressantes und wertvolles Dokument der Zeit, ihres veränderten Lebensgefühls und ihrer Ideen zur Erneuerung des Bauens und Wohnens. Seine verantwortungsvolle und ungeschmälerte Erhaltung bis auf den heutigen Tag verdient Respekt und Anerkennung. Der Landkreis Starnberg hat diese Leistung 1977 auch mit einem Preis für beispielhafte Erhaltung von Altbauten ausgezeichnet.

Das Haus ist, ähnlich der Villa Engelhorn, schräg in den Winkel zwischen See und Alpenkette gestellt. Über die Terrasse mit Freitreppe ist der Bau mit dem leicht nach Süden hin abfallenden Gelände verbunden und axial auf den ebenfalls von Riemerschmid konzipierten Garten ausgerichtet.[58] Die Verwendung des natürlichen Materials Bruchstein für Gebäudesockel und Terrassenbrüstung schafft eine starke Verbindung zur Natur des umgebenden Gartens und ist ein charakteristisches Motiv Riemerschmids und ein Hinweis auf sein Verständnis des Bauens in der Landschaft. Ein offenes (heute verglastes) Salettl vermittelt zur hohen Gartenmauer, die den Eingangsbereich vom Garten abschirmt. Der auf rechteckigem Grundriß entwickelte Bau überzeugt durch seine ruhige Fassadengestaltung mit harmonisch gesetzten Fensterreihen. Die Schauseite wird nur durch feine, schmale Gesimse aus braun geflammter, glasierter Keramik (Steinzeug) gegliedert, die das Fensterband des Obergeschoß begleiten. Ein geschweifter Giebel unterbricht ein wenig die Ruhe des großen Walmdaches und enthält die schönen, flächig gesetzten Fenster des ehemaligen privaten Labors des Hausherrn.

Villa Dr. Carl, um 1915

Der Hauseingang, 1986

Blick auf den Garten, 1997

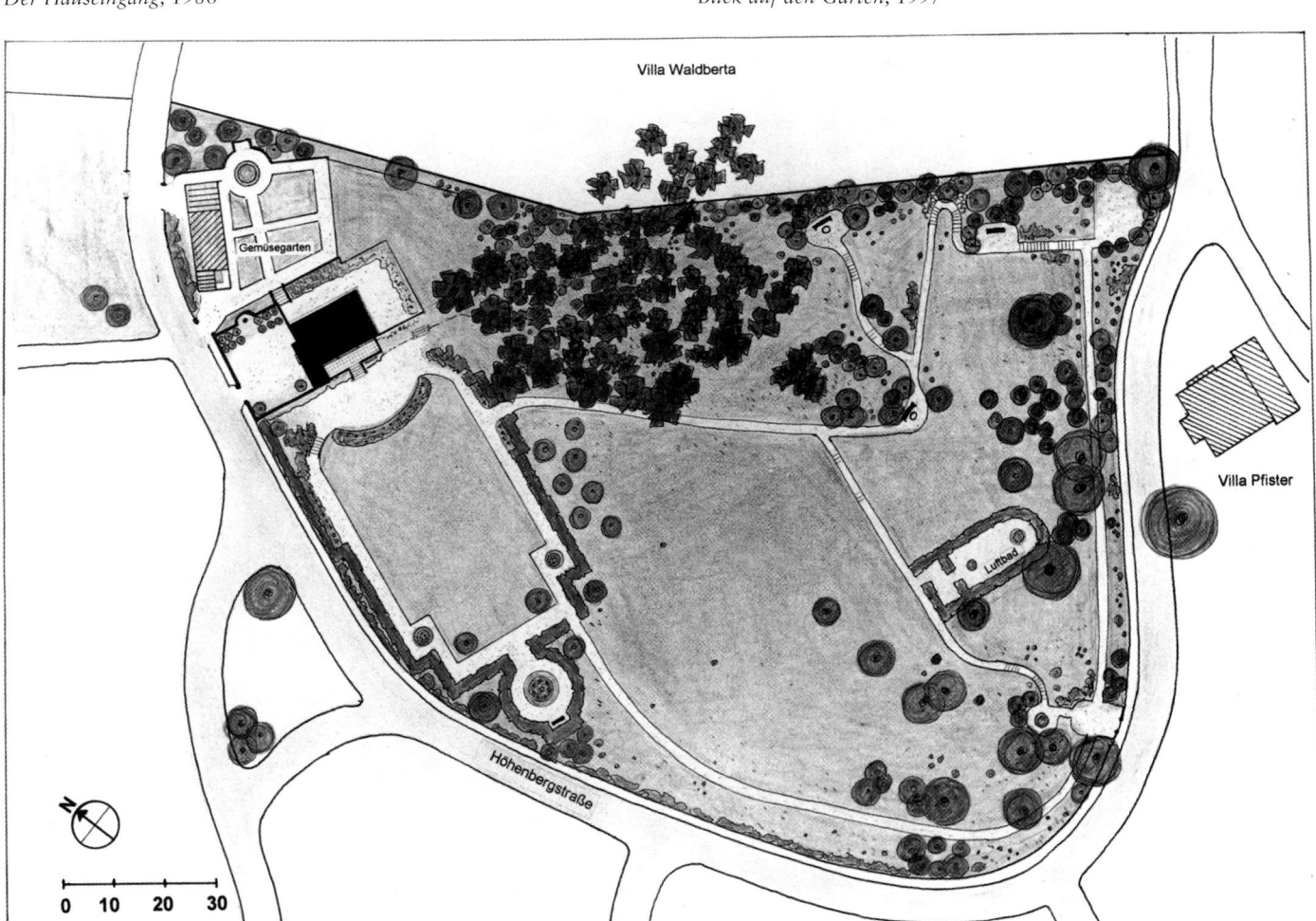

Villa Dr. Carl, Gartenanlage, um 1912 (Rekonstruktion)

Feldafing

Villa Dr. Carl, Flur, 1986

Speisezimmer (Bruno Paul), 1986

Wohnzimmer (Einrichtung Richard Riemerschmid), 1997

Wohnzimmer (Richard Riemerschmid), 1997

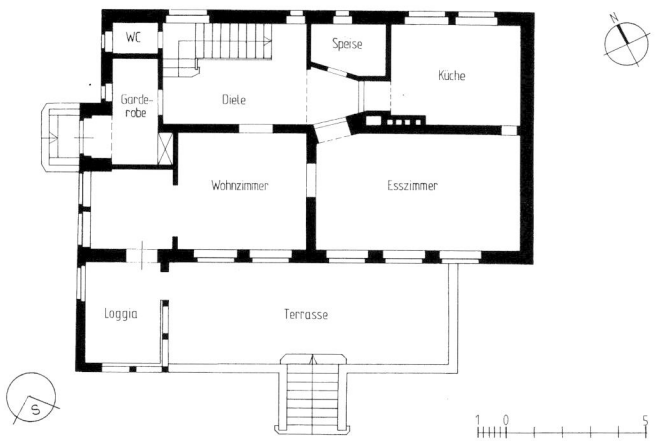

Grundriß Erdgeschoß, 1910

Schlafzimmer 1. Obergeschoß (Richard Riemerschmid), 1997

Ein weiteres von Richard Riemerschmid entworfenes Haus war die Villa des Großadmirals Alfred von Tirpitz, welche sich dieser 1928 als Ruhesitz hatte bauen lassen.[59] In einem ersten Vorentwurf vom Sommer 1927 hatte Riemerschmid noch einen zweigeschossigen Walmdachbau mit einem beigestellten, gedrungenen Rundturm vorgestellt. Der ausgeführte Entwurf überzeugt dagegen durch seine moderner wirkende Sprache. Die Symmetrie des Satteldachbaus, vor allem auch der gartenseitigen Anbauten, sowie die bandartig über die Fassaden gelegten Fenster und Terrassentüren ergeben ein ruhiges, klares und ausgewogenes Bild. Damit erweist sich die Villa als Muster eines schlichten, funktionellen Landhausbaus der Neuzeit. Die Villa wurde leider nach Kriegsende 1945 niedergebrannt.

In unmittelbarer Nähe entstanden noch weitere Häuser, die jedoch zum Großteil nicht mehr bestehen. So 1913 die Villa Einsiedel[60], ein einfacher, klarer Satteldachbau, dessen rückseitiger Anbau eine wirkungsvolle Raumverteilung zugunsten einer schmalen, fast zierlichen Gartenfassade ermöglichte.

Die ehemalige Villa Bauer stand an der unteren Thurn-und-Taxis-Straße.[61] Sie wurde 1911 für den Großkaufmann Ludwig Bauer aus München errichtet. Der in leichtem Winkel angeordnete Bau, in Kistler's Feldafinger Chronik als »schottisches Landhaus« bezeichnet, wirkte mit seinem weit herabgezogenen Reetdach wohl etwas fremd im Umfeld der Höhenberg-Villen, obwohl das Extravagante hier durchaus eine Heimat hatte. Das Haus, das wie so viele Villen am Höhenberg später zur Reichsschule der NSDAP kam, existiert nicht mehr. Das kleine Gärtnerhaus an der Ecke zur Trendelstraße ist jedoch noch erhalten.

1912 entstand in der Nähe der Villa Einsiedel ein kleines unscheinbares Landhaus für den Kaufmann Wilhelm Enders,[62] in dem jedoch ein Stück deutsche Kulturgeschichte des 20. Jahrhunderts geschrieben wurde. Der Schriftsteller Thomas Mann wohnte hier von 1919 bis 1923 als Gast seines Freundes Georg Martin Richter, der das Haus 1919 erworben hatte. Thomas Mann arbeitete in dieser Zeit vor allem an seinem großen Roman »Der Zauberberg«. Seinen Wunsch, hier in Feldafing oder irgendwo am Starnberger See ein eigenes Haus zu bauen, ließ sich später nicht mehr erfüllen.

Villa Admiral Tirpitz, um 1930

Villa Einsiedel (Firnhaberstraße), um 1930/35

Villa Bauer (Thurn-und-Taxis-Straße), um 1925

Feldafing

Villa Seewies, 1991

Die Villa Seewies, die zu den größten und eindrucksvollsten Villen am Starnberger See zählt, wurde 1912/13 von Gustav von Cube für den Direktor der russischen Lloydgesellschaft in St. Petersburg, Gustav Tschernikow, errichtet.[63] Tschernikow, der sich in Deutschland Schernikau nannte, hatte von seinem Vater, einem reichen Petersburger Kaufmann, ein Vermögen geerbt, das ihm gestattete, hier am Starnberger See einen derart großzügigen Villenbau in Auftrag zu geben. Er war in Deutschland aufgewachsen und erzogen worden, war in den preußischen Militärdienst eingetreten (den er als Major a. D. verließ) und hatte eine Deutsche geheiratet. Er hatte schon bei früheren Reisen den Starnberger See kennengelernt und den Entschluß gefaßt, sich hier niederzulassen. Mit der Revolution 1918 verlor er allerdings alle seine Einkünfte aus dem Vermögen in Rußland und mußte seinen Feldafinger Besitz aufgeben. Die Villa erwarb dann um 1,05 Millionen Goldmark die Gattin eines reichen Industriellen für ihre Tochter, die mit Dr. Karl Friedrich Fries aus Heidelberg verheiratet war. Nach dem Zweiten Weltkrieg ging der Besitz in die Hände des Ordens der Barmherzigen Brüder in München über, der hier ein Erholungsheim für bedürftige Rekonvaleszenten einrichtete. Seit 1984 bis zum Verkauf 1993 pachtete der katholische Caritasverband die Villa und führte Kurse und Schulungen durch.

Die Villa entstand in einem ursprünglich etwa 27 ha großen Parkgelände, am oberen Rand eines weiten, zur Bahnlinie hin abfallenden Wiesenplans. An der nördlichen Grenze des Grundstücks, am Rande des Eichgrabens, wurden gleichzeitig eine Gärtnerei eingerichtet und ein Wohnhaus für Bedienstete sowie eine Autogarage gebaut. Über die Planung und Realisierung der Parkanlage, die wohl im Stil eines englischen Landschaftsgartens konzipiert war, kann heute nicht mehr viel gesagt werden, nachdem die Wegeführung und die Ausstattungsdetails weitgehend reduziert sind und die Bepflanzung sich inzwischen stark der freien Natur angenähert hat.

Der noble, schloßartige Bau steht eindrucksvoll vor der rückwärtigen Baumkulisse. Seine ruhige, völlig symmetrische Fassade wird in der Mitte von einem erkerartigen Vorbau und einem Schweifgiebel mit Zopfdekor betont. Der zu Park und See gewandten Schauseite ist hier, anders als bei den meisten Villenbauten des Späthistorismus, eine vollständig durchgebildete, gleichwertige Rückseite mit einem flachen Säulenportikus gegenübergestellt. 1936 wurde der Villa auf der Gartenseite noch eine riesige, mit Freitreppen besetzte Terrasse vorgelegt, durch die ihr herrschaftlicher Charakter noch weiter unterstrichen wurde. Der Architekt, der hier sichtlich an spätbarocke Vorbilder (zum Beispiel Schloß Brühl, Gartenfassade) anknüpfte und damit sehr zeitgemäß plante, hatte mit dem Bau von Schloß Bellemaison im Isartal bereits eine ähnliche Bauaufgabe bearbeitet.[64]

Das Innere der Villa überrascht durch die Großzügigkeit der Raumfolge, die hier, der Zeit entsprechend, wieder ganz symmetrisch aufgebaut ist, sowie durch den unge-

Villa Seewies, um 1935

Westfassade, Eingangsseite, 1991

wöhnlichen Reichtum und die Vielfalt der Ausstattung. Schon die reich in barockisierenden und jugendstilhaften Formen dekorierte Halle und das Treppenhaus schlagen ein hohes gestalterisches Niveau an, das in den übrigen Räumen bestätigt wird. In die Mitte des Erdgeschosses wurde der Musiksalon gelegt, der mit einer in hellem Schilfgrün gefaßten, fein geschnitzten Täfelung ausgestattet ist, welche mit der Darstellung von Musikinstrumenten sowie Blumenvasen und Blumengehängen im Louis-seize-Stil auf die Bestimmung des Raumes als Gartensalon und Musikzimmer verweist, dazu hohe, doppelflügelige Terrassentüren und schöne Spiegel, die den Raum weiten, sowie ein weißer Marmorkamin. Auf der einen Seite schließt sich das große Speisezimmer mit einer raumhohen, geschnitzten Eichenholztäfelung an. Auf der anderen Seite das Bibliotheks- und Arbeitszimmer mit einer schönen Balkendecke und halbhohen Nußholzpaneelen, deren kleine Felder fein geschnitzte Flachreliefs mit Groteskdarstellungen enthalten. Die Türen zeigen ähnliche Schnitzereien in vorzüglicher Ausführung. Der Überlieferung nach hat Tschernikow diese reich gearbeiteten Täfelungen in Rußland ausführen und dann hier in Feldafing von einheimischen Handwerkern einbauen lassen. Wieweit dies den Tatsachen entspricht, kann heute nicht mehr beurteilt werden. Der Vergleich mit den schon früher für Schloß Bellemaison ausgeführten, ganz ähnlichen Wandverkleidungen läßt hier Zweifel angezeigt sein. Jedenfalls entsprechen sie diesen stilistisch soweit, daß zumindest der detaillierte Entwurf durch den Architekten vorausgesetzt werden darf. Die übrigen Räume, vor allem die Schlafzimmer im Obergeschoß verfügten ebenfalls über eine vergleichbar gestaltete Ausstattung, allerdings in bescheideneren Ausmaßen. Im 1. Obergeschoß weisen alle Räume eine unterschiedliche Deckengestaltung auf, mit verschieden starken Vouten, begleitet von Stuckleisten (einfache Leisten, Perlstab, Zopfmuster, Zahnschnitt, flache Abtreppungen u.a.). Der in der Mitte liegende Raum weist wieder eine dem Musiksalon ähnliche Gestaltung auf und wird damit als Hauptraum des Obergeschosses charakterisiert. Die etwas kleineren Räume des 2. Obergeschosses (wohl Dienstboten- und Gästezimmer) zeigen eine vergleichbare, in ihrer Ausprägung jedoch deutlich schlichtere Gestaltung. Die Wirtschaftsräume und die Bäder sind infolge der anders gearteten Nutzung nach dem Krieg nicht mehr ursprünglich erhalten.

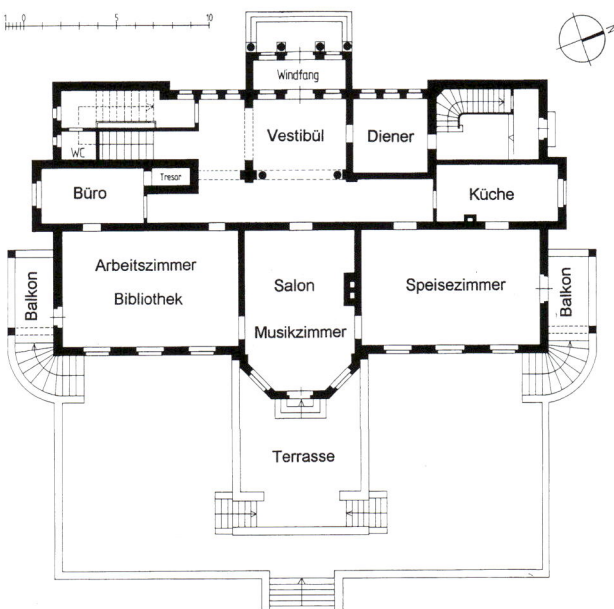
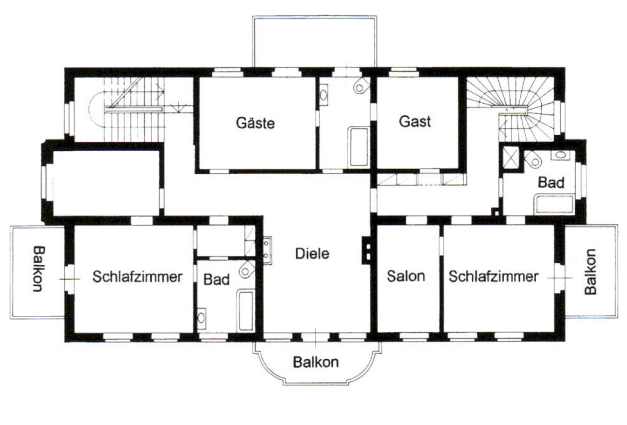

Grundrisse Erdgeschoß und 1. Obergeschoß, 1913

Feldafing

Villa Seewies, Vestibül, 1992

Oberes Treppenhaus, 1992

Speisesaal, 1991

Feldafing

Musiksalon, Detail, 1992

Musiksalon, 1992

Musiksalon, Marmorkamin, 1992

Feldafing

Villa Seewies, Bibliothek, 1992

Bibliothek, Tür, 1992

Bibliothek, Türfüllung mit Groteskschnitzereien, 1992

Bibliothek, Paneel mit Groteskschnitzereien, 1992

Feldafing

Villa Andreae (ehemals in der heutigen Firnhaberstraße), 1926

Blick vom Park auf die Villa, 1926

Feldafing

Offene Terrasse der Villa, 1926

Gedeckte Veranda mit Blick auf Park und See, 1926

Mit dieser Villa schloß ein weiteres sehr interessantes Haus im Süden an die Höhenbergkolonie an. Auch sie lag in einem weitläufigen Park, der östlich der Bahnlinie in leichtem Gefälle nach Südosten hin abfiel und eine großartige Aussicht ermöglichte. Die Villa wurde 1926 von den Architekten Fritz August Breuhaus und Reg.-Baurat Roßkotten für den Berliner Bankier Fritz Andreae errichtet.[65] Nachdem sie am 7. September 1927 teilweise abbrannte, wurde sie 1927/28 in unveränderter Form wieder aufgebaut.

Mit ihrem nierenförmigen Grundriß und ihrem bei uns fremden Reetdach wirkte sie etwas ungewöhnlich. Dabei war die Form des Gebäudes, durch die es sich optimal dem Gelände, aber auch dem Lauf der Sonne anpaßte, durchaus logisch entwickelt. Das Dach war weit herabgezogen und bot fast auf ganzer Länge des Hauses Schutz vor der Witterung. Vor der Gartenfassade breitete sich eine langgezogene, zum Garten hin mehrfach abgetreppte Terrasse aus, auf der Rückseite war ein runder Turm beigestellt, der den Eingang markierte und oben zu einer Belvedereplattform ausgebaut war. Dabei war das Haus sorgfältig in vorhandene Baumgruppen, in der Mehrzahl Eichen, eingefügt. Das Graubraun des Reetdaches und die Farben des Baukörpers, unten ein italienisches Altrosa, oben ein warmes Gelb, harmonierten gut mit der umgebenden Natur. Die Parkanlage war relativ einfach gestaltet und soweit wie möglich in vorgefundenem, natürlichem Zustand belassen. Lediglich ein paar langgezogene Wege, die zum Teil an der Grundstücksgrenze entlang führten, erschlossen diesen Raum und ließen die Landschaft und den Blick auf die Villa zum Erlebnis werden.

Leider kam die Villa, nachdem sie in unmittelbarem Nähebereich zur NS-Reichsschule lag, in die Hände der NSDAP und wurde nach dem Krieg niedergebrannt.

Nach Fertigstellung des Hauses erschien eine Schrift, welche die Vorstellungen des Bauherrn darlegte und die verschiedenen Lösungen vorstellte und erläuterte: »Von der Eingangshalle gewinnt man durch den Vorraum das Wohnzimmer, das als Empfangszimmer dienen soll und nur kleinste Ausmaße, wie überhaupt die meisten Räume des Hauses, aufweist. Als gemeinsamer behaglicher Wohnraum kommt in erster Linie die anschließende Halle an der Ostseite in Frage, die mit ihrer großen, eingebauten Bibliothek sofort die stark geistig interessierte Einstellung der Bewohner dokumentiert. Jenseits des Empfangszimmers liegt, zur Südseite hin geöffnet, mit seinen großen versenkbaren Fenstern das Speisezimmer, das in seinen Raumverhältnissen ebenfalls intimen Charakter wahrt. (...) Das ganze

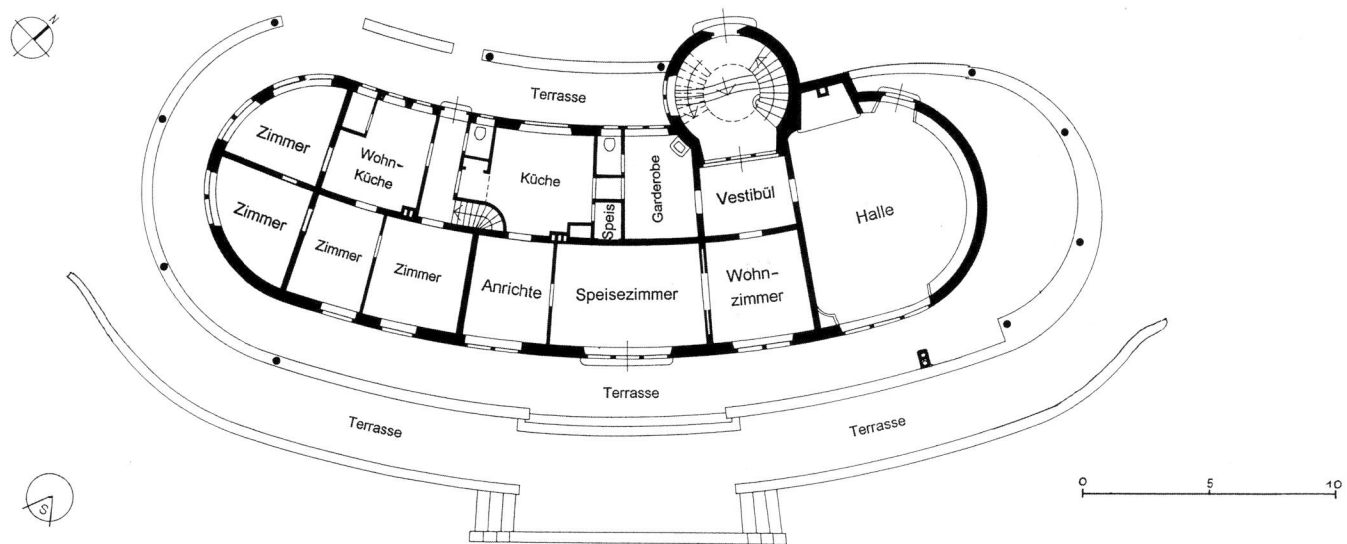

Grundriß Erdgeschoß, 1926

Feldafing

Die Wohnhalle, 1926

Wohnhalle mit Bibliothek, 1926

Feldafing

Nische mit Serviertischen im Speisezimmer, 1926

Das Speisezimmer, 1926

Zimmer der Tochter (grauer und roter Schleiflack), 1926

Obergeschoß aber birgt nur Schlafzimmer. Man erkennt sofort, daß auf üppige Repräsentationsräume durchaus verzichtet worden ist und daß vielmehr behagliche Wohnlichkeit der leitende Gesichtspunkt bei der Aufteilung der Zimmer und ihrer Ausstattung war. In der vornehmen Schlichtheit und Intimität wurde die hohe Wohnkultur zum Ausdruck gebracht, die diesen Räumen eigen ist. (...) Betrachtet man nun die Räume mit ihrer Ausstattung im einzelnen, so empfindet man immer stärker, wie sehr hier in gemeinsamem Wirken von Architekten und Bauherrin alles bis aufs Letzte künstlerisch durchgebildet und auf den Geist der Bewohner abgestimmt worden ist. Als bezeichnende Eigenart erfaßt man sofort die gemessene Zurückhaltung und Schlichtheit in der Ausstattung, obwohl nur künstlerisch hochwertiges Material Verwendung fand. Nur wenig Ornamentik und Dekoration sind zu finden, um in erster Linie die großen ruhigen Flächen in ihrer klaren Aufteilung und ihrem harmonischen Farbenklang wirken zu lassen. Selbst alle Profile an Türrahmen, Fenstern und Decken sind einfach gezogen, die Wände als solche sollen nicht übertönt werden. Charakteristisch hierfür auch, daß keine Gemälde die Wände schmücken, um die herbe Schönheit großer Proportionen und ruhiger Flächigkeit nicht zu durchbrechen und vor allem die gewählte farbige Abstimmung der Räume nicht zu stören. Nur zart abgetönte dekorative Wandmalereien sind in dem Empfangszimmer und Speisezimmer verwertet worden, um die festlich heitere Stimmung dieser Räume zu betonen, die in der graziösen leichten Form der Möbel, besonders der Schleiflackmöbel des Empfangszimmers mit ihrem farbig nuancierten Linienspiel, ihren Widerhall findet. Auch in der Halle mit der reichen Bücherei ist eine lebhaftere Note angeschlagen worden. Die bunte Folge der Bücherrücken ruft hier den fröhlichen Ton hervor, der zur würdevollen Ruhe der Lärchenholzvertäfelung und der gediegenen Geradheit der Nußbaummöbel in bewußtem Kontrast steht. Nur der aus roten Biberschwänzen gemauerte Kamin und die Farbenstreifen der Möbelbezüge antworten mit gleicher Munterkeit in ihrer vielteiligen Musterung.«

Auch hier also wieder ein Haus, das bis in die letzten Details bewußt und einheitlich durchgestaltet war. Mit den nebenstehenden Bildern wird auch der schwierige, kurvenreiche Weg sichtbar vom schweren, prunkenden Späthistorismus etwa der Villen Pemsel und Arendt über die frühe Hinwendung zur Moderne in der Villa Carl oder dem von Jugendstilformen begleiteten Neobarock der Villa Seewies zur Neuen Sachlichkeit der 20er Jahre der Villa Andreae. Dem liegen freilich auch eine veränderte Gesellschaftsordnung, ein ganz anderes Lebensgefühl und eine andere Einstellung zur Natur zugrunde.

Feldafing

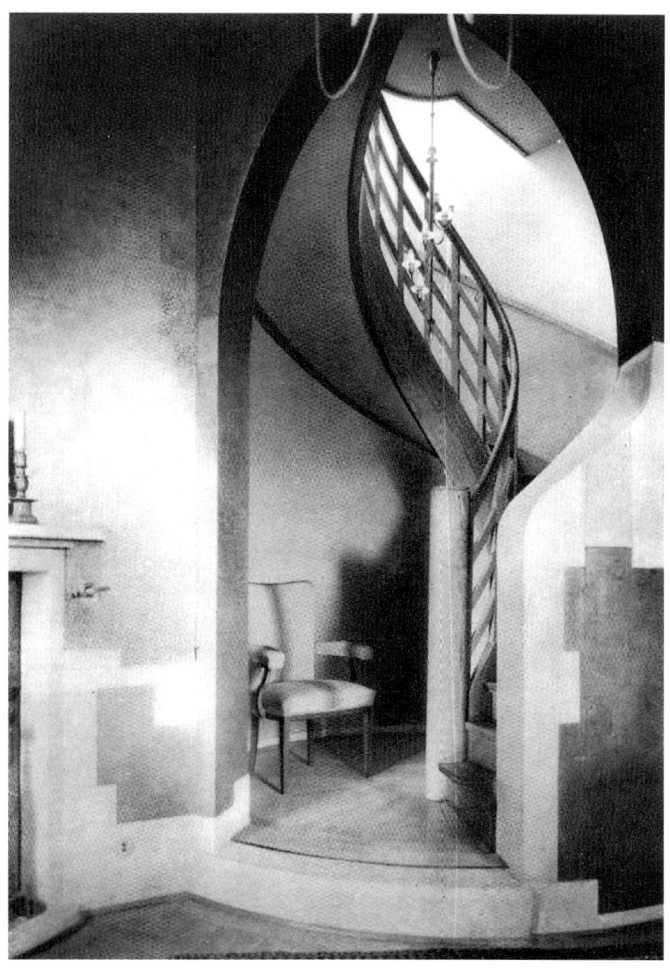

Wendeltreppe im kleinen Turm (Eichenholz), 1926

Gästezimmer (in violetten Tönen gehalten), 1926

Schlafzimmer der Dame (grüner und grauer Schleiflack), 1926

Feldafing

Eberhard Emminger, Blick auf die Roseninsel. Lithographie, um 1860 (Privatbesitz)

Roseninsel

Als »königliche Sommervilla« zwar ein Sonderfall, ist das Casino auf der Roseninsel doch untrennbar mit der Villenlandschaft am Starnberger See verbunden. Ja, es erscheint sogar als Prototyp eines in dieser Landschaft mehrmals verwirklichten Typs einer »villa all'italiana«.[66]

Noch vor den ersten Grundstückskäufen für das neue Schloß auf dem Feldafinger Ufer konnte Max II. die Insel 1850 um den Preis von 3000 Gulden von der Fischerfamilie Kugelmüller erwerben.[67] Unmittelbar darauf wurde der Hofgartenintendant Ludwig Carl Seitz mit der Projektierung der Gartenanlagen beauftragt. Gleichzeitig erhielt der Architekt und »Civil-Ingenieur« Franz Jakob Kreuter den Auftrag zur Planung eines »Casinos«. Kreuter hatte bereits die zu dieser Zeit als »modernste« Anlagen geltenden Gärten von Potsdam studiert und dem Münchner Hof die Entwicklung einer entsprechenden Gartenlandschaft am Starnberger See vorgeschlagen.[68] So verwundert es nicht, daß er unter den dortigen Bauten seine Vorbilder suchte und vor allem im sog. Gärtnerhaus der Römischen Bäder ein geeignetes Muster für seine eigenen Pläne fand.[69]

Während jedoch Schinkel und Persius in Berlin sich eng an die italienischen Vorbilder hielten und auch im Detail immer wieder die Formenwelt der Antike suchten, legte Kreuter seine Pläne zum Casino sehr viel bescheidener an und ging damit andere Wege. Er versuchte vor allem – und das war nur aus der aktuellen Auseinandersetzung um einen zeitgemäßen Baustil der Max-II-Zeit zu verstehen – sehr viel stärker auch Elemente der bodenständigen Bautradition einzubringen.[70] So steht schon der sehr weite Dachüberstand bei Turm und Villa mit seinen frei sichtbaren Pfetten und Sparren im Gegensatz zum Berliner Vorbild und verleugnet seine Herkunft aus der Tradition des alpenländischen Bauernhauses nicht. Auch das Giebelfeld der Villa, das mit seinem Figurenschmuck wohl die Giebelzier des antiken Tempels umdeutet, greift zugleich Motive der Bundwerkskonstruktion und des Giebelschmucks des Bauernhauses im Oberland auf. Entsprechend sind hier auch die kleinen Holzbalkone durchaus logisch verwendet. Und auch der große östliche Verandavorbau ist sichtlich mehr heimischer Zimmermannstradition erwachsen als klassischen Bauvorstellungen. In der Anreicherung des Baus mit dekorativen Details (bei Fensterrahmungen, Terrassentüren, den Brüstungen und dem Figurenschmuck) wurde freilich wieder deutlich das südländische Vorbild gesucht. Letztlich blieb das Casino jedoch ein relativ bescheidener »königlicher« Bau und ging damit, im Äußeren zumindest, nicht wesentlich über das Niveau bürgerlicher Landhausbauten am See hinaus. Die durch diese Synthese vielleicht ermöglichte Vorbildfunktion wird freilich in den nachfolgenden Landhausbauten am See immer wieder sichtbar.[71]

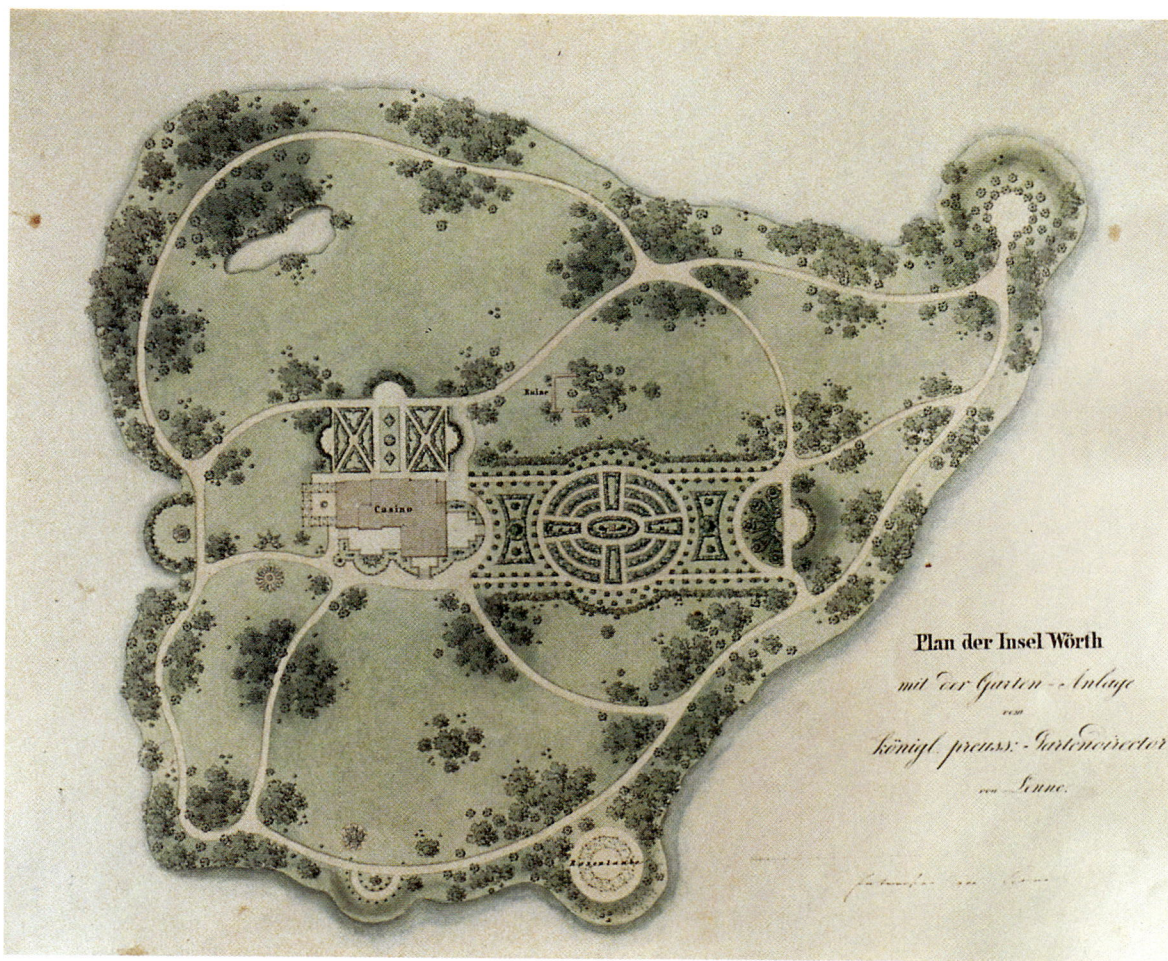

Gustav Meyer, Reinzeichnung der Lenné'schen Entwurfsskizze zur Parkanlage auf der Roseninsel, um 1850 (WAF)

Nachdem es zwischen Kreuter und Max II. zu nachhaltigen Meinungsverschiedenheiten gekommen war, erhielt der Architekt Eduard Riedel den Auftrag für die Fertigstellung und den Innenausbau.[72] Der König meldete vor allem hinsichtlich der Gestaltung der Innenräume gesteigerte Ansprüche an. So wurden bei allen Böden, Decken und Wandverkleidungen ausgesuchte Hölzer verwendet. Große Öfen in weißer Keramik wirkten sehr dekorativ. Besondere Sorgfalt wurde auf die Ausgestaltung mit Figurenschmuck und mit Wandmalereien gelegt. So wurde der große Speisesaal im Obergeschoß nicht nur mit kleinen Figuren (Viktorien) von Franz Xaver Schwanthaler ausgestattet[73], die Felder zwischen den Säulenpaaren der Holzvertäfelung sollten in einer Art illusionistischer, räumlich gesehener Architekturmalerei nach pompeianischem Vorbild dekoriert werden. Der Maler Johann von Schraudolph konnte jedoch mit seinen mythologischen Figuren auf blauem Fond und der Dekoration aus Ranken, Bandornamenten und Blütengehängen auch hier nur eine sehr viel bescheidenere Version realisieren.

Von großer Bedeutung war, wie bei den späteren Villenbauten am See, die Beziehung der Räume zum Garten und zur Landschaft. Der unmittelbare Umgriff war ursprünglich auch hier aufwendiger geplant.[74] Lenné sah ein verschlungenes Wegesystem vor, das in einen »Rundwanderweg« entlang des Ufers eingebunden war. Gebüsch- und Gehölzgruppen wurden entlang der Wege so verteilt, daß sich zusammen mit den freien Wiesenflächen eine offene, aber doch privat abgeschirmte Gartenlandschaft nach englischem Vorbild ergab. Dafür wurde der gewachsene Baumbestand durch umfangreiche Neupflanzungen ergänzt.[75] An verschiedenen Stellen des Ufers waren besondere Aussichtsmöglichkeiten vorgesehen, die durch Aufschüttungen in den See hinein erweitert wurden, um eine möglichst umfassende Rundumsicht zu schaffen.[76] Später kamen noch eine Badehütte und ein langer Steg für den Dampfer »Tristan« hinzu.[77] Der spektakulärste und aufwendigste Teil des Gartens war das von Fliederbüschen gesäumte »Rosarium«, dessen großes, kreisförmiges Zentrum wie ein Labyrinth aus mehreren konzentrischen Kreisen bestand. Im Zentrum stand eine über drei Meter hohe farbige Glassäule mit einer Figur, ein Geschenk von König Friedrich Wilhelm IV.[78]

Das Casino war 1853 fertiggestellt, und König Max II. hat sein Refugium immer wieder gerne besucht. Auch Ludwig II. liebte die Insel, auf die er sich etwas in die Einsamkeit zurückziehen konnte.[79] Er hat deshalb auch für den kontinuierlichen Unterhalt Sorge getragen. Nach seinem Tod änderte sich dies allerdings sehr schnell. 1888 wurde sogar der Inselgärtner entlassen, und der rasche Verfall der Gartenanlagen begann. Auch das Casino war davon betroffen. Bereits 1911 wurden zahlreiche Kunstgegenstände und Ausstattungsstücke geborgen und ins Depot gebracht.[80] Das Dornröschendasein der Insel ist auch heute,

Feldafing

Das Casino auf der Roseninsel, um 1890

Franz Jakob Kreuter, Entwurf zur Freitreppe des Casinos, 1851/52

nachdem der Staat die Insel vom Wittelsbacher Ausgleichsfond erworben hat, nicht beendet. Das Casino wurde inzwischen aus Sicherheitsgründen gänzlich ausgeräumt, sein endgültiger Verfall durch Bausicherungen wenigstens fürs erste gestoppt.

Die Freitreppe zum Garten, um 1870

Südwestecke des Casinos mit der kleinen Terrasse, um 1870

Roseninsel

Franz Jakob Kreuter, Entwurf zum Casino auf der Roseninsel. Aquarellierte Zeichnung, 1851/52 (Stadtmuseum München)

Franz Jakob Kreuter, Entwurfsvariante zum Giebel, 1851/52 (WAF)

F. J. Kreuter, Entwurf zur Dekoration der Veranda, 1851/52 (WAF)

Feldafing

*Gustav Seelos, Salon im Obergeschoß.
Aquarell, 1851/52 (WAF)*

Der ehemalige Salon im Obergeschoß (ohne Ausstattung), 1987

Franz Jakob Kreuter, Entwurf zum Casino. Aquarellierte Zeichnung, 1851/52 (Stadtmuseum München)

Franz Jakob Kreuter, Entwurf zur Veranda. Aquarellierte Zeichnung, 1851/52 (WAF)

Feldafing

Edward Harrison Compton, Villa Compton in Feldafing. Aquarell, 1916 (Privatbesitz)

Feldafing

Edward Harrison Compton, Villa Waldberta. Aquarell, 1930 (Stadt München)

Feldafing

Villa Waldberta, Ostfassade, 1975

Villa Bergmann (sog. Parkvilla), 1995

Feldafing

Villa Seewies, Ostfassade mit Blick zum See, 1991

Villa Seewies, Vestibül, 1992

Feldafing

Villa Seewies, Musiksalon, 1992

Bibliothek (Arbeitszimmer), 1992

Bibliothek, Tür mit Schnitzereien (Detail), 1992

Feldafing

Villa Hutschenreuther, Speisezimmer im Obergeschoß, 1995

Speisezimmer, 1995

Feldafing

Villa Dr. Carl, 1997

Villa Dr. Carl, Wohnzimmer von Richard Riemerschmid, 1997

Villa Dr. Carl und Gartenanlage, Luftaufnahme, 1996 (Luftbild Bertram, Haar)

Tutzing

Eines der prägenden Merkmale des alten Hofmarksdorfes Tutzing war und ist noch heute seine Lage unmittelbar am Seeufer. Den Mittelpunkt bildete von jeher das Hofmarksschloß, das als umfassende Grund- und Gerichtsherrschaft über nahezu 450 Jahre die Dominante im Leben der Dorfbewohner wie im Ortsbild darstellte. Die Anwesen der Fischer und Bauern legten sich in einem zum See hin offenen Halbkreis um den Schloßbereich, mit Schwerpunkten an der heutigen Hauptstraße und nördlich des Bareislgrabens, am Rande des Dorfangers. Ein paar Fischerhäuser, die sich um die Kirche gruppierten, lagen südlich des Schlosses. Die vergleichsweise geringen Hofgrößen hatten eine entsprechend enge Stellung der Anwesen und knapp bemessene Hofräume zur Folge, was sich an mehreren Stellen, zum Beispiel in der Hauptstraße, heute noch gut ablesen läßt.

Das zweite, die Topographie des Ortes bestimmende Element erwächst aus dem besonderen Relief der Moränenkette, die das Ufer begleitet. Während anderswo der Baugrund oft nur mit einem schmalen Uferstreifen in der Ebene bleibt und dann rasch und oft auch steil ansteigt, so zum Beispiel in Starnberg auf dem südlichen Uferstreifen, in Niederpöcking oder auf dem Ostufer, beginnen hier in Tutzing die Hanglagen erst in größerer Entfernung von der Uferlinie. Sie steigen meist gleichmäßig und stetig an und erreichen dann aber eine Höhe wie an keiner anderen Stelle mehr am See. So zählt die über Tutzing gelegene Ilkahöhe zu den höchsten Erhebungen des Landkreises. Die freien Uferstreifen und die Hanglagen mit ihren vorzüglichen Aussichtsmöglichkeiten boten natürlich außerordentlich günstige Standorte für Villen und Landhäuser.

Der Bau der Eisenbahn Starnberg–Tutzing 1865 und ihre Weiterführung nach Garmisch und Penzberg lösten auch hier die erste Welle von Landhausbauten aus. Die Bautätigkeit begann unten am Ufer, vor allem auf den Seeäckern im Bereich zwischen dem alten Dorfkern und der vom Wasser des Kalkgrabens gebildeten Landzunge mit der Ebers-Villa (»Midgardhaus«). Auch das Seeufer südlich des Ortszentrums wurde bald von größeren Villen (Neustätter, Schlösser, Kustermann) besetzt. Nach dem Bau der Bahnlinie dauerte es nicht lange, bis sich auf den unteren Hanglagen ein lockerer Halbkreis von neuen Häusern um

Blick auf Tutzing, um 1930/35

Tutzing, Hauptstraße, um 1930/35

Tutzing, Strandbad Lidl, 1939

das Dorf gebildet hatte. Schließlich zogen auch die neuen Straßenzüge vom Ort zum Bahnhof (Bahnhofstraße, Hallberger Allee) bauwillige Neubürger an, wurde allmählich die Bebauung beidseits der Hauptstraße erneuert und verdichtet. Bis um die Jahrhundertwende erfaßte die Bebauung auch die höheren Hanglagen jenseits der Bahn, zunächst entlang der Höhenbergstraße, der Traubinger Straße und der Kustermannstraße.

Parallel hierzu entwickelte sich Tutzing zu einem bemerkenswerten Ausflugsziel und zu einem der bedeutendsten Fremdenverkehrsorte am See. 1885 besaß der Ort mit einer Brauerei, drei Gasthäusern, drei Hotels und zahlreichen kleineren Pensionen und Privatunterkünften sowie zwei Strandbädern, mehreren Gasthäusern und Cafés auch schon die erforderliche Infrastruktur. Dennoch blieb Tutzing, etwa im Vergleich zu Starnberg, stets die ruhige, fast gemütliche Sommerfrische, welche die Gäste so sehr schätzten.

Obwohl sich in Tutzing auf dem Höhepunkt dieser Gegebenheiten sicher eine der umfangreichsten Villenkolonien am Starnberger See entwickelt hatte, gab es hier relativ wenige große, herrschaftliche Villen, weit weniger jedenfalls als in Starnberg, Feldafing oder Berg. Es war offenbar eine andere Schicht, die sich hier niederließ, die hier eher das ruhige, erholsame Landleben suchte als große gesellschaftliche Aktivitäten. Hier wurden die Häuser auch in weit größerem Umfang von den einheimischen Baumeistern gebaut, und oft reichte das Geld auch nur zu einem »Häuschen« im Grünen. Entsprechend wenig spektakulär gestaltete sich dann die Architektur. Leider sind viele dieser Häuser heute bereits verändert oder durch Neubauten ersetzt, so daß hier nur noch relativ wenig interessante Häuser vorgestellt werden können.

Graf Theodor von Vieregg, Generalmajor der kgl.-bayerischen Landwehr und letzter aus der Familie der ehemaligen Tutzinger Hofmarksherren, ließ 1853 auf der vom Kalkgrabenbach gebildeten Landzunge ein kleines Landhaus errichten, das er vermutlich als Gästehaus nutzen wollte.[1] Der kleine, mit der Giebelseite zum See gerichtete und mit einem Belvedereturm versehene Satteldachbau war ganz hart an das Ufer gestellt, von wo sich eine der schönsten Aussichtspositionen am See eröffnete. Er reihte sich in den kleinen Kreis von Villen ein, die etwa gleichzeitig entstanden (wie die Knorr-Villa, das Casino auf der Roseninsel, Villa Elsholtz über Berg), die ganz dem kleineren toskanischen Landhaus nachempfunden waren. Wer den Entwurf geliefert hat, ist nicht bekannt. Unter Berücksichtigung verschiedener Bau- und Dekorationsdetails möchte man an einen Architekten aus dem Gärtner-Umkreis denken. Andererseits gehörte vieles von dem zu den gängigen Gestaltungsmerkmalen der Zeit, so daß auch ein einheimischer Baumeister tätig gewesen sein könnte. Der kleine nördliche Anbau wurde 1870 verlängert, der Südflügel mit der offenen Loggia und dem überdachten Balkon erst 1882

Andreas Link, Villa Graf von Vieregg (Villa Ebers). Xylographie, 1859

Villa Ebers, 1901

durch Prof. Ebers angefügt.² Der Hauptfassade war eine Veranda mit Freitreppe vorgelegt, welcher ursprünglich ein kleiner Springbrunnen axial zugeordnet war. Die Freitreppe zum See mit den beiden liegenden Löwen wurde erst nach 1870 angelegt, vielleicht auch erst durch Georg Ebers. Wie die Villa im Inneren ausgesehen hat, wissen wir nach den vielen Umbauten nicht mehr. Ein kleines Gemälde der englischen Malerin Laura Alma-Tadema, deren Mann mit Ebers befreundet war, zeigt einen Blick vom Anbau in das erhöht gelegene Speisezimmer (in der Mitte des Hauses) mit einer in Kassettenform angelegten Holzbalkendecke und eine Einrichtung mit Neurenaissancemöbeln.³ Die Parkanlage, von der uns nur die frühen Photographien und die Xylographie nach dem Bild von Hans am Ende Details überliefern, wurde um 1870/80 von Hofgartendirektor Karl von Effner angelegt, möglicherweise noch unter Maximilian Schmidt, der bereits nach dem Kauf 1864 damit begonnen hatte, das Gelände um die Villa zu bepflanzen und in einen Park zu verwandeln.⁴

Die später unter dem Namen »Midgardhaus« bekannt gewordene Villa hat in der jüngeren Kulturgeschichte des Sees eine Rolle gespielt wie nur wenige andere. 1864 erwarb der kgl. Hauptmann und Schriftsteller Maximilian Schmidt (genannt »Waldschmidt«), der noch heute durch seinen Roman »Die Fischerrosl von St. Heinrich« bekannt ist, die Villa.⁵ 1882 kaufte sie der bedeutende Ägyptologe Prof. Georg Ebers.⁶ Er hatte den sog. »Papyros Ebers«, eine der wichtigsten medizinischen Handschriften des alten Ägypten, entdeckt und entziffert. Er trat auch als Schriftsteller vielgelesener historischer Romane hervor, von denen die meisten hier in Tutzing entstanden sind. Georg Ebers pflegte ein gastfreundliches, offenes Haus, Schriftsteller wie Felix Dahn, Paul Heyse, Ernst von Wolzogen oder Ludwig Ganghofer waren hier zu Gast, es kamen auch viele Maler nach Tutzing wie Karl von Piloty, der drüben in Ambach wohnte, sowie Persönlichkeiten aus dem öffentlichen Leben und der Wissenschaft wie der berühmte Hygieniker Geheimrat Max von Pettenkofer aus Seeshaupt, der Theologe Adolf von Harnack oder der Biologe und Philosoph Ernst Haeckel. Zu seiner Zeit verbrachten hier nicht nur sein Sohn, der Maler Hermann Ebers, der später in Seeshaupt lebte, seine Kindheit.⁷ Auch die Schriftstellerin Ina

Villa Ebers (sog. Midgardhaus), um 1890

Familie Ebers vor der Villa: in der Mitte sitzend das Ehepaar Ebers, im Ziegenwagerl die kleine Ina Seidel, auf dem Kutschbock der Sohn Hermann Ebers, der spätere Maler, 1887

Villa Ebers, Bootshaus und Badesteg (mit Hermann Ebers). Die Badehütte überliefert die typische Form des Badehauses am See, oben das offene, nicht einsehbare Sonnenbad, unten die Öffnung, aus der man unbemerkt schwimmen konnte. Um 1890

Der Freisitz unter Bäumen am Seeufer. Zauberhaft der Blick zum Vogl-Pavillon hinüber und auf den oberen See mit der Bergkette. Um 1890

Tutzing

Villa Stolberg, Ostfassade mit Blick zum Garten und zum See, 1988

Villa Stolberg (Hauptstraße), Eingang, 1988

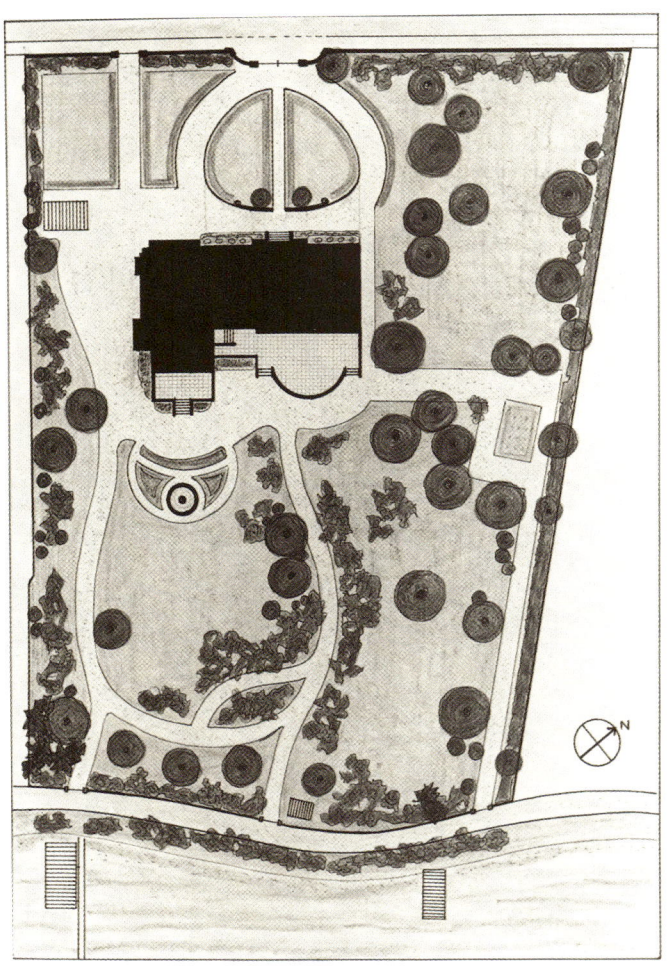

Villa Stolberg, Gartenanlage, um 1925 (Rekonstruktion)

Tutzing

Familie Ebers vor der Villa: in der Mitte sitzend das Ehepaar Ebers, im Ziegenwagerl die kleine Ina Seidel, auf dem Kutschbock der Sohn Hermann Ebers, der spätere Maler, 1887

Villa Ebers, Bootshaus und Badesteg (mit Hermann Ebers). Die Badehütte überliefert die typische Form des Badehauses am See, oben das offene, nicht einsehbare Sonnenbad, unten die Öffnung, aus der man unbemerkt schwimmen konnte. Um 1890

Der Freisitz unter Bäumen am Seeufer. Zauberhaft der Blick zum Vogl-Pavillon hinüber und auf den oberen See mit der Bergkette. Um 1890

Der Vogl-Pavillon und das Bootshaus (Sieber), 1930

Blick auf die Badehütten und Stege, um 1930

Seidel verdankte ihren Ferienaufenthalten beim Großvater Georg Ebers unvergeßliche Eindrücke.[8] 1920 mietete der expressionistische Dramatiker Georg Kaiser das Haus von dem Fabrikanten August Ferber. Sein Aufenthalt hier stand jedoch unter keinem guten Stern, am Ende mußte er sogar ins Gefängnis.[9] Nach dem Zweiten Weltkrieg verkam das Haus immer mehr, bis es schließlich die Gemeinde Tutzing erwarb. Als der Plan, an seiner Stelle ein 250-Betten-Hotel zu errichten, auf heftige Widerstände hin scheiterte, wurde in der Villa ein Restaurant eingerichtet und damit wenigstens ihr städtebaulicher Wert für das Seeufer erhalten.

Eine frühe Zeile von Landhäusern entstand nach 1860 auf den sogenannten Seeäckern nördlich des alten Dorfes, zwischen der Hauptstraße und dem Seeufer. Das nördlichste, sehr schlichte Haus hatte sich der Braumeister Kalb gebaut.[10] Es ist noch gut in seiner ursprünglichen Form erhalten und zeigt wieder die typische Trias von Veranda (hier zum Wintergarten geschlossen), Balkon und Hochlaube in schöner Holzkonstruktion. Eine barockisierende Freitreppe leitet zum Garten über.

Auf dem anschließenden schmalen, langgestreckten Grundstück baute 1866 Ferdinand Graf von Spreti, kgl. Major und Inhaber der Garnisonskompanie in Nymphenburg ein schlichtes Landhaus mit Satteldach und mit kurzen Balkonen auf der Seeseite.[11] Das Haus, das 1895 von Geheimrat Dr. Franz Riegel, Arzt und Professor in Gießen,

Das nördliche Tutzinger Seeufer (in der Mitte oben der sog. Judentempel), 1874

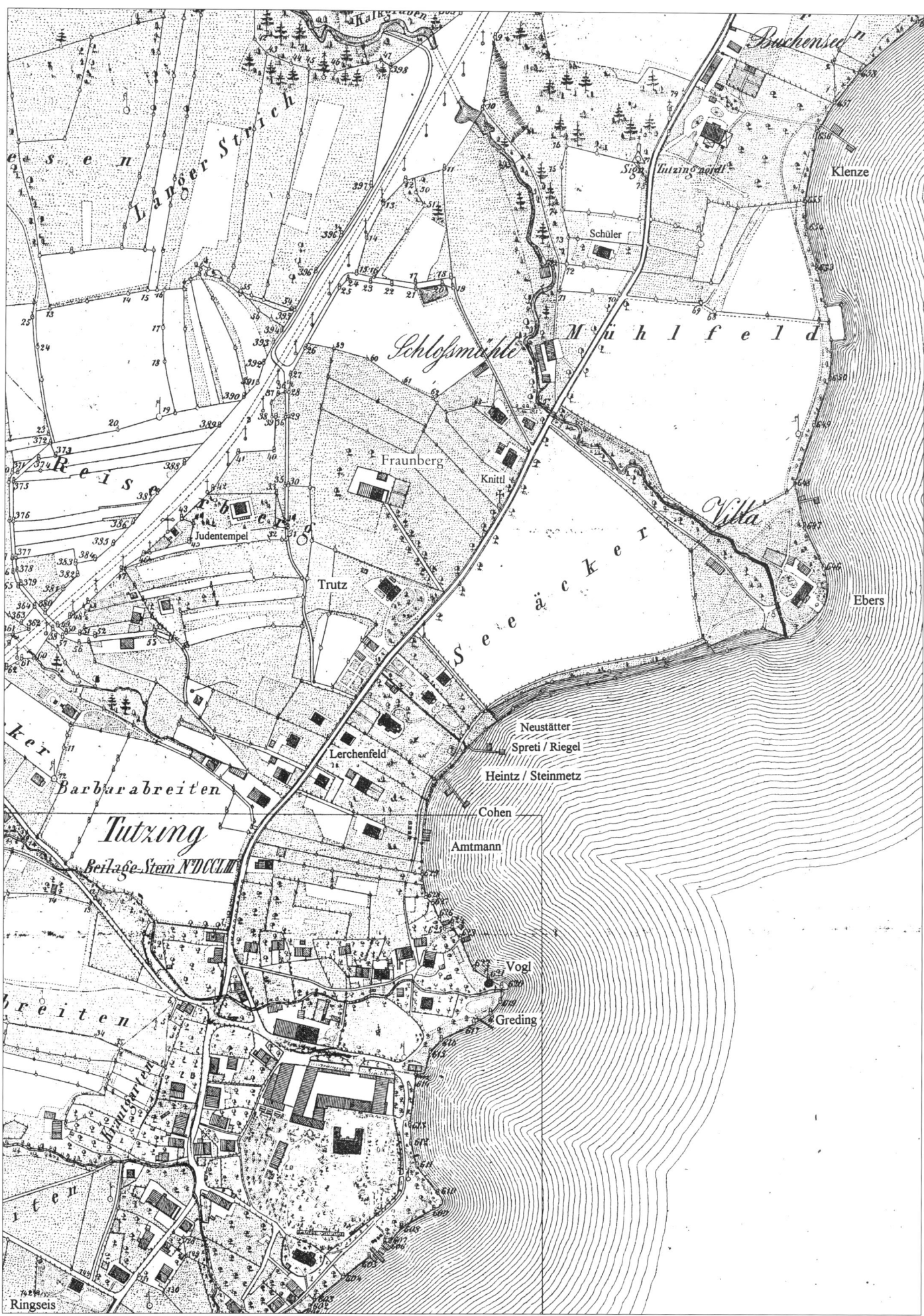

Nördliches Seeufer, Flurkarte, Stand um 1900

Tutzing

Villa Stolberg, Ostfassade mit Blick zum Garten und zum See, 1988

Villa Stolberg (Hauptstraße), Eingang, 1988

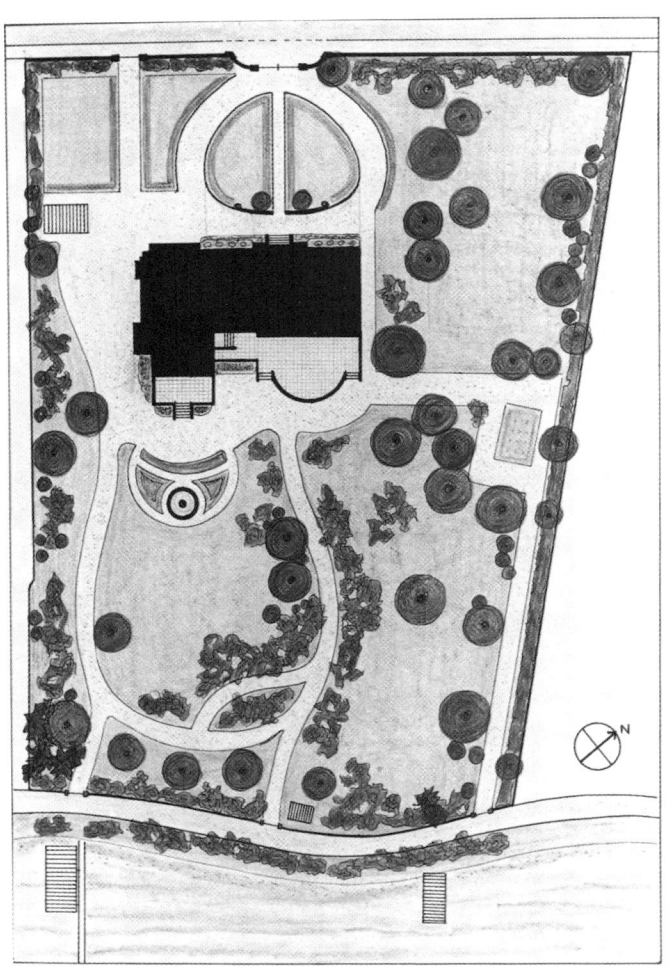

Villa Stolberg, Gartenanlage, um 1925 (Rekonstruktion)

erworben wurde, ist nur in der kleinen, sehr ungenauen Xylographie des Link-Führers dokumentiert. 1926 wurde es beim Umbau der großen Stolberg-Villa abgebrochen.

Auf dem Grundstück neben Spreti hatte bereits 1863 Dr. Karl Friedrich von Heintz gebaut. Er war kgl. Staatsrat und Präsident des Obersten Gerichtshofes in München.[12] Dieses Haus war größer und aufwendiger angelegt als die beiden anderen. Der Satteldachbau verfügte auf der Südseite über einen Zwerchgiebelrisalit und auf der Seeseite über eine sehr schöne, dekorative Einheit aus Veranda, Balkon und Hochlaube. Einen guten Eindruck von diesem Haus, von dem es keine alten Photos mehr gibt, vermittelt die ähnlich konzipierte und noch unverfälscht erhaltene Villa Dahn in der Höhenbergstraße. Nach Staatsrat von Heintz erwarb der Hoftapezierer Kommerzienrat Max Steinmetz das Haus und ließ es 1886 zur Straße hin verlängern. 1926 wurde es durch einen Totalumbau zur Villa Stolberg, einem nunmehr mit der Breitseite zum See hin ausgerichteten herrschaftlichen Bau. Das Innere der Villa entspricht dem schon in der Fassadengestaltung vorgegebenen Anspruch. Die Zimmer sind großzügig geschnitten und verfügen alle über eine elegante, gediegene Ausstattung. Die der östlichen Fassade vorgelegte Terrasse leitet zum Garten über, der durch die Vereinigung der Grundstücke von Spreti und Heintz an Weite und räumlicher Wirkung gewonnen hat.

1872 entstand auf dem Nachbargrundstück ein Landhaus für August Frhr. von Lerchenfeld.[13] Das Haus, das 1957 in Besitz des Arztes Dr. Winter überging, wurde 1979 abgebrochen und durch einen Neubau ersetzt. Der langgestreckte Garten blieb jedoch in seiner Gestaltung weitgehend erhalten. Er bewahrt eine kleine Zahl von spätklassizistischen Gartenfiguren, die entlang des Weges das schmale Gartenparterre säumen und überliefert damit eine charakteristische Gestaltung dieser kleinen Gartenanlagen.

Als nächster Bau entstand 1869, nach Süden hin anschließend, ein Landhaus, das der Zimmermeister Joseph Steidele errichtet hatte und das 1875 der Münchner Kaufmann Anselm Cohen erwerben konnte.[14]

Das letzte Haus auf dieser Zeile wurde 1871 für Konrad Amtmann, ehem. Kammerdiener der letzten Tutzinger Herrschaft, errichtet.[15] Er nutzte das Haus, das wieder in den für Tutzing und für die Zeit so charakteristischen Formen erbaut ist, als Gasthaus und Pension. 1873 mietete sich hier Johannes Brahms für die Sommermonate ein, im nahen Vogl-Pavillon konnte er auf Einladung des Sängerehepaares Vogl in Ruhe arbeiten. Seit 1941 wohnte hier der Kunstmaler Leo von König, der vor allem als guter Porträtist bekannt geworden ist.

Andreas Link, Landhaus Cohen. Xylographie, 1879

Landhaus Cohen (Hauptstraße), Gartenfassade, 1984

Landhaus Kalb (Ostermair, Hauptstraße), 1984

Landhaus Amtmann (Hauptstraße), Gartenfassade, 1988

Tutzing

Der Vogl-Pavillon, 1989

1869 erwarben Heinrich und Therese Vogl, beide kgl. Kammersänger der Münchner Hofoper, das alte Fischkäufl-Anwesen und ließen es sich als Sommerhaus einrichten.[16] Nur wenig später entstand unmittelbar am Ufer ein attraktiver zweigeschossiger Pavillon[17], in welchem Johannes Brahms bei seinem Tutzinger Aufenthalt 1873 ungestört arbeiten durfte. Hier stand nicht nur ein brauchbares Klavier, von hier aus konnte er den zauberhaften Blick über den See genießen, an dem er sich nach seinen eigenen Worten nicht »sattsehen« konnte. Die Haydn-Variationen op. 56a, die Streichquartette op. 51 sowie seine »Acht Lieder und Gesänge« op. 59 sind hier entstanden, und man darf annehmen, daß sie von den Vogls anschließend gleich uraufgeführt wurden.

Nach kurzem Zwischenbesitz durch den Rentier Greding[18] erwarb 1901 der Münchner Wurstfabrikant Andreas Sieber das Haus und ließ es durchgreifend modernisieren. Die ganz aus den Ideen der Heimatschutzbewegung entwickelten Umbaupläne stammten vermutlich von Max Ostenrieder, der nachweislich den nach Art einer oberbayerischen Bauernstube eingerichteten Wohnraum entworfen hat.[19] Dieselbe Handschrift läßt auch die zugehörige Boots- und Badehütte erkennen. Sie überliefert noch charakteristische Details dieser frühen Badehütten, bei denen man

Landhaus Sieber (Marienstraße), Bauernstube, 1904

Vogl-Pavillon und Bootshaus, um 1925

Villa Trutz (Hauptstraße), Ostfassade mit Blick zum See, 1984

durch eine Öffnung über dem Wasser unbemerkt und vor unliebsamen Blicken sicher hinausschwimmen konnte. Auf ihrem Dach gab es eine wind- und sichtgeschützte Liegefläche.[20]

Auch jenseits der Hauptstraße entstanden früh einige größere Villen. So 1873 das Landhaus für den kgl. Hauptmann und Kämmerer a. D. Max von Baligand, ein etwas hoher Satteldachbau mit Kniestock, der mit der Firstachse gegen den Hang gestellt und dessen Hauptfassade mit der charakteristischen Dreiereinheit von Veranda, Balkon und Hochlaube zum See gerichtet wurde.[21] Wie die Xylographie im Link-Führer zeigt, war die Veranda wegen der Hanglage stark erhöht, so daß darunter das (vielleicht als Gartensaal ausgebaute) Untergeschoß zur Geltung kam. 1880 erwarb Mathilde Gilibert, Bankiersgattin aus Augsburg, das Haus, 1895 Gabriel Sedlmayr, der Besitzer der Münchner Spatenbrauerei. Ein späterer Umbau (wohl nach 1920) stellte eine voluminöse, mit toskanischen Säulen ausgestattete Loggia auf den Unterbau und störte damit die Proportionen des Hauses und die schöne Fassade ganz empfindlich. Seitlich ist ein schöner verglaster Balkon auf Eisenstützen erhalten. Im Inneren haben noch ein paar Details der einstigen Ausstattung überlebt, die schönen Türen zum Beispiel und ein auf Tapete gemalter Fries im Treppenhaus. Die Villa wurde

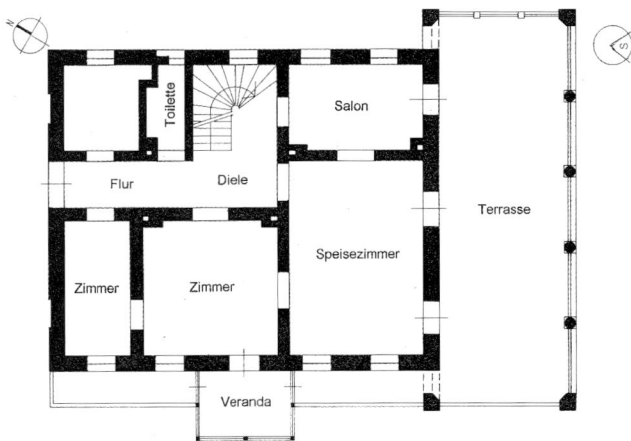

Grundriß Erdgeschoß, um 1920

Treppenhaus, Bordüre (auf Papier gemalt), 1986

Tutzing

Landhaus Fraunberg, Ostfassade mit Blick zum See, 1985

Landhaus Fraunberg (Waldschmidtstraße), um 1930

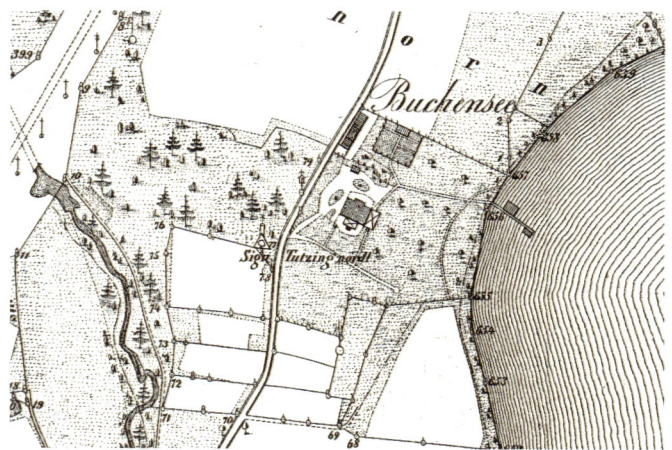

Buchensee, Flurkarte, Stand um 1870

1981/82 umfassend erneuert und für die Zwecke der Evangelisch-Lutherischen Landeskirche eingerichtet. Von der ehemaligen Gartenanlage ist noch ein schöner hölzerner Pavillon erhalten.

1882 ließ sich der kgl. Bahninspektor Theodor von Fraunberg auf dem schönen Hanggrundstück westlich der Hauptstraße ein großes Landhaus erbauen.[22] Der Hang steigt hier von der Straße weg kontinuierlich gegen die Bahnlinie an und ermöglichte damit im oberen Teil des Grundstücks eine gute Fernsicht über die unten auf den Seeäckern bereits bestehenden Häuser hinweg. Das Haus ist ganz aus dem Repertoire des bodenständigen Landhauses heraus entwickelt. Eine Besonderheit ist allerdings der etwas nach außen geknickte Dachfuß. 1894 erwarb der Generaldirektor der kleinasiatischen Bahnen in Konstantinopel, Otto Ritter von Kühlmann, das Haus und ließ es von Xaver Knittl umbauen. Bei dieser Gelegenheit wurde ein größerer Speisesaal realisiert. Heute ist der schöne freie Hang, der einst bis zur Hauptstraße herabreichte und der für eine wunderbare Wirkung des oben dominant plazierten Landhauses sorgte, abgetrennt und mit neuer Bebauung verstellt. Damit ging eine der eindrucksvollsten Stellen im Tutzinger Ortsbild verloren.

Unten an der Straße hatte bereits um 1870 der Tutzinger Maurermeister Joseph Knittl sein Haus errichtet.[23] 1901/02 wurde es von seinem Sohn Xaver Knittl umgebaut. Die Obergeschoßfassade ist hier in einer für Knittl charakteristischen Bauauffassung mit einem kunstvollen, ornamentalen Zierfachwerk belegt und damit ganz im Sinne des Späthistorismus malerisch bereichert. Damit wurde auch erreicht, die bewegte Dachlandschaft zu einem einheitlichen Bild zusammenzufassen.

Etwas oberhalb der Fa. Würth-Reinigung steht noch, wenn auch stark verändert, das Landhaus Schüler.[24] Hier ist bereits auf der Karte von 1863 ein Haus eingezeichnet, das 1882 von dem kgl. Hofmarschall Eduard von Speidl erworben wurde. Ob er es anschließend verändert hat, ist heute nicht mehr zu sagen. Nachdem Emmy Schüler aus Berlin 1918 den Besitz übernommen hatte, wurde jedoch auf der Südseite ein größerer Anbau angefügt. 1935 ging der Besitz an Kommerzienrat Oskar Schüler über.

Etwa auf der Höhe des Landhauses Schüler, aber östlich der Hauptstraße, hatte bereits 1861 Hippolyth von Klenze, der Sohn des Architekten Leo von Klenze, Oberst und kgl.-bayer. Kämmerer, ein Grundstück von über 19 ha am Seeufer erworben. Er ließ die Villa anschließend in der später dokumentierten Form errichten[25]. Die frühesten Abbildungen, eine Xylographie mit sehr pauschaler Wiedergabe des Hauses und ein unscharfes Photo von 1896, zeigen beide einen schlichten Baukörper mit einem Zwerchgiebel und relativ glatten, ungegliederten und von Putzlisenen gerahmten Fassaden. Bedeutendstes und in dieser Form am See einmaliges Formelement war das auf der Längsachse des Hauses gefaltete Doppelsatteldach. Hippolyth von Klenze erhielt 1866 vom Ministerium den Namen »Buchensee« für seinen Besitz genehmigt. Er hatte noch mit der Anlage eines ausgedehnten Parks in Form einer englischen Anlage begonnen. Über dessen Gestaltung läßt sich jedoch nichts mehr aussagen, doch schwärmt Dr. Neubert's Deutsches Gartenmagazin 1889 nicht nur von der prachtvollen Sicht von der Villa über See und Alpenkette, sondern auch von der mit »wahren Riesen von Laub- und Nadelbäumen« bestückten Parkanlage, von einem Laubengang, von breiten Wegen und herrlichen Blumenbeeten sowie einem ertragreichen Obstgarten.[26] Die Villa wurde 1938 von der Landesversicherungsanstalt Oberbayern übernommen und 1952 für deren Sozialpolitische Schule eingerichtet. Sie beherbergt seit 1957 die »Akademie für Politische Bildung Tutzing«.

Noch weiter nördlich steht am heutigen Sprungleitenweg die noch weitgehend unveränderte Villa Steinbrück, die 1899 für Meta Steinbrück und Maria Servière, Schulvorsteherinnen in Leipzig, errichtet wurde. Der Entwurf stammte von dem Tutzinger Architekten Engelbert Schnell.[27]

Landhaus Knittl (Hauptstraße), 1985

Villa Klenze (Buchensee, heute Politische Akademie), um 1950

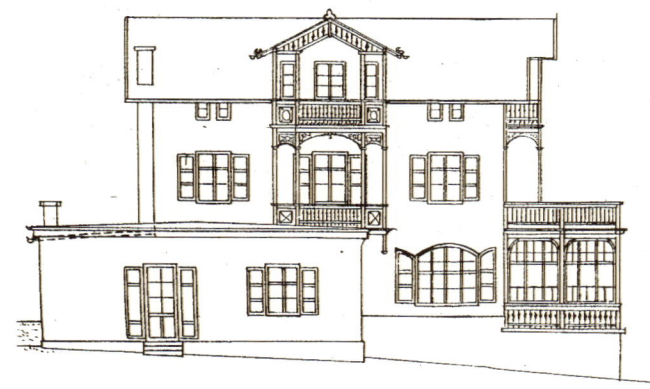

Landhaus Schüler (Hauptstraße), Entwurf, 1922

Landhaus Steinbrück (Sprungleitenweg), Entwurf, 1899

Tutzing

Schloß Tutzing, Fassadengestaltung zur Zeit Hallbergers, um 1870/75

Schloß Tutzing gehört auf Grund seiner Vergangenheit als Sitz einer Hofmarksherrschaft sowohl seiner älteren Baugeschichte nach wie auch hinsichtlich der rechtlichen und gesellschaftlichen Stellung seiner früheren Besitzer eigentlich zu den Landschlössern am Starnberger See und hätte demnach in einer Dokumentation der Villen und Landhäuser keinen Platz. Da es jedoch mit dem Erwerb durch den Stuttgarter Verleger Eduard Hallberger 1869 in bürgerliche Hände kam und bis zum Verkauf an die Evangelische Akademie als bürgerlicher Sommersitz genutzt wurde, ist in dem genannten Zusammenhang ein kurzer Blick auch auf dieses Gebäude und den zugehörigen Park gerechtfertigt.[28] Um so mehr, als ein Teil der baulichen Veränderungen wie der heute noch das Gesicht des Schlosses prägenden Ausstattung in diesen letzten Zeitabschnitt fällt. Hinzu kommt, daß die Gestaltung des Parks ausschließlich dieser Zeit angehört und sich ganz im charakteristischen Formenrepertoire zeitgleicher Villen bewegt und zudem auch noch außergewöhnlich gut dokumentiert ist. Da diese frühen Photos beispielhafte und wertvolle Einblicke in die Gestaltung eines großbürgerlichen Landsitzes am See gewähren, sollen sie hier vorgestellt werden.

Der Schloßbau, die Nebengebäude und die Gartenanlage, die bis 1800 noch von den Umbauten des späten 17. Jahrhunderts geprägt waren, hatten unter den Grafen Vieregg mit dem Umbau von 1816 wohl eine Gestaltung in schlichten klassizistischen Formen erhalten.[29] Auf Graf Friedrich von Vieregg, der das Schloß 1802 übernommen hatte, folgte 1832 sein Neffe Karl Matthäus, den 1864 sein Sohn Friedrich Max von Vieregg beerbte. Nachdem dieser unverheiratet verstarb, erbte den Besitz seine Schwester Helene, gen. Ilka, die mit Karl Friedrich von Wrede, dem Enkel des berühmten bayerischen Feldmarschalls, verheiratet war.

Da mit der Auflösung des Patrimonialgerichts 1848 die alte Hofmark auch als Wirtschaftseinheit zerschlagen worden war, war der Schloßherrschaft ein Großteil der wirtschaftlichen Basis entzogen. Aus diesem Grunde vielleicht verkaufte Ilka von Wrede 1869 den Tutzinger Besitz an den Stuttgarter Verleger Eduard Hallberger. Ob nun in diesen letzten Jahren noch Wesentliches am Schloß verändert wurde, wissen wir nicht. Die Flurkarte nach dem Stand von 1867 zeigt jedoch eine bedeutende Veränderung der Gartenanlage. Die südlich und seitlich des Schlosses befindliche Fläche wird durch frei und unregelmäßig geführte Wege im Sinne einer »englischen Anlage« gegliedert. An einigen Stellen sind Blumenbeete oder Figuren angeordnet. Auch der axial der Gartenfront zugeordnete Brunnen existiert bereits. Von großem Interesse ist der Laubengang an der Kirchenmauer, der in ähnlicher Form mehrmals in Gartenanlagen am Starnberger See anzutreffen war[30] und der an den beiden Enden von je einem Paar Karyatiden und Atlanten gehalten wurde. Noch unter Karl von Vieregg entstand auch der kleine klassizistische Gartenpavillon (um

Julius Lange, Schloß und Parkanlage. Xylographie, 1874. Der Park wurde nach dem Kauf durch Eduard Hallberger erweitert und neu gestaltet.

Eduard Hallberger mit seiner Frau vor dem Schloß. Im Hintergrund der neue Pavillon. Um 1870/75

Garten östlich des Schlosses. Die Pergola verband die Ostfassade mit dem Kavaliersbau und dem Seeufer. Um 1870/75

Tutzing

Der Gartenpavillon von 1835/40 mit anschließenden Pergolen, um 1870/75

Das Palmenhaus (ehemals Gartensaal bzw. Menagerie), um 1870/75

Der um 1921 in das Palmenhaus eingebaute Festsaal, 1986

Der Laubengang im südlichen Gartenteil, um 1870/75

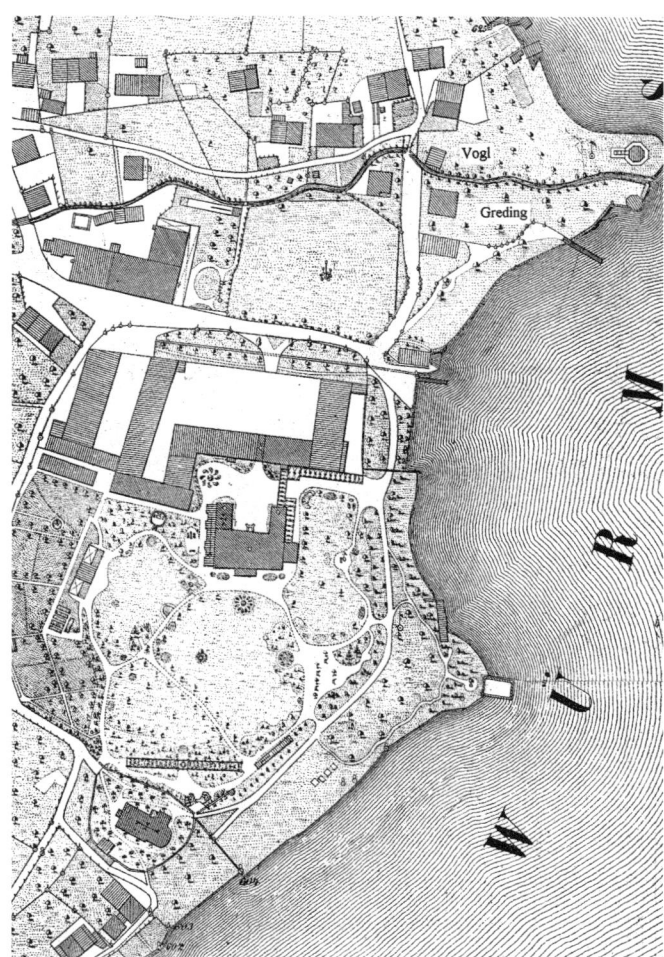

Der neugestaltete Schloßpark, Flurkarte, um 1875

Palmenhaus, Säule und Vogelvolière, um 1870/75

Der Festsaalbau mit dem Neptunsbrunnen, 1977

Tutzing

Blick auf die große Seeterrasse, um 1870/75

Die Seeterrasse und die Pergola am Ufer, um 1870/75

Die Pergola am Ufer mit Treppe zum Wasser, um 1870/75

Der Nymphenbrunnen (von Georg Bersch), um 1920

1835/40), den nach dem Zweiten Weltkrieg der bekannte Tutzinger Kunstmaler Anton Leidl mit einem größeren Grundstücksteil erworben hat (gen. »Violaburg«). Graf Karl ließ an der Südwestecke des sog. Kavaliersbaus auch noch eine »Gartenmenagerie« in klassizistischen Formen errichten.[31] Ihr Verwendungszweck ist jedoch nicht ganz zu klären. Sie wurde unter Hallberger in ein Palmenhaus und durch Marczell von Nemes in den heutigen Musiksaal umgewandelt.

1869 kaufte der reiche Stuttgarter Verleger Eduard Hallberger das Schloß.[32] Er ließ das Innere neu gestalten und in verschwenderischem Reichtum einrichten (Bibliothek, Billardzimmer, Musikzimmer, Spielzimmer, Speisezimmer). Die bedeutendste äußere Veränderung war der Anbau des dreigeschossigen Dreiecksgiebelrisalits an die Gartenfassade. Gleichzeitig wurde wohl das alte steile Walmdach stark abgeflacht, um den Giebel zur Wirkung zu bringen. Dieser wuchtige Anbau, der unentschlossen zwischen Renaissanceformen und Klassizismus schwankte, verschob das Bild der schlichten klassizistischen Fassade mit dem Selbstbewußtsein der beginnenden Gründerzeit hin zum großbürgerlich repräsentativen Auftritt in Formen des Historismus. Hallberger ließ vor allem den Park von Karl von Effner (damals noch Oberhofgärtner) umgestalten, nachdem es ihm 1870 gelungen war, den breiten Uferstreifen von der Gemeinde zu erwerben. Gleichzeitig wurde die seeseitige Schloßmauer abgebrochen und der Park auf fast 30000 qm erweitert. Im Zuge dieser Neugestaltung kamen die große, in den See gebaute, barockisierende Terrasse und, etwas nördlich davon, die große Pergola mit Freitreppe zum See hinzu. Auf der Ostseite des Schlosses wurden eine große Loggia mit Altane angebaut und die beiden Seitenfassaden über schattige Pergolen mit dem rückwärtigen Kavaliersbau verbunden. Dazu kamen Brunnen, über den Park verstreute Blumenrabatten und Gartenfiguren.[33] Schließlich wurde die ehemalige Menagerie in ein großes Palmenhaus für exotische Pflanzen umgewandelt. Hunderte von bunten Vögeln waren in Volieren untergebracht, die den Sommer über im Freien aufgestellt wurden. Der Park, der auf einer Länge von 250 m Anteil am See hatte, gehörte nach dieser Neugestaltung zweifellos zu den schönsten Anlagen am Starnberger See. Eduard Hallberger, der inzwischen einen der größten deutschen Verlage aufgebaut hatte, entfaltete in Tutzing ein reges gesellschaftliches Leben. Den ganzen Sommer über wurden in den Salons und im Park Feste abgehalten, Konzerte und Lesungen veranstaltet. Eine vielfältige Künstlerschar war hier zu Gast und versammelte sich um Hallberger wie um einen Fürsten. Der kgl. Kommerzienrat Eduard Hallberger, zuletzt noch mit dem persönlichen Adelsprädikat geehrt, starb, erst 50 Jahre alt, 1880 in Tutzing. Er hinterließ sein Vermögen seinen beiden Töchtern Gabriele Henriette und Helene Hallberger.[34]

Gabriele, die den Tutzinger Besitz übernahm, war in zweiter Ehe mit Carlo Graf Landberg, einem schwedischen Sprachwissenschaftler und Orientalisten, verheiratet. Nun wurde das Schloß nicht nur mit einer Unmenge orientalischer Reiseandenken und Kunstwerke, sondern auch mit exotischen Tieren und Pflanzen sowie einer orientalischen Dienerschaft bereichert. Nach dem Scheitern auch dieser Ehe führte sie ihr gewohntes gesellschaftliches Leben eine Zeit lang weiter. Nachdem sie bereits um 1910 begonnen hatte, große Teile des Tutzinger Besitzes zu veräußern, starb sie 1915 vereinsamt. Park und Schloß hatte sie bereits der Stadt Stuttgart vermacht.

1916 erwarb der Arzt Dr. Ernst Schoen von Wildenegg aus Berlin den Besitz. Er mußte ihn jedoch bereits 1921 aus finanziellen Gründen wieder abstoßen. Das mittlerweile fast völlig ausgeräumte und etwas heruntergekommene Schloß übernahm daraufhin der Ungar Marczell von Nemes, Sohn eines jüdischen Kantors in Jánoshalma. Er war in Ungarn durch verschiedene Unternehmungen reich geworden, betätigte sich daneben als Kunsthändler und entwickelte sich dabei zu einem der bedeutendsten Kunstsammler seiner Zeit. Er besaß nicht nur viele alte deutsche, holländische, italienische und spanische Meister (darunter allein zwölf El Grecos!), sondern gehörte auch zu den ersten großen Sammlern der französischen Impressionisten.[35] Nemes renovierte das Schloß und den Park unter hohem finanziellen Aufwand. Er ließ den Dreiecksgiebelrisalit auf der Parkseite abbrechen und durch die heutige Terrasse ersetzen.[36] Die zahlreichen meisterhaften schmiedeeisernen Gitter, von dem Tutzinger Kunstschlosser Wolfgang Bodemann geschaffen, gehen ebenso auf diesen Umbau zurück wie die Umwandlung des Palmenhauses in einen Musiksaal. Nemes ließ vor allem den Park mit zahlreichen Kunstwerken verschönern, die jedoch nur noch zum geringen Teil erhalten sind.

Obwohl Nemes bereits 1930 verstarb, fanden Schloß und Park erst 1936 wieder einen Käufer in dem Industriellen und ehemaligen Reichstagsabgeordneten Dr. Dr. Albert Hackelsberger. Zwei Jahre später wurde er in Tutzing von der Gestapo verhaftet, und seine Frau war nach einiger Zeit gezwungen, den Besitz wieder zu veräußern. Während dieser wenigen Jahre blieb das Schloß weitgehend unverändert, die Gestaltung des Parks wurde jedoch an einigen Stellen reduziert und vereinfacht, um Geld zu sparen. 1942 erwarb Ida Kaselowsky das Schloß. Sie war in zweiter Ehe mit Dr. Richard Kaselowsky, dem Miteigentümer der Fa. Oetker, verheiratet und plante, Haus und Park verdienten Angehörigen der Firma für einen Ferienaufenthalt zur Verfügung zu stellen. Trotz der kriegsbedingten Verwendung als Lazarett und Erholungsheim für Kriegshinterbliebene und schließlich Wohnheim für Kriegsheimkehrer, übernahm 1944 Rudolf August Oetker den Besitz. 1950 konnte die Evangelische Landeskirche hier ihre Evangelische Akademie einrichten, die sich bis heute einen hervorragenden Ruf über Deutschland hinaus erworben hat.

Das Billardzimmer im Obergeschoß, 1988

Der Grüne Salon (Kamin, französisch, Mitte 16. Jh.), 1988

Tutzing

Landhaus Mayr (Hauptstraße), 1985

Das Ringseis-Haus mit Fresken von Sporer, 1984

Villa Schnell (Bahnhofstraße), 1984

Villa Thudichum (Rottler-Villa, Bahnhofstraße), 1984

In den 70er und 80er Jahren wurden südlich zwischen Dorf und Kustermann-Villa einige Häuser gebaut, die hier erwähnt werden sollen. So 1874 das Landhaus des Universitätsprofessors Dr. Alois Mayr aus Würzburg, das an der Stelle des ehemaligen Neubauernanwesens entstand. Ob es sich hier um einen Neubau handelte oder nur um einen Umbau des bestehenden Bauernhauses, ist heute nicht mehr zu sagen. Jedenfalls lehnte sich das Landhaus in Form und Material eng an das bodenständige Bauernhaus an.[37] 1895 erbte das Haus sein Sohn Georg, Unterstaatssekretär in München. Zu seiner Zeit war der Komponist Max Reger des öfteren zu Gast in Tutzing. Später schlossen sich nach Norden hin noch ein paar weitere schöne Häuser an, so 1910 das Haus des Privatiers Ludwig Gaßner (Architekt: Engelbert Schnell).

Das älteste Landhaus an der heutigen Bahnhofstraße ist das des Arztes Dr. Johann Nepomuk Ringseis, gebaut 1857.[38] Ringseis zählte als Arzt und Wissenschafter zu den bedeutendsten Persönlichkeiten seiner Zeit in München. Das Haus wurde nach dem Vorbild des oberbayerischen Bauernhauses gestaltet und zählt zu den frühesten Beispielen am See für einen besonders engen Anschluß an das bodenständige Vorbild. Vor allem mit dem Wandgemälde von Philipp Sporer (1865), das den Giebel in der Art der barokken Lüftlmalerei schmückt, greift es ein charakteristisches Motiv des oberbayerischen Bauernhauses für das bürgerliche Landhaus auf. Auf dem linken Ausschnitt des Bildes ist Ringseis selbst dargestellt. Nach seinem Tod überließen seine Töchter den Besitz der Kirche, die ihn an die Missionsbenediktinerinnen von St. Ottilien weitergab. Diese waren bereits 1887 durch eine Schenkung aus dem Ringseis-Grundstück nach Tutzing gekommen.

Die Villa Schnell und die Villa Thudichum sind die beiden einzigen noch ursprünglich erhaltenen Landhäuser an der Bahnhofstraße, die bald nach dem Bau der Eisenbahnlinie 1865 mit Häusern besetzt wurde und sich zum neuen Entree Tutzings entwickelte. Die glanzvolle Eröffnung dazu bildete das Hotel Simson (heute Boehringer-Werke), das vor der Jahrhundertwende mit seiner gediegenen und modernen Innenausstattung sowie seiner prächtigen Gartenanlage zu den ersten Häusern am See zählte. Die Villa Schnell, von dem Tutzinger Architekten Engelbert Schnell 1885 für sich selbst entworfen, ist ein stattlicher Walmdachbau, der mit seinem Zierfachwerk im Dachgeschoß eine große Wirkung auf das Straßenbild ausübt.[39] Die benachbarte Villa des Schriftstellers und Komponisten Gustav Thudichum (Rottler-Villa) wurde 1881 ebenfalls von Engelbert Schnell errichtet.[40] Die Hauptfassade, die sich der Straße zuwendet, erhält durch die beiden Erkertürme repräsentatives Gewicht. Dazwischen sind Balkone eingespannt. Die Bereicherung der Fassade durch zahlreiche neugotische Elemente entspricht dem Gemack der Zeit, es gibt jedoch nur ganz wenige Fälle am See, wo dies so ausgeprägt zur Anwendung kam. Die Villa war die Heimat der bekannten Kinderbuchautorin Marina Thudichum.

Nicht weit davon entfernt steht in der Hallbergerallee

das Landhaus Beisele, 1890 zunächst als Wohnhaus für Nikolaus Finsterwalder errichtet, dann aber 1893 von dem bekannten Tutzinger Arzt Hofrat Dr. Hans Beisele erworben und zum Landhaus umgebaut.[41] Mit seinem über Eck gestellten Erkerturm und seinen verschiedenen Balkonen zeigt das Haus die ganze bunte Palette der um die Jahrhundertwende scheinbar unverzichtbaren Landhausmotive.

Schräg gegenüber dem Landhaus Mayr in der Hauptstraße trat die Villa des Münchner Augenarztes Dr. Louis Schlösser ebenfalls an die Stelle eines älteren bäuerlichen Anwesens, das 1886 abgebrochen worden war.[42] Die Schlösser-Villa war ein etwas langgezogener, mit der Traufseite zum Seeufer gestellter Bau, der durch einen Erkerturm mit Spitzhelm akzentuiert war. Die Verwendung von reichlich Holz (Balkone, Zwerchgiebel, Verkleidungen) war charakteristisch für diese Art Landhaus, besonders für Entwürfe von J. Biersack. Leider gibt es von dieser Villa, die beim Bau der Turnhalle des Tutzinger Gymnasiums abgebrochen wurde, keine Photos von ausreichender Qualität.

1928 ließ sich der Fabrikant und Reichstagsabgeordnete Dr. Wilhelm Kalle – er soll das Cellophan erfunden haben – etwas südöstlich der Schlösser-Villa eine relativ kleine, aber noble Villa bauen.[43] Der in zeitgemäßen, sachlichen Formen angelegte Bau weist einen regelmäßigen, klaren Grundriß auf, was den neoklassizistischen und neobarokken Tendenzen der Zeit entspricht. Die beiden auf der Gartenseite symmetrisch angeordneten Erker werden von einem schönen transparenten Balkon zusammengefaßt. Die beiden Koren, die als Stützen dienen, sind das einzige Detail, das über die zurückhaltende Gestaltung der Fassaden anspruchsvoll hinausgeht. Eine mehrfach abgestufte Treppenanlage führte zu einem schön gestalteten Garten, von dem infolge der Nutzung als Pausenhof der Schule (mit Ausnahme des offenen, hölzernen Pavillons) nichts mehr übrig geblieben ist. Die verschiedenen großdimensionierten Zubauten der Schule, die ohne Rücksicht in die seitlichen Fassaden eingreifen, haben diesen Villenbau bereits weitgehend entwertet.

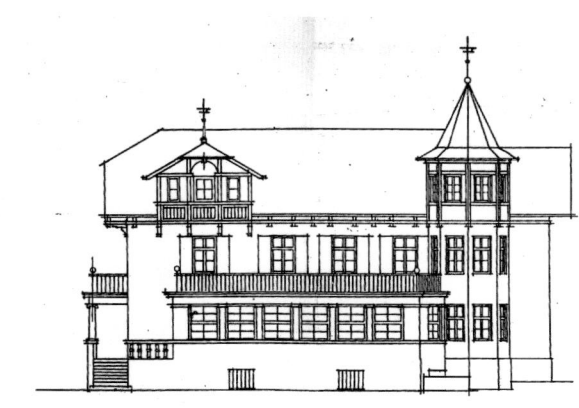

Ehemaliges Landhaus Schlösser (Hauptstraße), 1918

Villa Kalle (Hauptstraße), 1986

Der Gartenpavillon, 1986

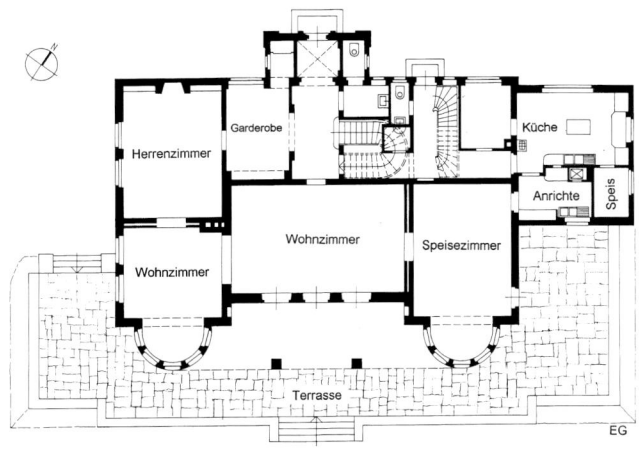

Villa Kalle, Grundrisse Erdgeschoß und Obergeschoß, 1928

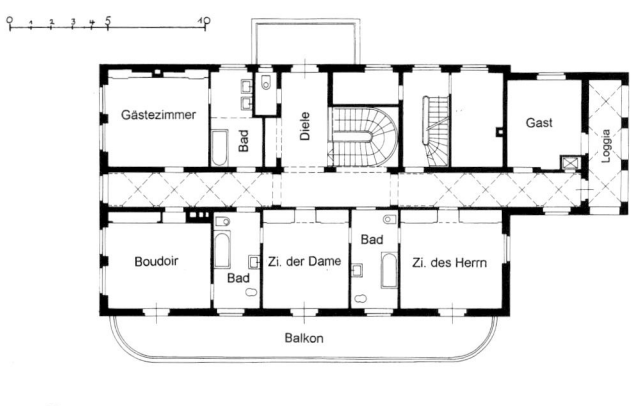

Tutzing

Villa von Prittwitz (Hauptstraße), um 1940

1873 entstand zwischen der späteren Schlösser-Villa und dem Grundstück von Max Kustermann die Villa des Münchner Kaufmanns und Rentiers Angelo Neustätter.[44] Das Aussehen dieses Hauses, von dem offenbar keine Photos erhalten sind, ist nur durch die Xylographie im Link-Führer und eine sehr undeutliche Abbildung im Reiseführer von F. X. Gegenfurtner von 1896 dokumentiert. Es handelte sich um einen doppelgeschossigen Bau, dessen seeseitige Fassade mit einem schwachen Mittelrisalit und einer doppelläufigen Freitreppe versehen war. Das Dachbelvedere dürfte einen wunderbaren Fernblick über den See gewährt haben. Die Ausbildung der Fenster, insbesondere die Art der Fensterverdachungen, läßt vermuten, daß die Fassade wohl im Sinne des Spätklassizismus mit Einflüssen der Neurenaissance angelegt war. Daraus würde sich eine gewisse stilistische Verwandtschaft zur benachbarten Kustermann-Villa ergeben.

1912 erwarb Sarah von Prittwitz und Gaffron die Villa von der Erbengemeinschaft Poschinger. Sie ließ die Neustätter-Villa abbrechen und durch einen wesentlich größeren Neubau ersetzen. Die Architekten Prof. Eugen Hönig und Karl Söldner entwarfen einen breitgelagerten mit der Traufseite zum See hin orientierten Bau von hohem repräsentativen Anspruch, der aber durch seine ruhige, zurückhaltende Gestaltung ein hohes Maß an Noblesse ausstrahlt. Der regelmäßig angelegten Fassade entspricht eine innere Raumordnung, die von neoklassizistischer Klarheit und Symmetrie geprägt ist. Dem großen Salon, dem zentralen Raum des Erdgeschosses, ist außen ein flacher Säulenportikus zugeordnet, der den Balkon des Obergeschosses trägt und im Erdgeschoß den Zutritt zur Veranda ermöglicht. Von dieser führt eine, wie das Sockelgeschoß in Muschelkalk ausgeführte ausladende Freitreppe in den Garten, auf eine größere Freifläche, von der ursprünglich die Wege abzweigten. Später kam hier noch eine zweite Treppe zum Ufer hinzu, die dann jedoch zusammen mit der oberen eine etwas theatralische Wirkung erzeugte. Die Gartenanlage (ca. 20700 qm) wurde konsequent auf die Villa bezogen, die nicht mehr frei in einem natürlich wirkenden Landschaftsgarten stand, sondern zum Ausgangspunkt eines strengen, fast symmetrischen Wegesystems wurde. Die Hinwendung zum architektonisch konzipierten Garten in den ersten Jahrzehnten des 20. Jahrhunderts wird hier deutlich.

Der von den Architekten gewählte Farbklang der Villa – helle Putzflächen, grüne Fensterläden und dunkle, engobierte Ziegel – unterstrich die noble Haltung des Baukörpers und band ihn harmonisch in die umgebende Landschaft ein. Der Eingang mit dem kleinen Vestibül wurde auf die Straßenseite gelegt. Das Zentrum des Hauses wird von einer großen Halle gebildet, die das Treppenhaus enthält. Die ursprüngliche Ausstattung mit einer schönen Vertäfelung, einer Holzbalkendecke und einem offenen Kamin wurde ergänzt von wertvollen Bildern, Plastiken und einem

Villa von Prittwitz, 1913

Gobelin. Wie die übrigen, großzügig geschnittenen Räume eingerichtet waren, ist heute nicht mehr festzustellen. Die aus den Plänen rekonstruierbare Ausstattung mit Kaminen, Kachelöfen und feinen Stuckdecken ist heute bis auf wenige Reste verloren. Die Einrichtung einer Schwesternschule 1938 und dann der Realschule 1951 hat hier fast alles beseitigt, was einem Unterrichtsbetrieb im Wege stand. Der letzte Umbau 1994/96 hat zudem auch das Raumgefüge soweit verändert, daß nur noch die Fassaden das ursprüngliche Konzept überliefern. Es zeigt sich hier wieder, wie schon im Falle der Kalle-Villa, daß die völlig anders geartete Nutzung durch eine Schule und deren dynamische Raumansprüche sich nicht mit dem Konzept einer noch so großen Villa in Einklang bringen lassen. In beiden Fällen hat die schulische Nutzung zwei wertvolle Villen völlig entwertet und deren Gartenanlagen weitgehend beseitigt.

Nach dem Verkauf der Villa an die Volkswohlfahrt (NS-Schwesternschule) ließ sich Dr. Friedrich Wilhelm von Prittwitz und Gaffron, Botschafter a.D. in Berlin, 1938 nördlich der Villa ein neues, in schlichten modernen Formen gehaltenes Landhaus erbauen. Der Entwurf stammte von Hugo Häring, der vor dem Zweiten Weltkrieg zu den fortschrittlichsten Architekten zählte.[45]

Entwurf zur Fassade, 1912

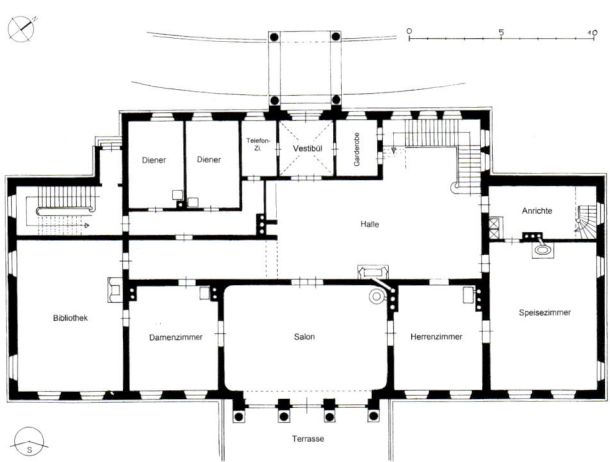

Grundriß Erdgeschoß, 1912

Tutzing

Die Halle (Erdgeschoß) mit der Treppe, 1916

Die Bibliothek, 1913

Kachelofen im großen Salon, 1916

Der Kamin in der Halle, 1913

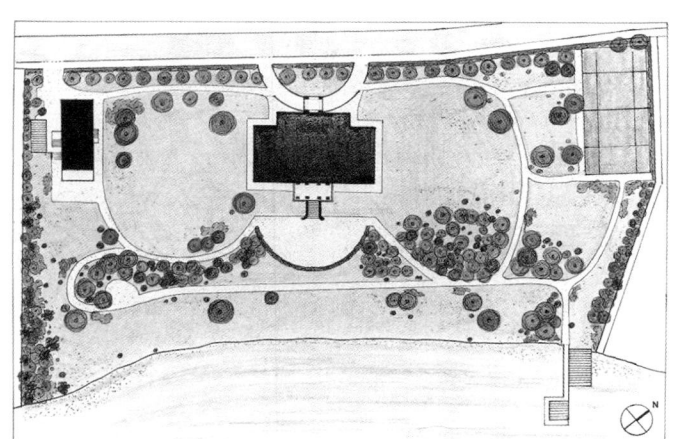
Villa von Prittwitz, Park, um 1915 (Rekonstruktion)

Das Seeufer mit den Villen Kustermann, von Prittwitz und Kalle, um 1940

Um 1865 erwarb Kommerzienrat Max Kustermann, Großhändler und Fabrikbesitzer in München, das gesamte Gelände zwischen Johanneshügel und Seeufer.[46] Er hatte in München eine stark expandierende Eisengießerei aufgebaut, die eine fast unübersehbare Palette an Gußeisenteilen, dem wichtigsten Werkmaterial der Zeit, im Angebot hatte.[47] Von Gußeisensäulen mit antiken Kapitellen bis hin zu Fenster- und Türbeschlägen, von Zierblechen in Renaissanceformen bis hin zu Ofenplatten mit Barockmotiven, von Trägern und Schienen bis hin zum einfachsten Eisenhaken begannen Gußeisenteile die traditionellen Materialien abzulösen. Noch heute sind solche Bauteile (Eisenbalkone, Säulen u.a.) überall im Landkreis zu finden.

Im nördlichen Teil des Grundstücks ließ sich Max Kustermann eine elegante Villa errichten. Der auf kreuzförmigem Grundriß konzipierte Bau ist ganz von der vornehmen Zurückhaltung und der klaren Formensprache des Spätklassizismus geprägt, läßt im Detail aber auch deutlich das Vorbild der Florentiner Landvilla der Renaissance erkennen. Im Gegensatz zu den meisten frühen Villen am Starnberger See sind hier alle vier Seiten gleichwertig ausgebildet, vielleicht weil sie infolge ihres Standortes auf einer ebenen Fläche auf allen Seiten vom Park umgeben war und deshalb mit allen vier Fassaden zur Wirkung gebracht werden sollte. Der Baukörper wirkt mit seinem sehr flachen Dach klar und scharf geschnitten. Die Fassaden sind zurückhaltend angelegt, und nur an einigen Stellen, am Eingang und auf der seeseitigen Fassade etwa, wird die Gestaltung etwas verdichtet. Die Ostseite und die Südostecke erhalten durch die Terrassen und die dekorative, verglaste Loggia (nachträglich hinzugefügt) privaten Charakter. Im Inneren ist der Bau sehr übersichtlich und annähernd symmetrisch aufgebaut. Er wird über die große Halle von einer großzügig geführten, doppelläufigen Treppe erschlossen. Im Erdgeschoß lagen die Repräsentationsräume, im Obergeschoß (in der Raumeinteilung deckungsgleich mit dem Erdgeschoß) die Schlafräume. Das Haus war von Anfang an unterkellert, unter dem Mädchenzimmer befand sich das Bad. Die wandfeste Ausstattung der Villa ist schlicht, über die ursprüngliche Möblierung kann heute nichts mehr gesagt werden.

Wer die Pläne zur Villa entworfen hat, ist nicht bekannt. Gottfried Neureuther, der 1866 die Polytechnische Schule und 1875 die Kunstakademie in München gebaut hat, entwarf 1866 ein Wohnhaus für den Münchner Zimmermeister und Bauunternehmer Reiffenstuel in der Müllerstraße. Auffallende Parallelen dieses Entwurfes zur gleichzeitigen Kustermann-Villa (besonders das sehr flache Walmdach, die Gestaltung der Fenster und des Eingangsportals) lassen unmittelbar an Neureuther denken. Max Kustermann war mit einer Tochter von Franz Michael Reifenstuel verheiratet, der zu dieser Zeit mit seiner Firma nicht nur den Bau der Polytechnischen Schule ausgeführt, sondern auch die Eingabepläne zum Wohnhaus in der Müllerstraße unter-

279

Tutzing

Villa Kustermann (Hauptstraße), 1984

Blick auf den Park und die Villa, um 1920

Tutzing

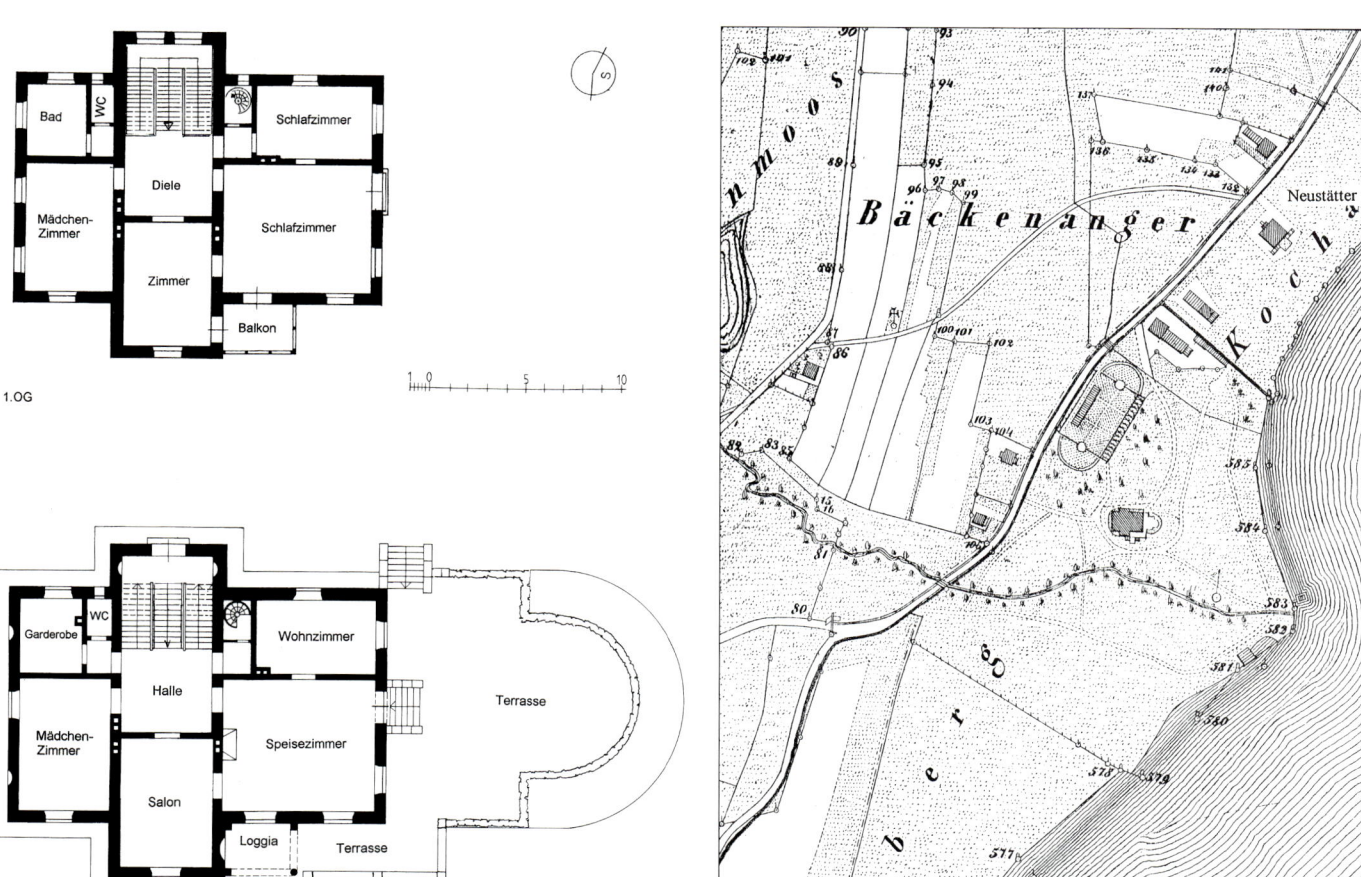

Grundrisse, um 1900

Die Villen Neustätter und Kustermann, Flurkarte, um 1875/80

Villa Kustermann, Parkanlage, um 1920 (Rekonstruktion)

Tutzing

schrieben hat und somit sehr gut mit der Handschrift Neureuthers vertraut war. Es wäre deshalb auch denkbar, daß er die Tutzinger Villa entworfen hat.[48]

Gleichzeitig mit dem Bau der Villa ließ Kustermann von Hofgartendirektor Karl von Effner einen Park anlegen. Er hatte, wie schon gesagt, den gesamten Uferbereich zwischen Johanneshügel und See in seinen Besitz gebracht und sogar – was eine seltene Ausnahme war – einen Teil des dazugehörigen Seegrundes erwerben können. Effner konnte dabei auf eine schmale, aber bereits hochgewachsene Baumkulisse entlang der Uferlinie aufbauen. Die übrigen Flächen waren bis dahin wohl noch landwirtschaftlich genutzt und weitgehend frei von Büschen und Bäumen. Jedenfalls zeigt ein Aquarell von Lorenz Quaglio von 1854 das Ufer bis hin zum südlichen Dorfrand noch in diesem Zustand.[49] Effner legte einen Park nach englischem Vorbild an, wobei er die natürlichen Gegebenheiten, vor allem die kleinen Bachläufe in die Gestaltung mit einbezog. Mehr ist über die frühe Gestaltung der Anlage nicht auszusagen. Dr. Neubert's Gartenmagazin schildert sie uns jedoch auf dem Stand von 1890 und schwärmt von der Weite des Parks und von seinen schönen Wegen, vom schattigen Laubengang und vom großen Tulpenbaum zwischen Villa und Seeufer, von den Rosenbeeten und vom ausgezeichneten Obst- und Gemüsegarten.[50] Die Anlage ist durch Photos aus der Zeit um 1920, zweifellos auf ihrem letzten Höhepunkt, sehr gut dokumentiert. Die Aufnahmen zeigen in unmittelbarer Nähe der Villa einen großen freien Raum, der mit Rasenflächen und verschiedenen, zum Teil in den charakteristischen Brokatmustern der Jahrhundertwende angelegten Blumenbeeten gestaltet war. Der Park wies mittlerweile einen eindrucksvollen Baumbestand auf. Ein umfangreiches Wegesystem erschloß die Anlage. Freie Wiesenflächen und naturnahe, unbearbeitete Abschnitte gehörten ebenso zum charakteristischen Bild der englischen Anlage wie die sorgfältig berechneten Sichtschneisen auf die wichtigsten Zielpunkte der Seelandschaft und der Alpenkette. Auch die Ausstattung war reichhaltig: Es gab Ruhebänke an den verschiedensten Stellen des Parks, einen schattigen Laubengang, ein großes Alpinum und eine echte Almhütte.[51] Auch ein Tennisplatz war bereits vorhanden, natürlich auch die unverzichtbare Badehütte und ein großes Bootshaus mit einem eigenen Hafen. Die Parkanlage wurde von mehreren Gärtnern und Hilfskräften betreut. Dafür standen eine eigene Gärtnerei mit Pflanzgarten und einem beheizbaren Treibhaus zur Verfügung.

Bereits vor 1873/74 entstand an der nördlichen Einfahrt und im Anschluß an die Stall- und Wirtschaftsgebäude ein Wohnhaus, dessen ursprünglicher Verwendungszweck nicht gesichert ist. Später wurde es von der Schwester von Kommerzienrat Franz Kustermann, Frau Margot ten Brink, bewohnt. Wer dieses ganz in Formen des französischen Frühbarock und der Beaux arts gehaltene Haus entworfen hat, ist nicht bekannt.

Der Laubengang, um 1920

282

Tutzing

Parkanlage Kustermann; am Ufer (»bei der stillen Bank«), um 1920

Villa Kustermann, südliche Fassade, um 1920

Tutzing

Parkanlage Kustermann; Laube am Seeufer mit Blick auf die Tutzinger Kirche, um 1920

Die Quelle in der Nähe des Bootshauses, um 1920

Die Almhütte (Tirol, 16./17. Jh.), um 1920

Tutzing

Parkanlage Kustermann, Uferweg (»bei der See-Eiche«), um 1920

Hafenanlage und Bootshaus, um 1920

Nördlich der Villa (links Laubengang und Tulpenbaum), um 1920

Schattiger Weg im Park, um 1920

Park nördlich der Villa (mit Laubengang), um 1920

Tutzing

Das Kustermann-Landhaus, um 1920

Die kleine Villa an der Straße (Gästehaus?), um 1920

1895/96 wurde der zum Seeufer hin gelegene, winkelförmig an die Remisen anschließende und um 1890 entstandene Wirtschaftstrakt zu einem Wohnhaus für Kommerzienrat Franz Kustermann, einem der Söhne von Max Kustermann, umgebaut.[52] Die heutige Außenerscheinung ist weitgehend das Ergebnis dieses nach Plänen von Johann Biersack durchgeführten Umbaus. Bereits wenige Jahre später, vermutlich nach der Übernahme der Firma 1902, ließ Franz Kustermann dieses Haus erneut umbauen. Dabei wurde der Schweifgiebelrisalit mit Loggia und Balkon auf der seeseitigen Fassade angebaut, wurde die an den Flur anschließende Küche zugunsten eines großen Salons verlegt und wurde die ehemalige Wagenremise zu einem großen Billardzimmer ausgebaut. Im Obergeschoß wurden weitere Wohn- und Schlafräume eingerichtet. Der alte im Stil der Neorenaissance eingerichtete Speisesaal blieb jedoch wohl unverändert erhalten. In dieser Form ist das Haus durch die nebenstehenden historischen Photos gut dokumentiert. Die alte Villa, in der Familie als »weiße Villa« bezeichnet, wurde in der Folgezeit von zwei Töchtern von Franz Kustermann bewohnt.

Kustermann-Landhaus, Speisezimmer, um 1920

Kustermann-Landhaus, Wohnzimmer, um 1920

Tutzing

Kustermann-Landhaus, Wohnzimmer, um 1920

Kustermann-Landhaus, Billardsalon, um 1920

Der Billardsalon, um 1920

Landhaus Feynald (Seestraße), gebaut von Johann Mund für Kommerzienrat Dr. Zentz, 1995

Aus dem Jahre 1924 stammt das Landhaus Feynald an der Seestraße, das der Münchner Architekt Johann Mund für Geheimrat Eugen Zentz erbaut hat.[53] Der langgestreckte Bau wurde, wie so viele Landhäuser der Zeit, in den Winkel zwischen Seeufer und Alpenkette gestellt und ganz auf den großen Garten ausgerichtet. Als Vorbild diente das Bauernhaus der Miesbacher Gegend, was nicht nur an den verschiedenen Baudetails (zum Beispiel flachgeneigtes Satteldach, bemalte Pfetten, Glockentürmchen), sondern vor allem auch an der hier angewandten Blockbauweise zum Ausdruck kommt. Auch im Inneren ist, soweit wie möglich, Holz verwendet, das eine besonders wohnliche, behagliche Atmosphäre vermittelt. Sparsam eingesetzte, aber wirkungsvolle Schmuckelemente (Schnitzereien, Stuckdetails an verschiedenen Decken und im Treppenhaus) sind genau im Stil der Zeit gehalten. Ob die Entwürfe dazu ebenfalls von Johann Mund stammten, ist nicht sicher, der ausführende Künstler ist unbekannt. Das Haus ist auch im Detail fast ohne Einbuße überliefert, auch das sehr elegante und seinerzeit fortschrittliche Bad ist erhalten. Der Grundriß läßt sofort erkennen, daß hier bei aller Großzügigkeit der Räume (allein das Wohnzimmer hat etwa 40 qm) nicht eine auf den Empfang vieler Gäste berechnete, repräsentative Villa gewünscht war, sondern ein bequemes und wohnliches Ferienhaus für eine Familie mit Kindern. Die sehr gemütlichen und stimmungsvollen Schlafräume sind im Obergeschoß untergebracht, schmale, etwas niedrigere Abseiten am Dachfuß sind als wertvolle Abstellkammern, begehbare Garderoben und als Spielecken zu nutzen.

Auch der Garten entsprach dem Geschmack der Zeit. Hier wurde keine »englische Anlage« mehr gewünscht, auch barockisierende Blumenbeete sind nicht mehr zu sehen. Er ist mehr als Gartenarchitektur gesehen. Dabei wurde geschickt die Topographie der Hanglage zu Abtreppungen genutzt, ein durchfließender Bach als gestaltendes Element eingesetzt.

Der Architekt errichtete sich gleichzeitig auf dem westlich anschließenden Grundstück ein eigenes, aber sehr viel kleineres Wohnhaus, das ebenfalls noch erhalten ist.

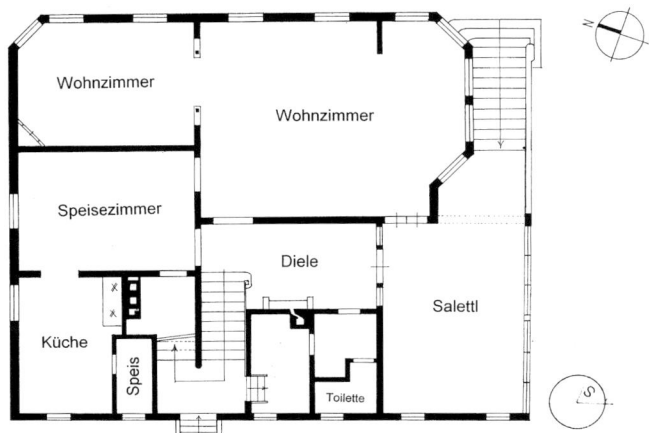

Erdgeschoß-Grundriß, 1924

Tutzing

Der Aufgang auf der Giebelseite, 1995

Die Diele mit dem Treppenhaus, 1995

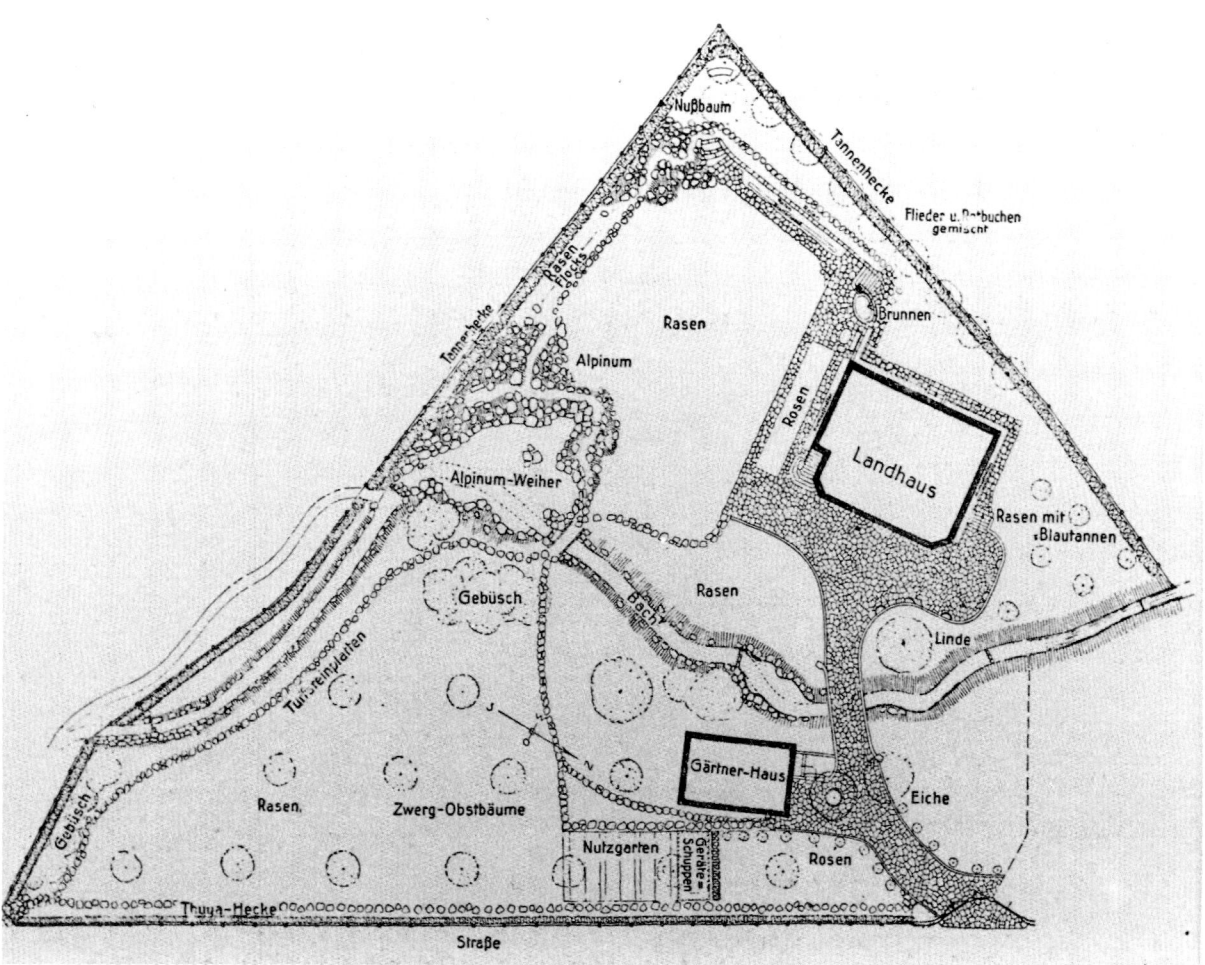

Der Gartenplan, 1924

Tutzing

Landhaus Feynald, Bad im Obergeschoß, 1995. Das komfortable und nach dem letzten Stand der Bauzeit eingerichtete Badezimmer ist noch in originaler Form erhalten.

Blick in das Wohnzimmer, 1995. Der große Wohnraum wird durch einen schmalen Nebenraum zu einer gemütlichen Sitzecke erweitert.

Eines der Kinderzimmer im Obergeschoß, 1995. Die Abseiten (Dachschräge) werden in diesem Haus geschickt für Abstellkammern und gemütliche Schlafkojen genutzt.

Tutzing

Villa Sack (Rittinghausen, Traubinger Straße), um 1925

Villa Sack, Ostfassade, um 1920

Villa Sack, Speisezimmer (Entwürfe Bruno Paul und Otto Blümel), 1974

Die Villa Sack (Rittinghausen) in der Traubinger Straße gehörte mit ihrer einheitlichen Ausstattung der Zeit und ihrem großartigen Garten zu den wichtigsten Tutzinger Villen.[54] Sie war 1904 für den Privatier Bernhard Morasch errichtet worden. 1908 erwarb sie der Leipziger Rechtsanwalt Dr. Walter Sack und ließ das Haus vollständig mit Möbeln der Vereinigten Werkstätten einrichten. Die Entwürfe dazu stammten durchwegs von bedeutenden Innenarchitekten: Das Schlafzimmer im Obergeschoß hatte Bruno Paul entworfen[55], das Ankleidezimmer Bernhard Pankok. Das Speisezimmer war aus Möbeln von Bruno Paul und von Otto Blümel zusammengestellt, ebenso der Salon und das Herrenzimmer, in dem ein sehr schöner Schreibtisch von Bruno Paul stand. Die Dielen im Erdgeschoß und im Obergeschoß wurden von Julius Diez ausgestattet, die Veranda erhielt eine Korbmöbelgarnitur nach Entwürfen von Richard Riemerschmid.[56] Dazu kamen hochwertige Ausstattungsstücke wie der kleine Wandbrunnen von Bruno Paul oder die schönen Kamine nach Entwürfen von Jan Eisenloeffel[57]. Die Villa war auch mit einem Bad ausgestattet, welches den letzten Stand der Entwicklung repräsentierte.[58] Dieses einmalige Raumkunstensemble am Beginn der Moderne ist leider nicht mehr vollständig an seinem Bestimmungsort erhalten. Ein großer Teil der Möbel wurde allerdings in die Sammlung des Münchner Stadtmuseums aufgenommen und damit wenigstens im großen Zusammenhang erhalten.

Dr. Sack konnte sich nur wenige Jahre an diesem Besitz erfreuen. Als seine Frau nach schwerer Krankheit starb, nahm er sich das Leben. Den Besitz erbte 1912 seine Schwägerin, die mit dem Münchner Restaurantbesitzer und Weinhändler Fritz Schleich verheiratet war. Sie ehelichte nach ihrer Scheidung (um 1920) den Arzt Hofrat Dr. Sebastian Gröschl, der vielen älteren Tutzingern noch in Erinnerung ist. Sie vergrößerte 1912 die Gartenanlage und ließ das Nebenhaus anbauen, das zunächst als Pförtnerhaus der Villa gedacht war, in dem jedoch später die Arztpraxis eingerichtet wurde.

Eine ungewöhnliche Qualität wies auch die Gartenanlage auf. Das Grundstück reichte vom heutigen Hillernweg den leicht abfallenden Hang hinab bis zur Bahnlinie und hatte eine Größe von über 19 000 qm. Der Garten gehörte in seiner Blütezeit vor dem Zweiten Weltkrieg zweifellos zu den bedeutendsten und schönsten Anlagen am Starnberger See. Er zeigte besonders deutlich die Abkehr vom Landschaftsgarten des späten 19. Jahrhunderts, wie er uns etwa im Park der Kustermann-Villa begegnete, und den Stilwandel hin zu einem klar strukturierten, stark architektonisch geprägten Garten des frühen 20. Jahrhunderts. Die Vorbilder dazu sind nicht zuletzt in den alten italienischen Gärten zu suchen.[59]

Der vor der nördlichen Fassade gelegene Gartenteil wurde um 1908, also im Auftrag von Dr. Sack, von Otto Blümel angelegt. Er planierte das Gelände bis fast zum

Tutzing

Das Ankleidezimmer nach Entwürfen von Bernhard Pankok, 1974. Die Möbel befinden sich heute in der Sammlung des Münchner Stadtmuseums.

Das Schlafzimmer (Entwürfe von Bruno Paul), 1974. Das Schlafzimmer befindet sich mit der gesamten Ausstattung noch an Ort und Stelle.

Schlafzimmer, Waschtisch und Wäscheschrank (Bruno Paul), 1974

Zwei Kamine mit Metall- und Glasflußeinlagen von dem Holländer Jan Eisenloeffel. Wandbrunnen von Bruno Paul, 1974

Bachlauf hin und schuf mit einer umlaufenden Mauereinfassung mit Ziervasen ein quadratisches Gartenparterre, das axial auf die Gartenfassade bezogen war und das er durch ein Wegekreuz nach barocken Vorbildern in vier Felder teilte. Die Mitte akzentuierte eine große Brunnenschale, deren künstlicher Tuffsteinfelsen den Springbrunnen enthielt. Die Wege endeten jeweils an Treppen, die zu den übrigen Gartenteilen führten. In die nördöstliche Ecke stellte Otto Blümel den heute noch bestehenden Gartenpavillon. Die Gestaltung der vier Felder orientierte sich sehr stark am französischen Barockgarten. Das entsprach zwar noch den Vorstellungen des Neobarock und sicher auch den Wünschen der meisten Zeitgenossen, muß aber für Otto Blümel, der in den Vereinigten Werkstätten mit den fortschrittlichsten Architekten in Verbindung stand und sich im übrigen selbst zu deren Ideen bekannte, doch als sehr konservativ bezeichnet werden.[60] Die nach Osten anschließende große Wiese blieb im wesentlichen frei, in ihrer Mitte wurde 1908 die Sonnenuhr von Joseph Wackerle aufgestellt.[61] Entlang der Straße führte ein Laubengang von der Villa zur damaligen Grundstücksgrenze, bog dort in rechtem Winkel ab und überdeckte noch einige Meter des Weges zur großen Buche. Im Winkel befanden sich eine Sitzgruppe und eine antikisierende Steinfigur, der sog. »Stirnbandbinder«.[62]

Als Frau Schleich-Hoste das Anwesen 1912 erbte, vergrößerte sie den Garten nicht nur durch umfangreiche Zukäufe, sie ließ offenbar umgehend den bestehenden Garten umgestalten und die neuen Flächen in entsprechenden Formen anlegen. Die Gestaltung des barocken Gartenparterres wurde in ihrer Grundstruktur belassen, im Detail jedoch vereinfacht. Damit wurde das Gesamtbild wesentlich gestrafft, es wurde kraftvoller und moderner. Die kunstvollen Teppichbeete wurden jeweils zu einer geschlossenen, ruhi-

Schreibtisch von Bruno Paul, 1974 *Das Bad (Villeroy & Boch), 1974* *Bad (Korbstuhl Riemerschmid), 1974*

Tutzing

Die Gartenanlage vor der nördlichen Fassade, um 1908. Der Garten wurde von Otto Blümel (Mitarbeiter von Bruno Paul) angelegt. Links der Pavillon, ebenfalls von Otto Blümel

Die Anlage weist noch starke barockisierende Tendenzen auf. Sie zeugt in ihrem hohen Aufwand von einem bemerkenswerten Gestaltungswillen.

Die Neugestaltung dieses Gartenteils nach 1912 mit dem Brunnen »Das Leben« von Nüsslein, um 1930/35

Blick über die Villa Sack hinweg auf den See und die Alpenkette, um 1930

Der Gartenpavillon (Otto Blümel), 1990

Sonnenuhr von Joseph Wackerle, um 1915

Villa Sack mit Nebenhaus, um 1920

Tutzing

Blick in den Garten westlich des Hauses, um 1920/25

Kleiner Pavillon im westlichen Rondell, um 1920

gen Fläche zusammengefaßt, das Brunnenrondell als Mittelpunkt der Anlage durch eine schön geschnittene Buchseinfassung und einen neuen Brunnen (»Das Leben«) von Chr. Nüsslein stärker akzentuiert.[63] Gleichzeitig wurde das westlich anschließende Hühnerhaus abgebrochen und das Gartenparterre durch eine neue Thujahecke gegen den Nutzgarten abgegrenzt. Die Verschiebung der Grundstücksgrenze über den Bachlauf hinaus und die inzwischen dort dicht aufgewachsene Baumkulisse schirmten dieses Gartenparterre zusammen mit der Thujahecke nun zu einem geschlossenen Raum ab, der dem historischen Vorbild weit mehr entsprach.

Auf dem neuen, an die Wiese anschließenden Grundstücksteil wurde mittels einer geschnittenen Buchenhecke ein langgezogenes, axial nun auf die Seitenfassade der Villa bezogenes Rechteck gebildet, das auf beiden Längsseiten mit Bäumen hinterpflanzt wurde, dessen untere Schmalseite jedoch der Fernsicht wegen frei blieb. Diese Fläche wurde durch querlaufende Mauern verschiedener Höhe in drei Abschnitte geteilt, so daß sich aus dem gleichmäßig abfallenden Gelände drei terrassenartig abgestufte Gartenteile ergaben. Ein mit Tuffplatten belegter Weg auf der Mittelachse verband diese drei Flächen. An den Mauern glichen Treppen den Höhenunterschied aus. Die erste, obere Fläche war als Wiese mit Blumenrabatten an den Mauerzügen gestaltet.[64] Die mittlere Fläche war als Wassergarten angelegt. Die hakenförmig angeordneten schmalen Was-

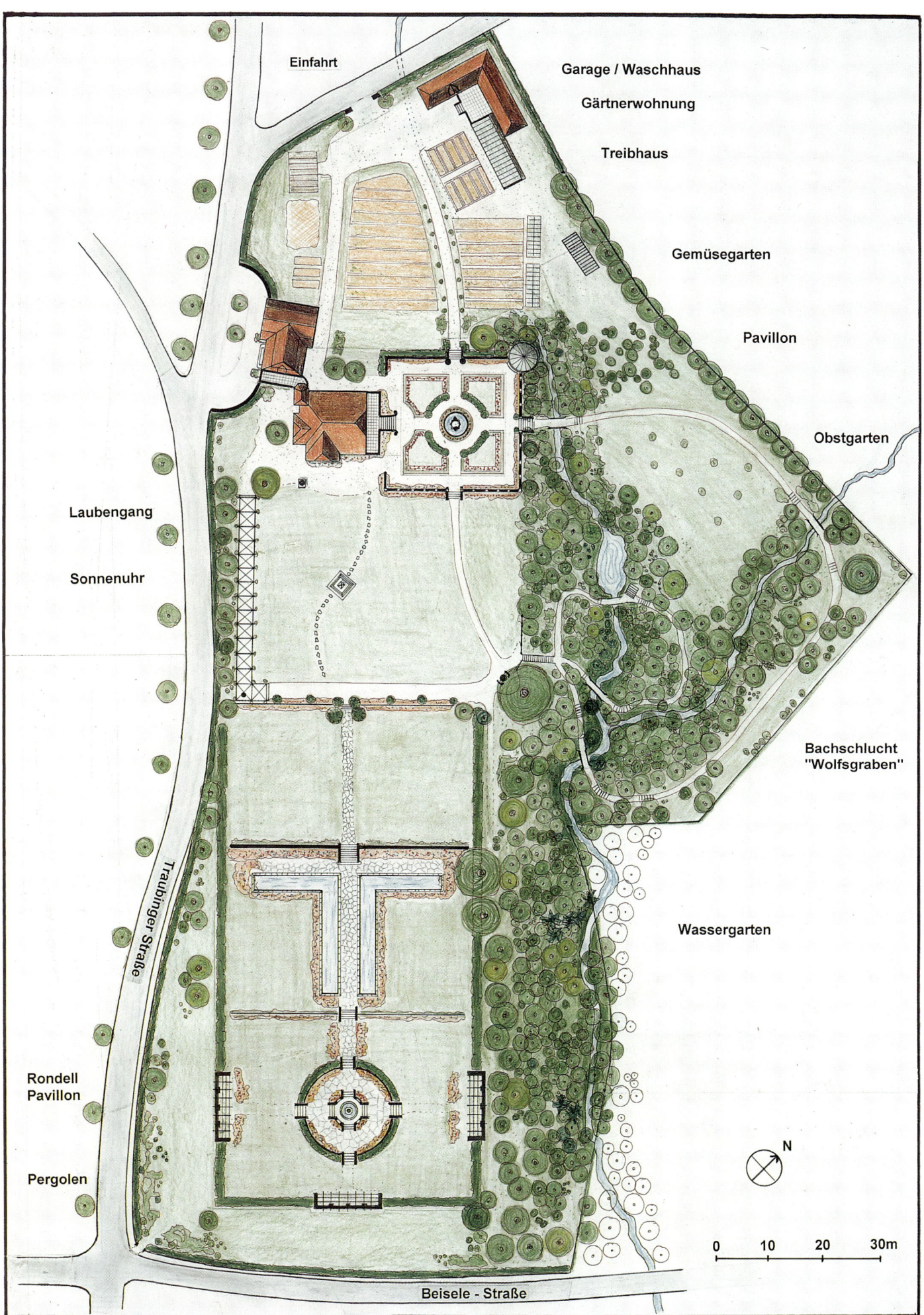

Villa Sack (Rittinghausen), Gartenanlage, um 1925/30 (Rekonstruktion)

Tutzing

Der »Wassergarten« und die Treppe zum oberen Gartenparterre, um 1920

serflächen waren von Blumenbeeten gesäumt. Der unterste Gartenteil war wieder eine Rasenfläche, die in der Mitte ein etwas abgesenktes, von einem niederen Mauerkreis begrenztes und über vier Treppen begehbares und mit Tuffplatten ausgelegtes Rondell enthielt. In der Mitte befand sich ein offener, aus Ziegelsteinen gemauerter Pavillon mit einem kegelförmigen, kunstvollen Holzdach. Im Inneren befand sich ein Brunnen mit einem Putto (»Manneken-Pis«). Der Pavillon war also wohl mehr als ein ein ideeller, fast tempelartiger Bau, vielleicht als *point de vue* und nicht so sehr als schattiger Freisitz gedacht.[65] Die Buchenhecken waren hier auf allen drei Seiten von schattigen Pergolen mit Sitzbänken unterbrochen. Dieser Garten erwies sich in seiner hochrangigen Durchgestaltung zweifellos als ein singulärer Fall am Starnberger See. Er erreichte in den Jahren vor dem Zweiten Weltkrieg und besonders durch die intensive Pflege durch Walter Rittinghausen seinen Höhepunkt. Nach ersten Einbußen während des Krieges mußte er in den 60er Jahren aus finanziellen Gründen weitgehend aufgegeben werden. Die gesamte, an die große Buche anschließende Gartenfläche ist inzwischen parzelliert und mit sechs Wohnhäusern überbaut worden.

Frau Gröschel beim Rondell (Pavillon), um 1920

Der Laubengang mit dem »Stirnbandbinder«, um 1915

Tutzing

An einigen der hangaufstrebenden Straßen entstand seit 1870/80, verstärkt seit der Jahrhundertwende eine Reihe interessanter Landhäuser, von denen ein paar stellvertretend hier noch erwähnt werden sollen.

In der Waldschmidtstraße, noch unterhalb der Bahnlinie, wurde 1905 die »Villa Berghaus« für Ludwig Gaßner gebaut.[66] Hier ist in einigen Details deutlich das Vorbild des alpenländischen Bauernhauses erkennbar, die weit herausragenden Balkenköpfe der Blockwände sind jedoch eine Erinnerung an das Schweizerhaus. Das war natürlich alles noch mehr malerisch im Sinne des Historismus als in Erneuerung des Landhauses nach den Ideen des Heimatschutzes gedacht. Ebenfalls in der Waldschmidtstraße (an der Bahnlinie) stand ein Landhaus, das seinerzeit als »Judentempel« bezeichnet wurde. Es wurde 1873 für Menachion Kohn gebaut und ist auf dem Photo des nördlichen Seeufers (S. 260) gut als freistehendes Haus mit einem kleinen Aussichtsturm auf dem Satteldach zu erkennen.[67] Bereits jenseits der Bahnlinie errichtete sich der Münchner Architekt Anton Bachmann 1909 eine Villa auf einem großen, mit herrlicher Aussicht ausgestatteten Grundstück, das sich parallel zur Bahn bis zum Kalkgraben hinzog. Diese Villa ist später unter dem Namen »Dreimäderlhaus« bekannt geworden.[68] 1918 erwarb sie ein schlesischer Industrieller und ließ ihre Ausstattung mit großem Aufwand im Stil der Neurenaissance erneuern. Nach einem Brand 1921 wurde sie umgehend wieder aufgebaut. An seiner Stelle stehen heute Reihenhäuser.

Ebenfalls westlich der Bahnlinie, aber weiter südlich an der Beiselestraße konnte der Münchner Fabrikbesitzer Johann Baptist Frey (Fa. Loden-Frey) 1903 ein großes Grundstück für ein stattliches Landhaus (Architekt: Otto Gaßner) erwerben.[69]

Sehr früh folgte die Bebauung der Traubinger Straße. 1878 errichtete hier bereits Ludwig Neustätter sein Landhaus[70], in unmittelbarer Nachbarschaft 1880 Julius Violand[71], auf der gegenüberliegenden Straßenseite 1870/71 der Gendarmeriestationsmeister Roth[72]. Jenseits der Bahnlinie und nach der bereits genannten Villa Sack errichtete Engelbert Schnell 1910 ein Landhaus (die nachmalige Villa Ploetz), das zwei Jahre später von der Schriftstellerin Wilhelmine von Hillern, der Schöpferin des Romans »Die Geierwally«, erworben wurde.[73] Westlich an das Grundstück anschließend siedelte sich 1909 Major Eduard Windstoßer an, etwas oberhalb Ludwig Gaßner (Engelbert Schnell, 1914; später Derigs). Schräg gegenüber baute 1904 Josef Hamel und weiter oben Dr. Karl Schmidt. Das 1912 in einem größeren Grundstück errichtete Landhaus, entwarf Xaver Knittl ganz nach dem Vorbild des alpenländischen Bauernhauses.[74]

Weiter südlich und wieder an der Bahnlinie konnte der kgl. Staatsrat a. D. Exzellenz Dr. Robert Ritter von Landmann 1904 ein schönes Grundstück für ein neues Landhaus erwerben. Es ist heute noch im Besitz der Familie.[75] Zwei weitere Straßenzüge mit sehr früher Bebauung sind die Kustermannstraße und die Höhenbergstraße. Gleich unten am Beginn der Straße steht noch unverändert die Villa Dahn

Landhaus Ploetz (Traubinger Straße), um 1920/25

Landhaus Dr. Schmidt (Traubinger Straße), 1996

Landhaus von Landmann (Martelsgraben), 1997

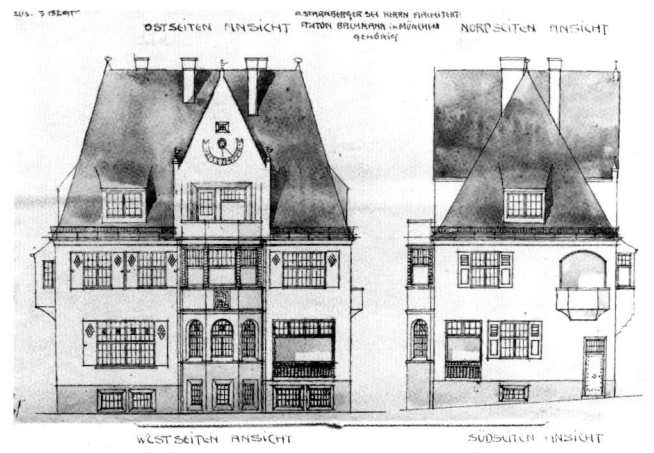

Villa Bachmann (sog. Dreimäderlhaus), Entwurf 1909

Tutzing

Villa Berghaus (Waldschmidtstraße), um 1910

Landhaus Derigs (Traubinger Straße), 1996

Villa Dahn (Am Höhenberg), 1984

Blick auf die Bebauung an der Kustermannstraße, um 1940

Villa von Hövel (Am Höhenberg), Entwurfszeichnung, 1905

Landhaus Kustermannstraße 3, 1996

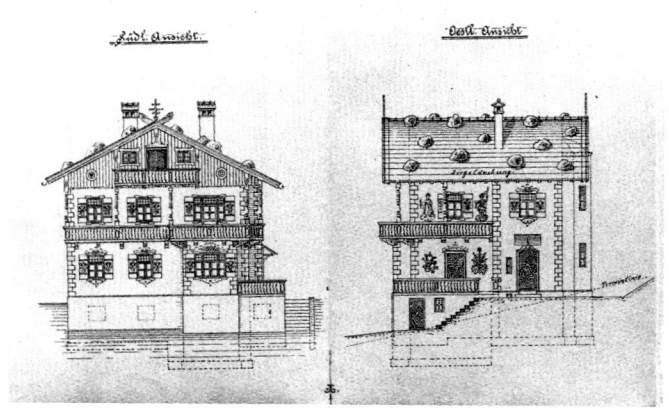

Landhaus Wassner, Entwurfszeichnung, 1903

von 1871/72, die mit ihrer Fassadengestaltung mit Veranda, Balkon und Hochlaube wieder ein charakteristisches Beispiel für das Landhaus des Mittelstandes darstellt.[76] Die Villa der Gräfin Bonasi, die 1874 etwas weiter oben entstand, ist dagegen nicht mehr erhalten. Oben, kurz bevor die Straße ihren höchsten Punkt erreicht, steht die Villa Hövel, die leider durch Umbauten entwertet wurde, die mit ihrer Kuppel jedoch noch immer das Ortsbild prägt. Etwa auf gleicher Höhe steht ein weiteres frühes Landhaus, die 1875 gebaute Villa von Hofacker.

Deixlfurt, Gutshaus, 1986

1875 erwarb Heinrich Vogl, Kammersänger der Münchner Hofoper, von den Immobilienspekulanten Bierbichler und Demmel um 14 000 Gulden das sog. Fischwartanwesen in Deixlfurt. Es bestand aus einem größeren Bauernhaus mit den entsprechenden Nebengebäuden.[77] Der Grundbesitz umfaßte zu dieser Zeit etwa 166 Tagwerk, wobei allerdings schon der große Deixlfurter Weiher mit 115 Tagwerk (ca. 39 ha) angerechnet wurde. Heinrich Vogl ließ das Bauernhaus durch Xaver Knittl 1880 zu einem modernen Gutshaus umbauen, dessen lange Traufseite zum Weiher hin orientiert war und durch zwei annähernd identische Zwerchgiebelrisalite zur eigentlichen Hauptfassade umgestaltet wurde. Anschließend verlegte das Sängerehepaar seinen Wohnsitz von Tutzing und dem kleinen Landhaus am See nach Deixlfurt. Im Laufe der Jahre erwarb Heinrich Vogl ständig neuen Grund dazu, bis er bei seinem Tode 1900 etwa 330 ha beisammen hatte. Er bewirtschaftete das Gut mit Sachverstand und großer Freude.[78]

1920 ging Deixlfurt in die Hände der Familie von Günther über. Erneute An- und Umbauten 1921/22 gaben dem Gutshaus schließlich sein heutiges Aussehen. Die schlichten, noch ganz im Stil der Maximilianszeit gehaltenen Fassaden wurden im Stil der Zeit repräsentativ überarbeitet, die Wohnräume im Inneren stark vergrößert. Die Pläne stammten auch dieses Mal wieder von Xaver Knittl.

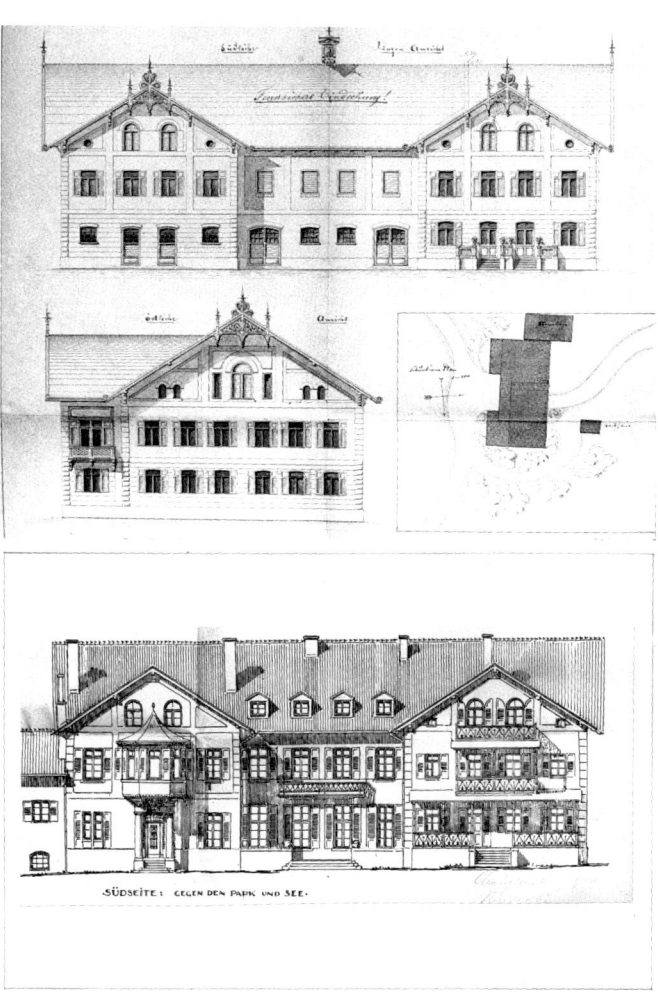

Deixlfurt, Entwürfe, 1880 und 1921

Tutzing

Lorenz Quaglio, Tutzing. Aquarell über Bleistift, 1859 (München, Staatliche Graphische Sammlung)

Tutzing

Edward Theodore Compton, Blick auf den Johanneshügel und den Kustermann-Park. Aquarell, um 1925 (Gemeinde Tutzing)

Edward Theodore Compton, Villa Ebers (»Midgardhaus«). Aquarell, um 1925

Tutzing

Villa Kustermann, südliche Fassade, 1997

Villa Sack (Rittinghausen), Gartenanlage, um 1930/35

Villa Sack, Kamin von Jan Eisenloeffel (1908, Erdgeschoß), 1997

Detail: Mosaik, farbige Glassteine, vergoldete Glasblättchen, 1997

Villa Sack, Glasfenster, Oberlichte über der Tür zur Diele (wohl Julius Diez, 1908), 1998

Tutzing

Fritz Bamberger, Blick über die Villa Ebers (»Midgardhaus«) hinweg auf See und Alpen. Ölgemälde, um 1870 (Privatbesitz)

Hans am Ende, Villa Ebers. Ölgemälde, 1887 (Privatbesitz)

Tutzing

*Max Joseph Wagenbauer, Assenbuch (Leoni) mit dem Fischer Gastl und der Villa Krenner. Ölgemälde, 1913
(München, Städtische Galerie im Lenbachhaus)*

Berg

Die Siedlungsgeschichte der Gemeinde Berg seit dem 19. Jahrhundert wurde vor allem von der speziellen topographischen Situation bestimmt. Die bäuerlichen Anwesen hatten wegen der besonderen Anforderungen ihrer Wirtschaftsweise mögliche Standorte nur auf dem Höhenrücken oder ganz unten am flachen Uferstreifen gefunden. Die steilen Abhänge waren für sie durchwegs ungeeignet. Anders jedoch war es für die Bauherren der Villen und Landhäuser, für die sie mit ihren Möglichkeiten der Staffelung und der ungehinderten Sicht auf die Seenlandschaft ideale Voraussetzungen boten. Besonders geeignet waren dafür die etwas flacheren Hanglagen von Kempfenhausen, während die zum Teil steilen Abschnitte bei Berg lange Zeit nicht angenommen wurden. Man kann dies gut aus den frühen Aquarellen und Zeichnungen ablesen.[1] Die ersten Landhäuser entstanden dort deshalb ausnahmslos unten, unmittelbar am Ufer oder oben an der Hangkante. Erst als hier die besten Plätze besetzt waren, kam es auch zu Neubauten an den Hängen, zum Teil unter erheblichem Aufwand.

Obwohl das Westufer unter diesem Gesichtspunkt die besseren Voraussetzungen bot, entstanden gerade am Ostufer einige der ganz frühen Landhäuser, vor allem in Assenbuch, dem späteren Leoni. Entscheidend dafür war vermutlich die etwas größere Stadtnähe dieses Uferabschnitts, was für die Fahrt mit der Kutsche oder dem Stellwagen ein nicht zu vernachlässigendes Argument war. Erst mit dem Bau der Eisenbahn Pasing–Starnberg 1854 und ihrer Verlängerung bis Tutzing 1865 verlegte sich die Bautätigkeit zunächst mehr auf das Westufer. Während die Entwicklung dort sehr rasche Fortschritte machte und bereits um die Jahrhundertwende nur noch wenige interessante Bauplätze angeboten werden konnten, blieb das Ostufer noch längere Zeit frei von hektischem Siedlungsdruck, konnte es sich seine Ruhe und eine gewisse Intimität noch einige Jahrzehnte, teilweise sogar bis nach dem Zweiten Weltkrieg bewahren. Mit zunehmender Verbreitung des Autos und dem Ausbau des Straßennetzes verlor freilich auch das Ostufer seine schützende Abseitslage. Mit dem Bau der nahen Autobahn nach Garmisch ist auch in den Ostufergemeinden der Siedlungsdruck gefährlich angewachsen. Inzwischen sind die besten Standorte längst vergeben, beginnt auch hier die nächste zerstörerische Entwicklungsphase der Abbrüche bestehender Häuser und der Zerstückelung der Gartenanlagen. Mittlerweile entwickelt sich bereits in einigen Abschnitten, vor allem im Bereich der ehemals ausgedehnteren Gartenanlagen, ein sehr inhomogenes Ortsbild, eine ziemlich reizlose Mischung verschiedenster Baukörper und Baustile, ein oft unerträgliches Durcheinander von allen möglichen Dachformen, vom Flachdach bis hin zur hiesigen Spezialität des nach Art eines Schwammerlhutes über den Bau gestülpten Daches.

Unbekannt, Blick über den See auf das Kempfenhausener Ufer. Aquarell, um 1830 (Münchner Stadtmuseum)

Die Steilhänge bei Berg blieben, wie schon gesagt, lange von Bebauung frei. Sie waren für die landwirtschaftliche Nutzung ungeeignet und wiesen meist einen alten und dichten Baumbestand auf. Ein längerer Uferabschnitt südlich von Unterberg gehörte zur Parkanlage des Schlosses und war damit jeglicher Bebauung entzogen. Diesen Umständen verdankt das Landschaftsbild von Berg trotz der vielen Neubauten doch noch eine bemerkenswerte Ursprünglichkeit. Im Bereich der flacheren Hanglagen von Kempfenhausen war dagegen die landwirtschaftliche Nutzung der Flächen möglich. Sie waren weitgehend frei von Bäumen, was die frühen Zeichnungen und Aquarelle immer wieder bestätigen. Sie boten damit auch gute Voraussetzungen für den Bau von Villen und Landhäusern.

Kempfenhausen

Kempfenhausen breitet sich über den Moränenwall aus, der von Süden her den See begleitet und der hier in einem langgezogenen flachen Abhang zum See hin abfällt. Oben auf dem Scheitel, in landschaftsbeherrschender Stellung, baute sich bereits 1485 der Münchner Maler Gabriel Maleskircher ein Sommerhaus, vielleicht das erste eines nichtadeligen und nicht dem Münchner Stadtpatriziat angehörigen Bürgers.[2] Ob davon noch irgendwelche Bausubstanz im heutigen Schloß erhalten ist, ist schwer zu sagen. Möglicherweise stammt der gegenwärtige Bau auch erst von den Bart, die den Sitz von Maleskircher übernahmen. Nach ihnen übernahmen die Schrenck, wieder ein alteingesessenes und reiches Münchner Patriziergeschlecht, Schloß und Hofmark. Mit diesen Besitzern und erst recht nach dem Kauf durch Kurfürst Ferdinand Maria, der das Schloß als Ausgangspunkt für seine berühmten Seefeste und die Fahrten mit dem Prunkschiff »Bucentaur« nutzte, reihte sich Kempfenhausen unter die Patrimonialgerichte und unter die Hofmarkschlösser am Starnberger See ein und darf deshalb für unsere Geschichte der Villen für einige Zeit außer Betracht bleiben.[3]

1850, zwei Jahre nach der Aufhebung der Patrimonialgerichte, veräußerte der letzte Hofmarksherr von Kempfenhausen, Herzog Max in Bayern, das Schloß an seinen Rechtsconsulenten, Hofrat Dr. Anton von Schauß. Damit war Kempfenhausen frei von den Funktionen der Grundherrschaft wie der Gerichtsbarkeit wieder zum bürgerlichen Wohnsitz geworden.[4] Dr. von Schauß bekleidete als Jurist und Hofrat eine einflußreiche Stellung am Münchner Hof. Er nahm mehrmals schwierige diplomatische Missionen für den König wahr, so mehrmals in Athen oder 1848 als Vertreter Bayerns in der Deutschen Nationalversammlung in der Frankfurter Paulskirche. Nach seinem Tod erbte sein Sohn, der Bankier, Jurist und Landtagsabgeordnete Dr. Friedrich von Schauß, das Schloß, nach ihm 1884 sein jüngerer Bruder, der Bankier und Direktor der kgl. Münze in München, Dr. Emil von Schauß. 1892 erwarb Dr. August Sartorius von Waltershausen, Professor für Nationalöko-

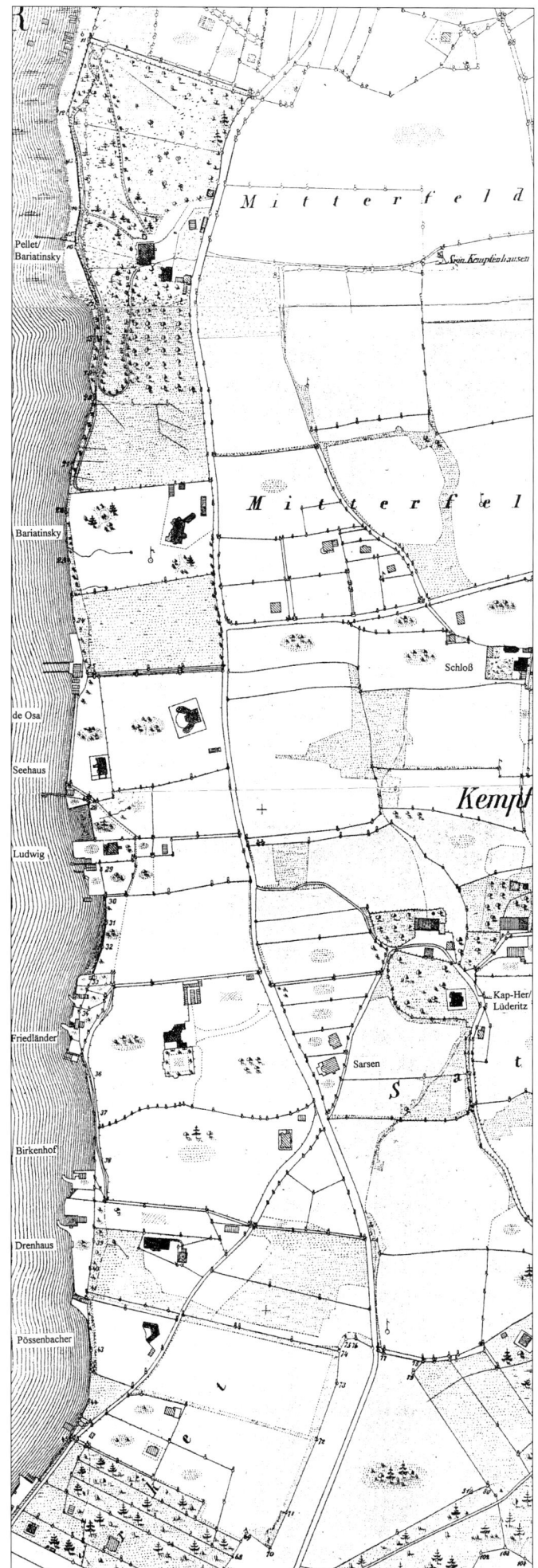

Kempfenhausen. Flurkarte, Stand um 1935

Schloß Kempfenhausen, 1997

nomie an der Universität Straßburg, das Schloß aus dem Schauß'schen Erbe. Er verkaufte den Besitz jedoch bereits 1909 an den Grafen Otto von Bylandt. Dieser ließ umfangreiche Renovierungs- und Umbauarbeiten durchführen. Unter anderem verlegte er den Eingang an die Nordwestecke des Schlosses. Auch der Torbogen zum nördlichen Nebengebäude, der südliche Anbau mit der offenen Loggia stammen aus dieser Zeit. Trotz dieser Veränderungen hat das Gebäude noch unverfälscht die typische Form eines kleinen altbayerischen Hofmarksitzes (vgl. Rösselsberg, Harmating u. a.) bewahrt. Welche Umbauten Otto von Bylandt im Inneren vornehmen ließ, ist ohne genaue bauliche Untersuchungen nicht zu sagen. Der von Süden her das Erdgeschoß erschließende Gang weist noch unverfälscht die Form der Bauzeit (Spitzbogentüren, Kreuzgratgewölbe) auf, der große Wohnraum mit seiner neugotischen Vertäfelung dürfte jedoch in der zweiten Hälfte des 19. Jahrhunderts ausgestattet worden sein. Auch der Saal, der das Obergeschoß mit dem Erker einnimmt, zeigt eine eindrucksvolle Ausstattung im Stil des Späthistorismus, mit einer den Saal überspannenden Balkendecke auf geschnitzten Konsolen, einem raumhohen Kamin in Renaissanceformen und schönen geschnitzten Türen und Wandverkleidungen. Das Schloß ging 1935 in Besitz der Reichsärzte-

Der Festsaal im Obergeschoß, 1989

Der große Wohnraum im Erdgeschoß, 1997

Villa Pellet, Südfassade, um 1905

kammer über und gehört seit dieser Zeit zum Krankenhaus Kempfenhausen.

Der Starnberger Posthalter und Gastwirt Andreas Pellet hatte 1843 das Hofbauerngut in Kempfenhausen erworben. Er verlegte nach umfangreichen Arrondierungskäufen das Anwesen 1851 auf die Seewiesen am Ufer. Wenig später, 1855, errichtete er neben dem landwirtschaftlichen Anwesen das noch erhaltene Landhaus, ob als persönliches Wohnhaus oder als Gästehaus und als Dependance seines Starnberger Gasthofes, ist heute nicht mehr zu sagen.[5] Es handelte sich um einen schlichten Satteldachbau mit zwei Obergeschossen, mit einer seeseitigen Terrasse und Balkonen auf der Süd- und Westseite. Es war vom bodenständigen Landhaus abgeleitet und entsprach damit dem Typus der kleineren Sommerhäuser am See, wie sie von Biersack, Fischhaber oder Wannerstorfer gebaut wurden. Auf der obigen Abbildung (um 1905) ist das Pellet-Haus in seiner Grundform noch gut überliefert, doch sind Erker und Loggia auf der Südseite, die gedeckte Terrasse sowie das rückwärtige Eingangsportal bereits Zubauten aus der Zeit des Fürsten Bariatinsky. Die Dekoration nach Art der oberbayerischen Lüftlmalerei dürfte ebenfalls aus der Zeit nach 1899 sein, da das Haus ursprünglich oberhalb des 2. Geschosses mit einem Brettermantel verkleidet war, wie die Xylographie im Link-Führer und eine zeitgenössische Zeichnung zeigen.[6] Auch die innere Organisation des Hauses wird bei den Umbauten nach 1899 Änderungen erfahren haben. Der gewölbte Eingangsbereich mit dem Treppenhaus dürfte dagegen noch aus der Bauzeit sein. Pellet legte auf dem Grundstück, das im Süden bis zur späteren Villa de Osa reichte, einen Park an und richtete eine Gärtnerei mit Obstgarten ein, mit der er sein Gästehaus, vielleicht auch seine Gastwirtschaft in Starnberg versorgte.

Von Mai bis Oktober 1864 mietete König Ludwig II. das Haus für Richard Wagner. Dieser war bekanntlich vor seinen Gläubigern in Wien über München nach Stuttgart geflüchtet, wo ihm Kabinettssekretär Pfistermeister am 2. Mai die rettende Einladung nach München überbrachte. Der junge König beschaffte ihm die Wohnmöglichkeit in Kempfenhausen, um ihn jeden Tag in Schloß Berg empfangen zu können. Wagner nutzte diese Gelegenheiten zu langen Gesprächen über Musik und über sein Kunstwerk der Zukunft. Wagner bezeichnete seine Wohnung im Pellet-

Villa Pellet, Bibliothek, 1986

Villa Pellet, Treppenaufgang, 1986

Villa Pellet, Schiebetür im Wohnraum (Erdgeschoß), 1986

Haus, die er am 14. Mai bezogen hatte, als »schön und einsam«. Er litt unter Arbeitsunlust und schlechtem Wetter. Er schildert uns jedoch in dem Brief, mit dem er Hans von Bülow an den See einlud, einige Details des Hauses. So wird ein Badezimmer erwähnt, ein Gartensalon, ein Musikzimmer.[7] Erst als am 29. Juni Cosima von Bülow, zuerst ohne ihren Mann, zu Besuch eintraf, änderte sich die Stimmung. Wagner knüpfte hier im Pellet-Haus die ersten Bande zur späteren Verbindung mit Cosima. Hans von Bülow erfuhr zwar bei seinem Besuch nichts von den Vorgängen, Cosimas Vater, Franz Liszt, jedoch kam wenig später ebenfalls kurz nach Kempfenhausen, wo es bezüglich der peinlichen Situation zu einer heftigen Aussprache kam. Wieviel und mit welchem Resultat Wagner hier gearbeitet hat, ist nicht überliefert. Ein Huldigungsmarsch für Ludwig II. ist gesichert, vermutlich arbeitete er auch etwas am »Siegfried«. Am 3. Oktober verließ Wagner Kempfenhausen und siedelte nach München über.

Andreas Pellet starb 1866 und hinterließ den Besitz seiner Witwe Maria und seinen beiden Söhnen. Diese veräußerten 1898 das Landhaus mitsamt Park und Nebengebäuden an den steinreichen russischen Fürsten Alexander Bariatinsky und seine Gattin Anna, die aus Saint Raphael an der Riviera stammte.[8] Der Fürst ließ das Landhaus 1899 von H. Lachermeier umbauen und erweitern. Die Seeseite erhielt eine vergrößerte Terrasse mit Freitreppe und einem überdachten Freisitz in Form eines polygonalen Pavillons. Auf der Südseite wurde ein Erker mit darüberliegendem Balkon angebaut, auf der Nordseite eine neue große Küche mit Räumen für die Dienerschaft. Im Inneren wurde wohl eine umfangreiche Neuausstattung vorgenommen, von der noch die Bibliothek und der Salon überliefert sind. In den folgenden Jahren kamen ein neues Gärtnerhaus, ein eigenes Wohnhaus für die Bediensteten (nach der Überlieferung zwischen 40 und 50 Personen), eine Gärtnerwohnung mit einem Blumentreibhaus hinzu.[9] 1907 wurde ein großer neuer Pferdestall gebaut, der ganz mit weißen Fliesen ausgestattet war, ein neues Gästehaus (das heutige Direktorenhaus) sowie ein neues Einfahrtstor mit Pförtnerhaus. Gleichzeitig wurde die Parkanlage mit Rasenflächen, Blumenrabatten und Wegen neu geordnet. Der Obergärtner wurde jedes Jahr nach Nizza geschickt, um dort die neueste Mode der Gartenkunst zu studieren, wie sich Benno Gantner sen. erinnert.[10] In den Ställen standen 35 bis 40 Pferde, und der Fürst soll für seine Reisen in den Süden eigene Umspannstationen in München, Seeshaupt, Murnau, Mittenwald und Bozen unterhalten haben.[11] Damit hatte sich die noch recht bäuerlich-ländliche Welt der Pellet-Zeit in einen hochherrschaftlichen Landsitz verwandelt. Das Fürstenpaar führte hier in den Sommermonaten ein ganz großes Haus mit rauschenden Festen.[12]

1912 ging diese Zeit zu Ende. Der Fürst starb während eines Aufenthalts in Rußland. Seine Witwe führte das Haus noch bis 1914 weiter, dann zwang sie der Ausbruch des Ersten Weltkriegs, Kempfenhausen zu verlassen. Ihr Besitz wurde anschließend vom Staat als Feindeigentum konfisziert, die gesamte Haushaltung aufgelöst, die Pferde dem

Villa Pellet, Westfassade (zum See hin), 1907

Das Gästehaus, um 1907

Das neue Stallgebäude, um 1907

Einfahrtstor und Pförtnerhaus, um 1905/10

Berg

Otto Riemerschmid, Entwurf zur Villa Anna Bariatinsky, 1906. Die zum See gewandte Westfassade der Villa

Villa Bariatinsky, um 1969. Die Villa weist bereits starke Veränderungen auf (Balkon, Erdgeschoßloggia), sie wurde noch im selben Jahr abgebrochen.

Villa Bariatinsky, 1921. Der Blick auf die rückwärtige Fassade der Villa läßt den etwas abgesetzten Wirtschaftstrakt und das Pförtnerhaus erkennen.

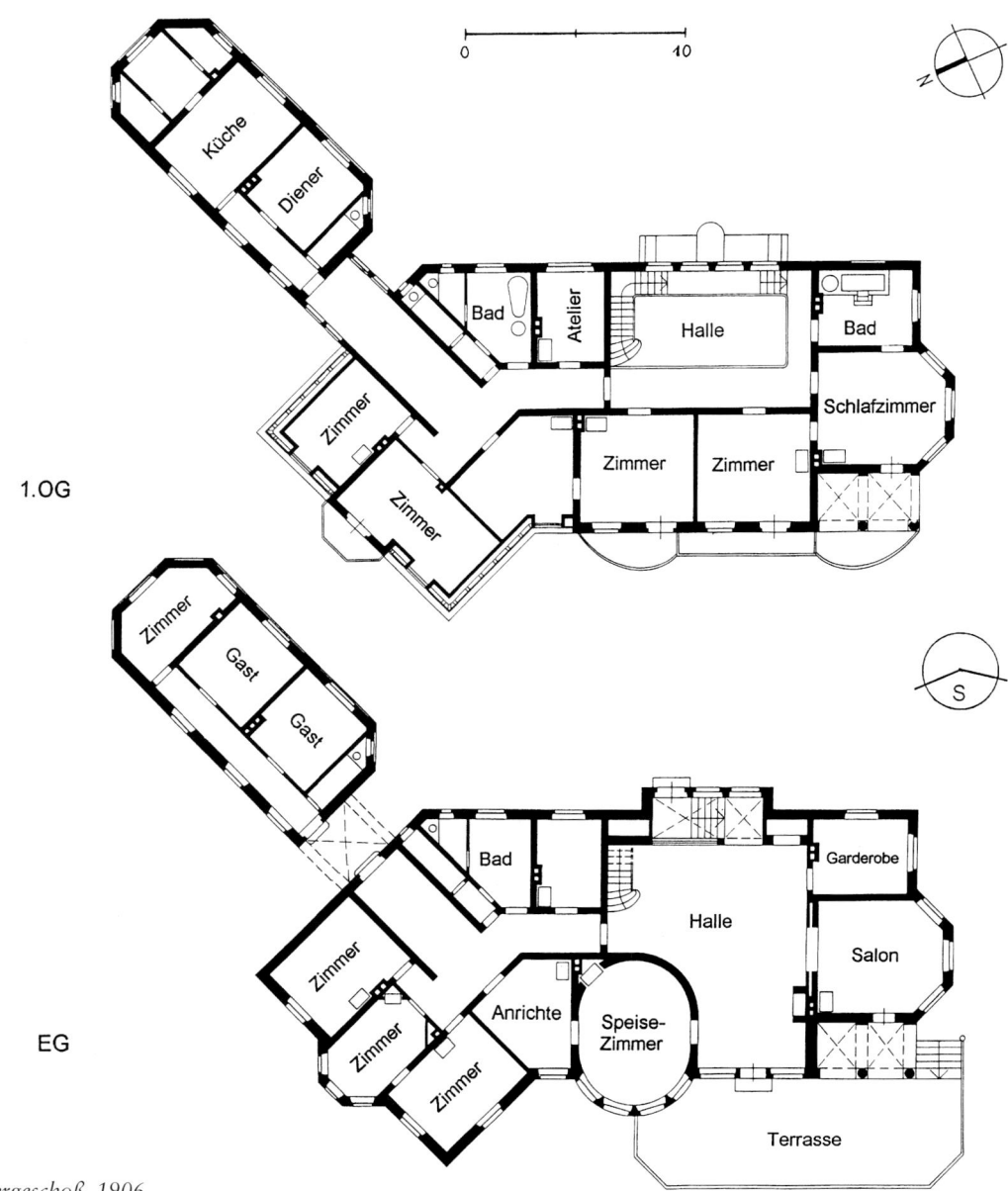

Villa Bariatinsky, Erdgeschoß und Obergeschoß, 1906

Militär übereignet. Villa und Nebengebäude haben später durch eine ganz anders geartete Nutzung (Institut für Frauenbildung Hunaeus, Landschulheim und Gymnasium Kempfenhausen) ihr Gesicht stark verändert, der Park wurde weitgehend reduziert und durch massive Zubauten entwertet.

1906 ließ die Fürstin Anna Bariatinsky den südlichen Teil der großen Pellet'schen Parkanlage für den Neubau einer großen, komfortablen Villa abtrennen. Mit ihrer Planung wurde Otto Riemerschmid beauftragt.[13] Er entwarf einen barockisierenden Bau mit Mansardwalmdach und ordnete die verschiedenen Baugruppen winkelförmig an. Der zentrale Wohnbereich mit den Repräsentationsräumen wurde durch das höhere Dach hervorgehoben und mit der Front parallel zur Uferlinie gestellt. Die Nebenräume schlossen sich in stumpfem Winkel an, der Küchentrakt und die Räume der Dienstboten wurden über einen kurzen Verbindungsgang von der Villa isoliert und zur Straße hin ange-

hängt. Das Haus wurde von rückwärts über eine riesige Halle erschlossen, die im Erdgeschoß durch seine ganze Tiefe reichte und im Bereich der Treppe zweigeschossig ausgebildet war. Über die Treppe und die umlaufende Galerie erreichte man die Räume im Obergeschoß. Die Villa wurde wie das benachbarte Seehaus bei Ausbruch des Ersten Weltkrieges beschlagnahmt. 1918 wurde sie an Martin Neuburger, den niederländischen Konsul in München, veräußert. 1935 erwarb sie der aus einer rheinischen Großindustriellenfamilie gebürtige Rittmeister der Husaren a.D. Arnold Rechberg. Er war Junggeselle und widmete sich hier in Kempfenhausen seiner Passion, der Malerei und der Bildhauerei. Während des Dritten Reiches ging er in Opposition zum herrschenden Regime und wurde dafür 1943 bis 1945 in mehreren KZs inhaftiert.[14] Nach Rechbergs Tod 1947 ging der Besitz an die Kinder seines Bruders über, welche die Villa 1961 an Adalbert Breiter verkauften. 1969 wurde die stark vernachlässigte Villa abgebrochen und durch einen Neubau ersetzt.[15]

Villa de Osa (Münchner Straße), seeseitige Fassade, 1984

Die Eingangsseite, 1911

Kempfenhausen

Villa de Osa, Kuppelrisalit, 1986

Berg

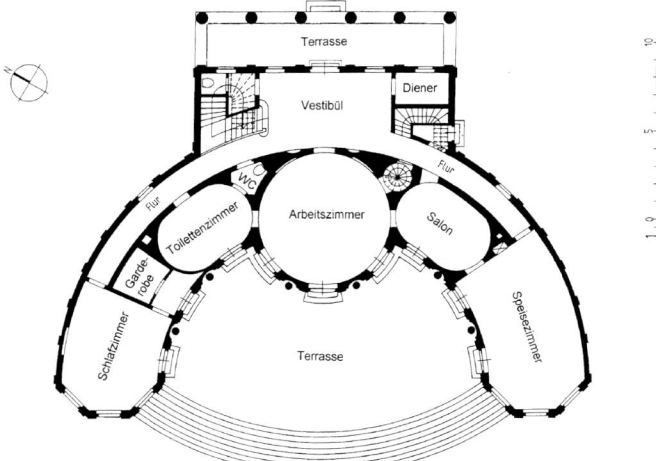 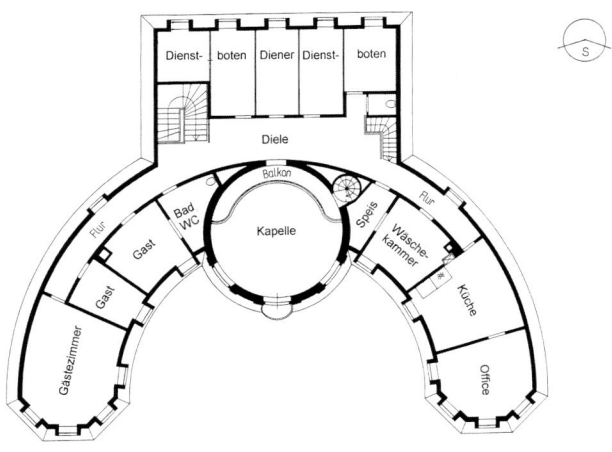

Grundrisse Erdgeschoß und Obergeschoß

Die Villa wurde 1909 für Augusta de Osa, die Witwe des kolumbianischen Botschafters in Paris, Norberto de Osa, errichtet.[16] Der Architekt Ernst Haiger entwarf damit einen außerordentlich feingliedrigen Bau, welcher barockes Raumgefühl mit vornehmer französischer Eleganz vereint. Obwohl das Vorbild eines fürstlichen Gartenpalais hier auf ein sehr privates, fast intimes Maß reduziert ist, wirkt die Villa doch sehr wohl herrschaftlich-repräsentativ. Dies ist in hohem Maße der Wirkung der überkuppelten Rotunde zuzurechnen, die hier in ungewöhnlicher Weise das Zentrum bildet. Ihr schließen sich in Halbkreisform zwei erdgeschossige Seitenflügel mit Mansarddach an. Dabei wird ein Teil der Baumasse nach hinten verlegt, mit dem Ergebnis einer ungemeinen Leichtigkeit der Fassade. Unmittelbarer Anlaß für die Rotunde war der Wunsch der Bauherrin nach der Realisierung einer Kapelle als Zentrum des Hauses.[17] Sie wurde als kreisrunder Zentralraum in das Obergeschoß verlegt und sollte auch die Kuppel als sakrales Motiv mit einbeziehen. Es ist großartig, wie es dem Architekten gelang, damit eine ästhetische und eine inhaltliche Funktion bruchlos zu einem Ganzen zu fügen! Die beiden Flügelbauten umschließen eine geräumige Terrasse mit Freitreppe. Sie ist hier nicht ein Sitzplatz, der wie andere Terrassen zugleich zum Haus wie zum Garten gehört, sie wirkt eher als »offener Raum« des Hauses, als windgeschützte Fortsetzung der Innenräume nach draußen. Die Seitenflügel funktionieren dabei wie ein Paravent. Die feingegliederten, hohen französischen Fenster, die Terrassentüren und die Nischen mit den Vasen dazwischen wirken auch optisch in diese Richtung. Gleichzeitig öffnen sie den Bau in ungewöhnlicher Weise zum Garten hin. Das neue Lebensgefühl der Zeit mit seiner Sehnsucht nach Sonne und Luft wird hier sichtbar.

Der Eingangsbereich, der ein Stück aus dem Halbkreis des Villenbaus heraustritt, wurde zur Straße hin angeordnet. Er ist mit seiner Reihe ionischer Säulen etwas repräsentativer angelegt als die mehr private Gartenseite, empfängt aber dennoch nicht mit der protzigen Attitüde anderer Portikusvorbauten. Die Säulenvorhalle ist heute leider zugemauert, was den Bau an dieser Stelle sehr um seine Wirkung gebracht hat. Ein System von diskreten, in Weiß gehaltenen Dekorationselementen ist über die in leichtem, warmem Gelb gehaltene Fassade gelegt und verbindet die beiden Seiten der Villa. Dazu kamen früher dekorativ verwendete Spaliere (Treillis) im dunklen Grünton der Läden. Sie belebten die Fassaden zusätzlich und trugen entscheidend zur beabsichtigten Landhausatmosphäre bei.

Der Grundriß der Villa entspricht in seiner klaren Ordnung und in seiner Strenge dem Außenbau. Beide Seiten sind perfekt aufeinander abgestimmt und ergaben einmal zusammen mit der sorgfältig ausgewählten Möblierung ein harmonisches Gesamtkunstwerk. Die Räume wurden so-

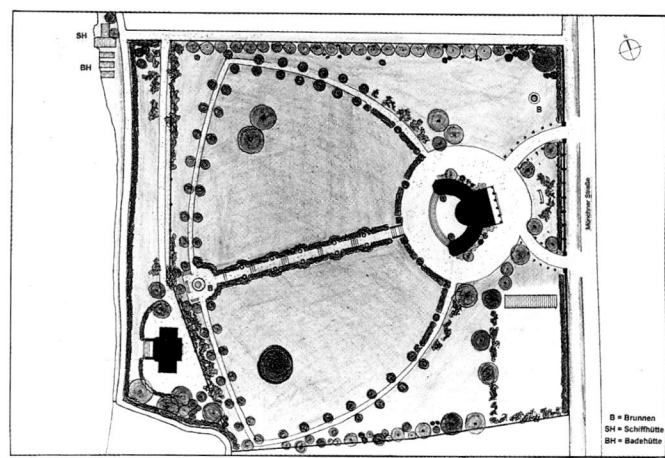

Die Gartenanlage, um 1925 (Rekonstruktion)

Blick aus der Gartenanlage, um 1920

Kempfenhausen

Das Speisezimmer (Vereinigte Werkstätten, nach Entwürfen von Ernst Haiger), 1911

weit wie möglich ohne Ecken angelegt. Vor allem in den zentralen Räumen des Erdgeschosses herrschen die Kreisform oder das Oval. Das Runde, Weiche als Gestaltungsprinzip für die Räume einer alleinstehenden Dame wurde konsequent eingesetzt. Das gibt ihnen zusammen mit den ausgewogenen Proportionen eine besondere, fast extravagante Note. Alle Räume waren mit Möbeln nach Entwürfen Ernst Haigers zurückhaltend und mit sehr sparsamen Effekten eingerichtet. Die Wirkung wurde vor allem durch den Einsatz gut aufeinander abgestimmter, harmonischer Farben und wertvoller Materialien erzielt. Alle Möbel wurden in den Vereinigten Werkstätten hergestellt. Ein weiteres Ziel des Architekten war, die am historischen Vorbild sich orientierende Noblesse eines kleinen Herrenhauses mit

Das Vestibül, 1911

Das Arbeitszimmer (Ernst Haiger), 1911

321

Berg

Das Speisezimmer, 1911

Der Salon (Vereinigte Werkstätten, nach Entwürfen von Ernst Haiger), 1911

Kempfenhausen

Das Badezimmer im Erdgeschoß, auf dem Eingabeplan als Toilettenzimmer bezeichnet, wurde ebenfalls nach Entwürfen von Ernst Haiger gestaltet. Ausführung wohl durch die Vereinigten Werkstätten

Der nach dem letzten Stand der Mode als Tiefbad konzipierte, ovale Raum gehörte zweifellos zu den bedeutendsten und schönsten Badezimmern, die es am Starnberger See je gegeben hat.

Das Schlafzimmer der Dame, nach Entwürfen von Ernst Haiger, 1911

Berg

Villa Federico de Osa, sogenanntes Seehaus, 1994

modernstem Komfort und neuzeitlicher Technik zu verbinden. So wurde zum Beispiel die Küche im Obergeschoß, über dem Speisezimmer, angeordnet, um die Küchengerüche ohne Belästigung für die übrigen Zimmer abziehen zu lassen. Das Bad war, obwohl mit antikisierenden Dekorationen versehen, selbstverständlich nach dem letzten Stand der Technik ausgestattet und als damals in Mode befindliches Tiefbad angelegt.[18]

Wer mit der Planung der Gartenanlage beauftragt war, ist nicht bekannt, vermutlich ebenfalls Ernst Haiger.[19] Auch hier ist wieder eine strenge, der Bedeutung der Villa entsprechende Gestaltung zu erkennen. Die beiden schlanken Pappeln auf der Terrasse und der gerade Weg, der auf der verlängerten Mittelachse des Hauses zu einem Brunnen am Ufer führt, sie unterstreichen als Achtungszeichen den herrschaftlichen Charakter der Villa. Der Weg zielt gleichzeitig als weite Blickachse auf Niederpöcking am Westufer. Eine der frühesten und bedeutendsten Villenkolonien am See als point de vue!

Der Garten wurde bis heute mehrmals verkleinert, seine originale Gestaltung beseitigt.[20] Die Villa selbst hat durch die Umwandlung in eine Klinik den größten Teil der Ausstattung der Innenräume verloren. Obwohl die jüngste Außenrenovierung sehr sorgfältig durchgeführt wurde, haben die vielen Zubauten inzwischen auch das Umfeld so sehr belastet, daß die Villa ihre einstige Dominanz völlig verloren hat. Eine der schönsten und architektonisch bedeutendsten Villen am Starnberger See ist durch eine unverträgliche, wuchernde Nutzung weitgehend entwertet.

Der Plan zur kleinen Villa de Osa für den Major a.D. Federico (Fritz) de Osa, geht bis in die Bauzeit der Hauptvilla zurück.[21] Der Erste Weltkrieg verhinderte jedoch die Ausführung, so daß der Bau erst 1922 realisiert werden konnte. Der Entwurf stammte wieder von Ernst Haiger. Er realisierte ihn auf einer schmalen Hangstufe über dem Seeweg als kleines Gartenpalais im Rokokostil, das ein wenig an eine französische maison de plaisance erinnert und das sich sehr harmonisch an die obere Villa anschließt. Da sich seeseitig ein etwas höheres Sockelgeschoß ergab, konnte er den zentralen Erdgeschoßraum über eine Freitreppe mit dem Garten vor dem Seeufer verbinden. Der rokokoartige Fassadendekor, die Lisenengliederung und die schönen großen Fenster prägen die harmonische Fassade.[22] Die heutige Farbgebung ist allerdings nicht mehr original. Der Fond war ursprünglich in lichtem Seegrün gehalten, die Gliederung in leicht ocker-getöntem Weiß abgesetzt, die Fensterläden dunkelgrün gehalten. Das Innere umfaßt nur ein paar kleine, intime Räume. Im Erdgeschoß befinden sich, symmetrisch auf das durch den Mittelrisalit gekennzeichnete Wohnzimmer bezogen, ein Speisezimmer und ein Arbeitszimmer. Alle Räume wurden wieder von Ernst Haiger eingerichtet.[23] Das Haus wurde nach dem Tod der Familie de Osa unabhängig von der oberen Villa 1954 veräußert.

Villa Federico de Osa, Bibliothek, 1923. Auch hier wurde die gesamte Einrichtung wieder von Ernst Haiger entworfen.

Das Wohnzimmer, mit Blick zur Bibliothek, 1923

Das Wohnzimmer, mit Blick zum Speisezimmer, 1923

Berg

Kempfenhausener Ufer mit den Villen de Osa (Seehaus), Ludwig und Sarsen (Richter), um 1925

1910 erwarb Angelo Ainmiller aus München einen schmalen Streifen im Anschluß an das Grundstück de Osa. Gleichzeitig wurde vermutlich auch ein kleines Landhaus unmittelbar am Ufer errichtet. Dieses Haus erwarb 1920 der Architekt Emil Ludwig.[24] Er führte einige Umbauarbeiten durch und fügte eine größere Terrasse hinzu. Das Haus, das durch seine hohe und schmale Fassade auffiel, blieb weiter im Besitz der Familie, wurde jedoch unmittelbar nach dem Krieg stark umgebaut. Das oberste Stockwerk mit dem steilen Dach wurde abgetragen und durch ein Flachdach ersetzt. Ein seitlicher Anbau erweiterte das Haus. Im Inneren ist noch die schöne gewölbte Diele original erhalten.

1923 erwarben der Kaufmann und Schriftsteller Robert Friedländer-Prechtl und seine Ehefrau Meta aus Berlin-Schöneberg das gesamte an das Grundstück Ludwig anschließende Gelände bis hin zur Seestraße und ließen sich anschließend eine Villa bauen.[25] Der Architekt Carl Sattler errichtete ihnen einen noblen, präzise geschnittenen neoklassizistischen Satteldachbau mit kräftig gerahmten Giebelfeldern. Zur rückseitigen Front hin schloß er zwei erdgeschossige Flügelbauten an, die eine Art Ehrenhof bildeten, in den die in leichtem Bogen geführte Auffahrtsallee mündete. Die Fassaden wurden schlicht und in strenger, regelmäßiger Ordnung ausgebildet. An die südliche Fassade schlossen sich eine große Terrasse mit Freitreppe und ein großes Rasengeviert an, welches von schlanken hohen Thujen gerahmt wurde. Ein schönes mediterranes Motiv! Seitlich schloß sich eine in regelmäßiger Architektur angeordnete Ziergartenfläche an. Auf der anderen Seite der Villa lagen der Obst- und der Gemüsegarten, zum See hin dehnte sich der Park aus.[26] Der auf dem Photo dokumen-

Villa Friedländer-Prechtl, Grundriß Erdgeschoß, 1923

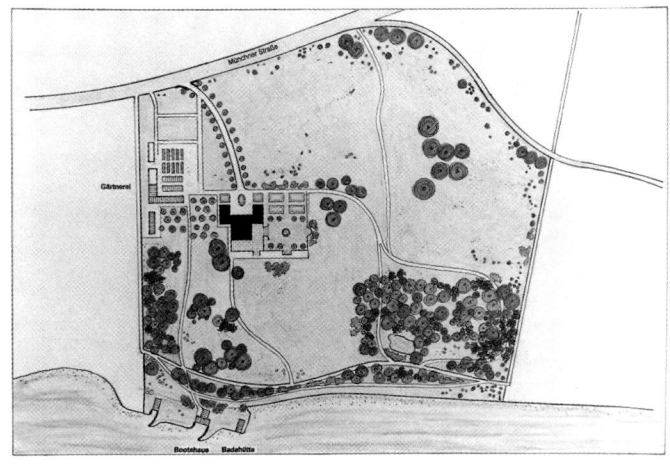

Gartenanlage, um 1940 (Rekonstruktion)

Villa Friedländer-Prechtl (Frick, Münchner Straße), südliche Fassade, um 1940

tierte Plattenbelag im rückwärtigen Auffahrtsbereich überliefert eine zeittypische Gestaltung der Frick-Ära.

Die Villa war im Inneren ebenfalls in neoklassizistischen Formen gestaltet und vermittelte einen vornehmen, noblen Eindruck. 1932 verkaufte das Ehepaar Friedländer die Villa an den Waggonfabrikanten Gustav Talbot in Aachen, der das Haus in der Folge vor allem als Gästehaus der Firma nutzte. Den südlichen, an die Seestraße angrenzenden Teil mit ca. 23 000 qm behielt sich Friedländer jedoch vor und ließ sich dort 1932 ein Landhaus in Holzbauweise, den sog. »Birkenhof« errichten. 1935 erwarb Reichsinnenminister Dr. Wilhelm Frick die Villa und ließ sie von dem Berliner Architekten Georg Steinmetz umbauen. Frick wurde beim Einmarsch der Amerikaner in seiner Villa gefangen genommen und anschließend im Nürnberger Prozess zum Tode verurteilt. Die Villa diente nun einem hohen amerikanischen Offizier als Wohnung[27] und ging schließlich in die Hände des Bayerischen Staates über. 1956 erwarb der Verleger Josef Keller das Anwesen und richtete hier seinen Verlag ein.

Eingangsseite mit zeittypischem Plattenbelag, um 1940

Das Musikzimmer, 1928

Berg

Villa Sarsen (Villa Richter), um 1930

Villa Kap Her (Villa Lüderitz, »Alte Eichen«), 1989

Auf Höhe der Villa Friedländer entstand 1923 eine kleine Villa für Dr. David Sarsen aus München.[28] Der mit der Traufseite zum See gestellte Satteldachbau fällt durch seine beiden um diese Zeit selten praktizierten Treppengiebel auf. Der Hauptfront ist ein kräftiger, halbrunder Risalit vorgesetzt. Der helle Bau stand ursprünglich frei auf der Anhöhe und besaß einen hohen Wert für das Ortsbild an diesem Uferabschnitt. Später kam das Haus in den Besitz des Arztes Dr. Kurt Lichtwitz, dann des Arztes Dr. Wolfram Richter in Chemnitz.

Eine bedeutende Fernwirkung ging auch von der Villa Lüderitz aus, die später unter dem Namen »Alte Eichen« geläufig war.[29] Sie war 1895 oben auf dem Kempfenhausener Höhenrücken, im alten, von mächtigen Buchen und Eichen bestandenen Baumgarten des Sattlerhofes für Dr. Johannes von Kap Her errichtet worden. Kap Her entstammte einem alten hessischen Adel und hatte als Privatdozent für Geschichte an der Universität Göttingen gewirkt. Seine Schwester Charlotte war mit Dr. August Sartorius von Waltershausen, dem Besitzer des Schlosses Kempfenhausen, verheiratet. Leider wurde der Bau später in einigen Details entwertet. Der starke, schubladenartige Vorbau, der an die Stelle der alten Terrasse gesetzt war, stammte aus der Zeit, als das Haus (ab 1953) von der Arbeiterwohlfahrt genutzt wurde. 1989 wurde die Villa umgebaut und wieder mit historisierenden Details angereichert.

Villa Drenhaus, nach dem Umbau (Münchner Straße), 1993

Vestibül, Neugestaltung nach dem Umbau, 1993

Das Treppenhaus, Neugestaltung durch Daniel Buren, 1993

Villa Plass, Eingabeplan 1904

Villa Plass, um 1910/15

1904 erwarb der Landschaftsmaler Ernst Ludwig Plass ein Grundstück von etwa 16 000 qm an der Seestraße und ließ sich von J. Angermair ein Landhaus errichten.[30] Dieser stellte einen Bau mit steilem Satteldach mit der Fassade nach Süden und schloß nach Osten einen kürzeren und deutlich niedrigeren Seitenflügel an. Weitere Anbauten, die jeweils niedriger ausfielen, ergaben eine sehr ungute architektonische Treppenwirkung, die durch den gedeckten Gang zum abgesetzten, in barocken Formen und nach den Vorgaben des Heimatstils errichteten Nebenhaus noch gesteigert wurde. Als das Haus 1922 von Gisa (Gisela) Freifrau von Korff, verheiratete Drenhaus-Barathy, erworben wurde, entwickelte der Architekt Anton Hatzl jun. einen Umbauplan, der die Fassade in ihrer Wirkung steigerte und die kleineren Anbauten zu einem gut durchgestalteten Flügel zusammenfaßte.[31] Dieser Plan kam jedoch nicht zur Ausführung. Drei Jahre später wurde der Architekt Ferdinand Götz erneut mit dem Umbau beauftragt. Er überarbeitete den Plan so, daß nur noch wenig von der alten Bausubstanz erhalten blieb, und entwarf einen sehr repräsentativen, neobarocken Mansardwalmdachbau. Ein flacher, nur wenig betonter Mittelrisalit nimmt den Eingang und eine Altane für die Diele des Obergeschosses auf. Man erreicht über einen kleinen Windfang eine erdgeschossige Halle, an die sich rückseitig das doppelläufige Treppenhaus anschließt. Die verschiedenen Räume wurden entsprechend großzügig dimensioniert, die Ausstattung war gediegen und von nobler Zurückhaltung. Im ehemaligen Frühstückszimmer hat sich eine bemerkenswerte Dekoration in der Art chinesischer Tuschmalerei mit leichten Reminiszenzen an den Jugendstil erhalten. Nach dem Krieg wurde die Villa mehrere Jahre als Kinderklinik (Dr. Faul) genutzt, nach 1958 war hier ein Schulungszentrum der Bundeswehr untergebracht. 1989 erwarb die Bayerische Hypotheken- und Wechselbank die Villa und ließ sie von den Architekten Hilmer und Sattler unter großem Aufwand zu einem modernen Konferenz- und Kommunikationszentrum umbauen. Das Äußere blieb dabei weitgehend unangetastet, das Innere wurde in eingreifendem Umbau den neuen Erfordernissen angepaßt. Die Gestaltung der Räume wurde international renommierten Künstlern und Designern wie Ulrich Horndash, Günther Förg, Jan Roth, Francesca Gay oder dem Franzosen Daniel Buren (Gestaltung des Treppenhauses) übertragen. Die in ihrer Größe bereits reduzierten Gartenflächen wurden neu angelegt und erhielten als zusätzliche Akzente drei ovale Pavillons, die als Wohngebäude der Konferenzteilnehmer dienen.[32]

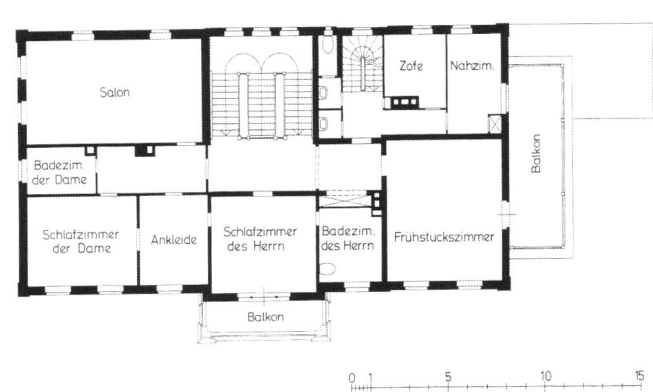

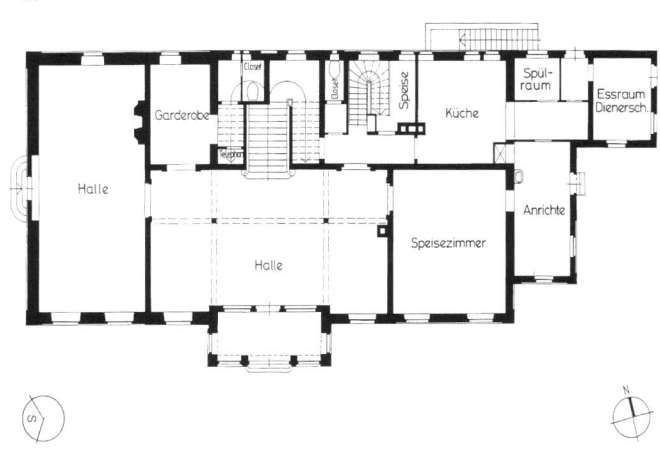

Villa Drenhaus, Erdgeschoß und Obergeschoß, 1925

Kempfenhausen

Villa Drenhaus, Vestibül nach der Neugestaltung durch Daniel Buren, 1993. Die Villa gehört heute der Bayerischen Hypotheken- und Wechsel-Bank.

Die Diele im Obergeschoß (ursprünglich Schlafzimmer des Herrn), 1993

Das ehemalige Frühstückszimmer im Obergeschoß, 1993. Dieser Raum hat als einziger eine ursprüngliche Dekoration bewahrt.

Berg

Landhaus Pössenbacher (Seestraße), 1985

1935 erwarb der Architekt und Inhaber des gleichnamigen Münchner Einrichtungshauses Heinrich Pössenbacher mit einer Fläche südlich der Villa Drenhaus das letzte Seegrundstück auf Kempfenhausener Gebiet. Er war Erbe einer traditionsreichen Münchner Firma (Hofmöbelfabrik), die schon für die Schloßbauten König Ludwigs I. und König Ludwigs II. Einrichtungen angefertigt hatte. Vor allem mit der Wiederentdeckung der Renaissance und des Barock seit den 70er Jahren konnte sich die Firma unter die leistungsfähigsten Häuser der Zeit einreihen. Besonders fruchtbar war die Zusammenarbeit mit vielen namhaften Architekten wie Gabriel und Emanuel Seidl und andern.

Pössenbacher hatte bereits das 1924 von seinem Vater geerbte Landhaus in Niederpöcking (Villa Mayer von Mayerfels) umgebaut und nach seinen Vorstellungen eingerichtet.

Hier in Kempfenhausen konnte er sich ein Landhaus ganz nach seinen Vorstellungen bauen, ohne einengende Vorgaben. Es wurde ein Haus, das durch seine formale Konzeption wie seine zurückhaltende Gestaltung besticht und zu den vorbildlichen Neubauten der Zeit gehört.[33] Pössenbacher hatte sich nach seinem Studium in München anläßlich eines längeren Aufenthalts in England mit dem dortigen Landhaus und mit der englischen Wohnkultur vertraut gemacht. Es übte gerade durch seine Einfachheit und

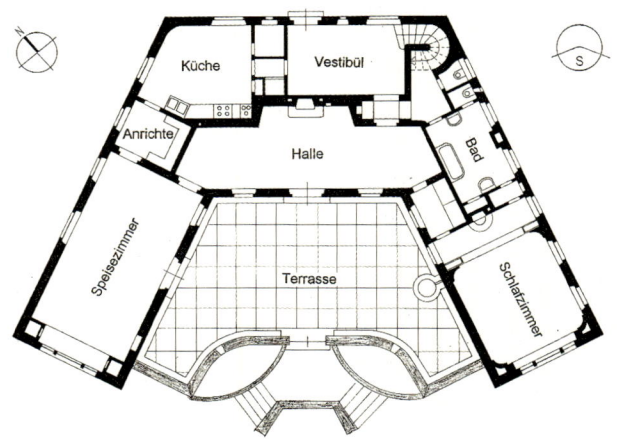

Grundriß Erdgeschoß, 1935

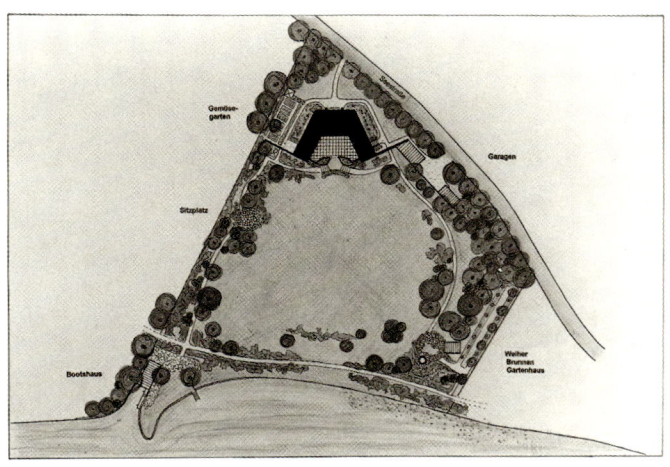

Gartenanlage, um 1935/40

Landhaus Pössenbacher, Blick auf die äußere Terrasse, 1938

Zweckmäßigkeit großen Eindruck auf ihn (wie für viele andere Architekten der Zeit) aus und sollte für seine Bauauffassung richtungsweisend werden.

Ähnlich der Villa de Osa legte Pössenbacher das Haus mit zwei sich zum See hin öffnenden Flügeln an. Und wie dort ist die Front etwas schräg im Winkel zwischen See und Alpenkette ausgerichtet, lag der Wunsch zugrunde, mit der Terrasse zwischen den schützenden Flügeln einen sonnigen, windstillen Sitzplatz zu gewinnen. Zusätzlich wurde hier die Terrasse noch durch eine niedrige Mauer mit Portal und Freitreppe zum Garten hin geschlossen. Damit entstand ein nicht einsehbarer, sehr intimer Freiraum, der eine ganz moderne Erweiterung des Wohnens von allen Erdgeschoßräumen ins Freie ermöglichte. Der Schritt von der letztlich doch noch repräsentativen Haltung der Villa de Osa hin zum vollends privaten Landhaus wird hier deutlich! Vor der etwas nach innen gezogenen Mauer liegt noch einmal eine kleine Terrasse, so daß man je nach Wunsch den Garten und die Seelandschaft auch ungehindert genießen konnte. Die aus dem Heimatschutzgedanken entwickelte Vorstellung eines landschaftsgebundenen Bauens kommt bei diesem Landhaus voll zur Geltung. Die Verwendung traditioneller Materialien (Putz, Schindeldach, Tuffstein) und sparsamster Einsatz von Farben (weiße Mauerflächen,

Blick auf die innere Terrasse, 1938

Der kleine Küchengarten, 1938

Die sogenannte Kaminhalle, 1938

Toilettentisch im Schlafzimmer, 1938

Ein Einbauschrank in der Küche, 1938

silbergraue Schindeln, dunkelgrüne Läden und Spaliere) ergeben einen sehr ruhigen Baukörper, der sensibel auf das wechselnde Licht reagiert und wunderbar in den Farbklängen der umgebenden Natur steht. Während sich die Villa de Osa noch mit hohem architektonischen Anspruch vor die Landschaft stellt, will das jüngere Landhaus dagegen in die Landschaft zurücktreten, sich unauffällig und harmonisch einfügen. Bei dem hochinteressanten Vergleich beider Häuser werden deutliche Übereinstimmungen im Ansatz, aber jeweils ganz andere Lösungswege und ganz verschiedene Ergebnisse offenkundig. Es werden freilich auch das Fortschreiten der Zeit und ein verändertes Lebensgefühl sichtbar. Der sorgsam abgewogene Einsatz der Mittel setzt sich im Inneren fort. Alle Räume sind aufeinander abgestimmt und so angeordnet, daß sie vollen Anteil am Garten haben und, je nach Wunsch, nach der Sonnen- oder der Schattenseite geöffnet werden können. Weiße, schlichte Wände harmonieren mit schönen Böden (Solnhofener Platten, Holz- und Teppichböden), unauffällige Wandschränke ermöglichen eine sparsame Möblierung. Daß der versierte Raumausstatter die Räume und die Möbel sorgfältig aufeinander abgestimmt hat, versteht sich von selbst. Im Obergeschoß des Mitteltrakts wurden ein Gästezimmer, Mädchenzimmer, kleine Nebenräume und ein weiteres Bad untergebracht. Der Garten wurde nach Plänen der Münchner Firma Möhl und Schnitzlein angelegt. An die Grundstücksgrenzen wurden hohe Bäume gepflanzt, um den Garten abzuschirmen und dem Haus den nötigen Hintergrund und Halt zu geben. Nach innen, zur großen, freien Wiese hin wurden gestaffelt Ziersträucher und Blumenbeete angeordnet. Ein kleiner Weg führt um die große Wiese herum.

Berg

Am Ende der Seestraße entstanden noch vor der Jahrhundertwende einige kleinere Landhäuser, die ganz in den Formen des traditionellen Landhauses am See gehalten waren. Als erster baute hier 1890 Johann Hupfauer nach einem Entwurf von Mathias Wannerstorfer.[34] Zwei Jahre früher baute Victor Deuerling sein Landhaus nach Plänen von

Das Speisezimmer, 1938

Villa Rosenthal mit Reiterfigur des hl. Georg (Seestraße), 1986

A. Fischhaber.[35] 1891 erwarb das Haus der Opernsänger Joseph Sigmund, 1895 folgte Baron Heinrich von Soden. 1897 kam noch das Haus von Joseph Zwisler hinzu.[36] Alle drei Häuser sind noch erhalten.

1895 konnte der Kunstmaler Theodor Rikoff aus München ein größeres Grundstück von etwa 23 000 qm an der Seestraße erwerben.[37] Der Villenneubau wurde 1897 ein wenig vom Seeufer und der Straße weg in den Park gestellt. Da das Gelände hier leicht zum See hin abfällt, kam der Bau etwas erhöht zu stehen und erhielt damit die gewünschte Fernsicht auf den See. Er wurde zusätzlich auf einen hohen Sockel gestellt, der ihn zusammen mit der breiten Terrasse und der ausladenden Freitreppe bedeutungsvoll aus dem Gelände heraushebt. Über die Terrasse erhob sich noch eine teilweise gedeckte Veranda an der Südwestecke, die Nordwestecke erhielt einen kräftigen Akzent durch einen Eckerker mit Spitzhelm. Ein weiterer Turm, der eines der beiden Treppenhäuser aufnahm, wurde an die rückwärtige Südostecke gestellt. Der von J. Fischhaber entworfene Bau war noch ganz vom Späthistorismus geprägt und machte mit seiner rötlichen Farbgebung (Sichtziegelmauerwerk), dem dunklen Zierfachwerk und der hellen Eckquaderung einen etwas schweren Eindruck. Der Komponist Max

Villa Rosenthal, Umbauplan von Bernhard Borst, 1913

Berg

Villa Rikoff, um 1905

Das Bootshaus mit dem Teepavillon, 1985

Reger soll hier des öfteren im Sommer zu Gast gewesen sein.

1911 erwarb Dr. Fritz Stahlmann, Rentier aus München, die Villa und ließ sie 1913 von Bernhard Borst umbauen. Dieser ließ die südliche Hälfte des Hauses bestehen und erweiterte es auf der Nordseite. Auch das Dach wurde geringfügig angehoben. Borst gestaltete einen in klaren Linien konzipierten Baukörper, dessen Steilheit durch die gestaffelten Terrassen etwas gemildert wird, der vor allem durch seine neue Farbgebung (ruhige, weiße Mauerflächen, dunkelgrüne Fensterläden und Spaliere) in seiner Erscheinung sehr viel leichter und eleganter wurde. Vermutlich stammt auch das Bootshaus mit dem schönen, eleganten Teepavillon aus dieser Bauphase, vielleicht auch erst aus der Zeit der Umbauten von 1921.

Die Innenräume wurden wohl weitgehend in ihrer Form belassen. Das kleine Vestibül mit seinem Spiegelgewölbe ist noch erhalten, ebenso der große Wohnraum mit einer Balkendecke und flachen, raumgliedernden Gewölben, die den Unterbau der langen Altane für die oberen Räume bilden. Die Nebenräume sind gewölbt beziehungsweise stukkiert. Besonders schön ist der Runderker des Eßzimmers. Im Obergeschoß hat sich im ehemaligen Schlafzimmer eine Dekoration mit farbigen Deckenbildern erhalten. Nach der Übernahme der Villa durch Philipp Rosenthal wurden erneut Umbaumaßnahmen vorgenommen. Dabei wurden wohl die großen Rundbogenfenster eingebaut. Auch die Parkanlage wurde in den folgenden Jahren möglicherweise erneut überarbeitet. Bei dieser Gelegenheit wurden die Gartenarchitektur in der östlichen Parkhälfte, die große Reiterfigur des hl. Georg (1927, von Kompatscher, Bozen) und einige Gartenfiguren aufgestellt. Östlich der Villa ist eine in strenger Geometrie entworfene Gartenanlage erhalten, die in mehrfach abgestuften Terrassen hangaufwärts strebt und oben von einer barockisierenden Mauer mit Nische und Venusfigur abgeschlossen wird. Die Terrassen, die heute als Rasenflächen angelegt sind, werden auf beiden Seiten von einer Treppenanlage gesäumt. Die ehemalige Wegeführung ist wohl nur noch bedingt original überliefert, am besten noch im Bereich zwischen Villa und Seestraße.

In den 70er Jahren hatte sich der Bauzustand der Villa so verschlechtert, daß die Abbruchgenehmigung erteilt wurde. Der neue Besitzer, der Münchner Architekt Peter Lanz, sah in der Wiederherstellung der Villa eine Herausforderung. Mit großem Einfühlungsvermögen und mit der entsprechenden Verantwortung dem Baudenkmal gegenüber stellte er das überlieferte Erscheinungsbild wieder her und gestaltete die Umbauten wie die äußeren Erweiterungen so, daß sie sich harmonisch in das gewachsene Bild einfügten. Einer der wenigen größeren Umbauten am See mit vorbildlichem Ergebnis!

Die Ostfassade nach dem Umbau durch Peter Lanz, 1987

Der große Wohnraum im Erdgeschoß, 1998

Das Vestibül, 1998

Das Speisezimmer, 1998

Berg

Landhaus Poschinger (Seestraße), um 1900

Das erste Landhaus auf diesem Uferabschnitt hatte 1856 der Privatier Karl von Fuchs gebaut.[38] Es ist auf der kleinen Xylographie von Link bereits in der heute noch überlieferten Form dokumentiert. 1874 erwarb es der Kaufmann Ludwig von Poschinger, der seine kleine Villa an der Berger Schloßmauer an König Ludwig II. verkauft hatte. Er ließ den nördlich an das Haus anschließenden erdgeschossigen Flügel, der bisher als Stall genutzt wurde, zu einem neuen Speisesaal umbauen. 1905 erbte das Haus der Landschaftsmaler Richard von Poschinger, 1915 Ludwig von Poschinger, kgl. Major und Adjutant des Generalkommandos. Er ließ 1922 den Seitentrakt verlängern und aufstocken. Auch eine neue doppelgeschossige Veranda wurde angefügt. Das Haus ist noch recht ursprünglich erhalten, inzwischen jedoch in mehrere Wohneinheiten geteilt. Der Garten ist in seiner Gestaltung weitgehend reduziert. Auch das große Badehaus, welches sehr schön die historische Gestaltung dieser so wichtigen Nebengebäude überliefert, ist nicht mehr erhalten.

Landhaus Poschinger, 1991

Das Badehaus, um 1900

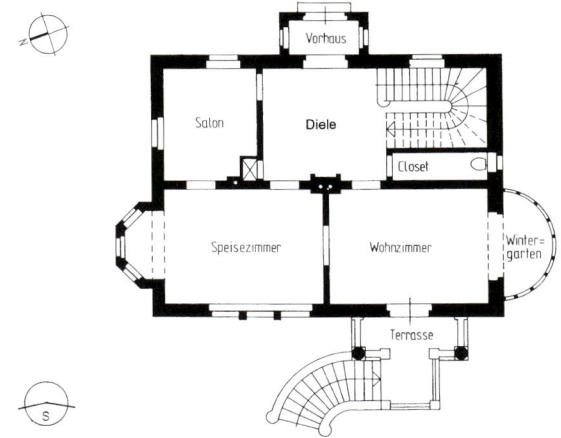

Grundriß Erdgeschoß, 1900

Villa Knecht (Seestraße), 1987

1900 ließ sich die Besitzerin des Seehotels Berg, Eleonore Knecht, südlich des Hotels eine Villa erbauen.[39] Der Architekt war Josef Fischhaber. Er konzipierte einen kubisch geschlossenen Bau mit Flachwalmdach, der durch seine Fassadengestaltung mit Eckquaderung, Gesimsen, verschiedenen Fensterformaten kräftig durchstrukturiert ist. Die Veranda, der auf Steinsäulen gestellte Balkon sowie der Fries aus stuckierten Festons setzen dazu bedeutende Akzente. Sehr elegant fügen sich der verglaste Erker und die geschweifte Freitreppe in dieses Bild. Das Vorbild ist ganz deutlich im Landhaus der Toskana zu suchen, bei dem fast alle hier eingebrachten Motive bereits vorgegeben sind. Die Spiegelung des hellen, strahlenden Baukörpers im Wasser, die sonst am Starnberger See nicht üblichen ausstellbaren Fensterläden und die mit Ziervasen besetzte Ufermauer, das wirkt so italienisch wie nur weniges noch am See. Das ist vor dem Hintergrund der hohen, im Herbst bunt gefärbten Laubbäume ausgesprochen malerisch. Der Wert für das Ortsbild, vor allem in unmittelbarer Nähe der Dampferanlegestelle, ist unter diesen Gesichtspunkten kaum abzuschätzen. Das Haus ist im Inneren in schlichten Formen ausgestattet. Leichte Stuckleisten an den Decken, schöne Türen und ein leichtes schmiedeeisernes Treppengeländer prägen die Räume zurückhaltend. Ein schöner großer Kamin wurde inzwischen in die Diele im Erdgeschoß versetzt.

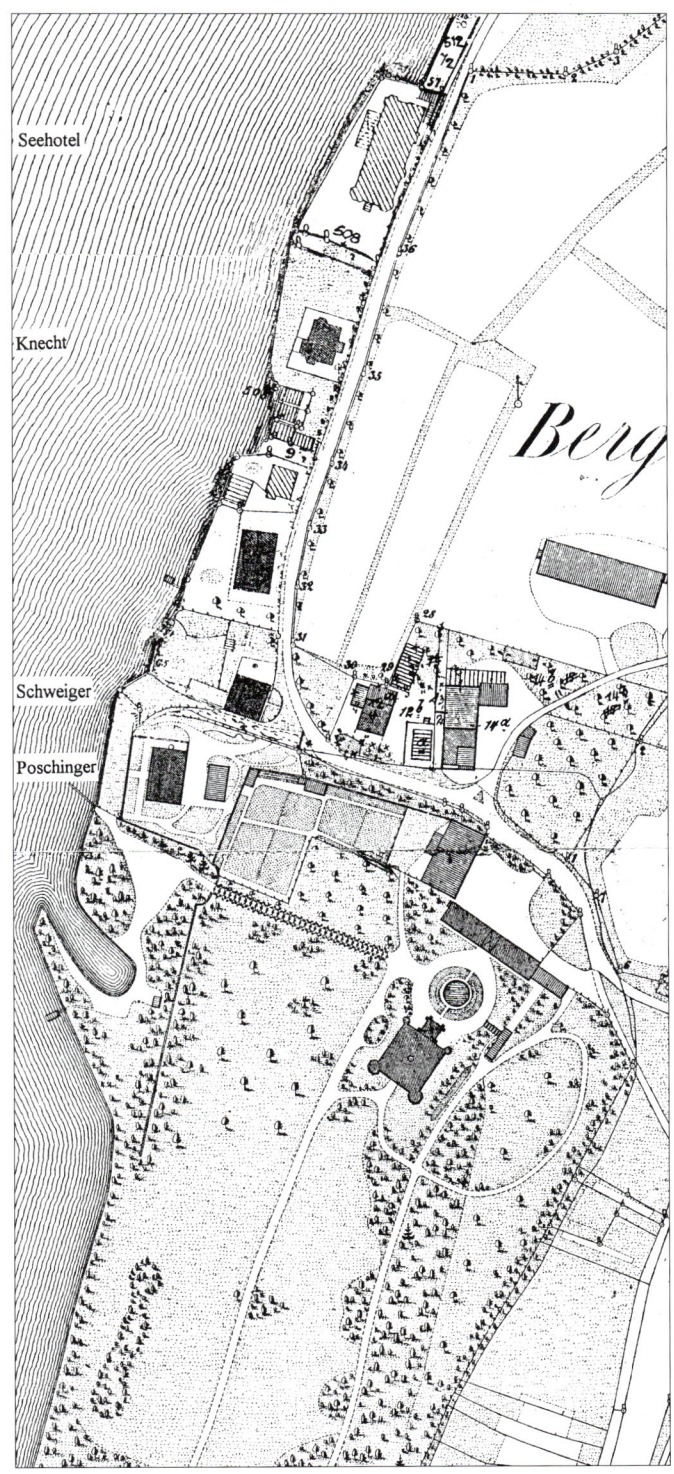

Berg, Flurkarte, Stand um 1900

Berg

Landhaus Poschinger, 1996

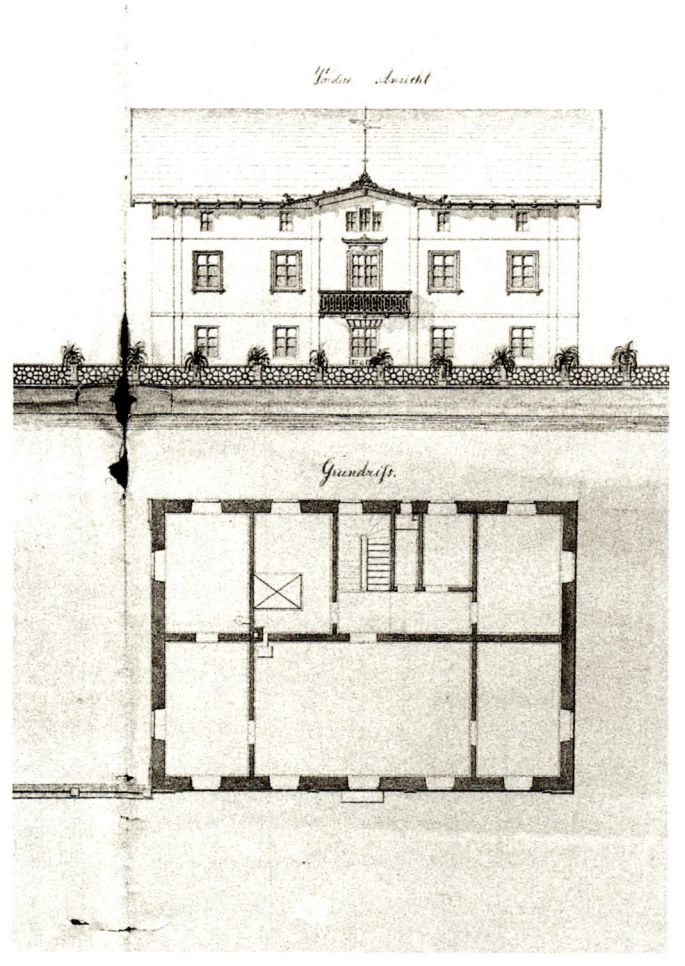

Unmittelbar nördlich an die Schloßmauer angrenzend entstanden anfangs der 60er Jahre zwei kleinere Landhäuser, das des Theaterdirektors Johann Schweiger aus München[40] und das etwas größere des Kaufmanns und Privatiers Ludwig von Poschinger. Dieses Haus wurde vermutlich um 1860 für Ludwig Wiesmayr erbaut.[41] 1862 erwarb es Poschinger um 10 000 Gulden und ließ die Fassaden überarbeiten. Der schlichte, ganz in der Bautradition der einheimischen Baumeister gehaltene Satteldachbau ist traufseitig an das Ufer gestellt und bereichert das Ortsbild an dieser Stelle. Die Spiegelung im Wasser trägt dazu wieder Wesentliches bei. Die Hauptfassade wird nur leicht durch eine Terrasse-Balkon-Einheit und eine flache Zwerchgiebelbildung betont. Das Innere ist ganz im Stil der Zeit in spätklassizistischer Symmetrie aufgebaut. Das Haus wird rückseitig durch ein einfaches Treppenhaus erschlossen, die Hauptwohnräume sind zum See hin angeordnet. Ludwig von Poschinger veräußerte den Besitz bereits 1874 an das Königshaus (Civilliste) und erwarb dafür das Landhaus des Privatiers von Fuchs an der Seestraße. Das Landhaus befindet sich noch heute im Besitz des Wittelsbacher Ausgleichsfonds und wurde 1990 umfassend renoviert.

Fassade und Erdgeschoß, um 1860

Zu den frühesten Villenbauten auf dem Berger Uferabschnitt gehörte das Landhaus, das sich Franz von Elsholtz[42], herzoglich-sächsischer Legationsrat, kgl.-preußischer Rittmeister und Hoftheaterintendant, 1842 oben auf der Anhöhe gebaut hatte. Er hatte das Grundstück etwas nördlich der Kirche 1841 mit dem Rest des 1840 zertrümmerten Doschhofes erworben. Franz Jakob Kreuter, der 1853 für König Max II. das Casino auf der Roseninsel bauen sollte, errichtete ihm ein Landhaus mit Satteldach, Mittelrisalit und rückwärtigem Treppen- und Aussichtsturm, das im Link-Führer von 1857 in einer Xylographie über dem Schloß stehend erkennbar und in der zweiten Ausgabe von 1859 mit einer eigenen Abbildung dokumentiert ist.[43]

1872 erwarb es der Direktor der Landwirtschaftlichen Creditbank, Gustav Knote, doch bereits 1876 ging es in Besitz der Civilliste des Königs über, angeblich weil Ludwig II. sich durch das Geschrei der Knote-Kinder gestört fühlte. Nach dem Tod des Königs verkaufte man 1889 den Besitz wieder an William Arthur Reddelien, einen Gutsbesitzer und Rentier aus Leipzig. Dieser ließ 1892 umfangreiche bauliche Veränderungen (durch A. Fischhaber) durchführen. Weitere Umbauten erfolgten 1894, 1896 und 1899. Dabei wurden Villa und Nebenhaus zu einem Baukörper vereint und durch Überarbeitung der Fassaden sowie Umbau des Belvedereturms zu einem repräsentativen Bau geformt, der in der Folge als »Schloß« bezeichnet wurde. Die Villa war von einem großen Garten umgeben, der als englische Anlage gestaltet und von einem frei geführten Wegesystem erschlossen war. Nach der Übernahme der Villa durch den Hauptmann a. D. Frhr. von Buddenbrock 1922 erhielt der Architekt August Nopper den Auftrag zu einem weiteren Umbau und zu einer zusammenfassenden Neugestaltung (neue Dachform, Rundbogenportal mit Löwenfiguren, neuer Turmaufbau nach dem Vorbild italienischer Rathaustürme der Frührenaissance), durch welche der ehemals noch ganz spätklassizistische Bau endgültig zur großen, repräsentativen Villa mit herrschaftlicher Attitüde sich entwickelte. Bezeichnend dafür war die verstärkte Hinwendung zu schweren mittelalterlichen Architekturformen der Romanik und der Gotik mit ihrem im Späthistorismus wiedererkannten und bewußt angewandten Symbolwert. Daß der Bau dabei mehr und mehr den Charakter einer mittelalterlichen Burg annahm, war um 1922 allerdings nicht mehr so zeitgemäß wie noch im Falle der Seeburg von 1888. 1933 erwarb der Schriftsteller Dr. Max Schiff-Drost den Besitz um 87150 Mark. Nach dem Krieg war hier das Knabeninstitut Kamber untergebracht. 1976 erfolgte der Abbruch der Gebäude, anschließend der Neubau einer größeren Villa.

Andreas Link, Villa Elsholtz. Xylographie 1857

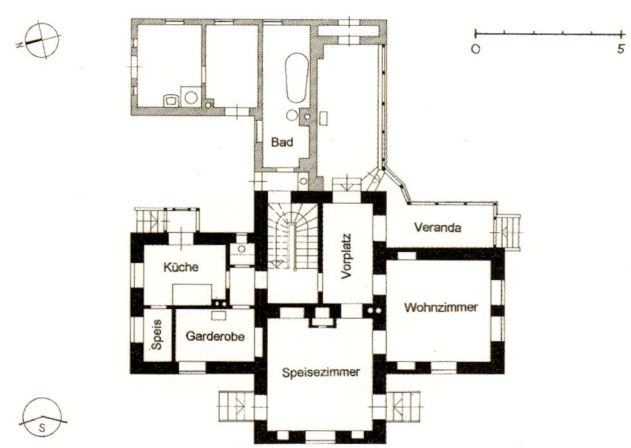

Grundriß Erdgeschoß, Umbauplan 1889

Seeseitige Fassade und Aussichtsturm, 1889

Berg

Villa Reddelien (Elsholtz), um 1950

Berg, Flurkarte, Stand um 1900

Leoni

Der heutige Ortsteil Leoni hieß ursprünglich Assenbuch und bestand aus drei kleinen Bauern- und Fischeranwesen. Er gehörte wegen seiner günstigen Verkehrslage zu München zu den Urzellen der Villensiedlung am Starnberger See. Schon vor 1813 hatte sich Staatsrat Franz von Krenner eine Villa auf einer kleinen Landzunge bei Assenbuch bauen lassen.[44] Er war zu dieser Zeit Geheimer Rat im Finanzministerium, wenig später stieg er dort zum Generaldirektor auf und zählte damit zu den einflußreichsten Beamten in der Stadt. Über das Aussehen seiner Villa erfahren wir nur etwas durch das Gemälde von Max Joseph Wagenbauer. Vorausgesetzt, daß Wagenbauer diese Villa korrekt dargestellt hat, handelte es sich um einen sehr geschlossen wirkenden Walmdachbau mit vermutlich rechteckigem Grundriß, der mit der Längsseite zum See hin angeordnet und unmittelbar ans Ufer gestellt war. Prägendes Element war ein Portikus auf der Seeseite, dessen vier Säulen auf einem etwa 1,5 m hohen Sockel, vermutlich einer Terrasse, standen und über einen kräftig profilierten Architrav einen Dreiecksgiebel trugen. Der Giebel wirkte durch seine lange Firstlinie, die mit der des Walmdaches höhengleich war, weit herausgezogen. Dieser von der antiken Tempelfront inspirierte Vorbau fügte dem sonst schlichten Bau nicht nur ein bedeutendes Würdemotiv hinzu, er erhöhte zweifellos auch die am See so wichtige Fernwirkung. Wer diese Villa,

Gasthaus Leoni, Lithographie

die sich als interessante und wichtige Vertreterin des frühen Klassizismus auf dem Lande darstellt, entworfen und gebaut hat, ist nicht überliefert. Im Vergleich zu den zeitgenössischen Villenbauten in München, besonders zu Carl von Fischers Palais Salambert (das spätere Prinz-Karl-Palais) von 1803 bis 1807, möchte man den Urheber im Umkreis Fischers suchen.[45] Franz von Krenner, der ein besonderer Freund der Münchner Oper war, vererbte die Villa nach seinem Tod dem Bassisten der Münchner Hofoper Giuseppe Leoni. Mit ihm entwickelte sie sich rasch zum Treffpunkt seines Freundeskreises, vor allem der Münchner Künstler. Da seine Frau Rosina offenbar beste

Max Joseph Wagenbauer, Villa Staatsrat von Krenner (Ausschnitt aus dem Gemälde, siehe Farbabbildung Seite 309)

Berg

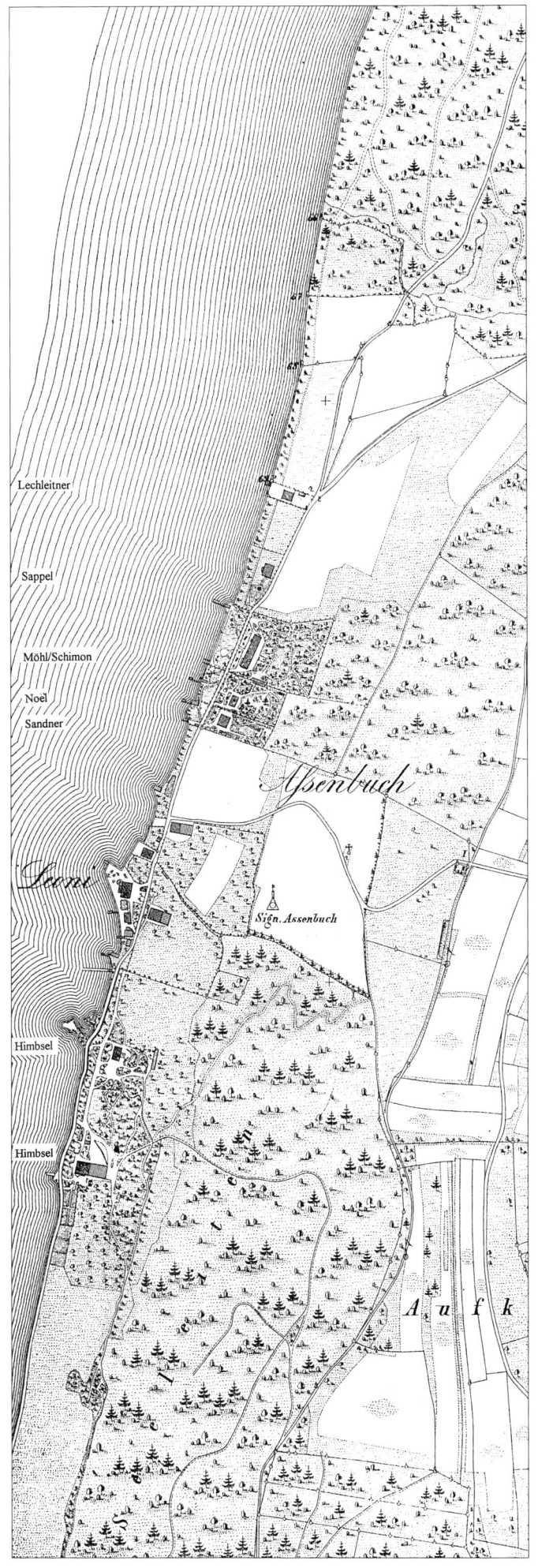

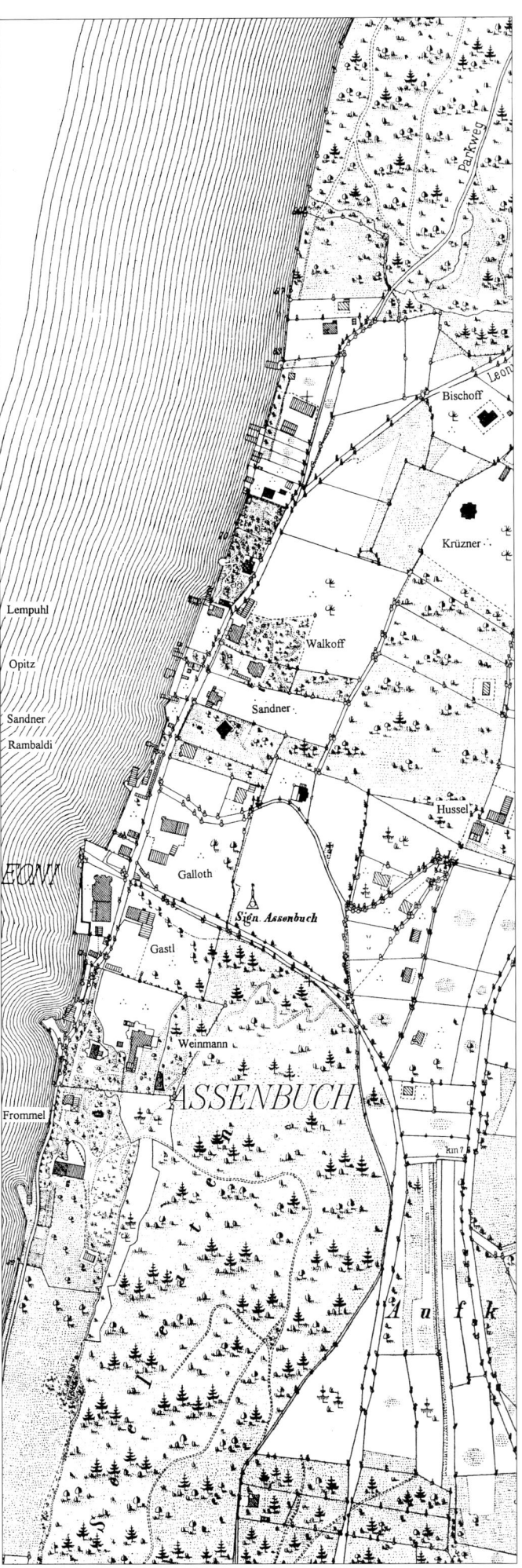

Leoni, Flurkarte 1863

Leoni, Flurkarte, Stand um 1915

italienische Küche bieten konnte, wurde die Villa immer mehr zum »Sammelpunkt auserlesener Gesellschaften«, wie es im Link-Führer heißt.[46] Leoni erkannte seine Chance und baute seine Villa zum vornehmen Restaurant aus. Er nannte es »Leonihausen«, und in der Folge verdrängte der neue Name mehr und mehr den alten Ortsnamen Assenbuch. Vergleicht man Wagenbauers doch sehr detaillierte Wiedergabe der Krenner'schen Villa mit den späteren Darstellungen des Leoni-Hauses, dann muß man davon ausgehen, daß Leoni das bestehende Gebäude 1825 abgebrochen oder doch weitgehend abgetragen und durch einen Neubau ersetzt hat. Schon A. von Schaden berichtet 1832, Leoni habe das Gasthaus neu erbaut. Ebenso Föringer in seinem Seeführer von 1845: »... Bald wurde der Raum zu eng für die Gäste. Leoni baute eine größere Villa und errichtete eine förmliche Gastwirtschaft.«[47] Sie war mit einem Speisesaal im Erdgeschoß sowie einem Konversationssaal und mit Gästezimmern im Obergeschoß ausgestattet und geschmackvoll eingerichtet, wie Schaden berichtet.[48] Sogar König Ludwig I. war bei einem Besuch 1832 von diesem Haus sehr angetan und der Meinung, »die Wahl des Platzes, auf welcher diese Villa entstanden, bezeichne den Italiener...«

Leoni umgab sein Haus mit einer kleinen »englischen Anlage«. Die auf vielen Darstellungen dokumentierten, die Villa symmetrisch rahmenden hohen Pappeln fügten ein charakteristisches südländisches Motiv hinzu, das auch später am See immer wieder als italianisierendes Attribut auftritt. Vor der Fassade war das Ufer etwas in den See hinein aufgeschüttet worden. Ein axial zur Fassade gesetzter längerer Bootssteg wirkte im Sinne einer Auffahrtsallee.

Nachdem das Haus sein äußeres Erscheinungsbild mehrere Jahrzehnte hatte bewahren können, erforderte der wachsende Fremdenverkehr um 1870/80 einen Erweiterungsbau südlich davon. 1889 schließlich wurde das alte Leoni-Haus abgebrochen und durch einen weiteren Neubau ersetzt. Seitdem präsentierte sich das Seehotel Leoni als der allen älteren Bürgern und vor allem den Seglern noch vertraute Bau mit den zwei ungleichen Zwiebeltürmen.[49] Als das Hotel 1975 abgebrochen wurde, verlor das Ortsbild von Berg eines seiner wirksamsten und einprägsamsten Bauwerke.

Eberhard Emminger, Leoni. Lithographie, um 1860 (Privatbesitz)

Berg

Eugen Adam, Leoni. Bleistiftzeichnung 1860 (Privatbesitz)

Eugen Adam, Leoni. Bleistiftzeichnung 1860 (Privatbesitz)

Unbekannt, die erste Landhauskolonie in Leoni (von links: Mehl, Noël, Fränzl), Bleistiftzeichnung um 1840 (Stadtmuseum München)

Wenige Jahre nach der Übernahme der Krenner-Villa durch Giuseppe Leoni siedelten sich weiter nördlich drei Münchner Bürger an und erweiterten den Ort zu einer kleinen Landhauskolonie. Es ist anzunehmen, daß diese frühe Siedlung nicht Zufall war; vermutlich waren die Bauherren, die alle aus der Münchner Gesellschaft kamen, miteinander bekannt. Dann wäre diese kleine Kolonie in Leoni ein früher Parallelfall zur Kolonie Niederpöcking in den 50er Jahren. Den nördlichsten Standort besetzte 1826 der kgl. Haushofmeister Franz Mehl (Möhl) mit seinem Landhaus, welches 1839 an den kgl. Konfektmeister Karl Hilari-Bolgiano überging. Dieses Haus wurde 1855 durch ein in der Form gleiches zweites Haus mit Zwischentrakt zur Fremdenpension Schimon ausgebaut.[50] Das südlichere und ältere wurde später durch die Villa Opitz ersetzt. Im Anschluß an dieses Mehl'sche Landhaus baute der Ratsdiener Schäffler ein Haus, das 1856 der bekannte Starnberger Notar Dr. Friedrich Noël erwarb.[51] 1888 erbte es seine Tochter Anna, die in zweiter Ehe mit dem Oberstleutnant a.D. Heinrich Sandner verheiratet war. Nach mehreren kleinen Umbauten bestand dieses Haus bis zum Abbruch 1956. Südlich anschließend hatte bereits 1826 der kgl. Hofkapellmeister Ferdinand Fränzl gebaut. Dieses Haus wurde später von der von Emanuel Seidl gebauten Villa Sandner, von der noch die Rede sein wird, abgelöst.

In den 60er Jahren entstanden nördlich dieser kleinen Kolonie, zwischen dem Seeufer und der bergaufstrebenden Assenbucher Straße, noch einige kleine Landhäuser, deren Nachfolger heute noch erhalten sind. 1864 errichtete der Maurermeister Lorenz Sappel aus Wolfratshausen unmittelbar am Ufer ein kleines Landhaus, das 1867 der Münchner Kaufmann Joseph Guggenheimer erwarb.[52] Im gleichen Jahr baute auf dem Nachbargrundstück der Maurermeister Lukas Lechleitner.[53]

1894, noch bevor er das im gleichen Jahr erworbene Landhaus Schimon durch einen Nachfolgebau ersetzte, errich-

Unbekannt, Pension Schimon. Xylographie um 1860

Villa Opitz (Assenbucher Straße), um 1950

tete der Münchner Baumeister Heinrich Lempuhl gegenüber und jenseits der Straße einen Neubau.⁵⁴ Die unmittelbar ans Ufer gestellte Villa wirkt durch die Spiegelung im Wasser sehr schön auf den See hinaus und trägt wesentlich zum farbigen Ortsbild an dieser Stelle bei. Sie setzt sich durch ihre über das Obergeschoß gelegte Verkleidung mit Schuppenschindeln und durch die damit verbundene Farbigkeit von allen Bauten des Uferabschnitts ab. Verschiedene vom alpenländischen und vom Schweizer Bauernhaus abgeleitete Details vermischen sich hier mit Motiven der Neorenaissance und ergeben ein besonders malerisches Bild. Ein über die ganze Giebelseite geführter verglaster Balkon bereichert den Landhausbau zusätzlich. Der seeseitige Anbau wurde später hinzugefügt. Der kleine Garten mit seinem schönen Schalenbrunnen war in einem schmalen Streifen zwischen Straße und Seeufer angeordnet.

1855 hatte der Privatier Ferdinand Schimon das kleine Landhaus Mehl erworben. Nur wenig später errichtete er ein Stück weiter nördlich einen gleichlautenden Bau und vereinigte beide Häuser durch einen erdgeschossigen Verbindungsbau mit Hochterrasse. Anschließend eröffnete er hier die Fremdenpension Schimon. Schöne Gartenanlagen zum See hinunter samt Pavillon und Bootshaus boten wohl

Die Villen Lempuhl und Walkoff (Assenbucher Straße), um 1905

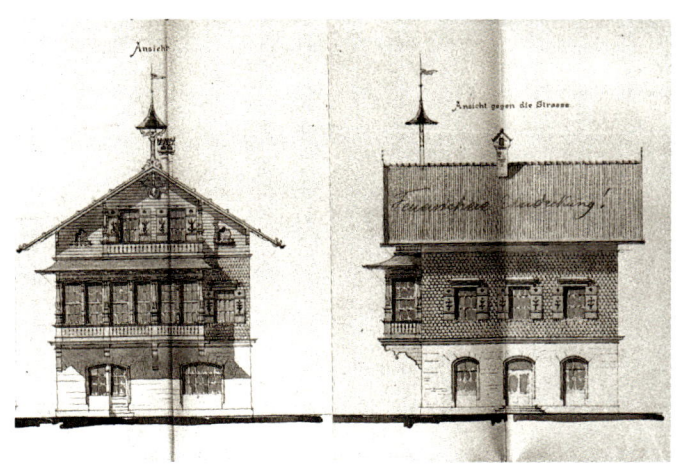

Heinrich Lempuhl, Entwürfe zum Landhaus, 1896

ein sehr attraktives Ambiente und eine angenehme Atmosphäre für die Sommergäste. Das Haus ist umseitig abgebildet.

1894 erwarb der Münchner Architekt und Bauunternehmer Heinrich Lempuhl das nördliche Haus, welches nach dem Abbruch des Verbindungstraktes zum solitären Landhaus geworden war.[55] Er ließ das alte Haus 1896 abbrechen und ersetzte es durch eine neue zweigeschossige Villa. Dieses mit einfachen, schlichten Fassaden ausgestattete Haus war an der Nordseite von einem stärkeren turmartigen Risalit flankiert, der oben von einem kleinen laternenartigen Aussichtstürmchen überhöht war. 1905 verkaufte er an den Münchner Universitätsprofessor Dr. Otto Walkoff, der die Villa 1911 umbauen ließ. Sie ist heute nur in stark reduzierter Form erhalten.

Der südliche und ältere Teil der Pension Schimon (ehemals Landhaus Mehl) war 1892 an den Rentier Heinrich Flaschenträger verkauft worden. Nach mehrfachem Zwischenbesitz erwarb Marie Opitz, Rentiere aus Dresden, das alte Haus und ließ es abbrechen. Anschließend ließ sie 1912 weiter rückwärts, in etwas erhöhter Lage auf dem ansteigenden Hang, eine neue Villa errichten.[56] Der Architekt Franz Mayr entwarf einen Bau mit deutlichen barocken Anklängen, der in der Ausführung allerdings in verschiedenen Details vom Plan (Balkon, Fensterreihe im Obergeschoß, Terrassentüren im Erdgeschoß) abwich, so daß die Tendenz zum Neobarock etwas zurückgenommen wurde. Das Haus wird von einem eingestellten Rundturm mit Kuppel geprägt, der als Gelenk zwischen den einzelnen Bauteilen wirkt und im Inneren ganz besondere Raumlösungen für die wichtigsten Zimmer (Empfangszimmer, Schlafzimmer) beisteuert. Im Turmzimmer im 2. Obergeschoß kommt die Kuppel selbst voll zur Wirkung. Sie setzt über einer kranzförmig angelegten Reihe von kleinen Konsolen in Form von stuckierten Köpfchen an und verleiht dem Raum damit eine ganz extravagante Note. Ganz bestechend ist hier natürlich der Blick aus den Fenstern reihum auf den See. Die übrigen Räume sind in schlichten Formen gehalten, das Wohnzimmer im Erdgeschoß wird von einem über die ganze Schmalseite reichenden eingebauten Schrank im Stil der Zeit beherrscht. Der Eingang liegt rückseitig in einer offenen Loggia mit Steinbank. Auf der Seite sind an die Villa erdgeschossige Nebenbauten angeschlossen, die in einem schönen Kopfbau enden und zusammen mit der Pergola gegenüber einen ruhigen, abgeschlossenen Hof (Terrasse) bilden. Die Gartenanlage, die ursprünglich wohl nur im westlichen, vor der Hauptfassade liegenden Teil durchgestaltet war, ist heute verwildert und nur noch im Ansatz erkennbar. Wie der größere, rückwärtig gelegene und den Hang hinauf sich erstreckende Teil angelegt war, ist nicht überliefert. Er ist heute dicht mit Bäumen bewachsen. Die Villa steht seit fast 25 Jahren unbewohnt, ein außergewöhnlicher Fall am Starnberger See, wo für Häuser dieser Qualität fast jeder Preis bezahlt wird!

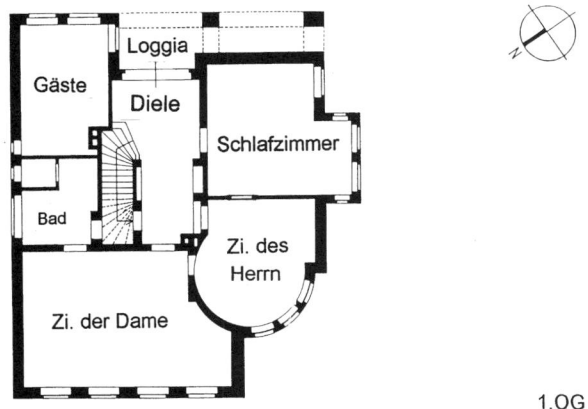

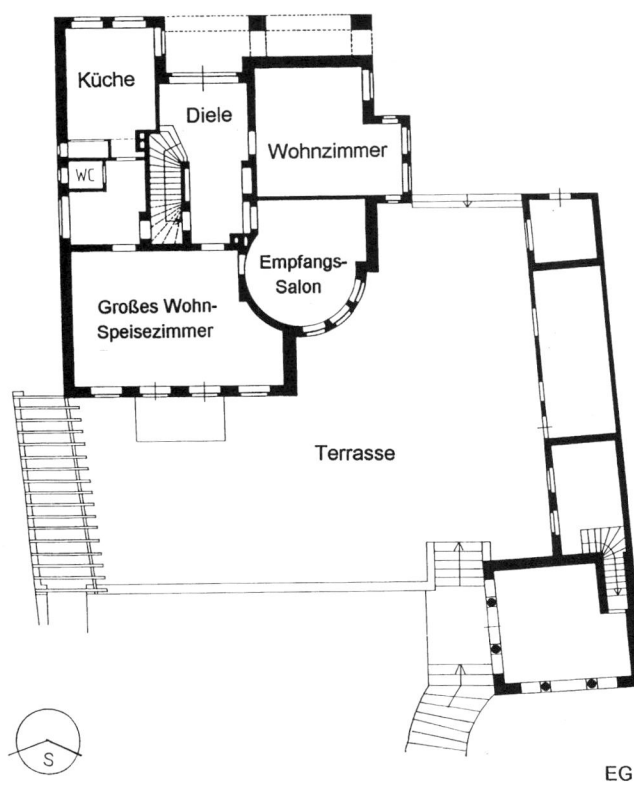

Villa Opitz, Grundrisse Obergeschoß und Erdgeschoß, 1911

Fassadenentwurf, Eingabeplan 1911

Berg

Landhaus Sandner (Karner, Assenbucher Straße), 1891

Die südliche und östliche Fassade, 1986

Wie oben schon erwähnt, hatte sich 1826 der kgl. Hofkapellmeister Ferdinand Fränzl hier in der jungen Kolonie in Assenbuch angesiedelt. Das von ihm gebaute Haus ist nicht nur in den frühen Reiseführern, sondern auch in einer frühen Photographie überliefert. Bereits ein Jahr später veräußerte er es an den Generalsekretär Joseph von Baumiller, der das Haus 1832 an den kgl. Hofballettänzer Laroche verkaufte. 1854 erwarb es der Privatier Ferdinand Groß um 6000 Gulden. Als seine Tochter Mathilde den Arzt Dr. Karl Sandner heiratete, wurde das alte Landhaus abgebrochen und 1891 Emanuel Seidl mit dem Neubau einer Villa beauftragt.[57] Er errichtete hier anschließend die erste

von drei Villen in Leoni. Anders als bei den wenig später begonnenen Bauten für Victor Krüzner und Ernestine Bischoff entwickelte er ein sehr zurückhaltendes Landhaus, das fast ausschließlich Elemente des bodenständigen Bauernhauses (Satteldach, Giebelverschalung, Fensterläden) aufnimmt, sie jedoch in den verschiedenen Details wie der Fenstergröße, der Farbgebung oder den Spalieren in eine bürgerliche Sprache übersetzt. Seidl erfüllt damit schon 1890 in idealer Weise die Forderungen des Heimatstils. Die einzigen Besonderheiten sind der zweigeschossige Erker an der Südostecke und die große Arkadenöffnung an der dem See zugewandten Giebelseite, die eine windstille, gemütli-

Landhaus Fränzl (Sandner), um 1885

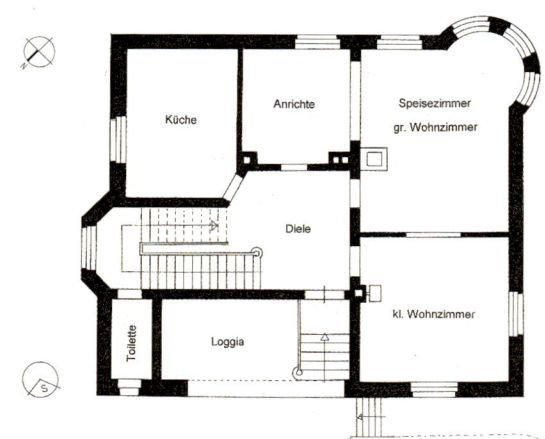

Landhaus Sandner, Grundriß Erdgeschoß, um 1890

Landhaus Sandner (Karner), großes Wohnzimmer, 1989

Das große Wohnzimmer, 1989

che Sitzecke und den vor den Witterungseinflüssen der Westseite geschützten Eingang aufnimmt. Auch bodenständige Dekorationsdetails (Hirschgeweih am Giebel, Hausfiguren) sind sparsam eingesetzt. Das Innere ist ganz schlicht gehalten. Allein der Wohnraum mit dem Erker ist mit einem schönen Kachelofen und einer Wandverkleidung nach den Vorstellungen des Heimatstils ausgestattet und heute noch in völlig ursprünglicher Form erhalten.

Der Garten war ursprünglich zum See hin als kleiner Landschaftsgarten mit Ziersträuchern und ein paar Blumenbeeten angelegt. Auf der Südseite und rückseitig breitet sich ein lockerer Obstgarten aus, der anschließende Hang ist dicht mit alten Laubbäumen bewachsen. Haus und Garten werden von ihren Besitzern liebevoll und verantwortungsbewußt im originalen Zustand erhalten.

Als Abschluß dieser Bauzeile entstand 1872 südlich der Sandner-Villa noch die Villa Johanna (Villa Rambaldi), ein Haus, das vor allem nach dem Umbau von 1893 und der Hinzufügung des Turmes wichtig für das Ortsbild am See wurde.[58]

Landhaus Rambaldi (Assenbucher Straße), um 1900

Landhaus Rambaldi und Freibad, 1995

Berg

Villa Krüzner (Hangweg), 1975

Anschließend an den Bau des Sandner'schen Landhauses entwarf Emanuel Seidl 1892 im oberen Teil des Steilhanges eine Villa für den Direktor der Isartalbahn, Victor Krüzner.[59] Ganz im Gegensatz zu diesem vom bodenständigen Bauernhaus inspirierten Landhaus zog Seidl hier wohl im Sinne einer ganz anderen Bauaufgabe das historische Vorbild der barocken Kavaliersbauten am Nymphenburger Schloßrondell heran. Der klar umrissene kubische Baukörper wird in der Mittelachse der seeseitigen Fassade von einem dreigeschossigen Runderker akzentuiert, der auch das Pyramidendach ganz wesentlich bestimmt. Er hat ein Pendant im flacheren Treppenturm auf der Ostseite. Eine kleine Laterne als Belvedere faßt die verschiedenen Teile zusammen. Die Nordseite mit dem Eingang wird von einem Portal mit geschweiftem Segmentgiebel geprägt, der sich in einem ähnlich geformten Zwerchhaus wiederholt. Seidl gelang hier ein sehr prägnanter, formal konzentrierter Villenbau, der ein hohes Maß an Eleganz und repräsentativer Würde ausstrahlt und der, frei am Hang stehend, eine bedeutende Fernwirkung besitzt. Die Fassaden sind mit dem Wechsel zwischen rauhen Putzflächen und Lisenen und Putzbändern zurückhaltend angelegt. Die ursprünglich farbig gestalteten Fensterläden sind heute durch einfachere Läden ersetzt, auch die für Seidl charakteristischen Spaliere fehlen heute. Dem strengen Äußeren entspricht innen eine klare, auf Harmonie berechnete Raumdisposition, die der Symmetrie der Anlage folgt. Die verschiedenen Räume gruppieren sich gleichmäßig um die Diele mit dem Treppenhaus, Erdgeschoß und Obergeschoß sind in der Grundrißbildung identisch. Die Räume waren in ihrer Konzeption und ihrer noblen Ausstattung (besonders feine Stuckleisten) bis zum Umbau 1997 gut erhalten.

Wie der umfangreiche Garten, der sich noch weit den Hang hinaufzieht, ursprünglich gestaltet war, ist nicht mehr festzustellen. Er besteht heute aus einer größeren freien Wiesenfläche unterhalb der Terrasse. Seitwärts und hangaufwärts schließen sich lockere Laub- und Nadelholzbestände an.

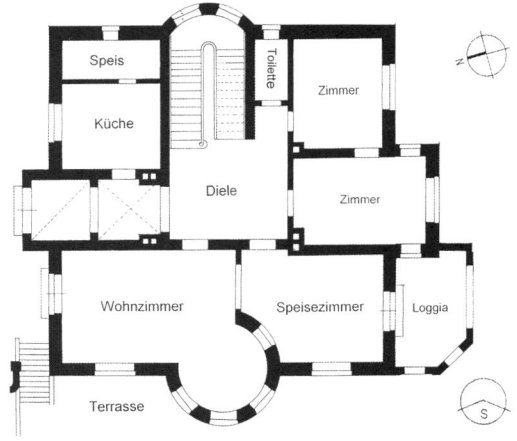

Grundriß Erdgeschoß, um 1892

Villa Krüzner, Rückseite und nördliche Fassade, 1989

Villa Krüzner, südliche Fassade, 1905

Die Villa Krüzner auf der Anhöhe, 1992: Die landschaftsbeherrschende Stellung der Villa ist infolge der Steilheit des Grundstücks erhalten geblieben. Die Villa Bischoff, links zwischen den Bäumen sichtbar, ist dagegen schon stark eingewachsen.

Berg

Villa Bischoff (Hangweg), Gartenfassade 1988

Villa Bischoff, Eingang 1907

Als dritte der in enger Nachbarschaft gebauten Villen Emanuel Seidls folgte 1901 die Villa für Ernestine Bischoff.[60] Die Bauherrin war eine Nichte des großen Dirigenten Karl Muck und war auch verwandt mit dem Arzt Dr. Karl Sandner, dem das bereits 1891 fertiggestellte Landhaus unten an der Assenbucher Straße gehörte. Der einfache, klare Baukörper, der wie aus zwei ineinandergeschobenen Teilen zusammengesetzt wirkt, bringt nur noch wenige Reminiszenzen an den Historismus des ausgehenden 19. Jahrhunderts und läßt eine fortgeschrittene Bauauffassung erkennen. Bewegte Umrisse, im Winkel gesetzte Anbauten und verschiedene Dachformen sind um diese Zeit auch bei Theodor Fischer oder Richard Riemerschmid zu beobachten. Die Fassadengestaltung ist auf wenige Besonderheiten (die in charakteristischer Seidl-Manier dekorierten Fensterläden, Schuppenschindeln, verschiedene Fensterformen) reduziert. Ein kräftiges Kastengesims unter dem Dachansatz hält mit seiner farbigen, jugendstilhaften Dekoration die Baukörper zusammen. Einzig der in den Innenwinkel gelegte Eingangsbereich geht über dieses Programm deutlich hinaus und schafft einen repräsentativen Empfang. Seidl hat dieses charakteristische, zu einer Einheit verschmolzene Element aus Treppenaufgang, Portal, Kartusche und Fenster wenig später bei der Maffei-Villa in Feldafing wiederholt.

Der Grundriß des Hauses ist wieder um die Diele mit der Treppe gruppiert, hier aber wesentlich freier und damit auch organischer als bei der Krüzner-Villa. Die Innenräume gestaltete Seidl mit verschiedenen Dekorationsformen und erzielte dabei auch unterschiedliche Stimmungswerte. Der gewölbten Diele entspricht das kleine Wohnzimmer mit seiner Einrichtung, in der noch ein wenig die Neugotik nachklingt. Das Speisezimmer atmet mit seiner stuckierten Decke und dem hohen Kachelofen noch etwas den Geist des Historismus. Der Musiksalon ist ganz in Jugendstilformen gehalten. Das Haus und die Innenräume sind sehr ursprünglich erhalten, die originale Gartenanlage ist in ihrer Gestaltung reduziert.

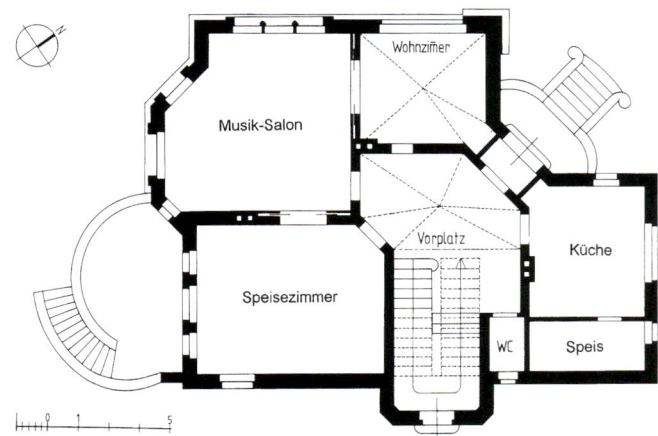

Grundriß Erdgeschoß, um 1905

Villa Bischoff, Speisezimmer, um 1905

Das kleine (gotische) Wohnzimmer, 1989

Der Musiksalon mit Kamin (Gestaltung Emanuel Seidl), um 1905

Berg

Villa Lugsee (Hussel, Kreuzweg), 1996

Auch oben auf der Anhöhe entstanden entlang des Weges nach Aufkirchen (mit den Himbsel'schen Kreuzwegstationen) noch einige interessante Villen und Landhäuser. Gleich unmittelbar an der Hangkante über Leoni baute der Zimmermann Andreas Graf (sog. Kastenjakl) 1864 eine kleine, von Matthäus Wannerstorfer entworfene und noch ganz im Stil des Spätklassizismus gehaltene Villa.[61] Der wohl als Spekulationsobjekt gedachte Neubau, von den Zeitgenossen etwas spöttisch »Kastenjakl-Schlößl« genannt, wird von Oskar Maria Graf in seiner Erzählung »Aus dem Leben meiner Mutter« angesprochen.[62] Grafs Hinweis, der Kastenjackl habe die Villa selbst entworfen, entspricht nicht den Tatsachen. Er irrte sich auch, wenn er weiter berichtet, der Schriftsteller Friedrich Wilhelm Hackländer habe dem Kastenjackl die Villa anschließend zum doppelten Preis abgekauft. Die Fassade wird in der Mittelachse durch einen kleinen Zwerchgiebel mit Veranda und Balkonen betont. Die weit vorgezogene, überdachte Veranda wurde später angefügt. Die Dachregion weist mit der schmalen, mit Zierelementen geschmückten Attika, den ausgewinkelten Giebeln und dem schönen Kamin besonders reiche klassizistische Gestaltungselemente auf. Die schlicht und ohne besonderen Dekor gehaltenen Innenräume sind ganz regelmäßig angelegt und auf die Mittelachse des Hauses mit dem kreisrunden Treppenhaus bezogen.

Über die ursprüngliche Gartengestaltung kann nichts mehr ausgesagt werden, da keine erkennbaren Spuren mehr überliefert sind. Ob das Haus ursprünglich mit einer besonderen Aussicht ausgezeichnet war, wie der Hausname »Villa Lugsee« glauben machen möchte, ist nicht zu sagen. Aus den alten Flurkarten geht nicht hervor, wie dicht der Baumbestand an und unterhalb der Hangkante zur Bauzeit war.

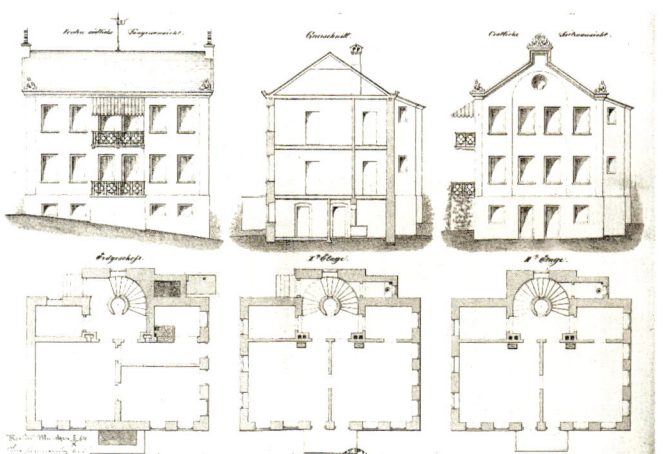

Entwürfe 1864

Der erste, der nach Staatsrat Krenner und Giuseppe Leoni sich in Assenbuch niederließ, war der kgl. Baurat Johann Ulrich Himbsel (1787–1859). Er hatte unter Karl von Fischer, dem damals führenden Architekten in München, seine Ausbildung erfahren und war mit dessen Auffassung des Klassizismus vertraut gemacht worden. Nach seiner Beförderung zum Baurat 1816 wurde er mit größeren Aufgaben betraut, unter anderem mit Planungen für das Gelände vor dem Isartor. Gleichzeitig errichtete er sich am Maximiliansplatz sein eigenes Wohnhaus, das bald zum beliebten Treffpunkt der Münchner Künstler werden sollte.[63] Als nach 1815 jedoch Leo von Klenze vom König zunehmend bevorzugt und mit den entscheidenden Aufgaben beauftragt wurde, schloß sich Himbsel immer mehr dem neuen Führer der Münchner Architektur an. 1825 errichtete er nach den Plänen Klenzes das Odeon und fast gleichzeitig das den Hofgarten abschließende Basargebäude. In diese Zeit fällt der Bau seines ersten Landhauses am Starnberger See.[64] Himbsel hatte durch den engen Kontakt zu den Münchner Malern und Literaten ihre Entdeckung der Landschaft des Alpenvorlandes miterlebt und war wohl auch von ihrer Liebe zur Natur und zum unverbildeten Landleben erfaßt worden. Sein Landhaus von 1827 in Assenbuch war die Antwort. Er stellte sich auf das Grundstück, welches er vom Fischer Schropp, dem sog. »Buchenpauli«, erworben hatte, ein bescheidenes, biedermeierliches Haus hin, das erkennen läßt, daß nicht Repräsentation mit großen Festen und Gesellschaften sein Ziel war, sondern allein die Ruhe und das unbeschwerte Leben am See. Der mit einem Flachwalmdach versehene klare Bau kommt noch ohne die später so unentbehrlichen Zutaten wie Loggia, Veranda, Freitreppe, Belvedertürmchen und anderem aus und verzichtet auf repräsentative Würdeformen. Einziger Schmuck war ein kleiner hölzerner Balkon, der am Ende des 19. Jahrhunderts durch einen aus Gußeisen auf dünnen Eisensäulen ersetzt wurde. Auch der spätere gußeiserne Springbrunnen vor der Fassade kam erst um diese Zeit hinzu. Sehr viel mehr bestimmten praktische Rücksichten wie der weite, schützende Dachüberstand und die Verkleidung des Fachwerkbaus mit einem Brettermantel das äußere Erscheinungsbild.

Von größter Bedeutung war allerdings der Garten, der als englische Anlage das Haus umgab und sich rückseitig ein Stück den Hang hinaufzog. Wie Himbsel diese Anlage gestaltet hat, können wir nur vage erschließen. Er hat bei seiner Studienreise nach England sicher auch den englischen Gartenstil kennen gelernt und ihn zum Vorbild genommen. A. von Schaden überliefert uns ein paar Details: »Herr Himbsel erbaute hier ein geschmackvolles und geräumiges Lusthaus aus Holz und umwandelte die hinter demselben gelegene waldige Anhöhe in ein englisches Paradieß. Unter andern bildete Herr Himbsel einen malerischen Wasserfall und durch Versenkung großer Felsmassen und Steinkasten eine ziemlich tief in den See eingreifende, künstliche Erdzunge, auf welcher sich Felsgruppen und ein bewegliches, großes Parapluie befinden; an der südlichen

Assenbuch, Flurkarte 1809 (Galloth, Gastl, Neuhauser)

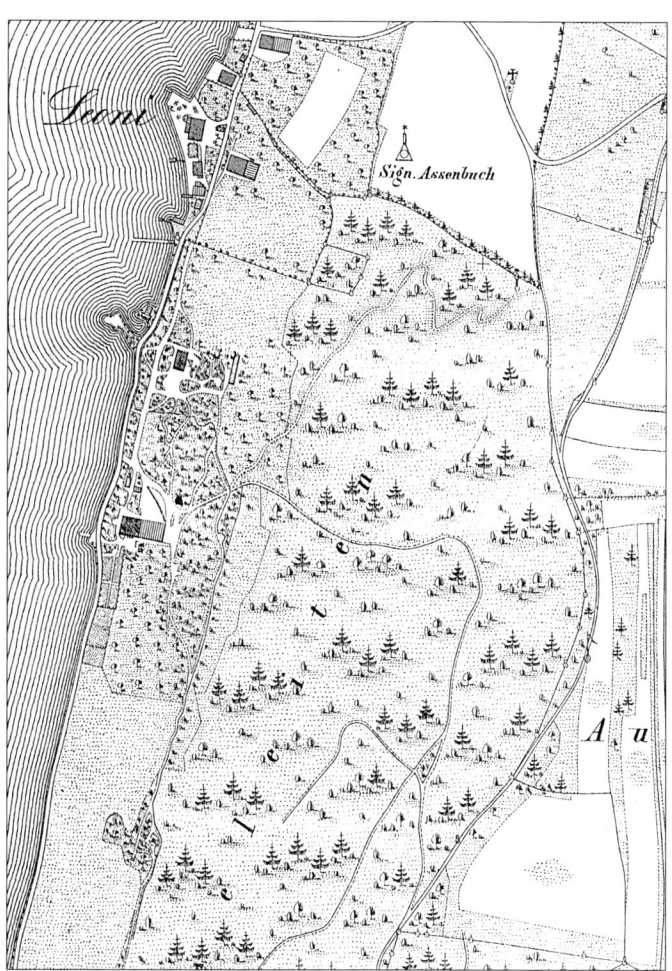

Leoni, Flurkarte 1863. Mit den Villen Himbsel I und II.

Berg

Das 1827 gebaute Landhaus Himbsel, 1874

Grenze der Himbsel'schen Anlagen oben auf der Höhe steht eine ungemein niedliche kleine Eremitage mit einem Türmchen, aus deren Thüre man eine köstliche Aussicht nach dem gegenüberliegenden Possenhofen hat.«[65] Himbsel hatte die riesige Fläche, die sich auch den Hang hinauf bis zum oberen Fahrweg erstreckte, wohl in weiten Teilen in natürlichem Zustand belassen oder in einen naturnahen Landschaftspark übergeführt. Und er hat wohl nur verschiedene, ausgewählte Stellen besonders gestaltet, mit Ruhebänken, mit einer Sichtschneise zum Westufer hinüber, mit einer weiten Wiesenfläche, mit typisch romantischen oder pittoresken Punkten zum Verweilen (wie die Eremitage oder den Wasserfall). Nur unten, wo der Hang in den flachen Uferbereich auslief, legte er einen kleinteilig gestalteten Garten mit Wegen und Blumenbeeten an. Die weiten Hangflächen wurden durch großräumig angelegte Spazierwege erschlossen. Dabei nutzte Himbsel natürliche Gegebenheiten, wie kleine Bäche, und gestaltete sie im Sinne eines romantischen Naturerlebnisses. Zum Garten gehörten damals natürlich auch schon das Badehäuschen und die Schiffhütte am See.

Als Himbsel 1842 sein großes neues Landhaus errichtet hatte, wurde das kleine Haus 1850–52 an den Malerfreund Wilhelm von Kaulbach vermietet.[66] Nach Himbsels Tod erwarb es 1866 der Schriftsteller Wilhelm Ritter von Hackländer (1816–1877) zusammen mit ca. 14000 qm Grund.[67] Er hatte sich vor allem durch seine Erzählungen »aus dem Soldatenleben« und verschiedene andere humoristische Schilderungen einen Namen gemacht. Er war auch an der Gründung der damals bedeutenden illustrierten Zeitung »Über Land und Meer« 1859 beteiligt. Nach Hackländers Tod 1877 erwarb der Direktor der Pasinger Papierfabrik, Louis Weinmann, das Anwesen und ließ an das rückwärtige, erhöht am Hang gelegene Ökonomiegebäude eine neue Villa anbauen. Damit wurde das kleine, bescheidene Landhaus Himbsels seiner alten solitären Stellung, vermutlich auch seiner ursprünglichen Funktion enthoben und in eine untergeordnete Position verwiesen. 1903 errichtete Theodor Fischer für die Familie Weinmann hinter der Villa und an einem kleinen Teich ein kleines, von Jugendstilformen geprägtes Mausoleum.[68] Die Villa selbst wurde in den folgenden Jahren mehrmals baulich verändert, wobei das äußere Erscheinungsbild besonders 1910 vom Abbruch der alten doppelläufigen Freitreppe und dem Neubau einer großen Terrasse mit Stützmauer berührt wurde. 1953 erwarb die Stadt München die Villa und richtete hier das heute noch bestehende Schulungs- und Tagungszentrum der Münchner Volkshochschule ein.[69]

Um 1840 war Himbsel als Architekt und Unternehmer wie auch als verantwortlicher Bauleiter der Bahnlinie München–Augsburg beruflich wie gesellschaftlich soweit avanciert, daß er sich ein größeres Landhaus bauen konnte.[70] Er hatte dazu bereits 1837 weitere, südlich an seine Gartenanlage

Das kleine Himbsel-Haus (Assenbucher Straße), 1988

Das Mausoleum der Familie Weinmann, 1987

Die Villa Weinmann, um 1905/10

Die Villa Weinmann mit dem neuen Terrassenvorbau

Berg

Unbekannt, Das große Himbsel-Haus von 1842. Bleistiftzeichnung, um 1855 (Bayerische Staatsbibliothek München)

angrenzende Flächen erworben, die zum dritten Assenbucher Bauern- und Fischerhaus, dem sog. Neuhauser, gehörten.[71] 1842 konnte er sein zweites, weitaus größeres Landhaus fertigstellen.[72] Und war sein erstes Haus mit seiner schlichten, fast kubischen Form und dem flachen Walmdach noch ganz ein Kind des Klassizismus gewesen, so läßt der zweite Bau bereits die neue Zeit erkennen, die Zeit der Romantik mit ihrer Besinnung auf die Werte der Vergangenheit, die Geschichte des eigenen Volkes. Man begann sich für Land und Leute zu interessieren, schrieb die ersten Reiseberichte über die Alpen und die Landschaft vor den Bergen, sammelte Lieder und Sagen, begeisterte sich für Volksmusik und Volkskunst. Vor diesem Hintergrund war es eigentlich nur konsequent, daß Himbsel nicht mehr die bürgerliche Stadtvilla oder gar noch einmal das klassizistische Adelspalais ins Ländliche übersetzte. Bemerkenswert war dabei jedoch, daß er nun nicht das Schweizer Bauernhaus zum Vorbild nahm, wie es gerade Mode wurde, sondern sein Haus ganz aus dem heimischen Bauernhaus entwickelte und damit eines der frühesten Beispiele für die Adaption dieses Haustyps lieferte. Das weit überstehende Flachsatteldach mit seinen verzierten Pfettenköpfen ist dafür ebenso ein Beleg wie der hölzerne Balkon und die Giebellaube oder die Bretterverschalung des Wirtschaftsteils. Die der oberbayerischen Lüftlmalerei nachempfundene Bemalung der Fassaden schließlich ist das wohl am tiefsten empfundene Bekenntnis zur heimatlichen Tradition. Wilhelm von Kaulbach, mit dem Himbsel befreundet war und der mit ihm beim Innenausbau des Odeon zusammengearbeitet hatte, schmückte ihm das Haus mit typischen oberbayerischen Heiligenbildern, wie sie sich ein Bauer zwischen Miesbach und dem Lechrain nicht anders gewünscht hätte.[73]

Im Inneren freilich war das Haus modern und mit aller Bequemlichkeit versehen. Die Ausstattung an Türen, Böden und schönen Kachelöfen war wie die Raumhöhen nicht bäuerlich, sondern bürgerlich angelegt.[74] Mit einem seltenen Höhepunkt allerdings überrascht das Haus: mit einem Treppenhaus, das in einem bürgerlichen Landhaus wohl Seinesgleichen sucht. Es wurde schon zu Lebzeiten Himbsels gerühmt und in den Landschaftsbeschreibungen erwähnt.[74] Himbsels Freundschaft mit den Münchner Künstlern und sein offenes, gastliches Haus trugen hier seltene Früchte. Kurz nach der Fertigstellung der Villa malten ihm ein paar Maler aus dem Freundeskreis das Treppenhaus mit herrlichen Bildern aus. Der Link-Führer von 1857 nennt uns Wilhelm von Kaulbach, Clemens Zimmermann, L. von Schorn, Friedrich Dürck und Louis Asher, es dürften aber auch Moritz von Schwind und andere beteiligt gewesen sein.[76] Die Malereien gehen über alle vier Seiten des Treppenhauses und sind durch ein vielschichtiges Programm miteinander verknüpft. Vordergründig handelt es sich um eine Folge von Monatsbildern und der vier Jahreszeiten. Noch ganz barocker Tradition folgend sind damit auch die Tageszeiten und die Lebensalter verbunden, wird

Landhaus Himbsel (Villa Frommel, Assenbucher Straße), 1990

Himbsel-Haus, Südfassade 1986

Berg

Die Wandmalereien im Treppenhaus (der Sommer), 1989

Das Ehepaar Himbsel huldigt dem Maler Zimmermann, 1989

W. v. Kaulbach und M. v. Schwind als Figuren des Winters, 1989

Das große Wohnzimmer (ehemals Speisesaal), 1998

das ganze an der Decke von einem Fries antiker Göttergestalten und einem Ring der Sternzeichen zusammengehalten und von Apoll auf dem Sonnenwagen regiert. Die fünf großformatigen Bilder mit den Jahreszeiten dokumentieren sichtlich eines jener fröhlichen Künstlerfeste, die im München des 19. Jahrhunderts so beliebt waren. Ehrungen für Künstler, Geburtstage, Abschiedsfeiern und anderes wurden immer wieder mit großen Umzügen, bunten Kostümfesten gefeiert, und nicht selten fanden solche Feste auch draußen auf dem Lande statt.[77] Möglicherweise wurden die Bilder im Anschluß und zur Erinnerung an eines dieser Feste geschaffen, ohne Zweifel war damit auch ein Dank an den großzügigen Gastgeber Himbsel verbunden. Der Gefeierte ist hier der Maler Clemens Zimmermann, den Anlaß dafür kennen wir nicht. Das Ehepaar Himbsel huldigt ihm auf dem Februarbild. Das Frühlingsbild (April–Mai) zeigt eine Gruppe mit einem Knaben, der als Herold vorangeht, gefolgt vom Maler Friedrich Dürck, dem Schwiegersohn Kaulbachs, im Kostüm eines Arabers. Ihnen folgt ein von zwei Knaben gezogener Korbwagen, mit einer Frauengestalt in der Pose einer Siegesgöttin; es ist wohl die gerade in München gefeierte Sopranistin Caroline Hetznecker.[78] Hinter den einzelnen Figuren verbergen sich porträthaft wiedergegeben Teilnehmer des Umzuges, Kinder der Maler oder Bewohner der benachbarten Villen. Das Sommerbild zeigt zwei junge Frauen, die durch ein reifes Kornfeld gehen und die Früchte des Sommers mit sich führen – ein Sinnbild

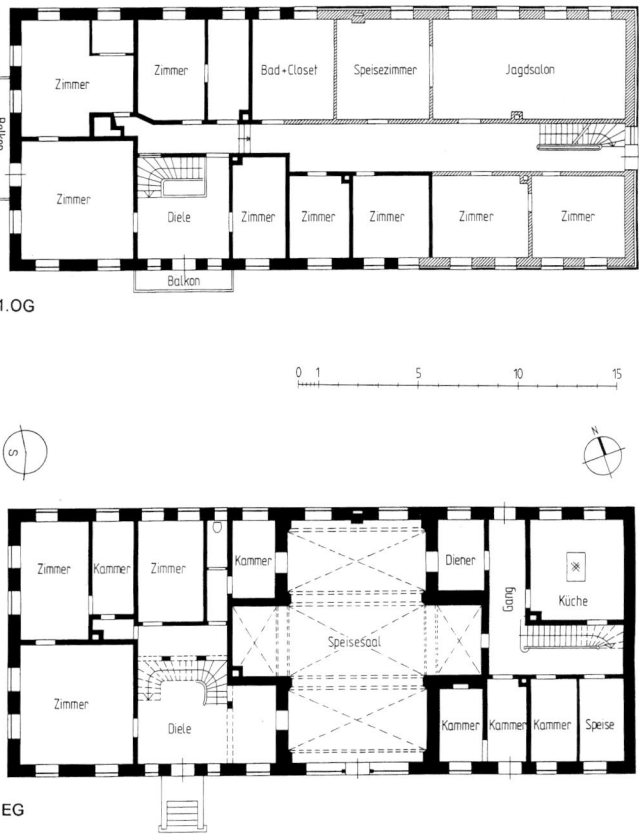

Grundrisse Erdgeschoß und Obergeschoß, um 1905

Unbekannt, Blick auf Villa und Parkanlage Himbsel. Bleistiftzeichnung, um 1865/70 (Privatbesitz)

des Landlebens. Im bacchantisch gestimmten Herbstbild sitzt auf einem Weinfaß ein fröhlicher Zecher (quasi als Gott des Weines), hinter dem sich vermutlich der kgl. Konfektmeister Karl Hilari Bolgiano, Besitzer der Möhl-Villa in Leoni, verbirgt.[79] Der Karren wird von zwei Satyrn gezogen. Ihnen folgt Graf Pocci als Meeresgott, gefolgt von zwei Seejungfrauen. Das letzte Bild zeigt zwei Gestalten in rauher Winterluft. Der eine, als Mönch mit der Laterne verkleidet, ist Wilhelm von Kaulbach, der andere unverkennbar Moritz von Schwind als Märchenfigur des »Herrn Winter«. Über den Türen ergänzen vier auf Kupferplatten gemalte Supraporten das Bildprogramm, drei sind von C. A. Lebschée (sign. u. dat. 1850 u. 1851), das vierte von Karl Rottmann.[80] Die Ausmalung des Treppenhauses ist in ursprünglicher Frische erhalten.[81]

Unverzichtbar zum Leben auf dem Lande gehörten eine kleine Landwirtschaft und ein großer Garten. Himbsel hatte rückseitig einen eigenen Stall angebaut, in dem er vermutlich Hühner und Gänse, vielleicht auch ein paar Schweine, bestimmt aber ein paar Kühe hielt. Ein paar frische Eier und frischgemolkene Milch, Butter, Marmelade und Honig aus eigener Produktion – das gehörte einfach zum Landleben. Himbsel hatte hier beim alten Buchenhaus ein riesiges, zusammenhängendes Gelände erwerben können, das der Uferlinie noch ein gutes Stück nach Süden folgte und den gesamten Steilhang hinaufreichte und das 1865, also nach dem Tod Himbsels und dem Verkauf des ersten Hauses an Hackländer, noch immer über 200 000 qm umfaßte.

Himbsel hatte die Gartenanlage möglichst naturnah belassen und nur mit Spazierwegen erschlossen. Schon Schaden schwärmte 1832, daß Himbsel die hinter dem Haus gelegene Anhöhe »in ein englisches Paradieß« verwandelt habe.[82] Er entwickelte die Parkanlage im Laufe der Jahre weiter und stattete sie mit dem damals fast unverzichtbarem Repertoire aus, so mit einem Wasserfall, mit einem kleinen Weiher, mit einem Dusch-Badehäuschen, einer eigenen Quellfassung, mit einem Gartenhäuschen und natürlich auch mit Bootshütte und Badehäuschen am See. Als Besitzer des Dampfers »Maximilian« fügte er in den letzten Jahren vor seinem Tod auch noch einen eigenen Dampfersteg vor dem Haus hinzu, der auf einigen Zeichnungen dokumentiert ist, der aber später nach Leoni verlegt wurde. Und in einer für die Zeit ganz charakteristischen Weise wurde der Park mit religiös motivierten Ausstattungsstücken versehen. So mit einem in Naturstein ausgeführten Modell der Kreuzwegstationen, die er 1856 für den uralten Pilgerweg vom Landungssteg in Leoni hinauf zur Wallfahrtskirche von Aufkirchen stiftete.[83] Unmittelbar daneben errichtete er eine kleine hölzerne Kapelle, die ganz mit Rinde verkleidet war und neugotische Stilelemente erkennen ließ. Sie war im Inneren vollständig mit einer Art illusionistischer Architekturmalerei dekoriert. Diese imitierte in leichten Pastelltönen und einer Schattenbildung eine aus

Das Himbsel-Haus, 1874

schmalen profilierten Leisten bestehende Wand- und Gewölbedekoration mit Spitzbogen- und Vierpaßmotiven. Eine kleine eingezogene Altarnische enthielt ein kleines Altarbild oder ein bemaltes Fenster.[84] Als Himbsel 1860 starb, erbte seine Tochter Ida, die mit dem Fabrikbesitzer August von Schoenebeck verheiratet war, den Besitz. Villa und Parkanlage erwarb bereits wenige Jahre später (1865) der Augsburger Bankier und Fabrikbesitzer Hugo Frommel um 60 000 Gulden. 1904 ließ sein Enkel, Professor Richard Frommel, von den Architekten Stadler und Necker bauliche Veränderungen vornehmen. Dabei wurde vor allem der ehemalige Stall zu einem großen Wohnraum ausgebaut. Es entstand eine große dreischiffige Halle auf kreuzförmigem Grundriß, die von feinen Kreuzgratgewölben zwischen Gurtbögen und einem raumhohen Kamin beherrscht wird. 1913 kam unten an der Einfahrt noch ein neues Hausmeisterhaus mit Autogarage hinzu. 1978 wurde die Villa mustergültig und unter großer Rücksichtnahme auf die überlieferten Details renoviert, einer der wenigen Fälle am Starnberger See, wo ein Besitzwechsel und eine Modernisierung nicht mit einem hohen Verlust an Originalität verbunden waren.

Rindenkapelle, 1989

Inneres der Rindenkapelle, 1989

Kreuzwegstation, 1989

Berg

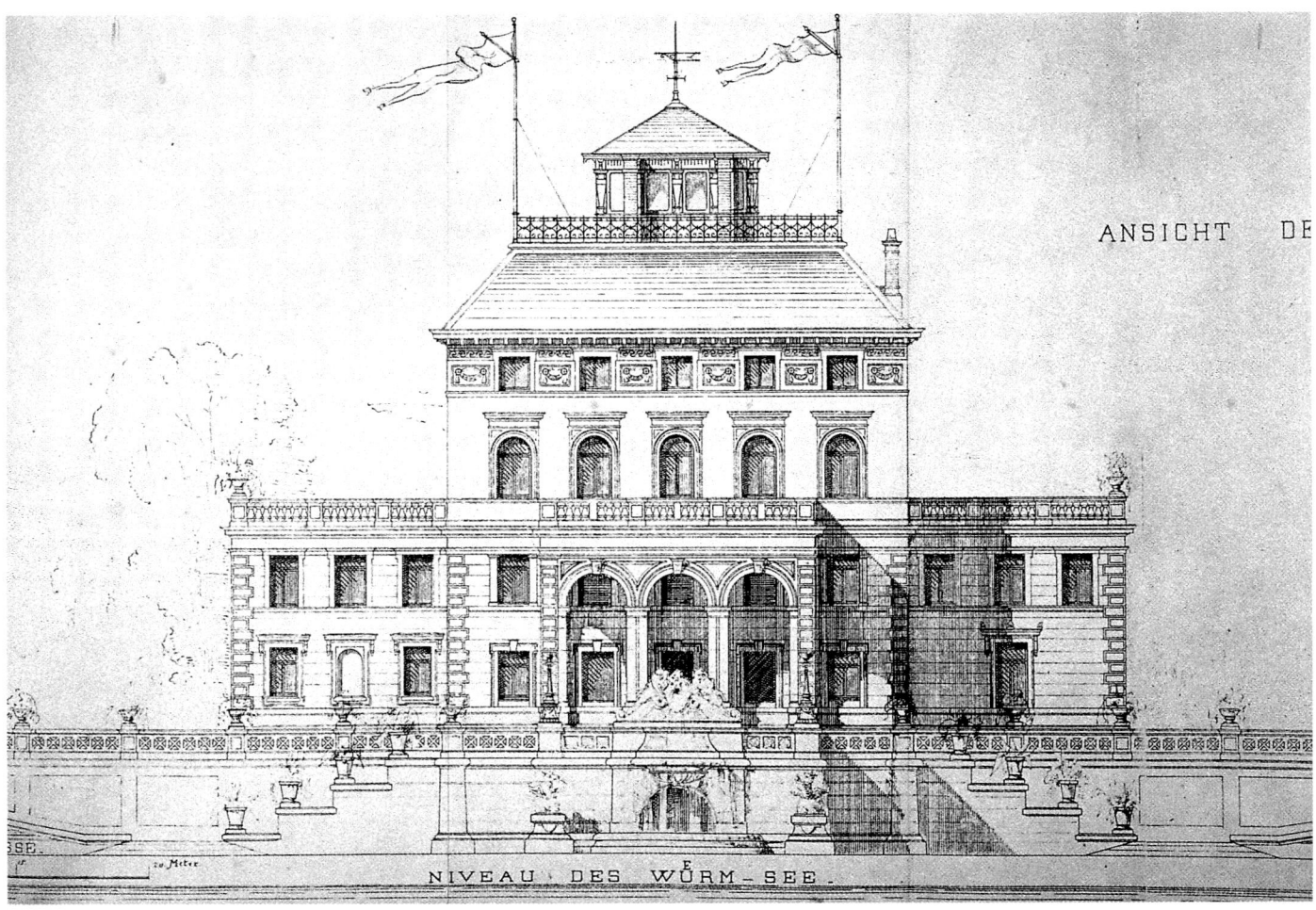

Entwurf zur Villa Boehringer, Otto Tafel, Stuttgart, 1880

Schloß Allmannshausen (Villa Boehringer), um 1910/20

Villa Boehringer, um 1905/10

Allmannshausen und Maxhöhe

1880 erwarb der Mannheimer Chemieunternehmer Christoph Heinrich Boehringer von Otto Graf Rambaldi das alte Schloß Allmannshausen und ließ es durch den Stuttgarter Architekten Prof. Tafel durchgreifend umgestalten.[85] Dieser überarbeitete die Fassaden im Stil der Renaissance und bereicherte sie durch einen wuchtigen Portikus auf der Seeseite und durch zwei Seitenflügel. Das Bild wurde durch eine neue, wuchtige Stützmauer mit Steinbrüstung, Freitreppe und Pavillon noch ganz bedeutend gesteigert und in die Breite gezogen. Damit wurde der ehemals nobel zurückhaltende Schloßbau in eine sehr repräsentative großbürgerliche Villa umgewandelt, die nun wohl zu den spektakulärsten Bauten am See zählte, letztlich aber doch reichlich protzig und überzogen wirkte. Die alte barocke Gartenanlage war schon im frühen 19. Jahrhundert in eine Parkanlage nach englischem Vorbild übergeführt worden. Heute dient der Schloßbau einer Religionsgemeinschaft als Freizeitanlage.

In den 80er Jahren, vielleicht schon nach dem Verkauf des Schlosses, richtete sich Graf Rambaldi etwas weiter südlich ein Sommerhaus ein, welches in den Flurkarten als Jägerhaus bezeichnet wurde. Es handelte sich wohl um den Umbau eines älteren Gebäudes, welches bereits im Jahr 1856 Änderungen erfahren hatte. Es überliefert charakte-

Villa Hornig (Assenbucher Straße), 1989

ristische Merkmale des Landhauses am Starnberger See: das Satteldach, den verschalten Kniestock oder die bäuerlichen Fensterläden. Bezeichnend ist auch die Lüftlmalerei im Giebel. Die feingliedrigen Eisenbalkone steuern ein Element der Zeit (Kustermann?) bei, die doppelläufige Freitreppe und die Anlage des Gartens vor der Fassade lassen den Anspruch auf eine etwas repräsentative Gestaltung erkennen.

Um 1875/80 entstanden südlich des Himbsel-Hauses noch drei größere Villen. So 1879 das Landhaus für Richard Hornig, Stallmeister und Kammerdiener König Ludwigs II.[86] Dieses Haus, welches zweifellos zu den eigenwilligsten und bemerkenswertesten Bauten am See zählt, steht etwas erhöht auf dem auslaufenden Hangfuß und ist durch den dichten Bewuchs entlang der Straße leider nur schwer auszumachen. Es ist immer wieder schade, daß sich attraktive, landschaftsprägende Bauten durch dichte Baumreihen dem Blick entziehen und damit in der Kulturlandschaft nicht mehr zur Wirkung kommen. Dies gilt nicht nur für einzelne Villen. Auch so bedeutende und für die Landschaft am See unverzichtbare Bauwerke wie die Schlösser Possenhofen, Tutzing oder Kempfenhausen sind vom See her kaum noch sichtbar.

Villa Boehringer mit Ufermauer und Pavillon, um 1900

Sommerhaus der Grafen Rambaldi (Assenbucher Straße)

Berg

Villa Hirschfeld (Assenbucher Straße), 1988

Die Villa Hornig läßt in vielen Details wie dem nach außen geknickten Satteldach, der bogenförmigen Giebellaube oder den stark hervortretenden, abgetreppten Auflagern der Balkone, die auch die innere Organisation des Hauses spiegeln, eine starke Adaption des Bauernhauses des Berner Oberlandes erkennen. Dieser Haustyp, allgemein als »Schweizerhaus« bezeichnet, galt lange Zeit als das Vorbild für Landhäuser. Die Schweiz war, als im 18. Jahrhundert die Entdeckung der Landschaft der Alpen begann, eines der ersten und bedeutendsten Reiseziele gewesen, besonders für die Engländer. Das Haus ist in seiner äußeren Gestalt noch relativ gut erhalten, hat aber durch Umorganisation der inneren Raumeinteilung schon Einbußen erfahren.

Anschließend an das Landhaus Hornig ließ Marie Kramsta, Fabrikbesitzerswitwe in Berlin, 1875/77 ein Landhaus (Villa Hirschfeld) errichten, das ganz knapp am Ufer steht und sehr gut in den alten Baumbestand eingefügt ist.[87] Auch hier sind wieder Elemente des alpenländischen Bauernhauses in den Entwurf eingeflossen. Bezeichnend dafür sind der kleine Glockenstuhl auf dem Dach und das farbige Wandbild an der seeseitigen Fassade, welches an die heimische Lüftlmalerei anschließt. Einige Details (verschalter Kniestock, Laubsägearbeiten) gehören um diese Zeit schon zum üblichen Gestaltungsrepertoire am See. Als 1883 Baronin Elsbeth von Hirschfeld, die Gattin des preußischen Legationsrats von Hirschfeld, die Villa übernahm, wurde rückseitig ein Erweiterungsbau angefügt, der als Quertrakt erkennbar ist. Das in neuromanischen Formen gestaltete Eingangsportal, welches wohl auch bei diesem Umbau entstanden ist, erweist sich in diesem Kontext als Fremdkörper.

Weiter östlich, in der sog. Maxhöhe, wurden ebenfalls einige Villen und Landhäuser gebaut, die hier kurz angesprochen werden sollen. Der Kammersänger Eugen Gura baute hier um 1900 ein älteres Haus aus dem Jahre 1873 zu einem größeren Landhaus um[88]. Er gehörte zu den besten Wagner-Sängern seiner Zeit und war auch als Liedinterpret sehr erfolgreich. Bei den ersten Bayreuther Festspielen 1876 sang er die Baritonrollen des Gunther und des Donner, später auch den Marke und den Hans Sachs. 1906 starb er hier in seinem Haus. Ganz in der Nähe errichtete sich um 1900 der Realitätenbesitzer Karl Koppenmüller eine kleinere Villa mit zwei Zwiebeltürmen, die noch ganz dem Späthistorismus verhaftet war. Die Villa wurde 1919 durch Fr. Pfeiffer stark umgebaut und in ein zurückhaltendes Landhaus übergeführt.[89]

In Oberallmannshausen baute 1873 der Münchner Blumenfabrikant Karl Billing eine Villa, die noch stark vom Spätklassizismus geprägt war und die auf der Seeseite von einem starken exedraartigen Runderker geprägt war. 1898 verkaufte seine Witwe das Haus an die zu ihrer Zeit berühmte und gefeierte Hofschauspielerin Clara Ziegler.[90]

Allmannshausen und Maxhöhe

Villa Hirschfeld, Eingang, 1988

Villa Billing (Clara Ziegler, Oberallmannshausen), um 1900

Villa Eugen Gura (Maxhöhe), 1989

Villa Koppenmüller (Maxhöhe), um 1905/10

Berg

Kempfenhausen, Villa de Osa, 1984

Kempfenhausen, Villa Federico de Osa (sog. Seehaus), 1996

Berg, Landhaus Poschinger, 1996

Kempfenhausen, Landhaus Pössenbacher, 1996

Berg

Berg, Villa Rosenthal, 1994

Deckengestaltung im ehemaligen Schlafzimmer im Obergeschoß, 1998

Leoni, Villa Krüzner, 1975

Leoni, Villa Lugsee (Hussel), 1997

Berg

Eugen Napoleon Neureuther, Leoni. Aquarellierte Zeichnung, 1839
(Stiftung Schlösser und Gärten Potsdam-Sanssouci)

Anders Andersen-Lundby, Leoni. Ölgemälde 1883
(Privatbesitz)

Johann Jakob Dorner, Leoni. Ölgemälde, 1835
(Privatbesitz)

Berg

Leoni, Landhaus Sandner (Karner), großer Wohnraum, 1998

Der Wohnraum, 1998

Landhaus Sandner, 1988

Berg, Leoni

Berg, Villa Knecht, 1989

Emanuel Seidl, erster Entwurf zum Landhaus Sandner, Leoni, 1890
(Privatbesitz)

Leoni, Villa Bischoff,
Wohnraum und ehemaliger Musiksalon, 1989

Berg

Leoni, Westfassade des Himbsel-Hauses mit den Fresken von Wilhelm von Kaulbach, 1994

Westfassade, 1975

Inneres der Rindenkapelle, 1989

Inneres der Rindenkapelle, 1989

Landhaus Himbsel (Villa Frommel), 1990

Berg

*Landhaus Himbsel, Treppenhaus. Die Bilder »Herbst« und »Winter«.
Über der Tür C. A. Lebschées Bild »Nacht« mit dem alten Buchenhaus*

»Der Herbst«. Auf dem Weinfaß Karl Hilari Bolgiano, rechts Franz von Pocci mit zwei Nixen

Landhaus Himbsel, Treppenhaus. »Der Sommer«.
Die Dargestellten sind vermutlich Frauen und Mädchen aus der Kolonie Leoni

Berg

Landhaus Himbsel, Treppenhaus. Links huldigt das Ehepaar Himbsel dem Maler Clemens Zimmermann, rechts das Bild »Der Frühling«. Über der Tür C. A. Lebschées Bild »Der Morgen«

»Der Frühling«. Die Dargestellten sind wieder Freunde aus der Kolonie Leoni, im Kostüm eines Arabers der Maler Friedrich Dürck.

C. A. Lebschée, »Der Morgen«, Ölgemälde 1850. Das Bild zeigt die Überfahrt der Pilger nach Aufkirchen, im Kahn der Maler.
Am Ufer sind folgende Häuser zu erkennen: Mehl, Noël, Fränzl, Fischer Galloth, Pension Leoni, Fischer Gastl, erstes Landhaus Himbsel, zweites Landhaus Himbsel, Seeleitner

C. A. Lebschée, »Der Mittag«, Ölgemälde 1851. Das Bild zeigt das Westufer, im Hintergrund Schloß Garatshausen.
Zwischen dem Ufer und der Insel Wörth (Roseninsel) Johann Ulrich Himbsels Dampfer »Maximilian«

Berg

Kempfenhausen, Villa Drenhaus, 1993

Villa Drenhaus, ehemaliges Frühstückszimmer im Obergeschoß, 1993

Münsing

Ammerland

Die beiden Kolonien in Ammerland und Ambach gehörten zu den frühen Landhaussiedlungen am See. Schon 1860 existierten in Ammerland die Häuser des Kupferstechers Poppel und des Staatsprokurators Paraquin. Wenig später folgten die Maler Rösl und Gabriel Max sowie die Rentiere Emilie von Seutter. Auch nördlich des Schlosses entstanden mit den Landhäusern der Herren Flessa und Jani ein paar frühe Villen. In Ambach gehörten der Maler Leonhard Faustner, der Bildhauer Widnmann, die Privatiers Weger und Rieger sowie Dr. Geis oben in Weidenkam zu den ersten Siedlern.

Die Häuser reihen sich im wesentlichen auf einem schmalen Streifen entlang des Ufers. Der Grund dafür ist in der relativen Steilheit des Ostufers zu suchen. Der Moränenrücken, der den See säumt, steigt hier bereits in Ufernähe mehr oder weniger steil an und bietet meist nur Platz für eine Häuserzeile. Oft stehen die Bauten bereits erhöht auf dem Hang, weil die Seeuferstraße hier eine Bebauung unten am Wasser gar nicht zuläßt. Diese steilen Uferpartien beginnen bereits bei der Himbsel-Villa in Leoni und ziehen sich dann über Unterallmannshausen bis Ammerland hin. Dort wird das Ufer für ein kurzes Stück wieder flacher und weiträumiger. Damit eröffnen sich Möglichkeiten für eine Staffelung der Häuser auf den Hanglagen. Aber bereits am Ortsende wird der Uferstreifen von Seeheim wieder schmal und steil. Die Häuserzeile liegt hier wieder hart am Ufer, und einzelne Häuser wie die Villen Kratzer, Sayn-Wittgenstein oder Tretter stehen bereits hoch über der Seeuferstraße. In Ambach werden die Hanglagen dann allmählich flacher und ermöglichen immer mehr Standorte, die etwas von der Uferlinie abgerückt sind. Die geringe Bebauung dieses langen Uferabschnitts und der dichte Bestand an Bäumen verleihen dem Ostufer ein sehr natürliches, an manchen Stellen fast unberührt wirkendes Bild. Dabei kommen natürlich auch die Landhäuser nicht so zur Wirkung wie etwa in Starnberg, Leoni, Niederpöcking oder Tutzing, einzelne Villen kann man im Sommer, wenn das Laub dicht ist, vom See her fast nicht ausmachen.

Ammerland und Ambach wirkten immer sehr viel stiller als etwa die Villensiedlungen in Starnberg, Niederpöcking oder Feldafing.[1] Man war hier ziemlich abseits vom Verkehr und mußte bis weit ins 20. Jahrhundert hinein den Dampfer oder gar noch die Kutsche nehmen, um sein Sommerhaus zu erreichen. Seit dem Bau der Garmischer Autobahn ist der Siedlungsdruck allerdings auch hier gefährlich angewachsen. Dennoch überrascht auf vielen Abschnitten die hohe Beständigkeit des Siedlungsbildes, während an anderen Stellen das Gewachsene schon durch Neubauten ersetzt ist. In zunehmendem Maße werden auch in Ammerland und Ambach die schönen alten Gärten geteilt und bebaut.

Es war ein anderes Publikum, das hier seine Sommerhäuser errichtete, es war eine Gesellschaft, welche in erster Linie die Ruhe suchte, den ungebrochenen Reiz des Landlebens, die heiteren Ferienfreuden am Wasser. Ein Blick auf den vergleichsweise bescheidenen Zuschnitt der Häuser und die Grundrisse, wo nicht die riesigen Speisezimmer und Salons dominierten, zeigt das sofort. Man lebte zurückgezogen. Auch die Sommerfeste waren etwas bescheidener, wenn auch nicht weniger farbig als anderswo. Vielfach waren sie in den Festkalender der ortsansässigen Bevölkerung eingebunden, und es war hier selbstverständlich, daß man sich unter das Volk mischte, daß umgekehrt aber auch die Jugend aus den Bauern- und Fischerhäusern nicht ausgeschlossen wurde.

Schloß Ammerland

Bootshäuser und Badehütten in Ammerland

Münsing

Die sogenannte Seeburg, um 1910

Als eines der markantesten Bauwerke am See beherrscht die ursprünglich als Schloß Biberkor bezeichnete sog. Seeburg das mittlere Ostufer.² Der riesige, ein wenig in Nachfolge Neuschwansteins als mittelalterliche Burganlage konzipierte Bau stellt in Größe und Formgebung, vor allem aber in der Wirkung des verwendeten Baumaterials (Beton, Kunststeinquader, einzelne Bauteile in Muschelkalk) einen Sonderfall am Starnberger See dar. Das Vorbild romanischer Kaiserpfalzen (etwa Gelnhausen oder Goslar) ist deutlich zu erkennen, doch lassen die etwas unorganische Aneinanderreihung der Bauteile und die steife Formgebung die Erfindung aus zweiter Hand nicht vergessen. Von Gegenfurtner noch als »eine besondere Zierde des ganzen Seeufers« gesehen und auch von der zeitgenössischen Kritik gelobt³, muß der Bau aus heutiger Sicht und aus kritischem Blickwinkel doch wohl als einer der wenigen echten Fremdkörper unter den Villen- und Schloßbauten am See bezeichnet werden.

Bauherr war der Münchner Bauunternehmer und Realitätenbesitzer Heinrich Höch, der u. a. durch die Anlage des Vergnügungsparks in Nymphenburg bekannt geworden war.⁴ Der Bau wurde in der Öffentlichkeit mißtrauisch beobachtet und wohl als Spekulationsobjekt empfunden, was zu allerlei Vermutungen bezüglich der Hintergründe veranlaßte.⁵ Entworfen (1888) und gebaut (1892/93) wurde das Schloß von Oberbaurat Julius Hofmann, der seit 1884 schon den Bau von Schloß Neuschwanstein leitete und wenige Jahre später die Votivkapelle für Ludwig II. in Berg bauen sollte.

Man betritt den Innenhof durch den zweigeschossigen Torbau, der gegenüber der ersten Planung in der Ausführung weiter nach Süden vorgeschoben wurde. Ihm schließt sich nach Osten hin eine Kapelle mit Glockenturm an.⁶ Westlich erstreckt sich der Wohntrakt (Palas) mit den Wohn- und Repräsentationsräumen und einer großen vorgelagerten Terrasse. Gegenüber wurden Stallungen und Nebenräume angeordnet. Ein Küchenbau und ein mächtiger Aussichtsturm (Bergfried mit Zufahrt vom Höllgraben und der ehemaligen Luitpoldbrücke her) bilden den Abschluß auf der Nordseite. Die Gestaltung der Innenräume zur Bauzeit ist nicht mehr zu rekonstruieren, nachdem heute nur noch geringe Reste der festen Ausstattung erhalten sind.⁷

Bereits 1902 veräußerte Höch den Besitz an Major Peter Göring. Dieser ließ den Bau von Friedrich Thiersch umbauen und neu gestalten. Thiersch fügte auch die Kapelle hinzu und baute eine neue Hafenanlage, deren Mauereinfassung und Leuchtturm sich stilistisch an den Schloßbau anschließen.

1921 ließ Prinz Karl von Isenburg das Schloß von den Gebrüdern Ludwig erneut umbauen. Nachdem es während des Krieges als Kindergärtnerinnenschule gedient hatte, kam es 1948 in den Besitz des Bayerischen Staates. Heute ist es an eine Religionsgemeinschaft (»Wort des Lebens«) verpachtet, die es als Freizeitanlage nutzt.

EG 1888

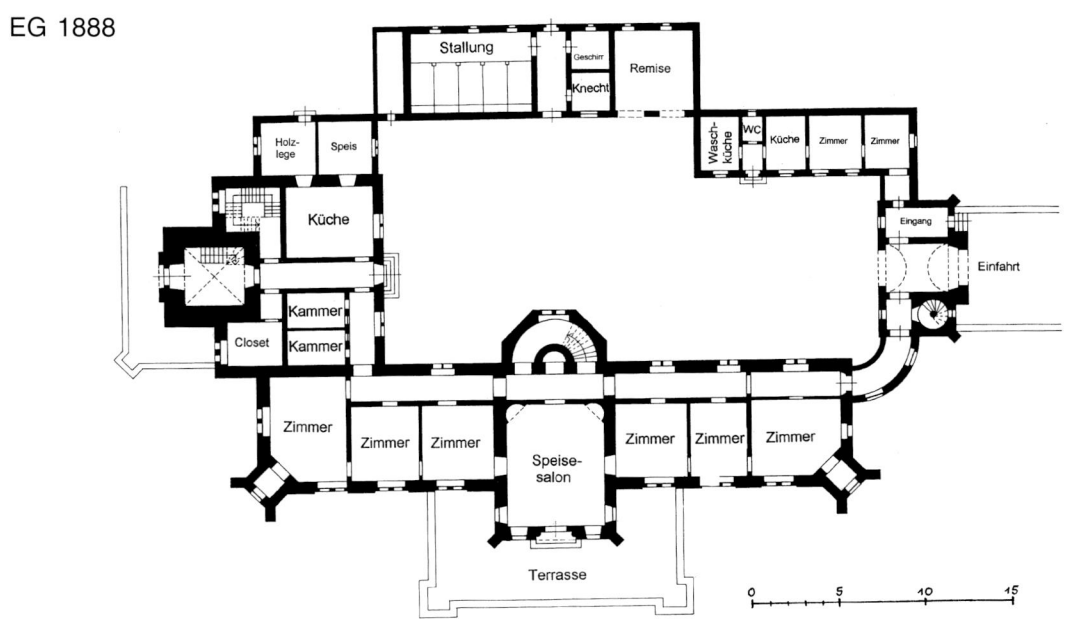

OG 1888

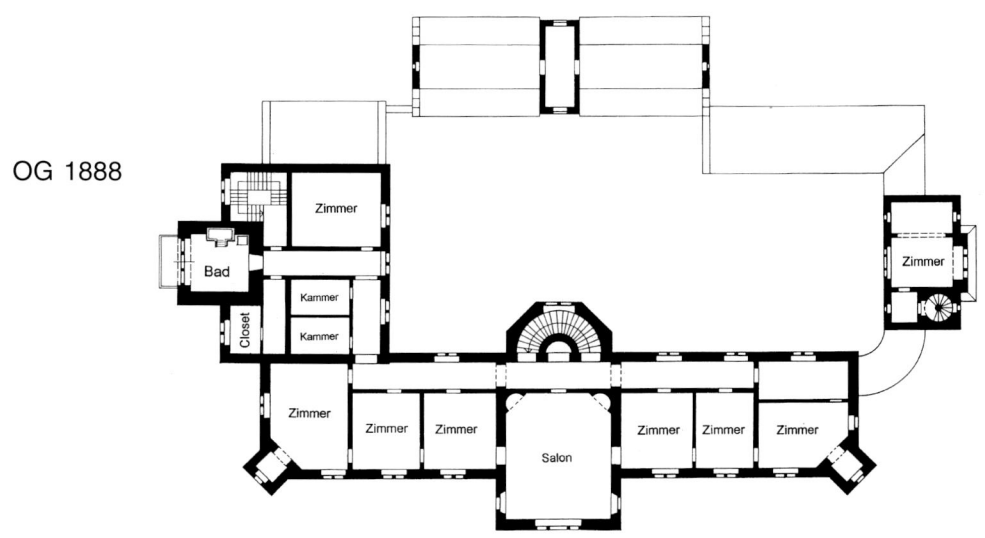

EG 1902

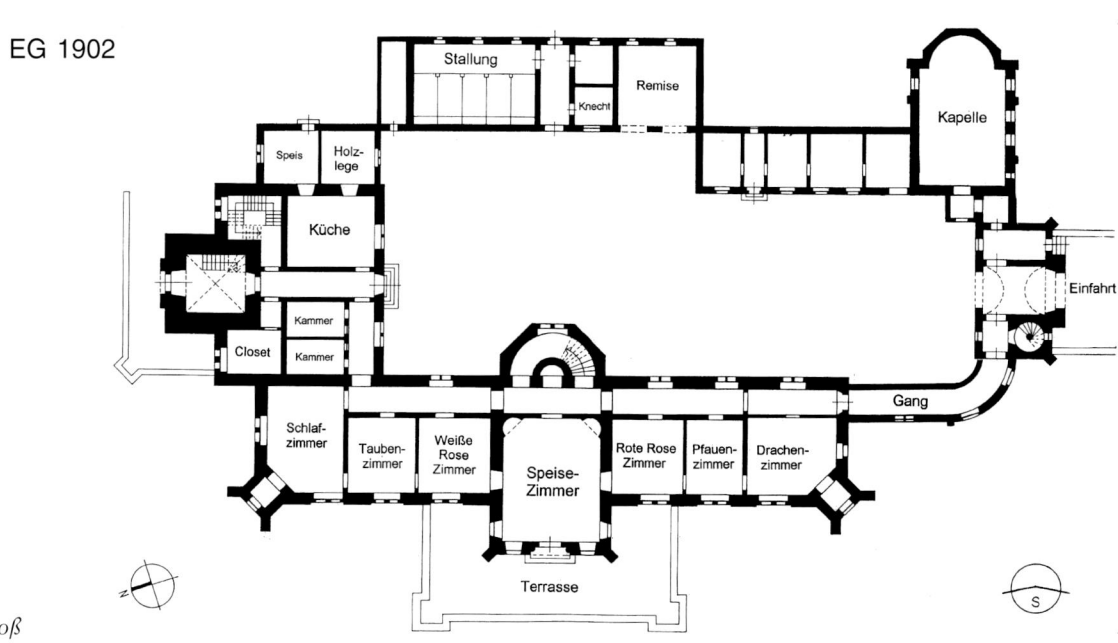

Seeburg, Grundrisse
Erdgeschoß und Obergeschoß

Münsing

Seeburg, Torbau, 1993

Seeburg, Inneres der Kapelle, 1993

Innenhof mit Eingang zur Kapelle, 1993

Der Haupteingang, 1993

Villa Matuschka (ehemals Nördliche Seestraße), um 1925/30

Eine kurze Strecke vor Ammerland löst sich die Seestraße wieder etwas vom Ufer und ermöglicht eine Bebauung zwischen Straße und See. Deshalb entstanden hier bereits im letzten Drittel des 19. Jahrhunderts einige Landhäuser, von denen allerdings die meisten nicht mehr existieren bzw. nicht mehr in originaler Form erhalten sind.

Da war zunächst das Landhaus des Münchner Rechtsanwalts Justizrat Karl Flessa von 1880, ein etwas eckiger, dem See zugewandter Kasten mit großer Terrasse zum See hin.[8] Gleich daneben hatte bereits der Privatier Anton Jani 1876 gebaut. Es handelte sich um einen erdgeschossigen Satteldachbau mit ausgebautem Dachgeschoß und einer zeitgemäßen Dekoration in Form von Laubsägearbeiten. Nach Zwischenbesitz von Rittmeister Martin Wolff von Schutter erwarb Dr. Franz Graf von Matuschka 1901 das Anwesen und ließ größere Umbauten durchführen.[9] Den nördlich an das bestehende Gebäude angefügten, in herrschaftlichen Dimensionen und in einer Mischung aus historisierenden und jugendstilhaften Formen gehaltenen Neubau mit Mansarddach und Erkerturm entwarf der Architekt Iwan Bartcky aus München. Das ehemalige Landhaus wurde zum Wirtschaftstrakt umgebaut. Im Inneren war die Villa sehr großzügig ausgestattet. Es gab zum Beispiel große, zum Teil doppelflügelige Türen mit Oberlichten, die bis zum Plafond reichten. Am Ufer wurde ein großes Hafenbecken mit Bootshaus und einem großen Leuchtturm angelegt. 1907 und 1910 ließ Alice Gräfin von Matuschka

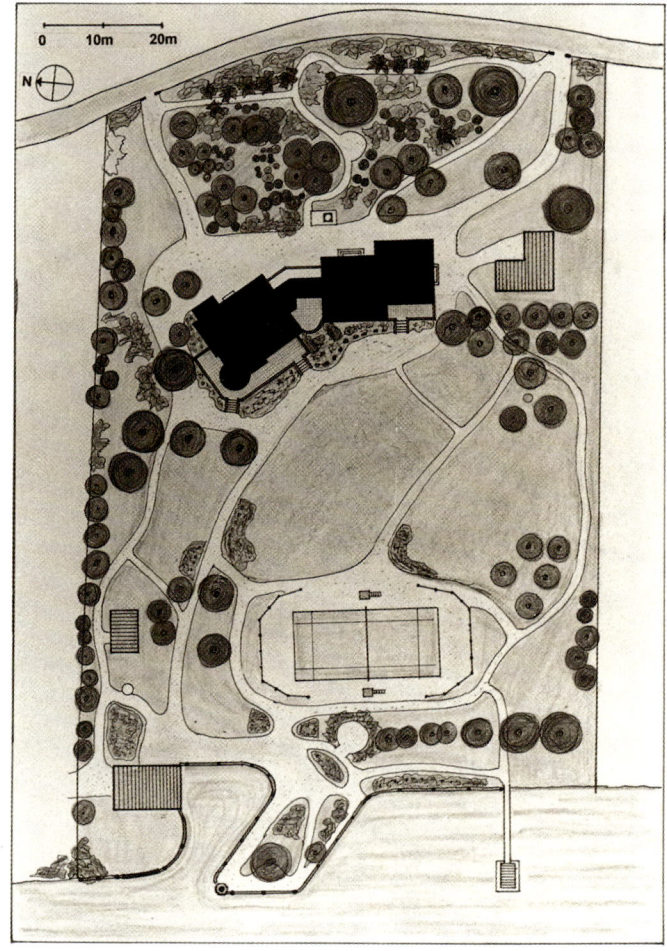

Plan der Gartenanlage um 1902 (Rekonstruktion)

Münsing

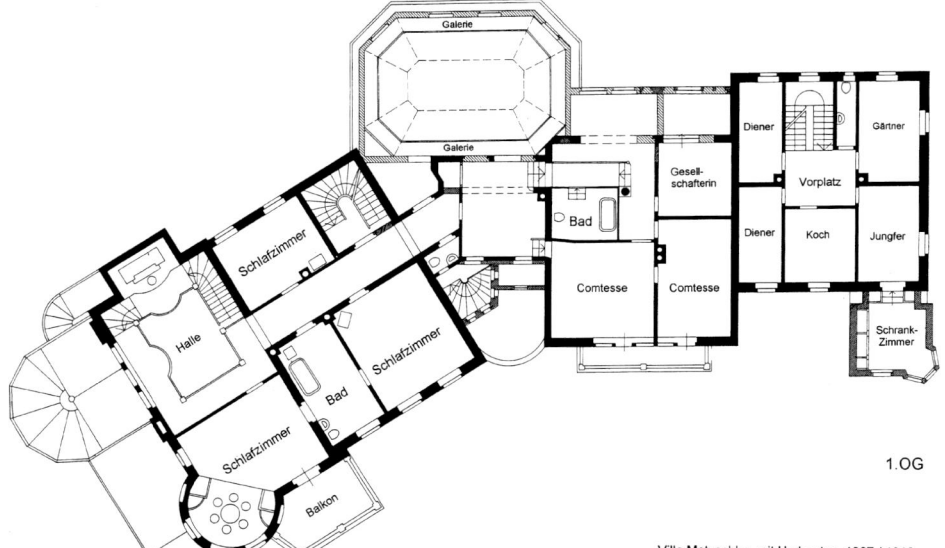

*Villa Matuschka,
Fassade (um 1910)
und Grundrisse (1920)*

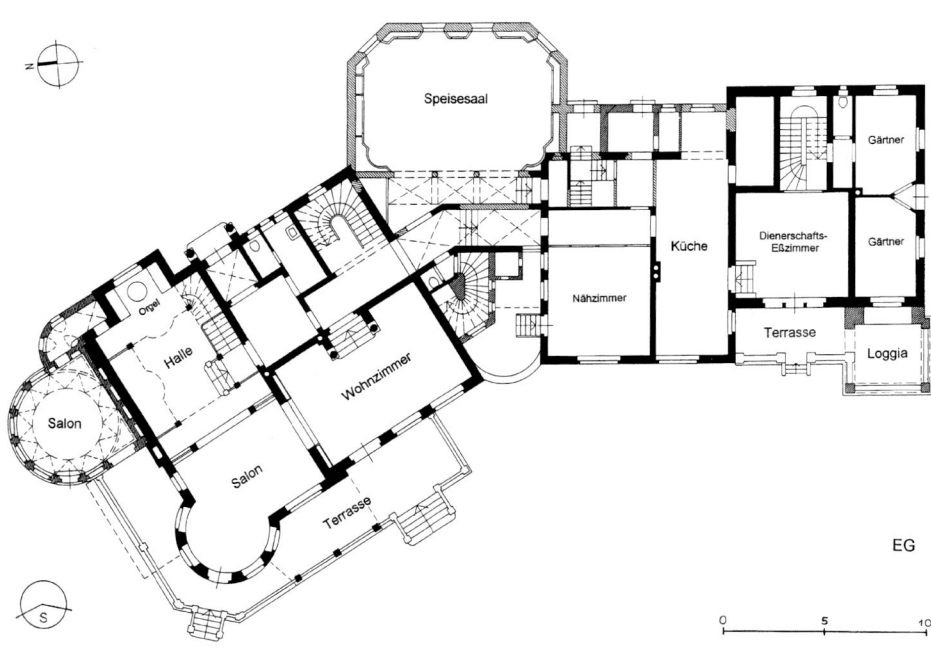

die Villa erneut vergrößern. Die Erweiterung des südlichen, an den Wirtschaftstrakt angefügten Bauteils ergab schließlich einen ausgedehnten, sehr locker gefügten Gruppenbau, dessen Teile etwas unorganisch und willkürlich zusammengezimmert wirkten. Die innere Verteilung der verschiedenen Räume und ihre logische Zuordnung war entsprechend uneffektiv. 1920 wurde die Villa rückseitig noch einmal erweitert. An den Verbindungsgang anschließend und zwischen Küchen und Treppenhaus wurde ein neuer, sehr aufwendig gestalteter Speisesaal errichtet, ein in neobarocken Formen gehaltenes, gestrecktes Oktogon mit Mansarddach und toskanischen Pilastern an den Gebäudekanten. Die Fenster besaßen rokokoartig geschwungene Laibungen, im Mansarddach saßen zusätzliche Ochsenaugenfenster. Der zweigeschossige Innenraum erhielt eine umlaufende Galerie und ein barockes Muldengewölbe mit Stichkappen.

Unmittelbar an Jani (Matuschka) anschließend baute 1880 Dr. Adolph Steinheil, der Sohn des berühmten Münchner Optikers Carl August von Steinheil.[10] Unter seiner Leitung gewannen die Optischen Werkstätten München Weltruf. Vor allem wurden hier hervorragende Objektive entwickelt, unter anderem 1865 das Periskop, das erste Weitwinkelobjektiv.

Oben auf der Anhöhe am Kloiberweg bauten 1881 der Münchner Arzt Dr. Johann Poppel[11] und Geheimrat von Lossow, Professor an der Technischen Hochschule München.[12] Oskar von Miller, Wilhelm Busch, Franz von Lenbach und Friedrich Thiersch waren hier oft zu Gast.[13]

In unmittelbarer Nähe des Ammerlander Schlosses besaß seit 1892 der Dichter Prof. Wilhelm Hertz ein kleines Sommerhaus, wofür Emanuel Seidl den Bauauftrag erhalten hatte.[14] Sein Freund Gustav Siegle hatte ihm die entsprechende finanzielle Hilfe gewährt.

Ganz am Seeufer erwarb 1901 der Geheime Hofrat Prof. Friedrich Ratzel das kleine Landhaus (1873) von Victoria Nutzinger. Er hatte es schon seit 1875 für den Sommer gemietet und ließ sich 1901 einen Neubau hinstellen. Er war ein bedeutender Naturwissenschaftler und Geograph, der zu den Begründern der »Politischen Geographie« zählt.[15]

Neben ihm ließ sich 1925 die Kammersängerin Hermine von Flick, gen. Bosetti, von dem Architekten A. Nopper eine kleine Villa an der Stelle des alten Pachmayer'schen Landhauses bauen.[16]

Wieder oben auf dem Elzerberg steht ein größeres Landhaus, das der Apotheker Dr. Emil Pachmayr 1887 inmitten eines größeren, nach englischem Vorbild angelegten Gartens hatte errichten lassen. 1906 erwarb es Konrad Mezger und ließ es von dem Münchner Architekten Adolf Ziebland umbauen. Die wichtigste Änderung war der Neubau des Treppenhauses und des schönen polygonalen Erkers.[16] Die ganz aus dem oberbayerischen Bauernhaus entwickelten Formen folgen eng den Forderungen des Heimatstils.

Südlich der Ortsmitte steht, ebenfalls noch in ursprünglichem Zustand, das kleine Landhaus, das sich der Würzburger Arzt Prof. Philip Stöhr 1906 errichten ließ. Er lehrte später als bedeutender Anatom an der Universität Bonn.[18]

Landhaus Pachmayr (Elzerberg), 1929

Landhaus Pachmayr, 1985

Landhaus Bosetti, Entwurf seeseitige Fassade, 1925

Landhaus Stöhr (Südliche Seestraße), 1993

Münsing

Landhaus Poppel, Bleistiftzeichnung, um 1860

Landhaus Poppel, Bleistiftzeichnung, 1875

A. Griehl, Villa Stotz (Südliche Seestraße), 1894

Badehütte Stotz, um 1910

Der erste, der sich in Ammerland für die Sommerfrische ansiedelte, war 1857 der Zeichner und Kupferstecher Johann Poppel.[19] Er gehörte seinerzeit zu den meistbeschäftigten Künstlern auf diesem Gebiet, er hat unter anderem die Mehrzahl der 180 wunderschönen Stahlstiche für das seit 1843 erschienene, bekannte Ansichtenwerk »Das Königreich Bayern« geschaffen.

Das Grundstück hatte er zuvor vom Wimpasinger Bauern erworben. Es lag unmittelbar neben einer alten Kalkbrennerei, die auf verschiedenen Zeichnungen der Zeit dokumentiert ist.[20] Der Entwurf zu seinem Haus, das zu einem Großteil aus Holz gebaut war, stammte von dem Zimmermeister Benedikt Schelle aus Wolfratshausen, realisiert hat den Bau jedoch der Maurermeister Joseph Sappel, der einige der frühen Ammerlander und Ambacher Häuser geschaffen hat.

1868 ließ Prinz Otto, der Bruder König Ludwigs II., das Haus aufkaufen, um es der Münchner Operettensängerin Helene Schröder zu schenken. Er war ein ganz großer Verehrer ihrer Kunst und soll ihr jeden Tag frische Blumen geschickt haben. Er besuchte sie auch jedes Mal hier in Ammerland, wenn er in Berg weilte. Dann plauderte er mit ihr im »Blauen Salon«, im »Roten Boudoir« oder in lauen Nächten auch in der Laube, die auf dem kleinen Hügel neben dem Haus stand.[21] Die »Schöne Helena« wurde bald darauf einer der Stars des neuerbauten Gärtnerplatztheaters, und so fanden auch zahlreiche andere Verehrer den Weg nach Ammerland, wo bis in die Nacht hinein bei Lampionbeleuchtung und Champagner gefeiert wurde.[22] Die Idylle mit Otto soll freilich nur einen Sommer lang gewährt haben.

Nach kurzem Zwischenbesitz der Rentierswitwe Baronin Luise von Sykowa, die das Haus auf der Rückseite vergrößern ließ und es schließlich ihrem Schwiegersohn, dem Kunstmaler Julius Noerr vermachte, erwarb 1875 der Stuttgarter Industrielle Albert Stotz die Villa. Er ließ 1890 erneut Umbauten vornehmen. Dabei wurden rückwärts ein Anbau mit neuen Toiletten angefügt und die Küche auf die Nordseite verlegt. Auf der Südseite wurde schließlich ein wuchtiger Turm angebaut, der dem an sich nicht sehr großen Bau zusätzliche Bedeutung und optisches Gewicht verlieh.[23] Albert Stotz führte ein offenes, gastfreundliches Haus. Die Maler I. Grünewald, J. G. Steffan, Carl Ebert, A. Griehl und Paul Hey fanden sich hier wiederholt ein, sein Freund Gottlieb Daimler entwarf ihm sogar ein eigenes Motorboot für den See.

1905 ging das Haus aus den Händen der Witwe seines Sohnes Robert in Besitz ihres Schwiegersohnes Paul Dinkelacker über. Der ursprüngliche Garten war inzwischen durch Zukäufe stark erweitert und im Sinne einer englischen Anlage gestaltet worden. Vor allem der Uferstreifen jenseits der Seestraße wurde immer weiter in den See hinein vorgetrieben und durch die Bildung von Landzungen zum Baden eingerichtet. Sogar ein kleines, abgeschlossenes Becken für die Kinder wurde angelegt. Das war damals offenbar noch relativ problemlos möglich (siehe nebenstehende Pläne). Der Besitz gehört, allerdings stark verändert, noch heute der Familie.

Ammerland

A. Griehl, Villa Stotz, Federzeichnung 1920

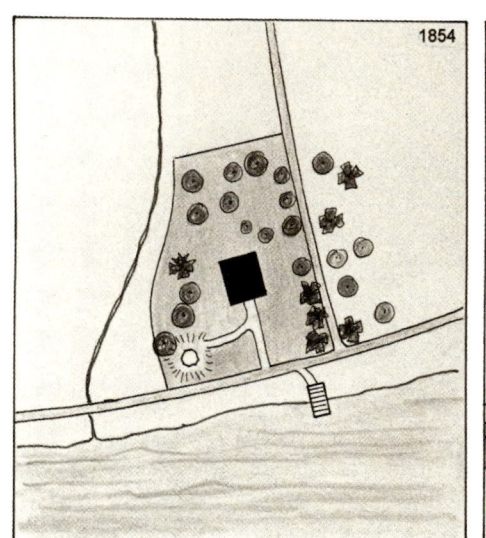 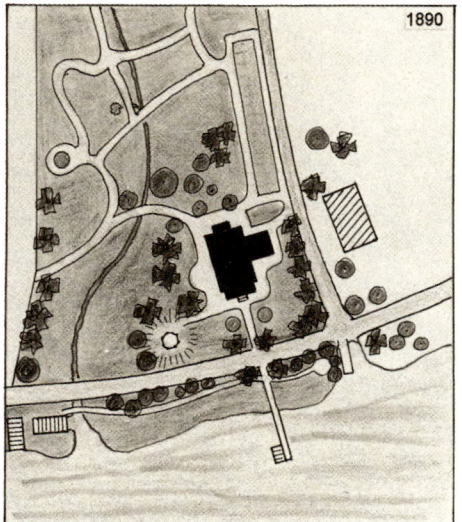 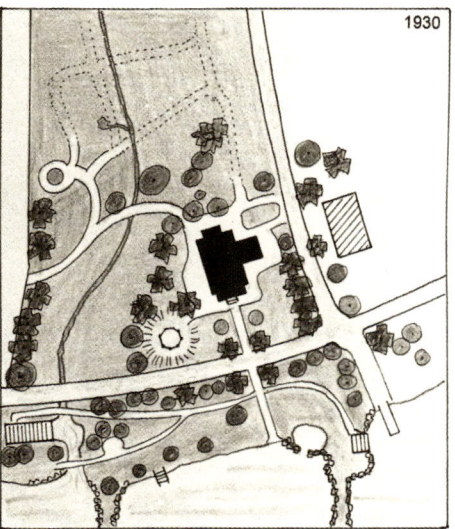

Entwicklung der Gartenanlage (Rekonstruktion)

Münsing

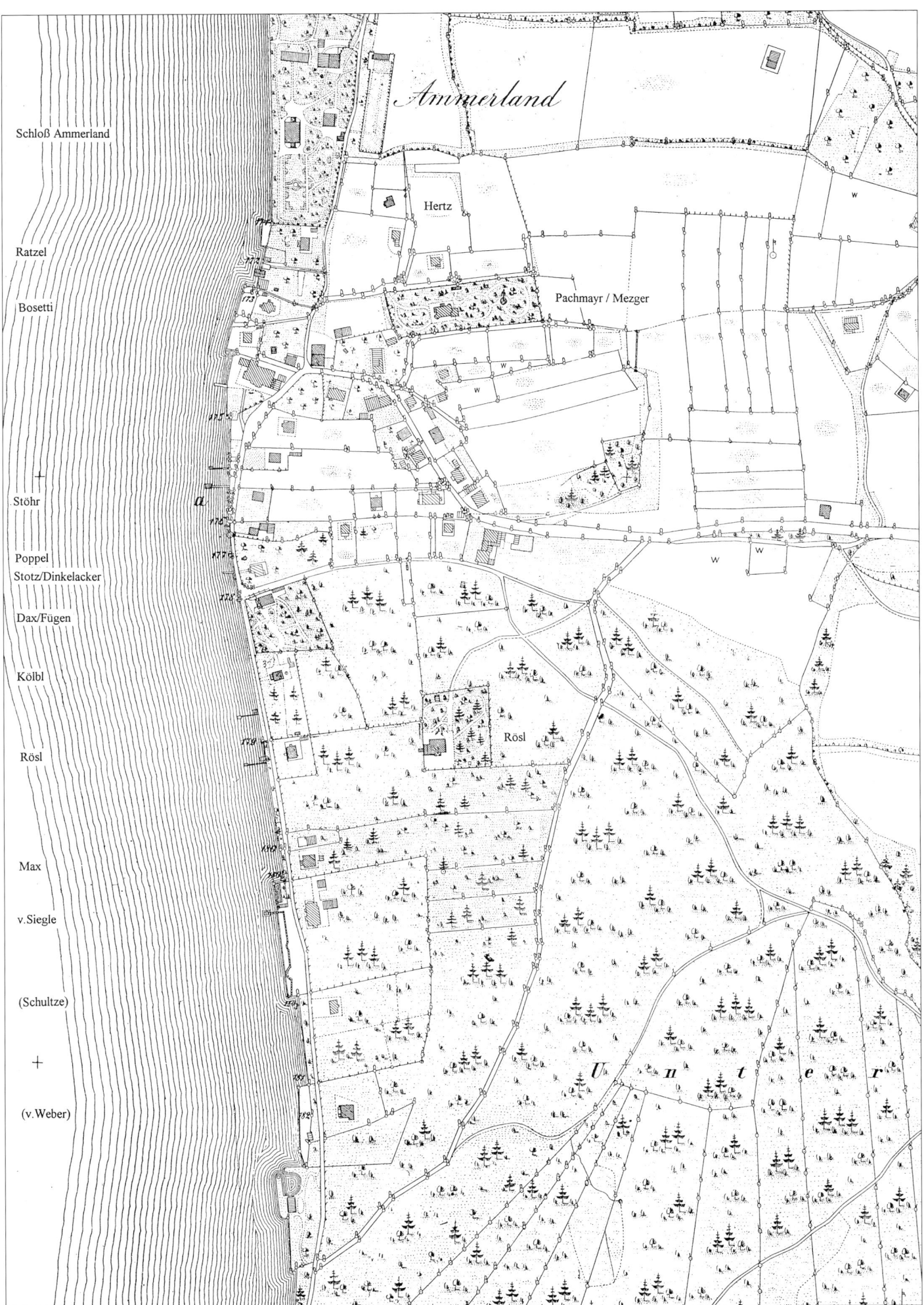

Ammerland, Flurkarte, Stand um 1905

Auf der anderen Seite des Kapellenweges, der unmittelbar zum alten »Biersteg« am Ufer führte, hatte 1874 der Münchner Spiritusfabrikant Johann Dax von der Witwe Anna Saint-Julien einen Teil ihres Grundstücks mit der Wagenremise erworben. Er ließ das alte Nebengebäude abbrechen und ein größeres Landhaus errichten, das heute noch erhalten ist.[24] 1908 ging es in die Hände von Julius Fügen aus Ludwigshafen über.

Grundstück und Nebengebäude hatten zum Landhaus gehört, das der kgl. Staatsanwalt (Staatsprokurator) Ernst Julius Paraquin 1857 hatte bauen lassen.[26] Auf Grund der großen Ähnlichkeit mit dem Poppel-Haus, wie sie in den Link-Xylographien erscheint, ist anzunehmen, daß es ebenfalls von Maurermeister Sappel errichtet wurde. 1867 erwarb der kgl. Major und Gendarmeriekommandeur Saint-Julien das Haus. Seine Witwe veräußerte es 1871 an den Münchner Kunstschlosser Peter Kölbl. Es blieb bis 1952 in Familienbesitz und wurde dann an August Schwendemann verkauft. Das Haus hat inzwischen nur noch wenig Ähnlichkeit mit dem ursprünglichen Bau, der auf der seeseitigen Front noch eine schöne holzverschalte Veranda besaß. Auch die charakteristischen Nebengebäude wie das Gartenhäuschen oder die offene Kapelle mit der Marienfigur sind nicht mehr.

1867 erwarb der Münchner Hofbuchdrucker Heinrich Rösl das Landhaus, das der Schreinermeister Adam Wagner neben dem Anwesen Saint-Julien gebaut hatte.[26] Er vergrößerte das Haus 1877 durch Aufstockung und Ausbau des Dachgeschosses. Der kleine Satteldachbau mit Veranda und umlaufendem Balkon ist heute noch weitgehend unverändert erhalten.

1887 baute sein Sohn, der Radierer und Maler Josef Rösl, auf der Anhöhe oberhalb des Hauses ein eigenes, als Blockhaus bezeichnetes Gebäude mit Atelier.[27] 1902 ließ er an diesen Bau von August Zeh eine große, mehrgeschossige Villa anbauen. Der schmale, hochgestreckte Bau erinnert mit seinem steilen Krüppelwalmdach und seinem oben als offene Loggia gestalteten zweigeschossigen Flacherker an altbayerische Landsitze wie Harmating, Elkofen oder Kempfenhausen. Die Haltung ist spätromantisch wie der Bau von Neuschwanstein oder der Seeburg. Wobei der Rösl-Bau ungleich bodenständiger, wenn man so will »richtiger« in dieser Landschaft ist. Der plastische Schmuck, vor allem die Heiligenfiguren an der Giebelseite lassen die tiefe Verwurzelung in der heimischen Kulturtradition erkennen. Die große Terrasse mit ihrem herrlichen Blick auf den See leitet über eine ausladende Treppe zur Gartenlandschaft über.[28] An die seeseitige Fassade des neuen Villenbaus schließt sich ein zweigeschossiger Bauteil mit Pultdach und offener Loggia (Rundbögen auf Marmorsäulen) an, der das Bindeglied zum älteren Bau mit dem Erkerturm darstellt.

Landhaus Dax/Fügen (Südliche Seestraße), 1992

Landhaus Rösl (Südliche Seestraße), 1995

Landhaus Kölbl, 1898

Villa Rösl (Siegleweg), um 1905

Villa Rösl, Terrasse, 1997

Detail der Gartenanlage, um 1905/10

Detail der Ostfassade, 1997

Detail der nördlichen Fassade mit dem Erker, 1997

Münsing

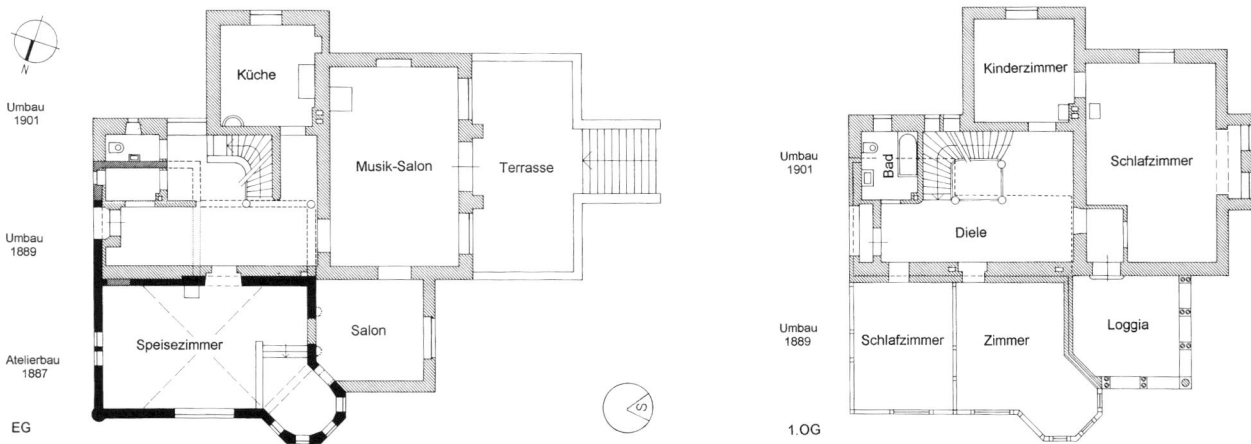

Villa Rösl, um 1905

Grundrisse Erdgeschoß und Obergeschoß

Die Diele im Erdgeschoß, 1991

Zimmertür im Obergeschoß, 1997

Die Ausstattung der Villa atmet denselben Geist. Die Türen, Decken- und Wandverkleidungen der wichtigsten Räume sind im Stil der Spätrenaissance gehalten. Die nachschöpferisch gestalteten Dekorationen werden vielfach durch gesammelte oder im Kunsthandel erworbene Originale ergänzt.[29] Schon das Entree mit seinem gewölbten Gang und den schönen Türen vermittelt den Eindruck eines altbayerischen Landschlosses des 16./17. Jahrhunderts. Die seitlich anschließende Treppe ist mit fein gearbeiteten Flachschnitzereien ausgestattet, der Vorplatz im 1. Obergeschoß mit seinen phantasievollen Wandmalereien erinnert an einen Südtiroler Ansitz. Im Erdgeschoß ist mit dem zeltartig gewölbten Speisezimmer (Holzdecke) noch ein Raum aus dem ersten Bauabschnitt von 1887 erhalten. Er erfährt mit dem wenige Stufen höher gelegenen und mit einer Balusterbrüstung abgetrennten Erker eine Erweiterung ins Intime, Gemütliche. Auch hier wird der ganze Raum durch eine stimmungsvolle und stilgerechte Ausstattung geprägt und durch eine einheitliche Dekoration zusammengehalten. Im neueren Villenteil von 1902 befindet sich der große Musiksalon. Auch hier ergeben die schöne geschnitzte Balkendecke, große doppelflügelige Türen und halbhohe Wandverkleidungen mit ornamentalen Flachschnitzereien zusammen mit passenden Ausstattungsstücken einen sehr stimmungsvollen, malerischen Raum von verhaltener Farbigkeit und großer Wärme. Hier haben sich im Laufe der Jahrzehnte viele berühmte Gäste wohlgefühlt, der Generalmusikdirektor und Wagner-Dirigent Franz von Fischer etwa, die unvergessene Maria Ivogün und ihr Mann, der Tenor Karl Erb, die Pianisten Michael Raucheisen und Wilhelm Kempff, der Dichter Kolbenheyer, die Maler Franz Stäbli, August Holmberg, Alphons Spring und Gustav Adolf van Hees.[30]

Die Villa Rösl stellt mit dieser Ausstattung, die fast vollständig und in unverändertem Zusammenhang erhalten ist, ein ungewöhnliches und sehr seltenes Beispiel einer Künstlervilla des ausgehenden 19. Jahrhunderts dar, als Stimmungseinheit ein Gesamtkunstwerk von hohem ideellen und historischen Wert.

Das Speisezimmer, 1991

Speisezimmer, 1991

Erker im Speisezimmer, 1991

Ambach

Der Musiksalon mit der originalen Ausstattung der Bauzeit, 1991

Josef Rösl, Flachschnitzereien mit Tiermotiven, um 1902. Detail der Wandverkleidung im Musiksalon, 1991

Diele im Obergeschoß mit Wandmalereien von Josef Rösl, 1991

Münsing

Landhaus Gabriel Max (Südliche Seestraße), 1987

Unten an der Seestraße ist neben dem alten Landhaus Rösl noch die Villa des Malers Gabriel Max erhalten.[31] 1871 hatte sie ein gewisser Napoleon Homolatsch von einem Reichenkamer Bauern erworben. Er war ein Vertrauter der berüchtigten Adele Spitzeder, die mit ihrer Dachauer Bank den Leuten das Geld aus der Tasche zog, bis der ganze Schwindel aufflog. Homolatsch fiel in Ammerland durch sein großspuriges Auftreten auf. Er hielt sich einen Diener, der in grelle Uniformen gekleidet war, und stellte an der Seestraße eine Büste von König Ludwig II. auf, um die Aufmerksamkeit des Königs, der hier oft vorbeiritt, zu erregen.[32] Bereits 1875 erwarb es der Münchner Maler Gabriel Max und ließ es 1900 von Emanuel Seidl umbauen. Der Hauptraum, das in Holz getäfelte Speisezimmer, ist heute noch unverändert erhalten, wie ein Vergleich des Photos mit dem Gemälde von Gabriel Max zeigt (siehe Seite 439). Hier traf 1884 auch erstmals die neugegründete Theosophische Gesellschaft zusammen, zu der unter anderem Franz Hartmann, die Schriftsteller Karl du Prel und Gustav Meyrink sowie der große Zoologe Ernst Haeckel gehörten. Später erbte das Haus sein Sohn Colombo Max, während der zweite Sohn, der Maler Cornel Max, nebenan baute.

Landhaus Max, Wohnzimmer (ehemaliges Speisezimmer), 1991

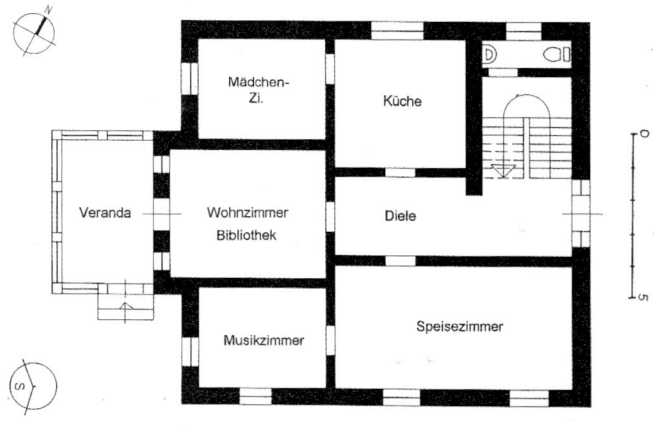

Grundriß Erdgeschoß

Villa von Schrenck-Notzing (Südliche Seestraße), seeseitige Fassade, 1985

Die Gartenfassade, 1985

Münsing

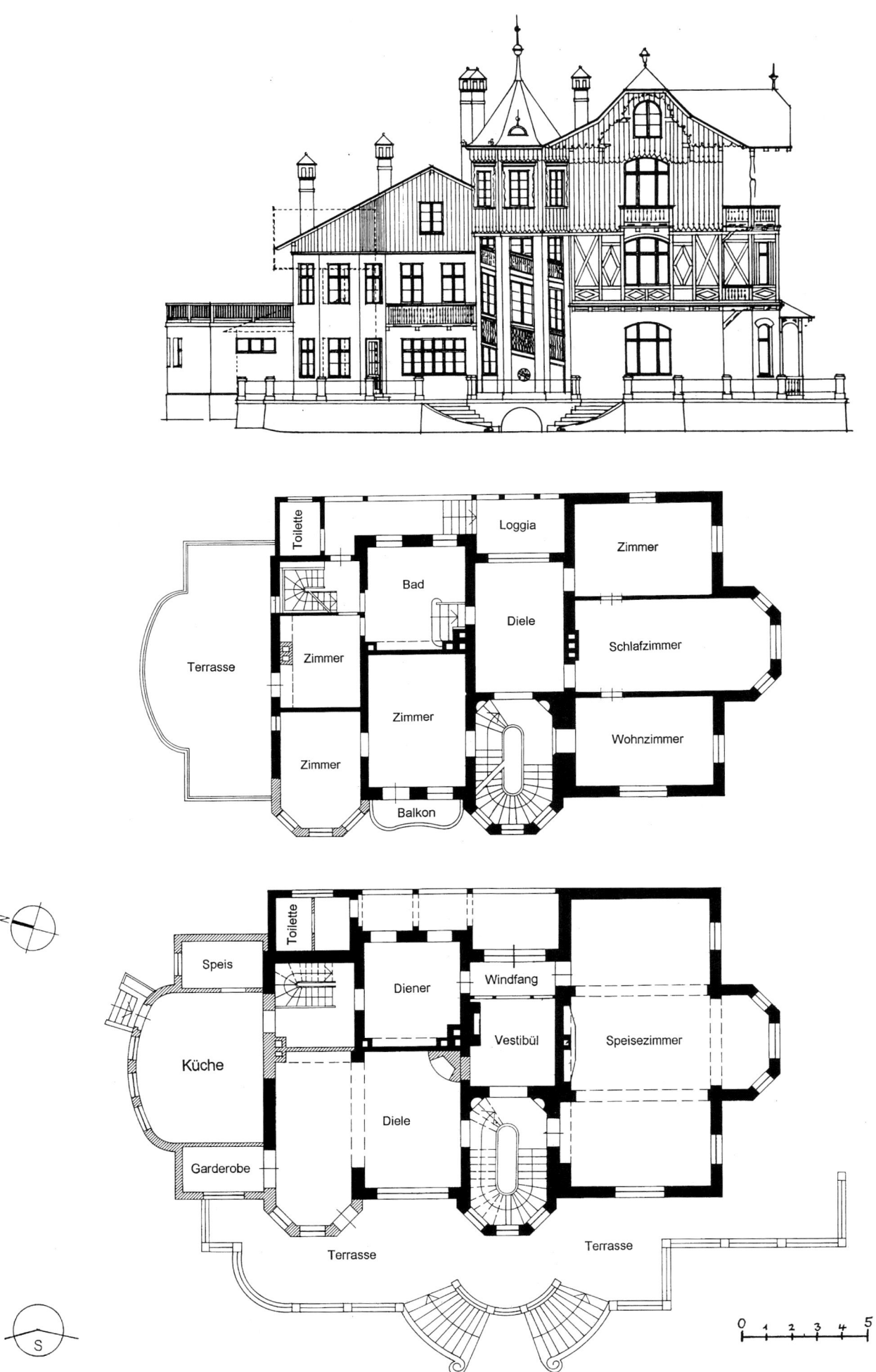

Fassade und Grundrisse nach dem Umbau (Emanuel Seidl) 1910

Die Villa Schrenck-Notzing markiert das südliche Ende von Ammerland und nimmt heute den Platz von drei frühen Landhäusern aus der Mitte des 19. Jahrhunderts ein.[33]

1869 errichtete die Privatière Emilie von Seutter an der Stelle der heutigen Villa ein kleines Landhaus, welches sich in seinem Aussehen nur wenig von der benachbarten Villa Max unterschied. 1879 erwarb es der Stuttgarter Industrielle und Geheime Kommerzienrat Gustav Siegle und ließ es 1884 von Emanuel Seidl umgestalten. Ein weiterer umfassender Umbau durch Seidl erfolgte 1892. Er fügte der kleinen Seutter-Villa südlich einen dreigeschossigen Anbau in den Formen des Späthistorismus hinzu. Daraus resultierten eine sehr unterschiedliche Höhenentwicklung der einzelnen Bauteile und ein etwas ungewöhnliches, aber stark malerisch bestimmtes Fassadenbild auf der Seeseite. Das wird noch durch die Verwendung von Holz verstärkt, welches den Bau mit Giebeln im Stil des Schweizer Hauses belebt und sich als Zierfachwerk dekorativ über die Fassade legt. Beide Gebäudeteile wurden durch das Gelenk eines polygonal vortretenden Treppenturms miteinander verbunden. Im Erdgeschoß ist aus dieser Zeit noch das große Speisezimmer mit seiner schönen Ausstattung im Stil der Neurenaissance erhalten.

In einem dritten Bauabschnitt fügte Seidl 1910 an der Nordseite noch einen größeren Küchenbau mit darüberliegender Terrasse an. Ein neuer Erker an der Nahtstelle wiederholte die Formen des Treppenturms. Damit war die alte Seutter-Villa, zumindest seeseitig, fast vollständig aus dem Fassadenbild eliminiert, rückseitig ist sie noch recht gut abzulesen. Seidl faßte mit dem gemeinsamen Brettermantel im Giebelbereich sowie einer langgestreckten Terrasse mit doppelläufiger Freitreppe die verschiedenen, etwas heterogen wirkenden Bauteile zu größerer Harmonie zusammen.

Im Inneren ist der stilistische Fortschritt vom Späthistorismus der 90er Jahre zu einer moderneren, sachlicheren Formensprache mit Jugendstileinflüssen sehr viel deutlicher zu spüren, ganz besonders in der Diele zwischen Treppenhaus und Küchenbau.

1924 übernahm Siegles Tochter Gabriele die Villa. Sie war mit Dr. Albert von Schrenck-Notzing verheiratet, der als Arzt praktizierte und zu den ersten Psychotherapeuten in München gehörte. Er befaßte sich vor allem auf wissenschaftlicher Basis mit den Phänomenen der Parapsychologie und des Okkultismus und stand mit dem Kreis um Gabriel Max in Verbindung. Die Villa befindet sich noch heute im Besitz der Familie.

1872 hatte etwas weiter südlich der Ökonom Michael Huber ein Landhaus bauen lassen, das er kurz darauf an den Hofmaler August Schultze veräußerte.[34] Die Xylographie im Link-Führer von 1879 zeigt einen mit der Traufseite zum See gerichteten Satteldachbau mit turmartig herausgezogenem Mittelrisalit. Julie von Siegle erwarb dieses Haus 1908 von der Erbengemeinschaft Schultze und ließ es abbrechen. An seiner Stelle errichtete Emanuel Seidl das schöne Teehaus. Es erinnert mit seinem von ionischen Säulen getragenen, geschweiften Walmdach, seiner kleinen

Das Treppenhaus, 1991

Das Vestibül, 1991

Münsing

Belvedereplattform und seiner doppelläufigen Freitreppe ein wenig an ein barockes Gartenpalais des 18. Jahrhunderts. Mit seiner wunderbaren Einbettung in die umgebende Gartenlandschaft und den beiden bunten Majolika-Kakadus von Josef Wackerle übt es eine bezaubernde Wirkung aus. Der ebenfalls unversehrt erhaltene gewölbte Innenraum mit seinen hellen Wandmalereien und seiner Ausstattung in Formen des barockisierenden Jugendstils überrascht als heiterer, stimmungsvoller Raum. Von der kleinen Terrasse kann man den Blick in die schöne weite Parkanlage und auf den See genießen.

Noch ein kleines Stück weiter südlich stand seit 1872 das kleine Landhaus des kgl. Staatsrats von Weber.[35] Auch dieser schlichte Satteldachbau, der mit der Giebelseite zum See gerichtet und mehr im Stil der kleinen Ambacher Häuser (Weger, Faustner, Widnmann) gehalten war, ist im Link-Führer von 1879 dokumentiert. Das Haus wurde 1931 von Gabriele von Schrenck-Notzing erworben und 1933 abgebrochen.

Die weitläufige Parkanlage zieht sich am Ufer entlang weit nach Süden hin und erstreckt sich den steilen Hang hinauf bis auf die Ostseite des Moränenrückens. Sie ist durch ein gepflegtes Wegesystem erschlossen, das sich teils in offener Landschaft, teils in schattigen, waldartigen Bereichen bewegt. Dabei ergeben sich nicht nur im Blick hangaufwärts eindrucksvolle Perspektiven, die Wege eröffnen immer wieder weite Ausblicke auf den See und das Westufer. Von größter landschaftsprägender Wirkung sind die alten mächtigen Laubbäume, die als Solitäre die offenen Hangflächen beherrschen. Das ist ein Bild, das heute schon zu den ganz großen Raritäten am See zählt! Eine Almhütte, Sitzbänke und kleine Terrassen mitten im Hang laden zum Verweilen ein. Ein Wasserlauf, der den Hang herunterplätschert, speist unten eine kleine Wasserstelle. Auch der Uferstreifen jenseits der Seestraße ist reich gestaltet. Es gibt hier eine Hafenanlage in Hausnähe sowie eine weitere, größere am südlichen Grundstücksende, die heute an den örtlichen Segelclub vermietet ist. Eine im Halbrund in den See hinein gebaute Terrasse bildet einen schönen, offenen Sitzplatz mit herrlichem Blick über den See. Etwas weiter südlich liegt ein weiterer Sitzplatz im kühlen Schatten der alten hochgewachsenen Bäume.

Die Parkanlage, die verantwortungsvoll und mit entsprechendem Aufwand gepflegt und in ihrer überlieferten Gestaltung erhalten wird, gehört zu den letzten großen, unverdorbenen Anlagen am See. Die bedeutende denkmalpflegerische Arbeit, die hier übernommen wird, ist als beispielhafte kulturelle Leistung zu würdigen. Sie macht uns die Verluste an vielen anderen Stellen um so schmerzlicher bewußt.

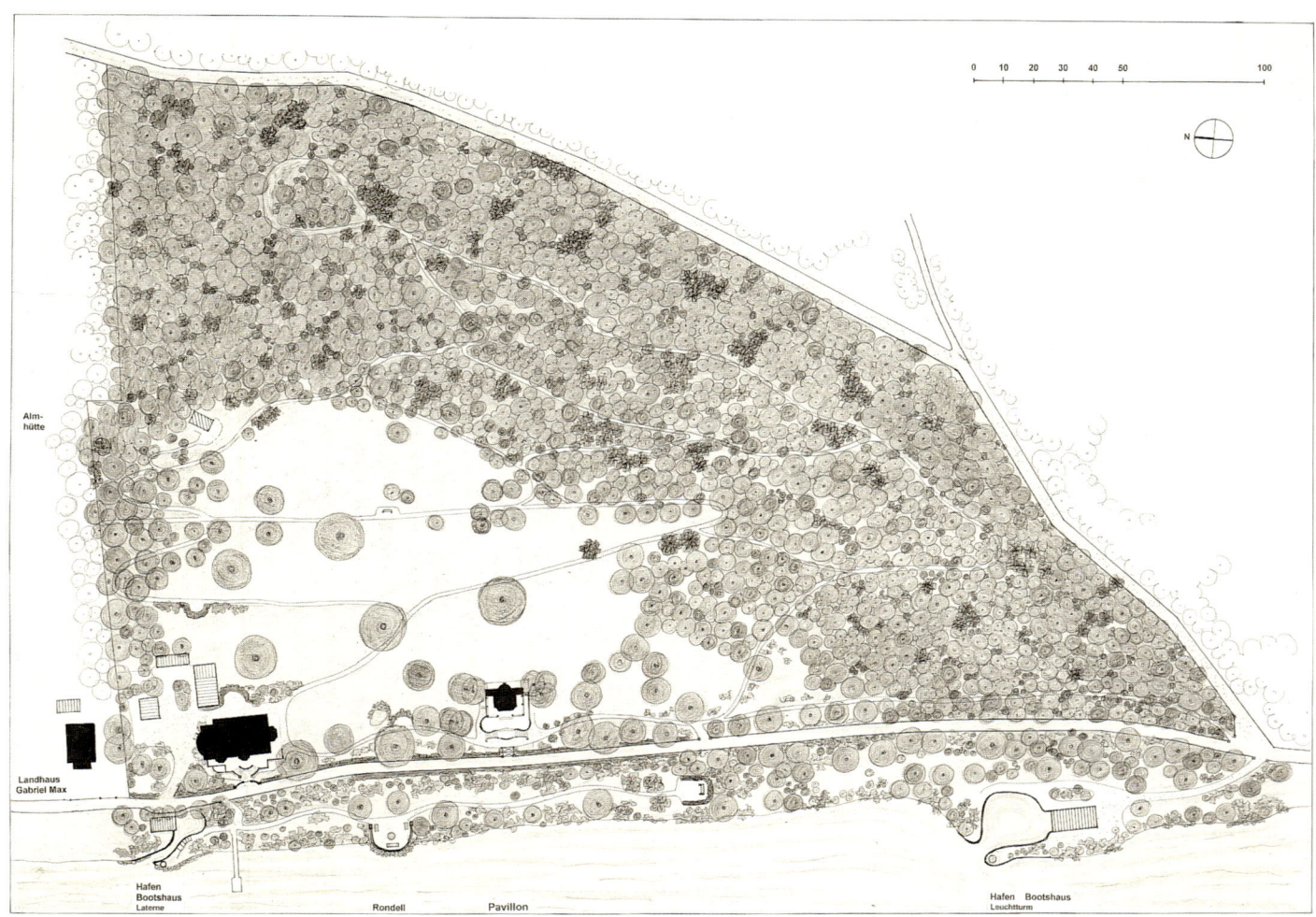

Die Parkanlage

Ammerland

Der Teepavillon, errichtet von Emanuel Seidl. Die beiden Kakadus sind von Joseph Wackerle, 1992

Der sogenannte Gartensaal im Teepavillon, 1992

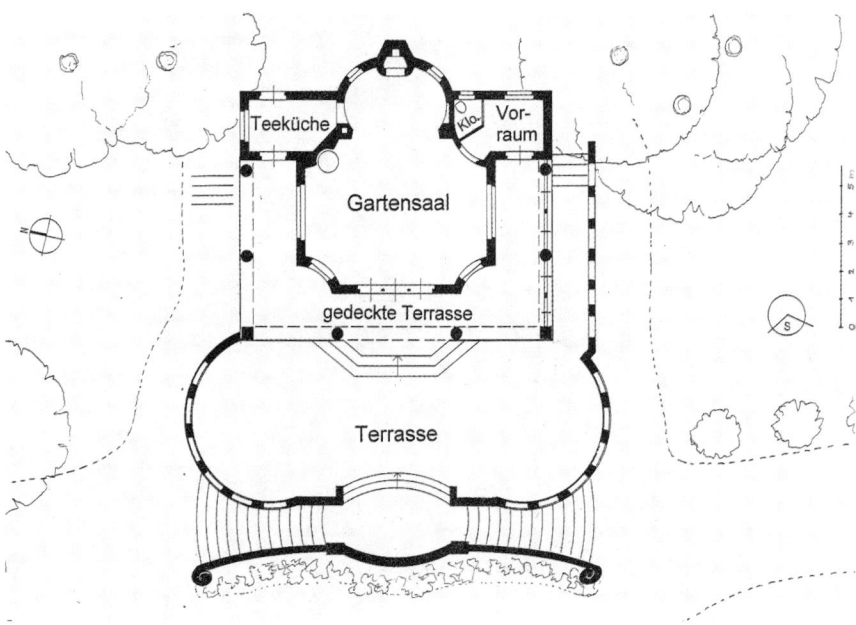

Der Grundriß nach dem Eingabeplan von 1910, mit Abweichungen bei der Ausführung

Münsing

Landhaus Wilhelm Rode, Entwurf (A. Nopper), 1925

Landhaus Rode (Seeleitn), 1991

Villa Loewith (Seeleitn), Einfahrtstor, 1994

Villa Sayn-Wittgenstein (Seeleitn), 1990

Seeheim

Südlich der alten Flurgrenze zwischen Ammerland und Holzhausen beginnt die Villensiedlung Seeheim. Da das Gelände hier, bis fast nach Ambach hin, durchwegs steil ansteigt, beschränkt sich die Bebauung im allgemeinen auf einen schmalen Streifen unmittelbar am Ufer. Dabei stehen die meisten Häuser mehr oder weniger stark erhöht östlich der Seestraße. Obwohl damit an sich eine vorzügliche Sicht auf die Seelandschaft gegeben wäre, sind viele der Häuser, besonders wegen der Baumkulisse unten am Ufer, stark eingewachsen und üben damit nur sehr wenig Wirkung auf das Landschaftsbild aus. Seeheim erscheint, von den vorbeifahrenden Schiffen aus gesehen, sehr natürlich und nur in sehr geringem Umfang bebaut.

Die erste Villa, die uns hier begegnet, steht unmittelbar am Ufer. Sie wurde 1925 von A. Nopper für den Kammersänger Wilhelm Rode erbaut.[36] Er war Mitglied der Münchner Oper und zählte zu den gefeiertsten Sängern des Baritonfachs. Bedeutend war er vor allem in den Rollen des Wotan, des Hans Sachs und des Jochanaan. Es handelt sich um einen erdgeschossigen Satteldachbau, der mit seiner Giebelseite zum See gerichtet ist. Der Hauptraum öffnet sich dort über einen großen Rundbogen und eine breite Freitreppe zum Garten und zum See. Der Giebel ist heute über den durchgehenden Balkon und den verglasten Giebel geöffnet. Ursprünglich war der Brettermantel nur durch eine kleine Loggia unterbrochen. Der vorgelagerte Garten wurde mittels einer langen Ufermauer stark in den See hinein vorgeschoben. Der Hafen mit Bootshaus und Laterne schloß sich nach Norden hin an.

Das nächste interessante Landhaus gehörte dem Kunstmaler Prof. Wilhelm Loewith. Gebaut wurde es 1905 von Franz Rank. Es ist noch relativ ursprünglich erhalten, unten an der Straße befindet sich ein sehr schönes schmiedeeisernes Einfahrtstor.

Weiter südlich folgen das noch erhaltene Landhaus für Elise Klein von 1904[38], das Haus für Prof. Peter Vogel von 1901[39] und, etwas rückwärts am Hang gelegen, das Haus, welches der Münchner Architekt Böttge 1902 für Ministerialrat Dr. Rudolf Schreiber gebaut hat.[40] Die beiden Hauptfassaden dieses Landhauses sind gleichwertig zum See und zur Alpenkette hin orientiert, wobei die Loggia im Erdgeschoß über zwei Bogenöffnungen Anteil an beiden Sichtachsen hatte. Offenbar konnte man damals diesen Ausblick noch genießen, denn der Architekt schwärmt in seiner Baubeschreibung vom prachtvollen Blick auf See und Zugspitze.

Steil über der Seestraße steht auf einer größeren freien Fläche die Villa Sayn-Wittgenstein.[41] Sie beeindruckt durch ihre ausgewogenen Proportionen, die sich zusammen mit dem hohen Walmdach ergeben, und den ruhigen und elegant gegliederten Fassaden. Ein charakteristischer Bau für die fortschrittliche Haltung vor dem Ersten Weltkrieg. Der Planfertiger dieser fast klassizistisch wirkende Villa ist nicht bekannt. Da jedoch der Starnberger Architekt Otto Gaßner bereits 1922 an der Nordseite Umbaumaßnahmen

Landhaus Schreiber (Seeleitn), 1905

vorgenommen hat und die Formensprache der Villa sehr wohl seiner Handschrift entspricht, könnte ihm der Entwurf zugeschrieben werden.

Noch vor dem Landhaus Schreiber finden wir eine der schönsten Villen von Seeheim, die Villa Kratzer. Sie wurde 1901 für J. B. Kratzer, Inhaber einer Likörfabrik in München, gebaut.[42] Die auf leicht ansteigendem Terrain im rückwärtigen Parkteil gelegene Villa hebt sich leuchtend vom Hintergrund der dichten Baumkulisse ab. Die Hauptfassade ist ganz zum See hin orientiert und eröffnet über die schönen, übereinandergestellten Balkone und den polygonalen Erkerturm herrliche Aussichtsmöglichkeiten auf den See und die gegenüberliegende Landschaft. Die Fassadengestaltung mit ihrer charakteristischen Einheit aus Balkonen und Hochlaube ist noch stark dem 19. Jahrhundert und der Tradition am Starnberger See verhaftet. Im Erdgeschoß schließt eine fein gearbeitete Marmorbrüstung in neugotischen Formen die Terrasse ab. Vier Marmorsäulen mit Blattkapitälen tragen ein kleines Vordach und die Balkoneinheit darüber. Alle Balken liegen auf kleinen Kragsteinen auf, die im Erdgeschoß als kleine Köpfchen (Porträts?) ausgebildet, in den oberen Stockwerken mit pflanzlichem Dekor versehen sind. Der Fries unterhalb des Turmhelmes ist ebenfalls mit pflanzlichem Rankenwerk und mit kleinen Natursteinköpfchen besetzt. Die leichten, in die Balkone eingebauten Verglasungen und die dekorativen, filigranen Laubsägearbeiten geben dem Bau zusätzlich Farbe. Der planende Architekt ist leider nicht überliefert, der Familientradition zufolge soll er jedoch mit dem Bauherrn befreundet und mit dem Bau des Münchner Rathauses befaßt gewesen sein. Demnach wäre an Georg Hauberrisser oder an einen seiner Mitarbeiter zu denken. Verschiedene Bauteile, vor allem die neugotische Terrassenbrüstung, sollen beim Bau des Rathauses (wohl des 3. Abschnitts, 1899 ff., eventuell bei dessen Anbindung an den

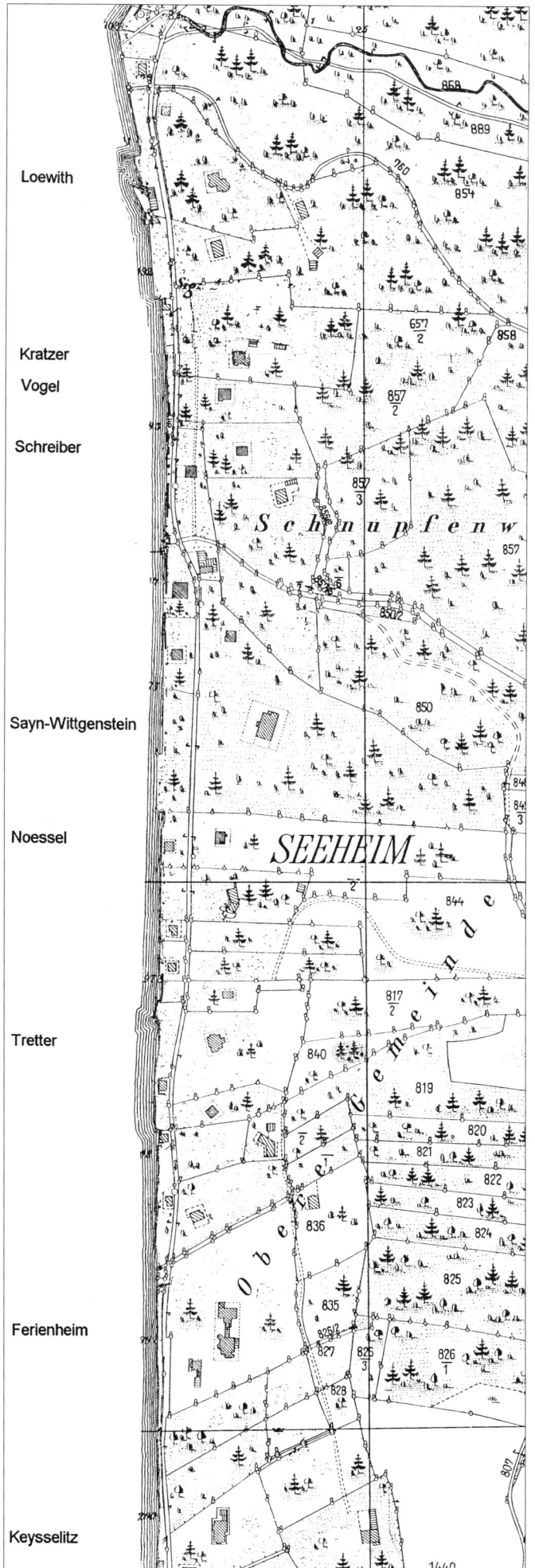

Seeheim, Flurkarte, Stand um 1935/40

Münsing

Villa Kratzer (Seeleitn), 1996

bereits bestehenden Bau) überflüssig geworden und für diesen Landhausbau abgegeben worden sein. Die Innenräume des Hauses sind sehr schlicht und ohne besondere Ausstattungsdetails gehalten. Der Weg zum See hinunter schwingt als helles Band in eleganten Bögen durch den Wiesenhang, der hier einmal den Moränenzug, der das Ufer begleitet und der sich ziemlich weit hinaufzieht, deutlich überblicken läßt. Ein wunderschönes Bild, welches von liebevoller Pflege zeugt und durch keine zusätzliche Verbauung gestört wird, fast schon ein Anachronismus in einer Zeit, in der von Baulöwen und Spekulanten fast jeder freie Quadratmeter aufgespürt wird!

Von der Seestraße aus gut einsehbar und als eines der wenigen Gebäude auch auf dem See voll präsent, erhebt sich über dem steil ansteigenden Hang die Villa Tretter.[43] Sie wurde 1902 für Hofrat Dr. Emil Schwörer gebaut. Der Baukörper ist stark zu einem Gruppenbau aufgelöst, die entsprechend bewegte Dachlandschaft und der integrierte Turm mit schirmartigem Dach und kleiner Laterne ergeben Plastizität und Farbe. Das reiche, in warmen Rottönen abgesetzte, sehr dekorative Fachwerk steigert den malerischen Ausdruck noch bedeutend. Das Haus ist in seinen dem See zugewandten Fassaden sehr ursprünglich erhalten und vorbildlich renoviert. Die stark vergrößerte und unge-

Detail: Turmfries, 1997

Detail: Veranda, 1997

Villa Schwörer (Villa Tretter, Am Waldweg), 1994

gliederte Terrasse stört heute jedoch die organische Verbindung des Baus mit dem Gelände. Im Inneren ist die Villa stark modernisiert.

Ambach

Nach dem Kindererholungsheim der Stadt München, das 1908 vom Verein für Ferienkolonien gegründet wurde, folgten ein paar Landhäuser, die heute jedoch nicht mehr erhalten sind, so das Landhaus Keysselitz und die Villa Pestalozza, die bereits zu Ambach zählen.[44]

Noch ursprünglich überliefert ist das am nördlichen Ambacher Ortsrand gelegene Landhaus, das sich der Münchner Zahnarzt und Universitätsprofessor Dr. Meder 1896 hat bauen lassen.[45] Die Pläne stammten von dem Bernrieder Baumeister Domenico del Fabbro, der 1910 auch den Anbau auf der Nordseite ausführte. Der bescheidene Satteldachbau ist mit Details aus dem unspektakulären Repertoire der einheimischen Baumeister angereichert. Dennoch kommt er inmitten der schönen Gartenanlage mit ihrem alten Baumbestand gut zur Wirkung.

Villa Schwörer, um 1905

Rückseite mit neuzeitlichen Anbauten, 1994

Münsing

Landhaus Felshof (Holzbergstraße), 1983

Landhaus Meder (Seeleitn), 1991

Landhaus Trautmann (Wiedemann, Simetsbergweg), um 1920

Am Nordrand von Ambach weitet sich die Landschaft wieder etwas; denn der Kugelmühlbach hat hier eine flache Landzunge in den See vorgeschoben. 1875 entstand oben auf der Anhöhe das kleine Sommerhäuschen des Münchner Blumen- und Strohhutfabrikanten Hermann Trautmann.[46] Das später als »Waldschlößl« bezeichnete Haus ist samt Zinnenturm längst im Bau der bekannten Wiedemann-Klinik aufgegangen. Beim Fischerpauli wohnte in den 80er Jahren der Schriftsteller Maximilian Schmidt, gen. Waldschmidt. Er schrieb hier seine bekannte Erzählung »Fischerrosl von St. Heinrich«. 1898 erwarb er an der Holzbergstraße und unterhalb der Kugelmühle ein eigenes Haus, das ehemalige Mühlmacher-Anwesen.[47]

Etwas weiter südlich baute die Bankierswitwe Charlotte Felshof aus München auf einer kleinen Anhöhe mit schöner Sicht auf den See.[48] Das noch recht gut erhaltene Haus wurde 1894 von Gabriel Max erworben, 1905 überließ er es seiner zweiten Frau Ernestine. 1877 schenkte König Ludwig II. das kleine Schäffler-Gütl an der Mündung des Kugelmühlbaches dem Münchner Historienmaler und Akademiedirektor Karl von Piloty.[49] Er erfüllte dem Maler sogar den Wunsch, die für ihn ausgebaute Seestraße, die zwischen Haus und Seeufer verlief, hinter das Haus verlegen zu dürfen. Anschließend verlängerte Piloty das Haus auf der Rückseite und gewann damit ein großes Atelier mit gewölbter Decke. In der Nordostecke des Grundstücks ließ er eine große Almhütte aufstellen, in der später so manches rauschende Künstlerfest stattfand. Piloty starb hier in seinem Ambacher Haus 1886. Darauf übernahm Geheimrat Dr. Wilhelm Leube, Universitätsprofessor in Würzburg, die Villa, verkaufte jedoch schon 1895 an den berühmten Universitätsprofessor und Nationalökonom Dr. Lujo Brentano, den Sohn des Romantikers Clemens Brentano. Dieser ließ das Haus von Friedrich Thiersch umbauen und erweitern. Im Sommer 1983 wurde es trotz Denkmalschutz in einer Nacht- und Nebelaktion weitgehend zerstört. Der schöne alte Baumbestand war schon vorher abgeräumt worden.

Etwas weiter nördlich, unmittelbar am Seeufer, hatte sich 1872 Heinrich Alkens, Inhaber der Münchner Hof-Gold- und Silberstickerei, das alte Blutt-Anwesen zum Sommerhaus umgebaut. In der Nachbarschaft konnte, ebenfalls 1872, Prof. Dr. Josef Motzet aus München das Fischer-Gütl als Sommersitz einrichten.

1893 erwarb der kgl.-bayerische Finanzminister Emil Frhr. von Riedel an der Seestraße ein Grundstück von über 10 000 qm und ließ sich von Emanuel Seidl 1894 ein großzügiges Landhaus bauen.[50] Seidl griff auf Elemente des bodenständigen Bauernhauses zurück und entwarf einen schlichten, zweigeschossigen Satteldachbau, der allein durch seinen polygonalen Eckerker als Landhaus mit gehobenen Ansprüchen gekennzeichnet ist. Der Eingang auf der Traufseite wird durch zwei große Rundbögen hervorgehoben, von denen eine als offene Eingangsarkade ausgebildet ist. Eine Spalierlattung (ursprünglich auch auf der Giebelseite) faßt diese Zone dekorativ zusammen. Der Hauptwohnraum liegt an der Südwestecke und erhält über das große Rundbogenfenster und den Erker eine optimale Sicht auf Garten und See.

Ambach

Landhaus Riedel (Ambach, Seeuferstraße), 1985. Die kleinen, sehr flächig wirkenden Schuppenschindeln auf der seeseitigen Fassade wurden inzwischen leider durch größere, gröber wirkende Schindeln ersetzt.

Die südliche Fassade, die Emanuel Seidl durch zwei loggienartige Bögen akzentuiert hat.

Landhaus Piloty (Seeleitn), südliche und westliche Fassade in der Gestaltung durch Friedrich Thiersch. Das Haus wurde 1983 bis auf wenige Reste abgebrochen.

Münsing

Villa Benczúr (Villa Bonsels, Seeuferstraße), 1992

Wer die Seestraße entlang wandert, bleibt unwillkürlich vor einem großen Holztor neben der Ambacher Kapelle stehen, welches hier ausgesprochen ungewohnt, ja fremd wirkt und das durch die Beschriftung seine Herkunft aus Ungarn nicht verleugnet. Es bildet die Zufahrt zu einer Villa, die sich der ungarische Porträt- und Historienmaler Gyula Benczúr 1885 von seinem Bruder, dem Architekten Béla Benczúr, hat bauen lassen.[51] Benczúr hatte seine Ausbildung durch Karl von Piloty erfahren und war 1876 zum Professor an der Münchner Akademie ernannt worden. Er gehörte zu dieser Zeit bereits zu den angesehensten Malern der Münchner Schule und war unter anderem für Ludwig II. beim Bau der Schlösser Herrenchiemsee und Linderhof tätig geworden. 1883 wurde er zum Direktor der Budapester Akademie ernannt. Er war in erster Ehe mit Caroline Max, der Tochter des Malers Gabriel Max, der ein Haus in Ammerland besaß, verheiratet. Seine zweite Frau, die er 1892 heiratete, stammte aus Siebenbürgen. Zur Erinnerung an ihre Heimat wurde das reich verzierte und in der starken Farbigkeit der ungarischen Volkskunst bemalte Székler-Tor nach Ambach geholt und vor der Villa aufgestellt. Es besteht aus einer großen Wageneinfahrt und einer kleinen Türe und ist oben in charakteristischer Tradition als Taubenschlag ausgebildet.[52] 1919 verkaufte Benczúr die Villa an den Schriftsteller Waldemar Bonsels, der durch

Das sogenannte Székler-Tor, 1995

Das Wohnzimmer im Erdgeschoß, 1992

Diele und Treppenhaus, 1992

Villa Friedberg (Luigenkamer Weg), 1992

Villa Friedberg, seeseitige Fassade, 1992

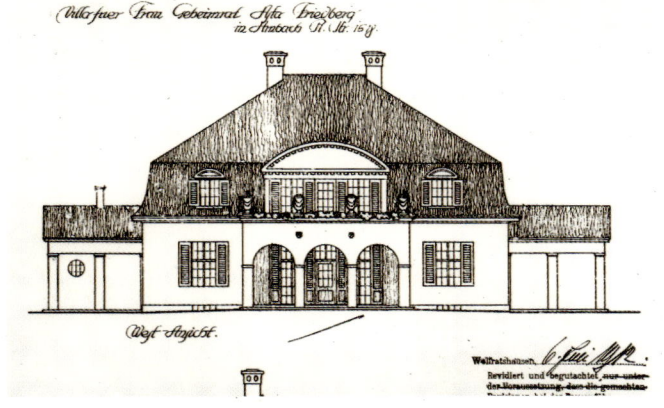

Fassade nach dem Eingabeplan von 1912

seine »Biene Maja« weltberühmt geworden war. Hier in Ambach schuf er 1927 seine Erzählung »Mario und die Tiere«. Auch »Eros und die Evangelisten« sowie viele weitere Erzählungen und Bühnenstücke sind hier in der Stille seines Ambacher Hauses entstanden.

Oben auf der Anhöhe, am Luigenkamer Weg, finden wir eine kleine Villa, die durch ihre feinen, ausgewogenen Formen überzeugt. Es ist die Villa Friedberg, die 1913 für Frau Geheimrat Asta Friedberg gebaut wurde.[53] Das Haus wirkt durch das Mansarddach, hinter dem sich ein Obergeschoß verbirgt, als erdgeschossiger Bau, zurückhaltend, fast zierlich. Nur die über drei Bögen geöffnete Loggia und die beiden neoklassizistischen niederen Seitenflügel stimmen repräsentativere Töne an. Die Villa steht auf einem leicht zum See hin abschüssigen Hang und ist dadurch mit guter Sicht auf den See ausgestattet. Der Eingang wurde rückseitig in den Innenwinkel des Hauses gelegt, der auch das halbrund hervortretende Treppenhaus aufnimmt. Oberhalb der Villa wurde der Nutz- und Wirtschaftsgarten angelegt, unterhalb der Ziergarten. Vor der Fassade liegt eine große Terrasse, die von einer bogenförmigen Mauer eingefaßt wird, die ursprünglich mit Steinvasen bestückt war. Eine ausladende, breite Freitreppe führt zum Garten hinunter, der heute als freie Wiese genutzt wird. Die ursprüngliche Gestaltung ist nicht überliefert.

Münsing

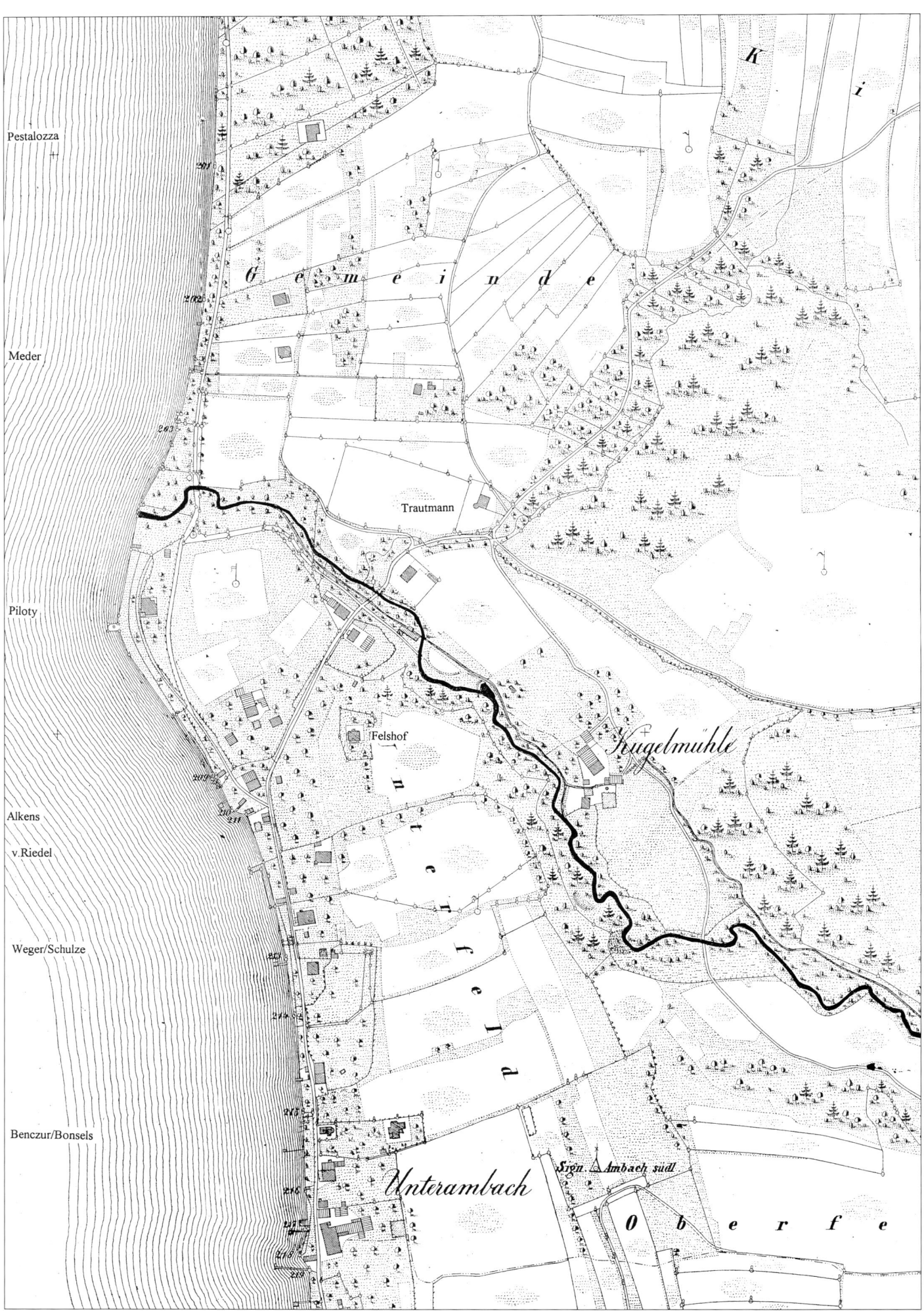

Ambach, Flurkarte, Stand um 1900

Landhaus Widnmann (Seeuferstraße), 1991

Landhaus von Schauß (Seeuferstraße), 1991

Das älteste Landhaus in Unterambach ist das des Malers Leonhard Faustner von 1858.[54] Es besteht noch heute, wenn auch nicht mehr in ursprünglicher Form. Auf dem nördlich angrenzenden Grundstück bauten 1865 die Tapeziererseheleute Jakob und Anna Weger, die sich ihren kleinen Ambacher Besitz auf Grund eines größeren Lottogewinns leisten konnten.[55] 1895 erwarb Ida Schulze das Haus, welches 1980 abgebrochen wurde. Nach dem Faustner-Haus wendet sich die Seestraße etwas nach Osten und schafft Raum für einige nicht sehr tiefe Grundstücke unmittelbar am Ufer. Als erstes Haus findet man hier das des Bildhauers und kgl. Professors Max Widnmann aus dem Jahre 1863.[56] Es ist eines jener schlichten Sommerhäuser in Ammerland und Ambach, die als einfache Satteldachbauten ganz aus dem Repertoire der einheimischen Baumeister heraus entwickelt sind. Max Widnmann war einer der bedeutendsten Bildhauer der Max II.-Zeit.[57] Gleich daneben befindet sich das etwas aufwendiger gestaltete Landhaus des kgl. Münzdirektors Dr. Emil von Schauß von 1883.[58] Das nächste Haus, ein größerer Bau mit schöner Freitreppe zum Garten und zum Ufer, wurde 1894 für Prof. Dr. Karl von Goebel gebaut.[59]

Landhaus von Goebel (Seeuferstraße), Ostfassade, 1991

Landhaus Weger/Schulze, um 1930

Münsing

Villa Greif (Villa Deiglmayr, Unterambach, Seeuferstraße), um 1955

1885 konnte der Münchner Architekt Ludwig Deiglmayr von Martin Rieger ein Stück Grund erwerben.[60] Seine Villa errichtete er der Überlieferung nach mit dem Abbruchmaterial des »Englischen Cafés« in München. Der nicht sehr groß dimensionierte Villenbau erhält durch den nördlichen Erkerturm und durch eine großzügige Loggien- und Balkoneinheit an der Südwestecke repräsentative Akzente, die durch barockisierende Details (Fenster, Giebelgestaltung der Südseite) noch unterstrichen werden. Die Villa wirkt über eine größere freie Wiesenfläche als eines der wenigen Ambacher Häuser unmittelbar auf den See. 1895 erwarb der Münchner Cafétier Georg Greif die Villa (Villa Greifeneck), 1912 ging sie in Besitz des Direktors der Deutschen Bank, Kommerzienrat Josef Böhm, über.

Das nach Süden anschließende, 1862 aus einem kleinen Sommerhäuschen umgebaute und im Link-Führer von 1879 etwas hochgegriffen als »Rieger-Schlößl« bezeichnete Landhaus ist noch sehr ursprünglich überliefert.[61] Einige Details wie das kleine Türmchen (Glockentürmchen?) auf dem Satteldach, die breite Freitreppe und der Springbrunnen vor der Fassade sind mittlerweile allerdings nicht mehr vorhanden.

Villa Greif, um 1960

Landhaus Rieger (Prof. Gerlach), 1992

Villa Rieger (Villa Voltz, Seeuferstraße), um 1920

Martin Rieger baute sich nach dem Verkauf dieses Hauses an Prof. Dr. Friedrich Walther (später Gerlach) südlich anschließend ein neues, sehr viel größeres Landhaus (1875). Er hatte bereits 1862 ein so weitläufiges Grundstück erworben, daß er den größeren Teil für sein neues Haus abtrennen konnte. Es handelte sich aber um eine sehr nasse Wiese, die erst einmal trockengelegt werden mußte. Er soll viel Geld dafür aufgewendet haben. Auch das neue Haus war als Satteldachbau ausgebildet und mit der Giebelseite zum See hin orientiert. 1881 verkaufte er das Haus jedoch an den Kunstmaler Fritz Schwörer, der die Gartenanlage durch Zukäufe auf fast 15000 qm erweitern konnte.

Nach seinem Tod 1892 übernahm sein Schwiegersohn, der Arzt Dr. Albert Voltz, das Haus und ließ es durch verschiedene Anbauten bedeutend vergrößern.[62] Damals kam der neue große, wohl als Speisesaal oder als Salon genutzte Raum südlich hinzu, der sich außen durch das sehr dekorative Fachwerk und den schönen zweigeschossigen Erkerturm abhob. Auch das Grundstück wurde wiederholt vergrößert und umfaßte schließlich fast 120000 qm. In den folgenden Jahren wurde die Parkanlage gestaltet, es kam ein als Bauernhaus mit Schopfwalmdach angelegtes großes Blockhaus hinzu, ein Weiher wurde geschaffen (heute beseitigt). Schließlich wurde ein Tennisplatz eingerichtet, eine Kegelbahn mit anschließendem Teepavillon (polygonaler Holzbau mit steilem Mansard-Zeltdach), ein hölzerner Aussichtsturm im Stil des Teepavillons und ein Gärtnerhaus wurden gebaut. Zuletzt kam noch ein eigener Theaterbau hinzu, den später (1922) der Kunstmaler Faber versetzen und zu einem Wohnhaus umbauen ließ. Voltz führte hier ein großes Leben, wofür er allgemein als »König von Ambach« tituliert wurde. Seine Villa war bis zum Ersten Weltkrieg hin der gesellschaftliche Mittelpunkt von Ambach und Umgebung. Nach dem Krieg war dann alles vorbei, der gesamte Besitz wurde 1926 an die Stadt München verkauft.

Die Villa Voltz wirft noch ein ungewöhnliches Problem auf. In der Architektonischen Rundschau 24/1908 wird ein Umbau der Voltz-Villa als ausgeführt beschrieben, der offenbar so nie stattgefunden hat! Die Beschreibung geht bis ins Detail und ist in der Vergangenheitsform gehalten, schildert also ausgeführte Umbaumaßnahmen. Der gegenwärtige Bestand widerspricht dem dort ausgeführten jedoch, es kann sich auch in Ambach niemand an einen derartigen Umbau erinnern. Der Umbau ist auch in einer Planeingabe von 1910 nicht dokumentiert.[63]

Münsing

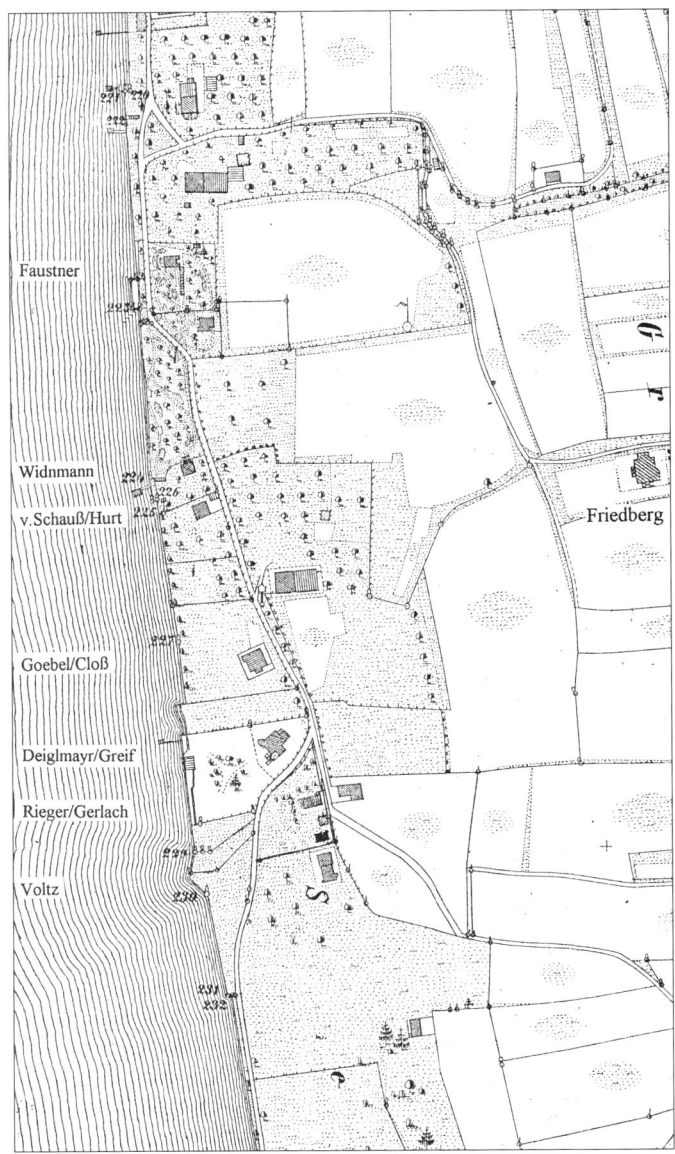

Unterambach, Flurkarte, Stand um 1915/20

Villa Voltz, Umbauplan (A. Nopper), 1908

Landhaus Faustner (Seeuferstraße), um 1920

Villa Voltz, Teepavillon und Kegelbahn, 1992

Villa Voltz, Aussichtsturm, 1992

Villa Oberambach, 1995

Hoch über dem Ambacher Ortskern liegt das Gut Oberambach. 1869 erwarb der kgl. Kämmerer Franz Frhr. von Lobkowitz das bereits um 1860/65 von Wilhelm Hörl zu einem Sommerhaus ausgebaute Anwesen und gab einen erneuten Umbau in Auftag.[64] Im Zuge der Erbfolge wurde das Gut mehr und mehr zum Herrensitz ausgebaut. Dabei wurde das nördlich an die heutige Villa anschließende, mit dem Giebel nach Westen gerichtete Wohnhaus in den Formen des bodenständigen Landhauses überarbeitet. An seiner Südwestecke wurde ein polygonaler Turm mit flacher Zwiebelhaube angefügt. 1907 verkauften die Lobkowitz an den Hauptmann Hans Ebers aus Karlsruhe. Dieser ließ noch im selben Jahr von John H. Rosenthal das bestehende Herrenhaus nach Norden verlängern. An den Turm anschließend wurde die neue Villa in rechtem Winkel an die bestehenden Gebäude gestellt und mit der Fassade nach Süden ausgerichtet. Die Funktion des Zwiebelturms als Gelenk zwischen den Bauteilen ist noch ablesbar, der spätere Ausbau eines geräumigeren Treppenhauses mit den damit verbundenen Änderungen der Fassade hat der Architektur an dieser Stelle jedoch etwas von ihrer Sinnfälligkeit genommen.[65] Das Haus ist sonst sehr gut erhalten. Im Inneren war es relativ schlicht gehalten, einzig ein Raum im Erdgeschoß erzielte mit seinem flachen Tonnengewölbe eine etwas extravagante Wirkung. Oberambach wurde 1996 zu einem Seminarhotel umgebaut.

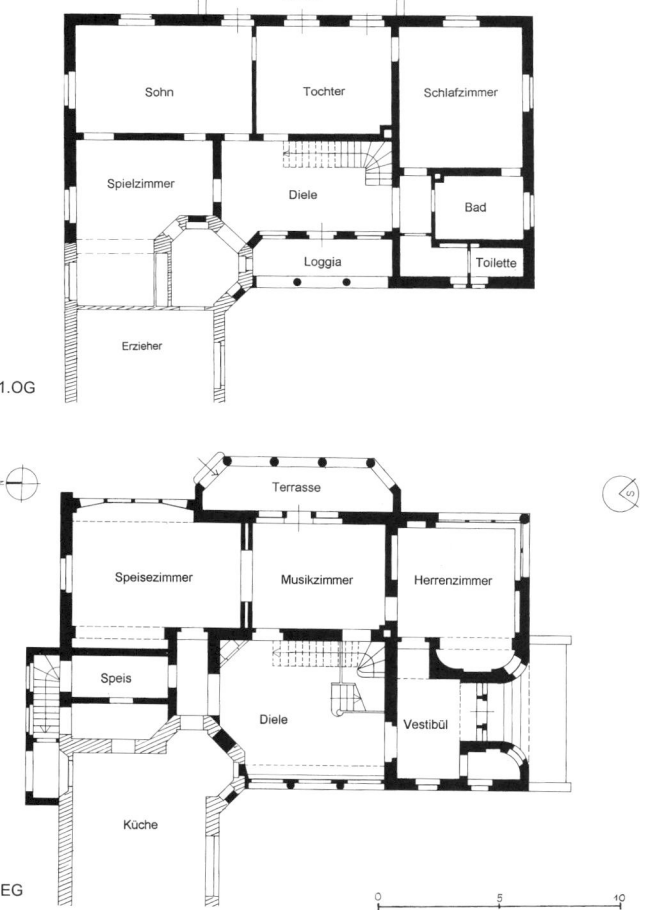

Grundrisse Erdgeschoß und Obergeschoß, 1907

Münsing

Oberambach, südliche Fassade, 1911. Die erdgeschossige Terrasse war hier noch durch ein schönes Gitter abgeschlossen, eine kleine seitliche Treppe (siehe Grundriß) führte in den Garten.

Der Innenwinkel zwischen Alt- und Neubau mit dem alten Erkerturm. Die offene Loggia im Obergeschoß ist hier noch erhalten.

Die Westseite der Villa. Das ältere Gutshaus und die angebaute Villa sind hier gut zu unterscheiden. Die architektonische Verschlechterung durch den Anbau eines neuen Treppenhauses wird im Vergleich zu obiger Abbildung sofort deutlich.

Sogenanntes Schloß Weidenkam, Ostfassade, um 1955

Der Mittelrisalit mit dem Portal, 1992

Detail: Giebelgestaltung, 1994

Münsing

Die seeseitige Fassade mit der Freitreppenanlage, um 1920

Weidenkam, das zu den bedeutendsten Villenbauten am Starnberger See gehört, war Mitte des 19. Jahrhunderts auf Grund und Boden zweier alter Bauernhöfe entstanden, dem Simmerhof und dem Karrer. Fürst Wilhelm von Löwenstein-Wertheim-Freudenberg kaufte 1857 beide Höfe mit ihrem gesamten Flur- und Waldbesitz.[66] Anschließend ließ er ein neues Herrenhaus errichten, im »englischen Stil«, wie es bei Widnmann/Jungmann heißt. Was damals damit gemeint war, läßt sich heute nur noch schwer interpretieren. Möglicherweise war das ein Bau im Stil der englischen Landhäuser, die im 19. Jahrhundert als Vorbild für den modernen Landhausbau galten. Die kleine, sehr einfache Xylographie im Link-Führer von 1879, die jedoch nur bedingt aussagefähig ist, zeigt einen relativ kleinen, langgestreckten Satteldachbau zu vier Fensterachsen mit einem Obergeschoß. Die offenbar zum See gerichtete Traufseite ist als Hauptfassade ausgebildet und zeigt in der Mitte zwei nebeneinander stehende steile Zwerchgiebel, die risalitartig aus der Fassade hervortreten. Vielleicht war diese Anordnung eines Doppelgiebels das, was man als »englisch« empfand. Weitere Details wie zum Beispiel die Verwendung von Fachwerk sind in dieser Darstellung nicht zu erkennen. Ob im Inneren Motive des englischen Landhauses, eine größere Halle etwa, realisiert waren, ist nicht zu sagen.

1868 erwarb der Arzt Dr. Benedikt Geis, Gutsbesitzer in Roßhaupten, den Weidenkamer Besitz. Er begann damit, die landwirtschaftlichen Flächen mehr und mehr aufzuforsten und die über Jahrhunderte hinweg bäuerlich geprägte Landschaft nachhaltig zu verändern. Bei Widnmann/Jungmann lesen wir über diese Zeit: »Seine jüngste Tochter Philippine bewirtschaftete das Ganze mit großer Energie und Tatkraft. Die Landwirtschaft wurde noch betrieben, aber schon sehr viel aufgeforstet; da ging dann dieses Fräulein im Winter mit großen Männerstiefeln ins Holz, um den Arbeitern nachzusehen. Damals war noch keine Mauer um den Weidenkamer Park, man konnte überall umhergehen...« Sein Sohn Dr. Oskar Geis, ebenfalls praktischer Arzt, übernahm Weidenkam 1872. Er ließ unten am Kugelmühlbach eine Staumauer errichten, um das dortige Sägewerk besser mit Wasser versorgen zu können. Dadurch wurde auch der kleine Weiher bedeutend vergrößert. Dr. Geis verkaufte den Besitz jedoch schon 1875 um 63 000 Gulden an den Kaufmann Heinrich Frank in Ludwigsburg, »Kaffeefrank« genannt. Bereits nach zwei Jahren gab es weitere Besitzerwechsel, es folgten Emilie von Reitzenstein, dann der preußische Major Graf Wedel und schließlich 1879 Maria von Savigny, Geheimratswitwe aus Frankfurt.

1892 kaufte der Augsburger Unternehmer Kommerzienrat Georg Käß Weidenkam. Er war Fabrikant und verfügte über größere Anteile an der Firma MAN. Er hatte 1890 schon das nahe Schloß Eurasburg erworben und sich am Bau der Isartalbahn beteiligt. Er vergrößerte den Weidenkamer Besitz noch einmal durch den Kauf von Schallenkam und des Mülleranwesens in Attenkam.

Westliche Fassade, 1992　　　　　　　*Das Portal auf der Ostseite, 1992*

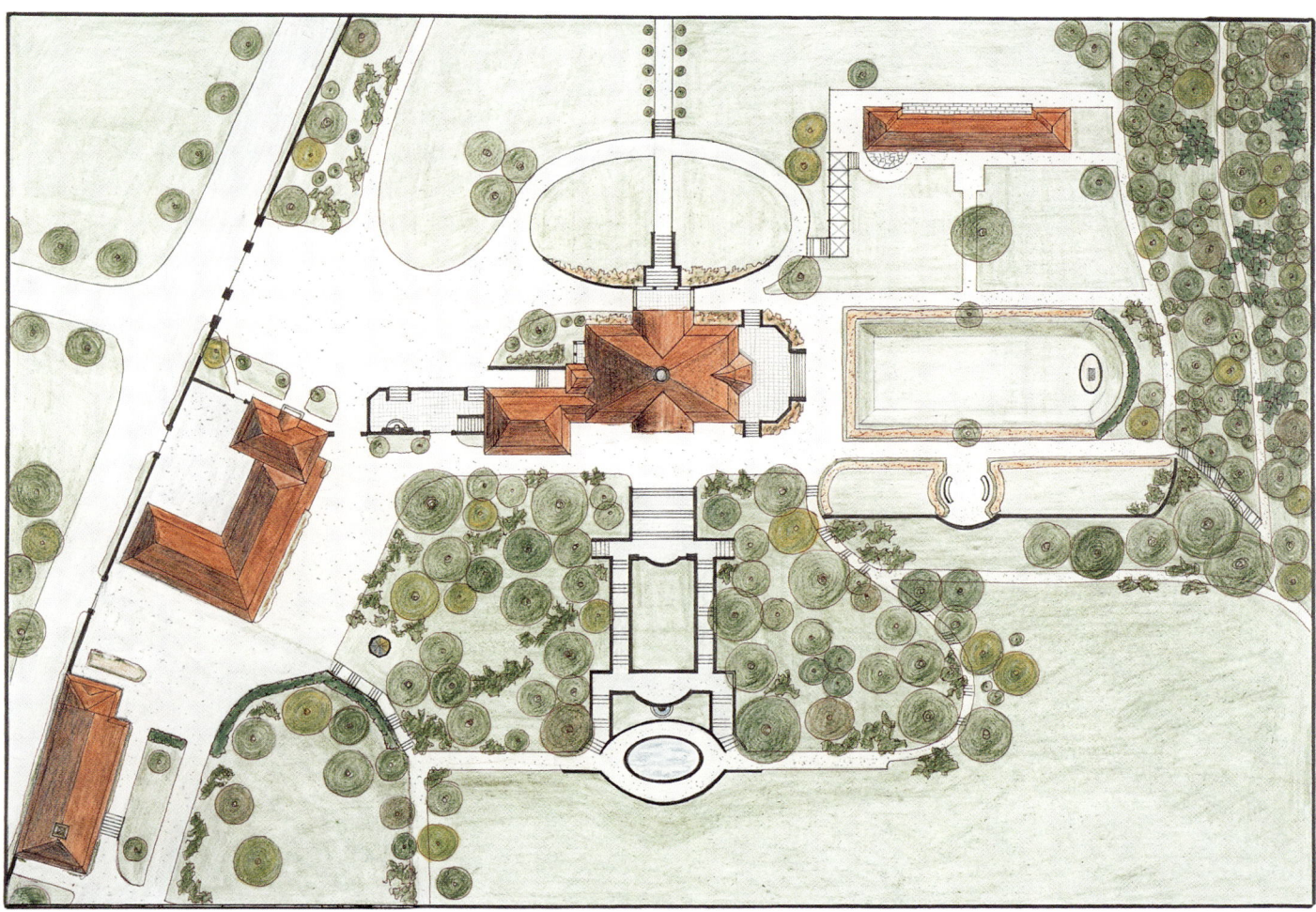

Die Gartenanlage, um 1920 (Rekonstruktion)

Münsing

Die südliche Fassade mit der Terrasse, 1994

Ostfassade mit Auffahrt, um 1920

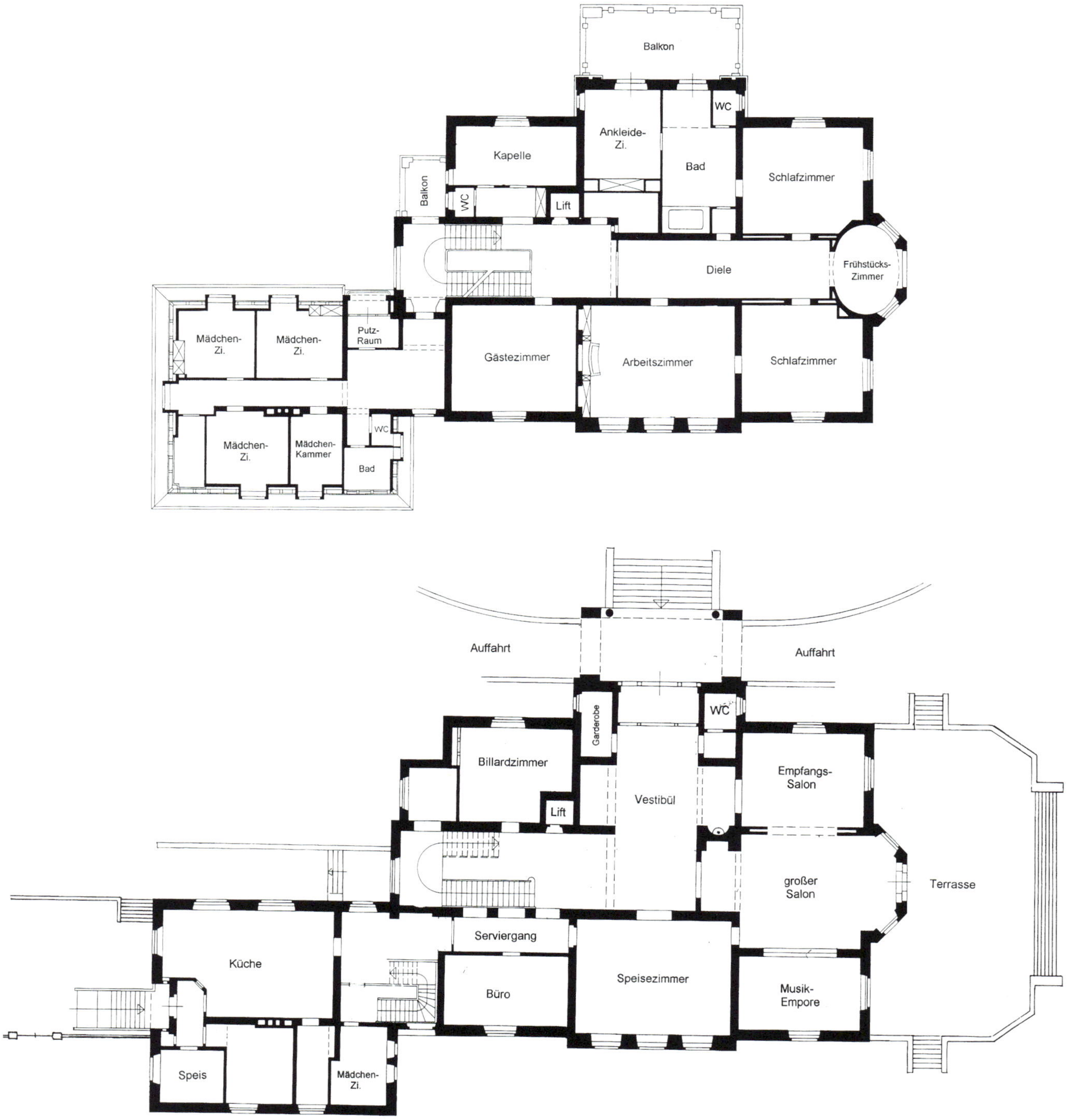

Die Grundrisse von Erdgeschoß und Obergeschoß, um 1913

Die Villa mit dem Wirtschaftstrakt (Küche, Personalzimmer), um 1935. Rechts die kleine Terrasse mit dem »Bären-Brunnen«

Das Verwalterhaus, um 1920

Das Gärtnerhaus (sog. Dienstgebäude), um 1920

Das Vestibül, 1990

Der große Wohnraum (ehemals Salon), 1990

Detail: Stuckornament im Wohnraum, 1996

Verkleidung eines Heizkörpers im ehemaligen Empfangssalon, 1996

Detail: Stuckornament im Speisezimmer, 1995

Seine Tochter Maria, die das Erbe 1903 übernahm, kaufte auch noch das Michljörganwesen in Schallenkam hinzu, womit die bäuerliche Geschichte auch dieses kleinen Weilers beendet war. Sie heiratete, wohl aus gesellschaftlichen Erwägungen und um einen klingenden Namen zu erhalten, einen Grafen Tattenbach. Dieser soll dann sofort nach der Trauung, mit einer namhaften Abfindung versehen, nach Amerika abgereist sein.

Gräfin Tattenbach beauftragte 1911 den Architekten Karl Bauer, zu dieser Zeit Münsterbaumeister in Ulm, mit dem Bau einer neuen, repräsentativen Villa. Das alte Herrenhaus von 1857 wurde im Frühjahr 1911 vollständig abgebrochen, nachdem es für einen Umbau nicht geeignet war. Da Gräfin Tattenbach die Landwirtschaft in Weidenkam endgültig aufgab, wurden auch die beiden alten Bauernhöfe, die noch immer als Wirtschaftsbauten gedient hatten, abgebrochen. Gleichzeitig mit der Villa wurde ein Verwalter- und Pförtnerhaus in Auftrag gegeben, ferner ein Stallgebäude für Reitpferde (nach Abbruch des Simmerhofes) sowie eine eigene große Reithalle. Unten am Kugelmühlbach wurde an der Stelle der alten Säge ein neues Gärtnerhaus errichtet, welches später als Dienstgebäude bezeichnet wurde. Südöstlich der Villa entstand eine sehr großzügig gestaltete Kegelbahn, die über einen Laubengang mit der Villa verbunden war. Der Neubau wurde genau an der Stelle des abgebrochenen ehemaligen Herrenhauses errichtet und damit wieder in den alten Baumbestand hineingestellt, der vor allem auf der Westseite bereits sehr dicht hochgewachsen war. Damit entstand ein Besitz, welcher sichtbar auf hohen repräsentativen Anspruch hin angelegt war, ein Ensemble, das sowohl hinsichtlich der Gesamtanlage wie auch der Details in herausragender Qualität realisiert wurde und dem auch innerhalb der Villenlandschaft am Starnberger See eine besondere Stellung zugewiesen werden muß. Der Aufwand an Personal, es soll vor dem Krieg 18 Bedienstete (Pförtner, Hausmeister, Küchenpersonal, Dienstmädchen, Gärtner) gegeben haben, unterstreicht den sehr hohen Anspruch.

Der neue Villenbau steht leicht erhöht am Rande einer Parkfläche, die unmittelbar an seiner Westfassade in einem langgezogenen Hang zur Ostuferstraße Holzhausen–St. Heinrich hin abfällt. Auch nach Süden hin ist nur eine relativ kleine Gartenfläche gegeben, dann bricht auch hier das Gelände steil zu einem breiten und tiefen Graben ab, auf dessen Sohle der Kugelmühlbach fließt. Dieses dicht bewachsene Tal ist durch ein verzweigtes Netz von Spazierwegen erschlossen. Infolge des dichten Baumbestands ist nur von den oberen Stockwerken aus eine Sicht auf die Seelandschaft gegeben. Den vollen Überblick auf See und Alpenkette hat man von der Belvedereplattform aus.[67]

Der umgebende Garten wurde auf drei Seiten nach hochherrschaftlichen Vorgaben gestaltet, auf der Nordseite schließen sich die verschiedenen Wirtschaftsbauten an. Dem Entree auf der Ostseite wurde eine große, in ovaler

Münsing

Das Speisezimmer, 1992

Speisezimmer, 1992

Das Billardzimmer, 1997

Das Frühstückszimmer im Obergeschoß, 1997

Das Treppenhaus, 1992

Münsing

Das Stallgebäude, um 1915

Die Reithalle, um 1915

Inneres der Reithalle, 1992

Der Laubengang zwischen Villa und Kegelbahn, um 1920

Form angelegte Auffahrt zugeordnet. Diese wurde von einer axial angelegten Geraden (mit Treppen) durchschnitten, die ursprünglich zu einem älteren Einfahrtstor (bei früherem Straßenverlauf) führte, heute aber beseitigt ist. Der Südseite mit der großen Terrasse war ein streng gestaltetes Gartenparterre vorgelagert, welches von einem muldenförmig tiefergelegten Rasenrechteck mit einer Gartenfigur beherrscht wurde und das nach Westen hin von einer langgezogenen Stützmauer mit einem Freisitz begrenzt war. Vor der Westfassade führt eine aufwendige doppelläufige, mit Gartenfiguren geschmückte Treppenanlage zum unteren Weg und zum Goldfischteich hinunter. Während die Auffahrt und der südliche Garten inzwischen stark vereinfacht wurden, ist diese Treppenanlage noch in ursprünglicher Form erhalten. Nach Norden schließt sich, deutlich abgesetzt, der Wirtschaftstrakt mit Küche, Keller, Heizung und Personalräumen an. Hier wurde beim Bau modernste Technik realisiert.[68] Eine kleine, von einer Mauer abgeschirmte Terrasse mit einem Wandbrunnen (Knabe mit Bär, von Max Heilmaier) leitet zum Pförtnerhaus über. Dem schließt sich ein aufwendig ausgestatteter Pferdestall an, der nach hinten einen kleinen Wirtschaftshof bildet. Etwas hangabwärts folgt die große, noch original erhaltene Reithalle. Sämtliche Gebäude sind in bruchloser stilistischer Einheitlichkeit gestaltet, in einem zurückhaltenden, modern aufgefaßten Neobarock mit leichten Jugendstilreminiszenzen.

Man betritt das Gebäude durch ein großzügig gestaltetes Portal und gelangt zunächst in ein weiträumiges Vestibül. Bereits hier bestechen die Gestaltung mit leicht barokkisierenden Formelementen (Stuckleisten, Eierstab) und die Verwendung wertvoller Materialien (verschiedene Marmorsorten, feinste Hölzer) in meisterhafter handwerklicher Verarbeitung. Durch hohe doppelflügelige Türen gelangt man in die Repräsentationsräume, die unterschiedlich gestaltet und wieder in ausgesuchter Qualität ausgestattet sind. So ist zum Beispiel jede der Heizkörperverkleidungen im großen Wohnraum anders gestaltet. Am Ende des Vestibüls zweigt das große Treppenhaus ab. Während die Räume im Erdgeschoß weitgehend unverändert geblieben sind, wurden die ehemaligen Schlaf- und Gästezimmer in den Obergeschossen für die Zwecke der Religionsphilosophischen Arbeitsgemeinschaft (Tagungen, Vortragsreihen), welche das Gebäude heute nutzt, teilweise umgebaut. Dabei wurden die ehemals sehr großen Räume unterteilt und mit eigenen Bädern ausgestattet. Die Umbauten folgten handwerklich jedoch weitgehend dem Anspruch des historischen Villenbaus.[69] Die Gesellschaft nutzt die Villa, die übrigen Gebäude und den Park sehr zurückhaltend und ist stets auf schonenden Umgang bedacht. Der laufende Unterhalt wird mit Liebe und hohem Aufwand betrieben, so daß der Besitz sich noch heute in recht ursprünglichem Zustand präsentiert, ein ganz besonderer Fall unter den Villen am Starnberger See.

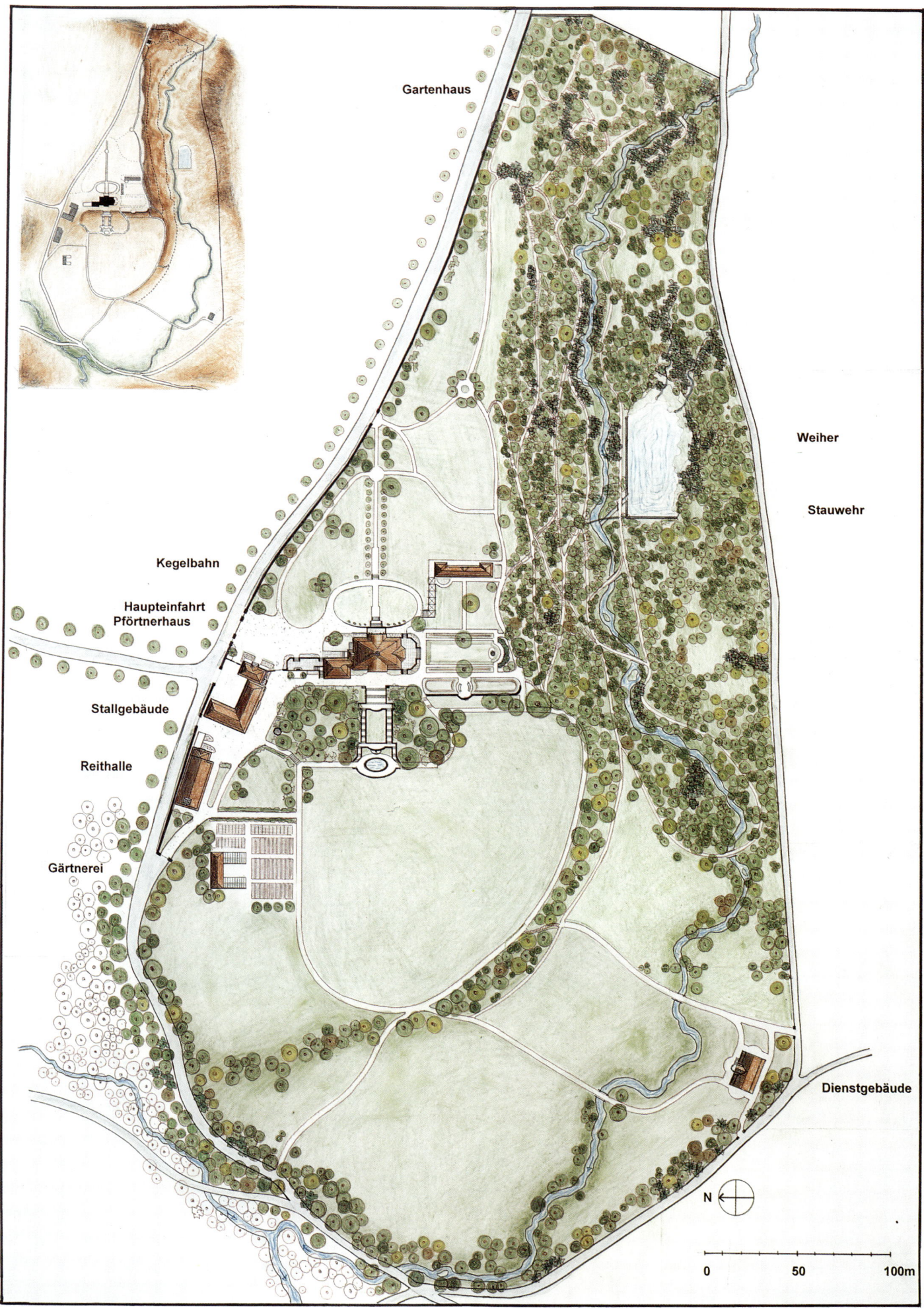

Die Parkanlage, um 1920 (Rekonstruktion)

Münsing

Blick in den Park östlich der Villa, 1992. Der axiale Weg vor der Ostfassade hört heute bei der äußeren Auffahrtsschleife auf.

Die Kegelbahn, 1996. Die Anbindung an die Villa ist heute, nach der Beseitigung des Laubengangs, weitgehend verändert.

Das Teezimmer in der Kegelbahn, um 1920. Die alte Aufnahme zeigt das System und die Art der Wanddekoration, wie sie in ähnlicher Form vermutlich auch in der Villa realisiert worden war. Sie ist an keiner Stelle mehr erhalten.

Oberambach, Weidenkam

Oberambach, Gartenfassade, 1997

Weidenkam, Vestibül, 1997

Münsing

Weidenkam, Musikempore, 1995

Musikempore, 1995

Wohnzimmer, Kamin, 1997

Weidenkam

Ehemaliges Frühstückszimmer im Obergeschoß, 1997

Billardzimmer, 1997

Speisezimmer, 1997

Münsing

Paul Hey, Im Garten der Villa Stotz
Aquarell, um 1930 (Privatbesitz)

Unbekannt, Vignette zur Villa Stotz.
Aquarellierte Zeichnung, 1891 (Privatbesitz)

Ammerland

Gabriel Max, Speisezimmer mit
den Kindern Colombo, Ludmilla
und Cornel.
Ölgemälde, 1882 (Privatbesitz)

Gabriel Max, Landhaus des Künstlers
in Ammerland.
Ölgemälde, um 1880/85
(München, Städtische Galerie im
Lenbachhaus)

Münsing

Villa Rösl, Ammerland, Wohn- und Musiksalon, 1991

Villa Rösl, Wohn- und Musiksalon, 1991

Villa Rösl, obere Diele, 1991

Villa Rösl, untere Diele und Tür zum Wohn- und Musiksalon, 1991

Münsing

Villa von Schrenck-Notzing, Ammerland, Wohnzimmer (ehemaliges Speisezimmer), 1991

Diele im Anbau von 1910 (Emanuel Seidl), 1997

Kaminecke in der Diele, 1997

Villa von Schrenck-Notzing, Ammerland, 1997

Villa von Schrenck-Notzing, Teepavillon (Emanuel Seidl), 1992

Münsing

Villa Kratzer, Seeheim, 1996

Villa Greif (Deiglmayr), Ambach, 1992. Seeseitige Fassade

Villa Schwörer (Tretter), Seeheim, 1994

Unbekannt, Seeshaupt (links Villa von Günther). Aquarell, um 1875 (Privatbesitz)

Seeshaupt

Obwohl Seeshaupt bereits 1866 eine Bahnverbindung erhielt, war es doch der von München am weitesten entfernte Ort, und entsprechend zurückhaltend war dann auch die Bautätigkeit vor der Jahrhundertwende. Hinzu kam wohl auch, daß entlang der bevorzugten Uferlinie zwar der Blick auf den See gegeben war, die gleichfalls begehrte Alpenkette dann jedoch im Rücken lag. Im Hinterland freilich lag dafür die zauberhafte Landschaft der Osterseen. Und gerade diese Vielfalt mit ihren sanften Kontrasten hat viele Künstler angezogen, die Schriftsteller Thomas Mann, Ernst Weiß aus Prag, Alfred Kerr, Walter Benjamin oder Johannes von Guenther, der sogar siebzehn Jahre in der Pettenkoferstraße gewohnt hat.[1] Aber auch die Maler hat diese Landschaft immer wieder gelockt, so Julius Lange, Carl Spitzweg, Hermann Ebers oder den »Blauen Reiter« Heinrich Campendonck und den Tiermaler Jean Bloé Niestlé. Daß immer wieder auch die Münchner mit dem Dampfer von Starnberg heraufkamen, um durch die Landschaft der Osterseen zu wandern oder auch um von hier (vor der Eröffnung der Eisenbahnlinie) mit dem Stellwagen weiter nach Garmisch oder Oberammergau zu fahren, zeigt anschaulich Spitzwegs Gemälde »Ankunft des Dampfers ›Maximilian‹ in Seeshaupt«.[2] Das Dorf Seeshaupt, das sich im wesentlichen parallel zur Uferlinie entwickelt hatte, ist im Zentrum um die Kirche noch relativ gut abzulesen, auch wenn das bäuerliche Element schon weitgehend getilgt ist. Der Ortskern, der als Straßenzug der Kirche südlich vorgelagert ist, wird heute noch von den typischen kleinen Bürgerhäusern des 19. Jahrhunderts beherrscht, wie wir sie auch von der Söckinger Straße in Starnberg her kennen. Es sind überwiegend erdgeschossige oder kleine zweigeschossige Satteldachbauten mit Zwerch-

Seeshaupt (links Villa Ebers), um 1930

giebel und ausgebautem Dachgeschoß, die mit der Traufseite zur Straße stehen und im Erdgeschoß meist kleine Geschäfte enthalten.³ Hier herrscht noch ein gemütliches kleinbürgerliches Bild mit deutlich ländlichem Charakter. Die frühen Villen und Landhäuser siedelten sich zunächst entlang des Seeufers an. Dabei haben nicht alle Häuser unmittelbaren Anteil am Ufer. Westlich der Kirche trennt sie davon ein schmaler Gehweg, östlich davon verläuft bei einigen die Straße nach St. Heinrich zwischen Landhaus und Seeufer. In allen Fällen setzen sich jedoch ihre Gärten jenseits der Straße fort, so daß man diese nur zu überqueren braucht, was früher kein Problem war. Aber auch abseits der Uferlinie entstanden einige frühe Landhäuser, vor allem an der Pettenkoferstraße, der Penzberger Straße und der Bahnhofstraße. Gelegentlich entfernten sich diese auch weiter vom Ortskern, wie etwa die Villa Lutz, die schon am Rande der schönen Osterseelandschaft an der Ach steht.

Die älteste und sicher wichtigste Villa ist die Ebers-Villa östlich des ehemaligen Gasthofes zur Post.⁴ Bereits im Link-Führer von 1858 ist sie in ihrer ursprünglichen Form als ein mit dem Giebel zum See gerichteter längerer Satteldachbau abgebildet. An den Südgiebel schließt der markante polygonale Aussichtsturm mit seiner Sicht auf die Alpenkette an, durch den die Villa des kgl. Rats Dr. von Gün-

Seeshaupt, um 1905

Seeshaupt, Fischer- und Badehütten, 1905

Seeshaupt

John H. Rosenthal, Villa Ebers, Gartenfassade, 1910

Villa Ebers, seeseitige Fassade, Eingabeplan 1910

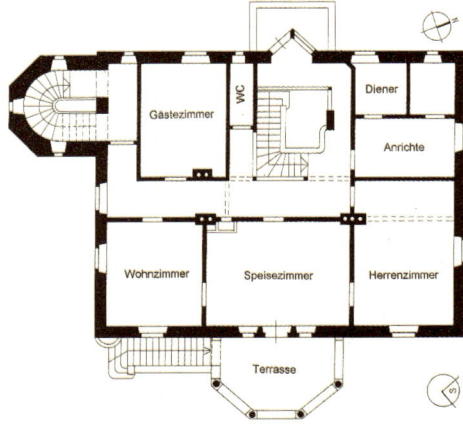

Grundriß Erdgeschoß, 1910

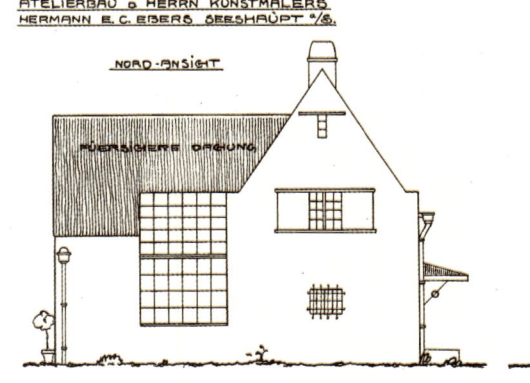

John H. Rosenthal, Entwurf zum Atelier, 1910

ther auch auf dem schönen Aquarell von Seeshaupt (siehe Farbabbildung S. 446) leicht zu erkennen ist. 1872 erwarb der kaiserl. russische Kollegiensekretär in St. Petersburg, Otto Baron von Küster, die Villa, die daraufhin auch »Russenschlößl« genannt wurde. 1909 kaufte der Kunstmaler Hermann Ebers, der Sohn des Ägyptologen Prof. Georg Ebers in Tutzing[5], den Besitz und ließ das Haus von dem Münchner Architekten John H. Rosenthal umbauen. Dabei wurde das Dach etwas angehoben und als Walmdach ausgebildet. Die Fassaden wurden überarbeitet, die östliche Gartenseite mit einer großen Balkon-Loggien-Einheit versehen. Der schlichte, weitgehend schmucklose Bau von 1857 wurde in eine herrschaftliche Villa umgewandelt. Auch im Inneren wurde das Haus etwas verändert und hochwertig ausgestattet. Das Treppenhaus wurde vollständig umgebaut. Den umgebenden Garten ließ Ebers ebenfalls ganz nach den Intentionen des Landschaftsmalers in eine Parkanlage nach englischem Vorbild umwandeln, mit Spazierwegen, Blumenbeeten und langen Thujenhecken. Südöstlich des Hauses wurde ein großer Rosengarten angelegt, und, fast am östlichen Ende des Gartens, ließ sich Ebers von Rosenthal ein eigenes Atelierhaus hinstellen, das in seinen modernen, knappen Formen die Qualität des Architekten erkennen läßt. Die Villa war in den verschiedenen Räumen sehr elegant und geschmackvoll eingerichtet. Ebers hatte sowohl vom Vater wie von der Mutter ein großes Vermögen geerbt[6], das ihm diesen gehobenen Lebensstil erlaubte. Er hat in dieser Zeit seine vielen Bilder auch nicht verkauft, sondern fast alle verschenkt. Zur Villa gehörte, wie so oft am Starnberger See, eine kleine Landwirtschaft mit ein, zwei Kühen. Kutschpferde waren ebenfalls vorhanden. Als Dienstboten gab es eine Gouvernante für die Kinder, eine Köchin, zwei Dienstmädchen, einen Arbeiter für die Landwirtschaft, zwei Gärtner und einen Malerburschen, der bei Exkursionen die Staffelei und die Malutensilien schleppte. Die Familie wohnte in den ersten Jahren im Winter in München in der Schwabinger Atelierwohnung und nur im Sommer in Seeshaupt. Hermann Ebers führte dort ein offenes, gastfreundliches Haus. Otto Heye aus Oberambach kam oft herüber, die Maffeis aus dem nahen Gut Staltach, Prof. Hecker, der berühmte Kinderarzt, der am anderen Ende von Seeshaupt wohnte, Graf Pocci aus Ammerland, sie alle waren ebenso gerne zu Gast wie die vielen Malerkollegen aus München oder die Schriftsteller wie Peter Paul Althaus (der hier sogar einige Zeit gewohnt hat) oder Thomas Mann mit seiner Frau Katja, die Hermann Ebers noch aus seiner Schulzeit in München kannte.[7] Als mit der Inflation das Geldvermögen verlorengegangen war, änderte sich alles in Seeshaupt. Die Münchner Stadtwohnung mußte aufgegeben werden, Grundstücke wurden verkauft. Zeitweise mußte er seine Villa sogar vermieten. 1934 schließlich gab er seinen geliebten Seeshaupter Besitz auf und zog ins stille Haunshofen hinüber.

Seeshaupt

Villa Ebers, östliche Fassade, 1915

Das Arbeitszimmer (Herrenzimmer), 1915/20

Blick in das Speisezimmer, 1915

Seeshaupt

Villa Ebers (St. Heinricher Straße), 1912

Villa Ebers, Kamin im Empirestil, um 1915

Blick über den Rosengarten zur Villa, um 1920

Landhaus Firle, 1997

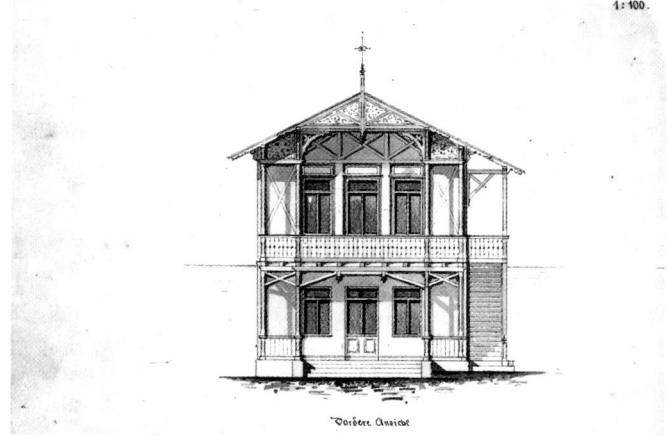

Landhaus Joerg (St. Heinricher Straße), Eingabeplan 1874

Ein kleines Stück in Richtung Ortszentrum und genau unterhalb der »Post« hatte der Maler Walther Firle (1859 bis 1929) sein Haus[8]. Die Straße rückt hier stärker an das Ufer heran und läßt nur noch wenig Raum für eine Bebauung. Deshalb ist Firles Haus unmittelbar an das Ufer gerückt, ja fast in den See hineingebaut. Mit seiner schönen verglasten Fensterfront ist es heute noch recht gut erhalten. Firle hatte sich hinter diesen Fenstern einen geräumigen, stimmungsvollen Raum im Stil des Historismus und nach dem Vorbild alter niederländischer Wohnräume eingerichtet. Die Ausstattung eines anderen Zimmers in strengeren Jugendstilformen in der Art eines Bruno Paul, ist leider nicht mehr erhalten.[9]

Östlich an das schmale Seegrundstück der Villa Ebers anschließend hatte 1899 Ferdinand Himbsel gebaut.[10] Weiter in Richtung St. Heinrich reihen sich verschiedene Gärten, die zu den Häusern jenseits der Straße gehören, aber auch einige interessante Landhäuser, wie die Villa, die der Münchner Architekt Carl Jäger 1911 für Hugo Hellberger entworfen hat.[11] Da es unmittelbar an die steile Hangkante zu stehen kam, ergab sich die etwas ungewöhnliche Erschließung über das Obergeschoß. Das Mansarddach und die schöne offene Loggia mit ihrer Sicht auf den See mildern etwas die Steilheit der seeseitigen Fassade. Schräg gegenüber ist noch das Landhaus von Joseph von Dall'Armi aus dem Jahre 1896 erhalten, ein kleiner Satteldachbau mit Zwerchgiebel und zwei Balkonen.[12] Die Familie Dall'Armi hatte schon lange ein Feriendomizil in Seeshaupt.[13]

Ebenfalls an der St. Heinricher Straße baute 1874 der Privatier Constantin Joerg. Der Architekt Otto Schoch entwarf einen kleinen mit dem Giebel zum See gerichteten Satteldachbau. Es war ein charakteristisches Beispiel für die vielen kleinen Sommerhäuschen am See, bei denen doch versucht wurde, die bescheidene Größe durch Zutaten aus dem Repertoire des gründerzeitlichen, vom Historismus geprägten Landhausbaus aufzuwerten. Farbiges Zierfachwerk, reiche Laubsägearbeiten, Dachzier, Fensterrahmungen und Freitreppen sollten der »Villa« Gewicht und Bedeutung verleihen.

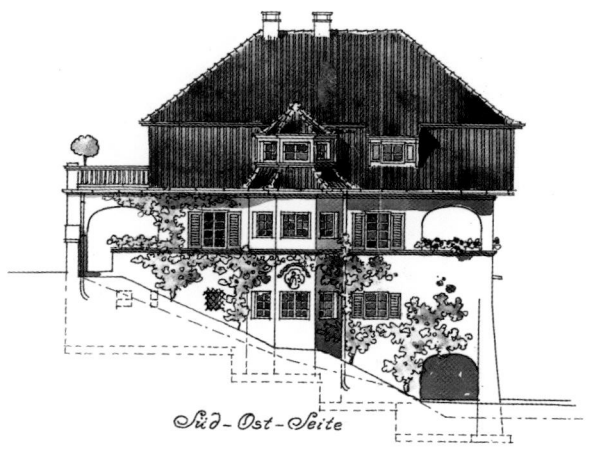

Landhaus Hugo Hellberger (St. Heinricher Straße), Eingabeplan 1911

Seeshaupt

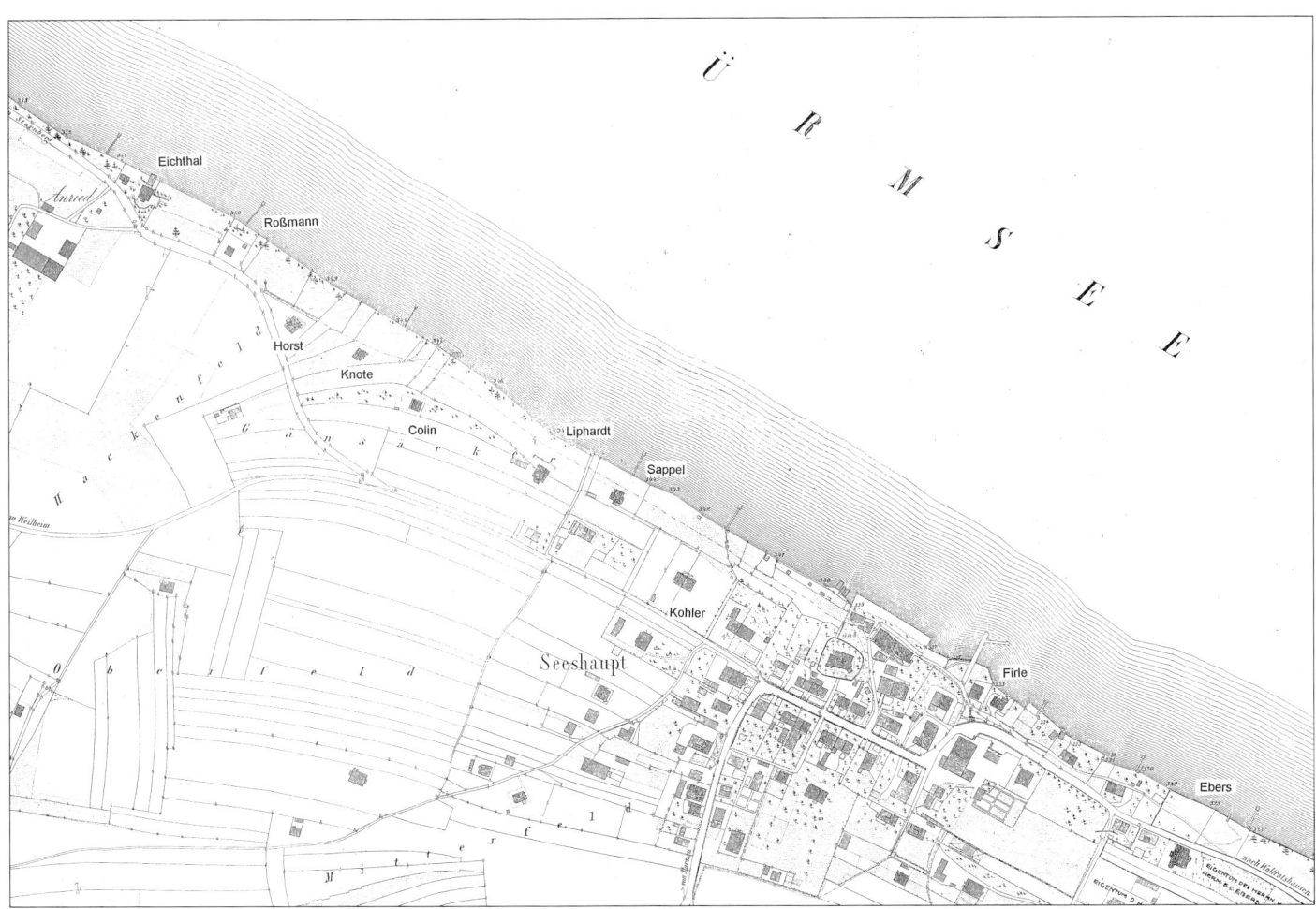

Seeshaupt, Flurkarte, Stand um 1910

Wie das Haus Hellberger wird auch die Villa Pettenkofer von ihrer Stellung am steilen Abhang zum Seeeufer geprägt.[14] Max von Pettenkofer, der berühmte Münchner Chemiker und Hygieniker (1818–1901), hatte 1876 ein kleines, unscheinbares Landhaus an der Straße nach St. Heinrich erworben. Er ließ es durch den Münchner Baumeister Franz Karg umbauen und um ein Stockwerk erhöhen. Pettenkofer war einer der großen Pioniere auf dem Gebiet der modernen Hygiene. Er hatte ursprünglich als Apotheker begonnen, dann bei Justus von Liebig seine Studien fortgesetzt und war 1853 zum Professor für medizinische Chemie ernannt worden. Seine Forschungen konzentrierten sich vor allem auf die Reinhaltung von Luft und Wasser, auf die Verbesserung der Trinkwasserversorgung und auf die Ursachenforschung bezüglich Seuchen und Epidemien, besonders von Cholera und Typhus. Er erkannte als einer der ersten den Zusammenhang mit verschmutztem Trinkwasser und wurde damit zum Begründer der modernen Abwasserbeseitigung. Durch ihn erhielt München als eine der ersten Städte der Welt ein leistungsfähiges Kanalnetz.

1895 übernahm Justizrat Gänßler, dessen Frau eine geborene Pettenkofer war, die Villa und ließ sie 1903 durch das Architekturbüro Stadler und Necker umbauen und modernisieren. Dabei wurde der neue Zugang über das

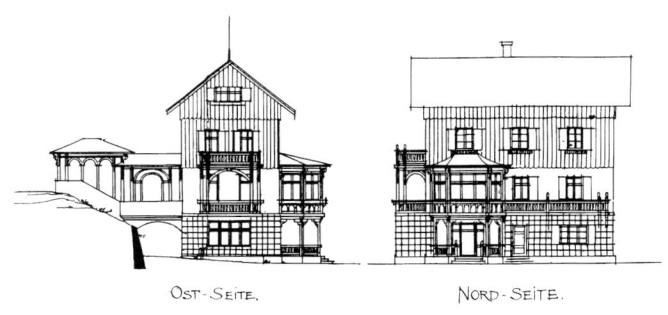

Landhaus Pettenkofer (Gänßler), Umbauplan 1903

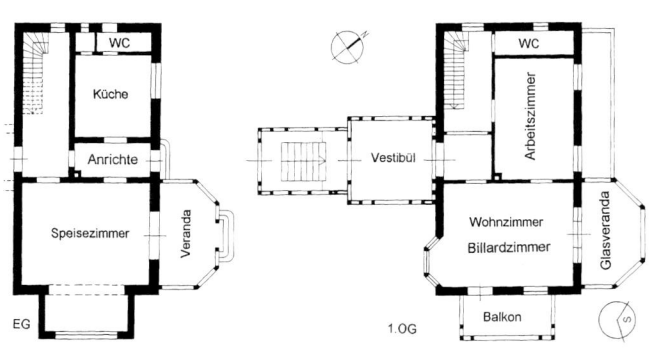

Grundrisse Erdgeschoß und Obergeschoß, 1903

Der Eingang mit Treppe, 1992

Landhaus Pettenkofer (Gänßler, St. Heinricher Straße), 1992

Obergeschoß hergestellt und mit seiner transparenten, lichtdurchfluteten Architektur ein sehr attraktives Entree geschaffen. Vermutlich datiert auch die Ausstattung des großen Wohnraumes im Erdgeschoß, die deutlich den Geist der Zeit atmet, aus diesem Umbau. Nach dem Zweiten Weltkrieg wurde die Villa der Bayerischen Anwaltskammer vermacht, welche die Villa renovieren und in ein Clubhaus für ihre Mitglieder umwandeln ließ.

Von weiteren alten Häusern an der Straße nach St. Heinrich sind zu erwähnen das Landhaus Camerer, ein kleiner, mit der Traufseite zum See orientierter Satteldachbau mit Zwerchgiebel und Eckerker.

Ein wenig weiter östlich entfernt sich die Straße stärker vom Ufer. Kurz darauf finden wir auf der Seeseite ein größeres Landhaus mit einem Belvedereturm. Es wurde 1904 für Anton Albrecht gebaut.[15] Bereits 1907 erwarb es jedoch Graf Bopp von Oberstadt und ließ es von dem Münchner Architekten Max Ostenrieder umbauen. Dabei wurde nicht nur das Innere repräsentativer gestaltet, auch die Fassaden und der Garten wurden überarbeitet. Gewichtigste Zutat waren hier die geräumigen Terrassen, deren nördliche unmittelbar ans Ufer grenzte und eine Freitreppe ins Wasser erhielt.

Landhaus Pettenkofer (rechts) und Nebenhaus, um 1900

Das Speisezimmer im Erdgeschoß, 1992

Seeshaupt

Landhaus Roßmann (ehemals Tutzinger Straße), 1992

Landhaus Sappel (Weilheimer Straße), 1993

Landhaus Horst (Tutzinger Straße), Eingabeplan 1898

Landhaus Bopp von Oberstadt (St. Heinricher Straße), 1907

Auch westlich der Pfarrkirche siedelten sich einige Landhäuser am Ufer an: so gleich neben dem schönen Pfarrhof das Landhaus Kohler von 1895[16].

Das benachbarte, am Fußweg gelegene Haus mit dem kleinen Belvedereturm wurde für den Fabrikanten Max Sappel errichtet. Gleich daneben finden wir das Landhaus Liphart, einen schlichten, ganz in nachklassizistischen Formen erstellten Bau, der noch recht ursprünglich erhalten ist. Und östlich davon, etwa auf der Abzweigung der Straße nach Anried, steht noch das kleine, etwas skurrile Sommerhaus mit seinem holzverkleideten Obergeschoß, den Schuppenschindeln und Fensterrahmungen in Laubsägemanier, das sich 1888 Karl Colin hat bauen lassen.

Wo sich die Straße nach Anried wieder mehr dem Ufer nähert, finden wir drei kleine Landhäuser, die einmal familiär zusammengehörten. Das mittlere hatte sich 1898 der Maler Gustav Adolf Horst bauen lassen. Bauherrin war im Grunde seine Frau Emma[20], die in erster Ehe mit Gustav Knote, Direktor der Landes-Boden-Kredit-Bank, verheiratet war und die bis zum Tod ihres Mannes in der Elsholtz-Villa über Berg gewohnt hatte. Sie brachte sechs unmündige Kinder mit in ihre Ehe mit dem Maler Horst, von denen einer später der berühmte Tenor Heinrich Knote wurde. Neben Horst baute 1903 der Sohn Manfred Knote, der zu dieser Zeit noch Angestellter der Münchner Rückversicherung war und später Generaldirektor der Providentia-Versicherung in Wien wurde.[21]

Westlich des Horst-Hauses baute 1899 Dr. Wilhelm Roßmann, Jurist und späterer Präsident der Eisenbahndirektion München, der die älteste Tochter Emma geheiratet hatte.[22] Das kleine Landhaus, das vor wenigen Jahren abgebrochen wurde, war wieder einer der typischen Vertreter der vielen kleinen Sommerhäuschen am See, die mit einem schönen Garten umgeben, mit Bootshaus und Badehütte ausgestattet dennoch für Generationen zum Inbegriff für heiteres, erholsames Landleben am See geworden sind.

Das letzte Haus gegen Bernried zu entstand 1924, vielleicht auch nur als Umbau eines älteren Landhauses. Es ist heute jedoch stark verändert.[23]

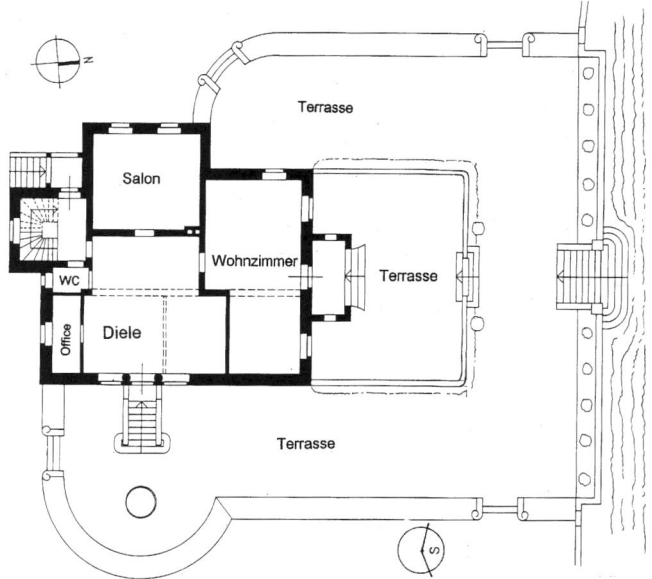

Grundriß Erdgeschoß, 1907

Seeseiten, Villa von der Pfordten (sog. Schloß Seeseiten), 1997

Das sogenannte Schloß Seeseiten gehört nicht nur zu den größeren, sondern auch zu den bedeutendsten Villen am Starnberger See.[24] Der bayerische Minister Ludwig von der Pfordten hatte den Grundbesitz in Seeseiten 1865 erworben. Er war, als er die Villa in Auftrag gab, Staatsminister des Äußeren und Vorsitzender im Ministerrat, was dem heutigen Amt des Ministerpräsidenten entspricht.[25]

Der Architekt Georg von Dollmann entwarf die Pläne. Er war Schüler und Schwiegersohn Leo von Klenzes und baute später die Schlösser Neuschwanstein und Linderhof für König Ludwig II. Dollmann entwarf einen prägnanten und übersichtlichen Bau in strengen, spätklassizistischen Formen. Die Gartenfassade wird von zwei leicht vorspringenden Erkertürmen gerahmt, deren Obergeschosse rundum aufgefenstert sind und als Belvedere dienen. Dazwischen sind ein transparenter Eisenbalkon und eine Terrasse mit Freitreppe eingespannt. Rückseitig sind zwei Seitenflügel für Nebenräume angefügt. Durch diese geschickte Modellierung des Baukörpers wurde die Baumasse optisch zurückgenommen, erscheint die Villa leicht und von großer Plastizität. Die Fassadenflächen werden durch flache Gurte und Pilaster in Glattputz gegliedert und durch Fenster in verschiedener Form und Gestaltung belebt. Wichtigstes Gestaltungsmittel ist jedoch die in feinen Streifen angelegte Zweifarbigkeit des Sichtziegelmauerwerks, die hier ausgesprochen dekorativ und farbig wirkt. Diese besondere Art der Fassadengestaltung, die aus Italien kommt, hatte Dollmann schon während seiner Tätigkeit für die Eisenbahnverwaltung (1854) am Münchner Hauptbahnhof und am Alten Pasinger Bahnhof studieren können. Die ursprüngliche Gestaltung der Innenräume, die noch ganz in klassizistischer Symmetrie angeordnet sind, ist nicht überliefert. Die heutigen Räume sind schlicht und ohne besondere Dekoration, was jedoch auch Ergebnis älterer Umgestaltungsmaßnahmen sein könnte.

Der Bau steht leicht erhöht und landschaftsbeherrschend am Rande einer weiten, heute weitgehend offenen Wiesenfläche. Er kommt bei Sonnenlicht in seiner Farbigkeit vor dem dunklen Waldsaum sehr gut zur Geltung. Er ist etwas schräg in den Winkel zwischen See und Bergkette gestellt und erweist damit erneut die ideale Ausrichtung der Villen am See. Die riesige umgebende Gartenfläche wurde bald nach dem Bau durch Hofgartendirektor Karl von Effner angelegt. Da das Wegesystem und andere wichtige Gestaltungsmerkmale schon lange vor dem Zweiten Weltkrieg allmählich aufgegeben wurden, kann über diese Anlage nichts ausgesagt werden. Heute ist nur noch der engste Umgriff gestaltet, die übrigen Flächen sind als offene Landschaft mit weiten Durchblicken gehalten.

Ludwig von der Pfordten veräußerte die Villa aus unbekannten Gründen bereits 1873 an den württembergischen Kommerzienrat und Fabrikbesitzer Rudolf Knosp, der 1865 zu den Mitbegründern der Badischen Anilin- und Sodafabrik (BASF) gehört hatte.[26] Ein interessanter Besitzer

455

Seeshaupt

Seeseiten, Villa von der Pfordten, um 1955

Gartenfassade, Eingabeplan 1866

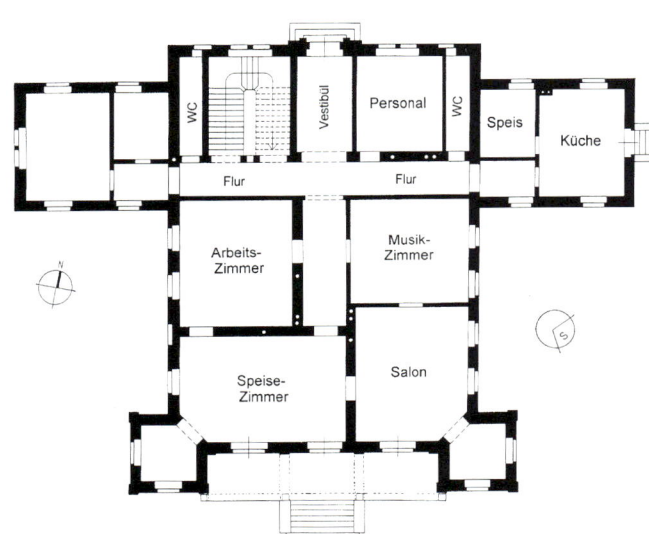

Grundriß Erdgeschoß, um 1920

Rückseite der Villa, um 1880/90

Seeseiten, Arbeitszimmer (Herrenzimmer), 1911

Arbeitszimmer (R. A. Schröder / Vereinigte Werkstätten), 1911

der Villa war sein Enkel Rudolf von Simolin, der den Besitz 1922 übernehmen konnte. Er war ein hochgebildeter Mann, der mit vielen bedeutenden Männern seiner Zeit, vor allem mit Schriftstellern und Malern, bekannt war. Er trug im Laufe der Zeit nicht nur eine bedeutende Bibliothek, sondern auch eine reiche Sammlung moderner Malerei zusammen. Vor allem mit Beckmann stand er in enger Verbindung.[27] Darüber hinaus erwarb er immer wieder modernes Mobiliar, das von den Architekten der Vereinigten Werkstätten (besonders Bruno Paul und Rudolf Alexander Schröder) entworfen war. In einem dieser Räume stand auch der Schreibtisch des französischen Schriftstellers Gustave Flaubert, den Baron Simolin ganz besonders verehrte. Von dieser Einrichtung ist allerdings nur noch das schöne Arbeitszimmer von Rudolf Alexander Schröder erhalten.

Arbeitszimmer, 1911

Seeshaupt

Seeshaupt, Landhaus Gänßler (Pettenkofer), Vestibül, 1992

Landhaus Gänßler (Pettenkofer), Speisezimmer, 1992

Seeseiten, Villa (sog. Schloß) von der Pfordten, 1995

Hermann Ebers, Der Garten der Villa Ebers in Seeshaupt. Ölgemälde 1911 (Privatbesitz)

Bernried

Bernried gehörte seit jeher zu den stilleren Orten am See. Das Bauern- und Fischerdorf wurde als Klosterhofmark bis in das 19. Jahrhundert hinein wirtschaftlich und kulturell weitgehend vom ehemaligen Augustiner-Chorherrenstift Bernried beherrscht und auch topographisch etwas vom See abgedrängt.[1] Das Kloster nahm mit seinen Klosteranlagen, seinen Wirtschaftsgebäuden und seinem Grundbesitz in einer Tiefe von mehreren hundert Metern schließlich den gesamten Uferabschnitt ein. Das Dorf lag erst jenseits der uferparallelen Hauptstraße, wo sich die Höfe dann sich in lockerer Streulage hangaufwärts gruppierten.

Nach dem Ende des Stiftes in der Säkularisation 1803 erwarb Ignaz Graf Arco die Gebäude mit den zugehörigen Ländereien.[2] Ihm folgte nach kurzem Zwischenbesitz des Advokaten Lengriesser 1821 Andreas von Dall'Armi und nach dessen Tod die Gräfin Montecuccoli-Laderche. 1852 ging der gesamte Besitz in die Hände von August Frhr. von Wendland über, der die alten Klostergebäude in einen modernen Schloßbau umgestalten ließ. Vor allem gelang es ihm, fast den gesamten Grund südlich des ehemaligen Klosters aufzukaufen und zu einer großen zusammenhängenden Fläche zu arrondieren. Diese ließ er anschließend von Karl von Effner in eine Parkanlage nach englischem Vorbild umwandeln. Der Park wurde später in allen Reiseführern wegen seines herrlichen, alten Baumbestandes gepriesen. An einer ausgewählten, mit prachtvoller Fernsicht ausgestatteten Uferstelle ließ er 1868 das sog. Schweizerhaus errichten, welches als Teehaus diente und heute noch in der von Wilhelmina Busch-Woods umgebauten Form erhalten ist. Der Park ist heute als Nationalpark der Öffentlichkeit zugänglich.

August von Wendland ließ 1853 die alten Klostergebäude umbauen und neu gestalten. Der langgestreckte, damals noch freistehende Bau wurde auf der Südseite mit einer einheitlichen Fassade in Formen der Neorenaissance versehen, auf der Nordseite zum Innenhof hin bildete er zwei leichte Eckrisalite. Der Dachbereich wurde stark von

Schloß Bernried, seeseitige Fassade, 1873

auffälligen, etwas schweren ein- und zweifenstrigen geschweiften Gauben betont. Die östliche, zum See hin orientierte Schmalseite war mit einem schönen, filigranen Eisenbalkon sowie einer Terrasse mit Freitreppe ausgestattet. Eine Pergola verband sie mit der ehemaligen Klosterkirche. Davor war, zum Seeufer hin, ein kleiner, regelmäßig gestalteter Ziergarten angelegt.

Die hohe Attraktivität des Ortes mit seiner durch die weiten Hanglagen ermöglichten vorzüglichen Fernsicht, seinem abwechslungsreichen, unberührten Hinterland sowie einer fast idyllischen Abgeschiedenheit und Ruhe, das war eine ideale Voraussetzung für die Sommerfrische. Da sich jedoch große Teile Bernrieds und besonders der an den Ortsrand anschließenden Gründe in Händen der Schloßherrschaft befanden, konnten sich hier zunächst kaum Fremde mit Villen oder Ferienhäusern ansiedeln. Das änderte sich auch später kaum, auch nach der Jahrhundertwende nicht, nachdem Wilhelmina Busch-Scharrer, die Tochter des schwerreichen Großbrauereibesitzers Adolph Busch aus St. Louis (USA) und ihr Gatte, der Generalkonsul Eduard August Scharrer, den Wendland'schen Besitz übernommen hatten.[3] Sie kauften in der Folge fast jedes Grundstück und jedes Anwesen, das in Bernried frei wurde, und erschwerten damit auch noch nach dem Ersten Weltkrieg die Entwicklung Bernrieds zum Villenort, wie sie in den übrigen Uferorten längst im Gange war.

Dafür wurden zahlreiche alte Bernrieder Häuser zu privaten Fremdenpensionen ausgebaut und zählten bald zu den beliebtesten Quartieren der Sommerfrischler am See.[4] Vor allem die Künstler zogen immer wieder hierher, wo See und Alpenpanorama, Parkanlagen und die farbige Moränenlandschaft die herrlichsten Motive abgaben. Carl Spitzweg, Ludwig Richter, Wilhelm Leibl, Wilhelm Trübner, Karl Schuch, Franz Defregger, Adolf Oberländer, Josef und Ludwig Willroider, Lovis Corinth und andere wählten Bernried immer wieder zum Sommeraufenthalt. Der Münchner Generalmusikdirektor Franz Lachner, der sich jeweils beim musikliebenden Schullehrer einmietete, gehörte zu den Dauergästen. In seiner Begeisterung für Bernried lud er oft seine Kollegen und Freunde ein, Johannes Brahms zum Beispiel oder Moritz von Schwind. Auch Engelbert Humperdinck kam gerne nach Bernried. Die Eröffnung der Dampfschiffahrt 1851 und die Weiterführung der Starnberger Eisenbahnlinie 1865 brachten vermehrt Touristen und Sommergäste, so daß bald über dreißig private Pensionen sich auf den Fremdenverkehr einrichten konnten.

Eine dieser typischen Fremdenpensionen gehörte dem Bernrieder Baumeister Domenico del Fabbro, der in Bernried als Unternehmer eine ähnliche Rolle spielte wie Xaver Knittl in Tutzing oder Johann Biersack in Feldafing.[5] Das Photo läßt gut die erholsame Ruhe im Liegestuhl unter den Obstbäumen nachempfinden. Sehr viele Pensionen befanden sich jedoch in den alten Bernrieder Bauernhäusern, von denen einige noch in der traditionellen Holzbauweise erhalten waren. Es war vermutlich eine einfache, aber stimmungsvolle Sommerfrische in diesen Häusern!

Kirche und Schloß Bernried

Schloß Bernried, Gartenfassade mit Laubengang, 1904

Landhaus del Fabbro (Karwendelstraße), um 1925

J. Wook, Landhaus del Fabbro, Eingabeplan

Bernried

Villa Hauck (Segelhafen), um 1915

Landhaus Hauck vor dem Abbruch 1913

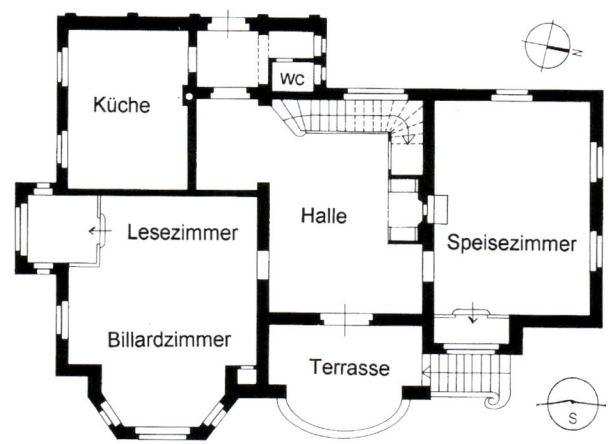

Grundriß Erdgeschoß, 1913

Die einzige Villa, die unmittelbar am Ufer gebaut wurde, war die Villa Hauck.[6] Der Arzt Dr. Oskar Hauck aus Ludwigshafen, der mit einer geborenen Opel verheiratet war, konnte 1908 von Max Frhr. von Wendland ein älteres Landhaus nördlich des Klosterareals kaufen, welches aus einem alten Wirtschaftsgebäude des Klosters (sog. Wascherhäusl, später Zuhaus des Wirts) hervorgegangen war.

Dr. Hauck ließ dieses Haus 1913 abbrechen und durch einen Neubau ersetzen. Die Pläne für die Villa stammten von Regierungsbaumeister Georg Reuter in Berlin. Dieser entwickelte einen gestreckten Satteldachbau, der mit der Hauptfassade, mit der Terrasse und dem Erker zum See hin orientiert war. Auch der große Balkon im Obergeschoß, welcher zum Schlafzimmer und zum sog. Empirezimmer gehörte, diente der herrlichen Aussicht. Die Villa besaß im Keller eine eigene Kegelbahn und einen größeren Weinkeller. Zusammen mit den vier Fremdenzimmern im Obergeschoß und im ausgebauten Dachgeschoß zeigt dies, daß die Villa gut auf Gäste und heitere Feste eingerichtet war. Dr. Hauck hat in diesem Haus jedoch auch eine Arztpraxis betrieben. Später wurde die Villa in ein Café umgewandelt.

Zu den frühesten und auf jeden Fall zu den interessantesten Sommerhäusern gehört das sog. Tanera-Haus.[7] Im ehemaligen Raffl-Anwesen, welches hier vor dem Neubau stand und welches zum Kloster Bernried gehörte, wurde 1668 der bekannte Barockbaumeister Johann Georg Ettenhofer geboren.

1893 erwarb dann der bayerische Schriftsteller Karl Tanera (1849–1904) das Haus. Er war Hauptmann in der bayerischen Armee und seit 1882 als Chronist in der kriegsgeschichtlichen Abteilung des Großen Generalstabs in Berlin tätig. Neben zahlreichen Reiseberichten und Erzählungen schilderte er in seinen Kriegsromanen vor allem die Ruhmestaten des bayerischen Militärs.[8] Als Kriegsteilnehmer 1870/71 war er erfüllt von den großen Ereignissen dieses Feldzuges und hielt alljährlich am 2. September in Bernried eine Sedan-Feier mit Musik und Feuerwerk ab.

Da Karl Tanera immer wieder auf ausgedehnte Reisen ging, vermiete er sein Haus häufig an Sommergäste, besonders an Münchner Künstler. Und weil es mit seinen drei Etagen offenbar ausreichend Platz bot, waren oft gleich mehrere Gäste aus München eingemietet. Der Münchner Schriftsteller Max Halbe, der im Sommer 1899 hier mit seinen Freunden wohnte, beschrieb in seinem Roman »Jahrhundertwende« das Haus als »literarischen Bienenstock«. Mit ihm verbrachten unter anderem der Maler Lovis Corinth[9], der nochmals 1912 nach Bernried kam, die Verleger Korfiz Holm und Paul Cassirer, die Schriftsteller Carl Rößler und Julius Schaumberger hier den Sommer. Auch Alfred Kerr, der 1918 und 1919 Sommergast in Seeshaupt gewesen war, kam nach Bernried.[10]

1910 erwarb der bekannte Landschaftsmaler Ludwig Willroider ein Grundstück an der Bahnhofstraße und ließ sich von Domenico del Fabbro ein großes Landhaus mit Atelier bauen.[11] Er starb jedoch, bevor das Haus fertiggestellt war. Seine Heimatgemeinde Villach in Kärnten erbte das Haus, veräußerte es jedoch schon 1912 an Fritz Schulze. Später gehörte es dem Röntgenfacharzt Dr. Eduard Wittmann, der hier auch eine Praxis betrieb.

Auf dem Nachbargrundstück steht noch ein kleines Landhaus, das sich 1906 der Arzt Dr. Burger aus Coburg hat bauen lassen.[12] 1919 erwarb es der Arzt Dr. Alfred Haas, Gründer und Direktor der Haas-Klinik in München.

Unten, eingangs der Bahnhofstraße, steht eine Villa mit Belvedereturm, deren ursprüngliche Gestaltung jedoch durch verschiedene Umbauten und Renovierungen weitgehend entwertet ist. Sie war 1880 für den Getreidegroßhändler Georg von Laubmann gebaut worden.[13]

Weiter oben, an der Straße nach Seeshaupt, wurden zwei bemerkenswerte Landhäuser errichtet: So die Villa »Marie« für Prof. Berthold Riehl und seine Gattin Maria, ein Landhaus, das ganz im Sinne der Heimatschutzbewegung vom bodenständigen Bauernhaus abgeleitet ist und bei dem die entsprechenden Details sehr zurückhaltend verwendet werden.[14] Etwas weiter südlich entstand 1902 ein Landhaus für Hans von Liebig, das heute als Esser-Villa bekannt ist.[15]

Ein weiteres bemerkenswertes kleines Landhaus wurde 1900 von Oberst Karl Föringer, dem Sohn des bekannten Oberhofbibliothekars der Bayerischen Staatsbibliothek, Heinrich Föringer, gebaut. Es ist heute noch gut erhalten.[16]

Landhaus Willroider (Bahnhofstraße), 1997

Tanera-Haus (Am Hopfgarten), um 1904

Villa »Marie« (Seeshaupter Straße), 1995

Landhaus Esser (Seeshaupter Straße), 1995

Bernried

Pfauen-Villa (Post-Villa, Seeshaupter Straße), um 1915

Das Badezimmer, um 1915

Die größte Villa innerhalb des Bernrieder Ortsgebietes war die sog. Pfauen-Villa, heute als Post-Villa bekannt.[17] Der Münchner Rechtsanwalt Karl Berchtold, Rechtsberater des Frhr. von Wendland erwarb 1906 an der Straße nach Seeshaupt eine große Grundfläche von über 13 ha aus dem Wendland'schen Besitz. Das Architekturbüro Liebergesell und Lehmann lieferte ihm anschließend die Pläne für eine große repräsentative Villa. Der riesige Baukörper, der etwas schwerfällig wirkt, ist mit seinen großformatigen Erdgeschoßfenstern und der Terrasse mit der ausladenden Freitreppe zum Park und zum Weiher hin orientiert, verfügt aber auch über einen weiten Ausblick auf die Landschaft des Starnberger Sees. Der Name Pfauen-Villa stammt von den über 100 weißen Pfauen, die im weitläufigen Park gehalten wurden. Als 1911 Wilhelmina Busch, die schwerreiche Erbin des amerikanischen Bierkonzerns Anheuser-Busch in St. Louis, mit ihrem Ehemann, Eduard August Scharrer, auf einer Europareise nach Bernried kam, war sie von diesem schönen Ort so begeistert, daß sie beschloß hierzubleiben. Sie konnte kurz darauf die Pfauen-Villa erwerben. In den Kriegsjahren stellten die neuen Hausherren die Villa als Lazarett für Offiziere zur Verfügung. Als das Ehepaar Scharrer dann 1927 das Gut Höhenried erwerben konnte, zog es in das dortige große Gutshaus um. Die Pfauen-Villa stand anschließend einige Jahre leer. Erst 1941 wurde sie an die Versorgungsanstalt der Reichspost verkauft, die hier ein Erholungsheim einrichtete, sie gegen

Höhenried, um 1950

Kriegsende jedoch als Forschungsanstalt für Radargeräte nutzte. Seit 1957 gehört sie der Landesversicherungsanstalt Oberbayern und ist zu einem Wohnhaus für Bedienstete der Klinik Höhenried umgebaut.

Die alte Schwaige Höhenried, welche bis in die 60er Jahre im Besitz von Andreas von Dall'Armi gewesen war, wurde 1875 von August von Wendland übernommen.[18] 1927 kauften Wilhelmina Busch-Scharrer[19] und ihr Ehemann Geheimrat und Generalkonsul Eduard August Scharrer das Gut und zogen 1930 von der Pfauen-Villa in Bernried in das von Alexander von Wendland 1891 im Stil des Schweizerhauses neu gestaltete Gutshaus Höhenried um. Sie hatten mit den ca. 88 ha von Höhenried ihren Besitz in Bernried auf über 250 ha ausbauen können. Die Scharrers führten hier ein großes, aufwendiges Leben, und ihr Haus entwickelte sich zu einer der ersten gesellschaftlichen Adressen am See. Konsul Scharrer, der in Höhenried eine eigene Pferdezucht aufbaute, fuhr im allgemeinen nur 4- bis 6spännig durch die Gegend. Nach seinem Tod 1932 heiratete seine Witwe in zweiter Ehe den Arzt Dr. Carl Borchard. 1937 wurde auf der Anhöhe etwas oberhalb des Gutshauses mit dem Bau einer riesigen herrschaftlichen Villa begonnen, dem wohl letzten repräsentativen Villenbau am Starnberger See. Er fällt mit seinem späten Baudatum zwar bereits aus dem zeitlichen Rahmen dieser Dokumentation, konnte hier aber wegen seiner Bedeutung für die Landschaft und für das Gesamtbild der historischen Villen am See doch nicht ganz außer Acht gelassen werden. Sie ist auch nach dem Krieg wieder kurze Zeit zu einem gesellschaftlichen Mittelpunkt am See geworden.[20]

Die von dem Architekten Michael Aicher entworfene Villa ist mit ihrer Achse nach Südosten zur Uferlinie und zur Alpenkette ausgerichtet, der Blick auf den See und das Ostufer ergibt sich aus den Räumen des Ostflügels. Sie ist in ihrem äußeren Erscheinungsbild zwar relativ zurückhaltend angelegt, folgt aber noch erkennbar barockisierenden Tendenzen und läßt noch einmal die Tradition altbayerischer Schlösser, etwa Schwindegg oder Tüßling, aufleben. Sie wirkt vor allem wie eine vergrößerte Replik der Heidin-

Höhenried, Gutshaus, um 1930

Bernried

Höhenried, Salon, um 1950

Das Schlafzimmer, um 1950

Großer Wohnraum, um 1950

Portal (Italien, wohl 17. Jh.), 1995

Höhenried mit Parkanlage, 1997

ger-Villa in Pöcking. Erdgeschossige, an den Seiten angehängte Nebenbauten, die jeweils einen Innenhof umschließen und zum Teil als offene Arkaden ausgebildet sind, ziehen den Bau zusätzlich in die Breite. Das Umfeld ist im wesentlichen als offene Landschaft gehalten. Das eröffnet nach fast allen Richtungen weite, unverstellte Sichtachsen in die Landschaft und steigert den Bau zu eindrucksvoller, raumbeherrschender Attitüde. Dies wurde vor dem Umbau der Parkanlage noch durch die sorgfältig angeordneten Zufahrtwege verstärkt.

Die Villa wird auf der Rückseite über ein großes Vestibül erschlossen. Die sehr großzügig geschnittenen Innenräume folgen im Grunde dem außen angeschlagenen Konzept zu regelmäßiger Ordnung und zu repräsentativer Gestaltung.[21] Sie wurden zusätzlich mit einer großen Zahl von (vermutlich von den Scharrers zusammengesammelten) historischen Ausstattungsstücken (Türen, Kamine, Decken bis hin zur byzantinischen Kapelle aus Korfu), wohl auch mit nachgebildeten Details ausstaffiert, so daß das Ganze am Ende doch mehr zum Ausstattungsstück im Hollywoodstil geriet. Auch das Mobiliar war teils aus wertvollen Antiquitäten, teils aus nachgebildeten, historisierenden Stücken etwas bunt zusammengewürfelt.

Wilhelmina Busch, die sich 1941 von ihrem zweiten Mann, Dr. Borchard, getrennt hatte, heiratete 1948 den amerikanischen Handelsattaché und Generalkonsul Sam Edison Woods. Sie verstarb jedoch 1952, ihr Ehemann 1953. Die Landesversicherungsanstalt Oberbayern konnte daraufhin den gesamten Besitz von der Erbengemeinschaft Woods erwerben. Das Mobiliar wurde versteigert. Den südlich des Klosters gelegenen ca. 70 ha großen Parkteil mit seinen herrlichen Eichen- und Buchenbeständen hatte Wilhelmina Busch-Woods bereits 1950 dem Bayerischen Staat geschenkt.

Übersichtskarte

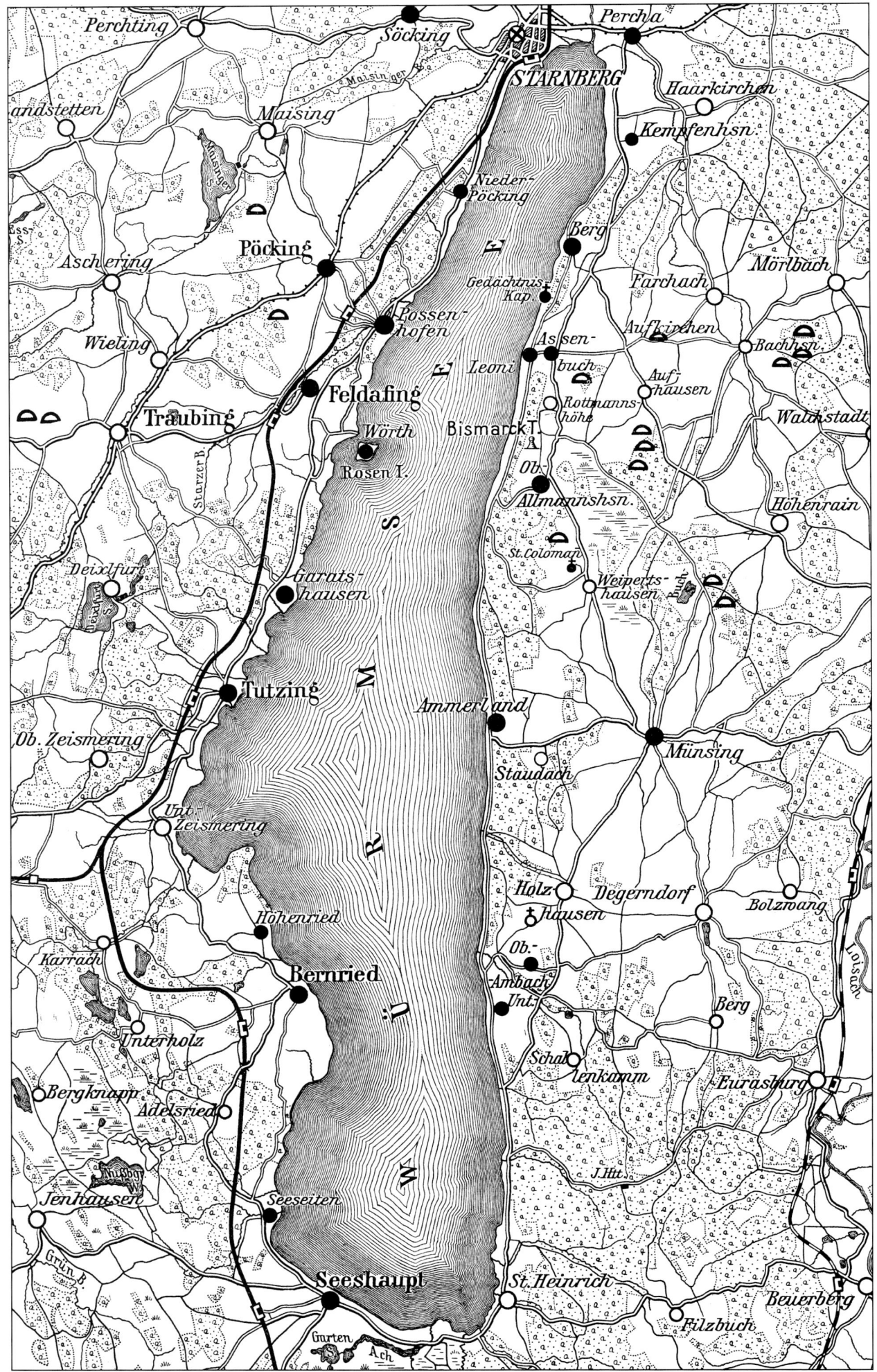

Anhang

Anmerkungen

Der Starnberger See und seine Entwicklung zur Villenlandschaft

1 Samuel Capuzeau (1671, 1673) oder Pierre de Bretagne (1722) z. B. schildern die Seefeste bis in Einzelheiten, sie verschwenden jedoch nicht ein Wort über die Landschaft. (Vgl. Gerhard Schober, Prunkschiffe auf dem Starnberger See, München 1982, S. 59, 61, 65, 70, 72).

2 Vor allem die Parkanlagen von Schloß Berg, von Allmannshausen, Seeseiten, Bernried, Höhenried, Kustermann, Schloß Tutzing, Garatshausen, der Lenné-Park Feldafing und der Schloßpark Possenhofen.

3 Lorenz Westenrieder, Beschreibung des Wurm- oder Starenbergersees, München 1784 (in der Neuausgabe, München 1977), S. 1.

4 Lorenz Westenrieder, a.a.O., S. 17.
An dieser Stelle offenbaren sich die tiefe Natursehnsucht der Zeit und das neue schwärmerische Gefühl für die Landschaft: »Die sanften Berge, welche sich zu beyden Seiten längst dem See hinabziehen, sind größtentheils mit anmuthigen Waldungen, zwischen welchen schöne, frische Felder und Wiesen innen liegen, wie mit einer Tapete, geziert. Am Fusse der Hügeln liegen, im romantischen Reitz, einsame und ärmliche Schifferhütten, aber auf den ofnen Anhöhen erblickt man, fast immer in Entfernungen von weniger als einer Stunde, ansehnliche Schlösser mit Thürmen und Mauern, und darunter einzelne Kirchen, beyderseits den ganzen See hinunter, an dessen Ende die, wiewohl noch weit entfernten bairischen Alpen, und hinter diesen, die himmelhohen Felsen und Schneeberge sich auftürmen. Gewiß eine der prächtigsten Scenen der Natur, voll erhabener und einfacher Maiestät...(S...) Die ganze Natur umher ist fröhlich, sanft und gefällig, und entfernt mühsame Gedanken und schwülstigen Pracht. Ein süßer Schauder des Vergnügens hebet das Herz des Stadtbewohners, und mit iedem Blick fühlt er sich leichter und fühlt aus seiner Seele die Sorge weichen. (...) Wer nie partheyisch war, wird es hier, wenn es sich je sagen läßt, daß mans hier werden kann, und wer viele schöne Landschaften in der Welt gesehen hat, nennt im Taumel der Lust diese die schönste, hoft nie wieder eine schönere zu sehen.«

5 Adolph v. Schaden stellt (in: Neueste topographisch-statistisch-humoristische Beschreibung des Würm- oder Starnberger-Sees..., München 1832, S. 1) fest: »Unter jenen vielen Seen, welche Mutter Natur in der Schweiz, im Tyrol und in Südbayern entstehen ließ stellt sich in der letzt genannten Gegend der Würm- oder Starnberger See als einer der anmuthigsten dar«. Vor allem schwärmt auch er von der wechselnden Beleuchtung im Tageslauf. Dieselbe Begeisterung läßt Franz Xaver Eichheim, der Architekt des Prinz-Karl-Palais' erkennen: »Hier liegt der deutsche Lago Maggiore, der reizende, über 6 Stunden lange, von Starnberg bis in die Vorberge der bayerischen Alpen sich erstreckende Würm- oder Starnberger See, umgürtet mit Schlössern, Landhäusern, Dörfern, Gärten, Feldern und waldigen Bergen, bei günstigem Wetter in feenartigem Reichtum vor dem trunkenen Auge ausgebreitet.« (Franz Xaver Eichheim, in: Allgemeine Bauzeitung 2, 1837, S. 222; zit. nach Chr. Hölz, in: Zwischen Glaspalast und Maximilianeum, Ausst.-Kat., München 1997, S. 309). Auch Andreas Link leitet 1857 seinen Starnberger-See-Führer mit einem Loblied auf den See ein (in: Der Würmsee in Oberbayern, München 1857, S. 12). Heinrich Noë, der in seinem Bayerischen Seenbuch von 1865 die Seen als Edelsteine im Kranze unseres Hochlandes bezeichnet, erhebt ihn schließlich über alle anderen (Heinrich Noë, Baierisches Seenbuch, München 1865, Vorwort u. S. 216 f.). In den Landschaftsbeschreibungen »Aus Deutschen Bergen« lassen sich die Autoren Herman v. Schmid und Karl Stieler 1873 zu noch überschwenglicheren Worten hinreißen und zählen den Starnberger See »zu dem Lieblichsten was auf der Erde zu schauen ist« und sind der Ansicht, es sei ein treffendes Wort gewesen, »wenn Julius Braun, der geistvolle Ägyptologe, nachdem er nahezu die ganze Welt durchwandert, von dem Aussichtspunkte bei Feldafing den See und die Berglandschaft überblickend ausrief: es gebe auf der weiten Erde nur einen Punkt – das Goldene Horn bei Byzanz – der mit diesem an hoher, immer wechselnder und doch unveränderter Schönheit zu vergleichen sei!« (Herman v. Schmid/Karl Stieler, Wanderungen im Bayerischen Gebirge und Salzkammergut, Stuttgart 1873, S. 6 u. 9).

Und Friedrich Mayer bekennt: »Das Bild, welches man bei der Fahrt auf dem Starnberger See erhält, gehört gewiß zu den schönsten und eigenthümlichsten, nach welchen die Erinnerung immer wieder mit Freuden zurückkehren wird. Nicht die Großartigkeit der Natur wirkt durch die in sanften Hügelpartien sich erhebenden Ufer auf das Herz, es ist eine unbeschreibliche Freundlichkeit, welches die Reihe der Landschaftsgestaltungen in einen Rahmen schließt, in dessen Begrenzung die stets bewegten, durchsichtig hellen Wasser des Sees sich milde brechen.« (in: Neue Beschreibung von München mit Anführung seiner Umgebungen etc., Pforzheim, 1840; zit. nach: Walter Pache, Park-Wandel, Landschaftspark und Literatur, Neue Früchte NF 17 (Schriften der Universität Augsburg), Augsburg 1997, S. 43).

6 Es ist zu Anfang eine vermögendere, aber auch unternehmendere Bauherrenschicht, die sich zu dieser Zeit ein Sommerhaus leistet, Kaufleute, Professoren, Advokaten, Ärzte, ein paar arrivierte Maler, dazu die vielen Rentiers und Particuliers, die von ihrem Vermögen leben können. Sehr viele Bauherren kommen aus dem Stuttgarter Raum (obwohl da der Bodensee eigentlich näher liegen würde), sehr viele auch aus dem Rheinland. Auch in Sachsen (Leipzig, Dresden) erfreut sich der Starnberger See großer Beliebtheit, ebenso im Raum Berlin. Selten sind Bauherren aus

Anhang

dem Raum Bremen und Hamburg sowie dem südlich anschließenden Norddeutschland. Unter den ausländischen Bauherren sind die aus Amerika zahlenmäßig weit an der Spitze, einige kommen auch aus Holland, England oder Dänemark. Kaum vertreten sind die übrigen skandinavischen Länder. Aus Frankreich, Spanien oder Italien kommen überhaupt keine Bauherren.

7   Vgl. Gerhard Schober, Prunkschiffe auf dem Starnberger See, S. 97 f.

8   Vgl. Gerhard Schober, Denkmäler in Bayern, Landkreis Starnberg, S. 40.

9   Christoph Hölz, in: Zwischen Glaspalast und Maximilianeum, Ausst.-Kat. (hg. von Winfried Nerdinger), München 1997, S. 256.

10   Der »Traum vom Lande«, die Flucht des stadtmüden Menschen (...) ist als Begleiterscheinung und Kehrseite urbaner Existenz seit der Antike eine Konstante der abendländischen Kultur- und Sozialgeschichte. (...) Zuerst und am nachhaltigsten hat der Traum vom Lande in Italien Gestalt angenommen: in der Antike in der künstlerischen Form der Villa rustica und im gesellschaftlichen Ideal der Vita rustica, in der Renaissance in der ländlichen »Habitazione del Padrone« oder »Casa di Villa« und in der »Villegiatura.« Nicht von ungefähr haben sich die Renaissance und auch noch der Barock in Italien (im Veneto, in der Toskana, bei Rom) mit am schönsten und reinsten in den großen, prachtvollen Landvillen manifestiert! (Reinhard Bentmann/Michael Müller, Die Villa als Herrschaftsarchitektur, Hamburg 1992, S. 10).

11   Die Meiereien in vielen hochherrschaftlichen Parkanlagen des 18. Jh., wo man sich als Bauer und Bäuerin maskierte, waren die unmittelbaren Vorläufer dafür. Diese Sehnsucht nach dem einfachen, unverbildeten Leben spielt eine große Rolle in der Literatur wie in der Malerei (aber auch der Musik) des ausgehenden 18. und des beginnenden 19. Jh.

12   Auch hier sind die ersten Vorbilder schon in den fürstlichen Parkanlagen des 17./18. Jh. (der Magdalenenklause im Nymphenburger Park etwa) zu suchen.

13   Heute baut man in einen Garten, der einmal für das kleine Häuschen aus den 20er Jahren gerade ausreichte, zwei Dreispänner, deren Räume so unmöglich geschnitten sind, daß man beim Einzug nicht mehr als ein paar Koffer mitbringen darf, vor denen es nicht einmal mehr zum berühmten »handtuchgroßen« Kleingarten reicht. Heute errichtet man großspurig »Residenzen« auf einem schmalen, vom Autoverkehr bedrängten Streifen, stellt man Häuser für das »besondere Wohnen« in finstere Senken und an eine Hauptverkehrsstraße, auf der schon 50 000 Autos pro Tag gezählt wurden! Hier wird endgültig der Traum von der Freiheit draußen in der Natur ad absurdum geführt, wird das Angebot, den geplagten, Bürger aus den Mauern einer unwohnlichen Stadt zu befreien, langsam zur menschenverachtenden Grimasse pervertiert. Aber man wohnt dann eben in Starnberg!

14   Bayerische Bauordnung (1817), in: Monatsblatt für Bauwesen, H. 1, München 1821, S. 43.

15   Vgl. Christoph Hölz, in: Vom Glaspalast zum Maximilianeum, Ausst.-Kat., München 1997, S. 320 f.

Heinrich Noë konnte sich für diese Holzarchitektur am Starnberger See nicht begeistern. Er spöttelte, daß die Ufer mit jenen Häusern mit den Laubsägearbeiten wie das Schaufenster eines Oberammergauer Holzspielwarenhändlers aussähen. (Heinrich Noë, Baierisches Seenbuch, München 1865, S. 471).

16   Die Neugotik wurde bereits ab 1832 für die Neugestaltung und Renovierung der Burg Hohenschwangau herangezogen, 1830 renoviert Lorenz Quaglio das Schloß Kaltenberg in diesem Stil und 1842 entsteht mit dem Wittelsbacher Palais einer der ersten ganz großen neugotischen Bauten in München.

17   So z. B. in den Villen Ebers (Tutzing), Dr. v. Fischer (Possenhofen), Böhler (Starnberg, Josef-Fischhaber-Straße), Riccius (Pöcking), Max (Ammerland) u. a. Die Hinwendung zu dieser Stilwelt war so nachhaltig, daß etwa auch das in reinstem Klassizismus gebaute Almeida-Palais in einzelnen Räumen nachträglich mit Butzenscheiben ausgestattet wurde!

18   So zum Beispiel Carl Alex. v. Heideloff, Grundzüge des altdeutschen Baustils, Nürnberg 1849; die »Ornamentenlehre« von Gropius, Berlin o. J.; F. S. Meyer, Handbuch der Ornamentik, Karlsruhe 1888; F. Berndt, Systematische Ornamentenschule, Leipzig 1860; Der Formenschatz, hg. von Georg Hirth, München 1879 ff.; u. a.

Im Grunde hat sich bis heute nicht viel daran geändert. Auch heute noch werden originelle Architekturdetails und postmoderne Versatzstücke von Studenten und Architekten gerne aus den einschlägigen Architekturzeitschriften übernommen und transferiert.

19   Hermann Muthesius, Stilarchitektur und Baukunst, Mühlheim 1902; Hermann Muthesius, Landhaus und Garten, München 1910; Hermann Muthesius, Landhäuser, München 1912.

Gleichzeitig sollten nach neuesten hygienischen und städtebaulichen Erkenntnissen angelegte Mustersiedlungen wie die Gartenstädte in Hellerau bei Dresden mit schlichten, funktionellen und preiswerten Einfamilienhäusern in einer Art sozialer Wohnungsbau das Wohnen im Grünen für den Durchschnittsbürger erreichbar wie für die Landschaft verträglich machen. Richard Riemerschmid entwarf 1908 dazu den Bebauungsplan, führende Architekten waren neben Riemerschmid Hermann Muthesius, Heinrich Tessenow, Theodor Fischer und German Bestelmeyer. Ähnliche Versuche wurden auch in anderen Städten unternommen, wenn auch nicht mit so eindrucksvollem Ergebnis. Auch mit den Häusern der Künstlerkolonie auf der Mathildenhöhe bei Darmstadt sollten neue Wege aufgezeigt werden.

20   Vgl. dazu: Richard Riemerschmid, Vom Jugendstil zum Werkbund, Ausst.-Kat. (hg. von Winfried Nerdinger), München 1983; Bruno Paul, Deutsche Raumkunst und Architektur zwischen Jugendstil und Moderne, Ausst.-Kat. (hg. von Alfred Ziffer), München 1992.

21   Der bezeichnende Begriff für die hier leider noch vielfach sehr geschätzte »Bau- und Ausstattungskunst« ist: »chic«. Pilzförmig herabgezogene Schindeldächer und grober Rauhputz, viel weiß lackiertes Schmiedeeisen (evtl. auch am Automatik-Einfahrtstor), golden glänzendes Messing, viel weißer Marmor, das Schwimmbecken gleich an der Terrassentür, heimelige Straßenlaternen entlang der Einfahrt, unmotiviert an die Fassade geklebte Erker, Balkönchen usw. In letzter Zeit sieht man immer häufiger auch mehrfach abgewinkelte barockisierende Freitreppen, postmoderne Frontispize und allerlei Säulen. Der Bauernschrank signalisiert noch immer Landleben, womöglich als Bar. Auch die »altdeutsche« Schrankwand erfreut sich noch ungebrochener Beliebtheit.

22   Der Rang der Villenlandschaft am Starnberger See wird immer wieder im Vergleich mit den Villengebieten im Umkreis anderer Städte, z. B. Wien, Dresden, Berlin oder Wiesbaden sichtbar.

23   Vgl. die entsprechenden Stadtvillen in: München und seine Bauten (hg. vom Bayerischen Architekten- und Ingenieur-Verband), München 1912; Münchener Bürgerliche Baukunst der Gegenwart, München 1898–1909; sowie in den einschlägigen Architekturzeitschriften der Zeit.

24   »England hat heute eine fertige, vollausgereifte Kultur im modernen Hausbau. Welch beneidenswertes Land! Jeder Maurermeister kann dort ein anständiges Haus bauen, das voll auf dem Boden handwerklicher Tradition steht.« (Hermann Muthesius, Das englische Haus, Berlin 1904/05).

»Dem englischen Architekten genügt es vollkommen, das ländliche Wohnhaus unter Berücksichtigung der vollen Bequemlichkeit und Behaglichkeit sinngemäß, schlicht und gediegen zu bauen«. (Hans Grässel, Architektur und Landschaft in ihren gegenseitigen Beziehungen, in: Deutsche Bauzeitung 43, Berlin 1903).

25 Muthesius äußerte sich zu dieser Zielsetzung 1915: »Die Grundsätze des Heimatschutzes bestehen nicht so sehr in der Wiederholung der bisher an einem Ort üblich gewesenen guten oder weniger guten Bauformen als vielmehr in einer sinngemäßen Fortführung der örtlichen Bauüberlieferung im Geiste der Gegenwart...« Hermann Muthesius, Über Land und Meer, Nr. 9, 1915; zit. nach: B. Kleindorfer-Marx, Volkskunst als Stil, Regensburg 1996.

26 Z. B. das Landhaus Hörner in Starnberg, Kaiser-Wilhelm-Straße 3 (s. Gerhard Schober, Denkmäler, S. 284 mit Abb.).

27 Auch der Adel wählte immer wieder mit Vorliebe diesen Rahmen für seinen Landaufenthalt. Die Villa Feodora des Erbprinzen Georg v. Sachsen-Meiningen in Bad Liebenstein (fertiggestellt 1862) sei hier als herausragendes Beispiel genannt. Von dem Münchner Architekten Ludwig Lange entworfen, bildet sie mit seinen Wandfresken von Ludwig Richter eine auffällige Parallele zum Himbsel-Haus. Möglicherweise hat letzteres (über Lange, der sich sicherlich über die Möglichkeiten eines derartigen Landhauses informiert hat) hier sogar vorbildlich gewirkt (vgl. Bertram Lucke, Die drei Sommerresidenzen des Herzogs Georg II. v. Sachsen-Meiningen in Bad Liebenstein und auf dem Altenstein, in: Arbeitshefte des Thüringischen Landesamtes für Denkmalpflege 6, Leipzig 1994). Schon um 1800 hatte Erzherzog Johann am Rande des Schönbrunner Schloßparks ein Landhaus nach dem Vorbild der Tiroler Bauernhäuser errichten lassen.

28 So z. B. Franz Zell, der eng mit der Chamer Möbelfabrik Schoyerer zusammenarbeitete. (s. Bärbel Kleindorfer-Marx, Volkskunst als Stil, Regensburg 1996).

Starnberg

Allgemeine Quellen:
Staatsarchiv München (StAM):
21004 (Rustikalsteuerkataster 1808)
21005/06 (Umschreibkataster 1812–1866)
21012/13 (Grundsteuerkataster 1867)
21014/15 (Umschreibhefte 1867 ff.)
21017 (Grundsteuerkataster 1899)
21018/23 (Umschreibhefte 1899 ff.)
20994 (Grundsteuerkataster Söcking 1867)
20995 (Umschreibheft Söcking 1867 ff.)
20997 (Grundsteuerkataster Söcking 1900)
20998 (Umschreibheft Söcking 1900 ff.)
Baupläne Starnberg und Söcking
Landratsamt Starnberg / Baupläne (Denkmalschutzakten)

1 Vgl. Sonja Sterzinger, Johann Ulrich Himbsel als Unternehmer: Die »Starnberger Eisenbahn- und Würmseedampfschifffahrtsgesellschaft«, in: Ein Jahrhundert wird mobil!, München 1994, S. 68 f.

2 Das Wellenbad (Undosa = »die Wellenreiche«), das erste seiner Art in Deutschland, mußte bereits 1921 eingestellt werden, da die Reparaturen an der Wellenmaschine zu kostspielig geworden waren. Der Starnberger Journalist des Land- und Seeboten Ferdinand Geiger bezeichnete das Wellenbad bald nach seiner Eröffnung als eine großartige Einrichtung, »von hygienischer Bedeutung enormer Tragweite«.

Der Starnberger Apotheker Alois Deiglmayer hatte schon 1835 die Konzession für ein Schwimmbad in Starnberg erhalten. Es wurde an der Stelle des heutigen Undosa und in unmittelbarer Nähe der Starnberger Pferdeschwemme eingerichtet. Es etablierte sich sogar eine Art Schwimmverein, der Wettkämpfe veranstaltete. Nachdem sich die Badeanstalt in den folgenden Jahrzehnten nicht wesentlich weiterentwickelt hatte, kaufte Karl Podewith, der spätere Besitzer des Unterbräu an der Possenhofener Straße, das Bad und erstellte 1891 einen Neubau. Die ein Stück in den See hinaus auf Pfähle gestellte Anlage war mit 140 Kabinen für etwa 500 Gäste ausgelegt. Am Ufer wurde dazu ein neues Café, ein burgähnlicher Bau in Holzkonstruktion erstellt. Das neue Bad trug nun den Namen »Seebad Starnberg«. Es gab neben dem Schwimmbad auch eine eigene Sonnen- und Luftbadeabteilung, ein Schwitzbad und eine Abteilung für Massagen. Um den Badestrand attraktiver zu machen, wurde weißer Sand vom Main aufgeschüttet, wurden Strandkörbe aufgestellt. Die Besucherzahlen pendelten sich in den ersten Jahren nach der Eröffnung auf über 40 000 pro Saison ein!

1906 wurde, an das Bad anschließend, ein neues Seerestaurant eröffnet, nach einer Verlängerung und Verbreiterung der Promenade wurde das Seerestaurant 1924 erneut vergrößert und mit einem eigenen Festsaal ausgestattet. 1960 wurde das Seebad vom heutigen Besitzer Adolf Hirth übernommen, die Badeanstalt 1980 geschlossen.
Lit.: E. Söllner-Fleischmann, Heute vor 80 Jahren: Der Aufstieg Starnbergs zum Seebad, SZ-Beilage vom 4. Juni 1985.

3 Die Georgskapelle und das Ertl'sche Landhaus sind auf verschiedenen frühen Gemälden und Aquarellen dokumentiert. Vgl. Schober, Bilder aus dem Fünf-Seen-Land, Abb. 37, 39, 49, 50, 72, 78, 85, 113, 114, 117, 143.

4 A. v. Schaden, Neueste topographisch-statistisch-humoristische Beschreibung des Würm- oder Starnberger Sees, seiner Ufer und interessanten Umgebungen, München 1832, S. 28; A. v. Schaden, Kurz gefaßte Beschreibung des Starnberger Sees, seiner Ufer und Umgebungen, München 1832, S. 8; H. K. Föringer, Der Würmsee und seine Uferorte, München 1845, S. 14. A. v. Schaden, Kurzgefaßte Beschreibung des Starnberger Sees, seiner Ufer und Umgebungen, München 1832, S. 8: »Neben dem Schloßberg erhebt sich noch ein zweiter, jetzt Ertlberg genannt, weil die auf dessen Gipfel geschmackvoll erbaute Villa – ehemals eine Kapelle – nun Eigenthum des königlichen Herrn Haupt-Staats-Cassiers v. Ertl ist. Von hier aus erfreut man sich wieder einer ganz köstlichen Aussicht über den See hin; ungemein geschmackvoll ist in neuester Zeit hier vom Herrn v. Ertl ein schöner Garten angelegt worden und noch merkwürdiger bleiben die herrlichen englischen Anlagen, welche Herr v. Ertl in einem nahen Gehölz eingerichtet hat und wo man vorzugsweise die sieben Quellen und die Konstitutionssäule aufzusuchen hat.«

5 Villa Prinz Karl (sog. Almeida-Palais). Weilheimer Straße 11/13; Fl.Nr. 338, 340–342; (1832: Wohnhaus mit Hofraum, Blumengarten mit Springbrunnen und Terrasse, engl. Anlage mit Pförtnerhäuschen, Gartensalon, Glashäuser, Gemüsegarten, Parapluie, Dienerschaftsgebäude, zus. ca. 2,34 ha, nach Eichheim in: Allgemeine Bauzeitung 1837: 3,3 ha).

1811 Seejäger Franz Groll; 1827 Staatskassier Franz Michael v. Ertl, Umbau in ein Landhaus; 1832 Freifrau Anna Sophia v. Bayrstorff; 1832 Abbruch des Landhauses und Neubau der Villa (Architekt: Franz Xaver Eichheim; Allgemeine Bauzeitung 1837, S. 222, mit Beil. CXXXVI); 1839 Erbengemeinschaft Caroline v. Gumppenberg auf Pöttmes (geb. v. Bayrstorff), Maximiliane (spät. Gräfin Drechsel) und Sophie v. Bayrstorff; 1838 Sophie Gräfin d'Almeida, verh. mit dem kaiserl.-brasilian. Kammerherrn Paulo Visconde d'Almeida; 1914 Paul Graf Almeida und Geschw.; 1918 Paul Graf Almeida; 1942 Dr. Karl Graf Almeida; 1975 Hieronymus Graf Almeida.

Lit.: A. v. Schaden, Starnberger See, S. 27; Allgemeine Bauzeitung 1837, S. 222 mit Beil. CXXXVI; Allgemeine Bauzeitung 1852, S. 222 mit Abb. auf Blatt 488; Föringer, Der Würmsee, S. 14; Link (1859), S. 22; Link (1868), S. 23; Link/Schober (1879/1984), S. 24 u. 102; Lampert (1884), S. 23; Gegenfurtner (1896), S. 31; Bayerland 1929 (Starnberger Seewoche), S. 365; Schober, Denkmäler, S. 316 u. 318 mit

Anhang

Abb.; Dehio IV, Oberbayern, München 1990, S. 1125.

6   F. X. Eichheim schreibt zum Standort der Villa (in: Allgemeine Bauzeitung 1837, S. 222): »Dieses Landhaus steht auf einem über den Wasserspiegel des Würm- oder Starnberger Sees gegen 150 Fuß erhöhten Punkte, der nach allen Richtungen eine herrliche Aussicht gewährt. Gegen Nord und Ost streift der Blick auf mehrere Stunden über die viel tiefer, romantisch situierten Ortschaften Starnberg, Percha, Leutstetten, Buchhof, Kempfenhausen u.a.m. mit ihren umliegenden üppigen Gärten, Feldern und Wiesen, Buchen- und Eichenwaldungen, abwechselnd in Hügel und Tal, und durchzogen von dem buschumgrünten mäandrisch gekrümmten Würmflusse. Im Rücken des Landhauses, jenseits der Landstraße, führt eine in einem freundlichen Tale angebrachte englische Anlage durch Buchen- und Tannenhaine längs einem vielarmigen Forellenbache zu sieben reichhaltigen Quellen, aus denen silberklares Wasser in erfrischender Kühle hervorsprudelt. Der Raum dieses Tales ist nicht bedeutend groß, schließt aber so viel Reizendes in sich, daß Fremde und Einheimische es nie ohne die gewünschte Erholung und Zerstreuung verlassen. Von hier aus steigen gegen Westen in mannigfaltiger Abwechslung begrünte und waldige Hügel eine Stunde weit bis zu einem Punkte oberhalb der Ortschaft Sökking, wo unter einer uralten riesigen Linde die entzückendste Aussicht sich darbietet. Der Beschauer überblickt von hier aus beinahe das ganze bayerische Hochgebirge vom Lech bis zur Salzach. Noch herrlicher aber zeigt sich diese Landschaft selbst, wenn nicht in so großer Ausdehnung, dagegen aber bereichert durch den am Fuße der Landhausanhöhe gelegenen Starnberger See gegen Sonnenaufgang und Mittag.«

7   Dr. Neubert's Deutsches Gartenmagazin, Illustrierte Monatshefte für das Gesamtinteresse des Gartenbaus, München 1889, S. 295. Zum Wirtschaftsgarten heißt es: »Ein zum Teil neuer, zum Teil schon vorhanden gewesener großer Obst- und Gemüsegarten, der ganz nahe der Villa liegt, lohnt wohl des Besuches. Vor allem wird man von den schönen Obstbäumen, Hochstämmen, Zwerg- und Formbäumen angenehm überrascht sein. Hier wird der Beweis geliefert, welch vorzügliches Obst auch am Starnberger See unter geeigneten Verhältnissen gezogen werden kann. Die Formzucht ist eine Lieblingsbeschäftigung des Herrn Maurer und sie gelingt ihm. Große, schöne Glashäuser sind mit manchem Sehenswerten angefüllt. Viele Florblumen, Mengen von hohen und niederen Rosen, Nelken etc. lassen uns vergessen, daß wir in einem Gemüsegarten sind, und doch zeigt gerade auch dieser sehr schöne Kulturen, und sicher würde mancher nachahmenswerte Vorbilder finden. Mit Erdbeertreiberei hat Herr Maurer gute Erfolge, und viele passende Sorten sind in Kultur.«

8   1897 Neubau des Dienerschaftsgebäudes (Weilheimer Straße 13; Architekt: Ludwig Deiglmayr; Baupl. Starnberg 306/1897; LRA Starnberg, Denkmalschutzakt). Der beim Neubau errichtete Verbindungsgang zwischen Bedienstetengebäude und Villa (Brücke, darüber Pergola auf toskanischen Säulen;) wurde nach dem Zweiten Weltkrieg wegen Baufälligkeit abgebrochen.

9   Allgemeine Bauzeitung 1852, S. 222 mit Abb. auf Blatt 488; Das Blatt enthält weitere Darstellungen von Details (Ornamente, Säule mit Kapitell u.a.): »Dieser Pavillon wurde durch Seine Königliche Hoheit, den Prinzen Karl von Bayern auf dem kleinen Hügel eines Gartens in der nächsten Umgebung Münchens aufgestellt, mit der Aussicht auf ein am anderen Ende befindliches Landhaus, auf beiden Seiten und im Hintergrunde durch Bäume und Buschwerk begrenzt. Die Dimensionen sowie der Stil waren gegeben; es sollten besonders orientalische Motive als Grundlage dienen und selbst einige phantastische Zutaten als oberste Bekrönung nicht ausgeschlossen bleiben. Die mit starken Dübeln von Schmiedeisen in den steinernen Unterbau mit Schwefel eingegossenen Säulen, dann der darauf ruhende gitterartig durchbrochene Oberteil mit Einschluß der zur Dachkonstruktion nötigen Eisenteile wurden mit Broncepulver gedeckt und hierauf das Ganze auf diesem goldartigen Grunde mit lebhaften Farben bemalt. Das Dach von Zinkblech erhielt in Übereinstimmung mit seiner zeltartig geschweiften Form sowohl innen als einen weißen Anstrich mit grünen Streifen, die Flaggenstange endlich mit Knopf, Streif und Glöckchen wurde vergoldet und gleichfalls bemalt. Durch die reiche Verzierung der einzelnen Teile, besonders der Säulen mit dem eigentümlich nach indischen Motiven gebildeten Kapitell, dann durch die oben bezeichnete farbige Behandlung wurde eine Gesamtwirkung hervorgebracht, wie sie den anmutigen und phantasiereichen Gebilden des Orients entspricht.«

10   Villa Linprun (Villa Thomaß).
Weilheimer Straße 6; Fl.Nr. 336 (Villa), 335, 337, 567, 568, 369/5 (1930 zus. 1,132 ha).
1848 Dr. Karl v. Linprun, kgl. Rat und Bezirksarzt; um 1850 Neubau der Villa (Architekt unbek.); 1884 Alfred Ritter v. Linprun (und Miterben); 1893 Prof. Adolf v. Hildebrand, Bildhauer, Umbau der Villa durch Emanuel Seidl (Baupl. Starnberg 116 u.117/1893, LRA Starnberg Denkmalschutzakt); 1895 Neubau eines Ateliers; 1900 Kommerzienrat Eugen Thomaß, Brauereibesitzer; 1907 Emilie Thomaß; 1910 Umbauplan (nicht ausgef.; StAM, Baupl. Starnberg 748/1910).
Lit.: Schober, Denkmäler, S. 316 mit Abb.; Dehio IV, Oberbayern, München 1990, S. 1125; Pusch, Wolfgang/Neubauer, Brigitte, Der Physikatsbericht für das Landgericht Starnberg (1861), in: Oberb. Arch. 121, 1998, S. 16 ff.
Dr. Karl Joseph v. Linprun (1802–1883) war zunächst Militärarzt, dann von 1834 bis 1846 Gerichtsarzt in Griesbach. Anschließend wechselte er in gleicher Funktion nach Starnberg und wurde Nachfolger von Dr. Michael Hastreiter. Er war gleichzeitig Leibarzt des Prinzen Karl. Seit 1862 hatte er den Titel eines Bezirksarztes, nach Beendigung seiner Dienstzeit 1872 war er noch eine Zeit als praktischer Arzt tätig. Den Grund zum Bau der Villa erwarb er 1849 von der Kirchenstiftung Starnberg (0,76 Tagw.), 1856 vom Pfarrwiddum Starnberg (Fl.Nr. 46/4) und von der Stadtpfarrei St. Ludwig in München (möglicherweise ursprünglich eine Stiftung des Prinzen Karl zum Bau der Ludwigskirche).

11   StAM, Baupl. Starnberg 748/1910; auch ein seitlicher Anbau 1921 (StAM, Baupl. Starnberg 1281/1921) wurde nicht verwirklicht.

12   Landhaus Zimmermann (Villa Leprieur, Villa Grimm).
Wittelsbacher Straße 20; Fl.Nr. 68 (Villa mit Gras- und Baumgarten, engl. Anlagen, Gartensalon, Sommerhaus, Fischbehälter).
1804 Heinrich Zimmermann, Kapitän und Leibschiffsmeister, Neubau des Landhauses; 1805 Witwe Barbara Zimmermann; 1805 Albert Ullein (Kaufmann in München) für seinen Schwager Georg Mitterer (Neubäck in Starnberg); 1827 Heinrich Joseph Ritter v. Leprieur, kgl. Münzamtsdirektor in München, Umbau des Landhauses zur Villa mit engl. Parkanlage (Architekt: Leonhard Schmidtner); 1837 Therese v. Reichenbach; 1844 Alois Sabbadini, Kaufmann in München; 1857 Margarethe Danhauser (geb. Sabbadini, Bezirksamtsdirektorsgattin); 1870 Max Joseph Danhauser; 1872 Friedrich Lutz; 1890 Oberst Maximilian v. Lutz; 1891 August Lauterer; 1894 Anna Grimm, Umbau der Villa (StAM, Baupl. Starnberg 146/1894); 1896 Dr. Friedrich Klee; 1917 Löwenbrauerei München; 1924 Stadt Starnberg; 1935 Josef Fichtl.
Lit.: Baualbum L. Schmidtner (Stadtmuseum Weilheim).

13   Vgl. Schober, Bilder aus dem Fünf-Seen-Land, Abb. 85, 86, 87, 143, 144, 175.

14   Vgl. Baualbum L. Schmidtner, Stadtmuseum Weilheim.

15   Noch unverändert in der aktualisierten Karte 1892.

16   Mitteilungen (1979) über die Gartenanlage und die Innenräume der Villa von Friedrich Zacherl, München. Weitere Grundlagen für die Rekonstruktion der Gartenanlage: Situationsplan bei Schmidtner (Baualbum, Museum Weilheim); Flurkarten (Ortsplan) 1866–1896; versch. Photos, 1898.

17   Der Herr Rentamtsbote und Notar scheint gerne gebaut zu haben. Er verkaufte bereits 1867 an Sebastian Ducrue (heute Ludwigstraße 2; Fl.Nr. 62 u. 63; weitere Besitzer: 1878 Eugen Roth, Privatier; 1883 Prof. Eduard Schwoiser, Kunstmaler in München, von ihm dürfte das erhaltene Wandgemälde an der südl. Terrasse sein; 1893 Antonie Texter).
Er errichtete sich an der Maximilianstraße (Nr. 11, vgl. Fußnote 45) ein neues Haus. Sein drittes Haus entstand 1874 weiter südlich, an der heutigen Wittelsbacher Straße (ehem. Hausn. 164; Fl.Nr. 58/3). 1888 erwarb die Fabrikdirektorswitwe Julie Boley Haus und Garten (heute Foto Wörsching).

18   Villa Schmid-Kochheim.
Ehem. Bahnhofsplatz 2; ehem. Haus-Nr. 52 u. 98½; Fl.Nr. 52/2 (Villa mit engl. Anlagen).
1866 Karl v. Schmid-Kochheim, Privatier in München, Neubau der Villa; 1868 August v. Dall'Armi; 1872 Jeremias Jaser; 1876 Privatier Anton Lindner; 1878 Hermann Fürther; 1909 Sigmund Feuchtwanger; 1910 Adolf Hirt.

19   Villa Hirt.
Bahnhofsplatz 4/6; Fl.Nr. 53/3 (Villa mit engl. Anlagen) u. 52/4.
1865 Georg Hirt und Afra, Neubau der Villa; 1882 Witwe Afra Hirt; 1896 Adolf Hirt; 1898 Johann Hartl, Umbau zur Pension, 1898 Restaurant König Ludwig (seit 1948 Hotel Seehof).
1895 Umbau des ehem. Stallgebäudes zu einem Wohnhaus auf Fl.Nr. 52/4, Architekt: Adolf Hirt, Maurermeister; 1898 Johann Hartl; 1906 Adolf Hirt.
Lit.: Dix/Pusch, Starnberg, S. 72–75 mit Abb.

20   Landhaus Halbig.
Theresienstraße 8; Fl.Nr. 100, 101, 113 (Landhaus mit Sommerhäuschen, Gemüse-, Gras- und Baumgarten mit Anlagen, Gartensalon).
1855 Matthäus Wannerstorfer, Neubau des Landhauses; 1857 kgl. Professorsgattin Katharina Halbig; 1869 Johann Rudolf Grevé; 1873 Georg Bezold; 1876 Felix Höfeld, Kaufmann in München; 1904 Fanny Bachmann, Bankiersgattin in München; 1908 Anna Neustätter, Umbau (Architekt: Stefan Wollmann; Veranda und Hochlaube auf der Ostseite, Belvedereaufbau; StAM, Baupl. Starnberg 653/1908); 1919 Otto Brandl; 1938 Hermann Alletag.

Lit.: Süddeutsche Bauhütte 13, S. 138; Schober, Denkmäler, S. 310 mit Abb.
Johann v. Halbig war einer der wichtigsten Bildhauer zur Zeit Ludwigs I. und Max II. Er schuf zahlreiche Denkmäler und Bildwerke an öffentlichen Bauten (Löwen an der Alten Pinakothek, Löwe an der Lindauer Hafeneinfahrt, Quadriga auf dem Siegestor u.a.) sowie Grabdenkmäler. Seit 1846 Professor an der Akademie.
Matthäus Wannerstorfer war einer der einheimischen Baumeister, die viel in Starnberg und Umgebung gebaut haben. Seine Bauten bewegen sich in einem Spektrum zwischen Nachklassizismus und bodenständiger Bauweise und zeichnen sich durch solide, zurückhaltende Gestaltung aus. Wannerstorfer unterschreibt bei seinen frühen Plänen mit dem Vornamen Matthäus, später (etwa ab 1875/80) taucht fast durchwegs die Namensform Mathias auf. Der Widerspruch ist nicht zu klären. Eventuell handelt es sich auch um Vater und Sohn.

21   Villa Harffen.
Theresienstraße 5; Fl.Nr. 112.
1892 Johann und Therese Harffen, Neubau der Villa 1891 (Architekt: Andreas Fischhaber, StAM, Baupl. Starnberg 77/1891); 1901 Fürst Philipp zu Eulenburg-Hertefeld; 1911 Alexandrine Gräfin v. Schwerin (geb. Eulenburg-Hertefeld); 1922 Marie de Heiroth; 1938 Elise Ditmar.
Lit.: Schober, Denkmäler, S. 308 mit Abb.
Die Baumeisterdynastie Fischhaber hat außerordentlich viel in Starnberg und Umgebung gebaut. Der erste Fischhaber, der uns in den Planunterlagen begegnet, ist Andreas Fischhaber sen. Er errichtete um 1840–50 seine ersten Häuser in Starnberg und führte ein leistungsfähiges Baugeschäft (mit über 100 Arbeitern) in der Söckinger Straße. Sein Sohn Andreas Fischhaber (1876–1954) übernahm um 1900 die Firma seines Vaters. Er hatte an der Bauakademie in Straßburg studiert. Sein Bruder Josef Fischhaber war ebenfalls Baumeister, hatte jedoch ein eigenes Baugeschäft und war damit unmittelbarer Konkurrent seines Bruders. Er wirkte als Kreisbaumeister und von 1919–1922 auch als Bürgermeister der Stadt Starnberg. Als Inhaber von Baufirmen haben alle Fischhaber natürlich auch die Entwürfe fremder Architekten gebaut. Ein weiteres Mitglied der Baumeisterfamilie war Andreas Vitzthum, den die zweite Frau des älteren Andreas Fischhaber mit in die Ehe gebracht hatte. Auch er hat einiges in Starnberg gebaut.

22   Beim Sautner, ehem. Glasergütl.
Achheimstraße 1; Fl.Nr. 127 u. 127.
Nach 1667 Leibschiffsteuerer Adam Sautner; 1859 Georg Wörsching; 1886 Mathias Rettenberger; 1891 Fürst Theodor Cantacucene; 1898 Witwe Caroline Cantacucene und Töchter; 1921 Adolf Bayerlein; 1929 Oskar Kinzinger.
Lit.: Schober, Denkmäler, S. 266.

23   Landhaus Robert Weise.
Söckinger Straße 11; Fl.Nr. 570/2.
1877 Maria Doll (Kapitänswitwe); Robert Weise, Kunstmaler; 1918 Errichtung eines Ateliers, Anbau westl.; 1930 Ilse Weise; 1954 Marianne Peiffer, geb. Weise.
Lit.: Schober, Denkmäler, S. 308 mit Abb.
Robert Weise gehörte zu den Mitbegründern der »Scholle«, wirkte als Professor an der Weimarer Akademie. Landschafter und gesuchter Porträtist.
In der Söckinger Straße entstanden ab etwa 1860 zahlreiche kleine Landhäuser, die in dichter Reihung ein sehr einheitliches Straßenbild ergaben. Es handelte sich durchwegs um kleine, ein- bis zweigeschossige Bauten mit Satteldach. Zwischen Straße und Haus lag meist ein kleiner Vorgarten, rückwärts der eigentliche Garten mit Blumenbeeten, Gemüse- und Obstgarten.

Weitere interessante Häuser:

Söckinger Straße 15; erbaut 1896, Umbau 1911 durch Oskar Schüler; vgl. Schober, Denkmäler, S. 308 mit Abb.
Söckinger Straße 27; erbaut 1875; 1895 im Besitz des Münchner Kunsthändlers Julius Böhler sen.

24   Landrichterhaus.
Schloßbergstraße 4; Fl.Nr. 238.
Vor 1800 Joseph Anton v. Weltin auf Rosen, Landrichter in Starnberg, Neubau des Landhauses; 1818 Wilhelm Doppelmair, Landgerichtsassessor und Maler; 1824 Josefine Freifrau v. Imsland; 1826 Louise Ronde in München; 1827 Reichsrat Graf Heinrich v. Reigersberg, kgl. Staatsminister der Justiz; 1828 Franz Lindauer, Kaufmann; erdgeschossiger Anbau nach Westen; 1849 Karoline Lindauer; 1898 Otto Schwarz; 1904 Xaver Daffner, Privatier in München, An- und Umbau durch Andreas Vitzthum (Anbau, Neugestaltung der Fassade, Veranda; StAM, Baupl. Starnberg 583/1904); 1908 Peter Schweizer; 1939 Albertine Schweizer; 1955 Max Rombach; 1956 Centa Rieser.
Lit.: Das Landhaus ist auf älteren Gemälden und Aquarellen gut dokumentiert; vgl.: Schober, Bilder aus dem Fünf-Seen-Land, Abb. 50, 51, 72, 85, 86, 143, 175, 217; Schober, Denkmäler, S. 304 mit Abb.

Landhaus Hastreiter.
Am Vogelanger 4; Fl.Nr. 268.
1835 Johann Obermayer, Neubau des Hauses; 1843 Dr. Wilhelm Hastreiter, kgl. Gerichtsarzt in Starnberg (und Leibarzt des Prinzen Karl); dann Anna Hastreiter; 1902 Kajetan Hastreiter.

Landhaus Schöninger.
Am Vogelanger 6; Fl.Nr. 271.
1843 N. de Freville, Kunstmaler, Neubau des Hauses; 1861 Georg Weiß; um 1880 Generalkonsul Schöninger.

Landhaus Oßwald.
Am Vogelanger 10; Fl.Nr. 290.
1895 Eugen Schwerd; 1909 Auguste Schwerd; 1919 Wilhelm Thiele; 1921 Prof. Erdmann Hartig, Architekt; 1922 Fritz Oßwald, Kunstmaler; 1948 Hildegard Oßwald; heute abgebrochen.

Landhaus Thomaß.
Am Vogelanger 15.
Kommerzienrat Carl Thomaß, Goldschmied und Juwelier, Mitbegründer der Aktien-Dampfschiffahrts-Gesellschaft auf dem Würmsee.

25 Villa Von der Tann.
Unterer Seeweg 1; Fl.Nr. 378/3.
1879 Eduard Mayer, Kaufmann in Frankfurt, 1880 Neubau des Landhauses; 1906 Dr. Friedrich Brand, Arzt in München; 1918 Gustav Becker, Kaufmann in München, 1919/1922 Umbau der Villa (Architekt: Hans Noris; Baupl. Starnberg 144/1918, LRA Denkmalschutzakt); 1926 Franz Maier, Fabrikant aus Stockdorf; 1934 Maria von und zu der Tann-Rathsamhausen aus Tutzing; Bau einer Autohalle 1937.
Lit.: Gegenfurtner (1883) S. 24 u. (1896), S. 32; Schober, Denkmäler, S. 312 mit Abb.

26 Villa Klenze (ehem. Panzensölde, Walchergütl).
Possenhofener Straße 7; Fl.Nr. 371, 372.
1865 Jakob Schmid, Umbau, Wohnhaus mit Turm; 1868 Eduard v. Lutz, kgl. Generalmajor; 1894 Max v. Klenze; 1924 Sophie v. Klenze; 1935 Maria Breiter.
Lit.: Dix/Pusch, Starnberg, S. 50 u. 52 mit Abb.

Weitere Landhäuser:
Landhaus Fleming (ehem. Plemplgütl).
Possenhofener Straße 17; Fl.Nr. 373, 374 u. 375.
1894 Benedikt Kirschner; 1919 Maria Fleming (geb. von der Marwitz), 1920 Umbau zum Landhaus (Architekt: Hofbaurat Eugen Drollinger; StAM, Baupl. Starnberg 1184/1919).

Villa Mussinan.
Possenhofener Straße 19; Fl.Nr. 376.
1876 Isaak Rosenthal, Neubau des Landhauses mit engl. Anlage; 1876 Philipp Held, Kaufmann in München; 1882 Oskar Mussinan; 1893 Witwe Hedwig Mussinan; 1915 Bertha Mussinan; 1926 Margarete Steininger und drei Geschwister.
Lit.: Schober, Denkmäler, S. 298 mit Abb.

Villa Lipps.
Possenhofener Straße 21; Fl.Nr. 377.
1896 Richard Lipps, Kunstmaler in München, Neubau der Villa (Architekt: Carl Lemmes; StAM, Baupl. Starnberg 256/1896), Anbau nördl. 1901.
Lit.: Architektonische Rundschau 13, 1897, Heft 11.

Villa Rock.
Possenhofener Straße 23; Fl.Nr. 377/2.
1896 Major Ludwig Rock aus Erlangen, Neubau der Villa (Architekt: Andreas Fischhaber; StAM, Baupl. Starnberg 238/1896); 1925 Dr. Kurt Rock; 1949 Max Weis.

27 Villa Schuh.
Unterer Seeweg 3; Fl.Nr. 379/2.
1871 Johann Pracher, Rentbeamter in München; Neubau des Landhauses; 1898 Hofrat Dr. Georg Ritter v. Schuh, Bürgermeister in Nürnberg; Totalumbau 1898, Anbau rückwärts 1907 (Architekt: G. Kuch; StAM, Baupl. Starnberg 621/1907), 1912 neue Veranda; 1918 Witwe Maria v. Schuh; 1919 Exzellenz Paul v. Schuh; 1920 Richard Kühlewein aus Erfurt; 1939 Paul Kühlewein u. Cons.
Lit.: Link/Schober (1879/1984), S. 27 u. 102; Lampert (1884), S. 26; Gegenfurtner (1883), S. 24 u. (1896), S. 32.

28 Villa Prestele.
Ehem. Unterer Seeweg 4; Fl.Nr. 381 u. 380 (Villa am See mit Terrasse, Gartenanlage, Sommerhäuschen mit Parapluie, Schiffshütte und Badehäuschen mit Steg; zus. 0,6 ha).
1865 Karl Prestele, Kaufmann in München, 1865 Neubau der Villa; 1873 Franz Adolf Rudhart, Bankier in München; 1883 Robert Zeiller, Bildhauer in München; 1884 Leopold Jeßler, Apotheker in München; 1901 Ida König (geb. Jeßler); 1901 Dr. Theodor König, Apotheker; 1902 Dr. Max Rauchenberger, Rechtsanwalt in München, Umbau der Terrasse zur verglasten Veranda (StAM, Baupl. Starnberg 924/1911); 1914 Richard Hildebrand aus Reutlingen; 1918 Philomena Meyrink; 1928 Otto Böhler, Kunsthändler in München; 1939 Julius Böhler, 1939 Abbruch.
Lit.: Link (1864), S. 26; Link/Schober (1879/1984), S. 27 u. 103; Gegenfurtner (1883), S. 25 u. (1896), S. 32; Zeichnung im Archiv der Villa Wahnfried, Bayreuth (in: Veröffentlichungen der Richard-Wagner-Forschungsstätte Bayreuth, Erste Folge 1943).

29 Dirk Heißerer, Wellen, Wind und Dorfbanditen, München 1995; S. 32 ff.; Dirk Heißerer, Offene Grenze zwischen Diesseits und Jenseits, in: Südd. Zeitung Nr. 281, 5./6.12. 1992.
Meyrink kaufte sich die Prestele-Villa vom Erfolg seines »Golem« (1915). Er war schon 1911 nach Starnberg gekommen, weil er als passionierter Segler und Ruderer (er war Mitglied und Ruderwart des benachbarten Ruderclubs »Bayern« am See wohnen wollte. Er wohnte zunächst in der Villa Rock, Possenhofener Straße 23 (s.o.). Meyrink dachte sich viele Geschichten bei der täglichen Fahrt mit dem Boot aus, aufgeschrieben hat er sie dann oft in einer Art Baumhaus im Garten, wo er die nötige Ruhe hatte. Meyrink empfing hier in seinem Haus viele Gäste, er pflegte auch den Verkehr mit bekannten Zeitgenossen am Starnberger See, so etwa mit seinem Freund, dem Schriftsteller Friedrich Alfred Schmid Noerr, der drüben in Percha eine kleine Villa besaß, oder mit dem Kreis um Albert v. Schrenck-Notzing und Gabriel v. Max in Ammerland, der sich mit Parapsychologie und Okkultismus befaßte. Nach dem Verkauf der Villa lebte er bis zu seinem Tode 1932 oben an der Wilhelmshöhenstraße 9. Er liegt auf dem Friedhof an der Hanfelder Straße begraben.

30 Seehaus Böhler.
Unterer Seeweg 4; Fl.Nr. 380.
1919 Kauf des nördl. Teils des Prestele-Grundstücks durch Julius Böhler jun., Kunsthändler in München, 1919 Neubau der Villa Seehaus (Architekt: Hans Noris; Baupl. Starnberg 1201/1919, LRA Starnberg, Denkmalschutzakt); 1924 Ethel Böhler; 1928 Erwerb des Restgrundstücks und 1939 Abbruch der alten Prestele-Villa; 1939 Julius Harry Böhler.
Lit.: Schober, Denkmäler, S. 312 mit Abb.

31 Villa Ainmiller (Villa Steininger).
Ehem. Unterer Seeweg 6; Fl.Nr. 384/2, 385, 386 (Villa mit Terrasse, engl. Anlage, Schiffshütte, Badehaus mit Steg).
1864 Maximilian Ainmiller, kgl. Glasmalereiinspektor; Neubau der Villa; 1871 Witwe Antoinette Ainmiller; 1872 Oskar Mussinan, Rentier aus Amerika; 1893 Witwe Hedwig Mussinan und Kinder; 1927 Margarete Steininger (geb. Mussinan); 1989 Vernichtung durch Brand, 1990 Abbruch.
Lit.: Link (1868), S. 26; Link/Schober (1879/1984), S. 27 u. 104; Lampert (1884), S. 26; Gegenfurtner (1883), S. 25 u. (1896), S. 34; Schober, Denkmäler Starnberg, S. 314 mit Abb.
Die Villa Ainmiller stand unter Denkmalschutz. Das leerstehende Haus wurde 1989 durch Brand vernichtet und anschließend abgebrochen. Am Starnberger See kann der Zeitgeist, wie man sieht, auf ganz unterschiedliche Weise zur Beseitigung alter denkmalgeschützer Häuser führen.

32 Landhaus Holz (Villa Goes).
Possenhofener Straße 65; Fl.Nr. 389, 390, 392 (Villa am See mit Terrasse, Gartenanlagen, Schiffshütte mit Bassin, Badehaus mit Steg, engl. Anlagen, zus. 2,724 ha).
1863 Hermann Holz, Hofphotograph und Porträtmaler aus Bremen, 1864 Neubau der Villa; 1874 Friedrich Goes (Göß),

Rentier aus Milwaukee (bzw. Bamberg); 1899 Anbau einer neuen Terrasse (Architekt: Valentin Wolff; StAM, Baupl. Starnberg 437/1899); 1900 Erbengemeinschaft Goes; 1919 Münchner Yachtclub; 1919 Bootshaus-Neubau; 1919 Neubau eines Nebenhauses auf Fl.Nr. 390/3 (Architekt: Hans Stöcklein); 1921 Anbau an die Villa (erdgesch. Flügel mit Kneipzimmer); 1930 Anbau an der Nordseite der Villa (StAM, Baupl. Starnberg 1627/1930).

Lit.: Link (1868), S. 26; Link/Schober (1879/1984), S. 104; Lampert (1884), S. 26; Gegenfurtner (1883), S. 26 u. (1896), S. 34; Schober, Denkmäler, S. 298 mit Abb.

Der Maler Hermann Holz war, wie viele Malerkollegen, welche die Photographie zunächst als Fortführung der Malerei, aber auch als willkommene Quelle für ihre Arbeit ansahen, als Photograph (von 1858 bis 1869) tätig. Er war u.a. für das Haus Wittelsbach tätig und machte verschiedene Aufnahmen von der königlichen Familie, besonders von den beiden Prinzen, aber auch von der Familie des Herzogs Max in Bayern (Possenhofen). Er war 1856 von Bremen nach München gekommen. (Heinz Gebhardt, Königlich bayerische Photographie 1838–1918, München 1978).

33 Vgl. Wilhelm Trübner, Ausst.-Kat., Heidelberg/München 1995, Abb. 102–106.

34 Villa Meister.
Ehemals Possenhofener Straße 71; Fl.Nr. 390/2.
1910 Georg Meister, Architekt in München; 1911 Neubau (StAM, Baupl. Starnberg 719/1910); 1913 Direktor Leonhard Ott; 1943 Walter Schmidkunz, Schriftsteller.

35 Villa Morath.
Possenhofener Straße 73; Fl.Nr. 391 (Villa mit Parkanlagen).
1910 Dr. Hans Morath, Sanitätsrat aus Wandsbek; Grund von Erbengemeinschaft Goes erworben, 1912 Neubau (StAM, Baupl. Starnberg 786 u. 802/1911); 1932 Wilhelm Pflüger, Generalkonsul und Fabrikbesitzer in München; 1949 Friedrich und Claire Pflüger; 1954 Rudolf Spieß aus Caracas.

36 Landhaus Neuner.
Possenhofener Straße 81; Fl.Nr. 394/2, 413 (Villa am See mit engl. Anlagen).
1867 Ludwig Neuner, kgl. Advokat in München; 1868 Neubau der Villa; 1888 Kommerzienrat Michael Ritter v. Poschinger, Fabrikbesitzer in Theresienthal bei Zwiesel; 1892 Max Häußler, Baumeister; 1899 Neubau des Hauses auf Fl.Nr. 413 (westlich der Straße); 1914 Dr. Josef Sicherer, Schriftsteller; 1922 Wilhelm Sicherer; 1937 Emma Roth, Abbruch des Landhauses Neuner und Neubau des bestehenden Hauses (StAM, Baupl. Starnberg 1979/1937).

Lit.: Link/Schober (1879/1984), S. 28 u. 105; Lampert (1884), S. 27; Gegenfurtner (1883), S. 26 u. (1896), S. 35.

37 Villa Meß (Villa Prehn, Villa Böhler).
Possenhofener Straße 79; Fl.Nr. 394 (Villa mit engl. Anlage, Bad und Schiffshütte, zus. 1,796 ha; 1916 auch Fl.Nr. 392, Obst- und Grasgarten mit 0,793 ha).
1868 Dr. Eduard Meß, Zuchthausdirektor in München, Neubau der Villa; 1888 Friedrich Neresheimer, Kaufmann in München; 1889 Anbau auf der Südseite; 1909 Leopoldine Prinzessin v. Ratibor und Corvey (für 155 000 M), 1910 Neubau eines Wirtschaftstraktes (StAM, Baupl. Starnberg 702/1910); 1915 Paul Metz, Direktor aus Frankfurt (um 238 000 M), Anbauten (Terrassen auf Süd- und Ostseite, Eingangsportal; Aufschüttung des Ufers und neue Ufermauer (Architekt: Ludwig Lutz; Baupl. Starnberg 1120/1916); 1920 Paul Wiegand aus Berlin; 1925 Thomas Prehn, Rentier aus Rostock; neues Gewächshaus, Umbauten und Erweiterung der Villa nach Norden 1925 (Architekt: Max Roth, München; StAM, Baupl. Starnberg 1401-3/1924); 1933 Otto Böhler, Kunsthändler in München (um 240 000 M), Totalumbau der Villa (Architekt: Karl Nungesser, Büro Hans Noris; StAM Baupl. Starnberg 1743/1933); 1954 Anni Böhler.

Lit.: Link/Schober (1879/1984), S. 28 u. 105; Lampert (1884), S. 27; Gegenfurtner (1883), S. 26 u. (1896), S. 34.

38 Villa Pick (Villa Sicherer).
Possenhofener Straße 83; Fl.Nr. 395/2 (Villa mit engl. Anlagen, zus. 0,856 ha).
1872 Christoph Pick, Privatier, Neubau der Villa; 1877 August Lütge, Bauunternehmer; 1878 Ludwig van Hees, Modewarenhändler in München; 1881 Martin Burger; 1888 Gottfried Kohlermann, Kaufmann aus London; 1894 Graf Vitzthum v. Eckstädt, kgl.-sächs. Landjägermeister, und Gräfin Anita Vitzthum v. Eckstädt; 1896 Franz und Magdalena v. Lenbach; 1898 Friedrich Schön, Rentier in München; 1909 Dr. Joseph Sicherer, Schriftsteller und Privatgelehrter; 1911 Abbruch der Villa und Neubau (1. Projekt: Architekt: Louis v. Courten; StAM, Baupl. Starnberg 720/1910; 2. Projekt: Architekt: Ludwig Ritzhaupt; StAM, Baupl. Starnberg 775/1910; 1911 Bootshaus; 1938 Wilhelm Pfister u. 2 Cons.; 1950 Rudolf Pfister.

Lit.: Link/Schober (1879/1984), S. 29 u. 105; Lampert (1884), S. 28; Gegenfurtner (1883), S. 27 u. (1896), S. 35; Schober, Denkmäler, S. 300 mit Abb.

39 Landhaus du Pré (Villa Baeyer).
Possenhofener Straße 89; Fl.Nr. 397, 398, 395, 396, 402 (Villa am See mit engl. Anlage, Wagenremise, Stall, Bienenhaus, Sommerhäuschen, zus. 3,06 ha).
1851 Charles du Pré, Privatier in München, Neubau des Landhauses; 1870 Caroline Adelaide Thornton, zus. mit Catherine, Mary, Gertrude und Eleonore v. Grenfell (Erbschaft); 1871 Ludwig Hubert van Hees, Schneidermeister und Modewarenhändler in München; 1875 Neubau eines Ateliergebäudes und einer Hafenanlage; 1895 Geheimrat Prof. Dr. Adolf v. Baeyer, Anbau an der Westseite und neue Terrasse (Architekt: Emanuel Seidl; StAM, Baupl. Starnberg 266/1895).

1900 Anbau westl.(Architekt: A. Fischhaber; StAM, Baupl. Starnberg 490/1900).

Lit.: Link (1859), S. 25; Link (1868), S. 27; Link/Schober (1879/1984), S. 29 u. 106; Gegenfurtner (1883), S. 27 u. (1896), S. 35; J. W. Kunstmann, Emanuel Seidl, Beitr. zur Kunstwissensch. Bd. 52, München 1993, S. 145.

Der Chemiker Geheimrat Prof. Dr. Adolf v. Baeyer (1835–1917) war Nachfolger von Justus v. Liebig in München. Seine bahnbrechenden Forschungen über die Synthese organisch-chemischer Verbindungen (bes. der Farbstoffe Eosin und Indigo) brachten ihm den Nobelpreis 1905 ein. Seine Leistungen, vor allem auf dem Gebiet der organischen Chemie, trugen wesentlich zum Aufbau einer deutschen chemischen Industrie bei. Er ging 1860 nach Berlin, wurde 1872 Ordinarius für Chemie in Straßburg und 1875 Nachfolger Liebigs in München. 1917 starb er in seiner Starnberger Villa.

40 Villa Simmerl (Villa Berger).
Possenhofener Straße 95; Fl.Nr. 399, 400 (Villa mit Turm am See, Treibhaus, Holzlege, engl. Anlagen, Baumgarten, Sommerhaus, Schiffshütte, Badehaus mit Steg, zus. 1,125 ha; 1888 dazu: Gewächshaus, Wagenremise, Kegelbahn, Kuhstall, Pavillon).
1855 Hofrat Dr. Joseph Simmerl, kgl. Advokat in München, Neubau der Villa; 1886 Hofrat Dr. Berger, Augenarzt in München; 1935 Kath. Jugendfürsorge.

Lit.: Link (1859 u. 1868), S. 25; Album »Der Harbni-Ritter Fahrt nach Starnberg«, 1862, Privatbesitz; Link/Schober (1879/1984), S. 29 u. 106; Lampert (1884), S. 28; Gegenfurtner (1883), S. 27 u. (1896), S. 36; Schober, Denkmäler, S. 300 mit Abb.; Dehio IV, München 1990, S. 1125.

41 Anläßlich der Fertigstellung der Niederpöckinger Villen stellten die dortigen Bauherren eine Mappe zusammen (»Der Harbni-Ritter Fahrt nach Starnberg«, 1862; Privatbesitz), die das Zusammengehörigkeitsgefühl der Siedler zum Ausdruck bringen sollte. Jeder Villenbesitzer steuerte ein paar Blätter bei. Auf dem Deckblatt, das alle Niederpöckinger Villen und Landhäuser in einem Kranz um ein Denkmal für Angelo Knorr, den Gründer der Kolonie, versammelt, befindet sich auch die Villa Sim-

Anhang

merl. Da die meisten Niederpöckinger Häuser (wenn nicht alle) von August Zenetti gebaut wurden, besteht die hohe Wahrscheinlichkeit, daß er auch die Villa Simmerl entworfen hat. Die Anlage der Fassaden im Stil der Maximilianzeit spricht ebenfalls dafür.

42   Villa Israel.
Hauptstraße 4; Fl.Nr. 172/2.

1892 Christian Friedrich Israel, 1896 Neubau der Villa mit engl. Anlagen; 1900 Franz Xaver Hörmann, kgl. Notar.

43   Villa Dederer.
Schloßbergstraße 10; Fl.Nr. 243.

1894 Karl Dederer, Privatier; 1895 Neubau der Villa (Architekt: A. Fischhaber; StAM, Baupl. Starnberg 209/1895).

44   Villa Wiedemann.
Dampfschiffstraße 1; Fl.Nr. 20/3.

1892 Georg Wiedemann, Neubau der Villa (StAM, Baupl. Starnberg 84/1892), 1904 Anbau (M. Wannerstorfer; StAM, Baupl. Starnberg 562/1903); 1919 Kaufmann Eugen Marx; 1941 Deutsches Reich; 1943 Martin und Anselm Leitner.

Lit.: Schober, Denkmäler, S. 270 mit Abb.

45   Landhaus Jakob.
Maximilianstraße 7; Fl.Nr. 59/3.

1873 Joseph Jakob, Neubau des Hauses; 1875 Eduard Dichtl; 1882 Georg Greif, Cafétier in München; 1889 Otto Manz; 1891 Babette v. Tein.

Lit.: Dix/Pusch, Starnberg, S. 87 mit Abb.

Weitere Häuser:
Villa Ecker.
Maximilianstraße 11; Fl.Nr. 61.

1871 Georg Ecker, Neubau des Hauses; Johann Frikart, Ingenieur in München; 1883 Max v. Klenze, Hauptmann à la suite; 1894 Clement Obermayer.

Lit.: Dix/Pusch, Starnberg, S. 88 mit Abb.

Villa Magg.
Maximilianstraße 14; Fl.Nr. 48/15.

1878 kgl. Hofrat Dr. Rudolf Magg, Neubau des Hauses mit engl. Anlagen; 1920 Fritz Magg; 1931 Johanna Magg.

Dr. Magg wurde 1872 als Nachfolger von Dr. Karl Linprun zum Bezirksarzt für das Bezirksamt Starnberg ernannt. Er wirkte vor allem als praktischer Arzt und als Chirurg am Krankenhaus Starnberg. 1914 wurde er Ehrenbürger von Starnberg.

Villa Heiß.
Maximilianstraße 16; Fl.Nr. 48/8.

1878 Dr. Heinrich Heiß, praktischer Arzt in Starnberg; Neubau der Villa; dann Witwe Carolina Heiß.

Lit.: Schober, Denkmäler, S. 294 mit Abb.

Villa Boley.
Wittelsbacherstraße 4; Fl.Nr. 58/3.

1874 Georg Ecker, Rentbote und Notar in Starnberg; Neubau des Hauses (Architekt unbek.); 1888 Julie Boley, Fabrikdirektorswitwe aus Augsburg; 1905 Erbengemeinschaft Boley; 1919 Karolin Boley; 1932 Therese Wörsching; heute Foto-Wörsching.

46   Landhaus Hörner.
Kaiser-Wilhelm-Straße 3; Fl.Nr. 48/37.

1895 Carl Hörner, Gärtnereibesitzer, Neubau des Hauses (J. Fischhaber).

Lit.: Schober, Denkmäler, S. 284 mit Abb.

Villa Steub.
Ehem. Kaiser-Wilhelm-Straße 6; Fl.Nr. 48/31.

1894 Friedrich Steub, Kunstmaler in München, Neubau der Villa (Architekten: E. Vogt u. Neuhoff); 1899 Dr. Louis Levy; 1914 Hans Flad; 1920 Fr. Lemberger.

Lit.: Dix/Pusch, Starnberg, S. 88 mit Abb.

Villa Stadler.
Ehemals Kaiser-Wilhelm-Straße 8; Fl.Nr. 48/22.

1912 Franz Stadler, Zimmermeister und Dampfsägewerksbesitzer, Neubau der Villa 1912 (Architekt: Otto Gaßner); dann Regina Stadler; Abbruch 1987.

Villa Ziegler.
Kaiser-Wilhelm-Straße 9; Fl.Nr. 48/39.

1909 Dr. Eugen v. Ziegler, Rechtsanwalt, Neubau der Villa 1909 (StAM Baupl. Starnberg 652/1908); dann Elisabeth v. Ziegler; 1924 Clara Eckl; 1924 Anton Dreher.

Villa Grad.
Kaiser-Wilhelm-Straße 13; Fl.Nr. 47/2.

1902 Josef Grad, Neubau des Hauses (Architekt: M. Wannerstorfer).

Lit.: Schober, Denkmäler, S. 286 mit Abb.

Villa Dall'Armi.
Kaiser-Wilhelm-Straße 22; ehem. Haus-Nr. 39 1/3; Fl.Nr. 45/2.

1911 Oskar v. Dall'Armi, Administrator, Neubau der Villa 1912 (Architekt: Josef Heldmann; StAM, Baupl. Starnberg 926/1911); 1921 Emil Hayler; 1944 Margareta Hayler.

Villa Zuban.
Ehemals Kaiser-Wilhelm-Straße 15; Fl.Nr. 47/6.

1897 Georg Zuban, Fabrikant in München, 1897/98 Neubau der Villa (Architekt: A. Hirt; StAM, Baupl. Starnberg 281/1897 u. 373/1898); 1909 Anna Zuban; 1924 Ernst Bertuch, Kunstmaler; 1952 Walter Bertuch; nach dem Krieg abgebrochen.

47   Villa Bayerlein (Alte Oberschule).
Bahnhofsplatz 14; Fl.Nr. 121.

1922 Kommerzienrat Adolf Bayerlein, Fabrikant und rumänischer Generalkonsul; 1923 Neubau der Villa (Architekt: Stephan Stadelbauer, Bayreuth; StAM, Baupl. Starnberg, 1360/1923), 1922 Neubau einer Autogarage; 1938 Stadt Starnberg (Einrichtung einer städtischen Oberschule, ab 1952 Realgymnasium Starnberg).

48   Landhaus Bräu (Villa Bressensdorf).
Leopoldstraße 6; Fl.Nr. 610.

1889 Joseph Bräu in München, 1890 Neubau; 1893 Anbau (Architekt: J. Fischhaber; StAM, Baupl. Starnberg, 112); 1898 Exzellenz Adolar v. Bressensdorf, Generalleutnant; Anbau eines Turmes (Architekt: Fischhaber?; StAM, Baupl. Starnberg 378/1898), 3. Anbau 1901 u. 4. Anbau 1903 (StAM, Baupl. Starnberg 34/1903); 1906 Maria v. Bressensdorf; 1914 Else und Ralph v. Bressensdorf, 1917 Ralph und Carola v. Bressensdorf; 1954 Ralph v. Bressensdorf.

49   Villa Paulsen.
Leopoldstraße 3; Fl.Nr. 586/3.

1900 Dr. Friedrich Paulsen, Prof. aus Steglitz b. Berlin; 1901 Neubau der Villa (Architekt: Andreas Fischhaber; StAM, Baupl. Starnberg 489/1900).

Villa Kegel.
Leopoldstraße 1; Fl.Nr. 586/5.

1912 Otto Gaßner und Johann Zwerger; Neubau der Villa (Architekt: Otto Gaßner); 1917 Otto Kegel; 1941 Hilde Kegel.

Lit.: Schober, Denkmäler, S. 286 mit Abb.

50   Villa Hartlieb (Villa Bressensdorf).
Leopoldstraße 4; Fl.Nr. 587/2.

Um 1890 Christian Ritter v. Grundner, Premierlieutenant a. D.; 1896 Ludwig v. Hartlieb, gen. Wallsporn; 1889 Neubau der Villa; 1900 Dr. Gustav Metz, Rentier aus Charlottenburg, 1901 Umbau (Architekt: A. Fischhaber; StAM, Baupl. Starnberg 974/1901); 1912 Ludwig Herele; 1916 Max Adler; 1941 Elisabeth Stenzel; 1952 Lotte Haas; 1955 Ernst und Ricarda v. Bressensdorf.

51   Villa Eichthal.
Mathildenstraße 12; Fl.Nr. 588.

1908 Louise Frfr. v. Eichthal aus Bad Aibling, Neubau der Villa (Architekt: Franz Zell; StAM, Baupl. Starnberg 677/1909); 1922 Franz und Isabella Brentanodi-Trenezzo.

Lit.: Schober, Denkmäler, S. 294 mit Abb; Architektonische Rundschau 1913, Beil. V; Dehio IV, Oberbayern, München 1990, S. 1125.

52   Vgl. z. B. Kath. Pfarrhof Apfeldorf bei Schongau (Joh. Mich. Fischer, 1747; Abb. in: N. Lieb, J.M. Fischer, Regensburg 1982, S. 116); ähnlich auch die Kavaliers-

bauten am Schloßrondell in Nymphenburg.

53 Landhaus Rettenberger.
Mathildenstraße 14; Fl.Nr. 588/2.
1898 Franz Rettenberger, Neubau des Landhauses (StAM Baupl. Starnberg 347/1898); 1916 Josef Sigl; 1916 Hugo Rößler; um 1920 Umbau; dann Maria Rodde de Gomez aus Sevilla.

54 Landhaus Schleich, Villa Mayer.
Josef-Fischhaber-Straße 9; Fl.Nr. 613, 610/2 (Villa mit engl. Anlagen, Kegelbahn, Sommerhäuschen, Gartenanlagen; 1889 Fl.Nr. 611, 614, nun zus. 14720 qm).
1862 Dr. Martin Schleich, Literat und Redakteur in München, Neubau des Hauses; 1882 Martin Schleich, Maria Lefeldt und Franziska Schleich; 1882 Josef Ritter v. Grundner, kgl. Major; 1888 Witwe Magdalena v. Grundner; 1889 Kommerzienrat Franz Mayer, Inhaber der Mayer'schen Hofkunstanstalt in München; Umbau des Landhauses (Anbau eines Zimmers und einer Veranda); 1891 Neubau einer Hausmeisterwohnung und einer Kegelbahn; ab 1893 Neugestalt. der Parkanlage durch Michael Buchner; 1898 Abbruch des Landhauses und Neubau der Villa mit Freitreppe und Terrasse (Architekt: Emanuel Seidl, Baupl. Starnberg 259 u. 260/1896; LRA Starnberg, Denkmalschutzakt); 1903 Rückgebäude und Kutscherhaus (Architekt: A. Vitzthum; StAM, Baupl. Starnberg 563/1903); 1927 Adalbert Mayer; 1928 Agnes Mayer; 1928 Helene Müller (Erbf.); 1948 Erbengemeinschaft Müller.
Lit.: Schober, Denkmäler Starnberg, S. XXIX u. 278 mit Abb.; J.W. Kunstmann, Emanuel Seidl, Mü. 1993, S. 148; Dehio IV, Oberbayern, München 1990, S. 1124; Ingrid Cavalieri, Leben und Werk des Kunst- und Handelsgärtners Michael Buchner – Ausschnitte seiner gartenkünstlerischen Tätigkeit unter besonderer Berücksichtigung der Villa Waldberta, Diplomarbeit Weihenstephan 1996.

55 Dokumentiert durch den kolorierten Originalplan von Michael Buchner, den vermutlich einzigen am Starnberger See erhaltenen Gartenplan (1893, Privatbesitz; vgl. Ingrid Cavalieri, Leben und Werk des Kunst- und Handelsgärtners Michael Buchner, a.a.O., S. 57 f.).

56 Villa Thiem.
Josef-Fischhaber-Straße 27; Fl.Nr. 585.
1896 Adolf Thiem, Bankier in Berlin; 1897 Paul Thiem, Kunstmaler; 1897 Neubau der Villa (Architekt: Carl Lemmes 1896, Privatarch.) 1927 Witwe Maria Thiem; 1937 Ilse Thiem; 1961 Stadt Starnberg.
Lit.: Henry Thode, Paul Thiem und seine Kunst, Berlin 1921; Schober, Denkmäler Starnberg, S. 280 mit Abb.
Adolf Thiem sammelte vor allem Bilder der »Schule von Barbizon« und gehörte dabei zu den ersten Sammlern für französischen Frühimpressionismus in Deutschland. Er vermachte große Teile seiner Sammlung dem Berliner Kaiser-Wilhelm-Museum, welches dafür sogar einen eigenen Thiem-Saal eingerichtet hat. Adolf Thiem war darüber hinaus mit vielen zeitgenössischen Malern bekannt und sammelte ihre Werke. Im Hause seines Vaters wurde dann auch Paul Thiem an die Kunst herangeführt, so daß er schließlich selbst Maler werden wollte. Nach Studien in Leipzig und Berlin siedelte an die Münchner Kunstakademie über. Nachdem er sich anfangs mit Bildern phantastischen und märchenhaften Inhalts beschäftigt hatte, entwickelte er sich immer mehr zum gesuchten Portaitmaler und als Landschafter zu einem der besten deutschen Impressionisten.

57 Villa Böhler.
Josef-Fischhaber-Straße 29; Fl.Nr. 185/2, 610/2 u. 610/3 (Villa mit englischen Garten- und Parkanlagen, zus. 12760 qm).
1896 Julius Böhler, Kunst- und Antiquitätenhändler in München; 1897/98 Neubau der Villa (Architekt: Ulrich Merk, Pasing; Baupl. Starnberg 275/1897; LRA Starnberg, Denkmalschutzakt); 1897 Kutschenremise (Architekt: Ulrich Merk); 1901 Stallgebäude; 1908 Abbruch des Stalles und Neubau Hausmeisterwohnhaus, dazu Garage, Kegelbahn und Hühnerhaus (Architekt: Ulrich Merk; Baupl. Starnberg 632/1908); 1911 Neubau eines Glashauses; 1935 Maria Böhler; 1954 Rita Meß; 1955 Landkreis Starnberg (zuerst war hier das Kreisbauamt untergebracht, nun die Montessori-Schule).
Lit.: Architektonische Rundschau 17/1901, Heft 12; Schober, Denkmäler Starnberg, S. 280 mit Abb.; Dehio IV, Oberbayern, München 1990, S. 1125.

58 Villa Wilhelm Böhler.
Josef-Fischhaber-Straße 31; Fl.Nr. 584, 586/2 (1917) u. 380 (1918) (Villa mit Gartenanlagen, zus. 8280 qm).
1897 Wilhelm Böhler, Kunst- und Antiquitätenhändler in München; 1898 Neubau der Villa (Architekt: Ulrich Merk; StAM, Baupl. Starnberg 363/1898); 1904 Katharina Böhler; 1907 Johann Graf Bernstorff; 1907 Neubau eines Hausmeisterhauses (Architekt: Ulrich Merk; StAM, Baupl. Starnberg 630/1907); Robert Klinke aus Altona; 1922 Karl Später; 1940 Franz Wiechmann.

59 Landhaus Werlé.
Josef-Fischhaber-Straße 37; Fl.Nr. 584/3 u. 584/2.
1897 Carl Lemmes, Architekt in München; 1898 Elisabeth Werlé, Privatiere in München; 1899 Neubau des Hauses und Neubau des Hausmeisterhauses 1899 (Architekt: Carl Lemmes; StAM, Baupl. Starnberg 488/1899; Rep.Titl. VII, Lit: D, Abt. 3/17 Baupl.Verz. 369/1899); 1909 Erbengemeinschaft Werlé; 1919 Adalbert Alter; 1927 Elise Windheuser.

60 Villa Riemerschmid (sog. Mühlbergschlößl).
Riemerschmidstraße 7; ehem. Josef-Fischhaber-Straße 15; Fl.Nr. 580/2 (Villa mit Parkanlage, 50350 qm).
1899 Eduard Riemerschmid, Kunstmaler und Fabrikbesitzer in München; 1900/1901 Neubau der Villa (Architekt: Theodor Fischer; StAM, Baupl. Starnberg 484–87/1899); 1900 Neubau eines Gärtnerhauses (Architekt: A. Fischhaber); 1935 Marianne Riemerschmid; 1938 Umbau des ehem. Stalles zu einem Wohnhaus (Architekt: Richard Riemerschmid); heute Max-Planck-Gesellschaft.
Der Bau der Villa wirft einige Fragen auf. Auf dem Eingabeplan, der die Villa in der später ausgeführten Form zeigt, steht: »Der ausführende Architekt ist noch nicht bekannt.« Geht der Entwurf auf Eduard Riemerschmid selbst zurück? Dagegen spricht, daß Fischer in der gesamten zeitgenössischen Literatur als planender Architekt genannt wird. Es ist auch stilistisch nichts gegen die Urheberschaft Fischers einzuwenden. Eine weitere Frage ergibt sich aus der Tatsache, daß der Bruder des Bauherrn, Richard Riemerschmid, ebenfalls Architekt war und den Auftrag nicht erhalten hat. Allerdings hat Theodor Fischer auch die Villa von Arthur Riemerschmid in Pasing, Marschnerstraße, gebaut.
Lit.: Dekorative Kunst 5/1902, S. 156 u. 162; Der Baumeister 5/1907, S. 47; E. Haenel/Tscharmann, Das Einzelwohnhaus der Neuzeit, Leipzig 1909, S. 90–95; Bautechnische Zeitschrift 21/1906, S. 411 u. Beil. 52; Theodor Fischer, Wohnhausbauten, Leipzig 1912; Ausst.-Kat. Stadtmuseum München, Theodor Fischer, hg. von W. Nerdinger, München 1989, S. 194 mit Abb.; Ausst.-Kat. Richard Riemerschmid, hg. v. W. Nerdinger, München 1983, S. 455.

61 Villa Böhler (Villa Sonnenhof).
Hanfelder Straße 79; ehem. Hanfelder Straße 35; Fl.Nr. 650, 647, 647b, 644 (Villa mit Pförtnerhaus, Wohnhaus mit Stallung, Gärtnereigebäude, Parkanlagen zus. 64240 qm).
1912 Julius Böhler jun., kgl. Hofantiquar; 1912/14 Neubau der Villa (Architekt: Hans Noris; Baupl. Starnberg 807/1912, LRA Starnberg Denkmalschutzakt); 1914 Gewächshaus an der Oßwaldstraße (Hans Noris; Baupl. Starnberg 1081/1914), Gärtnerhaus und Stallgebäude für 4 Pferde an der Einfahrt (Hans Noris; Baupl. Starnberg 1059/1913, LRA Starnberg Denkmalschutzakt); 1920 Johann Heinrich Graf Bernstorff, deutscher Botschafter

(um 1100000 M); Umbau Stallgebäude (Hausmeisterhaus) 1920 (Architekt: Hans Noris; StAM, Baupl. Starnberg 1182/1919), Ökonomiegebäude an der Oßwaldstraße 1920 (Architekt: Hans Noris; StAM, Baupl. Starnberg 1176/1919); Umbau der Villa 1920 (neu: Salon, Herrenzimmer, Speisezimmer; Architekt: Hans Noris; Baupl. Starnberg 1212/1213, LRA Starnberg, Denkmalschutzakt); 1934 Dr. Alfred Walz; 1948 Edith Walz; 1976 Stadt Starnberg.

Julius Böhler, bedeutender Münchner Kunsthändler, Sohn des Firmengründers Julius Böhler sen.; die Stadtvilla der Familie (mit Galerie, heute Auktionshaus Ketterer) in der Brienner Straße errichtete 1904 Gabriel Seidl. Graf Bernstorff war einer der bedeutendsten deutschen Diplomaten seiner Zeit. Er wirkte zuerst als Legationssekretär in Belgrad und St. Petersburg, kam dann 1898 als Legationsrat nach München. Seit 1908 Botschafter in den USA, suchte nach der Marne-Schlacht bei Präs. Wilson zu vermitteln und trug damit entscheidend zu Wilsons Friedensaktion Ende 1916 bei. 1917 Botschafter in Konstantinopel, 1926 ständiger Vertreter Deutschlands beim Völkerbund. 1919 Abschied vom dipl. Dienst.

Lit.: Schober, Denkmäler, S. 272 f. mit Abb.; Dehio IV, Oberbayern, 1990, S. 1125; Wasmuths Monatshefte 21/22, mit Abb. u. Grundrissen. Dort heißt es (S. 71): »Das Landhaus Böhler von Architekt Noris liegt auf dem überragenden Höhenzug über dem Starnberger See mit dem Blick auf die ganze Alpenkette von Berchtesgaden bis zum Bodensee. Das Herrenhaus erhebt sich vor einem großen Naturpark, und gegen Süden leiten zwei Terrassen in den sanft abfallenden Hang über. Die künstlich aufgeschütteten Terrassenanlagen gaben Gelegenheit, die sämtlichen Nebengebäude wie Gärtnerhaus, Garage, Stallung und Remise sowie Gewächshäuser und den ganzen Gärtnereibetrieb so zu situieren, daß sie vom Hauptgebäude aus nicht zu sehen sind. Das hügelige Terrain führte zwanglos zur Errichtung von Stützmauern, die sich in der rückwärtigen Achse zu einer ovalen Brunnenanlage erweitern. Der ganze Besitz atmet Ruhe, unaufdringliche Vornehmheit und größte Behaglichkeit des Wohnens. Wie für die einzelnen Bauteile gediegene Materialien Verwendung fanden, so wurde auch bei der Gartengestaltung Sorge getragen, daß durch die Auswahl der Pflanzungen jede Jahreszeit die ihr entsprechenden Farben und Blüten zeige.«

62 Das Wohn- oder Musikzimmer in der Mitte wird durch die konvex vorgewölbte Außenwand als zentraler Raum gekennzeichnet. Es ist mit zwei raumhohen französischen Fenstern und einer Terrassentüre, einer Stuckdecke im Stil des Neurokoko und einem barocken Kamin (wohl französisch, 18. Jh.) ausgestattet. Nach Westen folgt der Salon mit einer, in einem hellen, warmen Holzton gehaltenen Kassettendecke (Italien, 17. Jh.) und einem hohen Kamin (wohl italienische Renaissance). Auf der anderen Seite schließt sich an das Wohnzimmer ein Raum an, der ursprünglich als Speisezimmer, später als Bibliothek genutzt wurde. Er ist ebenfalls mit einer kostbaren Kassettendecke (wohl aus Italien, 16./17. Jh., beim Einbau ergänzt), einem Marmorkamin mit farbigen Einlagen (wohl Italien, 17. Jh.) ausgestattet. Die Türzargen sind hier aus Rotmarmor, die Rückwand wird von einem Bücherschrank (ähnlich einem Vorbild in der Villa La Pietra bei Florenz) eingenommen. An diesen Raum schließt sich noch ein kleiner, als Wintergarten bezeichneter Gartensaal mit Marmorfußboden an, der außen als erdgeschossiger Anbau mit Altane (Balkon) darüber in Erscheinung tritt und durch seine großflächige, nach dem Paladiomotiv gestaltete Befensterung gekennzeichnet ist. Der sehr geräumigen Küche war, durch das zur Straße hin stark abfallende Gelände bedingt, ein großer und auf allen Seiten durch Mauern geschlossener Küchenhof vorgelagert. Die Küche ist vollständig gekachelt und mit Einbauschränken der Zeit versehen. Seitlich sind ihr eine gekachelte Speis und zwei separate Kühlräume zugeordnet.

63 Bei der Anlage des Parks wurden die oberhalb und seitlich der Villa gelegenen vorhandenen Baumbestände (meist Buchen) übernommen, aber wohl durch Auslichtung gestaltet und durch entsprechende Neupflanzungen ergänzt. Der südliche Teil des Wiesenplans wurde mit einzelnen Baum- und Buschgruppen gestaltet, die jedoch die wichtigsten Sichtachsen freihielten. Zusätzlich wurde der unterste Gartenteil mit einer halbhohen, geschnittenen Hecke abgeteilt, die einerseits Sichtschutz gegen die Oßwaldstraße und die Wirtschaftsbauten gewährte und einen optischen Rahmen bot, die Sicht jedoch nicht beeinträchtigte. Damit bezog der untere Parkteil seinen hohen Reiz vor allem aus der Weite des Wiesenplans, den verschiedenen Baum- und Buschgruppen und der Fernsicht über die Landschaft. Diese Parkanlage ist heute in ihrer Grundstruktur noch erhalten. Das Wegesystem ist allerdings weitgehend aufgegeben, der untere Parkteil wurde leider abgetrennt und mit Mietshäusern bebaut.

Grundlagen für die Rekonstruktion der Parkanlage: Flurkarte Starnberg, 1904; Lageplan mit Wegeführung auf dem Eingabeplan von 1912; Wasmuths Monatshefte 21/22, S. 71 (mit Gartenplan); aktuelle Gartenanlage.

64 Max-Joseph-Höhe (Villa Riedesel). Max-Joseph-Höhe 1; Fl.Nr. 142 (Landhaus mit engl. Parkanlagen, 1910, u. Fl.Nr. 25; Flur Söcking).

1869 Ferdinand Hochfärber, Forstmeister, Neubau des Hauses, Bau des rückwärt. Turmes (Wasserturm?); 1874 Neubau der Ökonomie- und Stallgebäude; 1896 Franz v. Normann, Rentier und Rittmeister à la suite; 1897 Umbau des Hauses und Aufstockung (Architekt: A. Fischhaber; StAM, Baupl. Söcking 29/1896); 1898 Neubau einer Reithalle (Grundriß kreisrund, Holzkonstruktion mit Kegeldach; Architekt: M. Wannerstorfer; StAM, Baupl. Söcking 35/1897), Erweiterung des Grundstücks und der Parkanlage, Almhütte (Original, im 19. Jh. hierher versetzt), Gartenfiguren (Kopien nach Callotto; nach Reallex. zur Deutschen Kunstgeschichte, Bd. 3, S. 313–15 von Riedesel aufgestellt), nicht mehr erhalten; 1924 Bruno Wagner aus Krailling; 1936 Eleonore Frfr. v. Riedesel zu Eisenbach; 1987 Axel D. Walter, 1987/90 Umbau des Hauses, Neubau eines Schwimmbades im Untergeschoß, Neuanlage der Parkflächen.

Lit.: Schober, Denkmäler, S. 356 mit Abb.

65 So bei Lampert, Der Würmsee, München 1883, S. 24; Gegenfurtner, Illustrierter Reiseführer für Starnberg und Umgebung, 1896, S. 87.

66 Im zweiten Obergeschoß war jedoch ein Raum mit Türen mit barocker Bemalung (wohl Originale) ausgestattet. Das Herrenzimmer im 1. Obergeschoß besaß einen schönen Kachelofen.

67 Villa Kirschner (Villa Wartburg). Hanfelder Straße 42; Fl.Nr. 678.

1895 Benedikt Kirschner, Neubau der Villa (Architekt: L. Stadler, Berlin; Baupl. Starnberg 183/1894), 1905 Nebengebäude; 1905 Johann Boesch; 1919 Arthur Notwurf; 1929 Max Harder; 1939 Erich Stock.

Lit.: Architektonische Rundschau 1900, 9 mit Taf. 69; Andreas Ley, Die Villa als Burg, München 1981, S. 298; Schober, Denkmäler, S. 272 mit Abb.

68 Villa Dürr. Hanfelder Straße 33; Fl.Nr. 631/3.

1920 Johann Dürr, 1924 Neubau des Hauses (Architekt: A. Fischhaber; StAM, Baupl. Starnberg 1365/1923).

Lit.: Schober, Denkmäler, S. 270 mit Abb.

Weitere interessante Häuser:

Villa Klinke. Hanfelder Straße 70; Fl.Nr. 968/2.

1921 Dr. Jur. Robert Klinke, Neubau der Villa (Entwurf: Typenhaus und Industrie-Baugesellschaft; StAM, Baupl. Starnberg 1258/1921).

Villa Obermayer.
Am Fuchsengraben 3; Fl.Nr. 619.
Clement Obermayer, Neubau um 1890, Umbau 1909 (A. Fischhaber; StAM, Baupl. Starnberg 712/1909); 1919 Robert Koelle; 1952 Dr. Hans Nägelsbach.
Lit.: Schober, Denkmäler, S. 266 mit Abb.

Villa Gottfried.
Schießstättstraße 5; Fl.Nr. 959/4.
Max Gottfried, Fabrikant, 1922 Neubau der Villa (Architekt unbek.; StAM, Baupl. Starnberg 1255/1921).

Villa Wadere.
Schießstättstraße 7; Fl.Nr. 959/2.
1905 Heinrich Wadere, Bildhauer und Professor in München, Neubau der Villa (Architekt unbek.; StAM Baupl. Starnberg 587/1905); 1908 Projekt eines Turmanbaus (Architekten: Hönig und Söldner; StAM, Baupl. Starnberg 686/1908), nicht ausgeführt; 1931 Dr. Hans Sauermann, Kunsthistoriker; Villa abgebrochen, anschließend Neubau des Altenheims der Rummelsberger Anstalten.

Villa Aurora.
Schießstättstraße 14; Fl.Nr. 955/7.
1922 Eugen Schwerdt, Rentier aus New York, Neubau der Villa (Architekt unbek.; StAM, Baupl. Starnberg 1319/1922); Totalrenovierung 1992.
Lit.: Schober, Denkmäler, S. 302 mit Abb.

Villa Kastrup.
Heinrich-Wieland-Straße 1; Fl.Nr. 681.
Neubau durch die Starnberger Villenterraingesellschaft 1910/11 (Architekt: Joseph Heldmann; StAM, Baupl. Starnberg 717/1910); 1916 Heinrich Kastrup, Umbau (Architekt: A. Fischhaber; StAM, Baupl. Starnberg 1109/1916), 1919 Karl v. Roeder; 1940 Friedrich Boss.
Lit.: Schober, Denkmäler, S. 276 mit Abb.

Villa Aigner.
Heinrich-Wieland-Straße 3; Fl.Nr. 681/2.
1908 Ernst Aigner, Neubau der Villa (Architekten: Stadler und Necker, Gräfelfing; StAM, Baupl. Starnberg 635/1908), 1934 Carolin Voith, 1935 Dr. Rudolf Binding, Schriftsteller; 1951 Franziska Scharfe.
Rudolf G. Binding gehörte Ende der 20er Jahre zu den meistgelesenen Schriftstellern. Bekannt sind seine Novellen »Die Waffenbrüder« oder die »Moselfahrt aus Liebeskummer«.

Villa Höhn.
Heinrich-Wieland-Straße 4; Fl.Nr. 681/4.
1909 Andreas Fischhaber und Joseph Pfister, Neubau 1909 (Architekt: Joseph Heldmann; Baupl. Starnberg 673/1909, LRA Starnberg, Denkmalschutzakt), 1909 Otto Hierl; 1917 Exzellenz Maximilian Ritter v. Hoehn, General der Artillerie, Anbau einer Veranda 1917 (A. Fischhaber; Baupl. Starnberg 1125/1917, LRA Starnberg, Denkmalschutzakt).
Lit.: Schober, Denkmäler, S. 276 mit Abb.

Villa Bauer.
Heinrich-Wieland-Straße 2; Fl.Nr. 677.
1914 Fritz Bauer, Fabrikant, Neubau der Villa 1914 (Architekt: Reg.-Baum. Wilhelm Käb; StAM, Baupläne Starnberg 1090/1914); dann Moritz Burger, Ingenieur aus Feldafing; 1934 Dr. Hermann Scholl; 1954 Dr. Hofferberth.

Villa Gebhard.
Heinrich-Wieland-Straße 5; Fl.Nr. 681/8.
Starnberger Villenterraingesellschaft, 1909 Neubau der Villa (Architekt: Joseph Heldmann; Baupl. Starnberg 673/1909); 1909 Hans Gebhard.
Lit.: Schober, Denkmäler, S. 276 mit Abb.

69 Villa Seibt.
Max-Emanuel-Straße 25; Fl.Nr. 667/9.
1925 Dr. Anton Seibt, Schriftsteller, Neubau der Villa (Architekt: Karl Nungesser, München; Baupl. Starnberg 1462/1925, LRA Starnberg, Denkmalschutzakt); 1941 Heinrich v. Widmann; 1949 Carola Jertschan.
Lit.: Schober, Denkmäler, S. 290 mit Abb.

70 Villa Helmerding.
Max-Emanuel-Straße 23; Fl.Nr. 667/3.
1912 Fritz Helmerding, Schauspieler, Neubau der Villa (Architekt: Andreas Fischhaber; Baupl. Starnberg 812/1912, LRA Starnberg, Denkmalschutzakt); 1950 Ottilie Adlon.
Das Haus wurde in den 80er Jahren stark erneuert. Die äußere Form blieb im wesentlichen erhalten (Fensterformen z.T. rekonstruiert, z.T. modern erneuert), das Innere weitgehend verändert. Nur die Treppe ist noch in alter Form erhalten.

Villa Korff.
Max-Emanuel-Straße 27; Fl.Nr. 667/8.
Max Graf v. Korff-Schmising in Tattenhausen, Neubau der Villa (Architekt: Andreas Fischhaber; StAM, Baupläne Starnberg, 1382/1924), 1927 Gräfin Eleonora v. Francken-Sierstorff auf Endersdorf (Grotthau); 1940 Paula v. Francken-Sierstorff.
Das Haus ist weitgehend baugleich mit der 12 Jahre älteren Villa Helmerding. Vorbildliche Renovierung 1988 unter Bewahrung der wesentlichen Baudetails außen und innen. Böden, Fenster und Türen wurden original belassen oder nach dem Original rekonstruiert. Die Holzdecke im Erdgeschoß wurde im Original erhalten.
Lit.: Schober, Denkmäler, S. 290 mit Abb.

71 Villa Erzherzogin Franziska v. Österreich (sog. Wernberg-Schlößl).
Joseph-Sigl-Straße 4; Fl.Nr. 947, 955/13 (mit zus. 51 400 qm).
1922 Erzherzogin Franziska v. Österreich, verh. Gräfin v. Wernberg; 1923 Neubau der Villa (Architekt: Franz Deininger; Baupl. Starnberg 1364/1923, LRA Starnberg, Denkmalschutzakt); 1922 Neubau Pförtnerhaus (Architekt: Franz Deininger; Baupl. Starnberg 1342/1922), Glashaus-Neubau 1925; Garagen 1929; nun Beamtenfachhochschule.
Lit.: Schober, Denkmäler, S. 284 mit Abb. u. Plänen; Dehio IV, Oberbayern, München 1990, S. 1125.

72 Villa Keil (Villa Kornmann).
Prinzenweg 13; Fl.Nr. 444 (Villa), 429 – ff. (Parkanlage 1878: 9630 qm; 1891: 12 250 qm; 1892: 13 193 qm. 1895: Abtretungen zum Bau der Wilhelmshöhenstraße).
1874 Wilhelm Keil, Kaufmann in München; 1878 Neubau der Villa (Architekt: nicht gesichert, vermutl. H. Berthold, städt. Bauführer; StAM, LRA 28 888); 1875 Projekt einer Villenkolonie auf dem Parkgelände, von Voith (StAM, LRA 28 888); 1904 Pauline Keil und 9 Kinder; 1920 Dr. Egon Kornmann, Kunsthistoriker (um 76 000 M); Verkauf, Abbruchantrag und Zerstörung der restl. Parkanlage 1983; Totalrenovierung und Umbau, Anbau eines Schwimmbades und einer Treppenanlage auf der Seeseite 1985.
In der Villa soll in den 80er Jahren Fürst Philipp zu Eulenburg-Hertefeld, der von 1881–1888 Sekretär der preußischen Gesandtschaft war, gewohnt haben. Egon Kornmann war Schüler des Kunsthistorikers Gustav Britsch.
Lit.: Gegenfurtner 1883 S, 25 u. 1896, S. 33; Schober, Denkmäler, S. 300 mit Abb.; Dehio IV, Oberbayern, München 1990, S. 1125.

73 Villa Spork.
Wilhelmshöhenstraße 6; Fl.Nr. 441/2.
Ferdinand Graf Spork; 1894 Neubau der Villa (Architekt: A. Fischhaber; StAM, Baupl. Starnberg 150/1894); 1914 Hermann v. Rieser-Stallburg; 1919 Anton Pütterich.

Villa Glöckner (Ultsch).
Wilhelmshöhenstraße 4; Fl.Nr. 441/3.
Dr. Wilhelm Feodor Glöckner; 1895 Neubau der Villa (Architekt: A. Fischhaber; StAM, Baupl. Starnberg 201/1895); 1908 Andreas Ultsch; 1921 Babette Ultsch.
Lit.: Schober, Denkmäler, S. 320 mit Abb.

Landhaus Hartig.
Wilhelmshöhenstraße 3; Fl.Nr. 439/3.
1921 Prof. Erdmann Hartig, Architekt in München; 1921 Neubau des Hauses (StAM, Baupl. Starnberg 188/1921).

Anhang

bei hier bereits mehr renaissancehafte Details (Giebelrisalit, Turm) zur Anwendung kamen. Auch ist das Burgenartige noch mehr ausgeprägt als bei der Riccius-Villa. Die Räume sind mehr um die zentrale Diele gruppiert, während sie bei der Riccius-Villa ganz auf die Fernsicht nach Osten und Süden ausgerichtet sind. Vgl. dazu: A. Ley, Die Villa als Burg, Diss. München 1978; Schober, Denkmäler, S. 178 mit Abb. (vgl. Villa Scheuermann, Herrsching, S. 272 mit Abb; Villa Kirschner, Starnberg, S. 353 mit Abb; Villa Maria und Villa Krauß, Söcking).

21 Villa Knote.
Heinrich-Knote-Straße 3; Fl.Nr. 770, 771.

1899 Heinrich Knote, Hofopernsänger in München, und Ellen; 1900 Neubau der Villa (Architekt unbek.); 1910 Anbau eines Seitenflügels, südlich (StAM, Baupl. Pökking 127/1909), 1912 Errichtung eines Gärtnerhauses (StAM, Baupl. Pöcking 190/1911); 1937 Wilhelm Timann, Generalkonsul; 1940 Johanna Lehmann; 1956 Heinrich Schäfer.

Kammersänger Heinrich Knote (1870–1953) war ab 1892 Mitglied der Münchner Hofoper; 1904–08 Mitglied der Metropolitan Opera in New York, wetteiferte dort mit Caruso um die Gunst des Publikums; ab 1924 wieder in München, 1931 Abschied (in der Rolle des Siegfried) von der Bühne.

Das Grundstück wurde durch Verkäufe und anschließende Bebauung stark verkleinert, alle alten Nebengebäude, mit Ausnahme der Almhütte, sind beseitigt. Die Villa selbst wurde bei Erneuerungs- und Renovierungsarbeiten innen wie außen verändert.

Lit.: Doris Hiltl, Holzhacker von Pökking..., im Lokalteil des Münchner Merkur, 19./20. 9. 1992.

22 Villa Heidinger (ehem. Villa Bäumler).
Heinrich-Knote-Straße 14 u. 12; Fl.Nr. 735, 670, 710, 731, 732; (1902: 7,055 ha; 1917: 7,943 ha).

1898 Max Littmann, Architekt und Bauunternehmer in München, 1900 Neubau des Pförtnerhauses (StAM, Baupl. Pökking 79/1900 u. 84/1900); 1917 Hans Bäumler, Textilfabrikant in München, 1922 Neubau der Villa (Architekt: Anton Hatzl jr.; Baupl.Pöcking 212/1921, LRA Starnberg, Denkmalschutzakt); 1929 Wilhelm Heidinger und Vera in Berlin; 1948 Dr. Ekkehard Heidinger.

Lit.: Schober, Denkmäler, S. 218 mit Abb. u. S. 220 mit Abb.

23 Villa v. Ostini.
Heinrich-Knote-Straße 9; Fl.Nr. 737/2.

Um 1909/10 Baron Fritz v. Ostini, Kunsthistoriker in München; 1910/11 Neubau der Villa (Architekt: Prof. Fritz Jummerspach; StAM, Baupl. Pöcking 184/1910); 1927 Sophie v. Ostini, 1941 Immy Knoop.

Das Haus ist noch erhalten, aber stark verändert. Das Grundstück, das nach Zukäufen bis zur Feldafinger Straße herabreichte, ist inzwischen bis auf einen kleinen Umgriff aufgeteilt und verbaut.

24 Landhaus Beutel.
Heinrich-Knote-Straße 7; Fl.Nr. 737/4.

1904 Ferdinand Beutel, Oberbauinspektor in München; 1904 Neubau (Architekt: Johann Biersack); 1939 Franz Koppmair.

25 Villa Eickemeyer.
Heinrich-Knote-Straße 15; Fl.Nr. 740/2.

1909 Oberingenieur Karl Eickemeyer und Frau Baurat Eleonore Eickemeyer, 1909 Neubau der Doppelvilla (Architekt: A. Bachmann; StAM, Baupl. Pöcking 125/1909); 1920 Alex Feilner; 1929 Rudolf Laubenthal, bayer. Kammersänger; 1933 Antrag auf Errichtung eines Aussichtsturmes mit einer Höhe von 21 m (der Bau wurde abgelehnt, da er die Baumkronen um 9 m überragt hätte. In einem Protestschreiben der Nachbarn wird darauf hingewiesen, daß schon Heinrich Knote »in skandalöser Weise« einen solchen Turm errichtet habe, der die Gegend verschandelte. Dieser wurde glücklicherweise vor zwei Jahren [1931] wieder abgetragen).

26 Villa Haus.
Heinrich-Knote-Straße 16; Fl.Nr.: 740/3.

1900 Franz Haus, Kriegsgerichtsrat in München; 1901/02 Neubau der Villa (Architekt: Richard Riemerschmid; Baupl. Pöcking; StAM, 143/1902); 1951 Else Luedecke, dann Resi Britt.

Lit.: Schober, Denkmäler, S. 220 mit Abb.; Richard Riemerschmid, Vom Jugendstil zum Werkbund, Ausst.-Kat., München 1983 (hg. v. Winfried Nerdinger), S. 172 mit Abb. u. S. 390 mit Abb.; Dekorative Kunst 7, 1904, S. 251–56 mit Abb.; Deutsche Kunst und Dekoration 15, 1905, S. 75 mit Abb.; Das moderne Landhaus, München 1905, S. 90; Das deutsche Landhaus, H.9, S. 203 f.; Hermann Muthesius, Die Bedingungen und die Auflage des modernen Landhauses, München 1905, S. 1.

27 Vgl. Ausst.-Kat. Richard Riemerschmid, München 1983, S. 172 mit Abb.

28 Vgl. Ferdinand v. Miller erzählt, hg. v. Eugen Stollreither, München 1932, S. 16.

29 Villa Schwind.
Ferdinand-von-Miller-Straße 1; ehemals Niederpöcking Nr. 8; Fl.Nr. 1424,1425.

1855 Moritz v. Schwind, 1856 Neubau des Landhauses (Architekt unbek.), vor 1871 Anbauten der Seitenflügel (Architekt unbek.); 1871 Witwe Louise Schwind, 1901 Hermann Schwind, dann dessen Töchter Gertraud und Margarethe; 1901 Georg Meister, Architekt in München; 1902 Erhöhung des Quertraktes und Anbau eines Aussichtsturmes rückwärts, neues Treppenhaus in Jugendstilformen (Architekt: Georg Meister; StAM, Baupl. Pöcking 142/1902); 1904 Gewächshaus; 1908 Dr. Karl v. Hirsch, 1909 Abbruch des Turmes und Anbau eines Dienerzimmers (Architekten: Gebrüder Ludwig; StAM, Baupl. Pöcking 122/1909); 1913 Neubau einer Hausmeisterwohnung und einer Autohalle; 1918 Karl Müller, 1933 Hedwig Müller und 4 Gen., Abbruch 1955.

Lit.: A. Link, 1857 ff.; Link/Schober, 1879/1984, S. 30 u. 106; Lampert, 1884, S. 29; Gegenfurtner, 1883, S. 27 u. 1896, S. 36; Ausst.-Kat. Zwischen Glaspalast und Maximilianeum (hg. von W. Nerdinger), S. 316 mit Abb.

Vgl. E. Kalkschmidt, M. v. Schwind, München 1943, S. 116; Lukas R. v. Führlich, Moritz v. Schwind, Leipzig 1871, S. 70 f.; Otto Weigmann (Hg.), Schwind, Des Meisters Werke, mit Photo der Villa auf S. XXXIX.

30 MStM, Nachlaß Zenetti VIII, 12, 39a: Entwurf zu einem Bootshaus mit verglastem Pavillon und Badehütte, o. Dat., Ausführung nicht gesichert.

31 Auf einer kleinen Zahl von Photos aus der Zeit vor 1900 und nach 1908 (aus dem Besitz der Familie Schwind) sind als Baudetails noch feststellbar:
1) Feine Stuckprofile am Deckenansatz (Vouten).
2) Ein wandhoher Kachelofen in Neurenaissanceformen (Keramik, glasiert).
3) Eine Naturholztüre (vermutl. Eiche, frühbarock?) mit breitem Rahmen (Pilaster mit Kapitell und zwei Wappenschilden) und vier Feldern mit geschnitzten Blumengehängen; nach der Familientradition von Schwind für ein Altarblatt aus der Theatinerkirche (wohl aus dem Klosterbau) erhalten.
4) Das Treppenhaus, z. T. mit Jugendstildetails (1902 von Georg Meister; StAM, Baupl. Pöcking 142/1902).

32 In: Ludwig Richter, Lebenserinnerungen eines deutschen Malers, hg. von E. Marx, Wiesbaden 1949.

Briefwechsel mit Eduard Mörike, hg. von H. W. Rath; Stuttgart, 1918). Schwind lud Mörike mehrmals nach Niederpöcking ein. Ob der Dichter dieser Einladung folgte, ist nicht bekannt. Schwind nannte seine Villa oft auch »mein Malepartus«, nach der Höhle des Reinecke Fuchs.

33 Ferdinand v. Miller erzählt, a.a.O., S. 100.

34 Die Anbauten sind bereits 1871 vermessen und in den Deckeldrucken des Vermessungsamtes Starnberg nachgetragen.

Villa Obermayer.
Am Fuchsengraben 3; Fl.Nr. 619.

Clement Obermayer, Neubau um 1890, Umbau 1909 (A. Fischhaber; StAM, Baupl. Starnberg 712/1909); 1919 Robert Koelle; 1952 Dr. Hans Nägelsbach.

Lit.: Schober, Denkmäler, S. 266 mit Abb.

Villa Gottfried.
Schießstättstraße 5; Fl.Nr. 959/4.

Max Gottfried, Fabrikant, 1922 Neubau der Villa (Architekt unbek.; StAM, Baupl. Starnberg 1255/1921).

Villa Wadere.
Schießstättstraße 7; Fl.Nr. 959/2.

1905 Heinrich Wadere, Bildhauer und Professor in München, Neubau der Villa (Architekt unbek.; StAM Baupl. Starnberg 587/1905); 1908 Projekt eines Turmanbaus (Architekten: Hönig und Söldner; StAM, Baupl. Starnberg 686/1908), nicht ausgeführt; 1931 Dr. Hans Sauermann, Kunsthistoriker; Villa abgebrochen, anschließend Neubau des Altenheims der Rummelsberger Anstalten.

Villa Aurora.
Schießstättstraße 14; Fl.Nr. 955/7.

1922 Eugen Schwerdt, Rentier aus New York, Neubau der Villa (Architekt unbek.; StAM, Baupl. Starnberg 1319/1922); Totalrenovierung 1992.

Lit.: Schober, Denkmäler, S. 302 mit Abb.

Villa Kastrup.
Heinrich-Wieland-Straße 1; Fl.Nr. 681.

Neubau durch die Starnberger Villenterraingesellschaft 1910/11 (Architekt: Joseph Heldmann; StAM, Baupl. Starnberg 717/1910); 1916 Heinrich Kastrup, Umbau (Architekt: A. Fischhaber; StAM, Baupl. Starnberg 1109/1916), 1919 Karl v. Roeder; 1940 Friedrich Boss.

Lit.: Schober, Denkmäler, S. 276 mit Abb.

Villa Aigner.
Heinrich-Wieland-Straße 3; Fl.Nr. 681/2.

1908 Ernst Aigner, Neubau der Villa (Architekten: Stadler und Necker, Gräfelfing; StAM, Baupl. Starnberg 635/1908), 1934 Carolin Voith, 1935 Dr. Rudolf Binding, Schriftsteller; 1951 Franziska Scharfe.

Rudolf G. Binding gehörte Ende der 20er Jahre zu den meistgelesenen Schriftstellern. Bekannt sind seine Novellen »Die Waffenbrüder« oder die »Moselfahrt aus Liebeskummer«.

Villa Höhn.
Heinrich-Wieland-Straße 4; Fl.Nr. 681/4.

1909 Andreas Fischhaber und Joseph Pfister, Neubau 1909 (Architekt: Joseph Heldmann; Baupl. Starnberg 673/1909, LRA Starnberg, Denkmalschutzakt), 1909 Otto Hierl; 1917 Exzellenz Maximilian Ritter v. Hoehn, General der Artillerie, Anbau einer Veranda 1917 (A. Fischhaber; Baupl. Starnberg 1125/1917, LRA Starnberg, Denkmalschutzakt).

Lit.: Schober, Denkmäler, S. 276 mit Abb.

Villa Bauer.
Heinrich-Wieland-Straße 2; Fl.Nr. 677.

1914 Fritz Bauer, Fabrikant, Neubau der Villa 1914 (Architekt: Reg.-Baum. Wilhelm Käb; StAM, Baupläne Starnberg 1090/1914); dann Moritz Burger, Ingenieur aus Feldafing; 1934 Dr. Hermann Scholl; 1954 Dr. Hofferberth.

Villa Gebhard.
Heinrich-Wieland-Straße 5; Fl.Nr. 681/8.

Starnberger Villenterraingesellschaft, 1909 Neubau der Villa (Architekt: Joseph Heldmann; Baupl. Starnberg 673/1909); 1909 Hans Gebhard.

Lit.: Schober, Denkmäler, S. 276 mit Abb.

69 Villa Seibt.
Max-Emanuel-Straße 25; Fl.Nr. 667/9.

1925 Dr. Anton Seibt, Schriftsteller, Neubau der Villa (Architekt: Karl Nungesser, München; Baupl. Starnberg 1462/1925, LRA Starnberg, Denkmalschutzakt); 1941 Heinrich v. Widmann; 1949 Carola Jertschan.

Lit.: Schober, Denkmäler, S. 290 mit Abb.

70 Villa Helmerding.
Max-Emanuel-Straße 23; Fl.Nr. 667/3.

1912 Fritz Helmerding, Schauspieler, Neubau der Villa (Architekt: Andreas Fischhaber; Baupl. Starnberg 812/1912, LRA Starnberg, Denkmalschutzakt); 1950 Ottilie Adlon.

Das Haus wurde in den 80er Jahren stark erneuert. Die äußere Form blieb im wesentlichen erhalten (Fensterformen z. T. rekonstruiert, z. T. modern erneuert), das Innere weitgehend verändert. Nur die Treppe ist noch in alter Form erhalten.

Villa Korff.
Max-Emanuel-Straße 27; Fl.Nr. 667/8.

Max Graf v. Korff-Schmising in Tattenhausen, Neubau der Villa (Architekt: Andreas Fischhaber; StAM, Baupläne Starnberg, 1382/1924), 1927 Gräfin Eleonora v. Francken-Sierstorff auf Endersdorf (Grotthau); 1940 Paula v. Francken-Sierstorff.

Das Haus ist weitgehend baugleich mit der 12 Jahre älteren Villa Helmerding. Vorbildliche Renovierung 1988 unter Bewahrung der wesentlichen Baudetails außen und innen. Böden, Fenster und Türen wurden original belassen oder nach dem Original rekonstruiert. Die Holzdecke im Erdgeschoß wurde im Original erhalten.

Lit.: Schober, Denkmäler, S. 290 mit Abb.

71 Villa Erzherzogin Franziska v. Österreich (sog. Wernberg-Schlößl).
Joseph-Sigl-Straße 4; Fl.Nr. 947, 955/13 (mit zus. 51 400 qm).

1922 Erzherzogin Franziska v. Österreich, verh. Gräfin v. Wernberg; 1923 Neubau der Villa (Architekt: Franz Deininger; Baupl. Starnberg 1364/1923, LRA Starnberg, Denkmalschutzakt); 1922 Neubau Pförtnerhaus (Architekt: Franz Deininger; Baupl. Starnberg 1342/1922), Glashaus-Neubau 1925; Garagen 1929; nun Beamtenfachhochschule.

Lit.: Schober, Denkmäler, S. 284 mit Abb. u. Plänen; Dehio IV, Oberbayern, München 1990, S. 1125.

72 Villa Keil (Villa Kornmann).
Prinzenweg 13; Fl.Nr. 444 (Villa), 429 – ff. (Parkanlage 1878: 9 680 qm; 1891: 12 250 qm; 1892: 13 193 qm; 1895: Abtretungen zum Bau der Wilhelmshöhenstraße).

1874 Wilhelm Keil, Kaufmann in München; 1878 Neubau der Villa (Architekt: nicht gesichert, vermutl. H. Berthold, städt. Bauführer; StAM, LRA 28 888); 1875 Projekt einer kleinen Villenkolonie auf dem Parkgelände, von Voith (StAM, LRA 28 888); 1904 Pauline Keil und 9 Kinder; 1920 Dr. Egon Kornmann, Kunsthistoriker (um 76 000 M); Verkauf, Abbruchantrag und Zerstörung der restl. Parkanlage 1983; Totalrenovierung und Umbau, Anbau eines Schwimmbades und einer Treppenanlage auf der Seeseite 1985.

In der Villa soll in den 80er Jahren Fürst Philipp zu Eulenburg-Hertefeld, der von 1881–1888 Sekretär der preußischen Gesandtschaft war, gewohnt haben. Egon Kornmann war Schüler des Kunsthistorikers Gustav Britsch.

Lit.: Gegenfurtner 1883, S, 25 u. 1896, S. 33; Schober, Denkmäler, S. 300 mit Abb.; Dehio IV, Oberbayern, München 1990, S. 1125.

73 Villa Spork.
Wilhelmshöhenstraße 6; Fl.Nr. 441/2.

Ferdinand Graf Spork; 1894 Neubau der Villa (Architekt: A. Fischhaber; StAM, Baupl. Starnberg 150/1894); 1914 Hermann v. Rieser-Stallburg; 1919 Anton Pütterich.

Villa Glöckner (Ultsch).
Wilhelmshöhenstraße 4; Fl.Nr. 441/3.

Dr. Wilhelm Feodor Glöckner; 1895 Neubau der Villa (Architekt: A. Fischhaber; StAM, Baupl. Starnberg 201/1895); 1908 Andreas Ultsch; 1921 Babette Ultsch.

Lit.: Schober, Denkmäler, S. 320 mit Abb.

Landhaus Hartig.
Wilhelmshöhenstraße 3; Fl.Nr. 439/3.

1921 Prof. Erdmann Hartig, Architekt in München; 1921 Neubau des Hauses (StAM, Baupl. Starnberg 188/1921).

Anhang

74 Landhaus Schreiber.
Prinzenweg 23; Fl.Nr. 431/2.

1921 Anna Schreiber in München; 1922 Neubau des Hauses (Architekt: Leopold Keil, München; Baupl. Starnberg 1299/ 1921, LRA Starnberg, Denkmalschutzakt).

Lit.: Schober, Denkmäler, S. 300 mit Abb.

75 Villa Rabe.
Wilhelmshöhenstraße 20; Fl.Nr. 918/2.

1922 Paul Rabe; 1922/23 Neubau der Villa (Architekt unbek.; StAM, Baupl. Sökking 137/1922).

Lit.: Schober, Denkmäler, S. 320 mit Abb.

76 Landhaus Baumann.
Wilhelmshöhenstraße 21; Fl.Nr. 922.

Neubau des Landhauses 1905 (Musterhaus) für die Landwirtschaftsausstellung in München (Architekt: August Thiersch, München; Ausführung: Hofzimmermeister L. Ehrengut); 1905 Transferierung nach Starnberg für Ernst Duckstein, Direktor der Bayerischen Vereinsbank; 1930 Martha Odrich (Tochter); 1970 Dr. Herta Baumann.

Lit.: Deutsche Bauzeitung, XXXIX. Jahrg., Nr. 102/3, Berlin 1905; Schober, Denkmäler, S. 320 mit Abb.; Dehio IV, Oberbayern, München 1990, S. 1125.

Das Haus wurde auf der Landwirtschaftsausstellung als »Oberbayerisches Gebirgshaus« angeboten. Es war dort vollständig mit Mustermöbeln im Stil der Tölzer und Miesbacher Bauernmöbel (Fassung durch Kunstmaler Karl Throll nach Entwürfen von Franz Zell) eingerichtet. Die zugehörige farbige Wandgestaltung (Ornamente, Schablonenmalerei) der Räume wurde nach der Versetzung nach Starnberg beseitigt, das Mobiliar durch bürgerliche Möbel ersetzt. Anstelle des 1905 vorgesehenen Wirtschaftsteils wurde rückwärts ein Anbau mit Wohnräumen hinzugefügt. Das Dach war ursprünglich mit Schindeln gedeckt.

Die giebelseitige Tür im Erdgeschoß nachträglich.

77 Landhaus Thieme.
Wilhelmshöhenstraße 8; Fl.Nr. 428, 419.

1905 Fritz Thieme, Direktor der Münchner Rückversicherung; 1906 Neubau des Landhauses (Architekt: Friedrich Thiersch; Baupl. Starnberg 590/1905, LRA Starnberg, Denkmalschutzakt); 1949 Adelheid v. Lotzbeck.

Lit.: Schober, Denkmäler, S. 320 mit Abb.; Dehio IV, Oberbayern, München 1990, S. 1125.

Landhaus Förster.
Wilhelmshöhenstraße 10; Fl.Nr. 428/2, 419.

1905 Otto Förster, Neubau des Landhauses (Architekt: Friedrich Thiersch; Baupläne Starnberg 680/1905, LRA Starnberg, Denkmalschutzakt); 1910 August Fastlinger; 1921 Hans Pordom in Freiburg; 1922 Otto Rabe; 1922 Fritz Sellge.

Lit.: Schober, Denkmäler, S. 320 mit Abb.

78 Villa Vetter.
Jahnstraße 51; Fl.Nr. 486.

1927 Heinrich Vetter, Holzgroßhändler in München, Neubau der Villa (Architekt: Joseph Linder; Baupl. Starnberg 1539/ 1927, LRA Starnberg, Denkmalschutzakt); 1941 Frieda Vetter; 1955 Andreas Stommes.

Lit.: Schober, Denkmäler, S. 278 mit Abb.

79 Villa Buchsbaum.
Ottostraße 1; Fl.Nr. 570/4.

1894 Ludwig Buchsbaum, Bankdirektor in München, 1895 Neubau der Villa (Architekt unbek.; StAM, Baupl. Starnberg 176/1894); 1906 Umbau (Architekt: Andreas Vitzthum; Baupl. Starnberg 608– 9/1906; LRA Starnberg, Denkmalschutzakt); 1913 Willi Buchsbaum; 1929 Rudolf v. Beck; 1935 Adolf v. Stralenheim.

Lit.: Schober, Denkmäler, S. 296 mit Abb.

80 Villa Hössle.
Ottostraße 3; Fl.Nr. 547 (Villa), 661/13, 661/14, 548 (Parkanlage 42 400 qm); 547, 546, 551.

1896 Heinrich v. Hössle, Civilingenieur, 1900 Neubau des Landhauses (eigener Entwurf; StAM, Baupl. Starnberg 515/1900); 1907 Anbau einer großen verglasten Veranda (Baupl. Starnberg 889/1907); Anbau 1913 (Baupl. Starnberg 1057/1913; 1913 Gabriele v. Hössle; 1918 Hermann Volkhardt; Anbau 1929 (StAM, Baupl. Starnberg 1601/1929).

Lit.: Schober, Denkmäler, S. 296 mit Abb.

Villa Doldi.
Siebenquellenweg 2; Fl.Nr. 570.

1899 Alois Hörmann, Neubau der Villa; 1899 Hofrat Dr. Max Doldi, prakt. Arzt in München; 1919 Hugo Barein; 1933 Elsa Barein.

Villa Deckelmann.
Siebenquellenweg 4; Fl.Nr. 570/5.

1909 Max Deckelmann, Neubau der Villa (Architekten: Hönig und Söldner; StAM, Baupl. Starnberg 716/1909); 1917 Lena Mayer; 1935 Luise Buchsbaum.

81 Villa Bertuch.
Ottostraße 17; Fl.Nr. 531/2.

1908 Ferdinand Resch, Neubau des Hauses; 1919 Franz Steffens; 1920 Wilhelm Donaubauer; 1922 Walter Bertuch, Kunstmaler; 1923 Umbau (Wohnhaus mit Atelier und Terrasse).

82 Villa Ende.
Ringstraße 10; Fl.Nr. 530/31.

1923 Hans Neumann; 1923 L.v. Metzradt, geb. Ende; Neubau der Villa 1923 (Architekt: Ernst Zeh, München; Baupl. Starnberg; Tekturplan zur Villa; LRA Starnberg, Denkmalschutzakt).

Lit.: Schober, Denkmäler, S. 302 mit Abb. u. Grundr.

83 Villa Rasp.
Prinz-Karl-Straße 46; Fl.Nr. Sö 95.

1897 Karl Rasp, kgl. Regierungsdirektor in München; 1898 Neubau der Villa (StAM; Baupl. Söcking 32/1897); 1926 Rosa Jehle, geb. Rasp; 1949 Walter Jehle.

An der Prinz-Karl-Straße entstanden um 1900 noch einige weitere Häuser, wie die Villen des kgl. Hoflieferanten Friedrich Braun (Prinz-Karl-Straße 37; StAM, Baupl. Söcking 92/1901); des Rentiers Max Fischer in München (Prinz-Karl-Straße 41; Baupl. Söcking 67/1901); des Architekten Carl Lemmes (Prinz-Karl-Straße 47; StAM, Baupl. Söcking 56 u. 57/1899) sowie das Landhaus Karl Schlederer (Prinz-Karl-Straße 52; StAM, Baupl. Söcking 45/1899).

84 Landhaus Behles.
Prinz-Karl-Straße 38; ehem. Prinz-Karl-Straße 8; Fl.Nr. Sö 107, 108.

Vor 1900 Helene Behles (Architektengattin in München), 1901 Neubau des Hauses (Architekt: Eugen Behles; Baupl. Söcking 91/1901, LRA Starnberg, Denkmalschutzakt); 1910 Julius Daiber; 1949 Hans-Heinrich Putscher, Spielwarenfabrikant in Stuttgart, 1954 Martha Zweckberger.

Lit.: Süddeutsche Bauzeitung 12/1902 (Dort heißt es: »Entwurf zu einem einfachen Landhaus bei Starnberg, mit herrlicher Sicht über die Alpenkette. Auf Anregung von Prof. Theodor Fischer den Blockhäusern Vorarlbergs nachgebildet und von Vorarlberger Zimmerleuten errichtet. Kellergeschoß gemauert. Die Stockwerke sind aus 12 cm starken Balken ausgeführt. Die Umgebung der Feuerstellen ist gemauert und verputzt. Alle Wände und Decken sind aus Holz und mit gestemmten Füllungen verkleidet. Die gesamten Holzarbeiten kamen auf 12 000 M. Zunächst soll das Haus ohne Anstrich bleiben; erst wenn es mit der Witterung Patina bekommen hat, erhält es einen Firnisanstrich«); Schober, Denkmäler, S. 356 mit Abb.

85 Villa Hörtkorn.
Ehemals Zeppelinpromenade 1; Fl.Nr. Sö 99.

Theodor Hörtkorn, Hofoptiker in München; 1910 Neubau der Villa (Architekt: Ulrich Merk; StAM Baupl. Söcking 87/88/ 1909).

1941 wurde das Haus an eine Immobilienfirma (Franz August Brandt in Bremen) verkauft, das wertvolle Mobiliar versteigert. 1970 Abbruch der Villa und Errichtung von Wohnblöcken.

86 Franz v. Lenbach hatte bereits 1898 unten am See die Villa des Grafen Vitzthum v. Eckstädt (Villa Pick) erworben. Nach der Trennung von seiner ersten Frau, Magdalena, einer geb. Gräfin Moltke, überließ er ihr den gesamten Besitz am See. Während der Planung und der Bauzeit seiner neuen Villa hatte er die Villa Wilhelm Böhler in der Fischhaberstraße gemietet.

87 Villa Lenbach.
Prinz-Karl-Straße 42/44; ehem. Prinz-Karl-Straße 2; Fl.Nr. Sö 94/2, 102/2, Sta 581, 583 (Villa mit Parkanlage, ca. 30 000 qm).

1903 Franz v. Lenbach und Lolo (Charlotte v. Lenbach, geb. Freiin v. Hornstein, Tochter des Komponisten Robert v. Hornstein); 1903 Eingabeplan (Architekt: Gabriel Seidl; Baupl. Söcking 102/1903, LRA Starnberg, Denkmalschutzakt); 1903 f. Anlage des Gartens (Gartenbaufirma Michael Buchner); 1904 Witwe Lolo v. Lenbach; 1904 Errichtung eines Nebengebäudes mit Stall und Kutscherwohnung (Architekt: Gabriel Seidl, Baupl. Söcking 103/1903, LRA Starnberg); 1906 Überdachung der Seitenflügelobergeschosse (Architekt: Gabriel Seidl; Baupl. Söcking 72/1906, LRA Starnberg, Denkmalschutzakt); 1914 Stallanbau; 1920 Anbau eines Treppenhauses im Nordflügel und Ausbau des Obergeschosses für Tochter Marion v. Lenbach (Architekt: Otto Gaßner; Baupl. Söcking 127/1919, LRA Starnberg, Denkmalschutzakt). Marion v. Lenbach war in erster Ehe mit Graf La Rosée, in zweiter Ehe mit dem späteren Vizeadmiral Löhlein verheiratet. Die jüngere Tochter, Gabriele, heiratete später den Verleger Dr. Kurt Neven Du Mont; 1926 Errichtung des Gartenpavillons (Architekt: vermutlich Otto Gaßner; StAM Baupl. Söcking 158/1926); 1990 Umbau der Villa in drei Eigentumswohnungen mit nachhaltigen Eingriffen in das innere Raumgefüge; Veränderungen des äußeren Erscheinungsbildes: Schließung der Erdgeschoß-Loggia und der Obergeschoß-Loggia des südlichen Seitenflügels, Schließung der Erdgeschoß-Loggia des nördlichen Seitenflügels, kleinteilige Aufteilung und Verbauung der Terrasse; Abbruch des Nebenhauses und Neubau eines Mehrfamilienwohnhauses; Abtrennung des gesamten östlichen Parkteils.

Lit.: Der Baumeister 6/1908, H.4, S. 48 mit Plan; Schober, Denkmäler, S. 356 f. mit Abb. u. Grundr.; Dehio IV, Oberbayern, München 1990, S. 1115; Ingrid Cavalieri, Leben und Werk des Kunst- und Handelsgärtners Michael Buchner, Diplomarbeit Weihenstephan 1996, S. 50.

88 Aus der von Lenbach gemalten »Vision« der Villa (s. Farbabbildungen Starnberg, S. 31) sowie einem weiteren ähnlichen Gemälde (s. u.) geht ebenfalls hervor, daß Lenbach sich unterhalb der Villa einen geometrisch regelmäßigen, barockisierenden Gartenteil nach dem Vorbild von Nymphenburg vorstellte. Es existiert ein altes Photo im Archiv der Städt. Galerie im Lenbachhaus, welches Lenbach zeigt, wie er nach einem (offenbar nicht mehr existierenden) Modell der Villa an diesem Gemälde arbeitete.

Zur Parkanlage vgl. Dipl.-Arb. Ingrid Cavalieri.

89 Villa Brands (Villa Dziembowski).
Maximilian-von-Dziembowski-Straße 11; Fl.Nr. Sö 91.

1904 Alphonse Brands, Kaufmann in München; 1906 Neubau der Villa (Architekten: Eugen Hönig und Karl Söldner; Baupl. Söcking 75 u. 76/1906, LRA Starnberg, Denkmalschutzakt); Errichtung eines Gärtner- und Kutscherhauses (Architekten: Hönig und Söldner); 1912 General Colin Frhr. v. Hammerstein; 1912 Anbau einer neuen Küche an der Ostseite und Erweiterung des Gärtnerhauses (Architekt: Heinrich Volbehr; StAM Baupl. Söcking 114 u.115/1912); 1922 Maximilian v. Dziembowski; um 1980 Umbau (Ausbau des Dachraumes, Umbau verschiedener Zimmer, Umbau des Bades, Bau einer neuen Terrasse aus Fertigteilen), Anbau einer großen Schwimmhalle mit Verbindungsgang westl. an die Villa, Bau einer mehrgeschossigen Tiefgarage an der Nordseite; 1989 Totalumbau unter Beseitigung der wesentlichsten Elemente im Inneren (bes. Treppenhaus), einschneidende Änderung der Fassaden (starke Vergrößerung der Fenster, neue Fensteröffnungen, Beseitigung der orig. Eingangssituation u.a.), Entwertung des Baudenkmals in seiner überlieferten Qualität.

Lit.: Münchener Bürgerliche Baukunst 1909, Folge XII, Taf. 26 mit Abb. u. Grundr.; Süddeutsche Bauzeitung 17/1907, Nr. 39; Schober, Denkmäler, S. 354 mit Abb. u. Grundr.; Dehio IV, Oberbayern, München 1990, S. 1115.

In Südd. Bauzeitung 17/1907 heißt es zur Villa: «Das im Jahre 1906 errichtete Haus des Herrn Alphonse Brands in Söcking steht auf einem der schönsten Plätze der Umgebung von Starnberg. Die serpentinartige Anlage der Straße bildet eine Halbinsel. Starke Hanglage nach Südosten bei gleichzeitigem Schutz nach Norden und Westen. Herrliche Rundsicht bis zu den Alpen... Das Haus wurde in einen Park herrlicher alter Buchen so hineinkomponiert, daß man es beim Annähern kaum gewahrt, ganz unaufdringlich. Das Wohngebäude ist mit allem Komfort eines Herrschaftshauses errichtet. Innerlich gruppieren sich die Räume um eine ausgedehnte Diele. Die Basis des Hauses ist völlig quadratisch, was in der äußeren Erscheinung die Zeltdachform des Mansarddaches zur Folge hat. Ein weit ausladender Gesims im Verein mit der durchaus einheitlichen Dachfläche, schmuckloser Fensterputz, dagegen eine sehr fein gegliederte Loggia in zwei Etagen sowie eine Portalbildung an der Straße, das sind die Grundmotive der äußeren Erscheinung.»

90 Die schönen Fenster, die für die Proportionen und die Harmonie der Fassaden von so entscheidender Bedeutung waren, wurden vergrößert und auf Fußbodenniveau herab aufgeschlitzt, um eine »französische« Fensterfront zu erhalten! Das wunderbar geformte Dach des Runderkers wurde abrasiert und durch eine Betonplatte (für ein Balkönchen mit Hollywoodgitter) ersetzt. An Stelle der großartigen Eichenholz-Haustür mit ihren Bronzebeschlägen wurde eine protzige neobarocke Tür in weißem Schleiflack eingebaut. Im Inneren wurden statt der schönen Parkettböden weißer Marmor und Teppichböden verlegt. Alle alten Türen wurden barockisierend erneuert. Die Kaminnische in der Halle wurde herausgerissen und zugemauert, ebenso das Doppelfenster über der Treppe. Das gesamte Treppenhaus mit seinen wunderbaren Hölzern (in heute nicht mehr bezahlbarer Qualität) wurde weiß lackiert, die alte Balkendecke mit ihren interessanten Konsolen durch eine weiße Decke mit Stuckrosette ersetzt!

91 Villa Krauß.
Auersberg 5b u. c; Fl.Nr. Sö 92.

Um 1895 Kaspar und Margarete Krauß (Ingenieurseheleute) zus. mit Eugen Drollinger, kgl. Hofbaurat in München; 1895 Neubau der Villa (Architekt: Eugen Drollinger, Baupl. Söcking 19/1895, LRA Starnberg, Denkmalschutzakt); 1930 Kaspar Krauß allein; 1941 Adolf Krauß, Bauingenieur in München; 1953 Elisabeth Krauß; 1954 Richard Krauß; 1959 Agnes Krauß.

Lit.: Schober, Denkmäler, S. 352 mit Abb.; Dehio IV, Oberbayern, München 1990, S. 1115.

92 Villa Hanau (Villa Schaumburg).
Andechser Straße 23; Fl.Nr. Sö 61.

1900 Friedrich Graf v. Schaumburg, Oberleutnant à la suite, Kernbau von 1886, Ausbau zur herrschaftlichen Villa 1900 (Architekt: Carl Vent; Baupl. Söcking 64/1900, LRA Starnberg, Denkmalschutzakt); 1932 Friedrich August Fürst v. Hanau, Graf v. Schaumburg (Großgrundbesitzer in Horovice bei Prag).

Lit.: Schober, Denkmäler, S. 350 mit Abb.; Dehio IV, Oberbayern, München 1990, S. 1115.

Villa Maria (Villa Denzinger).
Klenzestraße 2; Fl.Nr. Sö 811/2.

Um 1900 Hans Denzinger, Architekt in München; Neubau der Villa 1901 (Architekt: H. Denzinger).

Villa v. Courten.
Andechser Straße 58; Fl.Nr. Sö 588.

1912 Rosamund Gräfin v. Courten und

Anhang

bei hier bereits mehr renaissancehafte Details (Giebelrisalit, Turm) zur Anwendung kamen. Auch ist das Burgenartige noch mehr ausgeprägt als bei der Riccius-Villa. Die Räume sind mehr um die zentrale Diele gruppiert, während sie bei der Riccius-Villa ganz auf die Fernsicht nach Osten und Süden ausgerichtet sind. Vgl. dazu: A. Ley, Die Villa als Burg, Diss. München 1978; Schober, Denkmäler, S. 178 mit Abb. (vgl. Villa Scheuermann, Herrsching, S. 272 mit Abb; Villa Kirschner, Starnberg, S. 353 mit Abb; Villa Maria und Villa Krauß, Söcking).

21 Villa Knote.
Heinrich-Knote-Straße 3; Fl.Nr. 770, 771.
1899 Heinrich Knote, Hofopernsänger in München, und Ellen; 1900 Neubau der Villa (Architekt unbek.); 1910 Anbau eines Seitenflügels, südlich (StAM, Baupl. Pöcking 127/1909), 1912 Errichtung eines Gärtnerhauses (StAM, Baupl. Pöcking 190/1911); 1937 Wilhelm Timann, Generalkonsul; 1940 Johanna Lehmann; 1956 Heinrich Schäfer.
Kammersänger Heinrich Knote (1870–1953) war ab 1892 Mitglied der Münchner Hofoper; 1904–08 Mitglied der Metropolitan Opera in New York, wetteiferte dort mit Caruso um die Gunst des Publikums; ab 1924 wieder in München, 1931 Abschied (in der Rolle des Siegfried) von der Bühne.
Das Grundstück wurde durch Verkäufe und anschließende Bebauung stark verkleinert, alle alten Nebengebäude, mit Ausnahme der Almhütte, sind beseitigt. Die Villa selbst wurde bei Erneuerungs- und Renovierungsarbeiten innen wie außen verändert.
Lit.: Doris Hiltl, Holzhacker von Pöcking..., im Lokalteil des Münchner Merkur, 19./20. 9. 1992.

22 Villa Heidinger (ehem. Villa Bäumler).
Heinrich-Knote-Straße 14 u. 12; Fl.Nr. 735, 670, 710, 731, 732; (1902: 7,055 ha; 1917: 7,943 ha).
1898 Max Littmann, Architekt und Bauunternehmer in München, 1900 Neubau des Pförtnerhauses (StAM, Baupl. Pöcking 79/1900 u. 84/1900); 1917 Hans Bäumler, Textilfabrikant in München, 1922 Neubau der Villa (Architekt: Anton Hatzl jr.; Baupl.Pöcking 212/1921, LRA Starnberg, Denkmalschutzakt); 1929 Wilhelm Heidinger und Vera in Berlin; 1948 Dr. Ekkehard Heidinger.
Lit.: Schober, Denkmäler, S. 218 mit Abb. u. S. 220 mit Abb.

23 Villa v. Ostini.
Heinrich-Knote-Straße 9; Fl.Nr. 737/2.
Um 1909/10 Baron Fritz v. Ostini, Kunsthistoriker in München; 1910/11 Neubau der Villa (Architekt: Prof. Fritz Jummerspach; StAM, Baupl. Pöcking 184/1910); 1927 Sophie v. Ostini, 1941 Immy Knoop.
Das Haus ist noch erhalten, aber stark verändert. Das Grundstück, das nach Zukäufen bis zur Feldafinger Straße herabreichte, ist inzwischen bis auf einen kleinen Umgriff aufgeteilt und verbaut.

24 Landhaus Beutel.
Heinrich-Knote-Straße 7; Fl.Nr. 737/4.
1904 Ferdinand Beutel, Oberbauinspektor in München; 1904 Neubau (Architekt: Johann Biersack); 1939 Franz Koppmair.

25 Villa Eickemeyer.
Heinrich-Knote-Straße 15; Fl.Nr. 740/2.
1909 Oberingenieur Karl Eickemeyer und Frau Baurat Eleonore Eickemeyer, 1909 Neubau der Doppelvilla (Architekt: A. Bachmann; StAM, Baupl. Pöcking 125/1909); 1920 Alex Feilner; 1929 Rudolf Laubenthal, bayer. Kammersänger; 1933 Antrag auf Errichtung eines Aussichtsturmes mit einer Höhe von 21 m (der Bau wurde abgelehnt, da er die Baumkronen um 9 m überragt hätte. In einem Protestschreiben der Nachbarn wird darauf hingewiesen, daß schon Heinrich Knote »in skandalöser Weise« einen solchen Turm errichtet habe, der die Gegend verschandelte. Dieser wurde glücklicherweise vor zwei Jahren [1931] wieder abgetragen).

26 Villa Haus.
Heinrich-Knote-Straße 16; Fl.Nr.: 740/3.
1900 Franz Haus, Kriegsgerichtsrat in München; 1901/02 Neubau der Villa (Architekt: Richard Riemerschmid; Baupl. Pöcking; StAM, 143/1902); 1951 Else Luedecke, dann Resi Britt.
Lit.: Schober, Denkmäler, S. 220 mit Abb.; Richard Riemerschmid, Vom Jugendstil zum Werkbund, Ausst.-Kat., München 1983 (hg. v. Winfried Nerdinger), S. 172 mit Abb. u. S. 390 mit Abb.; Dekorative Kunst 7, 1904, S. 251–56 mit Abb.; Deutsche Kunst und Dekoration 15, 1905, S. 75 mit Abb.; Das moderne Landhaus, München 1905, S. 90; Das deutsche Landhaus, H.9, S. 203 f.; Hermann Muthesius, Die Bedingungen und die Auflage des modernen Landhauses, München 1905, S. 1.

27 Vgl. Ausst.-Kat. Richard Riemerschmid, München 1983, S. 172 mit Abb.

28 Vgl. Ferdinand v. Miller erzählt, hg. v. Eugen Stollreither, München 1932, S. 16.

29 Villa Schwind.
Ferdinand-von-Miller-Straße 1; ehemals Niederpöcking Nr. 8; Fl.Nr. 1424,1425.
1855 Moritz v. Schwind, 1856 Neubau des Landhauses (Architekt unbek.), vor 1871 Anbauten der Seitenflügel (Architekt unbek.); 1871 Witwe Louise Schwind, 1901 Hermann Schwind, dann dessen Töchter Gertraud und Margarethe; 1901 Georg Meister, Architekt in München; 1902 Erhöhung des Quertraktes und Anbau eines Aussichtsturmes rückwärts, neues Treppenhaus in Jugendstilformen (Architekt: Georg Meister; StAM, Baupl. Pöcking 142/1902); 1904 Gewächshaus; 1908 Dr. Karl v. Hirsch, 1909 Abbruch des Turmes und Anbau eines Dienerzimmers (Architekten: Gebrüder Ludwig; StAM, Baupl. Pöcking 122/1909); 1913 Neubau einer Hausmeisterwohnung und einer Autohalle; 1918 Karl Müller, 1933 Hedwig Müller und 4 Gen., Abbruch 1955.
Lit.: A. Link, 1857 ff.; Link/Schober, 1879/1984, S. 30 u. 106; Lampert, 1884, S. 29; Gegenfurtner, 1883, S. 27 u. 1896, S. 36; Ausst.-Kat. Zwischen Glaspalast und Maximilianeum (hg. von W. Nerdinger), S. 316 mit Abb.
Vgl. E. Kalkschmidt, M. v. Schwind, München 1943, S. 116; Lukas R. v. Führlich, Moritz v. Schwind, Leipzig 1871, S. 70 f.; Otto Weigmann (Hg.), Schwind, Des Meisters Werke, mit Photo der Villa auf S. XXXIX.

30 MStM, Nachlaß Zenetti VIII, 12, 39a: Entwurf zu einem Bootshaus mit verglastem Pavillon und Badehütte, o. Dat., Ausführung nicht gesichert.

31 Auf einer kleinen Zahl von Photos aus der Zeit vor 1900 und nach 1908 (aus dem Besitz der Familie Schwind) sind als Baudetails noch feststellbar:
1) Feine Stuckprofile am Deckenansatz (Vouten).
2) Ein wandhoher Kachelofen in Neurenaissanceformen (Keramik, glasiert).
3) Eine Naturholztüre (vermutl. Eiche, frühbarock?) mit breitem Rahmen (Pilaster mit Kapitell und zwei Wappenschilden) und vier Feldern mit geschnitzten Blumengehängen; nach der Familientradition von Schwind für ein Altarblatt aus der Theatinerkirche (wohl aus dem Klosterbau) erhalten.
4) Das Treppenhaus, z. T. mit Jugendstildetails (1902 von Georg Meister; StAM, Baupl. Pöcking 142/1902).

32 In: Ludwig Richter, Lebenserinnerungen eines deutschen Malers, hg. von E. Marx, Wiesbaden 1949.
Briefwechsel mit Eduard Mörike, hg. von H. W. Rath; Stuttgart, 1918). Schwind lud Mörike mehrmals nach Niederpöcking ein. Ob der Dichter dieser Einladung folgte, ist nicht bekannt. Schwind nannte seine Villa oft auch »mein Malepartus«, nach der Höhle des Reinecke Fuchs.

33 Ferdinand v. Miller erzählt, a.a.O., S. 100.

34 Die Anbauten sind bereits 1871 vermessen und in den Deckeldrucken des Vermessungsamtes Starnberg nachgetragen.

86 Franz v. Lenbach hatte bereits 1898 unten am See die Villa des Grafen Vitzthum v. Eckstädt (Villa Pick) erworben. Nach der Trennung von seiner ersten Frau, Magdalena, einer geb. Gräfin Moltke, überließ er ihr den gesamten Besitz am See. Während der Planung und der Bauzeit seiner neuen Villa hatte er die Villa Wilhelm Böhler in der Fischhaberstraße gemietet.

87 Villa Lenbach.
Prinz-Karl-Straße 42/44; ehem. Prinz-Karl-Straße 2; Fl.Nr. Sö 94/2, 102/2, Sta 581, 583 (Villa mit Parkanlage, ca. 30 000 qm).
1903 Franz v. Lenbach und Lolo (Charlotte v. Lenbach, geb. Freiin v. Hornstein, Tochter des Komponisten Robert v. Hornstein); 1903 Eingabeplan (Architekt: Gabriel Seidl; Baupl. Söcking 102/1903, LRA Starnberg, Denkmalschutzakt); 1903 f. Anlage des Gartens (Gartenbaufirma Michael Buchner); 1904 Witwe Lolo v. Lenbach; 1904 Errichtung eines Nebengebäudes mit Stall und Kutscherwohnung (Architekt: Gabriel Seidl, Baupl. Söcking 103/1903, LRA Starnberg); 1906 Überdachung der Seitenflügelobergeschosse (Architekt: Gabriel Seidl; Baupl. Söcking 72/1906, LRA Starnberg, Denkmalschutzakt); 1914 Stallanbau; 1920 Anbau eines Treppenhauses im Nordflügel und Ausbau des Obergeschosses für Tochter Marion v. Lenbach (Architekt: Otto Gaßner; Baupl. Söcking 127/1919, LRA Starnberg, Denkmalschutzakt). Marion v. Lenbach war in erster Ehe mit Graf La Rosée, in zweiter Ehe mit dem späteren Vizeadmiral Löhlein verheiratet. Die jüngere Tochter, Gabriele, heiratete später den Verleger Dr. Kurt Neven Du Mont; 1926 Errichtung des Gartenpavillons (Architekt: vermutlich Otto Gaßner; StAM Baupl. Söcking 158/1926); 1990 Umbau der Villa in drei Eigentumswohnungen mit nachhaltigen Eingriffen in das innere Raumgefüge; Veränderungen des äußeren Erscheinungsbildes: Schließung der Erdgeschoß-Loggia und der Obergeschoß-Loggia des südlichen Seitenflügels, Schließung der Erdgeschoß-Loggia des nördlichen Seitenflügels, kleinteilige Aufteilung und Verbauung der Terrasse; Abbruch des Nebenhauses und Neubau eines Mehrfamilienwohnhauses; Abtrennung des gesamten östlichen Parkteils.
Lit.: Der Baumeister 6/1908, H.4, S. 48 mit Plan; Schober, Denkmäler, S. 356 f. mit Abb. u. Grundr.; Dehio IV, Oberbayern, München 1990, S. 1115; Ingrid Cavalieri, Leben und Werk des Kunst- und Handelsgärtners Michael Buchner, Diplomarbeit Weihenstephan 1996, S. 50.

88 Aus der von Lenbach gemalten »Vision« der Villa (s. Farbabbildungen Starnberg, S. 31) sowie einem weiteren ähnlichen Gemälde (s. u.) geht ebenfalls hervor, daß Lenbach sich unterhalb der Villa einen geometrisch regelmäßigen, barokkisierenden Gartenteil nach dem Vorbild von Nymphenburg vorstellte. Es existiert ein altes Photo im Archiv der Städt. Galerie im Lenbachhaus, welches Lenbach zeigt, wie er nach einem (offenbar nicht mehr existierenden) Modell der Villa an diesem Gemälde arbeitete.
Zur Parkanlage vgl. Dipl.-Arb. Ingrid Cavalieri.

89 Villa Brands (Villa Dziembowski).
Maximilian-von-Dziembowski-Straße 11; Fl.Nr. Sö 91.
1904 Alphonse Brands, Kaufmann in München; 1906 Neubau der Villa (Architekten: Eugen Hönig und Karl Söldner; Baupl. Söcking 75 u. 76/1906, LRA Starnberg, Denkmalschutzakt); Errichtung eines Gärtner- und Kutscherhauses (Architekten: Hönig und Söldner); 1912 General Colin Frhr. v. Hammerstein; 1912 Anbau einer neuen Küche an der Ostseite und Erweiterung des Gärtnerhauses (Architekt: Heinrich Volbehr; StAM Baupl. Söcking 114 u.115/1912); 1922 Maximilian v. Dziembowski; um 1980 Umbau (Ausbau des Dachraumes, Umbau verschiedener Zimmer, Umbau des Bades, Bau einer neuen Terrasse aus Fertigteilen), Anbau einer großen Schwimmhalle mit Verbindungsgang westl. an die Villa, Bau einer mehrgeschossigen Tiefgarage an der Nordseite; 1989 Totalumbau unter Beseitigung der wesentlichsten Elemente im Inneren (bes. Treppenhaus), einschneidende Änderung der Fassaden (starke Vergrößerung der Fenster, neue Fensteröffnungen, Beseitigung der orig. Eingangssituation u.a.), Entwertung des Baudenkmals in seiner überlieferten Qualität.
Lit.: Münchener Bürgerliche Baukunst 1909, Folge XII, Taf. 26 mit Abb. u. Grundr.; Süddeutsche Bauzeitung 17/1907, Nr. 39; Schober, Denkmäler, S. 354 mit Abb. u. Grundr.; Dehio IV, Oberbayern, München 1990, S. 1115.
In Südd. Bauzeitung 17/1907 heißt es zur Villa: «Das im Jahre 1906 errichtete Haus des Herrn Alphonse Brands in Sökking steht auf einem der schönsten Plätze der Umgebung von Starnberg. Die serpentinartige Anlage der Straße bildet eine Halbinsel. Starke Hanglage nach Südosten bei gleichzeitigem Schutz nach Norden und Westen. Herrliche Rundsicht bis zu den Alpen... Das Haus wurde in einen Park herrlicher alter Buchen so hineinkomponiert, daß man es beim Annähern kaum gewahrt, ganz unaufdringlich. Das Wohngebäude ist mit allem Komfort eines Herrschaftshauses errichtet. Innerlich gruppieren sich die Räume um eine ausgedehnte Diele. Die Basis des Hauses ist völlig quadratisch, was in der äußeren Erscheinung die Zeltdachform des Mansarddaches zur Folge hat. Ein weit ausladender Gesims im Verein mit der durchaus einheitlichen Dachfläche, schmuckloser Fensterputz, dagegen eine sehr fein gegliederte Loggia in zwei Etagen sowie eine Portalbildung an der Straße, das sind die Grundmotive der äußeren Erscheinung.«

90 Die schönen Fenster, die für die Proportionen und die Harmonie der Fassaden von so entscheidender Bedeutung waren, wurden vergrößert und auf Fußbodenniveau herab aufgeschlitzt, um eine »französische« Fensterfront zu erhalten! Das wunderbar geformte Dach des Runderkers wurde abrasiert und durch eine Betonplatte (für ein Balkönchen mit Hollywoodgitter) ersetzt. An Stelle der großartigen Eichenholz-Haustür mit ihren Bronzebeschlägen wurde eine protzige neobarocke Tür in weißem Schleiflack eingebaut. Im Inneren wurden statt der schönen Parkettböden weißer Marmor und Teppichböden verlegt. Alle alten Türen wurden barockisierend erneuert. Die Kaminnische in der Halle wurde herausgerissen und zugemauert, ebenso das Doppelfenster über der Treppe. Das gesamte Treppenhaus mit seinen wunderbaren Hölzern (in heute nicht mehr bezahlbarer Qualität) wurde weiß lackiert, die alte Balkendecke mit ihren interessanten Konsolen durch eine weiße Decke mit Stuckrosette ersetzt!

91 Villa Krauß.
Auersberg 5b u. c; Fl.Nr. Sö 92.
Um 1895 Kaspar und Margarete Krauß (Ingenieurseheleute) zus. mit Eugen Drollinger, kgl. Hofbaurat in München; 1895 Neubau der Villa (Architekt: Eugen Drollinger, Baupl. Söcking 19/1895, LRA Starnberg, Denkmalschutzakt); 1930 Kaspar Krauß allein; 1941 Adolf Krauß, Bauingenieur in München; 1953 Elisabeth Krauß; 1954 Richard Krauß; 1959 Agnes Krauß.
Lit.: Schober, Denkmäler, S. 352 mit Abb.; Dehio IV, Oberbayern, München 1990, S. 1115.

92 Villa Hanau (Villa Schaumburg).
Andechser Straße 23; Fl.Nr. Sö 61.
1900 Friedrich Graf v. Schaumburg, Oberleutnant à la suite, Kernbau von 1886, Ausbau zur herrschaftlichen Villa 1900 (Architekt: Carl Vent; Baupl. Söcking 64/1900, LRA Starnberg, Denkmalschutzakt); 1932 Friedrich August Fürst v. Hanau, Graf v. Schaumburg (Großgrundbesitzer in Horovice bei Prag).
Lit.: Schober, Denkmäler, S. 350 mit Abb.; Dehio IV, Oberbayern, München 1990, S. 1115.

Villa Maria (Villa Denzinger).
Klenzestraße 2; Fl.Nr. Sö 811/2.
Um 1900 Hans Denzinger, Architekt in München; Neubau der Villa 1901 (Architekt: H. Denzinger).

Villa v. Courten.
Andechser Straße 58; Fl.Nr. Sö 588.
1912 Rosamund Gräfin v. Courten und

Anhang

Carlo Graf v. Courten (kgl.-bayer. Oberleutnant, Adjutant und Kammerjunker); 1912 Planung einer herrschaftlichen Villa (Architekt: Fritz v. Courten; StAM Baupl. Söcking 113/1911); ausgeführt wurde das Pförtnerhaus an der Straße (StAM Baupl. Söcking 117/1912).
Lit.: Schober, Denkmäler, S. 350 mit Abb.

93 Zu Schmid Noerr siehe: Dirk Heißerer, Wellen, Wind und Dorfbanditen, S. 26.

94 Buchhof.
Buchhofstraße 1; ehem. Gde. Percha.
1806 Philipp Jakobi, kgl. Pfistermeister in München erwirbt den Hof von Martin Pentenrieder; 1814 Johann Grunner, Poststallmeister in München; 1831 Frhr. v. Hallberg, Generalleutnant; 1841 Karl v. Maffei, 1875 Neubau der Villa (Architekt: Georg Hauberrisser); 1899 Guido v. Maffei; 1923 Sophie v. Klenze, geb. v. Maffei.
Lit.: B.K. Gantner, 1200 Jahre Percha, Donauwörth 1985, S. 262; Schober, Denkmäler, S. 324 mit Abb.

95 In Neubert's Deutschem Gartenmagazin, 1889, heißt es auf S. 327 dazu: »Der schöne wohlgepflegte Park und die Gartenanlagen wurden nach den Plänen des Herrn Direktor von Effner ausgeführt. Beim Eingang zum Park begrüßen uns schon gesunde, frische Partien von Föhren, Fichten und besonders schönem Wacholder. (...) Vor dem stattlichen Schlosse angelangt wird sich jeder an dem weiten Durchblick über eine große prächtige Rasenfläche erfreuen. Nicht nur der vor uns ausgebreitete Starnberger See mit der dahinter liegenden Gebirgskette, die ganze Umgebung trägt dazu bei, einen selten schönen, unvergeßlichen Anblick zu schaffen. Im Parke selbst, der ganz von einer dichten Fichtenhecke eingefriedet ist (...), sind alte Eichen im Vereine mit großen Fichten zu einem reizenden Weg benutzt worden. (...) Partien mit Ziersträuchern sind geschmackvoll an den passenden Wegen angebracht. Die breiten Wege, überall im besten Zustande, tragen viel zur Schönheit des Ganzen bei. Eine hohe italienische Pappel beim Schlosse, wohl angebracht, ist ebenso wie die dort sich befindenden Platanen zu bemerken. Ein alter Birnbaum, ganz und gar mit Epheu überwachsen, macht sich recht gut, wie nicht minder der durch Lindenbäumchen hergestellte Laubengang. Rosen, Blumen, Blattpflanzen sowie teppichartige Beete umgeben das Schloß. (...) Hinter dem Schloß befindet sich das gut besetzte Glashaus sowie ein großer Obst- und Gemüsegarten. Die vorhandenen Mauern an den Nebengebäuden sind größtenteils vorteilhaft für Obstspalierzucht ausgenutzt. Interessant ist ein gemachter Versuch mit einigen Weinstöcken (...).«

Pöcking

Allgemeine Quellen:
Staatsarchiv München (StAM):
20970 (Rustikalsteuerkataster 1812)
20971/72 (Umschreibkataster 1812 ff.)
20979 (Grundsteuerkataster 1867)
20980 (Umschreibheft 1867 ff.)
20982 (Grundsteuerkataster 1900)
20983/84 (Umschreibhefte 1900 ff.)

1 Villa Tausch
Hindenburgstraße 10; Fl.Nr. 860, 856.
1865 Neubau für Therese Tausch (Architekt unbek.); 1867 Pfarrvikar Josef Schelbert; 1873 August Heinrich Spitta, Rentier in München; 1887 Mathias du Chesne de Ruville, kgl. preuß. Leutnant d. Res.; 1891 Emil Wolf, Privatier; 1892 Friedrich Oertl, Fabrikant in Augsburg; 1894 Friedrich Oehme, Kaufmann in Köln; 1936 Wilhelm Kirchner.
Das um 1865 errichtete Haus läßt deutlich die um diese Zeit übliche Hinwendung zum Landhaus der Toskana erkennen. Auch der Garten wies in Anlage und Ausstattung (Gartenfiguren; die der Flora noch erhalten) deutliche Reminiszenzen an den italienischen Garten auf. Der westliche Anbau wurde 1910 errichtet. Vgl. Schober, Denkmäler, S. 220 mit Abb.

Landhaus Pixis.
Hindenburgstraße 21; Fl.Nr. 832.
1869 Neubau des Landhauses (Architekt unbek.) für Friedrich Daniel v. Pixis, ehem. pfälzischer Staatsbeamter, von Ludwig I. 1847 als kgl. Oberappellationsgerichtsrat nach München berufen; 1884 Theodor Pixis, Genre- und Historienmaler, Zeichner und Illustrator (1831–1907). War an der Ausmalung des Alten Nationalmuseums (heute Völkerkundemuseum) beteiligt, lieferte für Ludwig II. Theaterbilder zu den Wagner-Opern; war gesellschaftlich stark in München verwurzelt, aber auch am Starnberger See, wo er Mitglied der Gesellschaft der »Halmburger« in Starnberg war; 1907 Erbengemeinschaft Pixis (Hofrat Erwin Pixis; Oskar Pixis, Architekt; Rudolf Pixis, Rechtsanwalt); 1957 Schenkung an die Evang. Kirchengemeinde Pöcking (heute evang. Pfarrhof).
Lit.: Doris Hiltl, Theodor Pixis, in: Münchner Merkur Nr. 246 u. 252/1993.

Villa Maria.
Hindenburgstraße 26; Fl.Nr. 828/2.
1873 Neubau für Maria Herold (Architekt unbek.); 1901 Sidonie Billmann (Umbau und Aufstockung, Architekt: Carl Vent); 1919 Lisette Rosenthal; 1920 Maria Stern; 1942 Deutsches Reich.

2 Landhaus Jank.
Feldafinger Straße 14; Fl.Nr. 43 u. 44.
Neubau 1843; 1861 Anna Jank; 1874 Christian Jank (Hoftheatermaler); 1889 Angelo Jank, Kunstmaler; 1894 Geheimrat Karl Eckert, Rechtsanwalt; 1927 Witwe Henriette Eckert, Dr. Fritz Eckert, Privatdozent in Berlin, und Emilie Nägeli.
Im Garten sind, um eine Laube gruppiert, noch schöne Gartenfiguren (Sandstein) der vier Jahreszeiten und zwei Gruppen von Putten (19. Jh., Herkunft unbekannt) erhalten.
Lit.: Schober, Denkmäler, S. 214 mit Abb.

3 Villa Bachmayer.
Ehem. Alte Bahnhofstraße; Fl.Nr. 830, 828, 829, 831/3, 1355, 1371 (Villa mit engl. Anlagen, zus. 4,95 ha).
1873 Heinrich Bachmayer, Kaufmann in München; 1874/76 Neubau der Villa (Architekten: Claus und Groß, Wien); 1878 Anna Bachmayer; dann Maria Bachmayer; 1938 Louise Thies; 1938 Fritz Andreae; 1941 Dr. Mangold-Reiboldt.
Lit.: Allgemeine Bauzeitung, 1877, mit Taf. 25–27; Lampert (1884), S. 38 mit Abb.

4 Allgemeine Bauzeitung, 1877, a.a.O.

5 Dr. Neuberts's Deutsches Gartenmagazin, Illustr. Monatsheft für das Gesamtinteresse des Gartenbaus, 1889, S. 330.

6 Villa Röhr (Villa Schmidt, Villa Habsburg).
Hindenburgstraße 15; Fl.Nr. 863, 864.
1900 Hugo Röhr, Hofkapellmeister in München; 1901 Neubau der Villa (Architekt: Eugen Drollinger); 1918 Dr. Karl Heimburger; 1920 Friedrich Kurz; 1922 Hedwig Schmidt, Totalumbau und Erweiterung (die neue Eigentümerin soll ihren Reichtum aus Ölaktien bezogen haben); 1924 Alice Schmidt aus New York (verh. mit Kammersänger Rukert. Das Ehepaar hatte sich in El Paraiso kennengelernt, daher der neue Villenname: »El Paraiso«); 1929 Hildegard Schurr aus Australien; dann Adelheid Schurr; 1954 Erzherzogin Andrea v. Österreich.
Lit.: Architektonische Rundschau 20, 1904; Schober, Denkmäler, S. 220 mit Abb.
Hugo Röhr wirkte von 1896 bis 1918 als Hofkapellmeister an der Münchner Hofoper und setzte sich dabei sehr für die zeitgenössische Musik ein. Zahlreiche Ur- und Erstaufführungen fanden unter seiner Leitung statt.

7 Architektonische Rundschau 20, 1904; H. 1 mit Abb. auf Tafel 7.

8 Villa Schröder (Villa Defregger).
Alte Bahnhofstraße 8; Fl.Nr. 867.
1899 Wilhelm Schröder, Schreinermeister in München, 1900 Neubau der Villa (Architekt: Eugen Drollinger; Baupl. Pöcking 1900, LRA Starnberg, Denkmalschutzakt); 1914 Heinrich Schröder; 1914 Julius Adler; 1920 Dr. Albert Marcus, prakt. Arzt in München; 1935 Anna

Marcus; nun Weihbischof Mathias Defregger.

Lit.: Architektonische Rundschau 20, 1904; Schober, Denkmäler, S. 214 mit Abb.

9 Architektonische Rundschau 20, 1904, H. 12 mit Abb. auf Taf. 93.

10 Villa Sandler.
Schulweg 8; Fl.Nr. 841/2.

Dr. Christian Sandler, Privatgelehrter in München, 1900 Neubau der Villa (Architekt: Georg Meister; StAM, Baupl. Pöcking, 58/1899); dann Witwe Crescenz Sandler; 1935 Max und Elise Massenbach; 1940 Alexander Sved.

11 Zur Ausstattung mit Mobiliar aus den Vereinigten Werkstätten München, vgl. Ausst.-Kat. Bruno Paul, München 1992, S. 97; Habich, Innendekoration XII, 1901, S. 202–205.

12 Villa Reber.
Feldafinger Straße 15; Fl.Nr. 41, 811/2.

1873 Max Wagenbauer, pension. Zentralzollkassen-Beamter in München, Neubau der Villa (Baumeister Josef Knittel, Tutzing; Bauakten im Familienarchiv); 1877 Kauf des benachbarten Schaffleranwesens; 1883 Therese v. Reber, Fanny Bogner und Max Joseph Wagenbauer, Kaufmann in München; Erbengemeinschaft auf Ableben des Max Wagenbauer; 1883 Prof. Dr. Franz v. Reber; 1895 Anbau an die Villa (Baumeister: J. Biersack); 1914 Prof. Dr. Franz v. Reber und Tochter Hedwig Zimmermann; 1920 Hedwig Zimmermann; dann Prof. Dr. Fritz Zimmermann, Archivdirektor in München.

Lit.: Schober, Denkmäler, S. 214 mit Abb.

13 Alle Terracotta-Reliefs wurden von der K.u.k. Terracotta-Fabrik v. Brausewetter in Agram bezogen. Der Kachelofen wurde für 74 Gulden aus dem Haus Nr. 7 in der Münchner Ludwigstraße (erbaut vor 1830 von Leo v. Klenze) erworben. Die großen Spiegel im Salon sind von Vergolder Hermann Lindner, München, die Eisenkonstruktionen von Vorhaus und Veranda von F. S. Kustermann, München.

14 Die Büsche und Bäume für den Garten lieferte die kgl. Baumplantage Triesdorf mit Rechnung vom 23. März 1873 (Priv.-Archiv Reber, Pöcking). Grundlagen für die Rekonstruktion der Gartenanlage: Originaler Gartenplan der Zeit (Skizze, 1873, Privatbesitz).

15 Villa Soxhlet (Villa v. Lossow).
Feldafinger Straße 17; Fl.Nr. 810.

1896 Geheimrat Prof. Dr. Franz Soxhlet, Agrarchemiker, Professor an der TH München; 1896/98 Neubau der Villa (Architekten: Prof. Paul Pfann und Günther Blumentritt; StAM, Baupl. Pöcking, 32/1896); 1903 Anbau einer Küche (StAM, Baupl. Pöcking 136/1902); 1926 Helene v. Lossow, Oberstleutnantsgattin; 1955 Elisabeth Lieberknecht (geb. v. Lossow).

Lit.: Schober, Denkmäler, S. 216 mit Abb.

16 Villa Jummerspach.
Feldafinger Straße 19; Fl.Nr. 810/2.

1906/07 Neubau des Hauses für den Architekten Prof. Fritz Jummerspach (eigener Entw.; StAM, Baupl. Pöcking, 96/1906); 1914 Witwe Therese Jummerspach; 1935 Helene v. Pohl; 1958 Fritz Jummerspach.

Weitere Landhäuser an der Feldafinger Straße:

Landhaus Heldrich.
Feldafinger Straße 21; Fl.Nr. 811.

1897/98 Neubau für Joseph Heldrich, Bankbeamter. Zweigeschossige Villa mit verschaltem Giebel und beigestelltem Erkerturm mit Helm und Fachwerk im oberen Teil; Loggia mit Freitreppe auf der Giebelseite.

Landhaus Mayer.
Feldafinger Straße 25; Fl.Nr. 793.

1866 Neubau für Theres Mayer; 1895 Prof. Dr. Hans Bußmeyer in München; 1907 Umbau (StAM, Baupl. Pöcking 152/1906).

Villa Ranke.
Feldafinger Straße 27; Fl.Nr. 796.

Vor 1880 Neubau, wohl für Jakob Koch; 1896 Anna Bauer, verehel. Bauernfeind, Privatiere in München; 1919 Karl Micheler; 1958 Ida Ranke. Die kleine Villa ist in schlichten, strengen Formen des Spätklassizismus entstanden.

Lit.: Schober, Denkmäler, S. 216 mit Abb.

Landhaus Körner.
Feldafinger Straße 31; Fl.Nr. 799.

1885 Neubau für Johann Körner; 1893 Otto Messerer; 1896 Margarethe Zierlein.

Villa Mayer.
Feldafinger Straße 37; Fl.Nr. 803.

1898 Neubau für Max Mayer, Hofapotheker in München; 1899 Dr. Karl Bouche, Kunstmaler in München; 1918 Otto Kalm; 1928 Rudolf Ritter v. Pérignon, Ministerialrat a. D., Umbau (Aufstockung des Hauses; StAM, Baupl. Pöcking, 273 u. 274/1928); 1937 Dr. Hans v. Steffens.

17 Villa Lutz (Villa Dallmayr, Ministervilla).
Zum Ministerhügel 18; Fl.Nr. 773/3, 775/3 (Villa mit englischen Anlagen).

1875 Anna v. Lutz, Gattin des kgl. Staatsrats und Ministers Johann v. Lutz, anschließend Neubau der Villa (Architekt unbekannt); 1884 nach Ableben der A. v. Lutz die zwei Kinder zu beiden Teilen; 1891 Karl Hausmann, Kaufmann in München; 1897 Alexander Senger, Theaterdirektor in Bremen; 1901 Therese Randlkofer, Kaufmannswitwe in München; 1924 Erna Randlkofer und drei Geschw.; 1927 Elsa Randlkofer; 1936 Umbaumaßnahmen (Architekt: Prof. Koenig), Schließung der südwestl. Loggia im Obergeschoß, Erneuerung der Veranda und Bau der klassizistischen Brüstung, seitl. erdgeschossige Anbauten; 1948 Paul Randlkofer; 1956 baul. Veränderungen: Vergrößerung versch. Fenster (Erdgeschoß und 2. Obergeschoß-Mitte); 1990 Renovierung, erweiternde Anbauten rückwärts.

Lit.: Schober, Denkmäler, S. 222 mit Abb.

Johann v. Lutz (1826–1890, Jurist) war seit 1867 Justizminister, leitete seit 1869 das Ministerium des Inneren für Kirchen- und Schulangelegenheiten; seit 1880 war er Vorsitzender des Ministerrats. War maßgeblich an den Aktionen gegen Ludwig II. beteiligt, Vertrauter des Prinzregenten und Verfechter der Politik Bismarcks. Trat 1890 von allen Ämtern zurück.

18 Ehem. Villa Otto (Villa Schwind).
Ehemals Feldafinger Straße; ehemalige Haus-Nr. 55; Fl.Nr. 775, 773/2.

Um 1875 Neubau der Villa (Architekt unbek.) für August Otto; 1890 Elise Otto; 1893 Georg Deller; 1895 Adolph Weiß, Großhändler in München; 1917 Dr. Benedikt Schwind, Ingenieur in München, 1922 Anbau (Architekt: Richard Riemerschmid; StAM, Baupl. Pöcking 217/1922); dann Elisabeth Schwind; 1932 Bayerische Hypotheken- und Wechsel-Bank; 1936 Else Randlkofer; Abbruch vor dem Krieg.

Die in klassizistischen Formen streng auf kreuzförmigem Grundriß erbaute Villa hatte im Erdgeschoß Diele und Wohnzimmer (Anbau von 1922), Speisezimmer, Musikzimmer, Büro, Küche; im Obergeschoß Damenzimmer, Kinderzimmer und zwei Schlafzimmer, offene Veranda (Anbau).

19 Villa Hausmann (Villa Riccius).
Feldafinger Straße 41; Fl.Nr. 766, Park: 744, 745, 763, 764, 765.

1898 Karl Hausmann, Kaufmann in München, Neubau der Villa (Architekt: Leonhard Romeis; Pläne im LRA Starnberg, DschA); 1908 Adolf Riccius und Pauline; 1951 Karl Riccius; 1958 Max Riccius; (...); um 1966 Bernard Souché, Komponist; 1968 Volker Zahm; Renovierung der Villa; 1995 Renovierung und versch. Umbauten.

Lit.: Schober, Denkmäler, S. 216 mit Abb.

20 Vgl. Villenbauten von Romeis in München, in: Münchner Bürgerliche Baukunst, München 1898 ff., II. Folge, Taf. 17–22; X. Folge, Taf. 13 u. 14; dort sind seine charakteristischen Baudetails immer wieder zu beobachten. Vor allem für die Villa für Kommerzienrat Winkelhofer (1900/01, Höchlstraße 3) erscheint die Riccius-Villa als unmittelbarer Vorläufer, wo-

Anhang

bei hier bereits mehr renaissancehafte Details (Giebelrisalit, Turm) zur Anwendung kamen. Auch ist das Burgenartige noch mehr ausgeprägt als bei der Riccius-Villa. Die Räume sind mehr um die zentrale Diele gruppiert, während sie bei der Riccius-Villa ganz auf die Fernsicht nach Osten und Süden ausgerichtet sind. Vgl. dazu: A. Ley, Die Villa als Burg, Diss. München 1978; Schober, Denkmäler, S. 178 mit Abb. (vgl. Villa Scheuermann, Herrsching, S. 272 mit Abb; Villa Kirschner, Starnberg, S. 353 mit Abb; Villa Maria und Villa Krauß, Söcking).

21 Villa Knote.
Heinrich-Knote-Straße 3; Fl.Nr. 770, 771.

1899 Heinrich Knote, Hofopernsänger in München, und Ellen; 1900 Neubau der Villa (Architekt unbek.); 1910 Anbau eines Seitenflügels, südlich (StAM, Baupl. Pöcking 127/1909), 1912 Errichtung eines Gärtnerhauses (StAM, Baupl. Pöcking 190/1911); 1937 Wilhelm Timann, Generalkonsul; 1940 Johanna Lehmann; 1956 Heinrich Schäfer.

Kammersänger Heinrich Knote (1870–1953) war ab 1892 Mitglied der Münchner Hofoper; 1904–08 Mitglied der Metropolitan Opera in New York, wetteiferte dort mit Caruso um die Gunst des Publikums; ab 1924 wieder in München, 1931 Abschied (in der Rolle des Siegfried) von der Bühne.

Das Grundstück wurde durch Verkäufe und anschließende Bebauung stark verkleinert, alle alten Nebengebäude, mit Ausnahme der Almhütte, sind beseitigt. Die Villa selbst wurde bei Erneuerungs- und Renovierungsarbeiten innen wie außen verändert.

Lit.: Doris Hiltl, Holzhacker von Pöcking..., im Lokalteil des Münchner Merkur, 19./20. 9. 1992.

22 Villa Heidinger (ehem. Villa Bäumler).
Heinrich-Knote-Straße 14 u. 12; Fl.Nr. 735, 670, 710, 731, 732; (1902: 7,055 ha; 1917: 7,943 ha).

1898 Max Littmann, Architekt und Bauunternehmer in München, 1900 Neubau des Pförtnerhauses (StAM, Baupl. Pöcking 79/1900 u. 84/1900); 1917 Hans Bäumler, Textilfabrikant in München, 1922 Neubau der Villa (Architekt: Anton Hatzl jr.; Baupl.Pöcking 212/1921, LRA Starnberg, Denkmalschutzakt); 1929 Wilhelm Heidinger und Vera in Berlin; 1948 Dr. Ekkehard Heidinger.

Lit.: Schober, Denkmäler, S. 218 mit Abb. u. S. 220 mit Abb.

23 Villa v. Ostini.
Heinrich-Knote-Straße 9; Fl.Nr. 737/2.

Um 1909/10 Baron Fritz v. Ostini, Kunsthistoriker in München; 1910/11 Neubau der Villa (Architekt: Prof. Fritz Jummerspach; StAM, Baupl. Pöcking 184/1910); 1927 Sophie v. Ostini, 1941 Immy Knoop.

Das Haus ist noch erhalten, aber stark verändert. Das Grundstück, das nach Zukäufen bis zur Feldafinger Straße herabreichte, ist inzwischen bis auf einen kleinen Umgriff aufgeteilt und verbaut.

24 Landhaus Beutel.
Heinrich-Knote-Straße 7; Fl.Nr. 737/4.

1904 Ferdinand Beutel, Oberbauinspektor in München; 1904 Neubau (Architekt: Johann Biersack); 1939 Franz Koppmair.

25 Villa Eickemeyer.
Heinrich-Knote-Straße 15; Fl.Nr. 740/2.

1909 Oberingenieur Karl Eickemeyer und Frau Baurat Eleonore Eickemeyer, 1909 Neubau der Doppelvilla (Architekt: A. Bachmann; StAM, Baupl. Pöcking 125/1909); 1920 Alex Feilner; 1929 Rudolf Laubenthal, bayer. Kammersänger; 1933 Antrag auf Errichtung eines Aussichtsturmes mit einer Höhe von 21 m (der Bau wurde abgelehnt, da er die Baumkronen um 9 m überragt hätte. In einem Protestschreiben der Nachbarn wird darauf hingewiesen, daß schon Heinrich Knote »in skandalöser Weise« einen solchen Turm errichtet habe, der die Gegend verschandelte. Dieser wurde glücklicherweise vor zwei Jahren [1931] wieder abgetragen).

26 Villa Haus.
Heinrich-Knote-Straße 16; Fl.Nr.: 740/3.

1900 Franz Haus, Kriegsgerichtsrat in München; 1901/02 Neubau der Villa (Architekt: Richard Riemerschmid; Baupl. Pöcking; StAM, 143/1902); 1951 Else Luedecke, dann Resi Britt.

Lit.: Schober, Denkmäler, S. 220 mit Abb.; Richard Riemerschmid, Vom Jugendstil zum Werkbund, Ausst.-Kat., München 1983 (hg. v. Winfried Nerdinger), S. 172 mit Abb. u. S. 390 mit Abb.; Dekorative Kunst 7, 1904, S. 251–56 mit Abb.; Deutsche Kunst und Dekoration 15, 1905, S. 75 mit Abb.; Das moderne Landhaus, München 1905, S. 90; Das deutsche Landhaus, H. 9, S. 203 f.; Hermann Muthesius, Die Bedingungen und die Auflage des modernen Landhauses, München 1905, S. 1.

27 Vgl. Ausst.-Kat. Richard Riemerschmid, München 1983, S. 172 mit Abb.

28 Vgl. Ferdinand v. Miller erzählt, hg. v. Eugen Stollreither, München 1932, S. 16.

29 Villa Schwind.
Ferdinand-von-Miller-Straße 1; ehemals Niederpöcking Nr. 8; Fl.Nr. 1424, 1425.

1855 Moritz v. Schwind, 1856 Neubau des Landhauses (Architekt unbek.), vor 1871 Anbauten der Seitenflügel (Architekt unbek.); 1871 Witwe Louise Schwind, 1901 Hermann Schwind, dann dessen Töchter Gertraud und Margarethe; 1901 Georg Meister, Architekt in München; 1902 Erhöhung des Quertraktes und Anbau eines Aussichtsturmes rückwärts, neues Treppenhaus in Jugendstilformen (Architekt: Georg Meister; StAM, Baupl. Pöcking 142/1902); 1904 Gewächshaus; 1908 Dr. Karl v. Hirsch, 1909 Abbruch des Turmes und Anbau eines Dienerzimmers (Architekten: Gebrüder Ludwig; StAM, Baupl. Pöcking 122/1909); 1913 Neubau einer Hausmeisterwohnung und einer Autohalle; 1918 Karl Müller, 1933 Hedwig Müller und 4 Gen., Abbruch 1955.

Lit.: A. Link, 1857 ff.; Link/Schober, 1879/1984, S. 30 u. 106; Lampert, 1884, S. 29; Gegenfurtner, 1883, S. 27 u. 1896, S. 36; Ausst.-Kat. Zwischen Glaspalast und Maximilianeum (hg. von W. Nerdinger), S. 316 mit Abb.

Vgl. E. Kalkschmidt, M. v. Schwind, München 1943, S. 116; Lukas R. v. Führlich, Moritz v. Schwind, Leipzig 1871, S. 70 f.; Otto Weigmann (Hg.), Schwind, Des Meisters Werke, mit Photo der Villa auf S. XXXIX.

30 MStM, Nachlaß Zenetti VIII, 12, 39a: Entwurf zu einem Bootshaus mit verglastem Pavillon und Badehütte, o. Dat., Ausführung nicht gesichert.

31 Auf einer kleinen Zahl von Photos aus der Zeit vor 1900 und nach 1908 (aus dem Besitz der Familie Schwind) sind als Baudetails noch feststellbar:
1) Feine Stuckprofile am Deckenansatz (Vouten).
2) Ein wandhoher Kachelofen in Neurenaissanceformen (Keramik, glasiert).
3) Eine Naturholztüre (vermutl. Eiche, frühbarock?) mit breitem Rahmen (Pilaster mit Kapitell und zwei Wappenschilden) und vier Feldern mit geschnitzten Blumengehängen; nach der Familientradition von Schwind für ein Altarblatt aus der Theatinerkirche (wohl aus dem Klosterbau) erhalten.
4) Das Treppenhaus, z. T. mit Jugendstildetails (1902 von Georg Meister; StAM, Baupl. Pöcking 142/1902).

32 In: Ludwig Richter, Lebenserinnerungen eines deutschen Malers, hg. von E. Marx, Wiesbaden 1949.

Briefwechsel mit Eduard Mörike, hg. von H. W. Rath; Stuttgart, 1918). Schwind lud Mörike mehrmals nach Niederpöcking ein. Ob der Dichter dieser Einladung folgte, ist nicht bekannt. Schwind nannte seine Villa oft auch »mein Malepartus«, nach der Höhle des Reinecke Fuchs.

33 Ferdinand v. Miller erzählt, a.a.O., S. 100.

34 Die Anbauten sind bereits 1871 vermessen und in den Deckeldrucken des Vermessungsamtes Starnberg nachgetragen.

Anmerkungen zu Pöcking

35 Villa Schwarzmann (Villa Oskar v. Boyen).
Ferdinand-von-Miller-Straße 5; ehem. Niederpöcking Nr. 7. Fl.Nr. 1422, 1423; Wohnhaus mit Terrasse, Maleratelier, Sommerhaus mit darunter liegendem Schiffslokal, angebauter Schiffshütte, Blumengarten.

1856 Joseph Anton Schwarzmann, Kunst- und Dekorationsmaler in München, Neubau der Villa (Architekt unbek.); 1861 Oskar v. Boyen, Kunstmaler und Partikulier in München, um 9500 Gulden; 1903 Witwe Mathilde v. Boyen; 1907 Robert Hensche, Rittergutsbesitzer in Pogrimmen bei Darkehnen, Ostpreußen; 1927 Leonhard Hanselmann, Milchfabrikant in München, Umbau des Hauses (StAM, Baupl. Pöcking 267), Neubau eines Gartenhauses (StAM, Baupl.Pöcking 269/1928); 1948 Otto Ludwig und Maria, geb. Hanselmann.

Lit.: A. Link, 1857ff.; Link/Schober, 1879/1984, S. 30 u. 109; Lampert, 1884, S. 29; Gegenfurtner, 1883, S. 28, u. 1896, S. 28; Ausst.-Kat. Zwischen Glaspalast und Maximilianeum (hg. von W. Nerdinger, 1997), S. 316.

Joseph Anton Schwarzmann war Schüler von H. Heß, war als Dekorationsmaler tätig u.a. bei der Ausgestaltung der Kirchen St. Ludwig und St. Bonifaz in München, der Pinakothek, des Domes in Speyer. Der Maler Oskar v. Boyen (gest. 1902 in Niederpöcking) arbeitete besonders als Historienmaler und beschäftigte sich gerne mit mythologischen Themen. Die Frage nach dem planenden Architekten ist auf Grund der stilistischen Merkmale nicht zu klären, die Zuschreibung an Zenetti kann sich nur auf die Situation innerhalb der Kolonie Niederpöcking stützen. Daß die Formensprache auch bei anderen Architekten der Zeit zu beobachten ist, zeigen die Entwürfe Franz Jakob Kreuters für die Villen der Maler Karl Stieler (ehem. Barer Straße) und Dietrich Monten (ehem. Obere Gartenstraße) in München (s. Florian Zimmermann, in: Romantik und Restauration, Architektur in Bayern zur Zeit Ludwigs I. 1825–1848, Ausst.-Kat. München 1987, S. 492 f.). Vor allem beim Wohnhaus Stieler sind ganz ähnlich die scharfkantig-kubische Form des Baukörpers, die schmucklose Ausführung der Fenster und die schlichte, sehr flächige Fassade zu beobachten.

36 StAM, Baupl. Pöcking 12/1891 und 37/1928.

37 Villa Ammann, Villa Dr. Zitzmann.
Ferdinand-von-Miller-Straße 7; ehem. Niederpöcking Nr. 6. Fl.Nr. 1420, 1421 (Wohnhaus und engl. Anlagen, Schiffshütte, Hausmeisterhaus, Remise).

1855 Dr. Friedrich Wilhelm Ammann; Neubau der Villa (Architekt: Arnold Zenetti; MStM, Nachlaß Zenetti, VIII/12/35); dann Witwe Maria Ammann; 1888 Dr. Ottmar Ammann, 1894 Neubau einer Terrasse und eines Gymnastiksaals, 1896 Aufstockung des Nebengebäudes (Architekt: Christian Hörger); 1907 Ellen Ammann (Miteigentümerin); 1919 Generaldirektor Geheimrat Dr. Karl Zitzmann und Karoline in Erlangen (um 110 000 M); 1921 Neubau eines Pförtnerhauses (Baupl. Pöcking 214/1921, LRA Starnberg, Denkmalschutzakt); 1922 Abbruch der Ammann-Villa, 1922/23 Neubau der Zitzmann-Villa (Architekten: Reg.-Baum. Dr.-Ing. Gruber, Karlsruhe und E. v. Gutmann; Baupl. Pöcking 219/1922; LRA Starnberg, Denkmalschutzakt), 1922 Wirtschaftsgebäude und Autohalle; 1954 Bayerischer Gewerkschaftsbund, dann Deutscher Gewerkschaftsbund.

Die Villa wurde rückseitig betreten. Vom Vestibül, von dem auch das Treppenhaus nach oben führte, gelangte man über eine große Doppeltüre in das Speisezimmer, das die Mitte des Hauses einnahm und mit der Terrasse verbunden war. Zu beiden Seiten lagen der große Salon und die Bibliothek. Rückwärts lagen untergeordnete Zimmer wie Arbeitszimmer u.a. Neben dem Haupttreppenhaus lag eine Nebentreppe, die von der Dienerschaft benutzt wurde. Das Obergeschoß verfügte über einen dem Erdgeschoß entsprechenden Grundriß. Hier lag das Elternschlafzimmer in der Mitte. Dazu gab es weitere Schlafzimmer, die Anteil an den seitlichen Balkonen hatten, eine Toilette, zwei Bäder und ein eigenes Schrankzimmer. Die Wirtschaftsräume befanden sich im 2. Obergeschoß. Hier waren die Küche, die Speis, die Waschküche, das Bügelzimmer, Schlafzimmer für die Dienstboten und ein Bad. Diese ungewöhnliche Anordnung der Wirtschaftsräume im Dachgeschoß mag gewählt worden sein, um zu vermeiden, daß sie im Untergeschoß mit seiner in unmittelbarer Seenähe zu erwartenden Feuchtigkeit untergebracht werden mußten. Auch die Geruchsbelästigung durch Küche und Waschküche wurde dabei ausgeschaltet. Die einzelnen Stockwerke waren mit einem Lift und einem Speiseaufzug verbunden. Unter der Terrasse war ein geräumiger Gartensaal angeordnet, der bis zur Balustrade reichte und der noch erhalten ist.

Lit.: A. Link, 1857ff.; Link/Schober 1879/1984; Gegenfurtner, 1883, S. 28, u. 1896, S. 37; Schober, Denkmäler, S. 226 f. mit Abb.; Brunner-Gerstenberg, Die Bundesschule Niederpöcking, 1985; Ausst.-Kat. Zwischen Glaspalast und Maximilianeum (hg. von W. Nerdinger, 1997), S. 316.

38 Landhaus v. Perfall.
Ferdinand-von-Miller-Straße 9; ehem. Niederpöcking Nr. 5. Fl.Nr. 1418, 1419 (Wohnhaus mit Terrasse, engl. Anlagen mit Maleratelier und Hausmeisterwohnung).

1854 Max Frhr. v. Perfall, kgl. Kämmerer in München, 1855 Neubau des Landhauses (Architekt: Arnold Zenetti); 1863 Alexander Kotzebue, Kunstmaler (um 8 000 Gulden), Neubau eines Malerateliers und einer Hausmeisterwohnung sowie einer Schiffshütte; 1888 Sebastian Mayer, Kaminkehrermeister in München; 1890 Wilhelm Reischl, Fabrikant in München (um 24 500 M), 1902 Anbau an das Atelier; 1934 Betty Reischl und drei Geschwister; 1949 Therese Bader, geb. Reischl.

Lit.: A. Link, 1857ff.; Link/Schober 1879/1984, S. 31 u. 110 f. mit Abb.; Gegenfurtner, 1883, S. 28, u.1896, S. 37; Schober, Denkmäler, S. 228 mit Abb.; Ausst.-Kat. Zwischen Glaspalast und Maximilianeum (hg. v. W. Nerdinger, 1997), S. 315 mit Abb.

39 Abb. von Haus und Grundriß in: Münchner Architektonisches Album (hg. v. L. Degen), München 1860, Heft 2, Blatt 1; dort Hinweis auf die Urheberschaft von Arnold Zenetti; Details der Holzverkleidung: Heft 2, Blatt 1; Entwurf zum Stallgebäude im Nachlaß Zenetti, MStM, VIII,12.

Die Parkanlage ist in ihrer ursprünglichen Struktur noch ablesbar: dichte, verschlungene Wegführung; der Weg zum See hinunter mit einem Geländer aus Ästen; Reste von Figuren auf Sockeln; ein Brunnen (Brunnenschale, Rückwand gegen den Hang aus Natursteinen geschichtet).

40 Alexander Kotzebue (1815–1889) kam 1850 nach München, wurde dort Ehrenmitglied der Akademie; seine wichtigsten Bilder befinden sich in St. Petersburg (Ermitage) und in Moskau in der Tretjakow-Galerie.

41 Villa v. Miller.
Ferdinand-von-Miller-Straße 11/13; ehem. Niederpöcking Nr. 4. Fl.Nr. 1416, 1417 (Villa mit Terrasse, Pferdestallung und Wagenremise, Anlagen mit Schiffshütte und Badehaus, Christusbrünnlein).

1855 Ferdinand v. Miller, kgl. Erzgießereiinspektor in München; 1856 Neubau der Villa (Architekt: Arnold Zenetti); 1869 v. Miller'sche Erbengemeinschaft, 1912 Dr. Oskar v. Miller, Elektroingenieur, Reichsrat der Krone Bayerns; 1913 neues Bootshaus (Architekt: Hermann v. Miller; StAM, Baupläne Pöcking, 168/1913); 1934 Hermann v. Miller und Geschw.; 1936 Umbau des Nebenhauses (StAM, Baupl. Pöcking 332/1936).

Lit.: A. Link, 1857 ff.; Link/Schober, 1879/1984, S. 32 u. 111 u. 113 mit Abb.; Gegenfurtner, 1883, u. 1896, S. 37; Schober, Denkmäler, S. 228 mit Abb.; Chr. Hölz in: Ausst.-Kat. Zwischen Glaspalast und Maximilianeum (hg. von W. Nerdinger, 1997), S. 338 mit Abb.

42 MStM, Nachlaß Zenetti, VIII/12/44a, 44b, 45a, 45b, 67 u. Grundrisse; Ausführung des Baus durch den jungen Frankfur-

Anhang

ter Architekten Walluf (s. Fritz v. Miller, Ferdinand v. Miller, der Erzgießer, München 1904, S. 168).

43 Zu diesen Details siehe: Fritz v. Miller, Ferdinand v. Miller, der Erzgießer, München 1904, S. 168.

44 Zum Landleben in Niederpöcking vgl. Ferdinand v. Miller erzählt, hg. von Eugen Stollreither, München 1932, S. 16 f, S. 96 f., S. 140 f.; sowie Fritz v. Miller, Ferdinand v. Miller, der Erzgießer, München 1904, S. 168 ff.; zum »Schwanenschiff« der Miller-Buben vgl. Fußnote 77, Berg.

45 Grundlagen für die Rekonstruktion der Gartenanlage: Flurkarten Niederpökking 1863 u. 1906; Lageplan mit Wegesystem (Eingabeplan für Bootshaus; Baupl. Pöcking 168/1913); Auskünfte Dr. Rudolf v. Miller (geb. 1899); verschiedene Photographien aus der Zeit 1870–1920 (z. T. Privatbesitz).

46 Rudolf Pörtner, Oskar v. Miller, Düsseldorf 1987.

47 Villa Mayer v. Mayerfels (Villa Pössenbacher, Villa Spitzer).
Ferdinand-von-Miller-Straße 19; ehem. Niederpöcking Nr. 3. Fl.Nr. 1412, 1414.
1854 Kaufmann Karl Riederer, 1855 Neubau der Villa (Architekt: vermutl. Arnold Zenetti); 1860 Dr. Karl Heinz Ritter und Edler Mayer v. Mayerfels; 1863 Neubau der Kapelle mit Krypta (Architekt: vermutl. Arnold Zenetti), Neubau Pferdestall und Wagenremise, 1864 Neubau Betsaal und Wohnung (M. Wannerstorfer, nach einer Idee von Mayerfels); 1878 Franz Brunner, Privatier in München; 1883 Heinrich Lempuhl, Baumeister in München; 1890 Edgar Hanfstaengl, preuß. Hofphotograph und sächsisch-coburg-gothaischer Hofrat; 1906 Anton Pössenbacher, kgl. Hofmöbelfabrikant und Kommerzienrat in München, 1907 Anbau eines Badezimmers (Architekt: A. Fischhaber; StAM, Baupl. Pöcking 97/1907); 1924 Heinrich Pössenbacher, Architekt in München, Umbau und umfassende Neugestaltung des Hauses; 1932 Helene Spitzer, Anbau (StAM, Baupl. Pöcking 110/1932); 1968 Bruno v. Stillfried; 1981 Abbruch und Neubau eines Landhauses.
Lit.: A. Link, 1857 ff.; Link/Schober, 1879/1984, S. 32 u. 111; Lampert, 1884, S. 31; Gegenfurtner, 1883, S. 28, u. 1896, S. 37; Dekorative Kunst 30, 1926, S. 201 mit Abb; Schober, Denkmäler, S. 228 mit Abb.; Ausst.-Kat. Zwischen Glaspalast und Maximilianeum (hg. v. Winfried Nerdinger, 1977), S. 316.

48 Zu Karl Heinz Ritter Mayer v. Mayerfels (1825–1883) siehe Moll, Dr. K. Mayer v. Mayerfels, in: Schriften des Vereins für Geschichte des Bodensees, H. 13, 1884; Karl Mayer v. Mayerfels, Heraldisches ABC, München, 1857 u. 1862.

49 Vgl. B. v. Karnapp, in: Romantik und Restauration, Architektur in Bayern zur Zeit Ludwigs I. 1825–1848, hg. von Winfried Nerdinger, München 1987, S. 186 mit Abb. Starke Parallelen sind vor allem in der Ausbildung der Strebepfeiler, der Maßwerkfenster und des Dachreiters erkennbar. Die Kapelle steht auf einem gewölbten Raum (Krypta?), der später als Weinkeller genutzt wurde. Rundbogenportal mit Säulchen und Archivolten. Verschiedene Teile des Altarretabels wurden schon vor dem Krieg, der Rest nach dem Krieg verkauft.

Der Betsaal gegenüber wurde nach einem eigenen Entwurf des Bauherrn 1864 von M. Wannerstorfer errichtet. Die Malereien stammten von dem Starnberger Maler Joseph Wörsching, die Schlosserarbeiten (wohl auch die zahlreichen Wetterfahnen) von Anton Neboysa, Starnberg (Bauinschrifttafel).

50 Diese Details sind in einer Serie von über 20 Photographien aus der Zeit um 1864 und einigen aus der Zeit zwischen 1865 und ca. 1870 nachgewiesen. Die Photos von 1864 sind wohl gleichzeitig und von gleicher Hand, drei davon sind sign. u. dat.: H. Dragendorf, ft. 1864. (Privatbesitz).

51 Als Heinrich Pössenbacher das Haus von den Eltern übernahm, waren zahlreiche Renovierungsarbeiten unumgänglich. Bei dieser Gelegenheit entschloß er sich zu einem Umbau und zu einer Erneuerung des gesamten inneren und äußeren Erscheinungsbildes: »Mit künstlichem Fachwerk auf Ziegelrohbau, ›gotischen‹ Aussägearbeiten und Wappen, rings um das Haus laufenden aufgemalten Sprüchen war das Haus im Jahre 1862 wohl prächtig anzuschauen. Ich verdeckte diese Pracht durch einen soliden Rauhputz des Erdgeschosses und eine einfache Bretterschalung im Obergeschoß, strich die Fenster in freundlichem Weiß, den Rauhputz in zartem ›österreichischem‹ Gelb, die Fensterläden braun; das Haus bekam ein ruhiges, nettes Aussehen und überraschte durch gute Proportionen.« (H. Pössenbacher in: Dekorative Kunst 30, 1926, S. 201 mit zahlr. Abb.) Das Haus veränderte sich durch diese Maßnahmen zu einem ruhigen, sich harmonisch in die Landschaft fügenden Landhaus. Im Inneren veränderte Pössenbacher die Räume in helle, in zarten Farben gehaltene, sachliche Zimmer, zurückhaltend eingerichtet im Stil der Zeit. Pössenbacher baute sich 1935 auf der gegenüberliegenden Seeseite, in Kempfenhausen, ein neues Landhaus, in dem er alle seine Vorstellungen vom Wohnen auf dem Lande verwirklichen konnte (s. dort: Kempfenhausen, Seestraße 67).

52 Villa v. Rosenberg (Villa v. Blücher).
Ferdinand-von-Miller-Straße 25; ehem. Niederpöcking 2 ½; Fl.Nr. 1414/2.

1904 Baron Maximilian v. Rosenberg, kgl. Kammerherr und Major a. D. in Berlin; 1904 Neubau der Villa (Architekt: vermutl. Ludwig Grothe, München; StAM, Baupl.Pöcking, 94/1903), 1907 Neubau des Bootshauses, 1908 Neubau des Treibhauses mit Gärtnerwohnung, 1922 Neubau des Pferdestalls; 1927 Charlotte v. Rosenberg; 1934 Hermann Kerl, Rentier in München; 1937 Charlotte v. Rosenberg; 1937 Ursula Gräfin Blücher v. Wahlstadt; 1937 Umbau (Architekt: Otto Roth; StAM, Baupl.Pöcking, 338/1937); 1982 Abbruch der Villa.

Westlich der Villa, jenseits der Straße nach Possenhofen, befand sich ein großer, schmaler Wirtschaftsgarten mit Gärtnerhaus und Treibhaus. Er wurde in ganzer Länge in der Mitte von einem Laubengang erschlossen. Auf halber Länge befand sich eine Blumenanlage mit einem Rondell aus zwei konzentrischen Kreisen. (Luftaufnahme aus dem Kriegsarchiv München [1917/18]; StAM, Abt. IV, Fasc. II,5/Nr. 2017 grün).

53 Diese Fassadengestaltung ist nur noch sehr bedingt auf der Grundlage von zwei Photos aus der Zeit um 1937 rekonstruierbar. Oben über den beiden Rundbogenfenstern befand sich eine Art ovales Medaillon, das in charakteristischer Jugendstilmanier unten von einem abstrakt-floralen Motiv gefaßt war, das sich stark verjüngend in die schmale Mauerfläche zwischen den beiden Fenstern erstreckte. Den Raum zwischen diesen Fenstern und dem großen Korbbogenfenster im 1. Obergeschoß füllte eine Dekoration, die offenbar aus einer stilisierten Sonnenuhr bestand, ergänzt von dicht gedrängten floralen Motiven. Die gesamte Dekoration wurde von einem Putzband gerahmt und verklammert, das wieder jugendstilhaft knorpelartige Verdikkungen aufwies. Der Schweifgiebel wurde an den Kanten von einem breiten Putzband gerahmt. Der Ansatz des Schweifgiebels wurde durch ein zu den beiden Fenstern gerichtetes florales Motiv betont. Die übrigen Fassaden des Hauses wiesen keine derartige Dekoration auf. Die Innenräume waren schlicht und ohne besondere Dekoration.

54 Landhaus Zenetti (Villa Dürck, Villa Malfried).
Ferdinand-von-Miller-Straße 27; ehem. Niederpöcking Nr. 2. Fl.Nr. 1408, 1409.
1853 August Ferdinand Zenetti, Kaufmann in München; 1855 Neubau des Hauses; 1863 Friedrich Dürck, Kunstmaler in München, um 10 000 Gulden, Neubau eines Malerateliers westlich des Hauses; 1883 Georg Reininger, Privatier in München; 1883 Prof. Ferdinand v. Keller, Kunstmaler in Karlsruhe, 1890 Anbau eines Salons (Architekten: E. Vogt und Dr. Neuhoff; StAM, Baupl. Pöcking

7/1890); 1918 Gustav Otto; 1923 Maria Forstner, 1924 Bau eines neuen Wohnhauses (Architekt: Erdmann Hartig; StAM, Baupl. Pöcking 224/1923), anschließend Abbruch der alten Gebäude.

Lit.: A. Link, 1857ff.; Link/Schober, 1879/1984, S. 33 u. 114; Lampert, 1884, S. 32; Gegenfurtner, 1883, S. 29, u. 1896, S. 38; F. W. Gaertner, Ferdinand Keller, München 1912; M. Koch, Ferdinand Keller, Leben und Werk, Stuttgart 1988; Ausst.-Kat. Zwischen Glaspalast und Maximilianeum (hg. von W. Nerdinger, 1997), S. 316.

55 Die auf dem Photo des Salons sichtbaren Wandbehänge (1893) wurden unter dem Titel »Bacchanale« 1966 bei Weinmüller (Auktion 101) versteigert. Ein Photo von einem der Entwürfe befindet sich in der Sammlung des Zentralinstituts für Kunstgeschichte in München. Ob Keller auch das Haus selbst im Inneren umgestaltet und evtl. ebenfalls mit Malereien oder Wandbehängen ausgestattet hat, ist nicht mehr feststellbar. Auf einem Photo, das die Familie vor dem Haus sitzend zeigt, ist eine Wandmalerei zu sehen. Das Gemälde »Villa Malfried« befindet sich in Privatbesitz. Ferdinand Keller hat offenbar auch die Parkanlage neu gestaltet und mit Figuren nach eigenen Entwürfen ausgestattet. Eine Herme (um 1896/98) ist noch erhalten (abgeb. bei Gaertner, Ferdinand Keller, und bei Koch, Ferdinand Keller, Œuvrekatalog Nr. 6b). Ferdinand Keller wurde vor allem als Porträtmaler, aber auch als Historien- und Landschaftsmaler bekannt. Er schuf die Illustrationen zu den Goethe- und Schiller-Ausgaben, die Eduard Hallberger in seinem Verlag herausbrachte. Prof. Keller modellierte auch, u.a. bedeutende Porträtplaketten.

56 Villa Knorr.
Ferdinand-von-Miller-Straße 39/41; ehem. Niederpöcking Nr. 1; Fl.Nr. 1393, 1394 (Wohnhaus mit Terrasse und Fontäne, Pferdestallung mit Wohnungen, Wagenremise, Kuhstall, Heustadel und Ziergarten nebst Laubengang, dann Wintergarten, Zimmerwerkstätte, Werkzeugkammer, Kegelbahn; in den engl. Parkanlagen großes und kleines Bootshaus, Badehaus, Glashäuser, Gärtnerwohnung; über die Straße: Gemüsegarten, Baumschule, Feld, Wiesen, Holz, Karpfen- und Forellenweiher, Blockhütte, Obsthügel).

Parkanlagen: 1853: 8,33 ha; 1856: 13,10 ha; 1865: 17 ha.

1852 Angelo Knorr, Großkaufmann in München, Inhaber des Handelshauses Sabbadini in München; 1853 Neubau der Villa (Architekt: Arnold Zenetti; MStM, Nachlaß Zenetti, VIII/12/47a, 47 f.); 1873 Witwe Betty Knorr (geb. Molitor), 1900 Neubau eines Wohnhauses (Witwensitz) auf Fl.Nr. 1395/2; 1900 Geheimrat Prof. Dr. Ludwig Knorr, Chemiker, Univ. Prof. in Jena; 1941 Robert Knorr, Dipl.-Ing.; 1950 Robert Knorr und 8 Mitbes.; 1954 Alexander Knorr.

Lit.: A. Link, 1857ff.; Link/Schober, 1879/1984, S. 34 u. 114; Lampert, 1884, S, 32; Gegenfurtner, 1883, S. 30, u. 1896, S. 39; Schober, Denkmäler, München 1989, S. 230 mit Abb.; Zeitschrift für Bauwesen, München 1855, Jg. V, Heft IX; Land- und Seebote, Starnberg 16. 4. 1983; Isa Brand, Aus dem Tagebuch der Louise Promoli-Knorr, in: Südd.Zeitung, 22./23. 2. 1986 (Ausg. Landkreis Starnberg); Chr. Hölz in: Ausst.-Kat. Zwischen Glaspalast und Maximilianeum (hg. von W. Nerdinger, 1997), S. 336 mit Abb.

Ludwig Knorr, Sohn von Angelo Knorr, war einer der bedeutendsten Chemiker seiner Zeit; er wirkte als Professor in Würzburg (1885) und Jena (1889), schuf 1884 das erste synthetische Schmerzmittel Antipyrin (gegen Kopfschmerzen, Rheuma). Hier in seiner Niederpöckinger Villa fanden viele Treffen mit den bedeutendsten Fachkollegen statt.

57 Zeitschrift für Bauwesen, a.a.O.; Zenetti meint hier vermutlich den Tuffabbau bei Tutzing.

Offenbar schon in der Bauausführung wurden die Mauerflächen mit leicht rötlichem Kalk (heller Backsteinton) geschlemmt. Damit kontrastieren die Ecklisenen, die in Glattputz gerahmt und in einer Imitation von Sandsteinquadern gefärbt sind.

58 Die Klinik war vor allem für Entbindungen eingerichtet, der Operationssaal befand sich im nördl. Anbau über der Küche. Für diese Klinik wurden verschiedene Einbauten durchgeführt, die beim Umbau 1989 wieder entfernt wurden. Die im Erdgeschoß-Grundriß schraffierten Zwischenwände in der Küche stammen wohl aus dieser Zeit.

59 Grundlagen für die Rekonstruktion der Parkanlage: Flurkarte Niederpöcking 1863 u. 1906; Lageplan mit Wegesystem um 1900 (Eingabe Bootshalle, Baupl. Pöcking, 1902, Privatbes.); versch. Photographien aus der Zeit um 1900 (Privatbes.).

60 Dr. Neubert's Gartenmagazin, 1883, S. 328.

61 Neubau für Betty Knorr, 1900 (Architekt: G. Meyer; StAM, Baupl. Pöcking, 67/1899). Das Haus war ganz im Sinne des Heimatschutzgedankens vom bodenständigen Bauernhaus abgeleitet. Die mit gedrehten Balustern versehene Altane (auf drei Seiten um das Obergeschoß in Blockbauweise) war an den Pfetten aufgehängt, die damit bündige Giebelverschalung rundbogig zu einer Hochlaube geöffnet. Das gemauerte Erdgeschoß wies auf der Südostseite einen starken Rücksprung auf, so daß sich unter der Altane ein geräumiger Freisitz ergab. Er wurde später zu einem dreiseitig geschlossenen, etwas nach außen gedrückten Erker ausgebaut. Das Haus wies ein größeres zweigeschossiges Treppenhaus auf, das im Obergeschoß eine Galerie bildete. Seeseitig lagen im Erdgeschoß ein Speisezimmer und das Wohnzimmer, rückwärts ein Zimmer und die Küche. Im Obergeschoß gab es vier Zimmer. Über die ursprüngliche Ausstattung ist nichts bekannt. Um 1912/13 erfolgte eine umfassende Neuausstattung durch die Architekten Theodor Veil und Gerhard Herms (Ausführung: Vereinigte Werkstätten); in: Dekorative Kunst, 21, 1913, S. 426–29.

62 Freisitz und Terrasse waren, neben einigen bevorzugten Stellen im Park, Aufnahmeort für viele Trübner-Gemälde. Vgl. J. A. Beringer, Wilhelm Trübner, Stuttgart/Berlin 1917 (z.B: S. 306, 314, 316, 317, 318, 319, 321, 322, 323, 327, 329, 330, 331, 332, 341); W. Trübner, Ausst.-Kat. Heidelberg/München 1995, Abb. 99, 101, 102, 103, 115) u. Schober, Bilder aus dem Fünf-Seen-Land, Starnberg 1979, Abb. 345, 346, 350).

63 Landhaus v. Fischer.
Kurt-Stieler-Straße 5; ehem. Possenhofen 5 1/3; Fl.Nr. 1257.

1849 Grund in Besitz von Medizinalrat Dr. Heinrich v. Fischer; 1856 Neubau einer Wagenremise, Stall und Kutscherwohnung; Medizinalrat v. Fischer hatte 1849 das Anwesen östlich der Straße auf Fl.Nr. 1256 (s. Possenhofen Nr. 5; Wohnhaus mit Terrasse) erworben (heute: Kurt-Stieler-Straße 10). 1853 erwarb er ein weiteres Anwesen nördlich davon, auf Fl.Nr. 1259 (das sog. Fuchsenhaus, Possenhofen Nr. 5 1/2, heute Kurt-Stieler-Straße 12). Anschließend auf dem Gesamtgrundstück Anlage eines größeren Gartens. Dieses Haus, Possenhofen 5 1/2, veräußerte er 1875 an den Bankier Josef Ruederer (später Blecken). 1890 errichtete er nach Abbruch der bestehenden Gebäude auf Fl.Nr. 1257 eine neue Villa mit Stallgebäude, Wagenremise und Kutscherwohnung, Possenhofen Nr. 5 1/3, heute Kurt-Stieler-Straße 5. Die beiden Häuser, Possenhofen 5 und 5 1/3, gingen 1898 an Pauline Hilpert über. Nr. 5 erwarb 1899 die Kaufmannsgattin Sophie Jordan, Nr. 5 1/3 der Baumeister Johann Sperber.

Lit.: Schober, Denkmäler, S. 232 mit Abb.

64 Villa Griesmayr.
Seeweg 5; ehem. Possenhofen Nr. 15; Fl.Nr. 1313, 1314, 1315.

1849 General Moritz v. Kretschmann, um 1855 Neubau (Architekt unbek.); 1864 Dr. Max Griesmayr, kgl. Advokat in München; Dr. Victor Griesmayr in Berlin und Julius Griesmayr, Hauptmann a. D., und

Anhang

Agnes von Malaisé (Hauptmannsgattin); 1880 Ernst v. Malaisé und Agnes; 1881 Jakob Heilmann, Ingenieur und Architekt in München; 1888 Adolf Graf v. Spreti-Weilbach, kgl. Rittmeister a. D.; 1889 Dr. Hermann Eichborn, Privatier; 1890 Carl Friedrich Mayr (Mayer), kgl.-niederländischer Konsul in München; 1919 Fritz Hemmer, 1948 Dr. Fritz Hemmer und Geschw.; 1953 Hasso Hemmer; 1955 Markus Glas.

Lit.: Link (1868), S. 34; Link/Schober (1879), S. 37; Lampert (1884), S. 42; Gegenfurtner (1883), S. 31 u. (1886), S. 50.

65 Villa Hilger.
Seeweg 7; ehem. Possenhofen Nr. 15 ½; Fl.Nr. 1314, 1315.

1888 Rittmeister Graf v. Spreti-Weilbach; 1888 Neubau des Landhauses an Stelle der ehem. Wirtschaftsgebäude der Villa Griesmayr; 1896 Prof.Dr. Albert Hilger; 1897 Umbau der Villa (Architekt: Ernst Behles; StAM, Baupläne Pöcking 30/1896); 1913 Maria Freifr. v. Godin; 1924 Robert Röchling; 1929 Carl Röchling; 1936 Joseph Thoma; 1940 Maria Pongratz.

Lit.: Schober, Denkmäler, S. 236 mit Abb.

66 Villa Mog (Villa v. Wedel).
Seeweg 9; ehem. Possenhofen Nr. 15 ⅓; Fl.Nr. 1316/2.

1908 Gaston Mog, Advokat in Kairo; Neubau der Villa (Architekt: Hugo Roeckl, München; StAM, Baupl. Pöcking 127/1908); 1919 Siegfried Mandelbaum; 1924 Major Armin Rau; 1931 Albert Adolf Kluge; 1937 Charlotte v. Wedel; 1957 Charlotte v. Conta.

Feldafing

Allgemeine Quellen:
Staatsarchiv München (StAM):
20601 (Grundsteuerkataster 1866)
20602 (Umschreibkataster 1866ff.)
20604 (Grundsteuerkataster 1900)
20605 (Umschreibkataster 1900ff.)
Baupläne Landkreis Starnberg, Feldafing
Kreisbauamt Starnberg: Baupläne Feldafing, Denkmalschutzakten

1 Die entsprechenden Grundstücke wurden z. T. durch direkte Ankäufe, z. T. durch Tauschverhandlungen erworben. Auch nach dem Tod des Königs am 10. 3. 1864 wurde weiter Grund angekauft. Um 1880 umfaßte die Anlage etwa 123,7 ha. Ausgeführt wurde sie unter der Leitung von Hofgartendirektor Karl v. Effner.

2 Vgl. Schober, Bilder aus dem Fünf-Seen-Land, S. 192, 193, 207, 229, 230, 246, 255.
Es handelte sich um magere Äcker mit geringen Erträgen und um einmahdige Wiesen. An Bäumen wuchsen hier vor allem Buchen und, meist in Solitärstellung, Eichen.

3 Vgl. Gottfried Neureuther, Ausst.-Kat. hg. v. Winfried Nerdinger u. Florian Hufnagl, München 1978, S. 60–62.

4 Vgl. Kistler, Feldafing, S. 308.

5 Landhaus Mössel.
Wielinger Straße 19; Fl.Nr. 536/2.

1866 Prof. Heinrich Schönchen, Dekorationsmaler, Neubau des Hauses; Umbau 1871; 1902 Prof. Julius Mössel, Kunstmaler, und Karoline, geb. Schönchen, 1902 Erweiterung des Hauses (Architekt: J. Biersack), 1909 Umbau, neuer Eingang (Architekt: J. Steidele), 1924 Umbau, Aufstockung (Architekt: Engelbert Knittl; StAM/Baupläne Feldafing 1924), bei dieser Baumaßnahme entstand das neue Dach; der Dachstuhl ist mit zwei Bögen und Bretterversteifungen ohne Stuhl hergestellt.

Julius Mössel (1871–1957) zählte vor dem Ersten Weltkrieg zu den gesuchtesten Dekorationsmalern in Deutschland. Er war nicht nur an der Ausgestaltung des Bayerischen Nationalmuseums und des Münchner Künstlerhauses beteiligt, sondern, neben zahlreichen anderen Aufgaben, vor allem mit der Innendekoration verschiedener Theaterbauten des Architekten Max Littmann beauftragt. So stammt von ihm die gesamte Ausmalung des Münchner Prinzregententheaters, er gestaltete u.a. auch das Kurtheater in Bad Kissingen, das Operntheater in Stuttgart, das Großherzogliche Hoftheater in Weimar, das Schillertheater in Berlin sowie das im Krieg untergegangene Künstlertheater auf der Theresienhöhe. 1926 siedelte er nach Amerika über, wo noch für einige Zeit größere Erfolge erringen konnte.

Lit.: Kistler, Feldafing, S. 697; Fachzeitschrift für das Malergewerbe 13, 1924; Dekorative Arbeiten der letzten 10 Jahre, München 1914, Taf. 64; Kunst und Handwerk 62, 1911/12, S. 17; Judith Breuer, Der Dekorationsmaler Julius Mössel, in: Das Prinzregententheater in München, Festschrift, München 1984; Judith Breuer, Julius Mössel, Dekorations- und Kunstmaler, 1871–1957; Arbeitsheft 5, Landesdenkmalamt Baden-Württemberg, Stuttgart, 1995.

6 Villa Arnim.
Bergstraße 11; Fl.Nr. 577 (Villa mit Gartenanlagen, zus. 6 200 qm).

1905 Friedrich v. Arnim, Amtsrichter in Dresden, und Apollonia, 1908 Neubau der Villa (Architekt: Johann Biersack; StAM/Baupl. Feldafing 244/1907); 1913 Georg Greif, Inhaber des Café Greif in München; 1917 Hans Aumer, Kaufmann in München; 1927 Hofrat Dr. Heinrich Brubacher, Arzt und Zahnarzt; 1953 Eugen Enderlin.

Lit.: Kistler, Feldafing, S. 768; Schober, Denkmäler, S. 98 mit Abb.

7 Landhaus Fleischmann.
Heinrich-Knote-Straße 78; Fl.Nr. 609, (Villa mit Veranda, Gartenanlagen, zus. 1,858 ha).

1897 August Fleischmann, Direktor der Heilmann'schen Immobiliengesellschaft in München, 1897/98 Neubau (Entwurf: Büro Heilmann & Littmann; LRA Starnberg/Baupl. Feldafing 143/1897); 1930 Maria Fleischmann und Emilie Carp, 1941 Willi Heidinger, Generaldirektor in Feldafing, 1945 Vera Heidinger, 1948 Dr. Ekkehard Heidinger und Peter Heidinger.

Lit.: Kistler, Feldafing, S. 728; Schober, Denkmäler, S. 100 mit Abb.

8 Villa Rosa.
Seestraße 16; Fl.Nr. 166.

1870 Johann Biersack, 1871 Neubau der Villa (J. Biersack; Baupl. Feldafing 36/1870); 1872 Adele Spitzeder, Privatiere; 1873 Anton Graf v. Preysing-Lichtenegg; 1886 Melchior Frhr. v. der Tann, Oberstleutnant a.D.; 1920 Franz Steffens; 1920 Jos. Schrittisser, Fabrikbesitzer in München; 1935 Dr. Ewald Gast und Georg Siedhoff, Sportlehrer in Feldafing. 1935 Umbau (StAM/Baupl. Feldafing, 588/1935).

Lit.: Link/Schober (1879/1984), S. 35; Lampert (1884), S. 39; Gegenfurtner (1883), S. 31; Schober, Denkmäler, S. 114 mit Abb.; Kistler, Feldafing, S. 703.

Der Bau sollte ursprünglich auf der dem See zugewandten Ostseite durch einen schmalen mehrgeschossigen Vorbau akzentuiert werden, der aus zwei, von einem Dreiecksgiebel zusammengehaltenen schlanken Pfeilern bestand, zwischen denen Balkone eingespannt waren. Der erdgeschossige Balkon sollte in Form einer Terrasse über die gesamte Fassadenbreite geführt werden. Unter dieser Terrasse trat wegen der Hanglage das Untergeschoß mit durchgebildeter Fassade in Erscheinung. Aus unbekannten Gründen fiel dieser Balkonrisalit in der Bauausführung weg, das Haus wurde um 90° gedreht und der Eingang von der Nordseite auf die Westseite verlegt. Merkwürdigerweise blieb der Dreiecksgiebel dabei auf der Südseite, die ja nun nicht mehr Hauptfassade war, etwas unmotiviert erhalten, und zwar ohne Pendant auf der gegenüberliegenden Nordseite. Der Balkon des Obergeschosses wurde als Altane auf einer auf das geschlossene Untergeschoß gestellten, etwas mageren Loggia mit drei Rundbögen realisiert. Dieser schmale Vorbau wurde dann 1935 zu einem weit herausgezogenen, über die gesamte Fassade reichenden Vorbau umgebaut, welcher die Proportionen des Hauses ganz empfindlich störte. Der Grundriß des Hauses war streng symmetrisch und damit noch ganz spätklassizistisch angelegt.

Der Name »Villa Rosa« stammte von

Adele Spitzeder, welche das Haus nach ihrer Freundin Rosa Ehinger benannte.

9 Villa Krauss (Villa Bernheimer).
Possenhofener Straße 29; Fl.Nr. 142 (Villa mit Parkanlagen, zus. 1,070 ha)

1869 Maria Helene Frfr. v. Dürnitz, Neubau; 1879 Georg Krauss, Kommerzienrat und Fabrikbesitzer in Neuhausen (Kauf der südl. benachbarten Villa Keller, Fl.Nr. 139/2; Abbruch 1901, Vereinigung der Grundstücke); 1912 Tochter Antoinette Frommel; 1912 Dr. Max und Caroline Bernheimer, 1913 Umbau (Architekt: Richard Steidele; StAM/Baupl.Feldafing 415/1913); 1933 Dr. Richard und Franz Bernheimer; 1940 Rudolf Haniel, Industrieller in Düsseldorf; Abbruch der Villa 1994.

10 Georg Krauss fand seine Ausbildung seit 1842 in der Lokomotivfabrik von Maffei in der Hirschau. Nachdem er anschließend zunächst als Lokführer bei der Königlich Bayerischen Staatseisenbahn tätig gewesen war, ging er in die Schweiz, in den dortigen Eisenbahndienst, und machte seine ersten erfolgreichen Versuche im Lokomotivenbau. 1866 eröffnete er schließlich auf dem Marsfeld in München seine eigene Lokomotivfabrik Krauss u. Co. und entwickelte sich mit seinen fortschrittlichen und leistungsfähigen Lokomotiven bald zu einer ernsthaften Konkurrenz für Maffei.

Lit.: Walter Pache, Dampf-Kraft, Georg Krauss und seine Zeit, in: Schriftenreihe der Universität Augsburg, Neue Früchte NF 16/1996.

11 Landhaus Ströll.
Ehem. Possenhofener Straße 18; ehem. Haus-Nr. 54; Fl.Nr. 133/2 (Villa mit engl. Anlagen, zus. 11 950 qm).

1868 Johann Baptist Ströll, Direktor der Hypo-Bank, Neubau des Landhauses; 1883 Neubau des Nebenhauses; 1901 Dr. Adolf Ströll, Bankdirektor und Moritz Leopold Ströll, Bankdirektor; Umbau des Landhauses (Architekt: Franz Rank); 1917 Heinrich Thannhauser, Kunsthändler in München.

Lit.: Link/Schober (1879/1984), S. 35; Lampert (1884), S. 39; Kistler, Feldafing, S. 702.

12 Die Galerie Thannhauser befand sich in der Theatinerstraße in München und gehörte um die Jahrhundertwende zu den großen und führenden Galerien Münchens. Hier fanden die ersten Ausstellungen der Neuen Künstlervereinigung statt, die von Wassily Kandinsky, Alexej v. Jawlensky, Alfred Kubin, Marianne v. Werefkin und Gabriele Münter 1909 als Protest gegen die Secession gegründet wurde. Thannhauser, der über weltweite Verbindungen verfügte, stellte vor allem die Moderne aus. Seine eigene Sammlung kam in das Metropolitan Museum of Art, New York.

13 Villa Bonn.
Schluchtweg 2; Fl.Nr. 56, 57, 59, 59.

1844 erwirbt Joseph Anton v. Maffei das Schneider-Anwesen Nr. 22, 1866 das Hofbauern-Anwesen Nr. 23; 1869 Umbau des Hofbauern-Anwesens zum Landhaus; 1882 Gabriel Sedlmayr, Kommerzienrat und Besitzer der Spatenbrauerei in München; 1901 Ludwig Lufft, Hauptmann a.D.; 1912 Emma Bonn aus Frankfurt a. M., 1913 Umbauten und Neubau Gärtnerhaus mit Garage; 1940 Braunes Band von Deutschland; 1951 Walter Bonn.

Die 1879 in New York geborene deutsch-jüdische Schriftstellerin Emma Bonn lebte bis zu ihrer Deportation nach Theresienstadt 1942 in der Villa. Thomas Mann hat sie hier während seines Feldafinger Aufenthalts besucht. Die zur Villa gehörige Gartenanlage war auf den Grundflächen der alten Feldafinger Anwesen »Schneider«, »Hofbauer« und »Isermann« entstanden. Das ehemalige Gärtnerhaus ist noch erhalten, nicht mehr jedoch der schöne runde Gartenpavillon (mit Kuppeldach auf dorischen Säulen; abgebildet in: Feldafing Ortsmitte, S. 40).

Lit.: Kistler, Feldafing, S. 666; Schober, Denkmäler, S. 112 mit Abb.; Dirk Heißerer, Wellen, Wind und Dorfbanditen, München 1995, S. 265; Feldafing Ortsmitte, 1995, S. 18 f. (mit Abb. der alten Landvilla Maffei [Hofbauer]).

14 Landhaus Charlotte.
Possenhofener Straße 6; ehem. Haus-Nr. 26, »beim Jani«; Fl.Nr. 122.

1845 durch Herzog Max als Forsthaus für die Waldungen der Possenhofener Herrschaft gebaut; 1898 Regierungsdirektor Eugen Mahla und Charlotte, Umbau zum Landhaus; 1914 Karl Mahla, Kaufmann in Nürnberg; 1938 Charlotte Sperber in Nürnberg.

Lit.: Kistler, Feldafing, S. 670.

15 Landhaus Knittl.
Rat-Jung-Straße 22; Fl.Nr. 317 (3 880 qm).

1909 Engelbert Knittl, Baumeister in Tutzing, Neubau des Hauses (StAM/Baupläne Feldafing 246/1908).

Lit.: Kistler, Feldafing, S. 788; Schober, Denkmäler, S. 112 mit Abb.

Der sehr plastisch durchgeformte Baukörper wird von einem Schopfwalmdach beherrscht und durch verschiedene architektonische Elemente wie Zwerchgiebel und Erker bereichert. Die Verwendung von Fachwerk im Giebelbereich unterstreicht das »Malerische« des Landhauses.

Feldafing scheint ein beliebter Wohnort für Architekten gewesen zu sein. Nicht nur Johann Biersack baute hier sein eigenes Haus, 1902 auch Heinrich Lempuhl (Höhenbergstraße 21), 1904 Johann Steidele (Parkstraße 8; vgl. Schober, Denkmäler, S. 112 mit Abb.). Engelbert Knittl (1873–1963) stammte aus der Tutzinger Baumeisterdynastie Knittl. Er übernahm nach dem Tode von Johann Biersack (1907) dessen Baugeschäft. Er hatte um die Jahrhundertwende die »Bauschule München« besucht und nannte sich Baumeister.

16 Villa Maffei.
Seestraße 2; ehem. Haus-Nr. 23 ½; Fl.Nr. 125 (Maffei'sches Landgut, Wohnhaus, Remise), 126 (Gemüsegarten mit Glashaus), 127 (Gras- und Baumgarten mit Anlagen, Laubengang, Parapluie, Almhütte, Rehgartl), 168 (Seewiese mit Sommerhäusl), 169 (Fußweg zum See), 174 (Baumgarten außerhalb des Gartens), 178–183 (Hofgarten am Würmsee, Schiffshütte und Badehäusl), 186 (Kapelle, im Jahre 1857 erbaut), zusammen: 11,62 ha.

1839 Ignaz Huber, Weinwirt in München, Neubau des Landhauses; 1844 Joseph Anton Ritter v. Maffei, Reichsrat, Fabrik- und Gutsbesitzer in München; 1872 Oberst Johann v. Maffei und Karl Friedrich Ritter v. Maffei, Gutsbesitzer; 1872 Reichsrat Hugo v. Maffei, 1901 Abbruch des Landhauses und 1902 Neubau der Villa (Architekt: Emanuel Seidl): Villa mit Terrasse und Freitreppe, Gärtnerwohnung, Glas- und Warmhaus, Parkanlagen und Einfriedung; Anbau 1906 (StAM/Baupl. Feldafing 310/1902 u. 331/1905); 1922 Alfons v. Maffei u. Cons.; 1922 Olga v. Ruffin, geb. v. Maffei; 1924 Kurt v. Ruffin; 1936 NSDAP (Kauf um 300 000 M, »Adolf-Wagner-Haus«), 1951 Freistaat Bayern.

Lit.: Link (1868), S. 33; Link/Schober (1879/1984), S. 36; Lampert (1884), S. 39; Moderne Bauformen 4, 1905, S. 124 -26 mit Abb.; Architektonische Rundschau 23, 1907, H. 1 mit Taf. 4; Süddeutsche Bauzeitung 17, 1907, S. 209–210; Bautechnische Zeitschrift 1907, S. 47; H. Muthesius, Das moderne Landhaus und seine innere Ausstattung, München 1905, S. 18; Kistler, Feldafing, S. 667; Schober, Denkmäler, S. 114 mit Abb.; J. W. Kunstmann, Emanuel Seidl, München, 1993, S. 179 mit Abb.; Dehio IV, München und Oberbayern, München 1990, S. 282.

Über das Aussehen dieses ersten Landhauses ist nichts bekannt. Aus der Flurkarte von 1864 ist ein rechteckiger Baukörper zu erschließen, der mit der Giebelseite nach Osten, zum See gerichtet war. Es handelte sich vermutlich um einen in bodenständigen Formen errichteten Satteldachbau, welchen wir uns etwa wie den 1856 von Maffei erbauten Gasthof an der Tutzinger Straße, den Vorgänger des Hotels Kaiserin Elisabeth, vorzustellen haben (dokumentiert durch eine Xylographie von 1877, abgeb. in der Ausgabe Nr. 43 (13. Jg., Stuttgart 1877) der Zeitschrift »Über Land und Meer«, S. 869). Der Eingang befand sich auf der Südseite, auf der Giebelseite ist eine kleine, schmale Veranda (evtl. mit Balkon darüber) angegeben. Die Zufahrt zum Grundstück und zum Landhaus lag 1864 noch auf der Westseite, an dem noch bestehenden schmalen Weg zwischen dem Maffei'schen Wirtschaftsgarten und dem ehem. Forsthaus der Possenhofener Herrschaft (später Landhaus »Charlotte«).

17 Reichsrat Joseph Anton v. Maffei (1790–1870), dessen Vorfahren aus Trient eingewandert waren und dessen Vater eine Tabakwarenfabrik besaß, gehörte 1835 zu den Gründern der Bayerischen Hypotheken- und Wechsel-Bank und war seit 1837 im Vorstand der Eisenbahngesellschaft München-Augsburg. Er war Vorsitzender der 1842 gegründeten Industrie- und Handelskammer, Oberst der Münchner Landwehr und Gemeindebevollmächtigter der Stadt München. Nachdem er 1837 das Lindauer'sche Eisenwerk in der Hirschau übernommen hatte, begann er 1841 mit der Produktion von Lokomotiven und 1847 mit dem Bau von Dampfschiffen. Sein Werk gehörte bald zu den führenden Lokomotivfabriken Deutschlands. Er besaß an den Osterseen ein Mustergut von ca. 1000 ha. 1931 wurde die Maffei'sche Fabrik in der Hirschau mit der Lokomotivfabrik Krauss u. Co. zur Firma Krauss-Maffei vereinigt. Reichsrat Hugo v. Maffei, der Bauherr der Villa von 1902, übernahm nach dem Tod seines Vaters nicht nur die Firma in der Hirschau, er übernahm eine leitende Stellung in der Hypo-Bank und gehörte 1880 zu den Mitbegründern der Münchner Rückversicherung. Um die Jahrhundertwende galt er als der reichste Mann Bayerns.

18 Zu dieser Bauaufgabe heißt es 1907 in der Architektonischen Rundschau: »Die Bestimmung der Lage für das Gebäude war insofern schwierig, als außer der Himmelsrichtung alte Baumbestände und die Aussicht zu berücksichtigen waren. Daraus ergab sich die Grundrißlösung mit schräg zum Hauptbau gestelltem Seitenflügel und malerischer Gruppierung der Fronten, gesteigert durch den in die Ecke gestellten Turm« (Architektonische Rundschau 23, 1907). Weiter heißt es: »In der Gesamtform ist der ortsüblichen Bauweise tunlichst Rechnung getragen, während in den Einzelheiten moderne Anschauungen und moderne Bedürfnisse, in Bezug auf die Form und Einteilung der Fenster usw. zur Geltung kamen. Für die Sockel, Strebepfeiler usw. ist der in der Nähe vorhandene Tuffstein verwendet, der in Farbe und Struktur eines der malerischsten Materialien bildet. Der enge Zusammenschluß des Gebäudes mit der umgebenden Gartenanlage ist durch Anbringung von Spalieren, Umrankungen usw. verstärkt.«

Die Bautechnische Zeitschrift 1907 schreibt zur Villa: »Die Villa ist im Charakter eines echt deutschen ländlichen Herrensitzes entworfen. Die merkwürdige Form des Grundrisses – ein Quadrat mit einem schiefwinkeligen Flügelanbau – entstand aus einer möglichst zwanglosen Anpassung an die Bodenverhältnisse der Umgebung. Die trotzdem sehr günstige Raumanordnung beweist, wie wenig sich der Architekt vor solchen schiefen Winkeln zu fürchten braucht; im Gegenteil, sie können ihm erwünschte Gelegenheit zu interessanten und malerischen Gruppierungen in Grundriß und Aufbau bieten. Der Hauptbau enthält in zwei Geschossen die eigentlichen Wohn- und Wirtschaftsräume, der Flügelanbau die Schlafräume. Zwischen beiden liegt die geräumige Diele, nach außen hin durch den niedrigen Turm wirkungsvoll hervorgehoben. Im übrigen verzichtet der Aufbau auf jedes verzierende Motiv. Ein breiter Balkon zieht sich um mehr als die Hälfte der Vorderfront herum und gibt kräftigen Schlagschatten. Sonst sind die weißen Wandflächen nur von Fenstern und Läden unterbrochen. Ebenso einfach ist die ruhige, flächige Behandlung des Daches.«

In der Süddeutschen Bauzeitung heißt es: »Einen reizenden Herrensitz stellt der schmucke Bau dar, den Hugo v. Maffei durch Emanuel Seidl aufführen ließ. Hier hat die Anpassung an die vorhandenen alten Baumgruppen einen Bau ergeben, der eigentlich recht selbstverständlich wirkt, wie mans von jedem guten architektonischen Werk erwartet. Ohne daß sich der Erbauer an einen bestimmten Stil anlehnt – man könnte in dem breiten Turm mit der großen spitzen Haube einen Verwandten der Biedermeierzeit erblicken – macht das Ganze mit dem Erker im Erdgeschoß, den breiten Fenstern, der vorspringenden Terrasse und dem um den größeren Teil des Hauses laufenden Balkon einen heimatlichen und überaus gemütlichen Eindruck. Es ist ein Haus, das vorzüglich mit der oberbayerischen Landschaft übereinstimmt. Beim Anblick eines solchen Baues, der so gut mit der umgebenden Natur zusammenklingt, empfindet man sicher den lebhaften Wunsch, daß an unseren Seen öfter so gebaut würde, statt daß die Landschaft durch allerlei gekünstelte und mißverstandene Architekturformen ›verschönert‹ wird.«

19 Inwieweit Seidl (bzw. ein damit befaßter Gartenarchitekt) die Parkanlage neu gestaltet hat, ist heute nicht mehr exakt zu sagen. Der ältere und dem Plan von 1864 gegenüber wohl wesentlich dichtere Baumbestand östlich der Villa dürfte der Aussage der zeitgenössischen Literatur nach nicht angetastet worden sein. Das könnte bedeuten, daß die ältere Parkanlage in diesem Bereich auch in ihrer Wegeführung weitgehend übernommen wurde.

Ein Teil der Wege ist noch heute im Bodenrelief ablesbar, auch der als kleiner runder Platz angelegte und von schattigen Bäumen gesäumte Knotenpunkt der Wege (ein schattiger Freisitz?) ist noch erkennbar. In Hausnähe wurde die Anlage sicher neu gestaltet und auf die veränderten Hausfluchten bezogen. Die zeitgenössischen Photos zeigen hier hier eine wohl neue Wegeführung, Blumenrabatten und neu angelegte hochstämmige Zierpflanzen (Rosensträucher?). Der im Plan von 1864 südlich an die Gartenanlagen anschließende umgestaltete und wohl als Ackerland genutzte Bereich dürfte auch nach dem Neubau der Villa keine oder nur geringfügige Änderungen erfahren haben. Das Terrain fällt hier relativ stark zum anschließenden Lenné-Park hin ab und dürfte über die Randbepflanzung der Gartenanlage hinweg kaum einsehbar gewesen sein, vermutlich auch von den oberen Zimmern aus nicht. Zur Wirkung kamen aus dieser Perspektive erst wieder die wunderbare Kulisse des Lenné-Parks und die Seelandschaft mit der Alpenkette. Obwohl Maffei über das gesamte anschließende Gelände verfügen konnte, erübrigte sich mit dem Angebot des Lenné-Parks eine eigene stark vergrößerte Parkanlage, wie sie bei den zeitgenössischen Herrschaftsvillen in Feldafing üblich war. Der Weg, der an der Ostgrenze den Garten verließ, und zum sog. Hofgarten (mit Badehütte und Bootshaus) führte, leitete zwanglos auch in den Lenné-Park über. Diese historischen Gegebenheiten wurden durch die Anlage des Sportplatzes nachhaltig verändert. Der viel zu nahe an die Villa herangerückte Platz hat nicht nur einen Teil der Gartenanlage mit der östlichen Wegeführung beseitigt und durch die starken Aufschüttungen die topographische Situation verändert, er stört mit dem aggressiven Rot seiner Laufbahnen und der neuen unmotiviert harten Geländekante ganz empfindlich den Blick von der Villa in die Landschaft. Ein Teil des südlich an das Gärtnerwohnhaus angrenzenden Geländes wurde auch im Dritten Reich schon für eine Sportanlage (Laufbahnen, Rasenfeld) und zur Aufstellung von Schulbaracken umgestaltet. Seit Mai 1996 wurden Pläne entwickelt, hier ein »Museum der Phantasie« für die Sammlung Buchheim zu errichten. Der prämierte Entwurf von Günther Behnisch hatte bereits konkrete Formen angenommen, als eine Bürgerinitiative das Vorhaben (an dem auch der Bayerische Staat beteiligt war) zu Fall brachte. Das Museum wird nunmehr in Bernried verwirklicht.

Stärker wurde beim Neubau der Villa in den ehemaligen Nutzgarten nördlich eingegriffen. Emanuel Seidl führte die neue Einfahrt in einem sanften Bogen von der Ecke an der Possenhofener Straße her zur

Villa und durchbrach dabei den alten Laubengang. Die Zufahrt wurde in Form einer kleinen Allee mit Kugelakazien angelegt, der alte Wirtschaftsgarten unter Beibehaltung der alten Achsengliederung zum Ziergarten mit Brunnenrondell gestaltet.

Grundlagen für die Rekonstruktion der Gartenanlage: Flurkarte Feldafing (Ortsplan), 1867; Lageplan 1905 (Eingabeplan, Baupl. Feldafing 310/1902 u. 316/1902); versch. Photographien der Bauzeit (Der Baumeister 3, 1904/05; Moderne Bauformen 4, 1905, S. 128); versch. Postkarten (z. T. Luftaufnahmen) 1935–45.

20   Der in den Innenwinkel gelegte Eingang wiederholt die bei der fast gleichzeitig entstandenen Villa Bischoff in Leoni entwickelte Gestaltung. Auch hier die Dreiereinheit von Eingangstüre, Kartusche und Fenster im Obergeschoß. Die zwischen Gesimsen isolierte und von einer Girlande gerahmte Kartusche erhielt den Hausspruch: »Dies Haus / hab ich hieher gestellt / als man 1902 gezählt / Hugo von Maffei«.

Die Villa ist in ihrer wandfesten Innenausstattung noch relativ gut erhalten. Über den Windfang erreicht man eine geräumige Diele, die mit einem Kamin in jugendstilhaften Formen, einer hohen Wandverkleidung und einer leichten Stuckdekoration der Decke ganz wohnlich konzipiert ist. Von ihr geht über einen Doppelbogen das Treppenhaus ab. Das anschließende Speisezimmer ist mit einer Balkendecke ausgestattet, das Wohnzimmer mit kräftigen Stuckleisten. Im Obergeschoß weist die Diele, die sich wieder über einen Doppelbogen zu den Treppen hin öffnet, eine Balkendecke mit kassettierten Feldern auf. Von den anschließenden Wohnräumen verfügen der große Raum (als Speisezimmer bez.) über eine sehr schöne Balkendecke mit ornamental angeordneten Schraubenköpfen, die anderen über eine Stuckdecke bzw. eine in der Mitte des Deckenspiegels hochgezogene vierpassige Flachkuppel (ursprünglich vielleicht bemalt), welche das Licht der Deckenbeleuchtung weich nach unten bündelte. Warum der große Raum im Obergeschoß im Plan ebenfalls als Speisezimmer bezeichnet wird, ist nicht belegt. Vielleicht war an die Möglichkeit einer geschoßmäßigen Teilung der Villa in zwei Wohnungen gedacht? Anläßlich kleiner Umbauten 1905 (Anbau an den Schlafzimmertrakt mit Balkon) wurde die südliche, zunächst für die erdgeschossige Küche gedachte Außentreppe bis zum 1. Obergeschoß hochgezogen, womit auch hier eine entsprechende Küche von außen erschlossen werden konnte. Die im Seitenflügel anschließenden Schlafräume sind ganz schlicht und ohne Dekoration gehalten. Lediglich die Korridore sind mit flachen Kreuzgratgewölben ausgestattet, die eine schöne Licht- und Schattenwirkung entfalten.

21   Villa Pschorr.
Bahnhofstraße 17; Fl.Nr. 283 (Villa mit Parkanlage, zus. 8880 qm).

Erbaut 1875 von Johann Biersack; 1884 Georg Pschorr, Kommerzienrat und Brauereibesitzer in München; 1903 Anbau an die Villa; 1919 August Pschorr, Geheimer Kommerzienrat in München, Georg Pschorr, Joseph Pschorr, Brauereibesitzer und Prof. Dr. Robert Pschorr, Chemiker in Berlin; 1941 Ottilie Pschorr, Professorswitwe; 1954 Herbert Pschorr, Mineralölgroßhändler, und Dr. Fritz Pschorr, Kaufmann in New York.

Für welchen Auftraggeber Biersack die Villa 1875 errichtet hatte, ist nicht mehr zu sagen. Kommerzienrat Georg Pschorr, der Enkel des Gründers der Münchner Großbrauerei, Joseph Pschorr, tauschte sie (vermutl. mit einem entsprechenden Aufpreis) gegen das um 1865 erbaute Landhaus seines verstorbenen Schwiegervaters August Fischer-Dick (Bahnhofstraße 13), das dieser 1875 erworben hatte und das 1889 dem Neubau des Kurhotels Neuschwanstein hat weichen müssen.

Die Fassade ist sehr schlicht gehalten und wird nur von schmalen Putzbändern unterhalb der Fenster gegliedert. Die Hauptwohnräume (Salon, Musikzimmer) wurden im Erdgeschoß zum Garten hin angeordnet, die Treppe und die Wirtschaftsräume auf die Westseite gelegt. Der großflächig verglaste Erkervorbau wurde später geringfügig erweitert und etwas vereinfacht. Der östliche Anbau mit der Altane wurde 1903 hinzugefügt (Architekt: Eugen Drollinger).

Lit.: Kistler, Feldafing, S. 711; Schober, Denkmäler, S. 96; Feldafing Ortsmitte, 1995, S. 62.

22   Vor allem mußten größere sumpfige Abschnitte, besonders im Bereich der Villen Arendt und Pemsel, erst entwässert werden. Ferner wurde eine Kanalisation geschaffen (für Oberflächenwasser und Regenwasser, Ableitung quer durch den Lenné-Park zum See) und über einen namhaften Zuschuß zu einem neuen Wasserwerk der Gemeinde die Trinkwasserversorgung gesichert. Schließlich wurde das Gelände noch durch ein System parallel zum Hang geführter und etwas diagonal ansteigender Straßen erschlossen. An einigen wurden schattige Alleebäume gepflanzt. Die Anlage wurde in Parzellen mit unterschiedlicher Größe eingeteilt.

Vgl. Kistler, Feldafing, S. 453.

23   Im ehemaligen, von Johann Biersack gebauten Hotel Neuschwanstein an der Bahnhofstraße, wo seit 1926 unter der Leitung von Karl Goldaté das »Knabeninstitut Pestalozzi« untergebracht war (und das 1930 nach Starnberg verlegt worden war), richtete die NSDAP auf Betreiben Ernst Röhms 1934 eine Oberschule zur besonderen Förderung eines NS-Nachwuchses ein. Als sich diese Einrichtung rasch zur führenden NS-Ausbildungsstätte im Reich entwickelte, wurde sie 1939 in »Reichsschule der NSDAP Feldafing« umbenannt und dem Stellvertreter des Führers unterstellt. Hier sollten die Grundsätze nationalsozialistischer Erziehung verwirklicht, sollte der neue Menschentyp geformt und die vom Führer verkündeten Ideale an die Jugend weitergegeben werden. Die Schule breitete sich in den folgenden Jahren über die gesamte Villenkolonie aus. Die Partei kaufte zwischen 1936 und 1939 die meisten großen Villen auf, damit die Schüler standesgemäß wohnen konnten. Die dafür geeigneten Villen, oft im Besitz jüdischer Familien, mußten nach und nach und wohl unter entsprechendem Druck abgegeben werden. Der Kaufpreis lag dabei vermutlich weit unter dem tatsächlichen Verkehrswert des Hauses und der Gartenanlage. So wurden z.B. für die Villa Maffei 300 000 M, für die Villa Jordan 110 000 M, für die Villa Bernheimer 140 000 M, für die Villa Bergmann 266 000 M und für die Villa Pemsel 300 000 M bezahlt. Ähnliche Summen wurden auch für die übrigen Villen (Pfister, Arendt, Andreae, Seeblick, Wanner, Bauer u. a.) ausgegeben. In dem kleinen, 1912 für den Kaufmann Wilhelm Enders an der ehem. Firnhaberstraße (Siemensstraße) erbauten Landhaus, in dem der Dichter Thomas Mann von 1919 bis 1922 an seinem großen Roman »Der Zauberberg« arbeitete, wurde der Hausmeister untergebracht. Die Häuser wurden anschließend mit Namen von Nazi-Größen belegt. Schließlich erwarb die Partei am südlichen Rand der Kolonie eine größere Fläche und stellte dort weitere Unterkunfts- und Unterrichtsgebäude auf, die vorwiegend von KZ-Häftlingen aus Dachau gebaut wurden. Dort sollten natürlich auch Sportplätze, eine Turnhalle und eine Schwimmhalle, eine Freilichtbühne und eine Kampfbahn entstehen. Als diese dunkle Zeit 1945 vorüber war, wurden alle Gebäude, auch die Villen, von der amerikanischen Besatzungsmacht beschlagnahmt, um ehemalige KZ-Häftlinge und DP's unterzubringen, die bei Kriegsende in einem unbeschreiblichen Leidenszug zwischen Feldafing und Tutzing gestrandet waren. Sie hausten dann bis zu einer besseren Lösung unter schlimmsten Bedingungen in den Villen. Viele haben diese Endzeit in Feldafing allerdings nicht überlebt und haben auf einem eigenen kleinen jüdischen Friedhof ihre letzte Ruhe gefunden. Die Villen wurden bis 1951 und bis zur Rückgabe an den Freistaat Bayern als Durchgangslager für Tausende von ehemaligen Häftlingen und vornehmlich aus dem Osten verschleppten, heimatlosen Ausländern genutzt. Leider ist unter diesen Umständen in den verschiedenen Villen viel

verloren gegangen. In einigen Häusern wurden sogar Türen und Böden in den Öfen verheizt. Nach 1953 wurde das Barakengelände vom Staat übernommen und später für den Aufbau einer Fernmeldeschule der Bundeswehr verwendet.

Vgl.: Kistler, Feldafing, S. 289, 310, 424f., 713; D. Heißerer, Wellen, Wind und Dorfbanditen, München 1995, S. 235 ff., mit Angaben über weitere Literatur.

24 Landhaus Niggl.
Kapellenweg 4; Fl.Nr. 279 u. 218/3 (Landhaus mit engl. Anlagen).

1870 Johann Biersack, Neubau des Hauses; dann Theodor Ockel; 1885 Fritz Cramer, Stadtbaurat in München; 1906 Witwe Frieda Cramer und Tochter; 1901 Conradin und Eugenia v. Perbandt-Windekeim; 1911 Max Niggl; 1924 Maria Niggl und 5 Kinder; 1954 Wiltrud Förderreuther.

25 Villa Compton.
Ehem. Bahnhofstraße; Fl.Nr. 282 (mit Gartenanlagen 5230 qm).

1877/78 Neubau für Edward Theodore Compton, Kunstmaler aus London; 1921 Witwe Auguste Compton; 1923 Tochter Marion Compton; 1936 Christos Gryparis, Major der Artillerie aus Athen.

E.T. Compton war ein gesuchter Maler für Gebirgslandschaften, bedeutend vor allem auch in seinen Aquarellen, mit denen er der Tradition der delikaten englischen Aquarellmalerei folgte. Er war ein meisterhafter Schilderer der Alpen, hinterließ aber auch bedeutende Gemälde, die das schottische Hochland, die Landschaft der Insel Korsika, der Hohen Tatra oder der Sierra Nevada zum Thema haben. Sein Sohn Edward Harrison Compton folgte der Malweise seines Vaters, arbeitete jedoch lieber in der Vorgebirgslandschaft und an den Gebirgsseen.

Die Compton-Villa, an deren Stelle heute die neue kath. Pfarrkirche steht, war durch einen starken Erkerturm mit Zeltdach gekennzeichnet. Rückwärts befand sich ein großes Atelier. Die Villa wurde um 1960 abgebrochen, das Grundstück zum Bau der neuen kath. Pfarrkirche Heilig Kreuz verwendet. Edward Harrison Compton wohnte seit 1920 in dem Landhaus, Rat-Jung-Straße 2.

Lit.: Kistler, Feldafing, S. 707

26 Villa Jordan.
Kapellenweg 6; Fl.Nr. 275 (Villa mit Gartenanlagen und Laubengang).

1884 Adolf Schulze, Neubau der Villa; 1887 Emil Wilhelm, Geheimer Kommerzienrat und Kaufmann in München; 1902 Hans Hartl, Baumeister in München; 1905 Conradin v. Perbandt-Windekeim; 1911 Kommerzienrat Otto Jordan, Hemdenfabrikant in München; 1935 Sophie Jordan, 1938 NSDAP (um 110000 M, »Hans-Schemm-Haus«), 1951 Freistaat Bayern.

Die Villa ist bereits in wesentlichen Details verändert.

Lit.: Kistler, Feldafing, S. 721; Schober, Denkmäler, S. 108 mit Abb.

27 Villa Seeblick.
Bahnhofstraße 21; Fl.Nr. 286.

1893 erbaut von Johann Biersack; 1907 Witwe Therese Biersack.

1935 an die N.S.-Oberschule verpachtet (»Rudolf-Hess-Haus«).

Lit.: Kistler, Feldafing, S. 723; Schober, Denkmäler, S. 96 mit Abb.; Feldafing Ortsmitte, 1995, S. 64.

Der einfache, Walmdachbau ist mit der Schauseite zum See gerichtet; er wird auf der Straßenseite nur durch einen Treppenturm, auf der Gartenseite durch einen über Eck gestellten Erker mit Helm etwas belebt. Wichtigstes Gestaltungselement sind zwei kleine Wandfresken von Ludwig Sckell (1833–1912) auf der Nordfassade. Auf dem einen Fresko ist ein Minnesänger mit Laute dargestellt, auf dem anderen ein Jäger, der von einer Wassernixe überrascht wird.

Auch Johann Biersack (1840 Ponholz bei Regensburg – 1907) zählt zu den guten einheimischen Baumeistern am Starnberger See. Er ging zunächst nach Italien, kam dann nach 1860 (vielleicht in Verbindung mit dem geplanten Schloßbau) nach Feldafing. Er errichtete sich 1867 sein erstes Wohnhaus (Fl.Nr. 130) in Feldafing. Er hat vor allem in Feldafing und Umgebung sehr viel gebaut. Seine Spannweite reicht vom kleinen Häuschen bis zur großbürgerlichen Villa, seine Ausdrucksmittel wurzeln zunächst im späten Klassizismus. Er orientiert sich aber auch schon sehr früh an der bodenständigen Bauweise, die er mehr und mehr zu seiner Sprache macht und in der er Beachtliches leistet.

28 Landhaus Gerber.
Höhenbergstraße 7; Fl.Nr. 218/2.

1898 Friedrich Krasser, Fabrikant in München; Neubau des Hauses (Architekt: Johann Biersack; StAM, Baupläne Feldafing 148/1898); 1903 Elisabeth Gerber, Witwe des Buchdruckereibesitzers Gerber in München; 1926 Paul v. Neindorff, Plantagenbesitzer in Amerika; 1941 Dr. Udo Rouselle, Fabrikbesitzer in Eschenlohe; 1953 Joseph Keller aus Düsseldorf.

Lit.: Kistler, Feldafing, S. 735.

Weitere interessante Landhäuser:

Bahnhofstraße 24; ehem. Haus-Nr. 64.
Erbaut um 1875; 1898 Kaufmann Friedrich Eisenberger; 1922 Umbau für den Bankier Fränkl; 1923 Dr. Kurt v. Kleefeld, Kammerpräsident des Fürsten Hohenlohe-Öhringen in Berlin (Schwager des Außenministers Stresemann); 1936 Café Humpel, z.Zt. Privatmuseum des Schriftstellers und Sammlers Lothar Günther Buchheim.

Lit.: Kistler, Feldafing, S. 712.

Bahnhofstraße 11; Fl.Nr. 79/2.
Erbaut 1875 (Johann Biersack) für Frhr. Adolf v. Stralenheim; dann Frhr. v. Zobel auf Giebelstadt.

Lit.: Kistler, Feldafing, S. 715.

Landhaus Rat Jung.
Bahnhofstraße 46.
Erbaut 1903 für Ludwig Jung, kgl. Rat, Begründer des bayerischen Feuerlöschwesens; 1906 Philipp Ludwig Jung, Verleger in München.

Lit.: Kistler, Feldafing, S. 750; Feldafing Ortsmitte, 1995, S. 65 mit histor. Abb. des Hauses.

29 Villa Bernheimer.
Höhenbergstraße 11; Fl.Nr. 218/8.

1899 Friedrich Wamsler, Fabrikant in München; 1912 Otto Bernheimer, Kunsthändler in München; Neubau der Villa (Entwurf: Büro Heilmann & Littmann), 1928 Autohalle; 1937 NSDAP (um 140000 M, »Franz-Xaver-Schwarz-Haus«); 1950 Otto Bernheimer.

Lit.: Kistler, Feldafing, S. 790; Schober, Denkmäler, S. 100 mit Abb.

30 Villa Bergmann (sog. Parkvilla).
Höhenbergstraße 15; Fl.Nr. 239/4 u. 239.

1903 Kommerzienrat Sigmund Bergmann in Berlin, 1903–05 Neubau der Villa (Architekt: Eugen Drollinger; Baupl. Feldafing 211/1903, LRA Starnberg, Denkmalschutzakt); 1905 Nebenhaus auf Fl.Nr. 297/2; 1916 Antonie und Hedwig Scheidt, Höhere Privatschule und Internat für Mädchen, 1920 Bau von 2 Schulsälen und Tanzsaal auf Fl.Nr. 297/2; 1925 Wohnhausneubau auf Fl.Nr. 239; 1937 NSDAP (um 266000 M, »Horst-Wessel-Haus«); 1951 Freistaat Bayern; in den 80er Jahren Umbau in Eigentumswohnungen.

Sigmund Bergmann (1851–1927) war Generaldirektor und Gründer der Bergmann-Elektrizitäts-Werke in Berlin. Er ging früh nach Amerika und wurde dort Mitarbeiter Edisons. Er gründete in Amerika seine erste Firma, die Zubehörteile für die verschiedenen Produkte Edisons lieferte. Später ging er wieder nach Deutschland zurück und baute in den 90er Jahren in Berlin zwei Elektrofabriken auf (»Berliner Kabelwerke«), die 1900 zur Bergmann-Elektrizitäts-Werke AG vereinigt wurden. Seine Tochter Louise war mit Josef Pschorr verheiratet, der die Pschorr-Villa in der Thurn- und-Taxis-Straße besaß.

Das Mädcheninstitut, das vorwiegend von Töchtern aus wohlhabenden Familien besucht wurde und zunächst ganz international war, hatte bereits seit 1870 in der in deutschem Besitz befindlichen »Villa du Parc« in Brüssel bestanden. Kriegsbedingt mußte dieses Domizil aufgegeben werden.

1915 zog das Institut zuerst nach Kempfenhausen um, dann 1916 nach Feldafing (der Name »Parkvilla« wurde tradiert, stammt also aus dieser Zeit). Die Schülerinnen wohnten in der Villa und im alten Nebenhaus, nun »Villetta« genannt. Das Internat hatte einen sehr guten Ruf und betreute bis zu 40 Mädchen. Der Schwerpunkt der Ausbildung lag auf Fremdsprachen (Unterrichtssprache: Französisch), Kunst, Literatur und Theater, Musik, Geschichte, politische Bildung. Wegen der allgemeinen wirtschaftlichen Schwierigkeiten und der veränderten gesellschaftlichen Verhältnisse mußte das Institut 1928 jedoch aufgegeben werden. Das Haus wurde zunächst noch als gehobene Pension weitergeführt, dann aber seit 1934 an die NS-Oberschule verpachtet. 1937 erwarb die Partei den Besitz.

Lit.: Kistler, Feldafing, S. 757; A. u. H. Scheidt, Parkvilla Feldafing, Feldafing 1929; Schober, Denkmäler, S. 100 mit Abb.

31 Villa Lempuhl.
Höhenbergstraße 21; Fl.Nr. 239/3 (mit Gartenanlage 5900 qm).

1902 Heinrich Lempuhl, Baumeister und Rentier in München; 1903 Neubau der Villa (Architekt: wohl Lempuhl); 1914 Kreszenz Lempuhl; 1916 Elisabeth Flora; 1938 Alice Fliessbach; 1939 Waldemar Stange, Rittmeister aus Schirocka, Oberschlesien; 1952 Hedwig Stampe.

Lit.: Kistler, Feldafing, S. 751.

32 Villa Waldberta (Villa Waldbert).
Höhenbergstraße 25; Fl.Nr. 239/5, 324/3, 324/4; (Villa mit Parkanlagen, 22 810 qm).

1901 Bernhard Schuler, Bankdirektor in München; 1902 Neubau der Villa (Architekt: G. Baierle; Baupl. Feldafing 212/1902, LRA Starnberg, Denkmalschutzakt); 1903 Albertus Willem Sythoff, Schriftsteller und Verleger aus Leiden, Holland; Erweiterung des Grundstücks und Anlage des Parks durch die Kunst- und Handelsgärtnerei August Buchner, München; Parkbank (Karl Kiefer, München); Einfriedungsmauer mit Jugendstil-Eisenzaun (Architekt: A.Thunig; Baupl. Feldafing 227/1907, LRA Starnberg, Denkmalschutzakt); 1907 Gärtnerhaus, Pflanz- und Glashaus, Requisitenhaus und Eiskeller (Architekt: Johann Steidele); 1927 Umbau des Schuppens in eine Autohalle, Verwalterhaus; 1917 Hugo Schmeil, Kommerzienrat in Dresden (um 320 000 M); 1925 Dr. Franz Koempel, Arzt in New York, und Bertha Koempel; 1965 Stadt München.

Unten am See gehörte zur Villa eine doppelte Schiffshütte für Motorboot, Ruderboot und Segelboot, mit einer Veranda, mit Kabinen, Baderaum sowie einem Aufenthaltsraum mit Buffet.

Lit.: Kistler, Feldafing, S. 746; Die Villa Waldbert in Feldafing am Starnberger See, Privatdruck, München o. J. (1917); Schober, Denkmäler, S. 104 mit Abb. u. Grund-

riß; Barbara v. Becker, Villa Waldberta, brosch., hg. vom Kulturreferat der Stadt München, München 1995; Ingrid Cavalieri, Leben und Werk des Kunst- und Handelsgärtners Michael Buchner – Ausschnitte seiner gartenkünstlerischen Tätigkeit unter besonderer Berücksichtigung der Villa Waldberta, Diplomarbeit der Fachhochschule Weihenstephan, 1996.

33 Im Eingabeplan war im 1. Obergeschoß offenbar eine zweite Küche über der im Erdgeschoß vorgesehen. Später oder schon während des Baus wurde dieser Raum in zwei Zimmer geteilt. Unter A. W. Sythoff wurde im Obergeschoß das südöstliche Schlafzimmer als Arbeitszimmer, der ursprünglich als Fremdenzimmer vorgesehene Raum mit dem kleinen Spitzerker als Bibliothek genutzt. Noch zu Sythoffs Zeiten wurden die in der Nordwestecke des Erdgeschosses gelegene Küche zu den Dienstboten- und Wirtschaftsräumen in das Untergeschoß verlegt und der Raum in kleine Zimmer geteilt (heute befindet sich dort wieder die Küche). Dort gab es auch einen eigenen Kühlraum, der noch erhalten ist. Von dieser unteren Küche bestand über einen Speiseaufzug Verbindung zum Speisezimmer. Bei den Koempels wurden einige Räume umgewidmet: Das große Speisezimmer wurde als Wohnzimmer, das ehemalige Louis-XVI-Zimmer als Speisezimmer eingerichtet. Auch die Räume im Obergeschoß wurden etwas anders als bisher genutzt.

Sythoff ließ die Außenerscheinung der Villa wohl unberührt, auf der Ostseite des Turmes ließ er jedoch sein eigenes Emblem (vermutlich unter Beseitigung des im Fassadenplan von 1901 dargestellten Marienbildes) anbringen.

Der Villenname »Waldbert« entstand aus der Zusammensetzung der Vornamen (Waldine und Albert) des Ehepaares Sythoff. Die spätere Form »Waldberta« (Waldbertha) wurde dann wohl auf den Vornamen von Bertha Koempel bezogen.

34 Die Stadt München wurde im Rahmen der »Bertha-Koempel-Stiftung« verpflichtet, Villa und Park als »Denkmal früherer und heutiger Besitz- und Wohnkultur« zu erhalten und für gemeinnützige Zwecke zu verwenden. Sie stellte die Villa während der Olympischen Spiele in München dem Olympischen Komitee als Wohnsitz für Willy Daume zur Verfügung. Seit 1982 dient sie in- und ausländischen Stipendiaten aus dem Bereich der Literatur und der Bildenden Kunst im zeitlichen Rahmen des Stipendiums als Wohnung. Im Zuge dieser Nutzungsänderungen wurden entgegen den Festlegungen des Stiftungsvertrages entscheidende Umbauten vorgenommen. So wurden die schönen Jugendstil-Glastüren im Erdgeschoß alle gegen neue Türen ausgetauscht. Die Marmorka-

mine in den einzelnen Räumen wurden alle entfernt, ein Teil davon an anderer Stelle (meist in willkürlichem Zusammenhang, z. B. neben der Treppe, und nur dekorativ) wieder eingebaut. Die vermutlich von den Koempels errichteten schönen Kachelöfen (Vestibül, späteres Speisezimmer, Salon, Schlafzimmer im Obergeschoß; wohl als antik erworben und hier wieder aufgestellt) wurden belassen. Entfernt wurden ferner die Empore im ehemaligen großen Speisezimmer sowie der anschließende Wintergarten. Auch Paneele (z. B. im ursprünglichen Speisezimmer) wurden herausgenommen und z. T. an anderer Stelle (z. B. heutige Küche) wieder eingebaut, desgleichen wurden Teile der Wand- und Deckendekoration (Stuck und Stuckprofile) entfernt. Der Großteil des erhaltenen, noch aus der Sythoff-Zeit stammenden Mobiliars wurde entfernt, z. T. in das Depot des Münchner Stadtmuseums ausgelagert.

35 Die südliche Loggia ist über einen großen Bogen zur Hangseite hin geöffnet. Die Wandmalereien im Stil eines Moritz v. Schwind oder eines Ludwig Richter sind von W. Panzenrieder, 1904. Von wem der Entwurf zum Wandbrunnen (mit Jugendstildetails) stammt, war nicht zu ermitteln. Die nördlich benachbarte, flachgedeckte Loggia öffnet sich über zwei Bögen, die auf einer Säule mit romanisierendem Würfelkapitell aufruhen. Auch hier waren die Rückwand und die beiden Seiten mit Wandmalereien von gleicher Hand geschmückt (heute verloren).

36 In welcher Form der Park beim Verkauf an Sythoff schon angelegt war, ist nicht mehr zu sagen. Wie ein Vergleich des Eingabeplanes mit einem späteren Lageplan von 1904 zeigt, wurden jedoch einige wichtige Positionen aus der ersten Planung übernommen und weiterentwickelt. Dabei wurde das Wegesystem stark erweitert, wurden die Wasserkaskade und der Goldfischteich hinzugefügt und der untere Eingang an die Nordostecke des Grundstücks verlegt. Die südliche Grundstückshälfte, von Sythoff hinzugekauft und von der bestehenden Gartenanlage durch eine heckenartige Pflanzung mit jungen Bäumchen abgetrennt, wurde zunächst wohl noch nicht in die Organisation und Gestaltung der Anlage einbezogen. Das Alpinum mit dem Weg den Steilhang hinauf, der Weg entlang der Hangkante und das sog. »Käppele« (ein kleiner mit Rinden verkleideter Pavillon, der im Sinne einer kleinen Kapelle bzw. einer Eremitage innen mit zahlreichen Heiligenbildern und Hinterglasbildern geschmückt war) wurden vermutlich erst unter Schmeil bzw. Koempel hinzugefügt. Die wichtigsten anderen Ausstattungselemente (die Rosenlaube, die Grotte, sowie die Jugendstil-Einzäunung von 1907 und die monumentale Parkbank von Karl Kiefer, die

Anhang

1907 im Glaspalast ausgestellt war, gehören dagegen bereits in die Sythoff-Zeit, als die Gartenanlage neu konzipiert und überarbeitet wurde. Diese für die Starnberger Villenlandschaft bedeutende und in ihrer Qualität herausragende Parkanlage wurde von dem Münchner Gartenkünstler Michael Buchner (1843–1913, Schüler von Lemoine in Nancy, Inhaber der Kunst- und Handelsgärtnerei August Buchner, München) geschaffen. Sie wurde später in ihrer Konzeption nicht mehr wesentlich verändert und gehört deshalb zu den wenigen erhaltenen historischen Gartenanlagen am Starnberger See. Die Gestaltung in den Details (Büsche, Blumenbeete, kleinere Baumpflanzungen) dürfte freilich im Laufe der Jahre einige Veränderungen erfahren haben, soweit man das aus dem überlieferten Fotomaterial erschließen kann. So wurde bei der Wiederherstellung der Anlage nach dem Zweiten Weltkrieg manches vereinfacht, um Kosten zu sparen. Auch die Stadt München hat nach der Übernahme verschiedene Details (bes. die aufwendigen Blumenbeete) aus Kostengründen aufgegeben. Die großen, heute ausgewachsenen Bäume dagegen blieben unverändert. Sie waren zum überwiegenden Teil sogar schon vor dem Bau der Villa vorhanden, vor allem die mächtigen Buchen unten an der Thurn-und-Taxis-Straße und an der Hangkante sowie die Schwarzkiefern und wohl auch die Lärchen westlich der Villa. Diese sind mit Sicherheit schon eine Pflanzung für den geplanten Schloßpark, wobei vor allem die Kieferngruppen (auch auf den benachbarten Grundstücken Carl und Lempuhl) mit ihrer kräftigen, auch im Winter und auf Fernsicht wirksamen Kronenbildung als der den oberen Höhenberg optisch abschließende »Horizont« gedacht waren. Sie waren zur Zeit des Neubaus 1903 bereits über die Traufhöhe emporgewachsen, wie eine Postkarte von 1906 beweist. An den Grundstücksgrenzen dagegen wurden auch nach dem Bau noch dichte Neupflanzungen vorgenommen.

Grundlagen für die Rekonstruktion der Gartenanlage: Gartenplan um 1917 (Beilage der Schrift »Die Villa Waldbert am Starnberger See«, Privatdruck o. J. (1917); versch. Photographien der Zeit um 1915/17 (z. T. in ob. Schrift); die aktuelle Gartenanlage.

37 Villa Hutschenreuther.
Maffeistraße 6; Fl.Nr. 241, 218/5, 218/9 (Villa mit Gartenanlage, 10 170 qm; 1938: 14 090 qm).

1903 Kommerzienrat Victor Hutschenreuther, Fabrikbesitzer und Rentier in Selb; 1903/04 Neubau der Villa (Architekt: vermutl. Johann Biersack; Baupl. Feldafing 330/1903, LRA Starnberg, Denkmalschutzakt); 1908 Witwe Elise Hutschenreuther; 1939 auf Ableben der Elise Hutschenreuther ihre Kinder; 1944 Dr. Theodor Struppler, Geheimer Hof- und Sanitätsrat in München.

Lit.: Kistler, Feldafing, S. 755; Schober, Denkmäler, S. 112 mit Abb.

Victor Hutschenreuther war Inhaber der bekannten Porzellanmanufaktur Hutschenreuther in Selb. Nach seinem Tod plante seine Witwe einen Umbau der Villa nach Entwürfen von H. Ismayer, der jedoch nicht ausgeführt wurde. Auf der Ostseite sollte anstelle der verglasten Veranda im 2. Obergeschoß ein das Haus etwas überragender Aussichtsturm (ein wenig nach dem Vorbild der Villa Waldberta) errichtet werden. Rückwärts war ein großes Treppenhaus geplant (vermutlich mit größerer Halle; Pläne in Privatbesitz).

38 Die Vertäfelung ist ausgeführt in Nußbaum, kombiniert mit geflammter Birke, die Füllungen in Wurzelmaser. Victor Hutschenreuther hatte das Zimmer von seinem Vater geerbt. Er heiratete Elise Reif, die Tochter eines reichen Nürnberger Bierbrauers und Kaufmanns. Sie gab schon sehr früh Aufträge für Mobiliar und spezielle Einrichtungsgegenstände an Kunsthandwerker. So entwarf z. B. Peter Behrens Möbel für ihre Aussteuer, u.a. ein Jugendstil-Zimmer und ein Silberbesteck.

39 Grundlagen für die Rekonstruktion der Gartenanlage: Lageplan 1908 (Umbauplan, Privatbes.); Auskünfte Frau M. Struppler.

40 Villa Schwörer (Villa Dax).
Ehemals Thurn-und-Taxis-Straße 5; Fl.Nr. 240 (mit Gartenanlage 11 510 qm).

1901 Friedrich Schwörer, Kunstmaler, und Sophie; 1902 Neubau des Landhauses (Architekt: Johann Biersack; StAM, Baupl. Feldafing 204/1901); 1918 Hofrat Emil Schwörer und zwei Miterben; 1919 Josef Pschorr; 1920 Prof. Dr. Robert Dax, Chefarzt des Schwabinger Krankenhauses; 1936 Witwe Luise Dax; 1949 Erbengemeinschaft Dr. Helmut Dax und Ilse Trutter; abgebrochen und durch einen Neubau ersetzt.

Lit.: Kistler, Feldafing, S. 744.

41 Villa Christensen (Villa Prange).
Pschorrstraße 9; Fl.Nr. 218/9 (Wohnhaus mit Turm, Veranda, Freitreppen und Gartenanlagen, zus. 1,151 ha).

1903 Dr. Wilhelm Emanuel Christensen, Zahnarzt in München; Neubau der Villa (Architekt: G. Baierle; Baupl. Feldafing 327/1903); 1910 Moritz Burger, Ingenieur in München; 1902 Anbau eines neuen Treppenaufgangs rückseitig; größerer Anbau in den 30er Jahren; 1927 Nikolaus Brüning, Rentier aus Orange, New Jersey, USA; 1936 Charles H. Morse, Fabrikbesitzer in Chicago; 1939 Wolfgang Beck v. Peccoz, Gutsbesitzer in Au/Hallertau, 1941 Dr. Kurt Prange, Fabrikdirektor in Berlin-Wilmersdorf.

Lit.: Kistler, Feldafing, S. 756; Schober, Denkmäler, S. 112 mit Abb. des heutigen Zustands und des Wandbrunnens.

42 Villa Hofmann.
Ehem. Thurn-und-Taxis-Straße 23; Fl.Nr. 236/2 (mit Gartenanlage 3 660 qm).

1904 Julius Hofmann, Direktor und Generalintendant in Köln; Neubau der Villa 1905 (Architekt: Franz Mayr, Schlederloh); 1920 Hanny v. Speidel; 1921 Alexandra Engström; 1921 Rudolf Bing, aus Wiesbaden (der spätere Intendant der New Yorker Metropolitan Opera); 1923 Prof. Dr. Waldemar Kanter in München; 1930 Ingeborg Kanter; Abbruch der Villa nach dem Krieg.

Lit.: Kistler, Feldafing, S. 760; Dekorative Kunst, 1909, S. 335.

43 Villa Schwarz.
Thurn-und-Taxis-Straße 17; Fl.Nr. 236 (mit Gartenanlage 2 440 qm).

1901 Clotilde Schwarz, Hofschauspielerin in München; Neubau des Landhauses 1902 (Architekt: Johann Biersack); 1939 Dr. Ludwig Haymann, Arzt in München; 1952 Maria Götz. Das Haus existiert noch, jedoch stark verändert.

44 Landhaus Wanner.
Thurn-und-Taxis-Straße 28; Fl.Nr. 226 (mit Gartenanlage 4 400 qm).

1900 Ferdinand Wanner, Kaufmann in München; 1901 Neubau des Hauses; 1919 Maria Schichtl, Geschäftsinhaberin in München; 1937 NSDAP; 1951 Freistaat Bayern.

45 Landhaus Liesecke.
Pschorrstraße 19; Fl.Nr. 237/3.

Lisette und Sophie Liesecke; 1907 Neubau des Hauses; Umbau 1930; 1917 Hans Quitzow, Kunstmaler in München; 1931 Alois Caracciola-Delbrück, Oberst in Darmstadt; 1948 Erbengemeinschaft Caracciola-Delbrück; 1953 Dr. Fritz Hemmer.

Lit.: Kistler, Feldafing, S. 767.

46 Villa Hecht.
Trendelstraße 3; Fl.Nr. 219 (Villa mit Gartenanlage, 6 820 qm).

1900 Julius Hecht, Kaufmann in München; 1905 Neubau der Villa (Architekt: Fr. Böttge); 1913 Dr. Robert Dax, Oberarzt in München; 1919 Franz Schmitz; 1921 Robert Haas, Rechtsanwalt in Düsseldorf; 1934 Lothar Erlanger, Kaufmann in Mannheim; 1939 Alfons Schmohl, Dipl.-Ing. in München; 1941 NSDAP; 1951 Freistaat Bayern.

Lit.: Kistler, Feldafing, S. 743.

47 Landhaus Zilcher.
Trendelstraße 7; Fl.Nr. 223/3.

1912 Dr. Ferdinand Zilcher, Direktor des Hofbräuhauses München; 1912/13 Neubau des Hauses (Architekt: Martin Holzer); 1939 NSDAP; 1951 Freistaat Bayern.

Lit.: Kistler, Feldafing, S. 792.

Anmerkungen zu Feldafing

48 Villa Pschorr (Villa Columbia, Villa Greite).
Thurn-und-Taxis-Straße 11; Fl.Nr. 238/2 (Villa mit Freitreppe, Parkanlage, Tennisplatz, Gärtnerhaus, zus. 29070 qm.

1901 Kommerzienrat Joseph Pschorr, Großbrauereibesitzer und Präsident der Industrie- und Handelskammer in München; 1903 Neubau der Villa (Architekt: Eugen Drollinger); 1909 Anbau an der Südfassade (Eugen Drollinger; Baupl. Feldafing, 261/1909, LRA Starnberg, Denkmalschutzakt); 1910 Brücke über die Straße; 1910 Gärtnerhaus, Autogarage (an der Tutzinger Straße); Fritz Viol; Dr. Greite. Anbau südl. 1957.

Lit.: Kistler, Feldafing, S. 749; Schober, Denkmäler, S. 118 mit Abb. des heutigen Zustands.

49 Villa Feinhals.
Thurn-und-Taxis-Straße 13; Fl.Nr. 238/4 (Villa mit Gartenanlage, zus. 5220 qm).

1901 Fritz Feinhals, kgl. Kammersänger; 1902 Neubau der Villa (Architekt: Eugen Drollinger; Baupl. Feldafing 315/1902, LRA Starnberg, Denkmalschutzakt); 1911 Prof. Dr. Emil Budde in Berlin; 1921 Ida Budde.

Lit.: Kistler, Feldafing, S. 748; Schober, Denkmäler, S. 118 mit Abb.

Fritz Feinhals (1869–1940), zu seiner Zeit einer der gefeiertsten Interpreten des Baritonfachs, kam 1898 an die Münchner Hofoper und gehörte ihr bis 1927 an. Von 1908–1910 sang er auch an der Metropolitan Opera in New York. 1917 wirkte bei der Uraufführung von Pfitzners »Palestrina« in München mit.

50 Villa Pfister.
Höhenbergstraße 40; Fl.Nr. 325/2, 325, 235/2 (Villa mit Terrasse und engl. Anlagen, zus. 21150 qm; 1904: 32010 qm).

1898 Kommerzienrat Otto v. Pfister (Großkaufmann, Getreidegroßhändler und Mühlenbesitzer, Präsident der Handelskammer München); Neubau der Villa 1899 (Architekt: Eugen Drollinger; Baupl. Feldafing, 160/1898, LRA Starnberg, Denkmalschutzakt); 1918 Witwe Elwine Pfister und 2 Söhne; 1933 Otto v. Pfister (Großkaufmann und Handelsrichter in München); 1937 NSDAP um 260000 M; 1951 Freistaat Bayern.

Lit.: Kistler, Feldafing, S. 732; Schober, Denkmäler, S. 106 mit Abb.; Süddeutsche Bauzeitung 10/1900, Nr. 20; dort wird zur Villa ausgeführt: »Nur aus Parterre und 1. Stock bestehend, repräsentiert dieselbe ein durchaus vornehmes, bequemes Familienheim. Breite Terrassen, Balkone und Erker gestatten den ausgedehnten Genuß der prachtvollen Aussicht. Die Fassade ziert eine sehr glückliche Verbindung des Holzwerks der oberen Teile mit den in mannigfachen Putzarten zierlich durchgebildeten anschließenden Flächen. Eine besonders originelle Ausgestaltung weisen die Brüstungen der Balkone und Terrassen auf. Das ganze Äußere ist in wenigen, gut gestimmten Tönen zusammengefaßt, Giebel- und Balkonuntersicht sinnig bemalt. Durch den rückwärts angebrachten Haupteingang betritt man das Parterre mit gewölbter Vorhalle, an die sich Wohn- und Wirtschaftsräume anschließen. Der 1. Stock enthält Schlafräume und Fremdenzimmer, denen sich im Dachgeschoß noch einige Zimmer und Dienstbotengelasse anschließen.«

51 Villa Pemsel.
Siemensstraße 11; Fl.Nr. 227, 227/2, 227/3 (Villa mit Terrasse, Hausmeisterwohnhaus, Parkanlagen, zus. 78990 qm).

1899 Hofrat Dr. Hermann Pemsel, Geheimer Justizrat und Advokat in München); 1900 Neubau der Villa (Architekt: Franz Rank); 1920 Erbengemeinschaft Pemsel; 1928 Dr. Anastasius Nordenholz, Gutsbesitzer aus Las Rosas, Argentinien; 1937 NSDAP (um 300000 M; »Alfred-Rosenberg-Haus«); 1951 Freistaat Bayern.

Lit.: Süddeutsche Bauzeitung XII, 1902; Kistler, Feldafing, S. 733; Schober, Denkmäler, S. 118 mit Abb. des heutigen Zustands.

52 In: Süddeutsche Bauzeitung XII, 1902.

53 Villa Arendt.
Ehemals Firnhaberstraße; Fl.Nr. 216, 216/2, 216/3 (Villa mit Terrasse, Hausmeisterwohnhaus, Parkanlagen, Gewächshaus, zus. 52330 qm).

1900 Kommerzienrat Dr. Eduard Arendt, Rentier in München; 1900/01 Neubau der Villa (Architekt: Franz Rank); 1909 Elisabeth Arendt; 1911 Karl Harlander, General a.D. in München, und Hedwig; 1911 Umbau der Villa; 1919 Frhr. Dr. Hans v. Steffens-Frauweiler in München; Umbau der Villa und der Nebengebäude, Abtragung des Turmes (Architekten: Liebergesell und Lehmann; StAM, Baupl. Feldafing 434/1919); 1938 NSDAP (um 260000 M); 1951 Freistaat Bayern.

Lit.: Architektonische Rundschau 17, 1901, H. 3 mit Taf. 17; Deutsche Bauzeitung, 37. Jg., 1903; Kistler, Feldafing, S. 734.

54 Eine zeitgenössische Beschreibung in der Architektonischen Rundschau 17 ergänzt dazu: »Die obere Hälfte der nach dem See zu gelegenen Fassade ist in reicher Holzarchitektur ausgeführt, während die westliche Seite durch einen Holzschuppenmantel gegen Weststürme geschützt ist. Um eine in modernem Stil gehaltene Diele gruppieren sich die Wohnräume. Im ersten Stock sind die Schlafräume und Fremdenzimmer von einer Galerie aus begehbar. Für jedes obere Zimmer ist eine Terrasse vorgesehen. Drei Farbtöne herrschen im Äußeren vor: rotes Dach, grünes Holzwerk und weißgetünchte Wände. Dem Gebäude vorgelagert ist eine Springbrunnenanlage, welche ihr Wasser durch die von der Vorbesitzerin angelegte Quellfassung erhält. (...)« Und die Deutsche Bauzeitung schreibt dazu: »Gemäß dem Wunsch des Bauherrn wurde eine wohnlich ausgebildete Diele angeordnet, enthaltend die bis zum Obergeschoß führende Treppe. Es wurde Wert gelegt auf die Trennung der Familienräume und der Wirtschaftsräume, was durch Hinausschieben der letzteren erreicht wurde. Weiter: Jedes Zimmer im Obergeschoß sollte einen eigenen Balkon erhalten. Ein begehbarer Turm sollte den Blick über den Wald hinweg auf die Alpenkette ermöglichen. Am Eingang wurde ein Dienerzimmer eingerichtet. Eine zweite Kellertreppe führt von der Diele nach dem Weinkeller und dem Kneipstübchen.«

55 Villa Engelhorn.
Höhenbergstraße 20; Fl.Nr. 318, 318/7 (Villa mit Ökonomiegebäuden, Großviehstall, Schweinestall, Backhaus, Hühnerstall, Wagenremise und Parkanlage, mit zusammen 33840 qm).

1923 Emil Kniep, Rentier in München, und Elsa; Neubau der Villa und der Nebengebäude; 1925 Gewächshaus und Wirtschaftsgebäude (Architekt unbekannt); 1925 Wilhelm Kiesekamp; 1940 Maria Engelhorn, Fabrikantenswitwe, Inh. der Fa. Boehringer, Mannheim.

Lit.: Kistler, Feldafing, S. 805; Schober, Denkmäler, S. 102 mit Abb.

56 Villa Hertle.
Trendelstraße 7; Fl.Nr. 223 (Wohnhaus mit Terrasse, Gärtnerwohnung und Gartenanlage, zusammen 1,035 ha).

1913 Kommerzienrat Karl Gustav Hertle aus Leipzig; 1914 Neubau der Villa (Architekt: Emanuel Seidl; StAM, Baupl. Feldafing, 386/1913); 1929 Marion v. Rosenblum aus New York; 1934 Ernst Hagmann, Kaufmann in Zürich; 1933 Otto Ruf aus Zürich; 1939 NSDAP; 1951 Freistaat Bayern.

Lit.: Innen-Dekoration 29, 1918, S. 209; Kistler, Feldafing, S. 800; J.W. Kunstmann, Emanuel Seidl, S. 251 mit Abb.

57 Villa Carl.
Höhenbergstraße 35; Fl.Nr. 324/2, 324 (Villa mit Parkanlage, zus. 20170 qm).

1910 Dr. Hans Carl; 1910/11 Neubau der Villa (Architekt: Richard Riemerschmid); 1913/14 Nebengebäude; 1973 Erbengemeinschaft Carl.

Lit.: Zeit im Bild 1913, H. 25, mit Abb.; Kistler, Feldafing, S. 781; Schober, Denkmäler, S. 106 mit Abb.; Ausst.-Kat. Richard Riemerschmid (hg. von W. Nerdinger), München. 1983.

Anhang

58 Grundlagen für die Rekonstruktion der Gartenanlage: Flurkarte Feldafing; Richard Riemerschmid, Bepflanzungsplan zum Grundstück Dr. Carl, 1912; Auskünfte Frau Dr. Gerda Carl; aktuelle Gartenanlage.

59 Villa Tirpitz.
Ehemals Firnhaberstraße; Fl.Nr. 2151/9 (mit Gartenanlage 6 800 qm).
1927 Großadmiral Alfred v. Tirpitz; 1928 Neubau der Villa (Architekt: Richard Riemerschmid); 1930 Witwe Maria Tirpitz; 1938 NSDAP (um 150 000 M); 1951 Freistaat Bayern.
Lit.: Kistler, Feldafing, S. 809; zur großen Tirpitzfeier (80. Geburtstag des Großadmirals) siehe S. 471; Ausst.-Kat. Richard Riemerschmid (hg. von Winfried Nerdinger), München 1983, S. 445.

60 Villa Einsiedel.
Ehemals Firnhaberstraße; Fl.Nr. 215/6 (Villa mit Parkanlage, 41 200 qm).
1913 Sophie Hormann aus München, 1921 Neubau der Villa; 1925 Gabriele Gildemeister aus Valparaiso, Chile; 1928 Anita Gräfin Einsiedel, Privatiersgattin in Murnau, Anbau und Neubau einer Autohalle; 1937 NSDAP (um 150 000 M, »Joseph-Goebbels-Haus«); 1951 Freistaat Bayern.
Lit.: Kistler, Feldafing, S. 803.

61 Villa Bauer.
Ehemals Thurn-und-Taxis-Straße; Fl.Nr. 217 (Villa mit Erkern und Freitreppen, Park- und Gartenanlagen, Pavillon, zus. 2,414 ha).
1911 Ludwig Bauer, Kaufmann in München; 1912 Neubau der Villa; 1925 Nelly Bauer; 1937 NSDAP; nach 1945 abgebrochen.

62 Landhaus Richter.
Siemensstraße 23; Fl.Nr. 215/4.
1912 Wilhelm Enders, Kaufmann; Neubau des Hauses (Architekten: Campbell und Drach; StAM, Baupläne Feldafing 372/1912); 1919 Dr. Georg Martin Richter; 1923 Paul v. Neindorff; 1927 Erich Mayer, Kaufmann aus Argentinien; 1938 NSDAP (um 70 000 M). 1951 Freistaat Bayern (heute auf dem Gelände der Fernmeldeschule).
Lit.: Kistler, Feldafing, S. 791; Dirk Heißerer, Wellen, Wind und Dorfbanditen, S. 243.

63 Villa Seewies (sog. Schloß Seewies).
Seewiesstraße 65; Fl.Nr. 386 u. ff. (Villa mit Parkanlage 1914 zus. 270 210 qm).
1911 Gustav Tschernikow (Schernikau), Major a. D., Gen.-Dir. der russ. Lloydges. in St. Petersburg; 1912/13 Neubau der Villa (Architekten: Gustav v. Cube; Baupl. Feldafing 378/1913 u. 413/1913, LRA Starnberg, Denkmalschutzakt); 1919 Dr. Karl Friedrich Fries und Anna Maria Fries aus Heidelberg; 1936 Bau der Terrasse; 1949 Orden der Barmherzigen Brüder in München, Erholungsheim für Patienten; später Schulungsheim der Caritas; 1983 Verkauf an eine Immobilienfirma.
Lit.: Kistler, Feldafing, S. 794; Schober, Denkmäler, S. 116 mit Abb.
Von ungewöhnlichem Wert sind die feinen Schnitzereien in der Villa. Die Überlieferung will wissen, Tschernikow habe sie in Rußland schnitzen und dann von hiesigen Handwerkern in die Villa einbauen lassen. Ganz abgesehen davon, daß stilistische Gründe eher dagegen sprechen, stand die Herstellung solcher Reliefs mit Ornamenten und Grotesken im Stil der italienischen Renaissance auch in München in ausgesprochener Blüte. Die hohe Qualität der Arbeiten unterstützt diese Zuweisung (vgl. Norbert Götz, in: Die Prinzregentenzeit, Ausst.-Kat., München 1989, S. 337).
Durch verfehlte Renovierungsarbeiten in den letzten Jahren, während derer die Villa als übertuertes Spekulationsobjekt behandelt wurde, sind viele qualitätvolle Details bereits verloren gegangen. So wurden die textilen Wandverkleidungen herabgerissen, wurde der Musiksalon mit seiner original erhaltenen schilfgrünen Schleiflackfassung einfach weiß gespritzt. Mittlerweile wurden sämtliche originalen Beleuchtungskörper gestohlen. Eindringende Nässe hat einige Paneele verworfen und den sternförmig verlegten Parkettboden in der Bibliothek zerstört.

64 Vgl. Süddeutsche Bauzeitung 1912, XXII Jahrg., S. 57.

65 Villa Andreae.
Ehem. Firnhaberstraße; Fl.Nr. 358 (44 800 qm).
1925 Fritz Andreae, Bankier in Berlin-Grunewald, und Edith, geb. Rathenau; 1926 Neubau der Villa (Architekten: Fritz August Breuhaus BDA und Reg.-Baum. a. D. Roßkotten); 1927 abgebrannt (wegen Funkenflug), anschließend Wiederaufbau; 1937 NSDAP (»Hermann-Göring-Haus«); 1942 auf dem Grundstück Bau von Wohnhäusern für die Reichsschule; 1951 Freistaat Bayern; heute Gelände der Fernmeldeschule der Bundeswehr.
Lit.: Kistler, Feldafing, S. 807; Dr. Wilhelm Kästner, Das Haus in der Landschaft, Stuttgart 1926, mit zahlr. Abb.

66 So z. B. die Villen Reber und Tausch in Pöcking, die Villen Schwarzmann und Knorr in Niederpöcking, die Villa Elsholtz in Berg, die Villa Ebers (Midgardhaus) in Tutzing. Es ist sehr interessant festzustellen, daß Leo v. Klenze schon 1849 Entwürfe für einen Umbau des Schlosses Berg (Umbauprojekt für König Max II.) Vorschläge unterbreitet hat, die ganz deutlich auch an die Römischen Bäder in Potsdam erinnern. Auch hier ein klassizistisches Nebengebäude etwa in der Größe des Casinos, mit einem beigestellten Belvedereturm (mit flachem Pyramidendach und Bogenöffnungen) und einer Anbindung an das Schloß über eine Pergola. Es wäre interessant zu wissen, ob Kreuter diese Risse gekannt hat. Jedenfalls lassen sie die hohe Wirkung der Potsdamer Bauten erkennen, die offensichtlich über die Roseninsel in den Villenbau am Starnberger See hinein gewirkt haben. (s. Zwischen Glaspalast und Maximilianeum, Ausst.-Kat., hg. von Winfried Nerdinger, München 1997, S. 253).

67 Die Roseninsel ist uralter Kulturboden. Dank der geschützten Lage im See scheint sie bereits seit dem Ende des Neolithikums bewohnt gewesen zu sein. Und auf Grund des begrenzten Umgriffs konnte hier eine Kulturfolge aufgedeckt werden, die vielleicht auch an anderen Stellen des Seeufers ihre noch unentdeckten Spuren hinterlassen hat (so z. B. nachweislich auf einer kleinen, heute unter dem Wasserspiegel liegenden Insel bei Kempfenhausen). Spuren einer Besiedlung lassen sich für die folgenden Perioden der Bronze-, der Urnenfelder- und der Latènezeit nachweisen.
Beim Bau des Casinos wurde in umfangreichem Maße wertvolles Fundmaterial aufgedeckt, der Zeit entsprechend jedoch nur mit unzureichendem wissenschaftlichen Ergebnis geborgen, beschrieben und ausgewertet. Die Insel diente wohl seit dem hohen Mittelalter als Sitz einer Fischerfamilie. Eine kleine Inselkirche (St. Michael und St. Laurentius), deren Alter nur schwer abzuschätzen ist, war noch im 19. Jh. als Ruine zu sehen (vgl. die zahlreichen gezeichneten oder lithographierten Aufnahmen von Wagenbauer, Sedelmayr, C. A. Lebschée, Dilger, Doppelmayr u. a.; Abb. in: Schober, Bilder aus dem Fünf-Seen-Land, Starnberg 1979, Nr. 110, 111, 165, 180, 207). Auch die reichen Spuren der Hoffischer auf der Insel sind durch den Bau des Casinos und die Anlage des Gartens getilgt. Die Grafen von La Rosée als Inhaber der Hofmarken Possenhofen und Garatshausen waren bis in die Mitte des 19. Jh. Besitzer der Insel. Nach Aufhebung der Grund- und Patrimonialherrschaft 1848 wurde die Fischerfamilie Kugelmüller Eigentümer der Insel. Von ihr erwarb sie König Max II. am 8. Oktober 1850 für 3000 Gulden.
Lit.: Sigmund von Schab, Die Pfahlbauten im Würmsee, in: Beiträge zur Anthropologie und Urgeschichte Bayerns, München 1877, Bd. I, S. 1, mit Taf. 1–17; Karl Leoprechting, Stammbuch von Possenhofen, der Insel Wörth und Garatshausen am Würmsee, München 1854; Moritz Wagner, Pfahlbauten in Bayern, München 1866; Ferdinand Kistler, Heimatbuch für Feldafing, als Maschinenmanuskript hg., Feldafing 1990; Norbert Hornung, Die Rosenin-

sel im Starnberger See, München 1975; Schober, Denkmäler, S. 126 mit Abb.; Gerhard Hojer, Das Casino König Maximilians II. von Bayern, in: Weltkunst 52, 1982, S. 1875 f.; Manfred Stephan, Von der Fischerinsel zum königlichen Refugium. Zur Entstehungsgeschichte der Roseninsel im Starnberger See, in: Festschrift für Gerhard Hojer, München 1996; Chr. Hölz, Casino auf der Roseninsel, in: Zwischen Glaspalast und Maximilianeum, Architektur in Bayern zur Zeit Maximilians II., Ausst.-Kat., hg. von W. Nerdinger, München 1997.

68 Franz Jakob Kreuter hatte 1850 in einem Gutachten »Über das Aufblühen Potsdams« eine Studie über die städtebauliche Entwicklung der Landschaft am Starnberger See vorgestellt und die Idee einer den ganzen See umfassenden Villen- und Gartenlandschaft nach dem Vorbild Potsdams entwickelt. (s. Ch. Hölz, Casino auf der Roseninsel, Ausst.-Kat. Architektur in Bayern zur Zeit Maximilians II., S. 256 mit Anm. 7). Berlin und Potsdam waren für den Münchner Hof vor allem auch durch die enge Verwandtschaft zum preußischen Königshaus in den Mittelpunkt des Interesses gerückt. König Wilhelm IV. war seit 1823 mit der bayerischen Prinzessin Elisabeth, einer Schwester Ludwigs I., verheiratet. Für dieses Königspaar war der Komplex um Charlottenhof und die Römischen Bäder in Potsdam errichtet worden. König Max II. selbst hatte mit Königin Marie eine preußische Prinzessin (eine Cousine Wilhelms IV.) zur Frau.

Die Idee zu einem »Casino« auf der Roseninsel geht bis in das Jahr 1840 zurück, als sich Kronprinz Maximilian mit der Idee eines »Athenäums«, einer »Bildungsanstalt für höhere Staatsbeamte« auf dem Feldafinger Ufer befaßte. Gleichzeitig dazu entstand der Wunsch, in unmittelbarer Nähe dazu ein Refugium für den Kronprinzen zu schaffen. Und da bot sich die Fischerinsel Wörth als optimaler Standort an. Selbst als das »Athenäum« schließlich auf dem Isarhochufer (als das spätere Maximilianeum) verwirklicht werden sollte und in Feldafing das neue große Schloßprojekt für den nunmehrigen König Max II. an dessen Stelle trat, wurde die Idee zur Roseninsel nicht mehr fallen gelassen (vgl. Manfred Stephan, Von der Fischerinsel zum königlichen Refugium, in: Festschrift für Gerhard Hojer, München 1996, S. 269 f.).

69 Karl Friedrich Schinkel und Ludwig Persius hatten die sog. Römischen Bäder 1829–1840 im Park von Potsdam, nordöstlich von Schloß Charlottenhof errichtet (s. R. Bergerhoff, Schloß Charlottenhof und die Römischen Bäder, Potsdam 1961; Götz Eckardt und Roland Handrick, Sanssouci, Die Schlösser und Gärten, Berlin 1990). Das Hauptgebäude, das sog. Gärtnerhaus, wurde ganz im Stil eines Landhauses der Toskana konzipiert. Es enthielt im Erdgeschoß die Wohnung für den Hofgärtner und im Obergeschoß Gästezimmer. Der Turm wurde allerdings erst 1830 hinzugefügt und 1832 aufgestockt. Eine mit Weinlaub bewachsene Pergola verbindet das Gärtnerhaus mit dem Pavillon (1830, in der Form eines kleinen antiken Tempels) am Nordufer des sog. »Maschinenteiches«. An das Gebäude schließen noch eine große Pergola, ein Laubengang und eine Arkadenhalle an, zwei weitere typisch italienische Motive. Sie ergeben zusammen ein Ensemble, das ganz von der romantischen Italiensehnsucht geprägt ist. Die Ausgestaltung der Gebäude mit Wandmalereien und Figuren sowie das eigentliche Römische Bad mit seinem Impluvium folgte dem Ideal der pompeianischen Villa.

Im Falle des Casinos entsprechen nur der Umriß des Baukörpers und die Verbindung der Villa mit dem etwas abgerückten Belvedereturm dem Berliner Vorbild. Im Detail sind die Abweichungen jedoch erheblich. So folgt z. B. die Ausbildung der Bedachungen beim Gärtnerhaus der Römischen Bäder (flache Neigung, kaum Dachüberstand, beim Turm flaches Pyramidendach, Ziegeldeckung) genau dem italienischen Vorbild. Beim Casino auf der Roseninsel war dagegen zunächst die heimische Schindeldeckung vorgesehen (s. dazu Chr. Hölz, Casino auf der Roseninsel, a.a.O.).

70 Kreuter suchte damit offenbar einen frühen Ansatz zur Lösung eines Problems, das Baurat Joh. Ulrich Himbsel schon 1842 mit dem Bau seines Landhauses in Leoni auf seine Weise beantwortet hatte. Die Forderung nach einer Weiterentwicklung der bodenständigen Bauweise und nach Verwendung traditioneller Materialien und Baudetails geht bis in die Max-II.-Zeit zurück und wird noch vor der Jahrhundertwende unter dem Eindruck verschiedener Fehlentwicklungen im Historismus von der Heimatschutzbewegung erneut vehement vorgetragen.

71 Einzelne Villen folgten dem Vorbild ganz unmittelbar (s. Anm. 66), mehrere Häuser der Niederpöckinger Kolonie schließen sich stilistisch eng an. Vor allem die einzelnen Details sind bei den nachfolgenden Landhausbauten immer wieder anzutreffen, so z. B. die Akroterien auf dem Dach (Villa Knorr, Villa v. Miller in Niederpöcking, Landhaus Griesmayr in Possenhofen) und die Giebelverzierungen, die schließlich zu den beliebten »Laubsägearbeiten« führten. Verschiedene Gestaltungsmerkmale der Gartenanlage wurden bald ebenfalls Allgemeingut, so die strengeren, barockisierenden Blumenbeete in Gartennähe oder die Pavillons und Aussichtspunkte.

72 Kreuter hatte sowohl bei den einzelnen Bauterminen wie vor allem bei den Kosten immer wieder Überschreitungen verursacht, was allerdings nicht immer seine Schuld war. Der König entzog ihm nach mehreren Auseinandersetzungen den Bau und beauftragte noch 1852 den Gärtner-Schüler Eduard Riedel mit der Bauleitung. Riedel konnte, nachdem sich die Kosten für den Endausbau auf über 5000 Gulden erhöht hatten (nachdem schon fast 14 000 Gulden verbaut waren, vgl. Chr. Hölz, a.a.O., S. 259), den Bau bis zum Sommer 1853 fertigstellen.

73 Zu den Viktorien vgl. Andreas Huber, Franz Xaver Schwanthaler, Seine figürlichen Arbeiten für das Casino auf der Roseninsel im Starnberger See, in: Oberbayer. Archiv 107, München 1982.

74 Mit der Gartenplanung war zunächst der kgl. Hofgartenintendant Ludwig Carl Seitz beauftragt worden. Franz Jakob Kreuter verstand es jedoch, diesen aus der weiteren Planung zu verdrängen und für die Vergabe der Entwürfe an den Generaldirektor der kgl.-preuß. Hofgärten, Peter Joseph Lenné, zu sorgen. Kreuter kannte Lenné wohl von seinen Studien in Berlin her und war sich sicher, mit ihm eine Konzeption nach dem Potsdamer Vorbild realisieren zu können. Lenné lieferte noch 1850 einen ersten skizzenhaften Entwurf zur Gartenanlage. Er wurde von seinem Mitarbeiter Gustav Meyer mit einigen Veränderungen im unmittelbaren Umfeld der Villa in einer Reinzeichnung verarbeitet (s. dazu: Manfred Stephan, Von der Fischerinsel zum königlichen Refugium, a.a.O., S. 271 f.).

Peter Joseph Lenné (1789–1866) studierte zunächst in Paris, dann in München bei F. L. Sckell, dem führenden Gartenkünstler der Zeit in Deutschland, dann 1812–14 in Schönbrunn bei Wien. 1816 ging er nach Potsdam, wo er 1854 preußischer General-Gartendirektor wurde und sich zum stilbildenden Gartenarchitekten der Zeit entwickelte. In Sanssouci kam es zur Zusammenarbeit mit Schinkel. Hier führte er erstmals die Geometrisierung der hausnahen Gartenteile (Blumenparterre) ein; Weiterentwicklung des Landschaftsgartens nach englischem Vorbild, später auch unter Anlage von Blumenbeeten in der Landschaft.

75 Lenné sah eine von verschlungenen Wegen durchzogene Landschaft vor, in der offene Partien (Wiesenflächen, Blickachsen) mit verschiedenen Baumgruppen wechseln sollten. In der Nähe der Villa sollten in strenger Geometrie gestaltete Flächen (Blumenbeete) einen Kontrast dazu bilden. Diese spannungsvolle Gartenkonzeption, damals als »gemischter Styl« bezeichnet, war in der ersten Hälfte des

19. Jh. modern geworden. Sie wurde hier auf einen Bereich konzentriert, der sich wie ein bandartiger Streifen in Ost-West-Richtung quer über die Insel legen sollte. Der westlich der Villa liegende Teil wurde allerdings schon in der Meyer'schen Reinzeichnung weggelassen und auch später nicht verwirklicht. Die Roseninsel gehört damit zu den ersten Gartenanlagen am See, bei denen diese Gestaltungsidee verwirklicht wurde. Nur wenig später ist sie fast Allgemeingut geworden. Zur Umsetzung dieser Pläne wurde wohl der gewachsene Baumbestand entsprechend ausgelichtet. Anschließend wurden die verschiedenen, über die Insel verteilten Gehölzgruppen durch Neupflanzungen realisiert. Darunter waren u.a. 25 große Platanen, 10 kanadische Pappeln, 12 amerikanische Trauerweiden, 6 große Tulpenbäume und verschiedene einheimische Baumarten. Wichtigstes Ziel war dabei eine abwechslungsreiche, spannungsvolle Bepflanzung mit variablen Konturen, verschiedener Kronenbildung und unterschiedlicher, dekorativer Laubfärbung. Dazu ein deutlich erkennbarer Anteil an »Exotischem«. (s. Manfred Stephan, Von der Fischerinsel zum königlichen Refugium, a.a.O., S. 273 f.).

76 Für den als Rosenlaube bezeichneten Kiosk am südöstlichen Ufer hatte man eine kleine Landzunge aufgeschüttet, um eine bessere Aussicht zu erreichen. Sein zeltförmiges, pagodenartig gebrochenes Schindeldach wurde von 20 Stützen getragen, deren äußere Reihe später durch 12 gußeiserne Säulen ersetzt wurde. Dieser Pavillon wurde mit Kletterrosen bepflanzt. Westlich davon, etwa in der Mitte des südlichen Uferabschnitts, wurde eine im Halbkreis angeordnete Laube (wohl als Holzbau ausgeführt) errichtet. Die Ruine der ehemaligen Inselkirche wurde noch 1855 zu einem Gärtnerhaus umgebaut. Auf der Ostseite der Insel wurde eine Badehütte aufgestellt (s. M. Stephan, a.a.O., S. 281). Es ist eigenartig, daß offenbar keine durch besondere Bauten unterstützte Aussichtsmöglichkeit auf der Westseite, mit Blick auf das im Bau befindliche Schloß vorgesehen war. Der Weg führt dort fast ohne Sichtmöglichkeit (geschlossene Gehölze) am Ufer entlang. Damit war im Prinzip kein städtebaulicher Zusammenhang mit dem späteren Schloß hergestellt, die Roseninsel erscheint aus dieser Sicht isoliert. Schon die geometrisch regelmäßige Gartenanlage erstreckt sich in Ost-West-Richtung über die Insel und ist axial nicht auf das Schloß gerichtet. Der Blick vom Casino über die Gehölzgruppen am Westufer hinweg war wohl nur ein schwacher Ersatz und kann kaum als gestaltete Sichtbeziehung gewertet werden.

77 1857 wurde am nördlichen Teil des Ostufers ein langer Steg für den kgl. Dampfer »Tristan« gebaut. König Max II. hatte 1855 den kgl. Leutnant Joseph Joerres mit dem Bau einer königlichen Dampfjacht beauftragt. Ende 1857 wurde das 18 m lange Dampfboot unter dem Namen »Maximilian« in Dienst gestellt, den Namen »Tristan« erhielt es erst unter König Ludwig II. König Max II. benutzte das Schiff sehr gerne für Fahrten über den gesamten See, häufig jedoch für Überfahrten zur Roseninsel. Vor der Indienststellung des Dampfers hat Max II. vermutlich das Ruderschiff »Delphin« benutzt (s. dazu: G. Schober, Prunkschiffe auf dem Starnberger See, München 1982, S. 127). 1860 wurde an der Nordwestecke der Insel ein weiterer Steg für Ruderboote angelegt. Er wurde für Überfahrten vom Schloßpark (heute Lenné-Park) genutzt. Die dort angelegte und als Rondell ausgebildete Landungsstelle ist heute noch vorhanden und wird für die Fahrten zur Roseninsel benutzt.

78 Der interessanteste Teil der Roseninsel war das namengebende »Rosarium« östlich des Casinos. Für dieses Rosarium war wieder Potsdam mit seinem Rosenlabyrinth (1835 beim Schloß Charlottenhof) Vorbild. Ein langgestrecktes, in geometrischer Regelmäßigkeit konzipiertes Gartenstück erhielt als Mittelpunkt einen in mehreren konzentrischen Kreisen angelegten Rosengarten, für den 360 Hochstammrosen und über 1000 »Centifolien« vorgesehen waren (s. M. Stephan, a.a.O., S. 277). Die anschließenden Flächen waren ebenfalls mit Rosen bepflanzt. Am östlichen Ende der Anlage sollte ein kleiner aufgeschütteter Hügel eine Laube mit einer Sitzgruppe aufnehmen. Im Zentrum des Rosariums stand eine Säule, ein Geschenk König Wilhelms IV. aus dem Jahre 1854, eine Kopie der Säule im sog. Marly-Garten in Potsdam. Die etwa 3 m hohe Säule bestand aus einem Unterteil aus vergoldetem Zinkguß in (z. T. durchbrochen gearbeitetem) Pflanzen- und Rankendekor. Dieser Unterbau trug einen Säulenkörper aus farbigen Glasstäben (mundgeblasene Röhren in opakem Glas), den oberen Abschluß bildete ein vergoldetes korinthische Kapitell, das eine mythologische Figur trug. Eine weitere Kopie dieser Säule befand sich im Garten des Zarenschlosses Peterhof bei Petersburg. Die Säule auf der Roseninsel wurde nach dem Zweiten Weltkrieg abgetragen, hat sich dadurch als einziges Exemplar erhalten und soll wieder aufgestellt werden (s. dazu: Chr. Hölz, a.a.O., S. 260).

79 König Ludwig II. liebte die Roseninsel ganz besonders, bot sie ihm doch eine vorzügliche Möglichkeit, sich in die Einsamkeit zurückzuziehen. Er hat die Insel 1865 sogar als sein Privateigentum (um 25 000 Gulden) erworben und immer wieder große Summen für ihren Unterhalt ausgegeben. Er hat nur in Ausnahmefällen andere Personen zum Besuch hier zugelassen. Bekannt sind die privaten Besuche der Zarin Maria Alexandrowna (1868, mit Musikdarbietungen, Illumination der gesamten Insel und Brillantfeuerwerk), von König Wilhelm IV., von Kronprinz Friedrich (dem späteren, früh verstorbenen Kaiser Friedrich), von Richard Wagner und natürlich von Kaiserin Elisabeth von Österreich, der er sich so sehr verbunden fühlte. Der gelegentliche Briefwechsel zwischen beiden, der in einem Schreibtisch im Turmstübchen des Casinos hinterlegt wurde (»Vom Adler an die Möve«), ist oft zitiert worden. Nach dem Tod des Königs wurde der Unterhalt der Insel immer mehr zurückgeschraubt. Seit 1886 war die Insel auch für den allgemeinen Besuch freigegeben. 1898 war bereits ein Teil der Rosen eingegangen.

80 1911 wurden 13 Antiken aus dem Casino entfernt und ins Depot nach München gebracht. Nach dem Ende der Monarchie 1918 traten mehrmals private Kaufinteressenten an den Staat heran, u.a. auch Graf Zeppelin (s. M. Stephan, a.a.O., S. 285). 1971 erwachte die Insel einmal kurz aus ihrem Dornröschenschlaf, als Lucino Visconti hier Teile seines Films über Ludwig II. drehte. Mittlerweile verfielen Casino und Gartenanlagen immer mehr. 1970 erwarb der Bayerische Staat die Insel aus dem Besitz des Wittelsbacher Ausgleichsfonds. Inzwischen wurden erste Maßnahmen zur Sicherung des Baubestands sowie zur Wiederherstellung der Gartenanlagen getroffen.

Tutzing

Allgemeine Quellen:
Staatsarchiv München (StAM)
21071/72/73 (Grundsteuerkataster 1867)
21074/76 (Umschreibkataster 1867 ff.)
21078 (Grundsteuerkataster 1899)
21079/80 (Umschreibkataster 1900 ff.)

1 Villa Ebers, sog. Midgardhaus. Midgardstraße 3/5; Fl.Nr. 146, 147, 148. (Wohnhaus mit Terrasse, Gras- und Baumgarten, Blumengarten, engl. Anlagen, Schiffshütte, Badehaus; bei Maximilian Schmidt zus. 5010 qm, bei Ebers zusammen 20 470 qm).

1853 Karl Graf v. Vieregg, Neubau der Villa, Parkanlage von Hofgartendirektor Karl Effner; 1864 Maximilian Schmidt, kgl. Hauptmann und Schriftsteller (Waldschmidt), um 18 500 Gulden; 1870 Anlage der Freitreppe und Anbau auf der Nordseite; 1872 Sophie v. Kwist, Gattin des russischen Geheimrats Oskar v. Kwist aus St. Petersburg; 1882 Georg Ebers, Prof. der Ägyptologie in Jena und Leipzig und Schriftsteller; 1882 Anbau des südl. Seitenflügels; 1898 Witwe Antonie Ebers; 1903

Dr. Hermann Scholl, Fabrikant und Chemiker in München; 1903 neue Haupttreppe und Glashaus; 1918 Johann Goebel; 1919 Eberhard Frhr. v. Welck in Brüssel; 1922 Simone Ferber, geb. v. Welck und August Ferber, Tuchfabrikant in Aachen (von ihm der Name Midgardhaus); 1960 August Wolfgang Ferber, Versicherungskaufmann in San Francisco; 1964 Dr. German Schweiger; 1954 Gde. Tutzing.

Lit.: Link (1859), S. 33; Link (1868), S. 36; Link/Schober (1879/1984), S. 39 u. 121; Lampert (1884), S. 47; Gegenfurtner (1896), S. 52; Schober, Denkmäler, S. 384 mit Abb.; Dirk Heißerer, Wellen, Wind und Dorfbanditen, S. 202 f.

2   Seine Verlängerung um eine vierte Achse (im Obergeschoß zunächst geschlossen und verglast) datiert nach 1905.

3   Laura Alma-Tadema war die Gattin des bekannten englischen Malers Sir Lawrence Alma-Tadema (1836–1912), der sehr viel historische (antike) Themen bearbeitete und dabei vielleicht mit Ebers in Kontakt kam. Das Ehepaar war oft zu Gast in Tutzing.

Ein etwas verblaßtes Photo aus der Ebers-Zeit zeigt das sog. »Alte Zimmer«, den Erdgeschoßraum in dem von Ebers angebauten südl. Flügel. Er besaß eine in Quadraten und Rauten angeordnete Kassettendecke (noch erhalten) sowie eine Einrichtung, die vorwiegend aus Neurenaissance- und Neobarockmöbeln bestand. An den Wänden Borde mit gesammeltem Porzellan und Zinn.

4   In Dr. Neubert's Deutschem Gartenmagazin (1889), S. 113, heißt es zur Gartenanlage der Ebers-Villa: »Gleich der Eingang zu solcher zeigt, daß sie einen großen Blumenfreund ihren Besitzer nennt. Hochstämmige Rosen der schönsten Gattungen unterpflanzt mit Nelken, empfangen mit freundlichem Gruß den Besucher. (...) Nähert man sich der Villa und sieht die hängenden Nelken, welche die Balkons zieren (...), so ist man nicht mehr in Zweifel, daß hier der Nelke eine Stätte bereitet wurde (...). Außer den schon erwähnten hochstämmigen Rosen finden sich in der Umgebung der Villa Beete mit niederen Rosen, Gruppen mit Blattpflanzen, Geranien, Fuchsien, Knollenbegonien, Hortensien, Heliotrop etc. (...) Herr Prof. Ebers hat in seinem Streben nach passenden Obstsorten vor einigen Jahren aus Riga Obstbäume kommen lassen. Solche sind sehr gut angewachsen und werden ohne Zweifel unter günstigen Bedingungen bald tragen...«.

5   Maximilian Schmidt konnte die Villa dank der Geldmittel seiner Frau Auguste Haßlacher, der Tochter eines Goldbortenfabrikanten, erwerben. Er schreibt über seinen Ausflug nach Tutzing: »Ich kam an die nahe Landspitze, auf welcher jetzt die Villa Ebers steht. Damals war es nur eine Feldfläche ohne jeden Baum. Die Aussicht von hier übertraf alles, was ich seit gestern geschaut, es war ein wunderbar abgeschlossenes Bild mit dem Dorfe im Vordergrunde, hinter welchem sich die Zugspitze majestätisch aufbaute.« Weiter schreibt er: »Wir kauften die (...) Villa, vergrößerten sie, indem wir das dazu gekaufte Terrain bepflanzten, um einen schönen Park zu erhalten. (...) In den siebziger Jahren verkauften wir das Anwesen; es ging später in den Besitz von Dr. Georg Ebers über. Es gilt für eine der schönsten Besitzungen am See und niemand fährt mit dem Dampfboot daran vorüber, ohne es mit Wohlgefallen zu betrachten.« (s. Dirk Heißerer, Wellen, Wind und Dorfbanditen, S. 205).

6   Prof. Georg Ebers hatte von dem Stuttgarter Verleger Eduard Hallberger, mit dem er befreundet war und der das Schloß Tutzing erworben hatte, den Hinweis auf die Villa erhalten. Hallberger riet ihm zum Kauf, und Georg Ebers kaufte sie angeblich allein mit dem Honorar für seinen Roman »Uarda«. (»Die Villa hat mich nur ›ein Wort‹ gekostet«). Ebers, der seit seiner Studienzeit von einem Rückenmarksleiden geplagt wurde, mußte 1889 seine Professur für Ägyptologie in Leipzig aufgeben und lebte dann bis zu seinem Tod 1898 in Tutzing. Er hatte bereits früh damit begonnen, Romane mit historischem Hintergrund zu schreiben. Die meisten spielten in Ägypten und riefen bei den Lesern eine wahre Ägyptenbegeisterung hervor. Viele Romane erlebten riesige Auflagen und wurden in 10 bis 15 Sprachen übersetzt. »Eine ägyptische Königstochter« (1864) und »Uarda« (1876) begründeten seinen Ruf. Zu erwähnen wären noch die ebenfalls bei Hallberger erschienenen illustrierten Prachtbände »Ägypten in Wort und Bild« sowie der von ihm verfaßte erste Baedeker über Ägypten. Sein wichtigstes Werk war jedoch der von ihm 1873 entdeckte und entzifferte »Papyros Ebers«, eine medizinische Handschrift aus dem alten Ägypten.

Georg Ebers schreibt am Tag nach dem Kauf der Villa an seine Mutter in Riga (14.9.1882): »Villa Ebers liegt in einem 5 Morgen großen Park, hat das schönste Seeufer weit und breit, welches breiter ist als das des Schloßparks. Eine Aussicht, Mutter, Du kannst Dir nicht denken, wie herrlich, wenn der See vor einem ruht und die Karwendelkette mit der Zugspitze und die Allgäuer Alpen in ihren schönen Formen aus blauem Duft hervortauchen. Das Haus hat Raum genug für uns alle und mehrere Gäste. Es ist weder schön noch elegant, aber wohnlich, gut gebaut und nett eingerichtet. Dazu gehört eine Stallung für drei Pferde, ein Eiskeller, eine Badehütte und ein Schiffshaus mit zwei gut ausgerüsteten Booten darin. In dem Haus hat eine russische Dame mit sechs Kindern sieben Jahre lang Sommer und Winter gewohnt; darum gibt es überall Öfen und Doppelfenster. (...) Das ganze kostet mit allem Inventar (auch Geschirr für Haus und Küche, Pianino, Teppichen etc.) 66 000 Mark. Davon zahle ich 36 000 M an, den Rest decke ich mit 10 x 3000 M, d.h. ich zahle jährlich 3000 M ab. So brauch ich das Capital gar nicht anzugreifen, denn die erste Zahlung leistet die Verlagshandlung auf Conto des neuen Romans.«

Über die Umstände, die zum Kauf führten, schreibt er am 17.9.1882 an seine Mutter: »Als der selige Eduard (Hallberger) noch lebte, hatte ich ein größeres und stattlicheres Landhaus gesehen (in Tutzing). Da sagte er mir: Das ist nichts für Euch; aber da unten, die kleine Villa, die kaufe!...« Georg Ebers folgte dem Rat Hallbergers.

7   Zu Max v. Pettenkofer und Hermann Ebers siehe bei den Villen der Gemeinde Seeshaupt.

8   Die Schriftstellerin Ina Seidel hatte 1907 ihren Vetter Heinrich Wolfgang Seidel geheiratet. Seit 1934 wohnte sie mit ihm in Starnberg in der Ottostraße. Sie sind beide im Tutzinger Friedhof begraben. Ina Seidel ist vor allem durch ihr Hauptwerk, den Roman »Das Wunschkind« bekannt geworden.

In ihren Lebenserinnerungen schreibt sie: »Die Reisen nach München und weiter nach Tutzing waren von unseren frühesten Lebensjahren an das große Ereignis des Sommers gewesen. Die Großeltern besaßen seit 1882 ein Anwesen auf der zwischen Garatshausen und Tutzing vorspringenden Landzunge. Das Haus, ein behäbiges altmodisches Landhaus mit drei Veranden und einem Türmchen, grün berankt und in jenem warmen Farbton getüncht, den ich sommergelb nennen möchte, lag fast unmittelbar am See, zu dem Steinstufen zwischen zwei majestätisch hingelagerten Löwen hinunterführten. Der eine sehr naturalistische Löwe war aus Bronze, und eben weil er naturalistisch war, der unbequemere, vom Standpunkt unserer Gewohnheit, auf diesen Tieren zu reiten. Der andere, der wohl aus einer Mörtelmischung geformt war, hatte einen breiten Rücken ohne jede Wirbelsäule, er war bequem wie ein Sofa.« (Dirk Heißerer, Wellen, Wind und Dorfbanditen, S. 210). Eine besondere Attraktion für die Kinder waren natürlich die Tiere, die es hier gab. Vor allem der Bernhardiner Pascha, die zwei Ziegenböcke Max und Moritz, die vor ein kleines Wägelchen gespannt werden konnten, sowie, mit charakteristischer Namensgebung durch den Ägyptologen, die Kuh Hathor und das Kalb Horus. (Vgl. Dirk Heißerer, Wellen, Wind und Dorfbanditen, S. 209 f.).

Anhang

9   Näheres bei Dirk Heißerer, Wellen, Wind und Dorfbanditen, S. 212 ff.

10   Landhaus Neustätter (Ostermair).
Hauptstraße 90; Fl.Nr. 142.

Um 1860 Braumeister Georg Kalb, Besitzer der Bahnhofrestauration in Tutzing; 1867/68 Neubau des Hauses; 1871 Julius Neustätter, Weißwarenhändler in München; 1876 August Mettin; 1878 Karl Parcus, Verleger und Buchdruckereibesitzer; 1884 Karl Grünewald, Regierungsrat in München; 1890 Antonie Dopfner, Privatiere; 1897 Eduard Johns, Hotelbesitzer in Mentone; 1901 Karl Moradelli, Privatier in München; 1904 Dr. Hermann Ostermair (Ostermayer), Fabrikbesitzer; 1927 Hubert Graf zu Stolberg-Stolberg.

Lit.: Schober, Denkmäler, S. 380 mit Abb.

11   Landhaus v. Spreti.
Hauptstraße 86; ehem. Haus-Nr. 42; Fl.Nr. 140,141; Wohnhaus mit Terrasse, Gras- und Baumgarten, Anlagen, Schiffshütte und Badehaus.

1864 Franz Xaver Hierl, Besitzer des Zengerbräu in München; 1866 Ferdinand Graf Spreti, kgl. Major in München; dann Ministerialratswitwe Maria Süßmaier; 1895 Geheimrat Dr. Franz Riegel, Prof. in Gießen; 1903 Anbau auf der Südseite der Villa; 1927 Hubert Graf zu Stolberg-Stolberg, Abbruch des Hauses.

Lit.: Link (1868), S. 36; Link/Schober (1879/1984), S. 39; dort sind die Bildunterschriften Spreti/Steinmetz vertauscht!; Lampert (1884), S. 44 (Bildunterschriften vertauscht wie bei Link!).

12   Landhaus v. Heintz, Villa Stolberg.
Hauptstraße 86; ehem. Haus-Nr. 45; Fl.Nr. 137, 138; Villa mit Terrasse und engl. Anlagen, Schiffshütte und Badehaus; 5 870 qm.

1863 Dr. Karl Friedrich v. Heintz, kgl. Staatsrat in München; Neubau der Villa; 1872 Kommerzienrat Max Steinmetz, kgl. Hoftapezierer in München; 1878 Umbau der Villa (Verlängerung zur Straße hin); 1892 Major Friedrich Pauer; dann Witwe Helene Pauer; 1921 Hubert Graf zu Stolberg-Stolberg aus Paskau in Mähren; Umbau (Anbau nach Norden); 1926 Totalumbau und Vergrößerung der Villa nach Abbruch des Nachbarhauses v. Spreti (Architekt: Ludwig Baur; Baupl. Tutzing, 541/1921; LRA Starnberg, Denkmalschutzakt).

Lit.: Link (1868), S. 37; Link/Schober (1879/1984), S. 39 (vertauschte Bildunterschriften Spreti/Steinmetz!); Lampert (1884), S. 44; Schober, Denkmäler, S. 380 mit Abb.

13   Landhaus Lerchenfeld (Landhaus Dr. Winter).
Hauptstraße 82; Fl.Nr. 131/3, 131/4, 136/2.

Um 1865 Mathilde Schader, Privatiersgattin; 1872 Generalleutnant August Frhr. v. Lerchenfeld, Neubau des Hauses; 1888 Anna und Sophie v. Lerchenfeld; 1914 Josef Thoma, Metzgermeister; 1919 Louise v. Hövel; 1925 Prof. August Mayr, Kunsthistoriker in München; Umbau des Hauses (Architekt: Ludwig Behr); 1938 Martin Lintner; 1942 Lintje van Vreumingen; 1957 Dr. Hans Winter; Abbruch 1979.

Lit.: Schober, Denkmäler, S. 380 mit Abb. (Gartenfiguren).

14   Landhaus Cohen (Einsiedel, Olmer).
Hauptstraße 80; Fl.Nr. 131.

1869 Joseph Steidele, Zimmermeister; Neubau des Landhauses; 1875 Anselm Cohen, Kaufmann in München; 1880 Max und Kreszenz Ebersbacher; 1883 Gottlieb Neustätter, Kaufmann in München; 1888 Friedrich Vasek, Baumeister in München; 1890 Verandaneubau; 1896 Karl und Betty Dürrwanger; 1930 Victor Jürgens; 1932 Hans Frhr. von und zu Fraunberg; 1939 Anita Gräfin Einsiedel; 1950 Rosa Olmer, Umbau.

Lit.: Link/Schober (1879/1984), Nachtrag III u. S. 122; Lampert (1884), S. 45.

15   Landhaus Amtmann (Brahms-Haus).
Hauptstraße 74; Fl.Nr. 130/2.

1871 als Gasthaus und Pension für Konrad Amtmann erbaut; 1882 im Besitz der Schloßherrschaft; 1890 Johann Baptist Neresheimer, Kaufmann in München; 1905 Hermann Meckel, Textilfabrikant; 1938 Hedwig Kolb; 1941 Leo v. König, Kunstmaler aus Berlin-Charlottenburg; 1957 Thekla Mogk-Quitzow; 1962 Thelma Janotta.

Lit.: Schober, Denkmäler, S. 380 mit Abb.

16   Landhaus Vogl (Villa Sieber).
Marienstraße 12; Fl.Nr. 117, 118.

1851 Georg Fischer, sog. Fischkäufler; 1869 Heinrich und Therese Vogl, kgl. Kammersänger in München; 1870 Errichtung des Pavillons am Ufer (Architekt unbekannt); 1882 Umbau des Wohnhauses; 1893 Adolf Greding, Privatier; 1901 Kommerzienrat Andreas Sieber, Charcutier und Fleischfabrikant in München; Umbau und Modernisierung des Hauses (Architekt: vermutlich Max Ostenrieder); 1907 Hafenanlage; 1911 neues Bootshaus mit Badehütte; 1914 Blockhaus; 1925 neues Eingangstor; 1936 Lieselotte Sieber; 1952 Renovierung, 1988 Umbau des Pavillons.

Lit.: Lampert (1884), S. 48; Gegenfurtner (1896), S. 54; Münchener Bürgerliche Baukunst 1904, Folge VIII, Taf. 28 u. 29; Schober, Denkmäler, S. 384 mit Abb.

Therese Vogl (1845–1921) stammte aus einer alten Tutzinger Lehrerfamilie und war im damaligen Lehrerhaus südlich der Alten Pfarrkirche aufgewachsen. Heinrich Vogl (1845–1900, Sohn eines Lehrers in der Vorstadt Au) wollte zuerst den Lehrerberuf ergreifen, studierte dann Gesang und feierte 1865 unter Franz Lachner sein Debut als Max im »Freischütz«. Bald darauf wurde er zum gefeierten Münchner Wagner-Tenor. Seine Frau Therese wurde ebenfalls durch ihre Interpretation der Wagner'schen Sopranpartien berühmt. Nach dem Tod Schnorr v. Carolsfelds, des ersten Tristan, erwiesen sich die beiden über viele Jahre als die ideale Verkörperung von »Tristan und Isolde«. Sie interpretierten neben anderen Rollen vor allem alle großen Wagner-Partien und gastierten damit in aller Welt, u.a. in Wien, Berlin, London, New York und St. Petersburg. Sie sind auf dem Alten Tutzinger Friedhof begraben. (Mehr dazu bei: Rolf Wünnenberg, Das Sängerehepaar Heinrich und Therese Vogl, Tutzing 1982). Vgl. auch die Fußnoten zu Gut Deixlfurt, welches das Ehepaar Vogl etwas später erwerben und zum Landsitz ausbauen konnte.

17   Der Pavillon (1871), der durch seine unmittelbare Lage am Ufer und seine Spiegelung im Wasser besticht, zeigt noch eine Fassadengestaltung in spätklassizistischen Formen. Er wurde 1952 renoviert und 1988 für eine Wohnnutzung eingerichtet. Nur wenige Meter südlich davon, jenseits des Baches und auf dem Grundstück von Greding, gab es seit 1890 einen zweiten, fast baugleichen Pavillon, der allerdings aus dunklem Holz gebaut war. Er ist auf einigen Ansichtspostkarten der Zeit dokumentiert.

18   Adolf Greding besaß auch das Nachbaranwesen: Schloßstraße 8; Fl.Nr. 6, 7.

1872 Eduard Hallberger; 1873 Henriette Gabriele Eichborn, Bankiersgattin, und Friederike v. Reitzenstein in Stuttgart; 1890 Neubau eines Pavillons; 1894 Adolf Greding, Rentier; 1909 Kommerzienrat Karl Wildt; 1939 Carola Ulrich.

19   Die Wohnstube, die Max Ostenrieder zusammen mit der Einrichtung entworfen hat, folgt mit der Gestaltung der Fenster, der Flachdecke und der Täfelung sowie dem Kachelofen und dem Mobiliar dem Vorbild der alpenländischen Bauernstube. Die Grundsätze der Heimatschutzbewegung werden hier ebenso deutlich wie die Hinwendung der Zeit zu heimatverbundenem Leben auf dem Lande und zu einem neuen Gefühl für »Gemütlichkeit«. Die Umsetzung dieser Ideen ist auch außerhalb der Stube noch gut erhalten, besonders in den farbig gefaßten Holzteilen des Treppenhauses. Die Wohnstube ist abgebildet in: Münchener Bürgerliche Baukunst 1904, Folge VIII, Taf. 28 u. 29.

20   Diese Badehäuschen sind gut auf dem Photo von 1874 auf S. 256 zu erkennen.

21   Villa Trutz.
Hauptstraße 67; Fl.Nr. 311, 310, 312, 313, 314; Villa mit Terrasse, engl. Parkanlage,

Hausmeisterhaus und Wagenremise, mit Gartenanlage 12 210 qm.

1872/73 Max v. Baligand, kgl. Hauptmann und Kämmerer a.D., Neubau der Villa; 1880 Mathilde Gilibert, Bankiersgattin in Augsburg (um 47 000 M), 1883 Gewächshaus; 1895 Kommerzienrat Gabriel Sedlmayr, Brauereibesitzer (Franziskaner) in München; 1896 Umbau (Baupl. Tutzing 115/1896; LRA Starnberg Denkmalsch. Akt); 1900 Richard und Lucie v. Allweyer in München; 1914 Gewächshaus-Neubau; 1921 Dr. Karl Berg, Rechtsanwalt in Wiesbaden; um 1920/25, neue Loggia; 1925 Charlotte Heide aus New York; 1938 Karl und Elisabeth Trutz, Rentier in Berlin; dann Ev.-Luth. Landeskirche, 1981/82 Umbau.

Lit.: Link/Schober (1879/1984), S. 38 u.123; Lampert (1884), S. 44; Schober, Denkmäler, S. 378 mit Abb.

22   Villa Fraunberg (Villa v. Kühlmann).
Waldschmidtstraße 8c; ehem. Hauptstraße 61; Fl.Nr. 308, 301, 302, 309, 309/3; Villa mit engl. Anlagen, zus. 61 450 qm.

1864 Sebastian Rieger; 1882 Theodor v. Fraunberg, kgl. Bahninspektor, Neubau des Hauses; 1894 Otto Ritter v. Kühlmann, Generaldirektor der anatolischen Eisenbahnen, um 40 000 M (Vater des späteren Staatsmannes Richard v. Kühlmann); 1897 Umbau (StAM, Baupl. Tutzing 59/1894); 1917 Grundstücks-Verwertungs-Gesellschaft Hanau; 1941 Frieda Lindemann.

Lit.: Schober, Denkmäler, S. 392 mit Abb.

23   Landhaus Knittl.
Hauptstraße 93; Fl.Nr. 306.

1871 Joseph Knittl (Knittel), Neubau des Hauses; 1883 Umbau; 1902 Xaver Knittl, 1901 Umbau (Baupl. Tutzing 195/1901); 1905 Nebengebäude.

Lit.: Schober, Denkmäler, S. 380 mit Abb.

24   Landhaus Schüler.
Hauptstraße 109; Fl.Nr. 167.

1874 Jakob Blank; 1882 Frhr. Eduard v. Speidel, kgl. Hofmarschall in München; 1906 Ludwig Drexler, Faßfabrikant in München; 1918 Emmy Schüler in Berlin, 1922 Anbau an die Villa (StAM, Baupl. Tutzing 585/1922); 1935 Kommerzienrat Oskar Schüler.

25   Villa Buchensee.
Buchensee 1; Fl.Nr. 170, 171, 172, 173; Villa mit Terrassen engl. Anlagen, Pferde- u. Kuhstallung, Gärtnerhaus, Fouragemagazin und Schiffshütte, mit zus. 20 810 qm (später nach weiteren Zukäufen 19,97 ha).

1864 Hippolyth v. Klenze, Oberst und kgl. Kämmerer in München; 1865 Neubau der Villa; 1866 Genehmigung für den Namen »Buchensee« durch das Innenministerium; 1883 Ernst Fromm, Generaldirektor der Maximilianshütte (um 90 000 M); 1883 Gotthold Mendelssohn-Bartholdy; 1884 Friedrich Crone, Kaufmann aus Wien (im Kataster: aus Odessa); 1891 Witwe Ernestine Crone; 1895 Hans v. Biehler; dann Ludwig Behr, Architekt; 1938 Landesversicherungsanstalt für Oberbayern (Jugendheim), dann Reservelazarett, dann Altersheim; 1952 wieder LVA (Schulungszentrum); 1957 Akademie für politische Bildung in Tutzing.

Lit.: Link (1868), S. 36; Link/Schober (1879/1984), S. 39 u.119; Lampert (1884), S. 43; Gegenfurtner (1896), S. 51.

Hippolyth war der älteste Sohn Klenzes (geb. 1814). Er diente als Offizier in der bayerischen Armee und begleitete den Vater oft auf seinen Reisen, vor allem nach St. Petersburg und nach Griechenland. Er führte hier in Buchensee ein Haus mit vielen gesellschaftlichen Aktivitäten und empfing dabei immer wieder Gäste aus dem Königshaus, dem Adel und aus dem Kreis der Münchner Künstler.

Das Haus ist bereits im Link-Führer von 1868 abgebildet. Hier ist leider keine Fassadengestaltung zu erkennen, was jedoch bei den Link-Xylographien nicht viel bedeuten muß. Die dort gezeigten Balkone, die über die gesamte Giebelseite und den seitlichen Zwerchgiebel angeordnet waren, existieren nicht mehr. Die heutige geschlossene Veranda auf der Seeseite ist spätere Zutat. Die sehr kleine und unscharfe Abbildung bei Gegenfurtner (1896) läßt ebenfalls die noch erhaltene schlichte Lisenengliederung erkennen.

26   Dr. Neubert's Gartenmagazin (1889), S. 112: »Die Villa, auf einem erhöhten Punkt gebaut, bietet über weite, große Rasenflächen einen Tiefblick auf den See, sowie einen Anblick der Gebirgskette (Zugspitze bis zu den Salzburger Alpen), wie er wohl kaum wo schöner sein kann. Ein vor dem Hauptgebäude liegendes, zwar einfaches aber in schönster Harmonie gehaltenes großes Blumenparterre beweist die viele Mühe, die sich Herr Obergärtner A. Schießl gibt. An dem Gebäude sind außer anderem besonders starke Exemplare von Glycine chinensis angepflanzt. Solche zeigen, daß nur wenige im Freien wachsende Schlinggewächse mit deren schönen hellblauen, wohlriechenden Blumen rivalisieren können. Aus den sich windenden Zweigen schießen die Blütentrauben in Menge hervor. Die Anlagen sind parkartig gehalten, mit großen, breiten Wegen versehen und weisen mitunter wahre Riesen unserer einheimischen Laub- und Nadelbäume auf. Eine Zierde und Annehmlichkeit wird in Bälde der vor einigen Jahren angelegte große Laubgang, aus wilden Reben und Pfeifenstrauch gebildet, sein. Der ziemlich große Obstgarten, sowohl Kern- als Steinobst in nur guten Sorten, hat voriges Jahr sehr schön und reich getragen. An dem Nebengebäude sind einige Spalierbäume Pfirsich, Aprikosen und Birnen angebracht (...).«

27   Villa Steinbrück.
Sprungleitenweg 1; ehemals Schorn 4; Fl.Nr. 185.

1896 Meta Steinbrück und Maria Servière, Schulvorsteherinnen in Leipzig; 1899 Neubau der Villa (Architekt: Engelbert Schnell; StAM, Baupl. Tutzing 133/1899); 1917 Meta Steinbrück allein; 1924 Erika Leonhardi; 1938 Antonietta Leonhardi; heute Mitschke-Collande.

28   Schloß Tutzing.
Schloßstraße 2/4.

Zwischen 1803 und 1816 Umbau des alten Hofmarkschlosses (15./16. Jh., mit Umbauten 17. Jh.) für Friedrich Joseph Graf v. Vieregg (Baumeister Thomas Ganseck); 1832 Karl Matthäus v. Vieregg; um 1835/40 Neubau des Gartensaals und des Gartenpavillons; 1864 Friedrich Maximilian Graf v. Vieregg; 1866 Helena (Ilka) v. Wrede (dessen Schwester); 1869 Eduard Hallberger, Verleger in Stuttgart; anschl. Umbau des Schlosses, Veränderung der Innenräume, Vorbau des Mittelrisalits mit offenen Loggien auf der Gartenseite; Umbau der Gartenmenagerie in ein Palmenhaus; Erweiterung des Parks und Neuanlage durch Hofgartendirektor Karl v. Effner, Neubau einer Terrasse und einer großen Pergola am See, Bootshaus, Badehütte, Pergolen am Schloßbau, Brunnenanlagen, Laubengang, Neubau eines Glashauses; 1880 Gabriele und Helene Hallberger (Töchter); 1893 Gabriele Landberg-Hallberger und Carlo Landberg; 1916 Dr. Ernst Schoen v. Wildenegg, Arzt aus Berlin; 1921 Marczell v. Nemes, Ritter von Jánoshalma; 1921 Abbruch des Mittelrisalits auf der Gartenseite, zahlreiche Umbauten im Inneren; Umwandlung des Palmenhauses in einen Festsaal; 1933 Nachlaßverwaltung; 1936 Dr. Dr. Albert Hackelsberger, Industrieller und Reichstagsabgeordneter; 1940 Ida Kaselowsky; 1944 Rudolf August Oetker, Fabrikant; 1949 Evangelische Akademie; 1958/59 Neubau eines Konferenzsaales nach Plänen von Olaf A. Gulbransson, Neubau Speisesaal 1980, Sanierung des Schlosses 1985/86.

Lit.: Josefranz Drummer, Tutzing und sein Schloß, München 1953; Schober, Bilder aus dem Fünf-Seen-Land, Starnberg 1979, mit Abb.; Meinrad v. Ow, Schloß Tutzing und seine Besitzer in den letzten 100 Jahren, in: Obb. Arch. Band 107, München 1982; Petra Gründl (Hg.), Hofmark Tutzing, St. Ottilien o.J. (1985); Claus-Jürgen Roepke, Schloß und Akademie Tutzing, Tutzing 1986, mit zahlr. Abb.; Schober, Denkmäler, S. 386 mit Abb.

29   Die Bauuntersuchungen anläßlich der umfassenden Sanierung des Schlosses 1985

Anhang

ergaben, daß der spätmittelalterliche zweigeschossige Bau auf annähernd quadratischem Grundriß im Kern des heutigen Schloßbaus noch in Teilen erhalten ist. Eine umfassende Erneuerung dürfte unter den Hofmarksherrn von Götzengrien, also etwa zwischen 1663 und 1696, durchgeführt worden sein. Der heute noch teilweise erhaltene alte Dachstuhl geht vermutlich auf diesen Umbau zurück, so daß das Schloß noch vor 1700 die gegenwärtige Kubatur erhalten haben dürfte (vgl. den Kupferstich von M. Wening von 1703, in: Schober, Denkmäler, S. 364, und Schober, Bilder aus dem Fünf-Seen-Land, Abb. 9). Ein Fassadenriß von 1802 (abgebildet in: Schober, Denkmäler, S. 388) zeigt das Schloß mit einem steilen, hohen Walmdach. Ein weiterer Umbau unter Friedrich Graf Vieregg, vor 1816, der in stärkerem Maße in das Grundrißgefüge eingriff, dürfte nach Korrekturen der Außenmauern auch die Außenerscheinung im Sinne des Klassizismus geprägt haben. Allerdings blieb das hohe Walmdach erhalten, wie frühe Zeichnungen, Lithos und Aquarelle beweisen (vgl. C.A. Lebschée, Aquatintaradierung 1832, in: Schober, Bilder aus dem Fünf-Seen-Land, Abb. 153; G. Kraus, Lithographie, ebda. Abb. 169; L. Quaglio, Aquarell 1859, ebda. Abb. 228; Friedrich Hohe, Aquarell über Bleistift, 1855, ebda. Abb. 289). Über die Gartenanlage dieser Zeit und ihre Gestaltung kann nichts gesagt werden. Das Katasterblatt von 1810 zeigt eine weitgehend ungeformte Fläche, auf der einige Bäume (Baumwiese) eingezeichnet sind. Der unmittelbare Umgriff des Schlosses, der aus dem alten Wassergraben mit anschließendem Mauergeviert bestand, ist hier noch erhalten. Seitlich, zum See hin, schließt sich ein Gemüse- oder Blumengarten an. Der breite, damals noch zur Dorfgemeinde gehörige Uferstreifen ist deutlich vom Schloßgarten getrennt. (Zur Baugeschichte des Schlosses vgl. C.J. Roepke, Schloß und Akademie Tutzing, S. 266 ff.).

30   Der etwa 38 bis 40 m lange Laubengang war genau in der Mitte von einem größeren Raum unterbrochen, der als offener Gartensaal genutzt werden konnte. Die kreuzförmig angelegte und von vier flachen Dreiecksgiebeln begrenzte Dachfläche war gegen den Laubengang etwas erhöht und von einer größeren, wohl aus Eisenbändern konstruierten, offenen Kuppel überwölbt. Ähnliche Laubengänge (meist wohl Eisenkonstruktionen) sind nachgewiesen bei der Villa Kustermann, der Villa Sack, der Villa Crone (alle Tutzing), beim Schloß Berg (dort mit ähnlichen Karyatiden) und in Weidenkam. Der von Paul Lindau genannte »Maurische Kiosk« ist nicht zu lokalisieren. Er ist weder durch Karten noch durch das bekannte historische Bildmaterial dokumentiert.

31   Die Flurkarte von 1867 läßt erkennen, daß die Gartenfassade des Schlosses vermutlich noch mit einem Balkon auf schlanken Säulen versehen war. Der schwere Dreiecksgiebelrisalit entstand erst unter Hallberger. Der Brunnen vor der Südfassade, dessen untere Schale (Ø 2 m) von vier Putten getragen wurde, ist durch die Xylographie von 1874 und die Photos aus der Zeit nach 1870 noch gut dokumentiert. Er wurde erst nach 1921 beseitigt. Der Gartenpavillon war ursprünglich auf beiden Seiten mit niedrigeren Anbauten in Form von offenen Arkaden versehen. Ob diese gleichzeitig mit dem Pavillon entstanden, ist zweifelhaft. Sie sind zwar sehr organisch an den Pavillonbau angefügt, weisen aber im Detail dieselben Stilmerkmale auf wie die unter Hallberger entstandene Pergola am Seeufer. Die nachfolgenden Flurkarten weisen hier auch eine geänderte kartographische Darstellung auf, die Flügel treten nun hinter die Fluchtlinie des zentralen Pavillons zurück. Architektonisch zeigt der Pavillon wie auch der zeit- und stilgleiche Bau der Menagerie eine auffällige Verwandtschaft mit den Seitenflügeln des Prinz-Karl-Palais' in Starnberg, so daß die beiden Bauten wohl um 1835/40 anzusetzen sind. Auch in Tutzing sind die Fassaden durch toskanische Pilaster gegliedert, die Rundbogenfenster zeigen dieselbe Konstruktion. Die Parkanlage dieser Zeit wurde seeseitig noch auf ganzer Länge von einer Schloßmauer mit kleinen Türmen begrenzt, der Uferstreifen gehörte der Dorfgemeinde.

32   Eduard Hallberger (1822–1880) war der Sohn eines Stuttgarter Verlagsbuchhändlers. Er gründete 1848 seinen eigenen Verlag, der zunächst kleine Romane, Kinderbücher und volkstümliche Literatur anbot. 1858 begann er nach englischem Vorbild mit illustrierten Wochenblättern, die bald in sensationelle Auflagenhöhen hineinwuchsen. Noch heute sind die »Illustrierte Welt« oder »Über Land und Meer«, die wegen ihrer schönen Xylographien gesucht und ausgeschlachtet werden, ein Begriff. Hallberger gewann dafür geeignete Autoren wie Wilhelm Raabe oder Friedrich Wilhelm Hackländer. Den Zeitschriften folgten prachtvoll ausgestattete und reich illustrierte Klassikerausgaben. Der Verlag, der 1881 in die heute noch bestehende »Deutsche Verlagsanstalt« umbenannt wurde, wuchs zu einem der bedeutendsten deutschen Unternehmen heran, so daß Hallberger nebenher noch Fabriken (Papierfabriken, Eisenhütten) und Immobilien erwerben konnte. Der Tutzinger Besitz ermöglichte ihm ein reges gesellschaftliches Leben mit Konzerten und Dichterlesungen. Namhafte Künstler und Literaten der Zeit waren hier zu Gast, so der befreundete F.W. Hackländer, der Ägyptologe und Schriftsteller Prof. Georg Ebers, der Schriftsteller Paul Lindau, die Maler Franz v. Lenbach, Julius Lange, Ferdinand Keller (Niederpöcking), Franz v. Defregger, der Hoftheaterintendant v. Perfall, die Photographen Joseph Albert und Franz Hanfstaengl.

33   Dr. Neubert's Gartenmagazin, 1890, gibt (auf S. 138) detaillierte Einblicke in die Gartengestaltung: »Dieser so sehenswerte Garten wurde 1869 nach den Plänen des Herrn Direktors v. Effner hergestellt. (...) Ein Meisterstück von größter Schönheit ist sicher die geschaffene große, muldenförmige Rasenfläche. Vor dem Schlosse beginnend, zieht sie sich fast bis an das Seeufer hin.(...) Von den ursprünglichen Gartenanlagen des früheren Besitzers Herrn Grafen v. Vieregg wurde manches im Sinne des Vorausgeschickten erhalten, was heute noch eine besondere Zierde bildet. Eine Fagus sylvatica atropurpurea und eine ebensolche Blutbuche mit geschlitztem Blatte werden wohl zu den schönsten derartigen in Deutschland zu zählen sein. (..) Alte Linden, Buchen, Eichen, Ahornbäume sind vorhanden, wie sie anfangen immer weniger bei uns zu werden. Sehr starke Weidenbäume, einheimische und fremde Sorten, verschönern das Seeufer. Eine große Partie hängender, sogenannter Trauereschen sind zu einer Gruppe eigenster Art vereinigt und in dieser Weise nicht häufig zu sehen. Solitärbäume von seltener Schönheit und in mannigfachen Formen sind reichlich vorhanden.(...)« Im weiteren werden Orangenbäume in Kübeln erwähnt sowie zahlreiche Lorbeerbäume, welche die große Seeterrasse schmücken. Es gibt im Park eine Trauerfichte, von Herrn Revierförster Walch vor Jahren im Wald entdeckt und hierher übertragen. Es gibt hier eine seltene Thuja occidentalis in hängender Form, eine Pyramideneiche von beeindruckender Größe sowie einen mächtigen Ahorn, »großblättrig mit weißbuntem Blatt von hervorragender Schönheit«. »Laubgänge, Grotten, Felspartien etc. wirken auf das Beste um vielfaches Mauerwerk zu decken und geben Anlaß zu entsprechenden Bepflanzungen. Ein Cafésalon ist mit Glycine chinensis und Clematisarten, das Schloß an den Ost- und Südseiten mit passenden Schlinggewächsen reich umrankt. Große Springbrunnen bieten willkommene Gelegenheit, solche mit reichem Schmuck an Blumen und Blattpflanzen zu umgeben. Solche sind auch sonst im Garten reichlich angebracht und werden in großen Mengen beansprucht. Teppichbeete waren in äußerst sauberer Ausführung zu sehen. (...) Wenn wir zum Ausgang des Gartens schreiten, wird unser Auge daran gefesselt, wie die Rückseiten des Schlosses, mit wilden Reben und Pfeifenstrauch umwachsen, sich darstellen. Nur die Fenster sind frei, alles Mauerwerk ist in herrliches Grün einge-

hüllt. In Harmonie damit sind die Zugänge zum Schloß reich mit Pflanzen dekoriert. Hier ist auch der prächtige Wintergarten (leider steht solcher zu schattig), bestellt mit großen Palmen, Farn und ähnlichen sich für solchen eignenden Pflanzen, die zum Teil in freiem Grunde angepflanzt sind. Sehr vorteilhaft ist das wegen seines schnellen Wuchses schöner glockenförmiger Blumen bekannte Cobaea scandens im Wintergarten verwendet. Große Gewächshäuser beherbergen viele schöne Pflanzen. In dem eigentlichen Vorhof (Zugang) zum Schloßgarten, an den Nebengebäuden und Mauern sind überall Spalierbäume, besonders Steinobst, angebracht, die guter Kultur und Zucht sich erfreuen.«

Der Schriftsteller Paul Lindau, der oft in Tutzing zu Gast sein durfte, beschreibt die Anlage 1880 aus seiner Sicht: »In Tutzing ist alles vereinigt, was den ländlichen Aufenthalt gemütlich und genußreich machen kann. Da stehen im Park alte schöne Bäume, da sind schattige Gänge, dichtes Laubwerk, aus dem die weißen Statuen freundlich hervorschauen; prangende Blumenbeete im Kunstgarten, Springbrunnen, deren gleichmäßig melodisches Plätschern mich allabendlich einwiegen sollte, da ist das Palmenhaus mit den großblättrigen exotischen Pflanzen, die Voliere mit Hunderten buntfarbigen Vögeln auf dem Hofe, der Altan, in den See hinausgebaut, der von dem wundervoll klaren, tiefblauen Wasser bespült wird, mit der Aussicht auf die lachenden Ufer, die Villen und Dörfer, die zu Füßen der belaubten Höhenzüge liegen, mit der Fernsicht auf die pittoreske Alpenlandschaft, auf die Schneeberge, die während der klaren Septembertage so nah gerückt erscheinen, daß man sie in einer Stunde erreichen zu können vermeinte. Da ist das Badehaus, das Fischerhäuschen mit Booten zum Segeln und Fischen. Dann wieder im Garten das amerikanische Kegelspiel und die bedeckte Kegelbahn für regnerische Tage; und da – wie ein morgenländisches Märchen – der orientalische Kiosk mit seinen reichen Teppichen und Stoffen und dem originellen Mobiliar. Und ein wahrer Marstall dazu mit englischen Vollblutrennern, und die Wagenremise mit Gefährt jeglicher Art und die bedeckte Manege, die den Reitern verstattet, auch bei Wind und Wetter unbelästigt ihrer Liebhaberei nachzuhangen. Und im Schloß selbst eine vortreffliche Bibliothek, Spiel-, Billard- und Musikzimmer – kurz alles, was das Herz begehrt, und was die Gastfreundschaft, die nicht zu rechnen braucht und aus dem vollen greift, gewähren kann.« (s. Claus-Jürgen Roepke, Schloß und Akademie Tutzing, S. 40; Paul Lindau, Eduard Hallberger, in: Börsenblatt für den deutschen Buchhandel, 47. Jg. Nr. 224, Leipzig 1880).

34 Die beiden Töchter konnten dank des riesigen Vermögens auf großem Fuß leben. Gabriele heiratete zunächst Philipp Eichborn, Inhaber des Bankhauses Eichborn & Co. in Breslau. Nach ihrer Scheidung zog sie sich nach Tutzing zurück, zahlte ihre Schwester aus und heiratete in zweiter Ehe Carlo Graf Landberg. Mehr dazu s. C. J. Roepke: Schloß und Akademie Tutzing, S. 46.

35 Nemes verfügte bald über beste Beziehungen zu den bedeutendsten Museen, zu den wichtigsten Kunsthändlern und zu vielen aufstrebenden Künstlern. Er erwarb sich ein sicheres Gefühl für Qualität und bewies immer wieder eine äußerst glückliche Hand bei Neuerwerbungen. Er begann seine Sammlungen mit alten Holländern (u. a. Rembrandt, Frans Hals, Rubens), weitete aber seine Sammeltätigkeit bald auf Italien und Spanien aus (Werke von Tintoretto, Tizian, später auch Guardi, Tiepolo, Bellini u. a.). Er galt vor allem als einer der Wiederentdecker El Grecos. Daneben sammelte er Möbel, Porzellan, Goldschmiedearbeiten und Plastiken. Er interessierte sich durch seine Kontakte zum Haus Bernheimer in München auch für Stoffe, Gobelins und Teppiche und brachte in kurzer Zeit eine der bedeutendsten Sammlungen auf diesem Gebiet zusammen. Seine Sammlungen waren auf verschiedene Wohnsitze in Ungarn, Deutschland und Frankreich verteilt. Nemes hatte sich jedoch mit seiner maßlosen Sammelwut übernommen und mußte große Teile seiner Sammlungen wieder verkaufen. Er begann jedoch sofort wieder zu sammeln, z. T. noch in den ersten Jahren des Ersten Weltkrieges, und trug bald wieder ungeheure Schätze zusammen, nunmehr auch französische Impressionisten (insges. 37 Gemälde), wobei er in ständigem Kontakt mit Hugo Tschudi, dem Leiter der Bayerischen Staatsgemäldesammlungen, stand. Als Nemes 1930 starb, hinterließ er einen riesigen Schuldenberg, den die Versteigerung seines gesamten Besitzes (welche alle einschlägigen Museumsdirektoren versammelte) angesichts der Weltwirtschaftskrise jedoch nicht abtragen konnte. Der Tutzinger Besitz blieb zunächst unverkäuflich in den Händen der Dresdener Bank. Das Schloß wurde verschiedenen Institutionen angeboten, u. a. der NSDAP als Feriendomizil für Adolf Hitler.

36 Nemes ließ verschiedene Räume umbauen und neu ausstatten. Im Erdgeschoß entstand dabei ein großer 12 m langer Speisesaal. Verschiedene Räume wurden neu stuckiert, der erdgeschossige Flur (mit den Spiegeln) und das Treppenhaus neu gestaltet. Das Palmenhaus wurde zu einem großen Musiksaal mit Kassettendecke und großem, offenen Kamin (franz., Anfang 17. Jh.) umgebaut. Die Fassaden des Musiksaals wurden überarbeitet, das Dach erneuert und mit einer Attika versehen. Nemes bereicherte vor allem den Park mit zahlreichen Kunstwerken. Vor allem wurde der alte Springbrunnen vor der Gartenfront entfernt. Dafür ließ Nemes im Winkel zwischen Kavaliersbau und Musiksaal, an der Stelle der hohen Säule mit Frauenfigur, einen neuen Brunnen (Nachbildung eines Renaissancebrunnens in Bologna, Kopie des 19. Jh.) aufstellen, der noch erhalten ist.

37 Landhaus Mayr.
Hauptstraße 19; Fl.Nr. 63, 64, 635.
1862 Georg Schupbaum, Privatier; 1874 Prof. Dr. Alois Mayr, Univ.-Prof. in Würzburg; 1879 Umbau; 1895 Witwe Susanna Mayr; 1895 Dr. Josef Georg Mayr, Unterstaatssekretär; 1925 Clara Neumann, geb. Mayr; 1927 Dr. Kalle; 1948 Dr. Ohrenstein (Zweckverband für ein Realgymnasium Tutzing); 1962 Walter Boecke.

38 Ringseis-Haus.
Bahnhofstraße 1; Fl.Nr. 61, 62, 634a, 632, 633, Gras- und Baumgarten, Anlagen und Sommerhäuschen.
1854 kgl. Prof. Dr. Friedrich Walther, Neubau des Landhauses; 1865 Geheimrat und Obermedizinalrat Dr. Johann Nepomuk Ringseis, Professor der Medizin in München; 1880 Marie und Emilie Ringseis; 1910 Metropolitankapitel München; 1918 Orden der Missionsbenediktinerinnen Tutzing.
Lit.: Petra Gründl (Hg.), Hofmark Tutzing, St. Ottilien 1985; Schober, Denkmäler, S. 366 mit Abb.

Johann Nepomuk Ringseis (1785–1880) praktizierte nach seinem Studium der Medizin und der Philosophie in Landshut und nach Studienaufenthalten in Wien, Berlin und Paris als Arzt im Allgemeinen Krankenhaus in München. 1820 wurde er zum Medizinalrat ernannt, 1826 zum Professor der Medizin an der Universität München. Gleichzeitig wurde er Erster Kreismedizinalrat bei der Regierung des Isarkreises und Medizinalreferent im Innenministerium. Seit 1824 war er auch Mitglied der Akademie der Wissenschaften. Als hochgebildeter Mann stand er König Ludwig I. nicht nur als Arzt, sondern auch als Kunstfreund nahe. Er war einer der Begleiter des Kronprinzen auf seiner Italienreise 1817/1818.

39 Villa Schnell.
Bahnhofstraße 12; Fl.Nr. 618/14.
1895 Engelbert Schnell, Architekt in Tutzing, Neubau des Hauses (StAM, Baupl. Tutzing 86/1895); 1936 Erbengemeinschaft Schnell.
Lit.: Schober, Denkmäler, S. 366 mit Abb.

Engelbert Schnell hat das Tutzinger Ortsbild durch wichtige und architektonisch solide Bauten mit geprägt. Er führte

Anhang

nicht nur Umbauarbeiten im Schloß durch (für Hallberger), er errichtete auch Neubauten für die Schloßbrauerei sowie die neue große Reithalle. Er entwarf zwei der großen Hotelneubauten (Seehof, Simson). Das alte Schulhaus, der Pavillon auf der Ilkahöhe (polygonaler Tuffsteinbau, nach dem Zweiten Weltkrieg abgetragen), die Villa Thudichum, das Haus des Friseurs Eckerl, das Landhaus Gaßner und der Guggerhof gehen neben vielen anderen Landhausbauten auf seine Entwürfe zurück.

40 Villa Thudichum (Rottler-Villa).
Bahnhofstraße 14; Fl.Nr. 618/12.

1880 Engelbert Schnell; 1894 Dr. Gustav Thudichum, Privatgelehrter, Schriftsteller und Komponist; 1881 Neubau der Villa (Architekt: Engelbert Schnell); 1924 Rudolf Rottler, Abteilungsvorstand der Lokalbahn-AG Augsburg.

Lit.: Schober, Denkmäler, S. 366 mit Abb.; zu Marina Thudichum (1906–1990) vgl. Dirk Heißerer, Wellen, Wind und Dorfbanditen, München 1995, S. 224 f.

41 Villa Beisele.
Hallbergerallee 18; Fl.Nr. 618/18.

1890 Nikolaus Finsterwalder, Neubau des Hauses mit Krämerei (Architekt: Johann Biersack; Baupl. Tutzing 11/1890, LRA Starnberg, Denkmalschutzakt); 1893 Dr. Hans Beisele, Arzt.

Lit.: Schober, Denkmäler, S. 370 mit Abb.

Hofrat Dr. Beisele wirkte über drei Jahrzehnte als Arzt in Tutzing. Er starb 1911.

42 Landhaus Schlösser.
Ehem. bei Hauptstraße 22; Fl.Nr. 59, 336; Villa mit Terrasse, Gras- und Baumgarten, Schiffshütte, Gewächshaus.

Bereits vor 1647 Bauernhaus »beim Welsch«, Abbruch 1886; Dr. Ludwig (Louis) Schlösser, Augenarzt in München; 1887/88 Neubau der Villa (Architekt unbekannt, vielleicht Joh. Biersack); 1901 Witwe Schlösser; 1915 Dr. Karl Schlösser; 1918 August Wegelin, Fabrikbesitzer, Umbau der Villa (StAM, Baupl. Tutzing 513/1918), Anbau auf Nord- und Ostseite, Neubau der östl. Veranda; 1925 Schiffshütte, 1929 Gewächshaus; 1930 Dr. Wilhelm Kalle.

Lit.: Gegenfurtner (1896), S. 55 mit Abb.

43 Villa Kalle (Haus »Rheinland«).
Hauptstraße 22; Fl.Nr. 635.

1927 Dr. Wilhelm Kalle, Fabrikant und Abgeordneter; 1928 Neubau der Villa auf dem Seegrundstück des 1927 erworbenen Landhauses Mayr, zus. Grunderwerb aus dem Besitz Ringseis (Architekten: Holl und Flaschenträger); 1928 Neubau Pavillon, Garage und Gewächshaus; 1948 Dr. Aaron Ohrenstein, 1948 Sophie Ohrenstein, 1955 Schulzweckverband (Gymnasium) Tutzing; 1995/97 erneute An- und Umbauten der anschließenden Schulgebäude.

Lit.: Schober, Denkmäler, S. 376 mit Abb.

44 Villa Neustätter, Villa Prittwitz.
Hauptstraße 12; Fl.Nr. 637; Villa mit Freitreppe und engl. Anlagen, zus. 2,073 ha.

1870 Angelo Neustätter, Kaufmann in München; 1873 Neubau der Villa; 1896 Umbau des Nebengebäudes; 1899 Kommerzienrat Michael Ritter v. Poschinger, Gutsbesitzer in München; 1908 Erbengemeinschaft Poschinger; 1912 Sarah v. Prittwitz und Gaffron, Abbruch der alten Villa und Neubau (Architekten: Hönig und Söldner); 1937 Volkswohlfahrt; 1938 Umbau für NS-Oberschwesternschule; 1949 Orden der Missionsbenediktinerinnen Tutzing, Einrichtung der Mädchenrealschule; 1994/96 Totalumbau.

Lit.: Link/Schober (1879/1983), S. 41; Lampert (1884), S. 45; Gegenfurtner (1896), S. 55; Neudeutsche Bauzeitung 9 (1913), S. 552 mit Grundr. u. Abb.; Der Profanbau 12 (1916), Nr. 5/6, S. 64 mit Abb.; Schober, Denkmäler, S. 374 mit Abb.

45 1938 wurde die Villa von der NS-Oberschwesternschule übernommen. Dr. Friedrich Wilhelm v. Prittwitz und Gaffron, Botschafter a.D. in Berlin, ließ sich gleichzeitig auf einem schmalen Grundstück, nördlich an den Tennisplatz anschließend, ein neues, sehr viel kleineres Landhaus bauen. Der Architekt Hugo Häring gehörte schon in den 20er Jahren zu den Wegbereitern des »Neuen Bauens«. Er entwarf hier ein Landhaus, das fernab von repräsentativen Ansprüchen mit seinen Ausmaßen und seinem Grundriß ganz auf das private Leben auf dem Lande abgestimmt war, ein schlichtes, funktionell konzipiertes Haus, das deshalb zu den richtungsweisenden Bauten der Zeit im Landkreis zählt.

Südlich an der Grenze zum Kustermann-Grundstück ist noch das alte Nebenhaus (Kutscher- und Gärtnerhaus) erhalten, das aus der Bauzeit der Neustätter-Villa stammt. Es wurde 1896 von Xaver Knittl umgebaut und aufgestockt. Das Obergeschoß erhielt Gästezimmer, einen Salon, Badezimmer und Schlafzimmer. 1934 hat hier Kammersänger Hans Hermann Nissen gelebt. Er gehörte schon vor dem Krieg als Heldenbariton zum Ensemble der Bayerischen Staatsoper und zählte zu den bedeutendsten Wagner-Sängern seiner Zeit. 1911 wurde das Glashaus, das auf der Südseite angebaut war, abgebrochen. Ein neues großes Glashaus bestand bereits auf einem zugehörigen Grundstück jenseits der Hauptstraße.

Grundlagen für die Rekonstruktion der Gartenanlage: Flurpläne Tutzing 1863 ff.; Lageplan mit Wegesystem in: Neudeutsche Bauzeitung 1913; Der Profanbau 1916, Nr. 5/6.

46 Villa Kustermann.
Hauptstraße 2 u. 4–6; Fl.Nr. 638, 642 (engl. Anlagen mit Almhütte und Seegrund), 641, 641/2, 643, 644, 645, 650, 651, 652, 671 (Ortswiese mit Quelle), 674, 679; Villa mit Terrasse, englische Parkanlage, Ökonomiegebäude, Treibhaus, Schiffshütte, Badehaus, Fontänen, Gemüsegarten mit Glashaus.

1865 Kommerzienrat Max Kustermann, Fabrikbesitzer in München; 1866 Neubau der Villa; vor 1873 Bau der Villa an der Straße; um 1890 neue Wirtschaftsbauten im Anschluß an die Remisen; 1895/96 Umbau dieses Wirtschaftstraktes in ein Wohnhaus (Architekt: Joh. Biersack; StAM, Baupl. Tutzing 101/1895); 1896 Neubau eines Gärtnerhauses auf Fl.Nr. 622/5 (Architekt: Xaver Knittl; StAM, Baupl. Tutzing 99/1895; Erweiterung 1915; StAM, Baupl. Tutzing 483/1915); 1902 Geheimrat und Kommerzienrat Franz Seraph Kustermann und Konsul Hugo Kustermann; 1909 Franz Kustermann allein; 1951 Dr. Hubert Kustermann und Dr. Franz Kustermann; 1971 Gemeinde Tutzing.

Lit.: Link/Schober 1879/1983, S. 41 u.125; Lampert (1884), S. 45; Gegenfurtner (1896), S. 56; Schober, Denkmäler, S. 372 mit Grundr. u. Abb.

47 Max Kustermann, Geheimer Kommerzienrat, gründete den Eisenhandel und die Eisengießerei mit einer Fabrik an der Rosenheimer Straße. Sein Sohn, Geheimrat und Kommerzienrat Franz Seraph Kustermann, verlegte den Firmensitz (F. S. Kustermann) mit der Verwaltung und den Verkaufsräumen an den Viktualienmarkt und expandierte sehr stark. Er zählte zu den wichtigsten und einflußreichsten Persönlichkeiten in München und gehörte dort einer großen Zahl von Aufsichtsräten an. Sein Bruder, Konsul und Privatier Hugo Kustermann, war Mitbegründer des Bayerischen Yachtclubs in Starnberg und seinerzeit einer der großen Segler am See.

48 Daß Franz Michael Reiffenstuel zu selbständigem Bauen in der Lage war, zeigt sein von ihm entworfenes und 1865 errichtetes Gärtnerplatztheater. Zum Vergleich Wohnhaus (Müllerstraße) – Villa Kustermann (Tutzing) siehe: Gottfried Neureuther, Ausst.-Kat. des Münchner Stadtmuseums, München 1978, S. 109.

Der Stilvergleich kann hier natürlich keine zuverlässige Lösung anbieten, nachdem die meisten Details der Fassadengestaltung wohl Allgemeingut der Münchner Architektur im Umkreis Klenzes waren. Otto Kustermann, der Bruder von Max Kustermann, nennt in seinen Tagebüchern (in Privatbesitz) unter dem 8.9.1865 einen Architekten mit Namen Högel, gibt aber keine näheren Erläuterungen: »Fahrt nach Tutzing! Hofgärtner Effner, Architekt Högel, Seligmanns u.a. da!« 1866 spricht er vom »Bau einer Villa«. Am 9.6.1867 schreibt er: »...Jeden Sonntag fahre ich zu meinem Bruder nach Tutzing, der (...) eine reizende Villa dort am Ufer des Starnberger Sees hat.«

49 Die fragliche Abbildung ist Teilbild eines Tableaus von 13 Ansichten aus dem Umkreis um Schloß Possenhofen (Berlin, Aquarell-Sammlung Potsdam-Sanssouci, Nr. 2510; vgl. Paluch: Lorenz Quaglio, in Obb. Arch. 108, Nr. 511. Das Aquarell war Vorstudie zu einem größeren Tafelbild in Öl, ebenfalls Sammlung der Staatlichen Schlösser Potsdam-Sanssouci; abgebildet bei Paluch: a.a.O., Nr. 512). Kustermann erwarb auch später immer wieder Grund hinzu, z.T. aus dem Hallberger-Besitz, z.T. von August v. Wendland in Bernried.

50 Dr. Neubert's Gartenmagazin, 1890, S. 198: »Dieselben (Parkanlagen) wurden 1866 nach den Plänen des Herrn Direktor v. Effner angelegt und 1875 erweitert. Dem Umfang nach (ca. 20 bayer. Tagwerk, d.h. ca. 68 000 qm) zählen solche wohl mit zu den bedeutendsten am Starnberger See. In der Führung der Wege, der Bodenbewegung und den großen Rasenplätzen zeigt sich schon der Meister der Gartenkunst. Welch wohltuender Unterschied gegenüber so vielen Park- und Gartenanlagen, die oft eine Menge planloser, kleiner schmaler Pfade aufweisen – hier nur solche, die ihre Berechtigung haben und zur Schönheit beitragen. Wie sehr ist gar manchmal der Mangel umfangreicher Wiesenflächen zu beklagen – hier sind deren von imposanter Größe. (...) Zu einzelnen übergehend, sei gleich des Laubengangs, welcher zweckentsprechend, hoch, luftig und schattenspendend, in großen Dimensionen angelegt und bestens gepflegt ist, gedacht. Verwendet hiezu ist wilder Wein. Ein im Rasen freistehender Tulpenbaum, der seit Jahren im Juni-Juli prächtig blüht, dürfte manchen interessieren. (Schade, daß die doch prächtig vorhandenen Wiesenplätze nicht häufiger zur Anbringung von Solitairebäumen benutzt wurden.) In malerischen Formen und Gruppierungen sind Mengen einheimischer Laubgehölze, hin und wieder mit Nadelhölzern durchsetzt, angebracht und schmücken die Seeufer und übrigen Partien, wobei der Mangel an buntlaubigen Gehölzen, die so dekorativ wirken und in großer Auswahl zu haben sind, den Winter gut aushalten, zu beklagen ist. (...) Schöne Gebüschpartien tragen zur Belebung des Ganzen bei. Die in Rasenplätzen und sonst angebrachten einzelnen Blumenbeete mit ihrem Farbenspiel gewähren dem Auge eine willkommene Unterbrechung. (...) Die Veranda der Villa, an deren südlichen Teil echter Wein mit Erfolg gezogen wird, ist in einem Halbrund mit Mahonia Aquifolium bepflanzt. So empfehlens- und schätzenswert solche an geeigneter Stelle sind, hier sind sie nicht am rechten Platz. Durch klimatische Verhältnisse gehen stets Exemplare zu Grunde, andere kranken, es wird immer lückenhaft sein und dadurch einen unschönen Anblick gewähren, während man von den am gleichen Ort verwendeten, guirlandenförmig gezogenen Clematis das Gegenteil sagen muß. Von ebengenannter Terrasse, von den Wegen überall sind herrliche Aussichtspunkte, prächtige Durchsichten nach See und Gebirge geboten. Einen allerliebsten Abschluß, eine kleine Überraschung bietend, findet ein Hauptweg durch die in einem Buchenhain passend mit der ganzen Umgebung in Einklang stehende, auf kleiner Anhöhe postierte ›Almenhütte‹. Die der Einfriedung entlang gepflanzten Nußbäume geben gleich den vorhandenen, sehr schönen Obstbäumen, denen wir teilweise einen anderen Standort anweisen würden, den Beweis, daß, wo der richtige Boden vorhanden oder geschaffen wird, ein sehr gutes Ertragnis erzielt werden kann. Wenn wir uns endlich dem Ausgang zuwenden, ist es wohl lohnend, auch der Spalierobstzucht einige Aufmerksamkeit zu schenken. (...) Der ebenfalls aufs Beste gehaltene Gemüsegarten, die Glashäuser machen den Schluß der Besichtigung dieser so schönen Anlagen und Kulturen.«

Die Rekonstruktion der Parkanlage erfolgte auf folgenden Grundlagen: Flurkarten (Katasterpläne) 1863 ff.; Flurkarte 1915; Eingabeplan 1915 (StAM, Baupl. Tutzing 122/1915); Aufmaß 1958 (Gde. Tutzing); Aufmaß Harald Gebhardt und Uwe Brust, 1992/93 (Gde. Tutzing); Bildmaterial aus Kustermann-Album, um 1920; Auskünfte: Ilka Gerz, geb. Kustermann.

51 Die Almhütte (wohl 17. Jh., aus Tirol hierher transferiert) war ein charakteristisches Detail der spätromantischen Gartenanlage der Zeit, offenbar ein Inbegriff für unverfälschtes Leben in der Natur. Sie war noch um die Jahrhundertwende im Inneren mit zahlreichen Zeichnungen und Bildern (u.a. von Grützner, Louis Braun) ausgestattet. Die kleine originale Rauchkutte für den offenen Herd war ebenfalls noch vorhanden. Die Hütte stand ursprünglich am südlichen Ende der Parkanlage, etwas erhöht über dem Uferweg, wie die alten Photos noch erkennen lassen. Sie wurde später neben den Tennisplatz transferiert, um hier als Umkleidekabine zu dienen. Sie wurde vor einigen Jahren im öffentlich zugänglichen Teil des Parks angezündet und vernichtet.

52 Über den Mansarddachbau an der Straße sind keine Unterlagen erhalten. Er ist jedoch in der Flurkarte 1873 bereits eingetragen.

Der parallel zum Seeufer gelegene Bau ist in seiner baulichen Entwicklung nicht gut zu verfolgen, da die meisten, den Kustermann-Besitz betreffenden Planunterlagen nicht mehr vorhanden sind. Die privaten Unterlagen der Familie Kustermann sind ebenfalls im Zweiten Weltkrieg verloren gegangen. Der Bau dürfte um 1890 oder kurz zuvor entstanden sein. Die Pläne für den ersten Umbau 1895 (Johann Biersack; StAM, Baupl. Tutzing 101/1895) lassen noch die ausradierte ursprüngliche Einteilung in Glashaus, Pferdestall und Wagenremise erkennen. Auf der Südseite, an der Stelle des Glashauses, wurde nun der große Speisesaal (50,16 qm) angeordnet. Er wurde auf allen drei Seiten von einer geräumigen Terrasse mit Freitreppe zum Garten umfangen. Anschließend an den Speisesaal lag der Flur mit dem Treppenhaus. Daran schlossen sich ein kleiner Vorraum und ein kleiner Salon an, dann die Küche. Dieser sehr ungünstige und schlecht organisierte Grundriß wurde beim zweiten Umbau (vermutlich zwischen 1902 und 1910), der hauptsächlich die innere Organisation der Wohnräume veränderte, weitgehend aufgegeben. Die Abfolge war jetzt: Speisesaal, Flur mit Treppenhaus (außen durch den Schweifgiebelrisalit erkennbar), Wohnzimmer und Salon, Billardzimmer. Die Veranda wurde durch die Loggia erweitert und mit einer neuen Brüstung (Gußeisengitter wie Balkon im Obergeschoß) versehen. Das Wohnzimmer wurde durch Verlegung der Küche geschaffen und durch einen Anbau (der für die Schlafzimmer im Obergeschoß als Altane ausgebildet war) erweitert. Ob diesen Umbau ebenfalls Johann Biersack geplant hat, ist nicht zu sagen.

53 Haus Feynald.
Seestraße 2; Fl.Nr. 661; Landhaus mit Gartenanlagen, 8 220 qm.

1924 Kommerzienrat Eugen Zentz; Neubau des Landhauses (Architekt: Johann Mund BDA.; StAM, Baupl. Tutzing 613/1924), gleichzeitig Gärtnerhaus an der Einfahrt; 1926 Bootshaus; 1936 Gewächshaus; 1946 Karoline Zentz; 1952 Helene Rocholl-Benninghoff; nun Mitschke-Collande.

Lit.: Denkmalliste Landkreis Starnberg, Nachtrag; J. Kempf, Wohnhäuser im Gebirgsstil, München 1934, S. 46 mit Grundr. u. Abb.

Gleichzeitig Neubau eines Landhauses für Johann Mund (nach eigenen Entwürfen) auf dem Nachbargrundstück Fl.Nr. 662/4; 1950 Anna Mund (Erbschaft).

54 Villa Sack (Villa Rittinghausen).
Traubinger Straße 40; Fl.Nr. 402, 404, 407, 408, 409, 410; Gartenanlagen mit (1913) zusammen 19 100 qm.

1903 Leonhard Morasch, Privatier in Ebenhausen; 1904 Neubau der Villa (Architekt: Hermann Stengel, München; StAM, Baupl. Tutzing 214/1904); 1908

Dr. Walter Sack, Rechtsanwalt in Leipzig (um 65 000 M); 1909 neues Einfahrtstor (StAM, Baupl. Tutzing 249; Entwurf im Archiv der Vereinigten Werkstätten, München); 1912 Georgine Schleich-Hoste und Fritz Schleich, Weingroßhändler und Restaurantbesitzer in München (Brienner Straße); 1912/13 Zukauf von Grund (Fl. 404, 407, 408, 409, 410), neue Zaunanlage; 1912 Neubau des Nebenhauses (Pförtnerhaus) und einer Autogarage (Architekt: Ludwig Lutz, München; StAM, Baupl. Tutzing 297/1912; heute abgetrennt und Traubinger Straße 42); 1921 Hans Walter Rittinghausen, Wollimporteur, um 250 000 M; 1922 Gewächshausneubau im Anschluß an die Garage (StAM, Baupl.Tutzing 558/1921); 1974 Edith Haack-Rittinghausen; 1974 Teilung in zwei Eigentumswohnungen: E. Haack und Johannes Ritzkovsky, Umbau und Renovierung.

Lit.: Hans Ottomeyer, Jugendstilmöbel. Katalog der Möbelsammlung des Münchner Stadtmuseums, München 1988; Alfred Ziffer (Hg.), Bruno Paul. Deutsche Raumkunst und Architektur zwischen Jugendstil und Moderne, Ausst.-Kat., München 1992; Hans Ottomeyer und Alfred Ziffer, Möbel des Neoklassizismus und der Neuen Sachlichkeit. Katalog der Möbelsammlung des Münchner Stadtmuseums, 1993; Schober, Denkmäler, S. 392 mit Abb.

55 Vgl. Bruno Paul, Ausst.-Kat. (Münchner Stadtmuseum 1992), S. 342 (Werkverzeichnis).

56 Abgebildet in: Dekorative Kunst 17 (1909), S. 207.

57 Im Haus waren drei Kamine aufgestellt, davon waren zwei nach Entwürfen von Jan Eisenloeffel gefertigt. Der größere der beiden ist noch an seinem ursprünglichen Standort erhalten. Seine Gestaltung nähert sich in Farbgebung und Oberfläche weitgehend dem unten in der Kaminöffnung verwendeten Metall (Messing). Das ergibt eine starke Einheitlichkeit des Ganzen und entspricht ganz deutlich den Intentionen des Metallkünstlers Eisenloeffel. Der untere, vorgewölbte Teil ist mit (matt) vergoldeten Fliesen verkleidet, der obere, konkav eingezogene Teil besteht aus einem flächenfüllenden Mosaik aus vergoldeten und farbigen Glassteinen. Beim kleineren Kamin, der nicht mehr im Haus erhalten ist, sind die Metallteile und die Mosaikeinlagen auf schwarzen, geäderten Marmor gesetzt.

Der Wandbrunnen von Bruno Paul, aus Messingblech handgetrieben und vor eine Wand aus kleinen farbigen Fliesen gesetzt, ist nicht mehr in der Villa erhalten. Vgl. Ausst.-Kat. Bruno Paul, München 1992, S. 160.

58 Die Einrichtung des Badezimmers stammte von der Fa. Villeroy & Boch. Die Firma hatte in ihrer Niederlassung in der Schwanthalerstraße ein Musterbad mit den in Tutzing eingebauten Einzelstücken (Badewanne, Sitzbadewanne, Bidet, Waschbecken, Dusche) ausgestellt. Diese Einrichtung wird in der Süddeutschen Bauzeitung 1907, Nr. 22, als das Feinste bezeichnet, was z. Zt. angeboten werden konnte. Sie war nach den neuesten Erkenntnissen konstruiert und wurde als Beispiel moderner Badekultur angepriesen. Die eleganten Armaturen (vernickelt) waren von der Fa. H. Recknagel in München. Das Musterbad war von Architekt Langheinrich eingerichtet worden.

59 Die Rekonstruktion der Gartenanlage erfolgte auf der Grundlage von ungefähr 25 historischen Aufnahmen, den sehr detaillierten Erinnerungen von Frau Edith Haack-Rittinghausen (geb. 1908), der Tochter von Walter Rittinghausen, sowie der Aussagen von Katastereintragungen und von Bauanträgen mit den beigegebenen Lageplänen.

60 Ob von dieser Anlage noch etwas (z. B. der Brunnen) auf den Erstbesitzer Morasch zurückgeht, ist nicht zu sagen. Die im Archiv der Vereinigten Werkstätten erhaltenen Photos von 1908 geben (wohl mit gleichzeitiger Beschriftung) als Schöpfer des Gartens Otto Blümel und als Auftraggeber Dr. Sack an. Die auf diesen Photos erkennbare Einfassung des Brunnenrondells mit einem girlandenartig geschwungenen Maschendrahtgeflecht war vermutlich für Kletterpflanzen vorgesehen, die eisernen Bögen über die Wege hinweg vielleicht für Kletterrosen. Die nordöstliche, der Hausfassade gegenüberliegende Treppe führte zur Bachschlucht hinunter, die südwestliche, von zwei Steinsäulen mit den Büsten von Zeus und Hera (wohl Kopien nach antiken Vorbildern) begrenzte Treppe zum Wirtschaftsgarten hinauf. Über die gegenüberliegende Treppe gelangte man zur großen Wiese und zum unteren Garten.

61 Die von Joseph Wackerle (1880–1959) geschaffene Sonnenuhr ist noch in ihrem Unterbau (Muschelkalkstein; auf den vier Seiten des Sockels die Reliefs der vier Jahreszeiten) erhalten, die oben aufgesetzte Sonnenuhr aus Bronze ist verloren.

62 Der Weg vor der großen Buche war ursprünglich ebenfalls von einem etwa 5 m langen Laubengang überdeckt. Er wurde bei der Anlage des unteren Gartens entfernt. Der große Laubengang an der Straße bildete an seinem Ende (Grundstücksgrenze) einen rechten Winkel und setzte sich auf dem Weg zur große Buche fort. Diese Fortsetzung wurde später auf 2–3 m gekürzt. Die Figur und die Sitzbänke standen im Winkel. Der Weg blieb auch nach der Erweiterung erhalten und erhielt etwa in der Mitte die Treppe zum unteren Garten.

63 Auf einem quadratischen Sockel aus schwarzem Marmor trugen vier bronzene, wasserspeiende Schildkröten den Brunnentrog aus Rotmarmor. Dieser war mit einem Relief von nackten Figuren geschmückt. Auf dem Rand des Brunnentroges standen die beiden etwa lebensgroßen Bronzefiguren. Der Brunnen wurde um 1970 nach Strullendorf bei Bamberg verkauft.

64 Auf einem frühen Photo um 1908/10 läßt sich erkennen: Der in der nördlichen Hälfte der Wiese in flachem Bogen zur großen Buche führende Weg war ursprünglich mit kleinen Bäumchen (Obstbäume?) bepflanzt. Unter der Buche war bereits der Freisitz angeordnet. Die Bäumchen wurden offenbar bei der Anlage des unteren Gartens wieder beseitigt.

Das Gelände zur Bahn hinunter hat Georgine Schleich-Hoste 1912 dazugekauft. Aus diesem Jahr datiert ein Bauantrag (StAM, Baupl. Tutzing 417/1912) für einen neuen Zaun, der das Grundstück bis hin zur Bahnlinie einfassen sollte. Die Mauern bestanden aus Ziegelsteinen, wobei die mittlere, über 2 m hohe Mauer im oberen Teil gitterartig durchbrochen konstruiert war. Die Stufen bestanden aus Tuffstein.

65 Der drei Stufen hohe Sockel und die tragenden Pfeiler des Pavillons waren aus Ziegeln gemauert. Die vier Treppen waren über Kreuz angeordnet. Im Inneren befand sich ein Brunnen, der aus einer auf einem kreisrunden Sockel stehenden, ca. 40 cm hohen oktogonalen Brunnenschale bestand. Jedes zweite Feld des Brunnenbeckens war mit einer Wasser speienden Maske dekoriert. In der Mitte des Brunnenbeckens stand auf einem über dem Beckenrand dreifach abgetreppten Sockel eine oktogonale Säule, deren Spitze eine Kugel mit dem »Manneken-Pis« trug. Aus vier kreuzförmig angeordneten Öffnungen der Kugel ergoß sich Wasser in die untere Brunnenschale. Das hölzerne, pyramidenförmige Dach wurde bald schadhaft und wurde noch vor dem Krieg abgebrochen. Die vier Pfeiler blieben stehen.

Grundlagen für die Rekonstruktion der Gartenanlage: Flurkarten Tutzing 1863 ff; Lageplan mit Wegesystem 1912 (Eingabepläne 1912, Baupl. Tutzing 297 u. 299/1912); ca. 25 Photographien 1910–1940; Auskünfte Frau Edith Haack-Rittinghausen (geb. 1908).

66 Villa Berghaus.
Waldschmidtstraße 13; Fl.Nr. 290.

1905 Ludwig Gaßner, Neubau des Hauses; 1909 Hermine Denninghoff; 1924 Elisabeth Frfr. v. Braunmühl; 1927 Michael Frhr. v. Godin; 1932 Dr. Nicolai Guleke.

Lit.: Schober, Denkmäler, S. 392 mit Abb.

67 Sog. Judentempel.
Waldschmidtstraße 11; Fl.Nr. 292.

Um 1873 Menachion Kohn, Neubau des Hauses; Joseph Kohn; das Haus ging in der Folgezeit durch zahlreiche Hände.

68 Villa Bachmann (sog. Drei-Mäderl-Haus).
Ehem. Waldschmidtstraße 17; Fl.Nr. 152; Villa mit englischen Gartenanlagen, 16 410 qm.

1909 Anton Bachmann, Architekt in München, anschl. Neubau (Architekt: Anton Bachmann; StAM, Baupl. Tutzing 392/1910); 1919 Armand Becker, Fabrikbesitzer in Wartha, Schlesien (um 125 000 M, einschl. 35 000 M für bewegl. Sachen), Umbau und Neuausstattung; 1921 Brand und Wiederaufbau; Nebengebäude 1922; 1932 Hermann und August Becker; 1964 Anita Becker und Erbengemeinschaft.

Lit.: E. Hahn-Bay, Das »Drei-Mäderl-Haus«, in: Starnberger See-G'schichten II, Percha 1987, S. 58. Dort heißt es zum Umbau 1919: »Den Ansprüchen des neuen Eigentümers entsprechend wurden nun einige Um- und Ausbauten vorgenommen. Für den Hausherrn wurde ein Kaminzimmer eingerichtet. Alle Wände erhielten Gobelinbespannung in blaugoldenen Tönen. Nach dem Zeitgeschmack wurde auch das Mobiliar eigens angefertigt, es waren perfekte Kopien eines Renaissancezimmers, wie es im Original noch heute im Germanischen Nationalmuseum in Nürnberg zu sehen ist. Alle diese Arbeiten führte eine Breslauer Firma aus, die bekannt war durch zahlreiche Einbauten in preußischen und polnischen Schlössern. Außerdem wurde die Villa mit zwei modernen Bädern ausgestattet, ein für die damalige Zeit beachtlicher Luxus.« Auch nach dem Brand wurde die Villa wieder mit gehobenem Standard ausgestattet: »Auf den alten, bewährten Fundamenten konnte wieder ein solides Haus erbaut werden. Den Auftrag dazu erhielt diesmal eine Tutzinger Firma. Und der Innenausbau, alle Holztäfelungen an Decken und Wänden sowie der Einbau einer Zirbelstube lagen in den Händen der traditionsreichen Schreinerei Müller aus Tutzing. Seinen drei Adoptivtöchtern aber setzte der Eigentümer ein ganz besonderes Denkmal: In die seeseitige Fassade des Hauses wurde der Name ›Drei-Mäderl-Haus‹ eingemeißelt.«

69 Landhaus Frey.
Beiselestraße 2; Fl.Nr. 281; Landhaus mit Anlagen, 14 620 qm.

1903 Johann Baptist Frey, Fabrikbesitzer in München (Lodenfrey), anschl. Neubau des Hauses (Architekt: Otto Gaßner; StAM, Baupl. Tutzing, 220/1904).

70 Landhaus Neustätter.
Traubinger Straße 5; Fl.Nr. 412/2.

1878 Ludwig (Louis) Neustätter, Maler; 1909 Sigmund Neustätter; 1914 Gottlieb Neustätter; 1917 Walburga Miseré; 1927 Karl Heil.

71 Landhaus Violand (Drummer).
Traubinger Straße 7; Fl.Nr. 412.

1880 Julius Violand, Neubau des Hauses; 1890 Witwe Maria Violand; 1898 Joseph Wanninger; 1900 Ludwig van Hees, Maler und Photograph; 1908 Hans Drummer; 1910 Umbau des Ateliers in eine Veranda; 1938 Josefranz Drummer.

72 Landhaus Röckl.
Traubinger Straße 14; Fl.Nr. 414/8.

1870/71 Gendarmeriestationsmeister Roth, Neubau; 1872 Witwe Roth; 1874 Gottlieb Wegele; 1877 Wolfgang Lutz; 1888 Otto Oberhummer, Kaufmann in München; 1900 Maria Gutleben; 1927 Hofrat Fritz Gutleben; 1938 Umbau; heute im Besitz von Dr. Röckl.

73 Hillernhaus (Villa Ploetz).
Traubinger Straße 33a; Fl.Nr. 334; Landhaus mit Anlagen, 10 780 qm.

1909 Ludwig Gaßner und Engelbert Schnell, Neubau (Architekt: Engelbert Schnell; StAM, Baupl. Tutzing 266/1910); 1912 Wilhelmine v. Hillern, Schriftstellerin; 1915 Emma v. Ploetz (Emma v. Faber du Faur); 1933 Helga Danco; 1940 Willy Leithold.

74 Landhaus Dr. Schmidt.
Traubinger Straße 45; Fl.Nr. 329; Landhaus mit Anlagen, 8 840 qm.

1912 Dr. Karl Schmidt, Neubau (Architekt: Xaver Knittl; StAM Baupl. Tutzing 295/1912); 1931 Dr. Christian Burgdorf, Chemiker.

Landhaus Derigs.
Traubinger Straße 29; Fl.Nr. 335/2.

Maria Derigs; Neubau des Landhauses 1914.

Landhaus Korff.
Traubinger Straße 26; Fl.Nr. 332.

Um 1900 Josef Hamel; Neubau 1922 für Botho Korff; 1938 Dr. Friedrich v. Keller.

75 Villa v. Landmann.
Martelsgraben 2; Fl.Nr. 454.

1904 Exzellenz Dr. Robert Ritter v. Landmann, kgl. Staatsrat in München; 1905 Neubau; 1926 Legationsrat Felix v. Landmann und Irma Keller; 1943 Irene Keller und Angela v. Landmann, Generalkonsulswitwe in Berlin; 1960 Dr. Gabriele Dessauer.

76 Villa Dahn.
Am Höhenberg 2; Fl.Nr. 593.

1871 Ignaz Off, Neubau des Hauses; 1875 Dr. Zerennes, Rat in Hildburghausen; 1878 Sophie Dahn, Professorsgattin; 1889 Erhöhung des Hauses um ein Stockwerk, Aussichtsturm rückwärts; 1898 Dr. Friedel Dahn, Landgerichtsrat; 1899 Heinrich Büttner; 1953 Abnahme des Aussichtsturmes.

Lit.: Schober, Denkmäler, S. 382 mit Abb.

Ähnlich das Landhaus Kustermannstraße 3 (Fl.Nr. 460), um 1885 für Lorenz Pauli (1894 Gebrüder Hörsch) errichtet.

Villa Gräfin Bonasi.
Ehem. Am Höhenberg 12; Fl.Nr. 595.

1874 Ignaz Off, Ratsdiener, Neubau des Hauses; 1885 Oskar Schüler, Bankier in München; 1896 Elisabeth Gräfin Bonasi, Rentiere in Florenz; 1898 und 1902 Anbau und Erweiterung; 1920 Karl v. Spruner; 1932 Dr. Peter Riepert, 1950 Georg Neuberger; 1983 abgebrochen.

Villa v. Hövel (Haus »Braunschweig«).
Am Höhenberg 18; Fl.Nr. 584/2, 592; Wohnhaus mit Parkanlagen, 6 580 qm; später nach mehreren Zukäufen: 11,999 ha.

1905 Friedrich Frhr. v. Hövel, Major in Wiesbaden, Neubau der Villa (Architekt: Xaver Knittl; StAM Baupl. Tutzing 363/1905); 1915 Louise v. Hövel; 1919 Joh. Jak. Knecht; 1927 Dr. Peter Riepert, Baurat in Charlottenburg; 1928 Anbauten, Terrassenneubau und Kuppelaufbau; 1939 Lieselotte Thies-Riepert.

Landhaus v. Hofacker.
Am Höhenberg 15; Fl.Nr. 583, 565, 576, 577, 578.

1875 Neubau des Hauses; 1896 Erbengemeinschaft Austerbauer; 1896 Anna v. Hofacker, Oberlandesstallmeisterwitwe; 1924 Cäsar v. Hofacker in Tübingen; 1950 Erbengemeinschaft Hofacker.

Landhaus Wassner.
Beringerstraße 15; Fl.Nr. 700; Wohnhaus mit Gartenanlagen, 8 090 qm.

1904 Maximilian Wassner (Waßner), Oberstleutnant in München, Neubau (StAM Baupl. Tutzing 315/1904); 1931 Auguste Wassner; 1950 Barbara Müller.

77 Gut Deixlfurt.
Deixlfurt; ehem. Haus-Nr. 56 in Traubing; Fl.Nr. 1295, 1293, 1294 mit zus. 166,29 Tagw. (56,9 ha); 1883: 195,550 ha; 1900: 330,139 ha; 1920: 348,313 ha.

1873 Jakob Burger; 1874 Michael Bierbichler und Michael Demmel, um 20 000 Gulden; 1875 Heinrich Vogl, kgl. Kammersänger, um 14 000 Gulden; 1880 Totalumbau und Vergrößerung des Wohnhauses (Architekt: Xaver Knittl); 1900 Therese Vogl, Witwe und Kinder; 1920 Elisabeth v. Günther; 1921/22 An- und Umbauten (Architekt: Xaver Knittl); 1924 Neubau Autohalle; 1943 Elisabeth v. Günther, Majors- und Gutsbesitzerswitwe, und Sohn Arnold Victor v. Günther, Rittmeister; 1946 Elisabeth v. Günther allein; 1965 Elisabeth v. Jordan, geb. v. Günther.

78 Heinrich Vogl kümmerte sich persönlich um seine Landwirtschaft und fuhr auch auf die Viehmärkte in Weilheim. Ob die Landwirtschaft am Ende für ihn mehr als ein Steckenpferd war, ist nicht zu sagen. Vogl soll Besucher oft mit der Frage empfangen haben: »Was darf ich Ihnen anbieten, ein Glas Milch oder ein Glas Sekt? Beides kommt mich gleich teuer!« Heinrich Vogl starb im April 1900 hier in Deixlfurt, nachdem er noch vier Tage zuvor im »Bajazzo« gesungen hatte. Therese Vogl war lange auch eine ideale Verkörperung der Brünnhilde. Sie war eine sehr gute Reiterin und pflegte in der »Götterdämmerung« mit dem Pferd und ohne Sattel in die brennenden »starken Scheite« zu springen. Ihr eigenes Pferd »Grane« wurde dazu zu jeder Vorstellung der »Götterdämmerung« in Tutzing auf die Eisenbahn verladen und nach München gebracht (vgl. dazu auch die Fußnoten zu Landhaus Vogl, Marienstraße 12).

Berg

Allgemeine Quellen:
Kataster im Staatsarchiv München (StAM):
20475 (Rustikalsteuerkat. 1812)
20476 (Umschreibkat. [1] 1830–1850)
20477 (Umschreibkat. [2] 1851–1867)
20484 (Grundsteuerkataster 1867)
20485/86 (Umschreibheft 1867 f.)
20487 (Umschreibverz. 1867–1901)
20491 (Fortges. Grundbuch 1867–1920)
20797 (Grundsteuerkataster Kempfenhausen 1867)
20798 (Umschreibkataster Kempfenhausen 1867–1950)
25480 (Rustikalst.-Kat. Höhenrain 1814)
25481 (Umschreibkataster Höhenrain 1814 ff.)
25487/88 (Grundsteuerkataster Höhenrain 1867)
25490/91 (Umschreibhefte Höhenrain 1867 ff.)
25493 (Grundst.-Kat. Höhenrain 1915)
25495 (Umschreibhefte Höhenrain 1915 ff.)

1 Vgl. G. Schober, Bilder aus dem Fünf-Seen-Land, Abb. 86, 99, 136, 137.

2 Gabriel Maleskircher (Mäleßkircher), als Maler seit 1461 in München nachweisbar, 1469 Ratsmitglied der Stadt München, 1485 Zweiter Bürgermeister, arbeitete sehr viel für das Kloster Tegernsee (u. a. 15 Altartafeln) und das Kloster Benediktbeuren.

3 Schloß Kempfenhausen.
Milchberg 11; Fl.Nr. 566.
1485 Gabriel Maleskircher, Neubau eines Sommerhauses; nach dem Tod Maleskirchers 1495 das Geschlecht der Bart (Part); 1620 Patrizierfamilie Schrenck; 1639 Patrizierfamilie Hörl; 1678 Kurfürst Ferdinand Maria; 1690 Frhr. Caspar Marquard Zündt von Kenzingen; 1748 Hofkammerrat Franz Joseph v. Dufrèsne; 1768 Hofkammerrat Johann Baptist v. Pirchinger; 1796 Damenstift St. Anna in München; 1819 Staatsrat Karl Christian v. Mann; 1837 Herzog Max in Bayern; 1850 Dr. Anton v. Schauß; 1867 Dr. Friedrich v. Schauß, Bankier, Jurist und Landtagsabgeordneter, und Geschwister (Charlotte v. Schauß und Dr. Emil v. Schauß, Direktor der kgl. Münze); 1881 Umbau; 1892 Frhr. Dr. August Sartorius v. Waltershausen; 1909 Friedrich Otto Graf v. Bylandt, Umbau des Schlosses (Baupl. Kempfenhausen 26–28/1909, LRA, Denkmalschutzakt); 1914 Anbau (Baupl. Kempfenhausen 45/1914); 1938 Reichsärztekammer.
Lit.: L. v. Westenrieder, Beschreibung des Wurm- oder Starenbergersees, München 1784, S. 123; Schaden, Beschreibung des Würm- oder Starnberger Sees, München 1832, S. 106; Link: Der Würm-See, München 1857, S. 46; G. Schober, Prunkschiffe auf dem Starnberger See, München 1982; G. Schober, Bilder aus dem Fünf-Seen-Land, Starnberg 1979, mit zahlr. Abb.; Hans Rudolf Klein, Eine bayerische Chronik. Die Hofmark Kempfenhausen am Starnberger See, Berg 1993.

4 Daß Herr v. Schauß hier in Kempfenhausen wieder große Feste feierte und daran auch der Adel, insbesondere die herzogliche Familie aus Possenhofen, teilnahm, zeigt eine Erinnerungstafel im Saal des Schlosses: »Am 27. Juli 1860 abends 6½ Uhr beehrten dieses Schloß folgende Herrschaften mit Besuch: Ihre Majestät Kaiserin Elisabeth von Österreich, Ihre kgl. Hoheit Herzogin Louise in Bayern, Ihre kgl. Hoheit Fürstin Helene v. Thurn und Taxis, Seine Durchlaucht Erbprinz Maximilian v. Thurn und Taxis, Ihre kgl. Hoheit Herzogin Sophie in Bayern, Ihre Exzellenz Gräfin Esterhazy, Seine Exzellenz Graf Nobili, Ihre Exzellenz Gräfin Rotenhan u.a.

5 Villa Pellet (Villa Seehaus).
Münchner Straße 49/61; Fl.Nr. 116 (ehem. 602 u. 603), 113, 114, 115, 117, 111, 112 (Wohnhaus mit Keller, Dienerschaftsgebäude, Ökonomiegebäude, Fremdenstallung, Portierhaus, engl. Anlagen, mit Brunnen, Gras und Baumgarten, Seewiese, Schiffshütte, Badehaus mit Steg, zus. 7,82 ha).
1843 Andreas Pellet, Posthalter in Starnberg (im Auftrag seines Schwiegervaters, des Brauereibesitzers Kalb in Großhesselohe); 1855 Neubau des Landhauses (Architekt unbekannt, vermutlich A. Fischhaber oder M. Wannerstorfer); 1866 Witwe Maria Pellet; 1886 Söhne Max und Christian Pellet; 1898 Fürstin Anna Bariatinsky (Großgrundbesitzerin aus Saint-Raphael, und Fürst Alexander Bariatinsky, um 350 000 M; anschließend erste größere Umbauten, Erker und Terrasse seeseitig (Architekt: Theodor Lachermeier, München; Baupl. Kempfenhausen 0.10–13/1899), 1901 Anbau an das Ökonomiegebäude, Umbau des Stallgebäudes, neuer Pferdestall, Einbau versch. Räume mit eigenem Aufgang außerhalb (Architekt: Dietrich Voigt); 1901 Gärtnerhaus, Glashaus; 1903 Küchenanbau an der Nordseite (Baupl. Kempfenhausen 55/1903); 1905 Neubau eines Gästehauses, sog. »kleine Villa«; 1907 Anbau einer Bibliothek, neue Automobilhalle nördlich der Einfahrt, Einfahrtstor mit Pförtnerhaus, Pavillon am Ufer; 1908 Umbau des Gärtnerhauses, Neuordnung der Parkanlage; 1912 Fürstin Anna Bariatinsky allein; 1914 Bayerischer Staat; 1919 Gräfin Marguerite v. Oberndorff (Gattin des deutschen Gesandten in Sofia, später in Warschau); nach 1920 Abbruch verschiedener Gebäude. Das Landhaus wurde nach 1930, nach dem tödlichen Unfall des Ehepaares v. Oberndorff, nicht mehr bewohnt, der Park wurde nicht mehr gepflegt; 1938 Elisabeth Hunaeus, Eröffnung eines Seminars für Frauenbildung, während des Krieges Kinderheim, nach dem Krieg Kindergärtnerinnenschule; 1967 Zweckverband für Landschulheime; seit 1972 Internat und Gymnasium.
Lit: Link 1857, S. 46; Link 1859, Link/Schober 1879/1984, S. 59 u. 148; Lampert 1884, S. 64; Gegenfurtner 1883, S. 48 u. 1896, S. 76; Schober, Denkmäler, S. 76 mit Abb.; E. Schirmer, Historische Villen und Parkanlagen im Uferbereich von Kempfenhausen, Masch.-Schrift, Starnberg 1984; Hans Rudolf Klein, Kempfenhausen, Berg 1993, S. 312 ff. u. 371; Heribert Muser, Das Wagner-Haus in Kempfenhausen, in: Starnberger See G'schichten VII, 1992; Benno Gantner sen., Ein Bauernhof in Kempfenhausen macht Geschichte, in: Starnberger See G'schichten III, 1988.

6 Vgl. dazu Link 1859, S. 46 und die Zeichnung der Villa Pellet, um 1864, im Archiv Wahnfried, Bayreuth, abgebildet in Link/Schober, 1879/1984, S. 149; auf der Zeichnung im Wahnfried-Archiv reicht der Brettermantel auf der Seeseite bis zum 2. Geschoß herab. Da kaum wahrscheinlich ist, daß dies nur auf der Westseite so war, dürfte der Brettermantel entfernt und durch die neue Fassadendekoration ersetzt worden sein.

7 Heribert Muser, Das Wagner-Haus in Kempfenhausen, in: Starnberger See G'schichten VII, 1992, S. 127 f.: »Eine ganze Etage steht für Dich und Deine liebe Familie zur Verfügung... Salon mit Balkon und herrlicher Aussicht; zwei Schlafzimmer, ein Kinderzimmer, ein Dienstmädchenzimmer, Musikzimmer mit Flügel für Dich extra... die Kinder werden hier herrlich gedeihen: großer, großer Garten...«

Vgl. in ausführlicher Schilderung auch: H. Muser, Die Villa Pellet in Kempfenhausen, in: Landschulheim Kempfenhausen 1979/80, S. 6.

8 Der immer wieder genannte Titel »Großfürst« ist falsch. Dieser stand nur Angehörigen der kaiserlichen Familie zu, ähnlich dem Titel »Erzherzog« im Hause Habsburg.

9 »Die gesamte Verwaltung oblag dem Haushofmeister und der Beschließerin. Das Hauspersonal setzte sich aus Kammerdienern, Dienern und Burschen, Kammerzofen, Zofen, Jungfern und Hausmädchen zusammen. Das Küchenpersonal bestand aus einem russischen Küchenchef, Köchin und Herdmädchen für die Herrschaftsküche. Dazu kam eine eigene Dienerschaftsküche mit einem Koch, zwei Beiköchinnen und den nötigen Küchenmädchen. Dabei wäre noch besonders zu erwähnen, daß täglich von Starnberg und Percha die Mütter kinderreicher armer Familien körbeweise übriggebliebene Speisen abholen durften.« (Benno Gantner sen., a.a.O., S. 132)

10 In Starnberger See G'schichten III, 1988, S. 132 ff. Dem Obergärtner Schermbacher standen vier Gärtner und mehrere Hilfsarbeiter zur Seite.

11 Benno Gantner sen., in a.a.O., S. 136. »Das wohl Eindrucksvollste für die ganze Umwelt war, wenn der Fürst im prunkvollen Viererzug an herrlichen Sommertagen mit der großen Reisekarosse, der Stallmeister am Bock und zwei Lakaien, ausfuhr. Man hatte ganz den Eindruck, nachdem der Fürst immer selbst kutschierte, daß das Lenken der Pferde zu seinem größten Vergnügen gehörte. In dem wahrhaft höfisch aussehenden Gefährt saßen meistens die Fürstin und noch andere Damen des Hauses oder auch die Kammerzofe, besonders dann, wenn es sich um längere und weitere Reisen handelte. Am rückwärtigen Teil des Wagens waren links und rechts zwei Standplätze angebracht, auf denen die Lakaien in bunter Livree mit Posaunen standen und an Kurven und Hindernissen Signale gaben. An den beiden blitzblanken Posaunen hingen buntgestickte Wappenbilder des russischen Uradels Bariatinsky.«

Auch Oskar Maria Graf erinnert sich der pompösen Hofhaltung der Fürsten Bariatinsky: »Vier- und sechsspännige Luxuskutschen mit teuren Edelpferden tauchten auf den staubigen Landstraßen auf und wurden allgemein bestaunt und beredet. Sehr oft sah man die zahlreichen Angehörigen und Gäste der fürstlichen Familie über die abgemähten Felder galoppieren. Es wurden laute, nächtliche Feste im stillen Park abgehalten, und es gab eine Menge Dienerschaft, die – so fremd ihnen das auch vorkommen mochte – sich sonntags unter die Leute mischten, mit ihnen tranken und den Dorfschönheiten nachstiegen.« (Oskar Maria Graf, Aus dem Leben meiner Mutter, München 1975, S. 302).

12 Benno Gantner sen., a.a.O., S. 138, erinnert sich: »Die Zahl der geladenen Gäste bewegte sich zwischen 200 und 250 Personen. Der Adel der näheren und weiteren Umgebung, Regierungs- und Künstlerkreise zählten in der Hauptsache zu den Festgästen. Erstklassige Musikkapellen sorgten für Unterhaltung. Die großartige Illumination des ganzen Parkes in allen Farben – die vielen Kilo bengalischen Feuers, das überall zwischen den Bäumen abgebrannt wurde – war für uns Buben, die wir uns auf den umliegenden Bäumen postiert hatten, das Märchenhafte und Unvergeßliche. Nach dem großen Diner spazierten zwischen den farbigen Lichteffekten die eleganten Paare durch den Park, die Damen in herrlichen Abendkleidern, die Herren im Frack oder Uniform. Höhepunkt war das große Feuerwerk mit hunderten von Raketen, das den Abschluß des zauberhaften Abends für die vielen Zaungäste bedeutete. Die vornehme Gesellschaft aber verbrachte den weiteren Abend mit Tanz und Unterhaltung. In dieser Zeit waren solche Illuminationen und Feuerwerke am See noch selten, für uns dafür um so eindrucksvoller.«

13 Villa Bariatinsky (Villa Rechberg, heute Breiter).
Münchner Straße 35; Fl.Nr. 111 (Villa mit engl. Anlagen, ca. 19 290 qm, von Haus-Nr. 5 transferiert).
1898 Fürstin Anna Bariatinsky; B. Gantner meint (in: Starnberger See G'schichten III, 134), die Bauherrin sei nicht identisch gewesen mit der Fürstin Bariatinsky in der Pellet-Villa. Hier irrt Gantner: Die Fürstin unterschreibt alle Pläne und die Verhandlungen mit Nachbarn mit ihrem vollen Namen); 1906 Neubau der Villa (Architekt: Otto Riemerschmid; Baupl. Kempfenhausen 21/1905); 1914 Bayerischer Staat; 1918 Martin Neuburger, niederländischer Konsul in München, um 200 000 M; 1935 Arnold Rechberg, Rittmeister a. D. und Bildhauer; 1947 Erbengemeinschaft Rechberg; 1961 Adalbert Breiter; 1969 Abbruch der Villa und Neubau des bestehenden Hauses.
Lit.: E. Schirmer, Kempfenhausen, S. 1.

14 Mehr zu Rechberg bei Schirmer, Kempfenhausen, S. 3; Rechberg wurde nach seiner Inhaftierung in Dachau 1943 und dann in Godesberg von den Amerikanern befreit. Er versuchte, nach dem Krieg noch einmal politisch Einfluß zu nehmen. Er starb 1947 in Starnberg.

15 Erhalten sind noch das Pförtnerhaus an der Straße sowie das Stallgebäude, das zu einer Garage umgebaut wurde.

16 Villa de Osa.
Münchner Straße 27; Fl.Nr. 110 (Villa mit Anlagen, ca. 19 650 qm).
1909 Augusta de Osa, Witwe des kolumbianischen Botschafters in Paris; Neubau der Villa 1910 (Architekt: Ernst Haiger; Baupl. Kempfenhausen 29–31/1910); gleichzeitig Einfriedungsmauer mit zwei Toren an der Münchner Straße, Glas- und Gewächshaus mit Gemüsegarten; 1921 Federico de Osa, Major a. D.; 1944 Erbengemeinschaft de Osa; 1953 Dr. Heinz Bannaski (Umwandlung in eine Privatklinik), Erweiterungsbau nördlich an die Villa anschließend; 1980 Valentin Argirov (Privatklinik Argirov), mehrere Zubauten zu beiden Seiten der Villa.
Lit.: Die Kunst, XII. Jahrg. 1911, Heft 5; Dekorative Kunst XIV, 1911, S. 201; H. Sörgel, Ernst Haiger, München 1930, mit Abb.; E. Schirmer, Kempfenhausen, Masch.-Schrift 1984, Nr. III; Schober, Denkmäler, S. 74 mit Abb.; Hans Rudolf Klein, Kempfenhausen, S. 372 mit Abb.

Ernst Haiger hatte bei Fr. Thiersch und bei Paul Pfann studiert. Er bewährte sich vor allem im Villenbau; die beiden Villen de Osa gehören zu seinen Hauptwerken. Die große de Osa-Villa hatte später ein bewegtes Schicksal: 1944 starb Augusta de Osa in der Villa. Kurz darauf wurde die Villa von der Wehrmacht für einen Stab des Generalkommandos, das in München ausgebombt worden war, beschlagnahmt, die Fassade wurde mit einem Tarnanstrich versehen. Nach Kriegsende wurden amerikanische Soldaten einquartiert, auf den Rasenflächen der Parkanlage große Mannschaftszelte aufgestellt. Nach der Freigabe der Villa durch die Amerikaner 1946 brachte man Flüchtlinge unter. Erst 1950 wurde der Besitz wieder dem Erben, Federico de Osa, zurückgegeben. In der Nacht vom 10. auf den 11. Oktober 1951 wurde in einer aufsehenerregenden Bluttat die gesamte Familie (Fritz de Osa mit Frau und Tochter) ermordet. Täter war der Gärtner, der anschließend Selbstmord beging. (Zu diesen Vorgängen: E. Schirmer, Kempfenhausen, III).

17 Vgl. Schirmer, Kempfenhausen, Nr. III. S. 5: Madame de Osa, eine gebürtige Hamburgerin, hatte wenige Jahre zuvor zum katholischen Glauben konvertiert und wollte hier ganz ihrer Religiosität leben.

18 In: Dekorative Kunst XIV, 1911, S. 204, schreibt Alexander von Gleichen-Russwurm zur Innenausstattung: »Das Gefühl, von richtigen Proportionen umgeben zu sein, begleitet in das Innere des Hauses. Schon im Vestibül begegnen wir Feinheiten in Formen und Farbenstimmungen, wie sie die jüngste Bewegung des englischen Stils eingeführt hat. Diese Bewegung zeigte von neuem für die ganz veränderten Verhältnisse der Gegenwart die Zusammengehö-

rigkeit von Haus, Möbel und Gerät, die Notwendigkeit, aus den Dingen und Wänden, die uns umgeben, Einheitliches zu schaffen. Durch solche Harmonie hat die Villa de Osa etwas Vorbildliches bekommen. Nichts stört in der architektonisch durchgeführten Einrichtung, die genug Spielraum gewährt, persönliche Dinge einzufügen und so die Wohnung ebenso behaglich wie ästhetisch zu machen. (...) Ernst Haiger wählte nach eigenen Plänen in den Vereinigten Werkstätten vom Vestibül bis zu den Dienstbotenzimmern die ganze Einrichtung liebevoll und mit Geschmack aus. Treppenhaus und Eingang haben dunkelgrünen Fries an den Wänden und einen gleichfarbigen wunderschönen Treppenläufer, die Stoffe sind weiß mit Hopfenranken verziert, die auch den stimmungsvollen Hintergrund der Nischen, rechts und links der Tür ausfüllen. Weißlackierte Möbel, grüner Marmor, Stiche mit altrömischen Veduten und zwei Nymphenburger Vasen bilden die Einrichtung. (...) In das große runde Mittelzimmer tritt man durch eine Tür mit englischer Verglasung. Dieses zum Wohnen und Arbeiten eingerichtete Zimmer macht einen durchaus gemütlichen Eindruck. Das warme Grau der seidenen Wandbespannung stimmt sich weich zu dem kühlen Grün der Bezüge und Vorhänge, es leuchtet und flimmert in dem behaglichen Gemach, als ob die Sonne durch halbgeschlossene Läden sich Eingang verschafft. Die Möbel aus graubraunem Eichenholz sind vorzüglich gearbeitet... (...) Musterhaft ist der Speisesaal mit seinen grauseidenen Wänden, gelben Vorhängen und den großen bunten Nymphenburger Vögeln auf weißen Sockeln. Genügender Raum gestattet eine Bedienung ohne Drängen und Stoßen, ein langer Marmortisch dient zum Aufstellen und Ablegen der Tafelgeräte. Vom Schlafzimmer aus sieht man weit hinaus über den See, wenn die Läden des Morgens geöffnet werden und das Licht hereinflutet, zeigen die blauen Möbel die gleiche Farbe wie das Wasser, an den weiß mit gelb gestriften Wänden glitzert das Licht, leuchtet im Weiß und ruht im Gelb.«

Madame de Osa hatte die Absicht, zu einem späteren Zeitpunkt einen Teil der wertvollen Möbel aus ihrer luxuriösen Pariser Wohnung in der Avenue de l'Alsace (originales Mobiliar im Stil Louis XVI und Directoire, sowie Beauvais-Möbel in alter Vergoldung) nach Kempfenhausen zu holen. Noch kurz vor dem Ersten Weltkrieg brachte sie einen Teil an den Starnberger See, mußte jedoch, als bei Kriegsausbruch die Renditen aus dem Pariser Hausbesitz gesperrt wurden, alles verkaufen. (Ernst Haiger, Erinnerungen 1946/48. Maschinenskript, Privatbesitz).

19 Der straßenseitige Gartenteil wurde im wesentlichen von der Auffahrt beherrscht. Der auf einen hohen Betonsockel gesetzte Zaun wies, axial auf den Portikus der Villa bezogen, einen separat gestalteten Mittelteil mit schmiedeeisernem Gitter auf. An beiden Enden dieses Mittelteils befanden sich ein Ein- und ein Ausfahrtstor, deren Mauern halbrund nach innen gezogen und mit einem hohen schmiedeeisernen Tor geschlossen waren. Von diesen Toren führten bogenförmige Auffahrten zum Rondell vor dem Portikus. Dieses Rondell wurde von einer steinernen Bank begrenzt. Der schmiedeeiserne Zaun war mit Ziersträuchern hinterpflanzt, jede der beiden Einfahrten von Baumgruppen flankiert. Zu beiden Seiten dieser Einfahrtstore befanden sich Gartenanlagen. Südlich ein Glashaus und der Gemüsegarten, nördlich befand sich ein 1,5 m hoher Zierbrunnen. Die nördliche Grundstücksgrenze (heute Fußweg »Seehang«) wurde von hohen Laubbäumen markiert. Auf der Seeseite der Villa führten vom Vorplatz der Terrasse je ein von Laubgehölzen gesäumter Weg in weitem Bogen zum Ufer hinunter. Unten wurden sie durch eine uferparallele Kastanienallee verbunden, deren Kronen wegen des Ausblicks auf den See sorgfältig beschnitten wurden. Im Südwesten bildete eine weit ausladende Blutbuchengruppe den Abschluß des gepflegten Rasens, der sich zwischen den Wegen ausbreitete. Von der Terrasse, auf die ein Paar schlanker Pappeln gepflanzt war, bzw. von dem von zwei Sphinxen und großen Buchskugeln begrenzten Vorplatz aus führte schließlich noch ein gerader, von niederen Buchshecken und Polyanderrosen gesäumter Weg den Abhang hinunter. Ziel war ein zweischaliger, von zwei Sitzbänken gesäumter Brunnen, der die Kastanienallee unterbrach. Unten am Ufer war die Weiterführung des alten öffentlichen Uferweges zur Auflage gemacht worden, so daß das Grundstück nicht bis zum Wasser ausgedehnt werden konnte. Eine Brücke, die von der Kastanienallee zum Grundstücksteil am Ufer führen sollte, wurde seinerzeit nicht genehmigt. Anstelle der nicht genehmigten Brücke wurde eine kostspielige »Unterführung« hergestellt. Nach dem Bau der kleinen Villa des Sohnes Federico de Osa (Seehaus) wurde diese Lösung aufgegeben und der alte Fußweg unmittelbar an das Ufer verlegt. Diese Änderung erklärt die heute in rechtem Winkel abknickende Führung des Uferweges.

20 Die erste Veränderung brachte schon 1921 die Errichtung der kleinen Villa für den Sohn Federico de Osa im unteren Parkteil. Als der Arzt Dr. Bannaski 1953 dann in der oberen Villa eine Privatklinik einrichtete, wurde nicht nur die Villa im Inneren den andersartigen Erfordernissen angepaßt, sondern auch die Gartenanlage nachhaltig verändert. So wurde nördlich ein massiver Bettentrakt ohne besondere Rücksichtnahme an die Villa angefügt, auch die originale Einfahrt wurde zugunsten des verstärkten Publikumsverkehrs umgebaut, auf den Gartenflächen wurden Parkplätze angelegt. Später wurde der nordwestliche Teil der Gartenanlage abgetrennt und verkauft. Heute ist die Villa von den Neben- und Erweiterungsbauten der Klinik umstellt.

Grundlagen für die Rekonstruktion der Gartenanlage: Flurkarten Kempfenhausen 1902 ff; Lageplan mit Wegesystem 1911 (Eingabeplan 1910, Baupl. Kempfenhausen 29–31/1910); versch. Photographien der Bauzeit (aus: Die Kunst, 1911); versch. Postkarten 1930 ff.

21 Seehaus de Osa.
Seehang 5; Fl.Nr. 110/3.
1909 Plan eines eigenen Hauses für Federico (Fritz) de Osa (Architekt: Ernst Haiger); 1921 Baubeginn; 1934 Erweiterung auf der Südseite (Architekt: Ernst Haiger; Baupl. Kempfenhausen); 1952 Erbengemeinschaft de Bruyn und M.B. de Osa; 1954 Karl Wolff (General der SS a. D., letzter Stadtkommandant von Rom); 1962 Widokind Wolff; 1965 Erich Trott; 1972 Barbara Trott; 1998 Umbau.
Lit.: Dekorative Kunst XXXII, 1923; Wasmuths Monatshefte 1927; H. Sörgel, Ernst Haiger, München 1930; E. Schirmer, Kempfenhausen, III; Schober, Denkmäler, S. 76 mit Abb.; Hans Rudolf Klein, Kempfenhausen, S. 377 mit Abb.

22 Dazu heißt es in: Dekorative Kunst, a.a.O., S. 1: »Das kleine Häuschen am See enthält im Parterre drei geräumige Zimmer, im ersten Stock zwei Schlafzimmer, ein Toilettezimmer und ein Bad. Im hohen Souterrain Küche, Dienerschaftszimmer, Heizraum, die notwendigen Keller und Nebenräume, sowie eine kleine Garage für Motorräder. Dem Äußeren liegt der Gedanke eines herrschaftlichen Pavillons zugrunde, und in der Farbe wurde versucht, die Stimmung der Umgebung widerzuspiegeln. So ist der Grundton des Hauses seegrün, die Architekturteile und Embleme sind in leicht ockergetöntem Weiß und die Fensterläden dunkelgrün gehalten.«

Ernst Haiger hatte bereits bei einem größeren Haus für Kommerzienrat Kannengießer im Isartal zu einer ähnlichen Lösung gefunden (Abb. in: Dekorative Kunst, a.a.O., S. 8). Bei den Umbauarbeiten 1998 wurde auch hier die wunderbar ausgewogene Fassade durch den Vorbau einer überproportionierten, barockisierenden Freitreppe verdorben. Ein weiteres Beispiel für den unsensiblen Umgang mit hochrangiger Architektur am Starnberger See.

23 In Dekorative Kunst, a.a.O., S. 1, wird die Gestaltung der Innenräume wie folgt beschrieben: »Das kleine Treppenhaus ist buntgeblümt auf weißem Grund tapeziert, das Geländer und die Türen sind weiß lackiert, die Handleiste der Treppe sowie der Läufer grün, zu den Blättern der Tapete gestimmt. Die meistens sehr häßliche Kleiderablage ist durch einen Wandschrank ersetzt. Der Mittelraum ist mattlila getönt und mit einem Teppich in gleicher Farbe belegt. Dazu sind die Möbel in einem kräftigen Grün als Gegengewicht lackiert. Vorhänge und Bezüge der Möbel sind ebenfalls lila mit ockergrauen Streifen. Die Schränke der Bibliothek in dunklem Nußbaumholz umschließen einen gemütlichen Sitzplatz. Der grüne Damast der Vorhänge und Möbel ist zu einem weinroten Teppich gestimmt. Ein großer Schreibtisch nimmt die Fensterseite ein. Korrespondierend mit der Bibliothek befindet sich auf der Westseite des Hauses das Speisezimmer. Die grauen Lackmöbel harmonieren mit dem Mattblau der Wände und den blaugelbgestreiften Vorhängen und Bezügen. Einen besonderen Schmuck des Hauses bildet die hervorragende Sammlung von Kupferstichen des Besitzers.«

24 Villa Ludwig.
Münchner Straße 19; Fl.Nr. 107/2.
1910 Angelo Ainmiller in München; 1917 Berta Ainmiller, Neubau des Hauses (Architekt unbek.); 1920 Emil Ludwig, Architekt in München, Umbau des Hauses (Baupl. Kempfenhausen 57/1920); 1940 Karl Friedrich Ludwig; 1950 Martha Ludwig.

25 Villa Friedländer (»Haus Ruhland«, Villa Frick, Villa Keller).
Münchner Straße 5; Fl.Nr. 104 (Villa mit engl. Anlagen, 68 400 qm).
1922 Industrieverw. G.m.b.H. Berlin; 1923 Robert Friedländer-Prechtl, Neubau der Villa (Architekt: Carl Sattler; Baupl. Kempfenhausen 66/1923, LRA Starnberg, Denkmalschutzakt); 1925 Meta Friedländer; 1928 Neubau einer Autohalle; 1932 Boots- und Badehütte; 1932 Gustav Talbot, Waggonfabrikant in Aachen; 1935 Dr. Wilhelm Frick, Reichsinnenminister, Umbau der Villa (Architekt: Georg Steinmetz, Berlin; Baupl. Kempfenhausen 88/1935, LRA Starnberg, Denkmalschutzakt); 1952 Bayerischer Staat; 1956 Joseph Keller, Verleger.
Lit.: Wasmuths Monatshefte für Baukunst 1928, S. 56 mit Abb. und Grundr.; E. Schirmer, Kempfenhausen, Nr. V; Schober, Denkmäler, S. 74 mit Abb.; Hans Rudolf Klein, Kempfenhausen, S. 375 mit Abb.

26 Grundlagen für die Rekonstruktion der Gartenanlage: Flurpläne Kempfenhausen 1902 ff.; Lageplan mit Wegesystem in: Wasmuths Monatshefte für Baukunst 1928, S. 56; versch. Photographien um 1935.

27 Diese Zeit schildert Lotte v. Scholler in: Starnberger See G'schichten VI, S. 119: Der Starnberger See unter dem Sternenbanner.

28 Villa Lüderitz (Villa Alte Eichen).
Sonnleitenweg 2; Fl.Nr. 6, 86 (Villa mit Gartenanlage, 25 260 qm).
1895 Dr. Johannes v. Kap Her, Neubau der Villa (Baupl. Kempfenhausen 9/1895, nicht vorhanden); 1906 Neubau eines Hausmeisterhauses auf Fl.Nr. 86/2 (Architekt: Franz Rank; Baupl. Kempfenhausen 18/1906); 1920 Karl Frhr. v. Biel (um 500 000 M), Umbau; 1921 Carl Lüderitz (um 610 000 M), deutscher Konsul in Baltimore; 1938 Reichsärztekammer; 1949 Bayerischer Staat; 1953 Arbeiterwohlfahrt in Bayern; 1985 Ludwig Ruppert, Umbau.
Lit.: Schober, Denkmäler, S. 78 mit Abb.; Hans Rudolf Klein, Kempfenhausen, S. 369 mit Abb. u. Grundr.

29 Villa Sarsen (Villa Richter).
Münchner Straße 2; ehem. Haus-Nr. 27; Fl.Nr. 8/2.
1923 Dr. David Sarsen in München, Neubau der Villa (Architekt unbek.; Baupl. Kempfenhausen 94/1923, nicht vorhanden); 1928 Dr. Kurt Lichtwitz, Arzt in Thalkirchen; 1933 Berta Lichtwitz; 1936 Dr. Wolfram Richter, prakt. Arzt in Chemnitz; 1941 Anneliese Böhringer.

30 Villa Plass, Villa Drenhaus (Villa Gisenau).
Seestraße 71/73; Fl.Nr. 94, 95/3, 95/4 (Villa mit Parkanlage, 16 030 qm).
1904 Ernst Ludwig Plass, Kunstmaler, Neubau des Landhauses (Architekt: J. Angermair; Baupl. Kempfenhausen 22/1904); 1917 Maria Plass; 1922 Gisa Frfr. v. Korff in Berlin, verehel. Drenhaus-Barathy (um 130 000 M), 1925 Totalumbau zur Villa (Architekt: Ferdinand Götz, München; Baupl. Kempfenhausen 67/1925, LRA Starnberg, Denkmalschutzakt); 1939 Dr. Herman Wenzel, Direktor in Dortmund; 1953 Kinderklinik Dr. Faul; 1989 Bayerische Hypotheken- und Wechsel-Bank, Umbau (Architekten: Heinz Hilmer und Christoph Sattler, München).
Lit.: Schober, Denkmäler, S. 78 mit Abb.; Hans Rudolf Klein, Kempfenhausen, S. 378 mit Abb.; Kempfenhausen, Festschrift der Bayerischen Hypotheken und Wechsel-Bank, München 1993.

31 Umbauplan 1922 (Architekt: Anton Hatzl jun.; StAM, Baupl. Kempfenhausen 61/1922 u. 62/1922), nicht ausgeführt.

32 Vgl. Kempfenhausen, Festschrift der Bayerischen Hypotheken- und Wechsel-Bank, 1993.

33 Landhaus Pössenbacher.
Seestraße 67; Fl.Nr. 545/3.
1935 Heinrich Pössenbacher, Architekt, Neubau des Hauses (Architekt: H. Pössenbacher; Baupl. Berg 355/1935, LRA Starnberg, Denkmalschutzakt); 1935 Emilie Pössenbacher.
Lit.: Moderne Bauformen, September 1938 (Sonderheft) mit Abb., Grundr. u. Lageplan; Schober, Denkmäler, S. 76 mit Abb.; Hans Rudolf Klein, Kempfenhausen, S. 380 mit Abb.

34 Landhaus Mennel.
Seestraße 46; Fl.Nr. 527/2.
1889 Johann Hupfauer, Neubau des Hauses (Entwurf: M. Wannerstorfer, 1890); 1894 Katharina Mennel, Witwe; 1909 Erbengemeinschaft Mennel; 1917 Eugen Mennel; 1936 Dr. Eugen Mennel.

35 Landhaus Baron Soden.
Seestraße 52; Fl.Nr. 532.
1888 Victor Deuerling, Neubau des Hauses (A. Fischhaber); 1891 Joseph Sigmund, Opernsänger; 1895 Heinrich v. Soden; 1897 seitlicher Anbau, neuer Eingang und Veranda im Obergeschoß; 1941 Clara v. Soden; 1947 Therese v. Bodman.

36 Landhaus Zwisler.
Seestraße 48; Fl.Nr. 530/2.
1897 Joseph Zwisler, Neubau des Hauses; 1914 Konsul Hugo Sachs, Anbau nördlich (Architekt: A. Fischhaber).

37 Villa Rikoff, Villa Rosenthal.
Seestraße 44; Fl.Nr. 523, 520/2, 524, 525, 526, 527, 538, 539, 543 (Villa mit engl. Anlage, 23 290 qm; 1898: 33 920 qm).
1894 Theodor Rikoff, Kunstmaler in München; 1896 Neubau eines Blockhauses auf Fl.Nr. 523; 1897 Neubau der Villa (Architekt: J. Fischhaber; Baupl. Berg 99/1894, 108/1895 u. 122/1897, 130/1898, nicht vorhanden); 1911 Fritz Stahlmann, Rentier in München; 1913 Umbau, Einfriedung und Parktor (Architekt: Bernhard Borst; Baupl. Berg 186/1913, LRA Starnberg; Kunstschmiedearbeiten: Bretzl, Traunstein); 1919 Philipp Rosenthal, Fabrikant in Selb (um 228 000 M); 1934 Maria Rosenthal, Fabrikbesitzersgattin; 1943 Gräfin Maria de Burges (de Beurges?), verwitw. Rosenthal), Rentiersgattin in München; nun Peter Lanz, Architekt in München, Sanierung und Umbau.
Lit.: Schober, Denkmäler, S. 38 mit Abb.

38 Landhaus Poschinger.
Seestraße 36; Fl.Nr. 516, 513, 517, 518, 520, 521 (Villa mit Anlagen, Stall, Wagenremise und Schiffshütte, 49 200 qm).
1856 Karl v. Fuchs, Privatier, Grund um 11 000 Gulden von Leonhard Illing, Sattlergütl; 1857 Neubau des Hauses; 1874 Privatier Ludwig v. Poschinger (nun 69 200 qm); 1884 Erbengemeinschaft Poschinger; 1905 Richard v. Poschinger, Kunstmaler;

Anhang

1915 Ludwig v. Poschinger, kgl. Major und Adjutant des Generalkommandos; 1922 Umbau und Aufstockung (Architekt: Flussner; StAM, Baupl. Berg 254/1922); dann Graf Seyssel d'Aix.

Lit.: Link 1857, S. 45; Link/Schober 1879/1984, S. 59 u. 146; Lampert 1884, S. 62; Gegenfurtner 1883, S. 48.

39   Villa Knecht.
Seestraße 15; Fl.Nr. 508.

1898 Eleonore Knecht; 1900 Neubau des Hauses (Architekt: J. Fischhaber; Baupl. Berg 144/1900, LRA Starnberg, Denkmalschutzakt); 1909 Ottilie Knecht, Schauspielerin in Berlin; 1909 Kaspar Braun in München; 1912 Walter Braun; 1922 Willi Lengersdorff in Bunzlau; 1931 Franz Kühnl, Eisenwerksbeamter in Rothau.

Lit.: Schober, Denkmäler, S. 38 mit Abb.; Dirk Heißerer, Wellen, Wind und Dorfbanditen, S. 88 mit Erinnerungen von Oskar Maria Graf an Eleonore Knecht.

40   Landhaus Schweiger.
Seestraße 5; Fl.Nr. 5/2, 4, 7.

1842 Andreas Graf (Kastenjacklgütl, Neubau des Landhauses vor 1857); 1864 Anna Schweiger (Schwaiger) und Theaterdirektor Johann Schweiger in München, Neubau des Hauses nach Abbruch des Kastenjaklgütls; 1867 Witwe Anna Schweiger; 1867 Dr. Ludwig Trost in München; 1869 Staatsärar für die kgl. Civilliste; 1924 W.A.F.; um 1980 Abbruch und Neubau eines Wohnhauses für Prinz Leopold v. Bayern.

Der kleine traufseitig zu See gestellte Satteldachbau war ganz vom bodenständigen Landhaus abgeleitet und wies mit Ausnahme seiner Fensterläden keinerlei Schmuck auf. Johann Schweiger war Inhaber und Direktor des »Privilegierten Sommertheaters« in der Au, das er an der Stelle des ehemaligen »Lipperltheaters« gegründet hatte. Als 1865 das Volkstheater am Gärtnerplatz eröffnet wurde, ging die Zeit des Schweiger-Vorstadt-Theaters langsam zu Ende.

Lit.: Die Münchner Theater, München 1957.

41   Villa Poschinger.
Seestraße 3; Fl.Nr. 1 u. 2.

1854 Joseph Wiesmaier, Fischkäufler; um 1855 Neubau des Hauses (Architekt unbek.); 1862 Ludwig v. Poschinger, Kaufmann und Privatier, um 10000 Gulden; 1863 Fassadenänderung; 1874 Staatsärar (Civilliste des Königs); 1924 W.A.F.

Lit.: Link 1868, S. 52; Link/Schober 1879/1984, S. 48 u. 146; Lampert 1884, S. 62; Schober, Denkmäler, S. 36 mit Abb.

42   Franz v. Elsholtz wurde 1791 in Berlin geboren. Er war Teilnehmer an den Befreiungskriegen und an der Völkerschlacht bei Leipzig. Während seines Lebens war er in verschiedenen Stellungen tätig, u. a. als kgl.-preußischer Rittmeister bei den Ziethen-Husaren, als Hoftheaterintendant (in Gotha), sowie als hzgl.-sächsischer Legationsrat (seit 1837 Vertreter der sächsischen Herzogtümer am Münchner Hof). Er hatte sich mit Erfolg als Schriftsteller und Theaterdichter versucht (Theaterstücke, Operntexte, Mitherausgeber der Zeitschrift »Deutsche Theeblätter«) und stand mit Goethe in Briefwechsel.

43   Villa Elsholtz (Villa Reddelien, Landschulheim Kamber) ehemals Johannisgasse; Fl.Nr. 32, 37; (sog. Schloß Elsholtz, Ökonomiegebäude, Stallgebäude, Treibhaus, Anlagen, mit zus. 42,07 Tagw. (1867).

1841 Franz v. Elsholtz, Kauf des zertrümmerten Dosch-Hofes (Abbruch des Anwesens), 1848 Grunderwerb aus der Konkursmasse des pension. Konfektmeisters Karl Allersberger (Fl.Nr. 32); 1842 Neubau der Villa (Architekt: Franz Jakob Kreuter; Urheberschaft durch die Planunterlagen und durch einen Brief vom 8.1.45 an König Ludwig bestätigt; frdl. Mitteilung von Chr. Hölz); 1872 Gustav Albert v. Elsholtz; 1872 Gustav Knote, Direktor der Landwirtschaftlichen Creditbank in München; 1876 Civilliste des Königs; 1883 Staatsärar; die Villa wurde 1888 wie folgt zum Kauf angeboten: Zweigeschossiger Hauptbau mit 9 Zimmern, Küche, Keller, Badezimmer; zweigesch. Nebenhaus mit 10 Zimmern, 2 Küchen, Kammer, Keller, Stallungen, Wagenremisen; 1889 William Arthur Reddelien, Gutsbesitzer und Rentier aus Leipzig, um 44000 M, mit 14,880 ha Grund; 1889 bauliche Veränderungen (A. Fischhaber; StAM, Baupl. Berg 73/1889), kleinere Umbauten und Anbau einer Veranda an die Ostseite des südlichen Seitenflügels; 1892 Bau des Verbindungstraktes zwischen Hauptvilla und Nebenhaus (A. Fischhaber; StAM, Baupl. Berg 87/1892), der Verbindungsgang erhielt an der Ostseite eine großflächige Verglasung; 1894 Schließung der Lücke zwischen Villa und Nebenhaus nach Westen, Gewinn eines großen Zimmers mit Erker, nach der Seeseite mit einem großen Fenster mit Korbbogen, Umrahmung der Fenster mit Zahnschnittmotiv (A. Fischhaber; StAM, Baupl. Berg, 104/1894); 1896 Umbau des Dachgeschosses in ein Mansarddach, Erhöhung des rückwärtigen Turmes (Architekt: Eugen Stumpf, München; StAM, Baupl. Berg 116/1896); 1899 Anhebung des Daches, Umbau des Satteldaches des Nebenhauses zum Mansarddach und Vereinigung beider Dächer; an der Nordseite des Nebenhauses Anbau einer Terrasse mit Balkon in Stein mit Balusterbrüstung (StAM, Baupl. Berg 144/1899); 1922 Rudolf Frhr. v. Buddenbrock, Hauptmann a.D., um 1 900 000 M; 1922 Umbau und umfassende Neugestaltung (Architekt: August Nopper; StAM, Baupl. Berg 257/1922); 1933 Dr. Max Schiff-Drost, Schriftsteller in München, um 87 150 M; nach 1950 Knabeninstitut Kamber; 1976 Abbruch.

Lit.: Link 1857, S. 44; Link 1859, S. 44; Link/Schober, 1879/1984, S. 58 u. 145; A. Ley, Die Villa als Burg, München 1981, S. 121 ff.

Die Villa Elsholtz war ein charakteristischer und wichtiger Vertreter des »italienischen« Landhaustyps am Starnberger See. Kreuter hatte den Bau auf kreuzförmigem Grundriß entwickelt, wobei der östliche (vom See abgewandte) Teil von einem proportional ungewöhnlich starken Treppenturm eingenommen wurde. Dieser beanspruchte gut ein Fünftel der gesamten Grundfläche und überragte im Entwurf die Satteldächer der drei anderen Kreuzarme um fast die Hälfte. Im oberen Teil sollte er ein Turmzimmer mit hohen, schmalen Fenstern erhalten und mit einem flachen Pyramidendach versehen werden. In der Bauausführung wurde der Turm jedoch kurz über den Satteldächern in ein offenes kleines und überdecktes Belvedere übergeführt. Der übrige Bau wurde plangemäß ausgeführt. Die rundbogigen Fenster im Erdgeschoß kennzeichneten den dreiteiligen Obergeschoßfenstern gegenüber die übergeordneten Wohnräume. Diese wurden über mit Weinlaub bewachsenen Veranden mit dem Garten verbunden. Die Verwandtschaft mit dem Casino auf der Roseninsel, aber auch mit der Villa Ebers (Midgardhaus) oder der Villa Reber in Pöcking ist offensichtlich.

44   Villa Krenner, Pension Leoni.
Assenbucher Straße 44; Fl.Nr. 677.

Um 1812/13 Franz v. Krenner, kgl. Staatsrat, Neubau der Villa; 1819. Giuseppe Leoni, Hofopernsänger in München; um 1825 Umbau (Neubau?) des Hauses für Restaurations- und Pensionsbetrieb; 1834 Rosina Leoni; 1863 Mathilde Leoni; 1863 Rosina Hartl; 1872 Franz Paul Probst (durch Kauf); 1872 Ludwig Wörl; 1879 Franz Bronberger; 1893 Franz Strauch; 1894 Oskar Strauch; 1906 Witwe Anna Strauch; 1911 Xaver Biersack; 1929 Bartholomäus Rechthaler; 1949 Frieda Rechthaler.

Lit.: Adolph v. Schaden, Beschreibung des Würm- oder Starnberger Sees, München 1832, S. 99; H. Föringer, Der Würmsee und seine Uferorte, München 1845, S. 22; Link 1857, S. 42; Link 1859, S. 42; Link 1879, S. 53 u. 139; G. A. Horst, Der Starnberger See, 1876, S. 84; Gegenfurtner 1883, S. 45 (Neubau); Schober, Fünf-Seen-Land, Abb. 84, 118, 199, 209; Schober, Denkmäler, S. 78.

45   Das Baujahr der Villa ist (offenbar) nicht überliefert und wirft deshalb Pro-

bleme auf. Der Krenner'sche Besitz ist im Kataster von 1812 nicht erwähnt und im nachfolgenden Umschreibkataster aus unerklärlichen Gründen nicht nachgetragen. Das Haus ist jedoch auf dem Gemälde »Am Ostufer des Starnberger Sees« von 1813 (vgl. Barbara Heine: Max Joseph Wagenbauer, in Obb. Arch. 95, München 1972, Nr. 298) bereits dokumentiert. Möglicherweise entstand die Villa kurz vor 1813, so daß sie in den Kataster nicht mehr aufgenommen werden konnte. Vielleicht ist auch das Gemälde anläßlich des Neubaus entstanden oder gar in Auftrag gegeben worden. Die Villa ist auch auf der gedruckten Flurkarte von 1815 noch nicht enthalten, was aber vielleicht dadurch zu erklären ist, daß sich die Umsetzung in ein Drucklitho auf die Uraufnahme stützte, die (vermutlich) noch vor dem Bau der Villa entstanden war. Der Bau der Villa durch Krenner und die Umstände der Schenkung an Leoni werden durch Föringer (in: Der Würmsee und sein Uferorte, München 1845, S. 22) bestätigt. Er spricht allerdings von einem »niedlichen Häuschen«.

Auf dem Gemälde ist der weit herausgezogene Portikus auf relativ starken Säulen, die offenbar auf einer Terrasse und nicht wie später bei Leoni auf einem erdgeschossigen Unterbau stehen, gut zu erkennen. Die übrigen Fassaden waren, soweit man das auf dem Gemälde erkennen kann, sehr schlicht gehalten. Nur der Dachansatz wurde von einem profilierten Gesims unterstrichen, der die Profile des Giebelarchitravs aufnahm und weiterführte. Es ist nicht eindeutig zu erkennen, ob das Haus ein- oder zweigeschossig war. Die seitlichen zwei (drei) Fenster befinden sich im Vergleich zu den vor dem Haus abgebildeten Personen auf einer Höhe, welche die Zuordnung zu einem Obergeschoß fast nicht zuläßt. Eher ist ihre Zugehörigkeit zu Erdgeschoßräumen denkbar, die im Niveau jedoch wohl etwas über dem der Terrasse hätten liegen müssen. Vielleicht gab es zusätzliche Stufen am Portikus?

Einen guten Eindruck von der vermutlichen Frontalansicht der Krenner-Villa vermittelt ein Gemälde von Johann Joachim Faber im Besitz der Hamburger Kunsthalle (dat. 1829; abgebildet in: Kunst des Biedermeier 1815–1835, Ausst.-Kat. München 1989, hg. v. Georg Himmelheber, S. 212 mit Abb. 30). Das Gemälde zeigt einen sehr ähnlichen, kleinen und offenbar mit nur wenigen Räumen ausgestatteten erdgeschossigen Walmdachbau auf hohem Sockel. Der Fassade zu drei Fensterachsen ist auch hier ein Portikus mit Dreiecksgiebel und einer breiten Freitreppe vorgelagert. Seine Verwendung als Bedeutung vermittelndes Würdezeichen bei einem kleinen Landhaus mag für unser Verständnis übersteigert wirken. Das Gemälde zeigt aber, wie verschiedene Entwürfe Karl von Fischers, daß dies durchaus zur geläufigen Architektursprache der Zeit und des frühen Klassizismus gehörte.

46 Link: Der Würm-See, München 1868, S. 47.

Vgl. auch: A. v. Schaden, Beschreibung des Würm- oder Starnberger Sees, München 1832, S. 99: »Den ersten Impuls zur Gründung dieser kleinen Pflanzstadt gab der kgl. pensionierte Hofmusikus Herr Leoni, welcher hier im Jahre 1825 eine allerliebste, im italienischen Geschmacke angelegte und mit einem bedeckten Balkone versehene Villa erbaute, dieselbe mit englischen Partien umgab und sofort Leonihausen nannte.«

47 H. K. Föringer, Der Würmsee und seine Uferorte, München 1845, S. 22. Restlos ist diese Frage mangels eindeutiger Vergleichsmöglichkeiten nicht zu lösen. Leoni hätte im Falle eines Neubaus die Form und die Fassadengestaltung der Krenner-Villa weitgehend übernommen, vor allem den rechteckigen Walmdachbau und den von vier Säulen getragenen Dreiecksgiebel. Alle späteren Darstellungen zeigen hier eine starke Übereinstimmung, lassen aber doch auch eindeutige Abweichungen erkennen: So die kleine Lithographie »Leonihausen« von 1832 (bei Schaden, a.a.O., S. 99); E. Emminger, »Leoni«, Litho um 1860; ebenso das Gemälde »Leoni« von J. J. Dorner von 1835 (vgl.: Schober, Bilder aus dem Fünf-Seen-Land, Abb. 118), das Aquarell von E. N. Neureuther »Der Starnberger See« von 1839 (Samml. der Stift. preuß. Schlösser und Gärten, Potsdam); sowie M. Kuhn, »Leoni«, um 1855 (vgl. Schober, Bilder aus dem Fünf-Seen-Land, Abb. 199); G. A. Horst, Der Starnberger See, München 1876, S. 84. Abweichend von der Darstellung der Krenner-Villa bei Wagenbauer ist das Walmdach des neuen Hauses deutlich höher als die Firstlinie des Dreiecksgiebels. Die Dachtraufe des Neubaus liegt nun auf gleicher Höhe wie die Trauflinie des Giebelvorbaus. Eine Aufstockung oder Erhöhung der alten Krenner-Villa als Alternative zum Neubau hätte diese Veränderungen allerdings auch mit sich gebracht. Die kürzeren und offensichtlich auch schlankeren Säulen sowie der vorgezogene Unterbau hätten dann jedoch eine völlige Erneuerung dieses Fassadenteils vorausgesetzt. Es sind beim Leoni-Haus auch klar zwei Geschosse zu erkennen. Vor allem stehen die Säulen nun auf einem Unterbau (wohl dem Speisesaal), der die Höhe des Erdgeschosses besitzt und der vom mittleren Raum des Obergeschosses (Konversationssaal) aus als Veranda betreten werden kann.

48 A. v. Schaden, a.a.O.: »Das Innere der Villa ist höchst geschmackvoll eingerichtet und hat mehr Raum, als der Schein hoffen läßt. Im Erdgeschoße befindet sich der freundliche Speise- und in der Belle-Etage der Konversationssaal und etliche Gastzimmer. Aus dem Konversationssaale tritt man auf den sehr geräumigen Balkon, von welchem aus man der herrlichsten Aussicht genießt, und mit Herrn Leoni's trefflichem Fernrohre selbst in den weit entlegenen Gebirgen Gegenstände unterscheiden kann. Seine Majestät unser König fällte, als er bei seiner diesjährigen Anwesenheit am See auch Leonihausen besuchte, das richtige Urteil: die Wahl des Platzes, auf welcher diese Villa entstanden, bezeichne den Italiener, und in der Tat ist das Lust-Haus auch so vorteilhaft situiert, daß man von ihm aus bequemer als irgendwärts das nördliche, westliche und südliche, ja selbst einen großen Teil des östlichen Ufers übersehen kann. Man findet in Leonihausen schöne Zimmer, herrliche Betten und eine Bedienung, welche nichts zu wünschen übrig läßt; bei günstiger Witterung im Sommer versammelt sich hier viele Gesellschaft aus den gebildeten Ständen der Haupt- und Residenzstadt München; es wird table d'hôte gespeist, und Madame Leoni sucht als Köchin ihres Gleichen; überhaupt findet man sich in Leonihausen bald heimisch, und man glaubt nicht in einem Gasthause, sondern im Zirkel einer befreundeten Familie zu leben. Herr Leoni überreicht den Fremden Karten, auf welchen die Villa, in Kupfer ausgeführt, dargestellt ist und die Worte zu lesen sind:

Erfrischung; Aufenthalt mit Freundlichkeit gepaart.
Ein unbeschränktes Thun, nach Jedens eigner Art.
Und den Naturgenuß vom schönsten Standpunkt aus –
Erbietet, sonder Zier, dieß freundlichkleine Haus.

Hatte sich Leonis Haus zunächst zum »elegantesten Orte an dem fünf Stunden langen See« und zum Treff der Münchner Gourmets, der Künstler, der »Münchner Vornehmheit« und all jener, »welche als Feinschmecker mit Recht berühmt waren«, entwickelt, wie Ludwig Steub (in: Das bayerische Hochland, München, 1860) schreibt, so öffnete es sich mehr und mehr auch dem »gewöhnlichen« Publikum und verlor damit etwas von seiner Exklusivität: »Und so blühte es manche Jahre, wurde allerdings immer demokratischer, artete zuletzt soweit aus, daß es seine Hallen sogar dem gewöhnlichen Publikum öffnete, bis Leoni starb, worauf seine Witwe die Wirtschaft fortführte bis auf den heutigen Tag. Das Häuschen sieht noch immer vielen Besuch bei sich, obwohl manche schätzbare Tradition aus der guten alten Zeit verloren sein soll.«

49 Rosina Hartl übernahm 1863 nach dem Tod von Leonis Witwe und dem Tod

Anhang

von Mathilde Leoni das Haus. Ein Photo von 1874 zeigt es, soweit erkennbar, noch unverändert (Starnberg, Heimatmuseum, Starnberger-See-Album).

Franz Bronberger, der das Haus 1879 übernahm, errichtete 1882 (unter Abbruch des Gartensalons) südlich neben dem alten Leoni-Haus ein neues Restaurations- und Pensionsgebäude, einen zweigeschossigen Walmdachbau mit schlichten Fassaden (vgl. die Vignette in: F.X. Gegenfurtner, Illustrierter Reiseführer für Starnberg und Umgegend, Starnberg, 1883, S. 45 u. 105: »Reizende Lage, Gasthof und schattiger Wirtschaftsgarten unmittelbar am See..., prachtvolle Aussicht, großer Speisesaal mit 182 qm, vorzügliche Küche, reine Weine und Kaffee, 42 Fremdenzimmer mit comfortabler Möblierung«). Die beiden letzten Fensterachsen der Südwest- und der Nordwestecke waren mit je einem kleinen Dreiecksgiebel risalitartig betont. Diese Giebel wurden später wieder beseitigt, sind aber auf älteren Postkarten noch gut dokumentiert. Franz Bronberger brach schließlich das Leoni-Haus 1890 ab und fügte an seiner Stelle den dreigeschossigen Hotelbau mit den zwei ungleichen Zwiebeltürmen an das bestehende Hotel an (Architekt: J. Hofmann; StAM, Baupl. Berg 74/1889).

50 Landhaus Mehl (Schimon, Lempuhl).
Assenbucher Straße 23; Fl.Nr. 646, 647, 669.

1826 Franz Mehl (Möhl), kgl. Haushofmeister; 1827 Neubau des Landhauses (Architekt unbek.); 1839 Karl Theodor Mehl und Franziska Hilari, geb. Mehl; 1839 Karl Hilari-Bolgiano, kgl. Konfektmeister; 1855 Privatier Ferdinand Schimon; anschl. Erweiterung zum Schimon'schen Fremdenpensionat (Wohnhaus mit Salon, Sommerhaus, Salettl, Schiffshütte, Landungssteg und Bellevue); 1867 Katharina Schimon; 1872 Franz Paul Probst; 1875 Ludwig Wörl, Besitzer des Hotels Leoni; 1894 Heinrich Lempuhl, Baumeister in München; 1896 Abbruch und Neubau (Architekt: Heinrich Lempuhl); 1905 Prof. Dr. Otto Walkoff, Univ.-Prof. in München; 1911 Umbau (Architekt: M. Neumann, München; StAM Baupl. Berg 183/1911); 1923 Eugen Mayer, Rittmeister in Bad Aibling, Umbau, neues Treppenhaus (Architekt: J. Kunz; StAM, Baupl. Berg 263/1923); 1941 Josef Thoma, Metzgermeister in München; 1952 Erbengemeinschaft Thoma.

Lit.: Link 1857, S. 42; Link 1859, S. 42; Link/Schober 1879/1984, S. 54 u. 142; Gegenfurtner 1883, S. 46; Gegenfurtner 1896, S. 43; Schober, Bilder aus dem Fünf-Seen-Land, Abb. 198 u. 209.

51 Landhaus Noël.
Assenbucher Straße 25; Fl.Nr. 644, 645, 670.

1855 Ratsdienersehefrau Franziska Schäffler, Neubau des Landhauses (Architekt: vermutl. Matthäus Wannerstorfer); 1856 Dr. Friedrich Noël, Notar in Starnberg, um 7 350 Gulden; 1872 Anbau eines Zimmers (Salon) auf der Südseite, Erhöhung des Dachstuhls und Ausbau des Dachgeschosses (StAM, Baupl. Berg 20/1872); 1881 Witwe Katharina Noël; 1886 Anbau einer Küche an der Ostseite (Architekt: J. Fischhaber; StAM, Baupl. Berg 42/1886); 1888 Anna Sandner (geb. Noël, in erster Ehe mit Karl v. Malaisé, in zweiter Ehe mit Heinrich Sandner verheiratet) und Sophie Promoli; 1891 Anna Sandner allein; 1898 Heinrich Sandner, Oberstleutnant a.D., Frfr. v. Sartor, Priv.-Doz. Eugen v. Malaisé, Karl Sandner; 1919 Ludwig Esselborn; 1920 Maria Hirschberg; 1924 Dr. Götz Werbrun in Aschaffenburg; 1940 Witwe Maria Werbrun; 1946 Hiltrud Leibold; 1956 Abbruch und Neubau weiter rückwärts.

Lit.: Link 1857, S. 42; Link 1859, S. 42; Link/Schober 1879/1984, S. 54 u. 142; Lampert 1884, S. 60; Gegenfurtner 1883, S. 46; Gegenfurtner 1896, S. 45; Schober, Bilder aus dem Fünf-Seen-Land, Abb. 198 u. 209.

52 Landhaus Sappel.
Assenbucher Straße 26; Fl.Nr. 667, 668 (Villa mit engl. Anlage, Schiffshütte, Bassin, Blumengarten.

1863 Lorenz Sappel, Maurermeister in Wolfratshausen; 1864 Neubau des Landhauses; 1867 Joseph Guggenheimer, Kaufmann und Bankier in München; 1912 Erbengemeinschaft Guggenheimer; 1920 Dr. med. Christoph Müller; 1953 Wolfram Müller.

Lit.: Link 1868, S. 48; Link/Schober 1879/1984, S. 55; Gegenfurtner 1883, S. 47.

53 Landhaus Lechleitner.
Assenbucher Straße 24; Fl.Nr. 666.

1864 Lukas Lechleitner, Maurermeister; 1865 Neubau des Landhauses; 1881 Max Steinsberger; 1882 Dr. Hussel; 1931 Sophie Hüttenbacher.

54 Landhaus Lempuhl.
Assenbucher Straße 28; Fl.Nr. 669.

1894 Heinrich Lempuhl (Lehmpuhl), Baumeister; 1896 Neubau des Hauses (Architekt: Lempuhl; Baupl. Berg 118/1896, LRA Starnberg, Denkmalschutzakt); 1902 Gottfried Kohlermann; 1905 Richard Wild, Bankier in München; 1908 Anbau südlich.

Lit.: Schober, Denkmäler, S. 80 mit Abb.

55 Zur Pension Schimon und zur Villa Walkoff vgl. obige Fußnote zu Villa Mehl.

56 Villa Opitz.
Assenbucher Straße 25; Fl.Nr. 646.

Bis 1892 Teil der Pension Schimon; 1892 Heinrich Flaschenträger; 1894 Johann Deininger, Privatier; 1903 Erbengemeinschaft Deininger; 1904 Amalie Hensle und Fanny Thalmaier; 1911 Marie Opitz, Rentiere in Dresden; 1912 Abbruch des Hauses und Neubau der Villa (Architekt: Franz Mayr, München; Baupl. Berg 211/1911, LRA Starnberg, Denkmalschutzakt); 1914 Ewald und Margarete Hanfstaengl; 1949 Textilfabrikant Wagner in Lichtenfels.

Lit.: Gegenfurtner 1896, S. 43; Schober, Denkmäler, S. 80 mit Plan u. Abb.

57 Landhaus Sandner.
Assenbucher Straße 29; Fl.Nr. 643, 642, 671.

1826 Ferdinand Fränzl, kgl. Hofkapellmeister, Neubau des Landhauses; 1827 Joseph v. Baumiller, Generalsekretär; 1832 Herr Hofmusikus v. Baumiller und kgl. Hofballettänzer Laroche; 1839 Anna Dannhauser, Hoflaquais-Witwe; 1845 Anton Diem, Veterinärarzt; 1856 Privatier Ferdinand Groß und Adele, um 6 000 Gulden; 1875 Carl Groß, Kaufmann; 1885 Elise Groß; 1890 Mathilde Sandner (geb. Groß), Arztgattin; Abbruch des Landhauses und Neubau der Villa (Architekt: Emanuel Seidl; Baupl. 76 und 79/1890); 1900 Dr. Karl Sandner; 1929 Erbengemeinschaft Sandner; nun Dr. Norbert Karner.

Lit.: Link 1857, S. 42; Link 1859, S. 42; Link/Schober 1879/1984, S. 54 u. 142; Lampert 1884, S. 60; Gegenfurtner 1883, S. 46; Gegenfurtner 1896, S. 45; Schober, Bilder aus dem Fünf-Seen-Land, Abb. 198, 209; Schober, Denkmäler, S. 82 mit Abb.; Joanna Waltraud Kunstmann, Emanuel Seidl, Diss. München 1993, S. 133.

Ferdinand Fränzl war unter Kurfürst Karl Theodor mit den Mannheimern nach München gekommen. Er wirkte zunächst als Geigenvirtuose, später wurde er zum Hofmusikdirektor der Münchner Hofoper ernannt. Mit seinem Weihespiel »Die Weihe« wurde 1818 das neue, von Carl v. Fischer erbaute Hof- und Nationaltheater eingeweiht.

58 Villa Johanna (Villa Rambaldi).
Assenbucher Straße 31; Fl.Nr. 641.

1872 Johann Wirth, Privatier; Neubau der Villa (Architekt: Behringer, Maurermeister); 1885 Maria Gräfin v. Rambaldi; 1893 Umbau, Erhöhung um ein Stockwerk, Turm, Veranda zum See hin und Anbau an der Ostseite (J. Fischhaber; Baupl. Berg 93 u. 97/1893); 1906 Darlehenskassenverein Aufkirchen.

59 Villa Krüzner.
Hangweg 8; Fl.Nr. 202, 650, 197 (Villa mit Nebengeb., 28 470 qm)

1893 Viktor Krüzner, Direktor (und später Aufsichtsratsvorsitzender) der Isartalbahn; Neubau 1893/94 (Architekt: Emanuel Seidl; StAM, Baupl. Berg,

Anmerkungen zu Berg

90/1892); 1898 Gärtnerhaus (Baupl. Berg, 129/1898, LRA Starnberg Denkmalschutzakt); 1904 Anbau einer neuen Küche (Baupl. Berg, 194/1904, LRA Starnberg Denkmalschutzakt); 1906 Eugenie Krüzner; 1918 Gertrud Riemerschmid (geb. Krüzner).

Lit.: Gegenfurtner 1896, S. 42; Mod. Bauformen 4, 1905, S. 119–128; Schober, Denkmäler, S. 88 u. 89 mit Abb.; Dehio, Handbuch der deutschen Kunstdenkmäler, Bayern IV, S. 598; J.W. Kunstmann, Emanuel Seidl, Diss. München 1993, S. 136 mit Grundr. u. Abb.

60 Villa Bischoff.
Hangweg 6; Fl.Nr. 651 (Villa mit Terrasse und Gartenanlage, 5620 qm).

1901 Ernestine Bischoff, geb. Muck, Landwirtswitwe in München; Neubau der Villa (Architekt: Emanuel Seidl; Baupl. Berg, 220 u. 223/1901); 1934 Johann Segl und Maria, Bäckermeister in München, um 40000 M; 1966 Maria Högel.

Lit.: Mod. Bauformen 4, 1905, S. 126; Südd. Bauzeitung 17, 1907, S. 217–19, mit Abb.; Schober, Denkmäler, S. 88 mit Grundr. u. Abb.; J.W. Kunstmann, Emanuel Seidl, Diss. München 1993, S. 170 mit Grundr. u. Abb.; Dehio, Kunstdenkmäler, Bayern IV, 1990, S. 598.

61 Villa Lugsee (Villa Hussel).
Am Kreuzweg 94; Fl.Nr. 208, 209.

1864 Andreas Graf; 1865 Neubau des Hauses (Architekt: M. Wannerstorfer; Baupl. Berg 9/1864); 1867 Josef Pfister; 1868 Creszenz v. Willibald; 1872 Max Hofmann, kgl. Major; 1874 Dr. Otto Hussel, prakt. Arzt in München; 1919 Erbengemeinschaft Hussel; 1931 Adele Hussel, Kunstmalerstochter; 1932 Dr. Victor Ewald Mertens.

Lit.: Link/Schober (1879/1984), S. 53 u. Anh. V; Gegenfurtner (1896), S. 42; Schober, Denkmäler, S. 80 mit Abb.

62 Oskar Maria Graf, Aus dem Leben meiner Mutter, München 1975, S. 72.

63 Der kgl. Baurat Johann Ulrich Himbsel (1787–1860) gehörte 1824 zu den Gründungsmitgliedern des Münchner Kunstvereins, der vor allem den Landschafts- und Genremalern Ausstellungsmöglichkeiten bot. Er stellte sein Haus am Maximiliansplatz (es stand an der Stelle des heutigen Neobarock-Palastes der Deutschen Bank) dem Verein als Ausstellungslokal zur Verfügung.

Himbsel hatte u.a. bei Generalbauinspektor Moline in Paris studiert, war dann 1811 zum Bauaufseher und 1815 zum technischen Mitglied der kgl. Baukommission berufen worden. 1818 wurde er Baurat bei der Lokalbaubehörde in München. 1825 ging er nach England, um dort den neuen Eisenbahnbau zu studieren, seit 1837 war er verantwortlich für den Bau der Eisenbahnstrecke München-Augsburg.

64 Villa Himbsel (Villa Hackländer, Villa Weinmann).
Assenbucher Straße 45; ehem. Haus-Nr.: Assenbuch Nr. 5½; Fl.Nr. 971/2, 682, 684/2, 498, 499, 497 (Himbsel hatte den Grund von den Fischern Schropp und Buchenpauli, vom sog. Neuhauser sowie von der Hofmark Possenhofen gekauft).

1827 Johann Ulrich Himbsel, Neubau des Landhauses; 1860 Erbengemeinschaft Himbsel; 1862 August v. Schoenebeck, Fabrikant und Privatier aus Pirmasens, und Ida v. Schoenebeck, geb. Himbsel; 1865 Hugo Frommel, Fabrikbesitzer (Spinnereifabrik am Stadtbach in Augsburg) und Bankier in Augsburg; 1866 Friedrich Wilhelm Ritter v. Hackländer, Schriftsteller, um 16100 Gulden; 1877 Louis Weinmann, Direktor der Pasinger Papierfabrik; 1882 Neubau der Villa Weinmann, anschließend an die rückwärtigen Ökonomiegebäude; 1903 Errichtung des Mausoleums der Fam. Weinmann (Architekt: Theodor Fischer); 1907 Julie Weinmann; 1910 Erbengemeinschaft Weinmann; Abbruch der doppelläufigen Freitreppe und Neubau einer Terrasse mit Stützmauer; 1919 Kurt Weinreben, Fabrikant in Frankfurt; 1928 Kurt und Elisabeth Wolff, Verlagsbuchhändler in München; 1934 Wilhelm Rolf Heger, Hoteldirektor in Prag; 1953 Stadt München (Volkshochschule); 1960 Umbau der Weinmann-Villa für die Volkshochschule; 1987 Renovierung des alten Himbsel-Hauses.

Lit.: A. v. Schaden, Beschreibung des Würm- oder Starnberger Sees, 1832, S. 101; Föringer, Der Würmsee und seine Uferorte, 1845, S. 23; Link 1857 u.f., S. 41; Link/Schober 1879/1984, S. 53 u. 139; Lampert 1884, S. 59; Gegenfurtner 1896, S. 47; Josepha Dürck-Kaulbach, Erinnerungen an Wilhelm v. Kaulbach und sein Haus, München 1921, S. 63 ff.; Klaus Kratzsch, Johann Ulrich Himbsel und seine Villa am Starnberger See, in: Festschrift für W. Braunfels, Tübingen 1977, S. 201; Schober, Bilder aus dem Fünf-Seen-Land, Abb. 62, 208, 209, 291; Schober, Denkmäler, S. 63; Michael Schanz u.a., Haus Buchenried, Festschrift 1988; W. Nerdinger (Hg.), Theodor Fischer, Ausst.-Kat., München 1988, S. 204.

65 Schaden berichtet weiter, daß es zu Himbsels Zeiten jedem »anständigen Fremden« erlaubt war, durch diese Anlage zu promenieren. Das entsprach nicht nur dem freundlichen, weltoffenen Wesen Himbsels, es war auch ein Zug der Zeit, Parkanlagen allen, »die sich daran ergötzen wollten«, zugänglich zu machen. Dazu war das Gelände von alten Wegen durchzogen, die seit undenklichen Zeiten mit Wegerecht ausgestattet waren. Dazu zählte vor allem auch der Weg unmittelbar am Ufer. Was bei Schaden mit der »Eremitage« gemeint ist, kann nicht genau gesagt werden. Er könnte eine kleine, entsprechend gestaltete Hütte so bezeichnet haben, vielleicht auch die heute fast verfallene kleine Rindenkapelle (siehe dazu weiter unten die Bemerkungen zur Kapelle). Neben der Kapelle hatte Himbsel eine Kreuzwegstation aufstellen lassen, die mit 1855 datiert ist. Sie wurde bisher als Versuch zu den Kreuzwegstationen am Hangweg nach Aufkirchen angesehen. Walter Pache, der das Himbselsche Gelände sehr genau kennt, hat neuerdings die Ansicht vertreten, diese Kreuzwegstation sei in unmittelbarem Zusammenhang mit den Kreuzwegstationen am Weg nach Aufkirchen zu sehen. Sie steht am Bachweg, der den Hang entlang verläuft und genau dort auf den Hangweg trifft, wo der Kreuzweg nach Aufkirchen beginnt. Himbsel habe geplant, die überzählige Station vor der Wallfahrtskirche aufzustellen, sie dann aber nach der Ablehnung dieses Standorts hier in seinem Garten quasi als »Auftakt« seines persönlichen Weges nach Aufkirchen aufgestellt. (Walter Pache, in: Park-Wandel, Landschaftspark und Literatur, Neue Früchte N.F. 17 [Schriften der Universität Augsburg], Augsburg 1997, S. 55); vgl. A. v. Schaden, Beschreibung des Würm- oder Starnberger Sees, München 1832, S. 101.

66 Josepha Dürck-Kaulbach schildert die Besuche in Leoni in: Erinnerungen an Wilhelm v. Kaulbach und sein Haus, München 1921, S. 63.

67 Hackländer hatte sich schon um 1840 einen guten Namen als Schriftsteller beliebter Unterhaltungslektüre gemacht, war dann zum Hofrat und zum Privatsekretär des Kronprinzen von Württemberg ernannt worden. Auf seinen ausgedehnten Reisen sammelte er Material, das er später in seinen berühmten und zu seiner Zeit viel gelesenen Reisebüchern, vor allem auch in seinen Reiseberichten in Hallbergers Zeitschrift »Über Land und Meer«, die er mitbegründet hatte, verwerten konnte. Beliebt waren auch seine humoristischen Erzählungen und seine Soldatengeschichten. Seine Werke erschienen 1875 in 60 Bänden. Hier in Leoni entstand sein vierbändiger Künstlerroman »Der Sturmvogel«. (s. Dirk Heißerer, Wellen, Wind und Dorfbanditen, München 1995, S. 101).

68 Vgl. W. Nerdinger (Hg.), Theodor Fischer, Ausst.-Kat., München 1988, S. 204 mit Abb. u. Schober, Denkmäler, S. 83 mit Abb. Der auf quadratischem Grundriß aus Natursteinquadern gefügte, sich nach oben leicht verjüngende Bau wird von einer Kuppel geschlossen, die von einem Knauf in floralem Jugendstil bekrönt wird. Die Eingangstüre zeigt, in Kupfer getrieben, Schmuckelemente des Jugendstils. Der

wunderbar in die Natur eingefügte Bau ist das wohl reinste Jugendstilbauwerk am Starnberger See.

69   Nähere Details dazu in: Haus Buchenried, Festschrift 1988.

70   Himbsels Pläne bezüglich der Eisenbahnlinie und der Dampfschiffahrt waren wohl auch der Hintergrund für seine Landhausbauten in Leoni. Johann Ulrich Himbsel hatte sich zu seiner Tätigkeit als Architekt mehr und mehr zum Unternehmer entwickelt, eine Karriere, die ganz charakteristisch war für die neue Zeit. Vor allem hatte ihn das heraufziehende neue Zeitalter der Technik in Bann geschlagen. Nachdem er bereits 1825/27 nach England gegangen war, um dort den neuen Eisenbahnbau zu studieren, legte er 1837/38 Pläne für einen Münchner Hauptbahnhof nach englischem Vorbild vor, die später in die Baupläne Bürkleins mit eingeflossen sind. Seit 1837 war er als verantwortlicher Baudirektor für den Bau der Eisenbahnstrecke München–Augsburg tätig und war damit Mitglied des Direktoriums der Eisenbahngesellschaft. Die Strecke konnte im Oktober 1840 eröffnet werden (vgl.: Ein Jahrhundert wird mobil, Festschrift zur Ausstellung »Vier Bahnlinien und ihre Bahnhöfe von 1839 bis heute«, München 1994, S. 12). Bereits 1837 ergriff Himbsel zusammen mit dem Advokaten Georg v. Proff und dem Bankier Joseph v. Mayer die Initiative zum Bau einer eigenen Eisenbahnlinie von Pasing nach Starnberg, nachdem der Eisenbahnpionier Joseph v. Baader diese schon 1832 in einer eigenen Denkschrift gefordert hatte (Joseph Ritter v. Baader, Vorschlag zur Herstellung einer Eisenbahn zwischen München und Starnberg..., München 1832) Das Gesuch wurde zu diesem Zeitpunkt noch abgelehnt. Erst 1849 erhielt Himbsel durch König Max II. die Genehmigung zum Bau der Linie und die Konzession für den Betrieb der Bahn und einer Dampfschiffahrt auf dem Würmsee. Die Realisierung der Pläne verzögerte sich jedoch, weil Himbsel zunächst das nötige Kapital (im Rahmen einer eigenen Aktiengesellschaft) nicht aufbringen konnte. Während er 1851 die Schiffahrt mit dem Dampfer »Maximilian« eröffnen konnte, zogen sich Bau und Inbetriebnahme der Bahn noch bis 1854 hin. Bereits 1856 bemühte sich Himbsel um die Konzession zur Weiterführung der Strecke über Feldafing und Tutzing bis zur Südgrenze des Landes (deren Bedeutung für Gütertransport und Fremdenverkehr er sehr früh erkannt hatte), verzichtete jedoch zugunsten eines anderen Konsortiums unter der Führung der Bankiers v. Eichthal und v. Hirsch, welches ebenfalls einen Antrag gestellt hatte und den Bau dann 1865/66 auch realisieren konnte. Die Eisenbahnlinie Pasing–Starnberg, die bis zu Baurat Himbsels Tod in dessen Privatbesitz geblieben war, übernahm nach 1860 der Bayerische Staat. Himbsel zählt damit zu den ersten Vertretern einer neuen, sehr aktiven Unternehmerschicht der beginnenden »Gründerjahre«. Seine Leistung für den Eisenbahnbau in Bayern ist unbestritten, die vom Bau seiner Eisenbahnlinie München–Starnberg ausgelöste Entwicklung der Landschaft am Starnberger See kaum abzuschätzen.

Dem Dampferbetrieb dagegen drohte bereits 1863 wegen zu geringer Auslastung das Ende. 1864 übernahm jedoch eine Gruppe von Münchner Bürgern unter der Führung der Herren v. Maffei, v. Hirsch, Graf Rambaldi, Angelo Knorr, Hofrat Simmerl, Ferdinand v. Miller und Carl Thomaß das Unternehmen und gründete eine »Aktien-Dampfschiffahrts-Gesellschaft auf dem Würmsee«. In der Folge nahm das Unternehmen wieder einen so nachhaltigen Aufschwung, daß bereits 1872 der zweite Dampfer, »Ludwig«, in Dienst gestellt werden konnte (vgl. Ein Jahrhundert wird mobil, München 1994, S. 81; Roland Gröber, in: Vom Einbaum zum Dampfschiff, Jahrbuch des Fördervereins, Starnberg 1981, S. 7 f.).

71   Vor dem alten Fischerhaus des sog. »Neuhauser« (auch »Buchenhaus« genannt) stand eine mächtige Buche, in deren Krone sich eine Aussichtsplattform befand. Himbsel errichtete sein neues Landhaus, nachdem er das alte Buchenhaus abgebrochen hatte. Das Buchenhaus ist gut dokumentiert, vgl. die Supraporte »Nacht« von C. A. Lebschée in der großen Himbsel-Villa, abgebildet in: Schober, Bilder aus dem Fünf-Seen-Land, Abb. 208; ebenso: Wilhelm v. Kobell, Am Ostufer des Starnberger Sees, um 1798; Schober, Bilder aus dem Fünf-Seen-Land, Abb. 62.

72   Villa Himbsel (Landgut Seeheim, Villa Frommel).
Assenbucher Straße 51; ehem. Haus-Nr. Assenbuch 3½; Nr. 5; Nr. 28; Fl.Nr. 613, 618, 619, 621, 622, 623, 657, 658, 659, 660, 663, 631/2 (Wohnhaus mit Keller, Stall, Stadl, Wagenremise, Anlagen, Baumgarten, Zimmerwerkstätte, Duschbadhäuschen und Brunnen, Kapelle, Kreuzwegstation, Landungssteg, Badehaus mit Steg, zus. 226 200 qm (1867).
1827 Johann Ulrich Himbsel, Baurat; 1842 Neubau des Landhauses (Architekt: Johann Ulrich Himbsel); 1860 Erbengemeinschaft Himbsel (Franz, Joseph, Otto Himbsel, Ida v. Schoenebeck, geb. Himbsel); 1862 August v. Schoenebeck, Fabrikbesitzer und Privatier aus Pirmasens, und Ida v. Schoenebeck; 1865 Hugo Frommel, Bankier und Besitzer der Augsburger Spinnereifabriken, um 60 000 Gulden; 1867 Erbengemeinschaft Frommel (vier Söhne); 1886 Hugo Frommel und Erbengemeinschaft; 1904 Dr. Richard Frommel, Universitätsprofessor; Umbau des ehem. Stalles in einen großen Wohnraum, Umbau des Heubodens in Zimmer (Architekten: Büro Stadler und Necker; Baupl. Berg, in Privatbesitz); 1907 neues Gewächshaus im Park; 1908 neue Ufermauer; 1912 Antoinette Frommel und Kinder; 1913 Neubau Hausmeisterhaus und Autogarage an der Einfahrt (Architekt: Hans Noris); 1944 Maria Theresia Frommel und Elisabeth Lichtenberg, geb. Frommel; 1978 Dr. Erwin Hipp, Universitätsprofessor.
Lit.: Vgl. Assenbucher Straße 45. Klaus Kratzsch, Johann Ulrich Himbsel und seine Villa am Starnberger See; in: Festschrift für W. Braunfels, Tübingen 1977; Schober, Bilder aus dem Fünf-Seen-Land, Abb. 194, 195, 197, 209; Schober, Denkmäler, S. 84 mit Abb.

73   Über dem Balkon, den Giebel beherrschend, Johannes der Täufer, der Patron des Hausherrn; darunter die hl. Ottilie, die Namenspatronin der Frau Himbsel; links davon der hl. Florian, wie er das Himbsel-Haus vor Feuer beschützt; rechts der hl. Leonhard als Viehpatron; auf der Südseite ein Madonnenbild und eine Darstellung Christi mit seinen Jüngern, mit den Klugen und Törichten Jungfrauen. Früher waren auch noch die Fenster mit einer Rahmung nach dem Vorbild der oberbayerischen Bauernhäuser versehen. Die Fensterläden waren dazu passend mit bäuerlich stilisierten Blumenornamenten geschmückt. Die Holzteile der Giebelverkleidung waren ursprünglich in einem hellen Braunton gehalten und wirkten damit etwas leichter, wärmer.

74   Vgl. Föringer, Der Würmsee und seine Uferorte, München 1845, S. 23: »In neuester Zeit erbaute sich derselbe (Himbsel) an der Stelle des alten Buchhauses ein zweites Landhaus, äußerlich ein stattlicher oberländischer Bauernhof, von innen aber mit allen Bedürfnissen eines comfortablen Lebens (...) versehen.«

75   So Föringer, a.a.O., S. 27; ders. in: Das Königreich Bayern, 1846, S. 265.

76   Link 1957, S. 41. Klaus Kratzsch hat in seinem Beitrag »Johann Ulrich Himbsel und seine Villa am Starnberger See« in der Festschrift für Wolfgang Braunfels, Tübingen 1977, S. 201 ff., diese Malerei analysiert und gewürdigt.

77   Ludwig v. Sckell schildert uns in Bleistiftzeichnungen (im Münchner Stadtmuseum) einige dieser Künstlerfeste, so z. B. eines 1858 auf der Rottmannshöhe, ein anderes (Maiausflug der Künstler 1860) in Petersbrunn (abgebildet in: Schober, Bilder aus dem Fünf-Seen-Land, S. 13 u. 16). Nachgewiesen ist auch ein Künstlerfest zu Ehren von Friedrich v. Gärtner.
Franz Langheinrich erinnert (in: Bayerland 1934, S. 430) an dieses Künstlerfest

auf der Rottmannshöhe und an den Aufwand, der dabei an den Tag gelegt wurde: »Am Vortage hatte ein großes Kellerfest in München diese Seefeier eingeleitet. Am nächsten Morgen waren dann die Künstler mit ihren Damen und Gästen in langem Sonderzug nach Starnberg gefahren. Hier brachte sie eine phantastisch geschmückte Reihe von Booten – in der Mitte eine Nachbildung des Bucentaurus – nach Leoni hinüber. Während der Überfahrt tauchte plötzlich neben der Flotte ein riesiger Schwan auf, der von Niederpöcking herübergeschwommen war. Das märchenhafte Tier breitete seine Flügel weit und hob und senkte den Hals. Es waren die Miller-Buben, Ferdinand und Oskar, die das Ungetüm unter Anleitung ihres Vaters hergestellt hatten und über den See bewegten. Droben auf der Höhe wurde zu Ehren Karl Rottmanns ein Denkstein errichtet und der Hügel feierlich Rottmannshöhe getauft. Fröhliches Festtreiben folgte dem Ernst der Handlung, bis endlich am Abend, bei ferne grollendem Gewitter, Fanfaren zum Feuerwerk am Seegestade riefen und zur späten Heimfahrt.«

78 Caroline Hetznecker hatte in der Saison 1841/42 ihr Debüt an der Münchner Hofoper gegeben und war gerade einer der Stars in München. Die Figur, welche Friedrich Dürck verkörpert, stammt aus der Oper »Catarina Cornaro« von Franz Lachner, die Hetznecker hatte 1841 dabei die Hauptrolle gesungen (s. Klaus Kratzsch, a.a.O., S. 207.)

79 Karl Hilari-Bolgiano besaß weiter nördlich ein kleines Landhaus, das vordem dem Haushofmeister Mehl gehört hatte. Auch Josepha Dürck-Kaulbach berichtet (in: Erinnerungen an Wilhelm v. Kaulbach und sein Haus, a.a.O., S. 63) über diese Bilder und bestätigt, daß die ganze Kolonie in den Wandbildern »möglichst portraitähnlich« dargestellt wurde. Klaus Kratzsch vermutet (in: Festschrift für Wolfgang Braunfels, S. 208) hinter dem Zecher den Beamten und Kunsthändler Franz Bolgiano. Josepha Dürck-Kaulbach erinnert sich dagegen, wenn sie über die Arbeit der Maler berichtet: »... daß es bei solch gemeinsamer Arbeit sehr fidel und übermütig zuging, läßt sich denken, besonders, da der gute Hilari-Bolgiano, der kgl. Konfektmeister König Ludwigs I., sein möglichstes tat, um die Künstler bei Laune und gut im Futter zu halten.«

80 Sie versinnbildlichen die vier Tageszeiten. C. A. Lebschée (1800–1877) war Schüler von Kobell, Wagenbauer und Dillis. Er hat als Zeichner und Maler viele topographisch getreue Aufnahmen von München und seiner Umgebung geschaffen. Die drei Lebschée-Bilder vgl. in: Schober, Bilder aus dem Fünf-Seen-Land, Abb. 207, 208, 209. Das vierte Bild von Carl Rottmann unterscheidet sich stilistisch und inhaltlich scharf von den Lebschée-Bildern. Während Lebschée drei Motive gewählt hat, die mit der Himbsel-Villa in Zusammenhang stehen (Kolonie Leoni, das Buchenhaus bei Mondschein, Himbsels Dampfer »Maximilian« bei der Roseninsel), zeigt das Rottmann-Bild nicht einmal den Starnberger See. Warum Lebschée nicht alle vier Bilder gemalt hat und warum das Rottmann-Bild so aus dem Programm fällt, ist nicht zu sagen. Es muß jedoch ein weiteres Bild von Lebschée, in gleichem Format, gegeben haben, das wie das Rottmann-Bild als Abendbild angelegt war. Es zeigte Possenhofen und erneut den Dampfer »Maximilian«. Das Bild wurde von Jobst Riegel 1853 in Stahl gestochen. Abgebildet in: Schober, Bilder aus dem Fünf-Seen-Land, Abb. 206.

81 Die großen Wandbilder sind in Tempera mit starken Ölanteilen gemalt, die Decke und die schablonierten Felder in Freskotechnik.

82 Vgl. Schadens Beschreibung der ersten Gartenanlage bei der Besprechung des ersten Himbsel-Hauses von 1827 mit zugeh. Fußnote.

Karl Wilhelm Vogt schildert (in: Belvedere der Hochlande, Augsburg und Lindau 1841, S. 166) die Gartenanlage: »Die Krone des Ganzen aber sind die Anlagen des Herrn Oberbaurathes Himbsel, dessen Landhaus den ländlichen Styl mit einem mehr Wohlhabenheit zeigenden und an Pracht gränzenden Geschmack verbindet, während der romantischen Wildniß um dasselbe nur so viel nachgeholfen ist, als nöthig war, sie zu einer wirklich zauberischen Umgebung zu machen. Die Wahl der Ruheplätzchen an dem das Ganze belebenden, durch die Schattengänge gleitenden und hie und da in kleinen Cascaden herabsprudelnden Bächlein, der Grotten und Bassins, welche rein der Natur ihr Dasein zu danken scheinen, eine Eremitage und Anderes, zeigen: daß hier der Geist eines Künstlers walte; denn kein Anderer hätte die Natur so zu lassen, ihre sich darbietenden Schönheiten also zu benützen vermocht.«

83 Gestiftet 1856. Siehe Link 1857, S. 43; Schober, Denkmäler, S. 36 mit Abb.

84 Die Kapelle wird im Kataster 1865 erwähnt. Sie befand sich bis vor kurzem durch die Witterungseinflüsse sowie durch Sturmschäden in fast vollständigem Verfall. Die unteren Partien waren abgefault, das Dach eingedrückt und undicht. Inzwischen wurde das Kapellchen in seiner Außenhaut wiederhergestellt und durch ein Schindeldach gegen die Witterung gesichert. Die Altarbilder sind jedoch längst verschwunden, die auf eine ca. 1 cm starke Putzschicht (auf Latten und Strohbewehrung) aufgemalte Dekoration, die aus einer illusionistischen Architekturmalerei bestand (eine aus schmalen, profilierten Leisten bestehende Wand- und Gewölbedekoration mit Spitzbögen und Vierpaßmotiven; ausgeführt in leichten roten und blauen Pastelltönen und einer Schattenbildung), ist nur noch in ganz wenigen Resten vorhanden. Die Reste dieser wohl einmaligen Ausgestaltung wurden in jüngster Zeit auch noch brutal mit Sprühfarbe beschädigt. Wer für diese Gestaltung in Frage kommt, ist schwer zu sagen. Es wird wohl einer der mit Himbsel befreundeten Maler gewesen sein, vielleicht Kaulbach. Die Gestaltung im Stil der Neugotik ist jedenfalls charakteristisch für die Zeit und für die Dekoration einer in Waldeinsamkeit gelegenen Rindenkapelle ganz im Sinne der Romantik. Bei Vogt (Belvedere der Hochlande, S. 168) heißt es dazu: »Von gedachtem Landsitz führt ein schattiger, an den Reizen schöner Einsamkeit überreicher Fußpfad nach dem elegisch stillen Allmannshausen an einer Herrn Oberbaurath Himbsel gehörenden gothischen Kapelle vorüber, deren äußerst niedliche Bauart – obwohl nur von Holz und mit Baumrinde bedeckt – und glücklich gewählte Lage jedem zu Land oder zu Wasser Vorüberreisenden laute Ausrufe freudiger Überraschung entlockt. Im Inneren des Kapellchens erweckt ein magischer, von einem Glasgemälde ausgehender Schimmer zu dieser Waldeinsamkeit passende hehre Empfindungen. Klotz, Mettenleiter, Graf Pocci und Zimmermann haben zu diesem Kapellchen Altarbilder auf Glas geliefert.«

85 Ehem. Schloß Allmannshausen, Villa Boehringer.
Assenbucher Straße 101 (Unterallmannshausen); Fl.Nr. 1064, 1072, 1066, 1070 (Schloß mit gemauertem Kiosk, Stützmauer mit Freitreppe zum See, Schiffs- und Badehütte, Parkanlagen mit gemauertem Bassin; 1867: 683,39 Tagw.)

1809 Max Graf v. Rambaldi; 1837 Ferdinand Graf v. Rambaldi, kgl. Regierungsrat und Landtagsabgeordneter; 1880 Otto Graf v. Rambaldi, um 205 570 M; 1880 Christoph Heinrich Boehringer, Besitzer der Firma Boehringer-Chemie in Mannheim, um 400 000 M; Umbau zur Villa (Architekt: Prof. Otto Tafel, Stuttgart; Pläne in Privatbesitz); 1894 Karl Graf v. Rambaldi, kgl. Major und Mathilde, geb. Boehringer; 1928 Anna Mathilde v. Rambaldi; 1942 Bayerischer Staat; heute an die Gemeinschaft »Wort des Lebens« verpachtet, die den Bau als Freizeitanlage nutzt.

Das ehemalige Hofmarksschloß war 1696 von Ferdinand Joseph v. Hörwarth erbaut worden. Architekt war der Bernrieder Maurermeister Kaspar Feichtmayr. Bereits um 1800 wird das Schloß in frühen Zeichnungen und Aquarellen mit einer interessanten Dachkonstruktion dargestellt,

Anhang

mit einem steilen Mansardwalmdach, das zwischen zwei auf die äußeren Fensterachsen bezogene Walmdächer gestellt ist. In dieser Form ist das Schloß noch auf einer Photographie um 1874 dokumentiert. Der Umbau zur Villa des potenten Chemieunternehmers 1880 geschah ganz nach den Vorstellungen des Späthistorismus. Der Bau wurde im Stil der Neorenaissance umgestaltet und mit einem Säulenportikus auf der Seeseite und Seitenflügeln repräsentativ gesteigert, das Dach mit einer Belvedereplattform und aufgesetztem Pavillon versehen. Die langgezogene, hohe Stützmauer mit zwei Freitreppen sollte an beiden Enden mit größeren Pavillonbauten besetzt werden, von denen jedoch nur einer verwirklicht wurde (inzwischen beseitigt). Auch die doppelläufige Freitreppe zum Ufer wurde nur einfach ausgeführt. Im Erdgeschoß blieb der charakteristische, durchgängige Flur des alten Schloßbaus erhalten, die Enfilade der Wohn- und Gesellschaftsräume zu beiden Seiten (Eßzimmer – Vorzimmer – Kanzlei südlich und Treppenhaus – Billardzimmer nördlich) wurde neu gestaltet. Der nördliche Seitenflügel nahm die Wirtschaftsräume, der südliche einen großen Gartensaal auf, der im Inneren über zwei Geschosse reichte. Das 1. Obergeschoß enthielt verschiedene Wohn- und Schlafräume, auch ein Bad. Im 2. Obergeschoß wurden ein großer Salon und verschiedene Wohnräume eingerichtet, die Anteil an den Terrassen über den Seitenflügeln hatten. Das 3. Obergeschoß enthielt weitere kleinere Räume.

Lit.: Karl v. Rambaldi, Geschichte der Pfarrei Aufkirchen, Starnberg 1900, S. 76; Schober, Bilder aus dem Fünf-Seen-Land, Abb. 16, 32 (dort fälschlich als Schloß Berg identifiziert), 52, 96; Schober, Denkmäler, S. 50 u. 51 mit Abb.; Hans Rudolf Klein, Assenbuch, Assenhausen, Allmannshausen am Starnberger See, Berg 1998.

86 Landhaus Hornig.
Assenbucher Straße 79/81; ehem. Seeleitn 5; Fl.Nr. 1295, 1296, 1297 (Villa, Kastellanhaus, Pferde- und Kuhstall, Eiskeller, Gras- und Baumgarten, engl. Anlagen, mit Pavillon und Schweizerhäuschen, 27 300 qm).

Vor 1860 Ferdinand Steinsberger (sog. Seeleitner); 1867 Victoria Will; 1871 Richard Hornig, Stallmeister und Bereiter des Königs; 1878 Abbruch des alten Hauses und Neubau des Landhauses; 1887 Major Ewald Hornig; 1908 Ewald Hornig und Klara.

Lit.: Link/Schober 1879/1984, S. 52; Gegenfurtner 1883, S. 44; Gegenfurtner 1896, S. 49; Lampert 1884, S. 59; Schober, Denkmäler, S. 48 mit Abb.

87 Villa Hirschfeld.
Assenbucher Straße 77; ehem. Seeleitn ¹/₅; Allmannshausen 5½; Fl.Nr. 1452/2, 1453/3 (Villa mit Terrasse, engl. Anlagen mit Sommerhäuschen).

1875 Marie Kramsta, Fabrikbesitzerswitwe; 1875/77 Neubau der Villa; 1879 Verlängerung des Nebengebäudes, auf dem Lageplan existiert der rückwärtige Quertrakt der Villa noch nicht; 1883 Baronin Elsbeth v. Hirschfeld, geb. Kramsta, Gattin des preußischen Legationsrates v. Hirschfeld in Berlin, um 50 000 M; Erweiterung des Hauses durch einen Quertrakt rückwärts; 1906 Erhöhung des Dachstuhls und Umbau des Nebenhauses (Kutscherhaus) auf Fl.Nr. 1452/9 (heute Assenbucher Straße 71; Architekt: H. Volbehr, München; Baupl. Wolfratshausen 255/1906).

Lit.: Gegenfurtner 1883, S. 44; Gegenfurtner 1896, S. 48; Schober, Denkmäler, S. 48 mit Abb.

88 Villa Gura.
Maxhöhe 17; Fl.Nr. 1399/2.

1880 Eugen Gura, bayer. Kammersänger; 1881 Neubau der Villa; 1907 Erbengemeinschaft Gura; 1908 Eugen Gura, Hofschauspieler in München und Hermann Gura, Kammersänger in Schwerin; 1909 Dr. Otto Walther, Fabrikant, 1911 Umbau und Erweiterung.

Lit.: Schober, Denkmäler, S. 36 mit Abb.

89 Villa Koppenmüller, Landhaus Timmermann.
Maxhöhe, Kreuzweg 54; Fl.Nr. 250.

1896 Karl Koppenmüller, Privatier, 1897 Neubau der Villa; 1919 Wilhelm Timmermann aus Verden; Totalumbau des Hauses (Architekt: Fr. Pfeiffer; StAM, Baupl. Berg 239/1919); 1931 Dr.-Ing. Reiner Dahmen.

90 Villa Billing (Villa Ziegler).
Ehemals Oberallmannshausen 3½; Fl.Nr. 1063/2.

1873 Karl Billing, Blumenfabrikant in München; Neubau der Villa; 1893 Anna Billing, Witwe; 1898 Clara Ziegler (verehel. Christen), Hofschauspielerin in München; 1908 Ludwig Thomaß.

Lit.: Link/Schober (1879/1984), Nachtrag IV u. 138.

Die Hofschauspielerin Clara Ziegler galt vor der Jahrhundertwende als die große hochdramatische Schauspielerin der Münchner Bühne. Sie war vor allem als Tragödin unübertroffen. 1904 zog sie sich von der Bühne zurück.

In Oberallmannshausen (Haus-Nr. 3½; Fl.Nr. 928/3) hatte 1889 auch der Münchner Kunstmaler und Akademieprofessor Ludwig v. Löfftz ein Grundstück gekauft. Neubau des Landhauses 1891; 1911 erbten seine Witwe Eleonore und seine Kinder.

Münsing

Allgemeine Quellen:
Kataster im Stadtarchiv München (StAM):
25487/488 (Grundsteuerkataster Höhenrain 1867)
25489/490 (Umschreibhefte Höhenrain 1867 ff.)
25493 (Grundsteuerkataster Höhenrain 1915)
25495 (Umschreibhefte Höhenrain 1915 ff.)
25588 (Ruralsteuerkat. Münsing 1814)
25589/590/591 (Umschreibkataster Münsing 1814–1852)
25597/598/599 (Grundsteuerkataster Münsing 1867)
25600/601/602 (Umschreibhefte Münsing 1867 ff.)
25604 (Grundsteuerkat. Münsing 1912)
25605/606 (Umschreibhefte Münsing 1912 ff.)
25508 (Grundsteuerkataster Holzhausen 1866)
Landkreis Wolfratshausen / Baupläne Ammerland und Ambach.

1 Die unbeschwerte, heitere Stimmung in Ammerland und Ambach wird in den Erinnerungen verschiedener Sommergäste und Siedler dieser frühen Zeit lebendig. So in den Lebenserinnerungen von R. Braun-Artaria, in denen sie über das Leben in Ambach 1866 schreibt (in: R. Braun-Artaria, Von berühmten Zeitgenossen, München 1911, S. 117 ff.). Oder in Erinnerungen von Mathilde Riezler, Robert Piloty und Luitpold Faustner, mitgeteilt in: Widnmann/Jungmann, Holzhausen, S. 227 ff.

2 Sog. Seeburg (Schloß Biberkor).
Nördliche Seestraße 130; Fl.Nr. 787, 785, 786 (Höhenried)

1907 umfaßte das Gut 387,577 ha (Akkerland, Weiden, Torfstich, Wald). Vor 1867 war das gesamte Gelände bis zur Flurgrenze Münsing in Besitz der Grafen Rambaldi (Schloß Unterallmannshausen); 1888 Gottfried Kohlermann, Kaufmann aus London, Erwerb des Grundes (3,5 ha); 1888 Theodor Heinrich Höch, Bauunternehmer und Privatier in München, Pläne für den Bau eines Schlosses (Architekt: Julius Hofmann; StAM, Baupl. Weilheim 221/06 – falsch unter Weilheim!), Neubau 1892/94; 1902 Major Peter Göring aus Brüssel (um 470 000 M plus 310 000 M für Mobilien), Umbau des Schlosses, Neubau der Kapelle und der Hafenanlage (evtl. noch vor 1900. Architekt: Prof. Friedrich Thiersch); 1921 Prinz Karl v. Isenburg, Umbau des Schlosses (Architekten: Gebr. Ludwig); 1929 Major Rüdiger (Rüttger) v. Brüning; 1937 Reichsminister Dr. Adolf v. Brüning; 1941 Eva Maria v. Brüning; 1942 Volkswohlfahrt (Kindergärtnerinnenschule, erneute Umbauten); 1948 Bayerischer Staat.

Lit.: Handbuch des größeren Grundbesitzes in Bayern, München 1907, S. 18; F. X. Gegenfurtner, 1896, S. 72 mit Abb.; Süddeutsche Bauhütte Nr. 23, 1906 mit Gr. u. Abb.; Andreas Ley, Die Villa als Burg, Diss. München 1981; G. Paula und A. Wegener-Hüssen, Denkmäler in Bayern, Landkreis Bad Tölz-Wolfratshausen, S. 450 mit Abb.

Julius Hofmann (1840–1896) baute bereits 1864 die Residenz für Kaiser Maximilian von Mexiko, beteiligte sich unter der Leitung von Dollmann an der Innengestaltung der Schlösser Neuschwanstein und Herrenchiemsee, gilt als einer der besten Raumgestalter des Historismus in München. 1884 Hofbaurat, Nachfolger Dollmanns. Schuf die Votivkirche im Schloßpark Berg.

3 Gegenfurtner, 1896, S. 72; Süddeutsche Bauhütte, 1906, S. 1: »...unweit von Schloß (Berg) und unweit der Votivkirche ragt aus dem Grün der Bäume ein großartiges Schloßgebäude hervor, Schloß Biberkor, dem Herrn Major Göring gehörig. Es sind ja das Seegestade sowohl als die umliegenden Höhen förmlich besät mit Landsitzen in mannigfaltigster Ausführung (...). Keines der vielen Landhäuser und Villen aber reicht heran an den Herrensitz, den Architekt Hofmann, derselbe, welcher das königliche Schloß Neuschwanstein auf den Felsen hinaufzauberte, dort in herrlichster Lage geschaffen hat.«

4 Der Nymphenburger Vergnügungspark, Volksgarten genannt, war eine Einrichtung ähnlich dem Wiener Prater, mit Biergärten, Varietés, einem 30 m hohen Aussichtsturm, mit Karussells, Buden aller Art, Tierschauen, einer eigenen Radrennbahn u.a. Er befand sich zwischen Südlicher Auffahrtsallee und Romanplatz. Seine Zeit dauerte von 1890 bis zum Ersten Weltkrieg.

5 Man vermutete, der Bauunternehmer und Spekulant Höch wolle das Schloß der Kaiserin Elisabeth v. Österreich verkaufen. Als daraus offenbar nichts wurde, dachte man an Prinzregent Luitpold als Käufer.

6 Die Kapelle (einschiffiges Langhaus mit eingezogener halbrunder Apsis) wurde später durch Friedrich Thiersch hinzugefügt. (Süddeutsche Bauhütte, 1906, S. 2). Da die Ausmalung der Apsis bereits 1896 datiert ist, muß davon ausgegangen werden, daß Thiersch die Kapelle schon vor dem Besitzerwechsel und dem Umbau des Schlosses gebaut hat.

Die Darstellung des östlichen Torbaus ist auf den Plänen von 1888 und 1902 identisch. Das legt die Vermutung nahe, daß dieser Gebäudeteil schon beim Neubau 1892/93 so weit nach Osten verschoben wurde, daß die Kapelle hinzugefügt werden konnte. Möglicherweise wurde der Torbau auch erst mit dem Bau de Kapelle realisiert. Ein Abbruch und Wiederaufbau in gleicher Größe kommen wohl kaum in Frage.

7 Interessant sind noch die Stukkaturen im ehem. Billardsaal sowie eine Marmorfigur in der Eingangshalle, signiert mit Bacagio Milano. In dem Beitrag in der Süddeutschen Bauhütte, 1906, S. 1, wird ein kleiner Einblick in die Ausstattung des Schlosses gewährt: »Die gesamte Inneneinrichtung des Schlosses ist gleich wie die Fassadendurchbildung streng mittelalterlich sowohl hinsichtlich des Mobiliars als auch der sonstigen Ausstattung; besondere Aufmerksamkeit verdient die reiche, stilgerechte Ausmalung, und finden wir in den Bezeichnungen der Zimmer Anspielung auf deren jedesmalige Bemalung. Den Mitteltrakt der ganzen Ostseite des Schlosses beherrscht ein außerordentlich geräumiger Speisesaal von etwa 54 qm Fläche, von welchem aus eine große Terrasse, gegen den See gelegen, mit 87 qm Fläche, erreichbar ist. Die Anlage dieser Partien ist so groß, daß auch eine zahlreichere Gesellschaft in der Lage ist, sich daselbst unbeengt zu bewegen. (...) Dem Speisesaal gegenüber auf der anderen Seite des Korridors befindet sich das Haupttreppenhaus, das zu den in der oberen Etage gelegenen Räumlichkeiten führt. Erwähnenswert sind die tiefen Erkernischen am Drachenzimmer und Erkerzimmer, welche innen besonders reizend und gemütlich ausstaffiert sind«.

Die Raumfolge wurde mehrmals umgebaut und in ihrer Zweckbestimmung verändert. Ursprünglich bildete der große Speisesaal, wie bei vielen anderen Villen am See, die Mitte. Er wurde außen durch den etwas vorspringenden und mit Türmchen versehenen Mittelrisalit (1921 reduziert) gekennzeichnet. Daran schlossen sich verschiedene Aufenthaltsräume an, die je nach Ausstattung als Weiße-Rose-Zimmer, Taubenzimmer, Pfauenzimmer und Drachenzimmer bezeichnet wurden. Die nördliche Flucht schloß ein großes Schlafzimmer ab, wohl weil sich der einzige Abort auf dieser Etage (!) in unmittelbarer Nähe neben dem Turm befand. Ein Bad gab es hier offenbar nicht, ein weiterer Hinweis auf die sehr karge Ausstattung der vor der Jahrhundertwende gebauten Villen mit Sanitärräumen. Weitere Schlafräume und Gästezimmer befanden sich im Obergeschoß.

Beim Umbau 1921 wurde der Speisesaal in der Mitte unter Hinzunahme des Rosenzimmers zu einem sehr geräumigen Wohnzimmer umgestaltet. Daran schloß sich nach Norden ein neuer Speisesaal an, die südlichen Zimmer wurden in einen Salon und eine Bibliothek umgewandelt. Ein weiteres Wohnzimmer wurde in der Mitte des Obergeschosses eingerichtet. Daran schlossen sich Schlaf- und Gästezimmer an. Die südliche Flucht war dabei für das Schlafzimmer des Herrn und das anschließende Schlafzimmer der Dame (mit den Nebenräumen Baudoir und Bad) reserviert. Im 2. Obergeschoß gab es weitere Gästezimmer (mit einem Bad im südlichen polygonalen Eckerker) sowie die Zimmer der Dienstboten (mit einem Bad neben dem Turm).

8 Villa Flessa.
Nördliche Seestraße 31–35; ehem. Haus-Nr. 24; Fl.Nr. 3177 (Villa mit Terrasse, Schweizerhäuschen und Garten, mit zusammen 34000 qm).

1878 Karl Flessa, Rechtsanwalt in München; Neubau 1878/79; 1906 Julie Flessa; 1909 Friedrich Leuze aus Landshut; 1919 Julius Leuze; 1922 Babette und Charlotte Leuze; 1926 Charlotte Leuze, Majorswitwe allein; 1943 Walter Leuze; 1949 Elisabeth Jäger, geb. Leuze; das Haus existiert nicht mehr (heute 3 Grundstücke).

Lit.: Gegenfurtner 1896, S. 72.

9 Landhaus Jani, Villa Matuschka.
Nördliche Seestraße 29; ehem. Haus-Nr. 22; Fl.Nr. 3175, 3176 (Villa mit Anbau und engl. Anlagen, Eiskeller, Glashaus, Gärtnerwohnung, zusammen 10430 qm).

1875 Anton Jani, Privatier in München; Neubau 1876; 1895 Rittmeister Martin Wolff v. Schutter; 1898 Adolf Sölch; 1901 Dr. Franz Graf v. Matuschka; 1901/02 An- und Umbauten (StAM, Baupl. Wolfratshausen 1902/08; Architekt: Iwan Bartcky; Anbau eines Salons nördlich an die Halle, Hafenanlage mit Leuchtturm); 1907 Feodora (Alice) Gräfin v. Matuschka und Baptista Gabriele v. Matuschka aus Berlin; 1907 bauliche Änderungen (StAM, Baupl. Wolfratshausen 229/07; Architekt: Iwan Bartcky; Office, Verbindungsgang, Weinkeller, Gästezimmer über dem Herrschaftstrakt, Dienerzimmer); 1910 weitere Baumaßnahmen; 1920 Anbau eines neuen Speisesaals (StAM, Baupl. Wolfratshausen 1920/128; Architekt E. Capillaro); 1938 Feodora v. Matuschka allein.

Das Haus existiert nicht mehr. Gegenüber, auf der anderen Straßenseite, ist noch ein mit Lüftlmalerei dekoriertes Nebengebäude erhalten (ehem. Glas- oder Palmenhaus.

Lit.: Gegenfurtner 1896, S. 72. Grundlage für die Rekonstruktion der Gartenanlage: Umbaupläne 1902 mit Lageplan.

10 Landhaus Steinheil.
Nördliche Seestraße 27; Fl.Nr. 3172 (Wohnhaus mit Gras- und Baumgarten).

1886 Dr. Adolf Steinheil; 1888 Neubau des Hauses (Blockhaus); 1893 Ida Steinheil; 1921 Dr. Steinheil und Cons.; 1921 August Voit; 1943 Prof. Dr. Kurt Voit, Arzt.

Lit.: Im Besitz der Familie befindet sich ein kleines Konvolut von Zeichnungen, die Dr. Adolf Steinheil von Ammerlander Häusern angefertigt hat. Dabei hat er auch das eigene Haus dokumentiert.

Anhang

11   Landhaus Poppel.
Riedweg 9; Fl.Nr. 3168/3, 3169, 3124/4 (Wohnhaus mit engl. Anlage, Schiffshütte).
   1878 Dr. Johann Poppel, prakt. Arzt in München; 1881 Neubau des Hauses; 1915 Dr. Johann Poppel; 1930 Albrecht Frhr. v. Gillhausen; 1935 Hermine Schwarz; 1951 Louise Marquard.

12   Landhaus v. Lossow.
Kloiberweg 10 u. 12; ehem. Haus-Nr. 7¹/₆ u. 7¹/₃; Fl.Nr. 3163, 3164, 3165
   1876 Schloßgärtner Kink, Neubau des Hauses; 1895 Paul v. Lossow, Professor an der TH München; 1938 Eva Herrmann, geb. v. Lossow, Studienratsgattin in Verden.

13   Vgl. Hubert Rank in: 1200 Jahre Münsing, S. 49.

14   Landhaus Hertz.
Nördliche Seestraße 10; Fl.Nr. 3104/3.
   1892 Prof. Dr. Wilhelm Hertz, Dichter und Schriftsteller; 1893 Neubau des Hauses; dann Katharina v. Hertz, Witwe; 1933 Gabriele v. Schrenck-Notzing; heute Susi von der Aa.
   Prof. Hertz war seit 1869 Professor am Polytechnikum in München. Er betätigte sich daneben als Dichter und Sagenforscher und gab u.a. »Tristan und Isolde« von Gottfried von Straßburg sowie Wolfram von Eschenbachs »Parzival« in einer Neubearbeitung heraus. Er war mit Kommerzienrat Siegle befreundet, der ihn finanziell unterstützte und ihm auch den Neubau des kleinen Landhauses finanzierte. Eine Bautätigkeit Emanuel Seidls an diesem Haus bestätigt ein Brief an Prof. Hertz vom Juli 1893, in dem er ihm das Haus als bezugsfertig meldet. (Deutsches Literaturarchiv Marbach, Nr. 23779; freundl. Hinweis von Frau Dr. Kunstmann).

15   Landhaus Ratzel.
Nördliche Seestraße 7; Fl.Nr. 3112.
   1873 Victoria Nutzinger; Neubau des Hauses; 1901 Prof. Friedrich Ratzel, Geheimer Hofrat, Professor in München und Leipzig, Abbruch des bestehenden Hauses und Neubau; 1904 Maria Ratzel; 1926 Hedwig Ratzel und Lila Riezler, geb. Ratzel.
   Lit.: Hubert Rank, in: 1200 Jahre Münsing, S. 50; H. Rank, in: 100 Jahre Ammerlander Segelclub, Anm. II-23; Prof. Ratzel war der Lehrer Heinrich Haushofers. Er starb 1904 in Ammerland.

16   Landhaus Bosetti.
Nördliche Seestraße 3; Fl.Nr. 3107.
   1906 Dr. Emil Pachmayr; 1908 Frieda Hartz; 1911 Georg Denzel; 1921 Kammersängerin Hermine Bosetti; 1925 Neubau (StAM, Baupl. Wolfratshausen 1925/253).
   Hermine Bosetti gehörte seit 1901 der Münchner Hofoper als Koloratursopranistin an. Ihre Glanzrollen waren die Susanne und die Zerline im »Figaro« bzw. »Don Giovanni«. Auch als Strauss-Sängerin hatte sie große Erfolge, z.B. als Zerbinetta oder als Oktavia in der Münchner Erstaufführung des »Rosenkavalier«.

17   Landhaus Pachmayr.
Elzerberg 3; Fl.Nr. 3151/2 (Villa mit engl. Anlagen).
   1886 Dr. Emil Pachmayr, Apotheker; Neubau 1887/88; 1907 Ökonomierat Conrad Mezger, Umbau (Architekt: Adolf Ziebland); 1910 Anbau eines rückwärtigen Erkers (StAM, Baupl. Wolfratshausen 55/1910, Architekt: J. Fischhaber); 1922 Max und Ernst Mezger; 1925 Generaldirektor Ernst Mezger allein.

18   Landhaus Stöhr.
Südliche Seestraße 9; ehem. Haus-Nr. 35; Fl.Nr. 3123.
   1906 Prof. Philipp Stöhr, Professor an der Universität Würzburg; Neubau (StAM, Baupl. Wolfratshausen 236/1906; Architekt: Heinrich Tremel); 1911 Julie Mayr, Arztgattin.

19   Villa Stotz-Dinkelacker.
Südliche Seestraße 13; Fl.Nr. 3126, 3127.
   1857 Benedikt Schelle, Zimmermeister in Wolfratshausen; 1857 Johann Poppel (1807–1882), Maler und Kupferstecher in München; Neubau des Hauses (Benedikt Schelle und Joseph Sappel, Wolfratshausen); 1868 Helene Schröder, Operettensängerin; 1872 Ernst und Louise v. Sykowa; 1875 Albert Stotz, Fabrikbesitzer in Stuttgart; 1890 Umbau des Hauses, Anbau des seitlichen Turmes; 1896 Robert Stotz, Fabrikant; 1905 Paul Dinkelacker, Fabrikant in Stuttgart u. Anne, geb. Stotz; 1934 Erweiterung des Grundstücks und Bau eines Wohnhauses (Altersruhesitz) für Paul Dinkelacker; 1958 Elserose Holch, Umbau des Turmes; 1965 weitere bauliche Veränderungen (bes. Umwandlung der seeseitigen Erdgeschoßräume in Geschäftsräume).
   Lit.: Link 1879/80, S. 49; Lampert 1884, S. 57; Gegenfurtner 1896, S. 70; Dinkelacker-Chronik, 1875 ff. (5 Bde., Privatbesitz); Heribert Höfler, Ammerland – Haus Stotz, Ammerland 1975.
   Kommerzienrat Albert Stotz war Begründer der Stotz-Eisengießerei und Förderanlagen AG in Kornwestheim. Sein Schwiegersohn, Paul Dinkelacker (aus der Stuttgarter Brauereidynastie), führte das Unternehmen weiter.

20   So auf Zeichnungen von Franz v. Pocci u.a. Auch noch auf einem Aquarell von Julius Lange aus den späten 50er Jahren (s. Schober, Bilder aus dem Fünf-Seen-Land, Abb. 342).

21   Einige Erinnerungen an diese Zeit sind in der Dinkelacker-Chronik festgehalten. Der Hügel mit der Laube war vordem Teil der Kalkbrennerei. Die beiden historischen Salons blieben bis 1965 erhalten.

22   Hubert Rank, in: 1200 Jahre Münsing, S. 48.

23   Der Turm wurde unterkellert. Im Erdgeschoß wurden eine Speisekammer und ein Bad eingebaut. Das 1. Obergeschoß erhielt ein sog. Alkovenzimmer, das 2. Obergeschoß ein Turmzimmer mit umlaufendem Aussichtsbalkon.

24   Landhaus Dax (Landhaus Fügen).
Südliche Seestraße 15; Fl.Nr. 3130/3.
   1867 Anna v. Saint-Julien; 1874 Fabrikbesitzer Johann Dax, Spiritusfabrikant in München; Neubau des Hauses; 1893 Alfred Dax u. Cons.; 1908 Julius Fügen Transportunternehmer in Ludwigshafen.
   Lit.: Gegenfurtner 1896, S. 70; Hubert Rank, 100 Jahre Ammerlander Segelclub, Anm. II-24.

25   Landhaus Kölbl.
Südliche Seestraße 19; Fl.Nr. 3129, 3130, 3131.
   1856 kgl. Staatsanwalt Ernst Julius Paraquin; 1857 Neubau des Hauses (durch Benedikt Schelle und Joseph Sappel); 1867 kgl. Major v. Saint-Julien und Anna v. Saint-Julien; 1871 Peter Kölbl, Schlossermeister in München; 1881 Witwe Wilhelmine Kölbl; 1891 Maria Kölbl; 1923 Wilhelm Kölbl und Cons.; 1952 August Schwendemann.
   Lit.: Link 1879/80, S. 44; Lampert 1884, S. 57; Gegenfurtner 1896, S. 69.

26   Landhaus Rösl.
Südliche Seestraße 23; Fl.Nr. 3131/2.
   1865 Adam Wagner, Schreinermeister; 1867 Neubau des Hauses; 1868 Heinrich Rösl, Hofbuchdrucker in München; 1877 Umbau und Aufstockung des Hauses; 1902 Erbengemeinschaft Rösl; 1902 Josef Rösl, Kunstmaler; 1931 Witwe Emma Rösl; 1938 Erbengemeinschaft Rösl.
   Lit.: Link 1879/80, S. 49; Lampert 1884, S. 57; Gegenfurtner 1896, S. 69.

27   Villa Rösl.
Siegleweg 10; ehem. Haus-Nr. 25; Fl.Nr. 3134 (Villa mit Terrasse und englischen Parkanlagen).
   1887 Josef Rösl; Blockhaus mit Atelier; 1889 Umbau des Ateliers zum Wohnhaus (Anbau südlich und Aufstockung); 1902 Neubau der Villa (Architekt: August Zeh, München) nach Teilabbruch des bestehenden Hauses; 1962/63 Umwandlung in ein Mehrfamilienhaus, Anbauten auf der Südseite.
   Lit.: Süddeutsche Bauhütte 1907, Nr. 42, S. 3; G. Paula u. A. Wegener-Hüssen, Denkmäler in Bayern, Landkreis Bad Tölz-Wolfratshausen, S. 432 mit Abb.; H. Rank, 100 Jahre Ammerlander Segelclub, Anm. II-13, III-6, III-12.

Anmerkungen zu Münsing

28 In Süddeutsche Bauhütte 1907, Nr. 42, S. 3 heißt es dazu: »Am lieblichen Gestade des Starnberger Sees wohnen zu können, muß eine Lust sein, und noch dazu, wenn man ein so schönes Heim hat wie der Kunstmaler Rösl. Ruhige, edle Formen geben dem Landhaus ein vornehmes Gepräge und ist besonders auf malerische Wirkung nach der Seeseite zu Gewicht gelegt worden. Um einen möglichst freien, ungehemmten Blick über das großartige Seepanorama mit dem gegenüberliegenden Gestade und auf die gewaltige Gebirgskette zu haben, ist eine Terrasse vorgelagert.«

29 Rösl konnte 1865 beim Abbruch der alten Landschaftsgebäude am Münchner Marienplatz, verursacht durch den Bau des Neuen Rathauses, verschiedene Ausstattungsteile erwerben, so die schönen Zimmertüren im Obergeschoß und einige alte Fenster mit Butzenscheiben. Als bei der Umgestaltung der Frauenkirche im Stil der Neugotik die alte Einrichtung entfernt wurde, erwarb Rösl eines der schönen barocken Gitter, mit denen die Seitenkapellen abgeschlossen waren. Es fand in Ammerland als Einfahrtstor Verwendung und ist noch erhalten (vgl. Sonderdruck Monachium Sacrum, Dt. Kunstverlag, München, 1994).

30 Hubert Rank, in: 1200 Jahre Münsing, S. 49.

31 Villa Gabriel v. Max.
Südliche Seestraße 29; Fl.Nr. 3131/6.
1868 Johann Bauer in Reichenkam; 1869/70 Neubau des Hauses; 1871 Napoleon Homolatsch, Buchdruckereibesitzer in München; 1874 Bankier Krämer in Uffenheim (Krämersche Kreditcassa); 1875 Gabriel v. Max, Kunstmaler; 1900 Umbau des Hauses (Architekt: Emanuel Seidl), rückseitig Umbau eines älteren Nebengebäudes zu einem Kinder- oder Spielhaus (Holzbau mit Bundwerk); 1915 Ernestine Max; 1925 Colombo Max.
Lit.: Link 1879/80, S. 49; Lampert 1884, S. 57; G. Paula u. A. Wegener-Hüssen, Denkmäler in Bayern, Landkreis Bad Tölz-Wolfratshausen, S. 434 mit Abb.
Gabriel v. Max (1840–1915), in Prag geboren, war er zuerst Schüler an der Prager Kunstakademie. In München studierte er bei Piloty, zählte später zu den bedeutendsten Vertretern seines Fachs, wirkte als Professor für Historienmalerei an der Akademie. Bekannt wurde er durch seine Bilder mit spiritistischen und religiösen Inhalten, aber auch durch seine Affenbilder. Er hielt sich diese Affen in seinem Ammerlander Haus.

32 Aus den Erinnerungen der Dinkelakker-Chronik (Privatbesitz).

33 Villa Siegle (Villa v. Schrenck-Notzing).
Südliche Seestraße 31; Fl.Nr. 3131/7, 3131/12, 3131/15, 3131/4, 1464 (Villa mit Badezimmer, Gärtnerwohnung, Pferdestall, Schiffshütte, engl. Anlagen).
1869 Emilie v. Seutter, Privatiere aus Stuttgart; Neubau des Hauses; 1879 Frfr. v. Schiller; 1879 Dr. Gustav Siegle, Fabrikbesitzer und Reichstagsabgeordneter in Stuttgart, Mitbegründer der BASF in Ludwigshafen, um 27 000 M; 1884 Umbau des Hauses (Architekt: Emanuel Seidl); 1892 Neubau des südlichen Villenteils (Architekt: Emanuel Seidl); 1903 Vergrößerung des Gärtnerhauses hinter der Villa (Architekt: Wilhelm Kull); 1908 Witwe Julie v. Siegle; 1910 Anbau an der Nordseite, Küchentrakt (Architekt: Emanuel Seidl; StAM, Baupl. Wolfratshausen 1910/220); 1924 Gabriele v. Schrenck-Notzing, geb. Siegle; 1929 Gartenhaus (Blockbau; historische Almhütte, dat. 1839); 1951 Caspar und Niklas v. Schrenck-Notzing; 1960 Caspar v. Schrenck-Notzing allein.
Lit.: Link 1879/80 (1984), S. 48; Lampert 1884, S. 57; Gegenfurtner 1896, S. 68; J. W. Kunstmann, Emanuel Seidl, München 1993, S. 134; G. Paula u. A. Wegener-Hüssen, Denkmäler in Bayern, Landkreis Bad Tölz-Wolfratshausen, S. 434, mit Abb.; Dehio, Kunstdenkmäler IV, 1986, S. 41.
Neubert's Deutsches Gartenmagazin, 1889, S. 325: »Des weiteren sei der Uferbauten, des Schiffshafens und der damit zusammenhängenden Gartenanlagen vor dem Besitztum des Herrn Kommerzienrats Siegle aus Stuttgart rühmend gedacht. Alles ist musterhaft, gut und solid, mit entsprechendem Material, ganz der Natur angepaßt, daß jeder, der es sieht, seine Freude daran haben wird und für Herrn Obergärtner Kink, der seiner Zeit dies alles ausführte, nur Lob.«
Gustav Siegle kam durch Vermittlung von Albert Stotz, den er von Stuttgart her kannte, nach Ammerland. Stotz, der bereits das ehemalige Poppel-Anwesen besaß, machte ihn auf die zum Verkauf stehende Seutter-Villa aufmerksam.

34 Ehem. Landhaus Schultze.
Südliche Seestraße 31; ehem. Haus-Nr. 18; Fl.Nr. 3131/8, 3131/9, 3131/16.
1872 Michael Huber, Bauer von Wimpasing; Neubau des Hauses; 1872 August Schultze, Hofmaler; 1897 Erbengemeinschaft Schultze; 1908 Julie Siegle; Abbruch des Hauses; 1910 Neubau des Pavillons (Architekt: Emanuel Seidl; StAM, Baupl. Wolfratshausen 1910/247).
Lit.: Link 1879/80 (1984), S. 48; Lampert 1884, S. 57; Gegenfurtner 1896, S. 68; J. W. Kunstmann, Emanuel Seidl, S. 134; G. Paula u. A. Wegener-Hüssen, Denkmäler in Bayern, Landkreis Bad Tölz-Wolfratshausen, S. 434; Innen-Dekoration 30, Darmstadt 1910, S. 116 u. 118.

35 Ehem. Landhaus Weber.
Südliche Seestraße 31; ehem. Haus-Nr. 19; Fl.Nr. 3131/9.
1872 Wilhelm v. Weber, kgl. Staatsrat; Neubau des Hauses; 1888 Witwe Maria v. Weber und deren Tochter Maria Philipps, Kunstmalersgattin in München; 1898 Maria Philipps allein; 1931 Gabriele v. Schrenck-Notzing; 1933 Abbbruch des Hauses.
Lit.: Link 1879/80 (1984), S. 48; Gegenfurtner 1896, S. 67.

36 Landhaus Rode.
Seeleitn 2; ehem. Seeheim Nr. 17; Fl.Nr. 893/2.
1825 Wilhelm Rode, Kammersänger in München; 1926 Neubau (Architekt: A. Nopper, München; StAM, Baupl. Wolfratshausen 218/1925).
Lit.: Widnmann/Jungmann, Holzhausen, S. 368; G. Paula u. A. Wegener-Hüssen, Denkmäler in Bayern, Landkreis Bad Tölz-Wolfratshausen, S. 444.

37 Landhaus Loewith.
Seeleitn 15; ehem. Seeheim Nr. 11; Fl.Nr. 854/2.
1904 Wilhelm Loewith, Kunstmaler in München, Neubau des Hauses (Architekt: Franz Rank, München; StAM, Baupl. Wolfratshausen 241/04); 1919 Anton Hermann Fokker, Fabrikant in Schwerin; 1919 Fritz Wiedemann, Großkaufmann in München.
Lit.: Widnmann/Jungmann, Holzhausen, S. 367.

38 Landhaus Klein.
Seeleitn 17; ehem. Seeheim Nr. 10; Fl.Nr. 852/1.
1904 Elise Klein, Zahnarztgattin in München; 1921 Ella Erhard, Professorsgattin; 1922 Willi Meineke, Kaufmann in Berlin; 1922 Emmi Denner, Privatiere in Charlottenburg; dann Josefine Täumer.
Lit.: Widnmann/Jungmann, Holzhausen, S. 367.

39 Landhaus Vogel.
Seeleitn 23; ehem. Seeheim Nr. 3; Fl.Nr. 856/4.
1901 Prof. Dr. Peter Vogel, Neubau des Hauses; 1921 Emil Richter, Ingenieur aus Kattowitz.
Lit.: Widnmann/Jungmann, Holzhausen, S. 366.

40 Landhaus Schreiber.
Seeleitn 25; ehem. Seeheim Nr. 5; Fl.Nr. 856/3.
1901 Dr. Rudolf Schreiber, Oberregierungsrat (später Ministerialrat) in München (Architekt: Fr. Böttge, München); 1910 Geheimratswitwe Hedwig Schreiber und vier Kinder.
Lit.: Widnmann/Jungmann, Holzhausen, S. 366; Süddeutsche Bauhütte 6, 1905; dort schreibt der Architekt: »Unweit des Starnberger Sees erhebt sich das Landhaus Schreiber, das vor drei Jahren mit einem Kostenaufwand von nur 9 000 M errichtet wurde. Bei der Gestaltung des Grundrisses

war die Nähe des Sees, ein prachtvoller Durchblick nach der Zugspitze und die Nähe des Waldes maßgebend. Der See veranlaßte den Verfasser, die Loggia sowie das Wohnzimmer nach dem Seeufer anzuordnen, so daß der Blick nach demselben sowohl bei schlechtem als auch bei gutem Wetter genossen werden kann. Der im Obergeschoß angebrachte Balkon rechtfertigt sich, weil man von ihm aus bei klarem Wetter die Zugspitze erblicken kann. Die Grundrißaufteilung ist für gutbürgerliche Verhältnisse berechnet. Untergeschoß: Waschküche, Küche, Mädchenzimmer. Erdgeschoß: Wohnzimmer, Loggia, Salon. Obergeschoß: Schlafzimmer. Das Äußere ist in einfacher Weise so gegliedert, wie sie das verwendete Material, verputzte Mauerflächen und Holzwerk vorschreibt. Sämtliche Farben sind leuchtend genommen, so daß sich das Landhaus in wirkungsvoller Weise von dem natürlichen Hintergrund, dem Hochwald, abhebt. Die Räume im Erdgeschoß sind mit Holzdecken versehen.«

Das Haus ist noch erhalten, allerdings ist die Dachregion, die ursprünglich Elemente des Bauernhauses des Werdenfelser Landes aufgenommen hatte, etwas reduziert.

41 Villa Sayn-Wittgenstein.
Seeleitn 28–35; ehem. Seeheim Nr.: 15; Fl.Nr. 849, 848/2, 847 (Villa mit engl. Anlagen, ca. 27 500 qm).

1917 Elise Klein, Neubau der Villa; 1919 Joachim Ernst, Rittmeister in Berlin (um 190 000 M); 1922 Elena Fürstin Sayn-Wittgenstein (um 650 000 M); bauliche Änderungen an der Nordseite (Erhöhung des Flacherkers, Vergrößerung des Raumes in der Nordost-Ecke; Architekt: Otto Gaßner); dann Horst Wachsmuth; 1997 für 15 Mill. DM zum Kauf angeboten.

Lit.: Widnmann/Jungmann, Holzhausen, S. 368; G. Paula u. A. Wegener-Hüssen, Denkmäler in Bayern, Landkreis Bad Tölz-Wolfratshausen, S. 444.

42 Villa Kratzer.
Seeleitn 21; ehem. Seeheim Nr. 4; Fl.Nr. 855 (Villa mit englischen Anlagen).

1901 Johann Baptist Kratzer, Likörfabrikant in München; Neubau der Villa; 1928 neue Einfriedung (Emil Ludwig, München); 1930 Anbau für neue Wohnräume im Erdgeschoß und Obergeschoß (Architekt: Hans Stöcklein, München; StAM, Baupl. Wolfratshausen 279/1930).

Lit.: Widnmann/Jungmann, Holzhausen, S. 366; G. Paula u. A. Wegener-Hüssen, Denkmäler in Bayern, Landkreis Bad Tölz-Wolfratshausen, S. 444.

43 Villa Tretter.
Am Waldweg 26; ehem. Seeheim Nr. 9; Fl.Nr. 842/5.

1902 Hofrat Dr. Emil Schwörer, Rechtsanwalt in München, Neubau der Villa (Architekt unbek.); 1919 Margarethe Wölz, Großkaufmannsgattin; 1926 Ella Erhard, Professorsgattin, Ambach; später Josef Tretter, Kaufmann in München.

Lit.: Widnmann/Jungmann, Holzhausen, S. 367; G. Paula u. A. Wegener-Hüssen, Denkmäler in Bayern, Landkreis Bad Tölz-Wolfratshausen, S. 444.

44 Landhaus Pestalozza.
Ehem. Seeleitn 73; ehem. Haus-Nr. 18; Fl.Nr. 1441/2.

1892 Kaspar Schiffmann; 1895 Hugo Graf Pestalozza, Totalumbau; 1908 Witwe und Töchter Pestalozza; 1909 Robert Hermann aus Leipzig; 1916 Margaretha v. Perlea, Großgrundbesitzerswitwe aus Rumänien; 1922 Mose und Johanna Offenbacher aus Fürth.

45 Landhaus Meder.
Seeleitn 83; Fl.Nr. 1446.

1896 Prof. Dr. Meder, Zahnarzt in München, Neubau des Landhauses (Architekt: Domenico del Fabbro); dann Erbengemeinschaft Meder.

Lit.: Widnmann/Jungmann, Holzhausen, S. 308; G. Paula u. A. Wegener-Hüssen, Denkmäler in Bayern, Landkreis Bad Tölz-Wolfratshausen, S. 446 mit Abb.

46 Landhaus Trautmann.
Simetsbergweg 9; Fl.Nr. 1448/2, 1448/4.

1869 Hermann Trautmann, Blumenfabrikant in München; Neubau des Hauses (mit Werkstätte zur Herstellung von Kunstblumen); 1889 Sebastian Pichler; 1894 Dr. Friedrich Thal aus Berlin, Umbau des Hauses (Anbau eines Turmes mit Zinnenkranz); 1919 Karl Wiedemann; Donizah Wiedemann und Kinder; 1955 Dr. Fritz Wiedemann; 1970 Sanatorium Wiedemann.

Lit.: Link/Schober (1879/19884), S. 47 u. 131; Widnmann/Jungmann, Holzhausen, S. 285.

47 Landhaus Maximilian Schmidt.
Holzbergstraße 16; ehemals Kugelmühle 2½; Fl.Nr. 1342/2.

1898 Maximilian Schmidt, gen. Waldschmidt; 1921 Hedwig Wiedemann; 1989 Abbruch und Neubau eines Mehrfamilienhauses.

Maximilian Schmidt (1832–1919) hatte zu seiner Zeit einen ungeheueren Erfolg als Schilderer volksnaher Geschichten und Lebensbilder aus dem Alpengebiet und dem Bayerischen Wald (seiner Heimat). Ziel seiner Arbeit war ihm die Hinführung seiner Leser zu den Schönheiten der heimatlichen Landschaft und zu den hohen Werten des einfachen Volkslebens und der ungebrochenen Tradition. König Ludwig II. ernannte ihn für seine Erzählung »Fischerrosl von St. Heinrich« zum Hofrat. Ludwig II. schätzte den Schriftsteller sehr hoch, kapitelweise mußte er die gerade fertigen Zeilen der »Fischerrosl« nach Schloß Berg liefern. Am Tag seines Todes im Starnberger See soll eine Erzählung Schmidts aufgeschlagen auf dem Nachttisch gelegen haben. Maximilian Schmidt hatte seit 1864 im Tutzinger Midgard-Haus gewohnt.

Lit.: Widnmann/Jungmann, Holzhausen, S. 345; D. Heißerer, Wellen, Wind und Dorfbanditen, S. 141.

48 Landhaus Felshof.
Holzbergstraße 10; Fl.Nr. 1411/2.

1872 Charlotte Felshof, Bankierswitwe in München; Neubau; 1889 Eduard Felshof; 1890 Heinrich Theodor Höch, Bauunternehmer in München; 1894 Prof. Gabriel v. Max, Kunstmaler; 1905 Ernestine Max; 1921 Ella Erhard, Professorsgattin.

Lit.: Link/Schober (1879/1984), S. 46 u. 130; Gegenfurtner (1896), S. 66; Widnmann/Jungmann, Holzhausen, S. 285.

49 Landhaus Piloty.
Seeleitn 60; ehem. Haus-Nr. 1; Fl.Nr. 1348.

1877 Carl v. Piloty, Kunstmaler u. (seit 1874) Direktor der Münchner Akademie, und Berta v. Piloty; Umbau des Schaffler-Gütls, Anbau eines Ateliers; 1886 Prof. Dr. Wilhelm Leube in Würzburg; 1895 Prof. Dr. Lujo v. Brentano; Umbau des Hauses durch Prof. Friedrich Thiersch; 1908 Oskar Westerholz, Ingenieur in München; Abbruch im August 1983.

Lit.: Link/Schober (1879/1984), S. 130; Lampert 1884, S. 55; Gegenfurtner 1896, S. 67; Widnmann/Jungmann, Holzhausen, S. 280.

Lujo v. Brentano ließ zur Erinnerung an seinen Vater das Einfahrtstor mit Figuren aus dem Märchen »Gockel, Hinkel und Gackeleia« schmücken.

50 Landhaus Riedel.
Seeuferstraße 3; Fl.Nr. 1410/2.

1893 Dr. Emil Frhr. v. Riedel, kgl.-bayer. Staatsminister; 1894 Neubau des Hauses (Architekt: Emanuel Seidl); 1907 Malvine v. Riedel, Witwe; dann Karl Barth, Direktor der Hackerbrauerei in München; 1953 Johann Wallner.

Lit.: Gegenfurtner 1896, S. 66; J. W. Kunstmann, Emanuel Seidl, S. 140; Dehio, Kunstdenkmäler in Oberbayern (1990), S. 37; G. Paula u. A. Wegener-Hüssen, Denkmäler in Bayern, Landkreis Bad Tölz-Wolfratshausen, S. 428 mit Abb.

Vorne an der Straße wurde ein kleiner Weiher angelegt. Daneben steht eine Almhütte (Blockbau, wohl 17./18. Jh.), die angeblich von der Schweiz hierher transferiert wurde. Die Versetzung originaler Almhütten hatte hier am Starnberger See im 19. Jh. Tradition.

Emil Frhr. v. Riedel (1832–1906) war schon seit 1877 Finanzminister König Ludwigs II. und trat erst 1904 nach äußerst erfolgreicher Arbeit von diesem Amt zurück.

51 Villa Benczúr (Villa Bonsels).
Seeuferstraße 25; Fl.Nr. 1370.

1885 Julius Benczúr, Historienmaler und Akademiedirektor in Budapest, Neubau der Villa (Architekt: Béla Benczúr; Widnmann-Jungmann gibt Emanuel Seidl als Architekten an); 1894 Aufstellung des ungarischen Hoftores; 1919 Waldemar Bonsels, Schriftsteller.

Lit.: Gegenfurtner 1896, S. 65; Widnmann-Jungmann, Holzhausen, S. 290; G. Paula u. A. Wegener-Hüssen, Denkmäler in Bayern, Landkreis Bad Tölz-Wolfratshausen, S. 430 mit Abb.

52 Die Székler sind ein ungarischer Volksstamm in jenem Teil Siebenbürgens, der heute zu Rumänien gehört. Die Inschrift lautet übersetzt: »Liebst Du Gott und Deine Heimat, so kehre ein. Mit tückischer Seele jedoch magst Du fern, draußen bleiben. Friede den Eintretenden. Dies ließen bauen Benczúr Gyula und seine Frau, Benczúr Piroska im Jahre des Herrn 1894.« (László Barla-Szabó in: Südd. Zeitung, 1994).

53 Villa Friedberg.
Luigenkamer Weg 16; Fl.Nr. 1518/2.

1912 Asta Adolph (Friedberg) in Leipzig, 1913 Neubau der Villa (Architekten: Stengel und Hofer, München; StAM, Baupl. Wolfratshausen 126/12); die seeseitige Fassade war ursprünglich (1. Projekt) mit exedraartiger Rundung geplant); dann Joachim Adolph.

Lit.: Widnmann/Jungmann, Holzhausen, S. 309.

54 Landhaus Faustner (Villa Maria Theresia).
Seeuferstraße 39; Fl.Nr. 1384.

1858 Leonhard Faustner, Kunstmaler in München, Neubau des Landhauses; 1896 Luitpold Faustner; 1902 Jakob Putscher in München; 1904 Therese Landes; 1909 Max und Therese Koppelstätter.

Lit.: Widnmann/Jungmann, Holzhausen, S. 306.

55 Landhaus Weger.
Seeuferstraße 11; Fl.Nr. 1362, 1365.

1864 Jakob und Anna Weger, Hoftapezierer und Privatier in München; 1865 Neubau des Hauses (Architekt: Joseph Sappel, Wolfratshausen); 1890 Witwe Anna Weger; 1895 Ida Schulze, Kaufmannswitwe; 1924 Dr. Gustav Schulze, prakt. Arzt in München; 1933 Witwe Wilhelmine Schulze; 1964 Erbengemeinschaft Schulze; 1986 abgebrochen und durch einen Neubau ersetzt.

Lit.: Link/Schober (1879/1984), S. 43; Lampert (1883), S. 55; Gegenfurtner (1896), S. 66; Widnmann/Jungmann, Holzhausen, S. 288.

56 Landhaus Widnmann.
Seeuferstraße 14; Fl.Nr. 1386.

1863 Prof. Max v. Widnmann, Bildhauer in München; Neubau des Hauses; 1895 Erbengemeinschaft Widnmann; nun Marianne Senger.

Lit.: Link/Schober (1879/1984), S. 41; Lampert (1883), S. 53; Widnmann/Jungmann, Holzhausen, S. 306.

57 Max v. Widnmann war der wohl wichtigste Münchner Bildhauer der Jahrhundertmitte. Er wurde 1848 Nachfolger Ludwig Schwanthalers an der Akademie und schuf unter Verwendung von Entwürfen Schwanthalers das Denkmal für König Ludwig I. in der Ludwigstraße. Von ihm mehrere Denkmäler in München, u. a. die für den Dichter Goethe und den Historiker Westenrieder auf dem Promenadeplatz.

58 Landhaus Schauß (Kolb).
Seeuferstraße 16; Fl.Nr. 1389/2.

1883 Dr. Emil v. Schauß, kgl. Münzdirektor in München, Neubau des Hauses; 1893 Friedrich Hurt; 1895 Friedrich Kolb, Rittmeister in München; 1897 Witwe Elisabeth Kolb; nun Ilse Krause, geb. Hurt.

Lit.: Widnmann/Jungmann, Holzhausen, S. 308.

59 Landhaus Goebel.
Seeuferstraße 22; Fl.Nr. 1390/1, 1390/5.

1894 Prof. Dr. Karl v. Goebel; Neubau des Hauses; 1917 Fritz Cloß, Kunstmaler in München; 1926 Umbauten (Treppenhaus, Wintergarten; Architekt: A. Buchinger; StAM, Baupl. Wolfratshausen 36/1926); dann Julie und Albert Einstein; dann Konrad Leidl; dann Georgine Wieser.

Lit.: Gegenfurtner, 1896, S. 63 mit Abb. (dort falsch Kolb zugeordnet); Widnmann/Jungmann, Holzhausen, S. 308.

60 Villa »Greifeneck« (Villa Deiglmayr).
Seeuferstraße 26; Fl.Nr. 1390/2.

1881 Privatier Martin Rieger; 1885 Ludwig Deiglmayr, Architekt und Baumeister in München, Neubau der Villa (Architekt: L. Deiglmayr); 1895 Georg Greif, Inhaber des Café Greif am Marienplatz (heute Beck am Rathauseck); 1907 Joseph Geller v. Kühlwetter in Stuttgart; 1912 Kommerzienrat Josef Böhm, Direktor der Deutschen Bank in München; 1927 Franz Pollmann, Generaldirektor der Licht- und Kraft-A.G., München; 1958 Fritz Pollmann; 1976 Dr. Ursula Pollmann.

Lit.: Gegenfurtner, 1896, S. 63 mit Abb.; Widnmann/Jungmann, Holzhausen, S. 307; G. Paula/A. Wegener-Hüssen, Denkmäler in Bayern, Landkreis Bad Tölz-Wolfratshausen, S. 430 mit Abb.

61 Landhaus Gerlach, sog. »Rieger-Schlößl«.
Seeuferstraße 28; Fl.Nr. 1391, 1392, 1393.

1858 Johann Wild, Neubau des Hauses; 1862 Privatier Martin Rieger, Totalumbau; 1874 Prof. Dr. Friedrich Walther; 1874 Dr. Emil v. Schauß, kgl. Münzdirektor; 1883 Dr. Joseph v. Gerlach; 1897 Witwe Therese Gerlach; 1910 Prof. Dr. Leo Gerlach, Univ.-Prof. in Erlangen; 1910 Neubau eines Ateliers südlich des Hauses (Bolzmacher); 1919 Dr. Ferdinand Gerlach; nun Stadt München.

Lit.: Link/Schober (1879/1984), S. 45; Lampert (1883), S. 52; Gegenfurtner, 1896, S. 62 mit Abb.; Widnmann/Jungmann, Holzhausen, S. 303.

62 Villa Voltz.
Seeuferstraße 30 u. 69; Fl.Nr. 1392/2, 1393, 1394 (Villa mit Parkanlagen).

1875 Martin Rieger, Privatier in München, Neubau des Hauses; 1881 Kunstmaler Fritz Schwörer; 1892 Dr. Albert Voltz, prakt. Arzt, Umbau und Vergrößerung der Villa; 1897 Neubau des Blockhauses als historisierendes Bauernhaus; 1901 Anlage des Weihers; 1906 Neubau von Teepavillon, Kegelbahn, Aussichtsturm, Tennisplatz; 1910 Neubau einer Gartenhalle mit Theatersaal (Josef Bolzmacher, Zimmermeister; StAM, Baupl. Wolfratshausen 74/1910; 1922 versetzt von Kunstmaler Faber, nun Riezlerweg 5; StAM, Baupl. Wolfratshausen 214/1921); 1926 Stadt München, Totalumbau zu einem Schullandheim.

Lit.: Widnmann/Jungmann, Holzhausen, S. 306; Gegenfurtner, 1896, S. 62 mit Abb.; G. Paula/A. Wegener-Hüssen, Denkmäler in Bayern, Landkreis Bad Tölz-Wolfratshausen,.

63 In der Beschreibung der Umbaumaßnahmen heißt es unter anderem: »Der bestehende kleinere Teil genügte den heutigen Anforderungen weder in Beziehung auf räumliche Anordnung und Größenverhältnisse, noch in Hinsicht auf äußere Form. Der Umbau bezweckte eine wesentliche Vergrößerung der Zahl der Repräsentations- und Wirtschaftsräume. (...) Die äußere Gestaltung des neuen Teils war durch die Lage und die Wünsche des Bauherrn vollständig festgelegt. An der Südwestecke kann die freie Aussicht über den See und das dahinter sich erhebende Zugspitzgebiet von den beiden geschlossenen Erkern des Wohnzimmers wie von dessen offener Loggia bei jeder Witterung ungehindert genossen werden. Die Fassaden sind in rauhem Mörtelputz (unten Beton) mit leicht getöntem Holz und Ziegeldach ausgeführt.« (Architektonische Rundschau 24/1908, H. 2, mit Tafel 9).

64 Oberambach.
Oberambach 1; Fl.Nr. 1313.

1839 Dominikus Sanquinetti, Bildhauer in München; 1866 Wilhelm Hörl; 1869 Franz Frhr. v. Lobkowitz, kgl. Kämmerer; 1881 Anbau an das bestehende Wohnhaus; 1885 Albrecht v. Lobkowitz; 1903 Franz v. Lobkowitz, Rechtsanwalt in München; Umbau des Herrenhauses, Anbau mit

Turm; 1907 Hans und Margarethe Ebers, großhzgl.-bad. Hauptmann in Karlsruhe; 1907 Anbau nördlich an das bestehende Herrenhaus und Neubau einer Villa (Architekt: John Herbert Rosenthal; StAM Baupl. Wolfratshausen 157/07), Neubau des Stallgebäudes (Architekt: J. H. Rosenthal; StAM Baupl. Wolfratshausen 157/07, 160/07, 49/08); 1908 Errichtung einer Maschinenhalle (Benzinmotor, Pumpe, Elektromotor, Akkumulatoren; Architekt: J. H. Rosenthal; StAM, Baupl. Wolfratshausen 49/08); 1917 Dora Müller, Architektengattin; 1919 Dr. Otto Heye, Generalkonul; 1928 Einbau eines neuen Treppenhauses und einer Diele (StAM, Baupl. Wolfratshausen 33/1928); um 1930 Eberhard und Angelika v. Kleydorff; 1996 Umbau zum Seminarhotel.

Lit.: Widnmann/Jungmann, Holzhausen, S. 350; Der Baumeister 1911, Heft 2; G. Paula/A. Wegener-Hüssen, Denkmäler in Bayern, Landkreis Bad Tölz-Wolfratshausen, S. 440.

65 Die ursprünglich sehr attraktive und über drei Rundbögen auf Steinsäulen geöffnete Loggia wurde zu einem normalen Fenster geschlossen, auf der anderen Seite wurden zwei größere Fensteröffnungen stark verkleinert, das Gurtgesims beseitigt. Das läßt den Turmrest darüber heute unmotiviert erscheinen. Ursprünglich führte hier eine Seite des Turmpolygons bis zum Erdboden durch, der Turm stand auf der Erde. Auf der Südseite wurde die Terrasse stark vereinfacht. Die schönen Gitter zwischen den Säulen, welche die Terrasse abschlossen (mit seitlichem Ausgang zum Garten) wurden beseitigt, die Terrasse selbst nach außen erweitert und durch eine Abtreppung optisch abgeflacht. Sie hat damit ihren etwas jugendstilhaften Charakter verloren.

66 Weidenkam.
Weidenkam 1; Fl.Nr. 1569; ehem. Harrerhof, Fl.Nr. 1253; weitere Fl.Nr. 1254, 1255, 1298, 1273 (Villa, sog. Schloß Weidenkam, Pförtnergebäude, Stallungen, Reithalle, Kegelbahn, Gartenhaus, Dienstgebäude, Gärtnerei und Glashaus; mit Parkanlagen).

Ursprünglich zwei Höfe: »Simmer«, 1537 als Lehen der Dichtl von Tutzing erwähnt, 1857 von Fürstin Löwenstein erworben. »Harrer«, 1580 als Lehen des Klosters Bernried erwähnt, 1857 an die Fürstin Löwenstein verkauft.

1857 Wilhelm Fürst v. Löwenstein-Wertheim-Freudenberg; Neubau einer Villa im »englischen« Stil; 1868 Dr. Benedikt Geis, prakt. Arzt und Gutsbesitzer in Roßhaupten; 1872 Dr. Oskar Geis, prakt. Arzt; 1875 Heinrich Frank, Kaufmann in Ludwigsburg; 1877 Eduard Rosenthal, um 152 571 M; 1877 Emilie v. Reizenstein, um 180 000 M; 1879 Hermann Graf Wedel, preußischer Major a.D., um 110 000 M; Maria v. Savigny, Geheimratswitwe aus Frankfurt; 1892 Kommerzienrat Georg Käß, Fabrikbesitzer in Haunstetten bei Augsburg und Schloßherr in Eurasburg; 1903 Maria Gräfin Tattenbach, geb. Käß; 1911–13 Abbruch der alten Villa sowie der beiden histor. Bauernhöfe (ehem. Wirtschaftsgeb.); anschließend Neubau (Architekt: Karl Bauer, Münsterbaumeister in Ulm; StAM, Baupl. Wolfratshausen/Holzhausen 163/1911, 244/1911, 66/1912, 94/1912, 208/1916); 1913 Bau der neuen Straße östlich der Villa (Verlegung nach Norden) und Bau der Parkmauer und der besteh. Einfahrt; 1914 Bau der Reithalle, nach Verlegung der Straße; 1946 Claire Dautel; 1964 Übereignung an die Religionsphilosophische Arbeitsgemeinschaft Augsburg, 1964/65 Sanierung des Hauses und Umbau der oberen Stockwerke.

Lit.: Link/Schober 1879/1984, S. 46 mit Abb. (Xylographie) der von Löwenstein erbauten Villa im »englischen« Stil; Lampert, 1884, S. 54; Widnmann/Jungmann, Holzhausen, S. 374; G. Paula/A. Wegener-Hüssen, Denkmäler in Bayern, Landkreis Bad Tölz-Wolfratshausen, S. 448 mit Abb.

67 Die auf dem Parkplan dargestellte Anlage umfaßt ca. 18 ha. Sie wurde auf folgenden Grundlagen rekonstruiert: Flurkarten 1910 u. 1936; Eingabeplan 1912 (StAM, Baupl. Wolfratshausen 94/1912); Eingabeplan 1913; historische Photos; gegenwärtiger Zustand der Anlage; Auskünfte H. Hildebrand, Weidenkam, Dr. E. Hatzelmann, Starnberg, H. Meusel, Augsburg.

Kommerzienrat Käß soll seinen Reichtum vor allem durch eine glückliche Börsentätigkeit gewonnen haben. Er hatte bereits 1890 Schloß Eurasburg erworben und kaufte anschließend Weidenkam sowie mehrere umliegende Immobilien hinzu. Dieser Besitz um Weidenkam, den er seiner Tochter vermachte, umfaßte etwa 150 ha.

Die Parkanlage, deren Höhepunkt zweifellos in den 30er Jahren lag, erlebte während der Kriegsjahre und vor allem nach dem Krieg, als die amerikanische Besatzungsmacht die Villa beschlagnahmt hatte (bis 1955), einen nachhaltigen Niedergang. Sie wurde nicht mehr gepflegt, Bäume und Buschwerk verdichteten sich durch ungehinderten Wildwuchs, das ursprüngliche Konzept war kaum noch erkennbar. Während der Wiederherstellungsarbeiten nach 1965 wurde die Anlage in einzelnen Bereichen vereinfacht. So wurden die einst ausgedehnten Blumenbeete und Rosenanlagen nicht wieder aufgenommen, der gerade, von der östlichen Front zum Baumrondell führende und von einer hochgewachsenen Hecke gesäumte Weg aufgegeben. Die Gartenanlage vor der großen Terrasse wurde stark vereinfacht, die muldenartig abgesenkte Rasenfläche aufgefüllt. Die einstige Gliederung durch die Wege wurde jedoch in etwa wieder aufgegriffen, die am oberen Ende des abgesenkten Gartenstücks aufgestellte Figur der Diana (die Göttin zusammen mit einem Windhund, weißer Marmor) entfernt und im östlichen Parkteil, am Weg zum Teehaus, wieder aufgestellt. Andere ehemalige Ausstattungsdetails wie die beiden Bronzegruppen von Heinrich Wadere (Dryade mit Kentauren, 1915; Fischreiher, 1914) sind nicht mehr vorhanden. Die beiden großen Hirschfiguren (von Wagner, Muschelkalk), die mit der Dianafigur eine ideelle Einheit bildeten, wurden wieder zu beiden Seiten der Terrassentreppe aufgestellt. Der Laubengang, welcher ursprünglich die Kegelbahn mit der Auffahrt und der Terrasse der Villa verband, wurde offenbar schon sehr viel früher aufgegeben.

68 Die sehr geräumige Küche war nach modernsten Gesichtspunkten eingerichtet und über Anrichte und Serviergang mit dem Speisezimmer verbunden. Der Küche waren eine Speis und eine eigene Spülküche zugeordnet. Das Kellergeschoß enthielt nicht nur Heizungsraum und Kohlenbunker, sondern auch Aufbewahrungs- und Kühlräume für Vorräte, einen Flaschenwein- und einen Faßweinkeller, einen Aufbewahrungsraum für Pelze, eine Dunkelkammer sowie einen Motorraum. Mit besonderer Ausstattung war auch die Waschküche versehen. Vom Heizungsraum führt ein unterirdischer, begehbarer Gang mit allen Heiz- und Versorgungsleitungen zum Pförtnerhaus und zum Stallgebäude. Eine bemerkenswerte Besonderheit von Weidenkam war die bereits 1912 realisierte Abwasserbeseitigung. Nach der Klärung der Abwässer in einer großen Drei-Kammer-Grube wurde das Wasser noch einer biologischen Nachreinigung unterzogen. Dazu wurde das Wasser in einer eigenen Kammer über eine Wand aus Aktivkohle geführt. Dann erst wurde es unterhalb der Reithalle in den Bach geleitet.

69 Die verschiedenen Räume waren nicht in einheitlicher Einrichtung und wohl auch nicht mit wertvollen Antiquitäten ausgestattet. Ein Teil der Möbel war allerdings von der Münchner Firma Anton Pössenbacher hergestellt worden, möglicherweise nach Entwürfen von Karl Bauer. Es liegt dann auch die Vermutung nahe, daß die wohl von Karl Bauer entworfene wandfeste Ausstattung (besonders die Paneele) durch Pössenbacher realisiert worden ist. Der große, zur Terrasse hin orientierte Salon wurde anläßlich der Umbauten für die Arbeitsgemeinschaft leider verändert. So hat man die Trennwand (mit großer Doppelschiebetür) zum Empfangszimmer herausgenommen, um einen größeren Speise- und Versammlungsraum zu erhalten. Dabei wurde leider eine in Holz ausgeführte

Wandverkleidung im Stil eines reduzierten Neo-Rokoko (in hellem Schleiflack mit eingesetzten Spiegeln) entfernt. Der Raum dürfte stilistisch etwa dem Musiksalon der Villa Seewies (Feldafing, Abb. Seite 252) entsprochen haben. Ein Großteil der Einrichtung wurde während der Beschlagnahmung durch die amerikanische Besatzungsmacht verschlissen bzw. entfernt, auch ein Großteil der Bilder. Die von der Gräfin aus Schloß Eurasburg nach Weidenkam verbrachten Gemälde (wohl 17. Jh.) sind jedoch noch vorhanden.

Einzelne Räume im Erdgeschoß waren ursprünglich ausgemalt, vermutlich mit einem System von farbigen Linien, Ranken, Blumengirlanden, wie es das historische Photo vom Teezimmer der Kegelbahn zeigt. Diese Bemalung soll unter den heute aufgebrachten Tapeten noch weitgehend erhalten sein.

Seeshaupt

Allgemeine Quellen:
Kataster im Staatsarchiv München (StAM):
24930/31 (Umschreibkataster Seeshaupt 1837 ff.)
24935 (Grundsteuerkat. Seeshaupt 1866)
24936 (Umschreibkataster 1866 ff.)
24940 (Grundsteuerkataster 1910)
24941 (Umschreibkataster 1910 ff.)
Baupläne Weilheim (Seeshaupt)

1 Vgl. Dirk Heißerer, Wellen, Wind und Dorfbanditen, S. 159 f.

2 Vgl. Gerhard Schober, Bilder aus dem Fünf-Seen-Land, Abb. 344. Der Gasthof Post war vor dem Bau der Eisenbahn Station für mehrere Postkutschen-Linien, Seeshaupt einer der wichtigsten Ausgangspunkte für Wanderungen ins Oberland. Link schreibt in seinem Führer von 1858 auf S. 36 dazu: »Zu Seeshaupt stehen bei Ankunft des Dampfschiffes Post-Omnibusse oder Stellwagen bereit, um die Reisenden über Weilheim und Murnau nach Partenkirchen und Mittenwald, oder über Weilheim nach Hohenpeissenberg, Schongau und Füssen zu befördern. (...) Freunde von Fußpartien gelangen von Seeshaupt auf anmuthsvollem Wege in 5 Stunden an dem Frechen- und Ostersee vorbei über die Pfarrdörfer Iffeldorf und Sindelsdorf nach dem ehemaligen Kloster regulirter Chorherrn Schlehdorf am Kochelsee und von da über den Kesselberg nach dem Walchensee.«

3 Wieviel Bausubstanz hier noch aus der Erneuerung nach dem Dorfbrand von 1815 stammt, ist nicht zu sagen. Die Mehrzahl der Häuser dürfte um 1850–1880 entstanden sein.

4 Villa v. Günther, Villa Ebers.
St. Heinricher Straße 10; Fl.Nr. 73 (Villa), 74, 76, 71, 72, 77, 172, 179, mit Parkanlagen, 30 590 qm (1913).

1857 Dr. Karl v. Günther, kgl. Stadtgerichtsrat; 1866 Witwe Franziska v. Günther; 1872 Otto v. Küster, kaiserl.-russ. Kollegiensekretär in St. Petersburg, um 16 000 Gulden; 1910 Hermann Ebers, Kunstmaler in München; Umbau der Villa und Errichtung eines Ateliergebäudes (Architekt: John Herbert Rosenthal, München; StAM, Baupl. Weilheim 161/1910); 1934 Dr. Heinrich Ritter v. Kaufmann-Aser; 1952 Wilhelm Demmel; 1955 Rudolf Mayr.

Lit.: Link (1858), S. 36; Link (1868), S. 40; Link/Schober (1879/1980), S. 45; Lampert (1884), S. 51; Elisabeth Feilen, Der Maler Hermann Ebers, München 1983.

5 Hermann Ebers wurde 1881 in Leipzig geboren, aufgewachsen ist er in der Ebers-Villa in Tutzing. Seine Ausbildung erhielt er bei Prof. Gabriel v. Hackl, Ludwig Herterich und Heinrich v. Zügel. Er ist vor allem durch seine duftigen, noch ganz impressionistisch empfundenen Landschaftsbilder bekannt geworden, hat aber auch viel gezeichnet und radiert. Hier sind seine Illustrationen zu Jean Pauls »Flegeljahre« besonders geschätzt worden. Mit seiner Mappe von Lithographien zu »Joseph und seine Brüder« hat er Thomas Mann zu seinem großen gleichnamigen Roman angeregt. Ebers ist 1955 in Haunshofen gestorben. Auf dem Seeshaupter Friedhof liegt er begraben.

6 Zu seinem Vater Prof. Georg Ebers vgl. bei Midgardhaus (Villa Ebers) in Tutzing. Die Mutter von Hermann Ebers stammte aus einer Kölner Fabrikantenfamilie (»Kölnisch Wasser«), seine Großmutter war eine geborene Guillaume (Firma Felten & Guillaume).

7 Hermann Ebers war in München mit den Brüdern von Katja Pringsheim, der Frau von Thomas Mann, zur Schule gegangen. Die Manns waren oft in Seeshaupt zu Gast. Sie schwärmten von der schönen Ebers-Villa und suchten deshalb selbst (vergeblich) nach einem ähnlichen Objekt am See. Zu Thomas Mann in Seeshaupt vgl. Dirk Heißerer, Wellen, Wind und Dorfbanditen, S. 159 f. Thomas und Katja Mann hatten die ersten Ferien 1907 im Landhaus Hirth (St. Heinricher Straße 81; Fl.Nr. 512; heute Ursula Eberle) verbracht, die sich der Münchner Privatier Adolf Hirth kurz zuvor hatte bauen lassen. Hier arbeitete Mann an seinem Roman »Königliche Hoheit«.

8 Landhaus Firle.
Hauptstraße 25; Fl.Nr. 85.
1895 Walther Firle, kgl. Prof. und Kunstmaler in München; 1933 Stadt München; 1935 Hans Fritz.

9 Walther Firle hat dieses Zimmer in einem Gemälde »Hauskonzert« dargestellt (Ausst.-Kat. Klostergalerie Fürstenfeldbruck, 1995).

10 Landhaus Himbsel.
St. Heinricher Straße 23; Fl.Nr. 449.
1897 Dr. Eugen Frhr. v. Liebig; 1898 Ferdinand Himbsel; 1899 Neubau des Hauses; 1930 Hermann Sagerer; 1954 Sagerer Erbengemeinschaft.

11 Landhaus Hellberger
St. Heinricher Straße 33; Fl.Nr. 450/3.
1911 Hugo Hellberger, Ingenieur in München, Neubau der Villa (Architekt: Carl Jäger, München; StAM, Baupl. Weilheim 173/1911).

12 Landhaus Dall'Armi.
St. Heinricher Straße 34; ehem. Haus-Nr. 67; Fl.Nr. 460.
1895 Oberstleutnant Josef v. Dall'Armi, 1896 Neubau des Hauses (Architekt: Xaver Knittl; StAM, Baupl. Weilheim 26/1896); 1906 Bernhardine v. Dall'Armi.

13 Kommerzienrat Heinrich Ritter v. Dall' Armi, der bereits 1846 in Seeshaupt geboren worden war, hatte sein Landhaus hinter dem Gasthof zur Post, Dall'Armi-Straße 11 (Fl.Nr. 320). Er war durch seine Einheirat in eine Tabakimportfirma reich geworden und gründete 1915 die »Austria Tabakwaren«. Er stiftete 1910 das »Münchner Bürgerheim« und 1917 das »Dall'Armi-Heim für Dienstboten«.

14 Villa Pettenkofer.
St. Heinricher Straße 45; Fl.Nr. 452, 451 (Nebenhaus), 453, 455/2 (Parkanlagen), 458, 459 (Villa mit englischen Anlagen, zus. 10 950 qm).

1876 Helene v. Pettenkofer, Geheimrats- und Universitätsprofessorsgattin; 1877 Neubau des Hauses (Architekt: Franz Karg; StAM Baupl. Weilheim 143/1877); 1891 Prof. Dr. Max v. Pettenkofer; 1894 Justizrat Albert Gänßler und Alberta Gänßler; 1896 Neubau eines Nebenhauses (Architekt: Joh. Biersack; StAM Baupl. Weilheim 91/1893); 1903 Umbau der Villa (Architekten: Stadler und Necker; StAM Baupl. Weilheim 189/1903); 1907 Albert Gänßler; 1927 Dr. Max Gänßler; 1949 Else Gänßler.

15 Landhaus Bopp v. Oberstadt.
St. Heinricher Straße 67; Fl.Nr. 505.
1903 Anton Albrecht, Neubau des Hauses (Architekt: Ulmer; StAM Baupl. Weilheim 218/1903); 1907 Oskar Graf Bopp von Oberstadt; 1907 Umbau des Hauses (Architekt: Max Ostenrieder; StAM, Baupl. Weilheim 299/1907); 1908 Automobilhaus.

16 Landhaus Kohler.
Weilheimer Straße 10; Fl.Nr. 138.
1895 Dr. Hans und Wilhelmine Kohler;

Anhang

1900 Neubau des Hauses; 1935 Richard Kohler.

17 Landhaus Sappel.
Weilheimer Straße 14; Fl.Nr. 148.
1899 Max Sappel, Fabrikant in München; 1900 Neubau des Hauses; 1917 Maria Sappel und Kinder.

18 Landhaus Liphart.
Tutzinger Straße 6; Fl.Nr. 149.
1892 Friedrich Liphart, kgl. Schloßverwalter; 1896 Neubau; 1916 Katharina Liphart; 1942 Johanna Liphart.

19 Landhaus Colin.
Tutzinger Straße 8; Fl.Nr. 150.
1887 Karl Colin, 1888 Neubau des Hauses; 1920 Ernst Fränzel; 1935 Babette Fränzel.

20 Landhaus Horst.
Tutzinger Straße 14; Fl.Nr. 163/3.
1898 Emma Horst, Neubau des Hauses (Architekt: Xaver Knittl; StAM, Baupl. Weilheim 144/1898); 1915 Manfred Knote u. Cons.; 1937 Dr. Adolf Niedhammer.
Lit.: G. A. Horst, Der Starnberger See, München 1876, neu hg. u. mit Nachw. vers. von Gerhard Schober, Buchendorf o. J. (1984).

21 Landhaus Knote.
Tutzinger Straße 10; Fl.Nr. 162/2.
1898 Manfred Knote, 1903/04 Neubau des Hauses; 1952 Erbengemeinschaft Knote.

22 Landhaus Roßmann.
Tutzinger Straße 20; Fl.Nr. 163.
1898 Dr. Wilhelm Roßmann, 1899 Neubau des Hauses; 1941 Emma Roßmann; 1952 Erbengemeinschaft Roßmann (Dr. Ernst Roßmann, Emmy v. Miller, Herta Rheinfelder); 1995 Abbruch und Neubau.

23 Villa Flick.
Anried Nr. 2; Fl.Nr. 969.
1876 Anton Wildfeuer; 1878 Otmar Flüggen; 1885 Mathias Burger; 1898 Dr. Ernst Fleck; 1898 Karl Heinrich Rodde; 1904 Constantin Frhr. v. Eichthal; 1920 August Rüdinger; 1921 Curt Cramer; 1924 Neubau (Umbau?) des Hauses.

24 Seeseiten.
Seeseiten Nr. 2; Fl.Nr. 1124, 1125, 1130 (sog. Schloß Seeseiten mit Parkanlagen, Gärtnerhaus, Ökonomiegeb., Hausmeisterhaus, zus. 56,85 ha (1910); dazu Gut Anried mit 78,56 ha; dazu Haus.-Nr. 1 in Frechensee mit 130,85 ha).
1865 Exzellenz Frhr. Ludwig von der Pfordten, bayr. Staatsminister des Äußeren; 1866/67 Neubau des Hauses (Architekt: Georg Dollmann; StAM, Baupl. Weilheim 163/1866); 1867 Kutschergebäude mit Wohnung, Stallung, Remise (Architekt: Georg Dollmann); 1872 Kommerzienrat Rudolf Knosp, Fabrikbesitzer in Stuttgart (um 95 000 Gulden); 1874 Neubau eines Ökonomiegebäudes; 1897 Sophie Knosp (Witwe) und Henriette v. Simolin (Tochter); 1911 Henriette v. Simolin; 1922 Rudolf v. Simolin; 1948 Rudolfine Le Tanneux v. Saint-Paul, geb. v. Simolin.
Lit.: Link/Schober (1879/1984), S.43; Lampert (1883), S.50; Gegenfurtner (1896), S.58; Dekorative Kunst 19, 1911.

25 Ludwig von der Pfordten (1811–1880) war bereits 1836 zum Professor der Rechtswissenschaft in Würzburg ernannt worden. Nach der Übernahme weiterer bedeutender Ämter trat er 1843 in den sächsischen Staatsdienst ein, 1848 wurde er Staatsminister des Inneren in Sachsen. 1849 kehrte er wieder nach Bayern zurück und wirkte bis 1859 als Staatsminister des Äußeren und als Vorsitzender im Ministerrat (heute: Amt des Ministerpräsidenten). Von 1859 bis 1864 war er bayerischer Gesandter im Bundestag in der Frankfurter Paulskirche, von 1866 an wieder Minister des Äußeren und Vorsitzender im Ministerrat.

26 Rudolf Knosp (1820–1897), beschäftigte sich intensiv mit der Herstellung von Farben, insbesondere mit der Produktion des Indigo-Farbstoffs und der entsprechenden Drucktechnik. 1845 machte er sich selbständig und gründete in Cannstatt eine Fabrik für chemisch-technische Artikel, insbesondere Farben, 1846 Verlegung der Firma nach Stuttgart. 1848 nahm er die Fabrikation von Indigokarmin auf, sein Unternehmen entwickelte sich rasch. 1865 schloß er sich der neugegründeten Badischen Anilin- und Sodafabrik (BASF) an, 1873 vereinigte sein eigenes Unternehmen mit dieser Firma. Der Geheime Kommerzienrat Rudolf Knosp war nicht nur ein sehr erfolgreicher Geschäftsmann, er wurde 1868 auch als Abgeordneter in das deutsche Zollparlament gewählt. Er tätigte zusammen mit seiner Frau Sophie zahlreiche, hoch dotierte Stiftungen für soziale Zwecke (vgl. J. Hagel, Industriepionier und Wohltäter, in: Amtsblatt Stuttgart, Nr. 12, 20.3.97, S. 6).

27 Baron Rudolf v. Simolin (1885–1945) war umfassend an Kunst und Literatur interessiert. Zu seinem Freundeskreis zählten Künstler, Gelehrte und bedeutende Kunstsammler wie der Architekt und Dichter Rudolf Alexander Schröder, der bedeutende Kunstliebhaber und Mäzen Harry Graf Kessler, die Kunsthistoriker Julius Meier-Graefe und Hermann Uhde-Bernays, Hugo v. Tschudi, der Direktor der Pinakothek, der Verleger Reinhard Piper oder die Dichterin Else Lasker-Schüler. Rudolf v. Simolin gehörte vor allem zu den Förderern von Max Beckmann, mit dem er befreundet war und den er immer wieder auch finanziell unterstützte. Simolin konnte im Laufe seines Lebens eine bedeutende Sammlung von Autographen (Verlaine, Proust, Strindberg, Flaubert), Gemälden und Graphik (Cézanne, van Gogh, Renoir, Derain, Toulouse-Lautrec, Daumier, Munch, Kokoschka, Liebermann, Slevogt, Hodler, Beckmann u.a.) und Skulpturen (Maillol, Degas, Gaul) zusammentragen. (s. A. Pophanken, Privatsammler der französischen Moderne in München, in: Von Manet bis van Gogh, Ausst.-Kat., München 1997, S.424).

Bernried

Allgemeine Quellen:
Kataster im Staatsarchiv München (StAM):
24360 (Grundsteuerkataster 1866)
24361 (Umschreibkataster 1866 ff.)
Baupläne Weilheim (Bernried).

1 Zur Geschichte des Klosters und der Hofmark Bernried vgl. Walburga Scherbaum, Das Augustinerchorherrenstift Bernried, Diss. 1996, Misc. Bavar. Monacensia Band 168, München 1997.

2 Schloß Bernried.
Klosterhof; Fl.Nr. 145 (Schloß), 146 (Schloßgarten), 141, 149, 158 (Schloßpark), 144, 160, 161, 126, 150, mit zusammen 18,982 ha.
Nach der Säkularisation Ignaz Graf Arco; 1821 Andreas von Dall'Armi; dann Gräfin Montecuccoli-Laderche; 1852 Exzellenz Frhr. August v. Wendland, kgl.-bayer. Kämmerer und Gesandter in Frankreich und Spanien, verh. mit Louise v. Wendland, geb. von Wrede (um 140 000 Gulden); 1853 Umbau der alten Klostergebäude, 1854 Terrasse, Balkone (Architekt: Eduard Riedel; Archiv der Frhr. v. Wendland, zusammengest. von Moritz v. Wendland 1935/36); 1862 Anlage und Gestaltung des Schloßparks von Oberhofgärtner Karl v. Effner; 1868 Neubau des sog. Schweizerhauses (Teehaus) am Ufer nach Seeseiten; 1871 Renovierungen und verschiedene Innenausbauten (Architekt: Ludwig Lange); 1888 Neubau des Treppenhauses; 1897 Neubau eines Ateliers im Schloßgarten und Anbau eines Erkers an das Schloßgebäude; 1911 Elisabeth Frfr. v. Wendland; 1942 Deutsches Reich (bis 1949 Ausweichkrankenhaus); 1951 Tutzinger Benediktiner-Missionsschwestern (Haushaltungsschule, dann Vorseminar für soziale Haushaltungsberufe und Berufsaufbauschule mit Internat, nun Zentrum für Erwachsenenbildung).
Zur Gestaltung des Schloßgartens heißt es in Dr. Neubert's Deutschem Gartenmagazin, S.328: »Der Schloßgarten (an den herrlichen Park anstoßend) zeigt mit seinen

wandartig geschnittenen Hecken und Gängen, den im französischen Geschmack gehaltenen Beeten und Blumenparterres, seiner terrassenförmigen Anlage, ein von dem seither Gesehenen völlig verschiedenes, interessantes Bild. Dieses bekommt man schon beim Gartentor, wo auf das groß angelegte Parterre ein Durchblick geboten ist. Dasselbe ist hauptsächlich aus weißbuntlaubigen Geranien, mit blaublühenden Lobelien, im Wechsel mit Geranium Dostiné hergestellt. Für das Auge ein wohlthuendes, nicht ermüdendes Farbenspiel (...). Der Aufgang zum Schlosse ist mit großen Vasen geziert, die in mannigfachem bunten Wechsel reichen Pflanzenschmuck bargen. Die Mauern eines alten, erhöht liegenden Laubenganges waren durch hochstämmige Fuchsien und Rosen aufs schönste gedeckt (an den Mauern selbst passende Schlinggewächse). Eine reizende Abwechslung, eine Zier, bildet der Teil des Gartens, wo harmonisierend mit der ganzen Anlage eine gedeckte Wandelbahn, Gartensalon etc. der Herrschaften sich befindet und ein großer Springbrunnen Leben in den sonst idyllisch ruhigen Platz bringt.« (Es folgt eine ausführliche Schilderung der Obstbaumanlagen).

3 Der ursprüngliche Umfang der Güter hatte etwas über 300 ha betragen, nach den Zukäufen umfaßte der Wendland'sche Besitz etwa 740 ha. Wilhelmina Busch-Scharrer und ihr Ehemann Generalkonsul Eduard August Scharrer erwarben von der Familie Wendland Haus-Nr. 42 und drei weitere Anwesen in Bernried, 1914 das Gut Adelsried mit ca. 118 ha und 1927 die Schwaige Höhenried mit über 100 ha. Das Schloß und ein Teil des Schloßparks waren weiter im Besitz der Wendlands geblieben. Den riesigen Schloßpark schenkte Wilhelmina Busch-Woods 1950 dem Bayerischen Staat, der ihn als Nationalpark der Öffentlichkeit zugänglich machte.

4 Vgl. Walburga Scherbaum, Streifzug durch die Bernrieder Ortsgeschichte, in: 600 Jahre Hofmarkskirche Bernried, Festschrift, Bernried 1982.

An dieser Stelle möchte ich Frau Dr. Scherbaum für viele weitere Informationen und für die kenntnisreiche Unterstützung des Kapitels Bernried ganz besonders herzlich danken!

5 Landhaus del Fabbro.
Karwendelstraße 3; Fl.Nr. 426/2.
1892 Alois del Fabbro, 1893 Neubau des Hauses (Architekt: Dominikus del Fabbro); 1894 Rückgebäude; 1937 Maria del Fabbro und Cons.; 1937 Johann del Fabbro.

Der Baumeister Domenico del Fabbro war um 1890 von Collalto bei Udine nach Bernried zugewandert. Er hat hier ein Bauunternehmen gegründet, das in der Folgezeit weit über Bernried hinaus an Bedeutung gewann.

Domenico del Fabbro errichtete sich 1910 nach Plänen des Architekten Johann Wook, München, (StAM, Baupl. Weilheim 254/1910) ein neues Wohnhaus. Es ist heute noch erhalten (Bahnhofstraße 22).

6 Villa Hauck.
Segelhafen 2; Fl.Nr. 139 u. 149/3 (Parkanlagen).
1872 August Frhr. von Wendland; 1886 Max Frhr. von Wendland; 1908 Dr. Oskar Hauck, Arzt in Ludwigshafen (um 16 000 Mark); 1913 Abbruch des Hauses und Neubau (Architekt: Reg.-Baumeister Architekt Georg Reuter, Berlin; StAM, Baupl. Weilheim 148/1913); 1930 Helena Hauck (Witwe).

7 Tanera-Haus (ehem. Raffl-Anwesen).
Am Hopfgarten 7; ehem. Haus-Nr. 12; Fl.Nr. 35.
1874 Johann Lachner; 1887 Frhr. v. Wendland; 1889 Johann Buchwieser; 1890 Agatha Buchwieser; 1893 Karl Tanera; 1905 Johanna Tanera; 1907 Maria Junge u. Cons.; 1908 Peter Lang; 1910 Karl Wüst; 1920 Eduard Scharrer; 1933 Wilhelmine Busch-Scharrer, verehel. Borchard; 1949 Wilhelmina Busch-Woods.

8 Besonders in seinen wohl bekanntesten militärischen Erzählungen »Ernste und heitere Erinnerungen eines Ordonnanzoffiziers« von 1887. Zu Karl Tanera: Walburga Scherbaum, Berühmte Bewohner des Tanera-Hauses in Bernried, in: Lech-Isar-Land, Weilheim 1986, S. 70 f.

9 Corinths schönes Gemälde »In Halbes Garten«, welches sich im Besitz der Münchner Lenbach-Galerie befindet, ist hier im Garten des Tanera-Hauses entstanden.

10 Vgl. dazu Dirk Heißerer, Wellen, Wind und Dorfbanditen, München 1995, S. 186 f.

11 Landhaus Willroider.
Bahnhofstraße 10; Fl.Nr. 220/3 u. 238/7 (9 520 qm).
1909 Ludwig Willroider, Kunstmaler; 1910 Neubau des Hauses (Architekt: Hans Wook, StAM, Baupl. Weilheim 255/1909); 1911 erbt sein Geburtsort, die Stadt Villach in Kärnten; 1912 Fritz Schulze, Modegeschäftsinhaber in München; 1938 Dr. Eduard Wittmann, Röntgenologe.

Ludwig Willroider kam nach ersten Studien bei seinem Bruder Josef Willroider 1868 nach München an die Akademie. Er fand bald allgemeine Beachtung als Landschaftsmaler und als einer der wichtigsten Vertreter der Münchner Freilichtmalerei. Seit 1883 Ehrenmitglied der Akademie.

12 Landhaus Haas.
Bahnhofstraße 14; Fl.Nr. 220/2.
1906 Dr. Fritz Burger, prakt. Arzt in Coburg; Neubau des Hauses; 1909 Carl Riedl; 1919 Dr. Alfred Haas in München; 1942 Deutsches Reich; 1950 Dr. Alfred Haas.

13 Villa Laubmann.
Bahnhofstraße 1; Fl.Nr. 219.
1879 Georg v. Laubmann; 1880 Neubau der Villa; 1895 2. Veranda und Aussichtsturm; 1909 Emma v. Laubmann; 1921 Therese Scherdel.

14 Villa Marie.
Seeshaupter Straße 5; Fl.Nr. 199/2.
1908 Prof. Dr. Berthold Riehl und Maria; 1908 Neubau des Hauses (Architekt: Kurt Hertel, München; StAM, Baupl. Weilheim 52/1908); 1950 Hilda Maempel, geb. Petri, mit drei Miteigentümern (Prof. Walter Petri, Ernst Bauer, Werner Bauer).

15 Villa Esser.
Seeshaupter Straße 2; Fl.Nr. 490 (Villa mit Veranda und Anlagen, 3,684 ha).
1898 Hans v. Liebig; 1902 Neubau des Hauses (Architekt: Eugen Behles; StAM, Baupl. Weilheim 145/1901); 1923 Berta v. Liebig; 1931 Erbengemeinschaft Liebig; 1932 Gertrud v. Liebig; 1935 Dr.-Ing. Esser.

16 Landhaus Föringer.
Valleyweg 2; Fl.Nr. 107.
1886 Heinrich Föringer u. Cons.; 1900 Oberst Karl Föringer, Neubau des Hauses; 1933 Hilde Föringer; 1944 Helmut Föringer u. Cons.

17 Pfauen-Villa (Post-Villa).
Seeshaupter Straße 1; Fl.Nr. 214/3 (Villa mit Park- und Gartenanlagen, Gärtnerei mit Treibhaus, zusammen 42 380 qm; 1932: 106 680 qm).
1906 Karl Berchtold, Rechtsanwalt in München; 1907 Neubau der Villa (Architekten: Liebergesell und Lehmann, München); 1914 Eduard Scharrer und Wilhelmina Busch-Scharrer; 1916 bauliche Änderungen; 1932 Neubau eines Palmenhauses mit Treibhäusern; 1933 Wilhelmina Busch-Scharrer; 1942 Versorgungsanstalt der Deutschen Reichspost; 1957 Landesversicherungsanstalt Oberbayern.

Lit.: Karl Fäth, Zur Geschichte der Pfauenvilla, Maschinenmanuskript, Murnau 1992.

18 Höhenried, ehem. Schwaige, dann sog. Schloß Höhenried.
Höhenried Haus-Nr. 1 u. 2; Fl.Nr. 850 (Gutshof), 863 (Villa, Schloß mit Wandelhalle, Nebengebäuden, Dienstbotengebäude, Gewächs- und Motorhaus, Parkanlagen mit 228 200 qm).
1821 Andreas von Dall'Armi; 1864 Franz Sales Schmid, kgl.-bayer. Gerichtshalter und Gutsbesitzer; 1869 Leopold

Anhang

Fürst, kgl.-bayer. Hauptmann à la suite; 1873 Heinrich Seel; 1874 Neubau des Gutshauses; 1875 August v. Wendland; 1884 Louise v. Wendland, Witwe; Umbau des Gutshauses; 1900 Neubau der Veranda; 1910 Gewächs- und Motorhaus; 1905 Alexander v. Wendland; 1925 Bayerische Siedlungs- und Landesbank; 1927 Eduard Scharrer; 1933 Wilhelmina Scharrer, verehel. Borchard; 1937 Neubau der Villa (Architekt: Michael Aicher, München, StAM, Baupl. Weilheim 331/1937); 1949 Wilhelmina Busch-Woods; 1952 Sam Woods; 1953 Erbengemeinschaft Woods; 1955 Landesversicherungsanstalt Oberbayern.

19 Wilhelmina Busch (1884–1952) war die Tochter des schwerreichen Brauereibesitzers Adolph Busch, der 1857 als Hopfenhändler nach Amerika auswanderte und dort zusammen mit dem Seifenfabrikanten Anheuser einen der größten Brauereikonzerne (Busch-Anheuser) Amerikas aufbaute. Sie heiratete in erster Ehe den Geheimrat und Generalkonsul Eduard August Scharrer. Sie ist in Höhenried bestattet.

20 Hier waren auch hohe Persönlichkeiten zu Gast, u.a. Bundespräsident Theodor Heuss, Bundeskanzler Konrad Adenauer oder Lucius D. Clay.

21 Seitlich des Windfangs gab es eine eigene Herren- und eine Damengarderobe. Daran schloß sich die große Vorhalle mit der Treppe an. Östlich lag das Sekretariat, westlich der Vorhalle die große Anrichte über der im Untergeschoß befindlichen Küche, ein eigenes Porzellanzimmer und ein Blumenzimmer. Von der Vorhalle betrat man den riesigen Wohnraum (15,5 x 7,8 m), der die Mitte der Gartenfront mit der Terrasse einnimmt. Seitlich wurden ein großes Speisezimmer (10,25 x 7,8 m, mit einem kleinen Speisezimmer im Turmuntergeschoß) und der Salon (in gleicher Größe, mit kleinem Salon im östlichen Turm) sowie das Herrenzimmer angeordnet.

Im 1. Obergeschoß befanden sich die Schlafzimmer des Herrn und der Dame (alles in entsprechender Größe), Ankleideräume, Garderoben, Bäder sowie ein Salon für die Hausherrin. Im Dachgeschoß gab es sieben Personalzimmer, Bäder, Gästezimmer, einen Putzraum, ein Kofferzimmer, einen Mottenraum, einen Vorratsraum, ein sog. Leinenzimmer, ein Nähzimmer.

Im Untergeschoß (teilweise gewölbt) waren eine Bauernstube, eine Ratsstube, eine Trinkstube und ein Kneipzimmer eingerichtet. Außerdem befanden sich hier die große Küche, die Spülküche, eine Anrichte sowie eine Kegelbahn. Die erdgeschossigen Seitenflügel umschließen östlich (wie ein Kreuzgang als offene Arkaden gestaltet, mit einer sog. »Gloriette« im östlichen kleinen Turm) einen Gartenhof, westlich mit einer Folge kleinerer Räume (Dienerzimmer, Gartenmöbel, Turmzimmer, Dalmatinerzimmer u.a.) den sog. Wirtschaftshof.

Die zugehörige Parkanlage wird von der LVA nach Möglichkeit in ihrer überlieferten Form erhalten. In weiten Bereichen ist die eindrucksvolle Anlage noch sehr sehenswert, einige Teile der Parkfläche wurden jedoch von den verstreuten Klinikbauten besetzt und entsprechend entwertet. An verschiedenen Parkausfahrten (z.B. vor Bernried und beim Schloßgut) sind noch die großartigen schmiedeeisernen Tore erhalten, die der Tutzinger Kunstschmied Wolfgang Bodemann geschaffen hat.

Literaturverzeichnis

A: Allgemeine Literatur:

Allgemeine Deutsche Biographie, Leipzig 1875–1912

Bartoschek, Gerd u.a.: Münchner Biedermeier, Aquarelle aus der Sammlung der Königin Elisabeth von Preußen. Ausstellungskatalog Potsdam/München 1991

Bauer, Richard: Die Prinzregentenzeit, München 1988

Bayer. Architekten- und Ingenieurverein (Hg.): München und seine Bauten, München 1912

Becker, Barbara v.: Villa Waldberta, München o.J.

Bender Matthias u.a.: Ein Jahrhundert wird mobil! Vier Bahnlinien und ihre Bahnhöfe von 1839 bis heute, Buchendorf 1994

Benevolo, L.: Geschichte der Architektur des 19. und 20. Jahrhunderts, München 1964

Bentmann, Reinhard / Müller, Michael: Die Villa als Herrschaftsarchitektur, Frankfurt a.M. 1992

Bergerhoff, R.: Schloß Charlottenhof und die Römischen Bäder, Potsdam 1961

Bößl, Hans: Gabriel von Seidl, in: Obb. Arch. 88, München 1966

Borcherdt, Christoph: Der Landkreis Starnberg, Kallmünz 1955

Borcherdt, Christoph: Probleme altbayerischer Kulturlandschaft, dargestellt am Beispiel des Landkreises Starnberg. Diss., München 1950

Bosl, Karl: Bosl's Bayerische Biographie, Regensburg 1983

Braun-Artaria, Rosa: Von berühmten Zeitgenossen, München 1919

Breuer, Judith: Julius Mössel, Dekorations- und Kunstmaler, 1871-1957; Arbeitsheft 5, Landesdenkmalamt Baden-Württemberg, Stuttgart 1995

Brönner, Wolfgang: Die bürgerliche Villa in Deutschland, 1830–1890, Düsseldorf 1987

Buttlar, Adrian v.: Der Landschaftsgarten, Köln 1989

Cavalieri, Ingrid: Leben und Werk des Kunst- und Handelsgärtners Michael Buchner, Dipl.-Arb., Weihenstephan 1996

Dauber, Reinhard: Aachener Villenkultur. Die Villa als Bauaufgabe des 19. und frühen 20. Jahrhunderts, Recklinghausen 1985

Dehio, Georg: Handbuch der deutschen Kunstdenkmäler, Bayern IV: München und Oberbayern, München 1990

Die Villa Waldbert in Feldafing am Starnberger See, München o.J.

Drummer, Josefranz: Tutzing und sein Schloß, München 1953

Dürck-Kaulbach, Josepha: Erinnerungen an Wilhelm von Kaulbach und sein Haus, München 1921

Echter, Claus-Peter: Zur Baugeschichte von Schloß Berg, in: Obb. Arch. 106, München 1981

– : Beiträge zur Geschichte des Schlosses Possenhofen, in: Obb. Arch. 105, München 1980

Eckardt, Götz: Sanssouci. Die Schlösser und Gärten, Berlin 1990

Edelmann, A.: Der Würmsee oder Starnberger See (in: Die oberbayerischen Seen), München 1906

Eggert Klaus u.a.: Landhaus und Villa in Niederösterreich 1840–1914, Wien 1982

Eisele, Willi / Sladek, Franz: 1250 Jahre Garatshausen, Feldafing 1992

Feldafing am Starnberger See, Feldafing 1939

Feilen, Elisabeth: Der Maler Hermann Ebers, München 1983

Föringer, H.K.: Der Würmsee und seine Uferorte, München 1845

Gantner, Benno C.: 1200 Jahre Percha 785–1985, Donauwörth 1985

Gegenfurtner, Franz Xaver: Illustrierter Reiseführer für Starnberg und Umgebung, Starnberg 1883 und 1896

– : Starnberg am Starnberger See, Starnberg 1901

Geiger, Ferdinand: Illustrierter Reiseführer für Starnberg und seine Umgebung, Starnberg 1903

Götz, Norbert u.a.: Die Prinzregentenzeit, Ausstellungskatalog, München 1989

Götz, Wilhelm: Geographisch-historisches Handbuch von Bayern, 2 Bde., München 1898

Graf, Oskar Maria: Aus dem Leben meiner Mutter, Leipzig 1994

Gröber, Roland: Grüße vom Starnberger See, Buchendorf 1988

– : Burgen und Schlösser am Starnberger See, in: Lech-Isar-Land 1978, Weilheim 1978

Gründl, Petra: Hofmark Tutzing, St. Ottilien o.J.

Günther, Sonja: Interieurs um 1900, München 1971

Hansmann, Wilfried: Gartenkunst der Renaissance und des Barock, Köln 1983

Haenel, E. / Tscharmann, H.: Das Einzelwohnhaus der Neuzeit, 2 Bde., Leipzig 1907-10

Hahn, August: Der Maximilianstil in München, München 1982

Handbuch des größeren Grundbesitzes in Bayern, München 1907

Hederer, Oswald: Karl von Fischer, München 1960

– : Friedrich von Gärtner, Passau 1976

– : Leo von Klenze, München 1964

Heilmann, Christoph u.a.: Wilhelm Trübner, Ausstellungskatalog, Heidelberg/München 1994

Heine, Barbara: Max Joseph Wagenbauer, Obb. Arch. 95, München 1972

Heißerer, Dirk: Wellen, Wind und Dorfbanditen, Literarische Erkundungen am Starnberger See, München 1995

Helas, Volker / Claßen, Martin: Villenarchitektur in Dresden, Köln 1991

Höfler, Heribert: Ammerland, Haus Stotz, Ammerland 1975

Hornung, Norbert: Die Roseninsel im Starnberger See, München 1975

Horst, G.A.: Der Starnberger See. Eine Wanderung durch seine Uferorte, München 1876 (Reprint Buchendorf o.J. [1984])

Huber, Andreas: Franz Xaver Schwanthaler, seine figürlichen Arbeiten für das Casino auf der Roseninsel im Starnberger See, in: Obb. Arch. 107, München 1982

Kästner, Wilhelm: Das Haus in der Landschaft, Stuttgart 1926

Katzenschwanz, Karl: Tutzing am Starnberger See, Tutzing 1960

Kempf, Julius: Wohnhäuser im Gebirgsstil, München 1934

Kistler, Ferdinand: Heimatbuch für Feldafing, handschr. Manuskript 1929; Maschinenskript, Feldafing 1990

Kobell, Louise v.: Das Königlich-Bayerische Schloß Berg, München 1898

– : König Ludwig II. und die Kunst, München 1898

Klein, Hans Rudolf: Eine Bayerische Chronik, Die Hofmark Kempfenhausen am Starnberger See, Kempfenhausen 1993

– : Assenbuch, Assenhausen, Allmannshausen am Starnberger See, Berg 1998

Kleindorfer-Marx, Bärbel: Volkskunst als Stil. Entwürfe von Franz Zell für die Chamer Möbelfabrik Schoyerer, Regensburg 1996

Kratzsch, Klaus: Ulrich Himbsel und seine Villa am Starnberger See, in: Festschrift für Wolfgang Braunfels, Tübingen 1977

Kunstmann, Joanna Waltraud: Emanuel von Seidl, Die Villen und Landhäuser, München 1993

Lambert, Friedrich: Der Würmsee, München 1883

Lasser, Moritz Otto: Emanuel von Seidl und seine Kunst, in: Moderne Bauformen 4, München 1905

Leoprechting, Karl v.: Stammbuch von Possenhofen, der Insel Wörth und Garatshausen, München 1854

Ley, Andreas: Die Villa als Burg, Diss. München 1981

Link, Andreas: Der Würmsee (Starnberger See) in Oberbayern, München 1857 (1. Aufl.), 1859 (2. Aufl.), 1868 (4. Aufl.), 1879/80 (6. Aufl.)

Lucke, Bertram: Die drei Sommerresidenzen des Herzogs Georg II. von Sachsen-Meiningen in Bad Liebenstein und auf dem Altenstein (Arbeitshefte des Thüringischen Landesamtes für Denkmalpflege 6/1994)

Max, Heinrich: Der Starnberger See, München 1880

Meier, Michael u.a.: Die Kunst- und Kulturdenkmäler in der Region München, München 1977

Meyer, F. S.: Handbuch der Ornamentik, Karlsruhe 1888

Miller, Fritz v.: Ferdinand von Miller sen., der Erzgießer, München 1904

Münchener Bürgerliche Baukunst der Gegenwart, Berlin/Leipzig 1898–1909, Nachdruck München 1985

Muser, Heribert: Landschulheim Kempfenhausen, Kempfenhausen 1979

Muthesius, Hermann: Das englische Haus, Berlin 1904

– : Das moderne Landhaus und seine innere Ausstattung, München 1905

– : Landhaus und Garten, München 1910

– : Landhäuser, München 1912

– : Stilarchitektur und Baukunst, Mühlheim 1902

Nerdinger, Winfried (Hg.): Richard Riemerschmid, Ausstellungskatalog, München 1982

– : Theodor Fischer, Ausstellungskatalog, München 1988

– : Friedrich von Thiersch, Ausstellungskatalog, München 1977

– : Gottfried von Neureuther, Ausstellungskatalog, München 1978

– : Carl von Fischer, Ausstellungskatalog, München 1983

– : Friedrich von Gärtner, Ausstellungskatalog, München 1992

– : Romantik und Restauration. Architektur in Bayern zur Zeit Ludwigs I. 1825–1848, München 1987

– : Zwischen Glaspalast und Maximilianeum. Architektur zur Zeit Maximilians II. 1848–1864, München 1997

Neubauer, Brigitte / Pusch, Wolfgang: Der Physikatsbericht für das Landgericht Starnberg (1861), in: Obb. Arch. 121, München 1998

Neue Deutsche Biographie, Berlin 1953 ff.

Noë, Heinrich: Bayerisches Seenbuch, München 1865

– : Der Starnberger See und seine Ufer, München 1871

Ottomeyer, Hans: Jugendstilmöbel. Katalog der Möbelsammlung des Münchner Stadtmuseums, München

Ow, Meinrad v.: Schloß Tutzing und seine Besitzer, in: Obb. Arch. 107, München 1982

Pache, Walter: Dampf-Kraft, Georg Krauss und seine Zeit, in: Schriftenreihe der Universität Augsburg, Neue Früchte NF 16/1996

– : Landschaftspark und Literatur, Neue Früchte N.F. 17 (Schriften der Universität Augsburg), Augsburg 1997

Paluch, Luise: Lorenzo Quaglio 1793–1969, in: Obb. Arch. 108, München 1983

Paula, Georg / Wegener-Hüssen, Angelika: Denkmäler in Bayern (Band 5), Landkreis Bad Tölz-Wolfratshausen, München 1994

Paulus, Herbert: Die Roseninsel im Starnberger See, Erlangen 1953

Paulus, Richard: Starnberger See und Würmtal, Reiseführer, München 1926

Pecht, Friedrich: Geschichte der Münchner Kunst im neunzehnten Jahrhundert, München 1888

Petzold, E.: Die Landschafts-Gärtnerei, Leipzig 1862

Pölt, Leonhard: Von Peccingen und Pozzenhoven, eine Chronik der Altgemeinde Pöcking, Pöcking 1994

Pörtner, Rudolf: Oskar von Miller, Düsseldorf 1987

Die Prinzregentenzeit, Ausstellungskatalog, München 1989

Pusch Wolfgang / Dix, Gerhard: Starnberg. Eine Stadt wird 75 Jahre, Buchendorf 1987

Rambaldi, Karl v.: Geschichte der Pfarrei Aufkirchen am Würmsee, Starnberg 1900

Rank, Hubert / Kühbeck, Georg: 1200 Jahre Münsing, Münsing o.J.

Rank, Hubert: 100 Jahre Ammerlander Segelclub, Ammerland 1996

– : Die Gemeinde Münsing in alten Ansichten, Zaltbommel 1988

Reindl, Joseph: Der Starnberger See. Illustrierter Führer des Starnberger-See-Gebietes, München 1920

– : Der Starnberger See und seine Uferorte, München 1931

Roepke, Klaus Jürgen: Schloß und Akademie Tutzing, Tutzing 1986

Schab, Sigmund v.: Die Pfahlbauten im Würmsee, in: Beiträge zur Anthropologie und Urgeschichte Bayerns I., München 1877

Schaden, Adolph v.: Neueste topographisch-statistisch-humoristische Beschreibung des »Würm- oder Starnberger Sees«, München 1832

– : Beschreibung des Starnberger Sees, München 1834

Schanz, Michael / Barla-Szabó, Làszló: Haus Buchenried 1953–88, Berg 1988

Scheffler, Karl: Deutsche Baumeister, Berlin 1935

Scherbaum, Walburga: 600 Jahre Hofmarkskirche Bernried, Bernried 1982

– : Berühmte Bewohner des Tanera-Hauses in Bernried, in: Lech-Isar-Land 1986, Weilheim 1986

– : Das Augustinerchorherrnstift Bernried (Misc. Bavar. Monac. 168), München 1997

Schirmer, Egbert: Chronik der Orte Kempfenhausen-Haarkirchen, Maschinenskript, Starnberg 1985

– : Historische Villen von Kempfenhausen, Maschinenskript, Starnberg 1984

Schmid, Herman v. / Stieler, Karl: Wanderungen im Bayerischen Gebirge und Salzkammergut, Stuttgart 1873

Schmoll gen. Eisenwerth, Helga: Kunsthandwerk und Design, in: Die Zwanziger Jahre in München, Ausstellungskatalog, München 1979

Schnell, Friedrich: Orts- und Pfarrgeschichte von Münsing, München 1966

Schober, Gerhard: Bilder aus dem Fünf-Seen-Land, Starnberg 1979

– : Prunkschiffe auf dem Starnberger See, München 1982

– : (Hg.): A. Link, Der Starnberger See (1879/80), Buchendorf 1982

– : Denkmäler in Bayern (Band 21), Landkreis Starnberg, München 1989

Schönborn, Philipp u.a.: Kempfenhausen (Das Kommunikationsforum der Hypo-Bank), München 1993

Schulze-Naumburg, Paul: Das Gesicht des deutschen Hauses, München 1929

Schumacher, Fritz: Münchner Architekten, in: Dekorative Kunst 1898

Springorum-Kleiner, Ilse: Karl von Fischer, München 1982

Starnberger See G'schichten, zahlreiche Autoren, 7 Bde., Percha 1986 ff.

Stephan, Manfred: Von der Fischerinsel zum königlichen Refugium, in: Festschrift für Gerhard Hojer, München 1996

Steub, Ludwig: Sommer in Oberbayern, München 1947

– : Das bayerische Hochland, München 1860

Stollreither, Eugen: Ferdinand von Miller erzählt, München o.J.

Stumpf, Pleickard: Bayern. Ein geographisch-statistisch-historisches Handbuch des Königreiches, München 1852

Thieme/Becker: Allgemeines Lexikon der Bildenden Künste von der Antike bis zur Gegenwart, Leipzig 1907–1950

Uhde-Bernays, Hermann: Die Maler des Starnberger Sees, in Bayerland 40, München 1929

Westendorf, Susanne: Das Starnberger See-Buch, München 1995

Westenrieder, Lorenz v.: Beschreibung des Wurm- oder Starenbergersees, München 1784 (Reprint München 1977)
Widnmann, Heinrich / Jungmann, Johann Baptist: Holzhausen am Starnberger See, München 1926
Wünnenberg, Rolf: Fünfseenland, Gauting 1977
– : Das Sängerehepaar Heinrich und Therese Vogl, Tutzing 1982
Zellner, Hans u. a.: Heimatbuch der Stadt Starnberg, Starnberg 1972
Ziffer, Alfred (Hg.): Bruno Paul, Ausstellungskatalog, München 1992

B: Zeitschriften:

Allgemeine Bauzeitung, Wien 1830 ff.
Architektonische Monatshefte, 1895 ff.
Architektonische Rundschau, Stuttgart 1885 ff.
Das Bayerland, München 1890 ff.
Dekorative Kunst, München 1898 ff.
Der Baumeister, Berlin/München 1902 ff.
Der Profanbau, Leipzig 1905 ff.
Deutsche Bauzeitung, Berlin 1870 ff.
Deutsche Kunst und Dekoration, Darmstadt 1897 ff.
Die Kunst, München 1902 ff.
Innen-Dekoration, Darmstadt 1890 ff.
Kunst und Handwerk, München 1851 ff.
Moderne Bauformen, Stuttgart 1902 ff.
Dr. Neubert's Deutsches Gartenmagazin, Illustrierte Monatshefte für das Gesamtinteresse des Gartenbaus, 1889
Neudeutsche Bauzeitung, Leipzig 1910 ff.
Süddeutsche Bauzeitung, München 1891 ff.
Velhagen & Klasings Monatshefte, Bielefeld 1910 ff.
Wasmuths Monatshefte für Baukunst, Berlin 1914 ff.

Abbildungsnachweis

Abkürzungen: o = oben; lo = links oben; ro = rechts oben; m = Mitte; u = unten; lu = links unten; ru = rechts unten.

Antiquariat Paul Heinemann, Starnberg 35 ru, 41 mu, 41 mo, 51 ru, 54 lu, 57 lo, 59 o, 88 lu, 108 o, 110, 120 u, 141 ru, 145 om, 146 lu, 192, 386, 315 ro, 266 m, 279
Bayerisches Landesamt für Denkmalpflege 52 o, 388 ro
Bayerische Verwaltung der Schlösser Gärten und Seen 27 u, 242 ul, 242 ur, 343 ul, 343 ul
E. Bodemann 268, 269 m, 269 u, 270 o, 270 ru, 271 o, 272
Bernried, Gemeindearchiv 462, 464 o
Bertram Luftbildverlag, München-Haar 163 o, 255
Feldafing, Gemeindearchiv 206, 216, 218, 220, 223 u, 229 m, 229 u, 195 um
Galerie Konrad Bayer, München 20, 21
Galerie Schwarzmann, Starnberg 22, 30 u
Fotostudio Michael Girschick, Wangen 14, 25, 30 u, 31 u, 31 0, 169, 182, 185, 186, 246, 247, 253, 260, 305, 346, 375, 380, 381, 383, 438, 439
Chr. Hölz, München 155 o, 165 o, 183
Kunstmuseum Düsseldorf 270
Neue Sammlung München 307 o
Niedersächsisches Landesmuseum Hannover 187
Pettenkofer-Institut München 453 lu
Pophanken, A., München 456
Privatarchive 23, 71 u, 159–161, 169, 172, 175 o, 182, 185, 186, 280 u, 282–288, 308, 346, 364, 374 u, 375, 377 lu, 408 u, 464 ru, 467

Rank, Hubert, Ammerland 396, 397 or, 398
Dr. Chr. Schwingenstein 147 o, 153, 308 o
Staatliche Graphische Sammlung, München 10, 26 u, 304
Staatsarchiv München 360, 121 o, 200 o
Staatsbibliothek München 128 u, 360
Staatsgalerie Stuttgart, Graphische Sammlung 145 o
Stadtmuseum München 12, 13, 36 u, 147 u, 152, 166, 184, 242 m, 243 o, 245 o, 293, 294, 295, 310, 347 o
Stadtmuseum Weilheim 45
Städtische Lenbachgalerie München 76, 103, 309, 343 u, 439 u
Starnberg, Stadtarchiv 48 o, 63 u, 64, 65, 66, 242 o, 358, 365 o,
Stiftung Preußische Schlösser Berlin-Brandenburg, Potsdam-Sanssouci 9, 24, 374 o
Technische Universität München 38, 41 lu, 73, 78, 79 o, 80, 88 o, 122, 124 o, 127 o, 142, 167, 173, 224, 227 ru, 277 o, 278, 325, 409 l, 422 o, 457
Vereinigte Werkstätten, München (Archiv) 296 o, 296 m
Wittelsbacher Ausgleichfonds, München 241, 243 u, 244 o, 245 u

Die Vorlagen zu den übrigen Abbildungen stammen vom Autor. Die älteren historischen Aufnahmen wurden in Form von Kopien aus Privatbesitz oder aus den Alben von Sammlern für das Archiv des Kreisheimatpflegers gesammelt.

Bei den meisten historischen Aufnahmen (besonders bei denen aus privater Hand) sind die Namen der Photographen nicht mehr feststellbar. Ein weiterer großer Teil stammt von den Starnberger Photographen Joseph und Richard Wörsching, denen wir eine reiche und historisch wertvolle Dokumentation der älteren Ortsbilder verdanken. Der Starnberger See hat aber auch zahlreiche andere Photographen angezogen, die zum Teil in diesem Buch mit Bilddokumenten vertreten sind, besonders Conrad Palm, Ottmar Zieher, Lorenz Fränzel, Rehse u. Co., Jaeger u. Goergen, J. B. Obernetter (alle in München) oder Ludwig van Hees in Tutzing. Ohne ihre Bilddokumente, von denen leider nur noch ein Bruchteil erhalten ist, wäre die Arbeit des Historikers oft kaum mehr mit zufriedenstellendem Ergebnis zu leisten.

Die abgebildeten Grundrisse wurden von Regine Biebl und Albrecht Schober aus den Originalplänen (in Privatbesitz, im Archiv des Kreisbauamtes Starnberg bzw. des Staatsarchivs für Oberbayern) umgezeichnet. Bei allen Grundrissen sind die Nordrichtung und der Winkel für die Sicht auf den See (S) angegeben, da dies für die Anordnung bestimmter Räume von ausschlaggebender Bedeutung war. Die Bezeichnung der Räume wurde, soweit dies möglich war, von den Originalplänen übernommen. In einigen Fällen wurde die tatsächliche Nutzung nach der Fertigstellung des Hauses (nach der Überlieferung bzw. der Erinnerung der Nachkommen) in die Umzeichnung übernommen. Gelegentlich wurden auch bauliche Änderungen (während des Neubaus oder wenig später) übertragen, wenn dies für die Nutzung bzw. das bessere Verständnis der Organisation der Räume erforderlich war.

Register

Kursiv gesetzte Zahlen verweisen auf Abbildungen

Architekten, Architekturbüros, Baumeister

Aicher, Michael 465, 528
Angermair, Josef 330,

Bachmann, Anton 484, 507
Baierle, G. 207, 216, 493, 494
Bartcky, Iwan 389, 519
Bauer, Karl 429, 524
Baur, Ludwig 500
Behles, Ernst 101, 480, 488, 527
Behr, Ludwig 500, 501
Behrens, Peter 18, 494
Benczúr, Béla 414, 523
Berthold, J. 93
Bertsch, Karl 128
Bestelmayer, German 470
Biersack, Johann 141, 194, 195, 199, 203, 215, 216, 217, 275, 286, 461, 483, 484, 488, 489, 491, 492, 494, 504, 525
Blümel, Otto 293, 296, 506
Blumentritt, Günther 132, 483
Boettge, Fr. 408, 494, 521
Borst, Bernhard 335, 511
Breuhaus, Fritz August 236, 496
Buchinger, A. 523
Bürklein, Eduard 41

Campbell und Drach, 496
Capillaro, E. 519
Claus und Groß (Wien) 122, 482
Courten, Louis v. 59, 111, 475, 481
Cube, Gustav v. 17, 230, 496

Deigelmayr, Ludwig 41, 418, 444, 472, 523
Deininger, Franz 16, 91, 479
del Fabbro, Domenico 411, 461, 463, 522, 527
Denzinger, Hans 111, 481
Dollmann, Georg (v.) 455, 519, 526
Drollinger, Eugen 16, 17, 110, 123, 127, 204, 218, 219, 221, 474, 481, 482, 491, 492, 495

Eichheim, Franz Xaver 36, 469, 471

Feichtmayr, Kaspar 517
Fischer, Carl v. 14, 343, 357
Fischer, Theodor 19, 78, 354, 470, 477, 480, 515
Fischhaber, Andreas 16, 95, 334, 341, 473, 475, 476, 477, 478, 479, 486, 508, 511, 512
Fischhaber, Josef 68, 335, 339, 473, 476, 514

Gaßner, Otto 68, 106, 408, 476, 481, 507, 522
Götz, Ferdinand 330, 511
Grässel, Hans 470
Grothe, Ludwig 163, 486

Gruber, Dr. Otto 148, 485
Gulbransson, Olaf A. 501
Gutmann, E. V. 148, 485

Häring, Hugo 18, 277, 504
Haiger, Ernst 19, 328 f., 324 f., 358, 359, 509, 510
Hartig, Erdmann 18, 95, 474, 479, 487
Hatzl, Anton jun. 16, 139, 330, 484
Hauberrisser, Georg 112, 134, 409, 482
Heilmann und Littmann 488, 492
Heldmann, Josef 18, 63, 475, 479
Herms, Gerhard 172, 173
Hertel, Kurt 527
Hilmer u. Sattler, München, 330, 511
Himbsel, Johann Ulrich 357 f., 497, 511 f.
Hirt, Adolf 63, 473, 476
Hönig u. Söldner 109, 276, 479, 480, 481, 504
Hörger, Christian 485
Hofmann, Julius 386, 514, 518
Holl und Flaschenträger 504
Holzer, Martin 494

Jäger, Carl 451, 525
Jummerspach, Fritz 133, 140, 483, 484

Käb, Wilhelm 479
Karg, Franz 452
Keil, Leopold 95, 480
Klenze, Leo v. 14, 357, 455, 496
Knittl, Engelbert 193, 195, 488, 489
Knittl (Knittel), Joseph 130, 267, 483, 501
Knittl, Xaver 266, 267, 303, 461, 501, 504, 507, 525, 526
Kreuter, Franz Jakob 11, 15, 240 f., 341, 496 f., 512
Kuch, G. 474
Kull, Wilhelm 521
Kunz, J. 514
Kurz, Otto Orlando 19

Lachermeier, Theodor 315, 508
Lange, Ludwig 470, 526
Langheinrich, 506
Lanz, Peter 336, 511
Lechleitner, Lukas 347, 514
Lemmes, Karl 72, 77, 474, 477, 480
Lempuhl, Heinrich 161, 206, 347, 349, 486, 489, 493, 514
Liebergesell u. Lehmann, 224, 495, 527
Linder, Joseph 98, 480
Littmann, Max 138, 203, 484, 488
Ludwig, Emil 326, 511, 522
Ludwig, Gebrüder 145, 386, 484, 518
Lutz, Ludwig 55, 474, 506

Mayr, Franz 216, 249, 494, 514
Meister, Georg 54, 128, 145, 474, 483, 484

Merk, Ulrich 73, 77, 101, 114, 477, 480
Miller, Hermann v. 485
Mund, Johann 18, 289, 505
Muthesius, Hermann 17, 19, 470, 471

Neuhoff, Dr. 165, 475, 486
Neumann, M. 514
Neureuther, Gottfried (v.) 192, 279, 504
Nopper, August 124, 221, 341, 391, 408, 419, 420, 512
Noris, Hans 49, 52, 56, 81, 83, 89, 474, 477 f., 515, 516
Nungesser, Karl 56, 89, 118, 474, 479

Obrist, Hermann 18
Ohlmüller, Joseph Daniel 158
Ostenrieder, Max 134, 453, 500, 525

Pankok, Bernhard 18, 128, 293, 294,
Paul, Bruno 226, 293, 470, 506
Pfann, Paul 132, 483, 509
Pfeiffer, Fr. 368, 518
Pössenbacher, Heinrich 18, 334, 486, 511

Rank, Franz 222, 223, 489, 495, 511, 521
Reiffenstuel, Franz Michael 279, 504
Reuter, Georg 462, 527
Riedel, Eduard 11, 241, 497, 526
Riemerschmid, Otto 216, 509
Riemerschmid, Richard 18, 79, 128, 133, 134, 142, 226, 227, 229, 293, 354, 470, 477, 483, 484, 495
Ritzhaupt, Ludwig 59, 475
Roeckl, Hugo 176, 177, 488
Romeis, Leonhard 17, 134, 483
Rosenthal, John Herbert 421, 448, 524, 525
Roßkotten (Regierungs-Baurat) 236, 496
Roth, Max 56, 474
Roth, Otto 486

Sappel, Joseph 520, 523
Sappel, Lorenz 347, 514
Sattler, Carl 18, 326, 511
Schmidtner, Leonhard 45, 473
Schnartz, Otto 128
Schnell, Engelbert 267, 274, 275, 301, 503, 507
Schoch, Otto 451
Schröder, Rudolf Alexander 457, 526
Schüler, Oskar 437
Schulze-Naumburg, Paul 128
Seidl, Emanuel (v.) 17, 19, 43, 60, 70, 114, 196 f., 225, 332, 350, 352, 354, 377, 391, 402, 404 f., 407, 475, 477, 489, 490, 495, 514, 515, 521, 522
Seidl, Gabriel (v.) 17, 19, 102 f., 332, 481
Stadelbauer, Stephan 65, 476
Stadler, L. 478
Stadler u. Necker 365, 452, 479, 516, 525

533

Anhang

Steidele, Johann 194, 488, 489
Steinmetz, Georg 327, 511
Stengel, Hermann 505
Stengel u. Hofer 415, 523
Stöcklein, Hans 475, 522
Stumpf, Eugen 341, 512

Tafel, Otto 366, 517
Tessenow, Heinrich 17, 470
Thiersch, August 19, 97, 480
Thiersch, Friedrich (v.) 97, 386, 412, 480, 509, 518, 522
Thunig, A. 493

Typenhaus- und Industrie-Baugesellschaft 478

Veil, Theodor 172, 173
Vent, Carl 481, 482
Vitzthum, Andreas 473, 477, 480
Vogt, E. 165, 475, 476, 480
Voigt, Dietrich 508
Voit, August (v.) 166, 192
Volbehr, Heinrich 109, 481, 518

Wannerstorfer, M. (Matthäus/Mathias) 48, 63, 334, 356, 472, 473, 476, 478, 486, 508, 511, 514, 515

Wolff, Albert 69
Wolff, Valentin 53, 475
Wollmann, Stefan 472
Wook, J. 461, 527

Zeh, August 395, 520
Zeh, Ernst 18, 100, 480
Zenetti, Arnold 15, 143, 144, 150, 151, 152, 154, 158, 165, 166, 184, 191, 485, 486, 487
Zell, Franz 17, 18, 19, 68, 471, 476, 480
Ziebland, Adolf 391

Villen, Landhäuser

Aigner 87, 479
Ainmiller 50, 52, *53*, 55, 474
Akademie für politische Bildung Tutzing → Buchensee
Alletag → Halbig
Allmannshausen, → Schloß Allmannshausen
Almeida 15, *24f.*, *33f.*, *39f.*, 470, 471
Alte Eichen → Lüderitz
Alte Oberschule, → Bayerlein
Ammann → Zitzmann
Amtmann 260, 261, *263*, 500
Andreae 201, *235f.*, 496
Arendt 201, *223f.*, 495
Arnim *193*, 488
Aurora 87, *88*, 479

Bachmann *301*, 507
Bachmayer *122f.*, 482
Baeyer, → du Pré
Bariatinsky 311, 313, *316*, 509
Bariatinsky → auch Pellet
Bäumler → Heidinger
Bauer (Starnberg) 87, 479
Bauer (Feldafing) 201, *229*, 496
Baumann *96*, *119*, 480
Bayerlein *64f.*, 476
Behles *101*, 480
Beisele 275, 504
Benczúr → Bonsels
Berger, → Simmerl
Berghaus 301, *302*, 506
Bergmann → Parkvilla
Bernheimer 201, *202f.*, *207*, 492
Bernheimer → Krauss
Bernstorff → Sonnenhof, → Böhler W.
Bertuch *100*, 480, → auch Zuban
Beutel 484
Biersack → Seeblick, → Rosa
Billing 368, *369*, 518
Bischoff 196, 344, *354f.*, *377*, 515
Blücher → Rosenberg
Böhler J. sen. 473
Böhler J. sen. *30*, 35, 69, 73, *114*, 470, 477
Böhler J. jun. → Sonnenhof, → Seehaus
Böhler Otto, → Meß
Böhler Wilhelm 35, 69, *76f.*, 477
Boehringer → Schloß Allmannshausen
Boley 63, 476

Bonasi *302*, 507
Bonn *195*, 489
Bonsels 414, 416, 523
Bosetti *391*, 394, 520
Bopp 543, *454*, 525
Boyen → Schwarzmann
Bräu *68f.*, 69, 476
Brahmshaus → Amtmann
Breiter → Bariatinsky
Brentano → Piloty
Bressensdorf → Bräu, → Hartlieb
Buchensee *13*, 267, 501
Buchhof *112*, 481
Buchsbaum *99*, 480
Buddenbrock → Elsholtz
Bylandt → Lüderitz

Cantacucene → Glasergütl
Carl 201, *226f.*, 254, 495
Casino → Roseninsel
Charlotte *195*, 489
Cohen 260, 261, *263*, 500
Colin 452, 454, 526
Compton 201, 203, *246*, 492
Conta → Mog
Courten 481

Dahn 301, *302*, 507
Dall'Armi (Starnberg) 13, 33, 63, 476
Dall'Armi (Seeshaupt) 451, 525
Dallmayr → Ministervilla
Dax (Ammerland) 394, *395*, 520
Dax (Feldafing) → Schwörer
Deckelmann *99*, 480
Dederer 62, 476
Defregger 16, *127f.*, 482
Deiglmayr → Greif
Deixlfurt *303*, 507
Derigs *302*, 507
Dessauer → Landmann
Dinkelacker → Stotz
Doldi *99*, 480
Drei-Mäderl-Haus → Bachmann
Drenhaus 311, *329f.*, *384*, 511
Drummer → Violand
Duckstein → Baumann
Dürck → Zenetti
Dürr 87, 478
Dziembowski *108f*, 481

Ebers (Tutzing) → Midgardhaus
Ebers (Seeshaupt) *13*, *446*, 447, 452, 525
Ecker 63, 476
Eichthal *18*, 67, 68, 69, 476
Eickemeyer 141, 484
Einsiedel (Feldafing) 201, *229*, 496
Einsiedel (Tutzing) → Cohen
Elsholtz *12*, *157*, *341f.*, 342, 496, 512
Ende *18*, *100*, 480
Engelhorn 201, *224f.*, 495
Ertl 35, *36*, 471
Erzherzogin Franziska → Wernberg
Esser *461*, 527

Fabbro, dell *459*, 527
Faustner 416, 417, *420*, 523
Feinhals 201, *219*, 495
Felshof *412*, 416, 522
Feynald *289f.*, 505
Fichtl, → Leprieur
Firle 447, *451*, 525
Fischer *174*, 487
Fleischmann *193*, 488
Fleming 41, 474
Flessa 409, 519
Flick 452, 454, 526
Föringer 451, 527
Förster 97, 480
Fraunberg 261, *266*, 501
Frick → Friedländer
Friedberg *415*, 420, 523
Friedländer 311, *326f.*, 511
Fuchs → Poschinger
Fügen → Dax

Gänßler → Pettenkofer
Gaßner 68, 69, 476
Gebhard 87, *88*, 479
Gerber 201, *203*, 492
Gerlach → Rieger
Glasergütl 473
Glöckner → Ultsch
Goebel *417*, 420, 523
Goes, → Holz
Gottfried 87, *88*, 479
Grad 63, 476
Greding 264, 271, 500
Greif *418*, 420, *444*, 523
Greite → Pschorr

Griesmayr *13, 175, 182*, 487
Grimm → Leprieur
Grundner → Hartlieb, → Mayer
Guenther → Ebers
Gura 368, *369*, 518

Haas 461, 527
Habsburg → Röhr
Halbig 33, *48*, 473
Hanau *111*, 481
Haniel → Krauss
Hanselmann → Schwarzmann
Harffen *48*, 473
Hartig 95, 479
Hartlieb 68, 69, *116*, 476
Hastreiter 473
Hauck *460*, 522
Haus 18, 137, *142*, 484
Hausmann → Riccius
Haus zur letzten Latern → Prestele
Hecht 201, 494
Hees van → du Pré
Heidinger 16, 20, 22, 137, *139f.*, 179, 484
Heintz 12, 260, 261, *263*, 500
Heiß *63*, 476
Helmerding 89, 479
Hemmer → Griesmayr
Hertle 201, *225*, 495
Hertz 391, *394*, 520
Hilger *175*, 488
Himbsel 15, 19, 22, 130, 159, 344, *356f.*, 357, *360f.*, *378f.*, 383, 471, 515 f.
Himbsel (Seeshaupt) 451, 525
Hirschfeld 368, 518
Hirt 33, *48*, 473
Höhenried 13, *463*, 527
Höhn 87, *88*, 479
Hörner *63*, 476
Hörtkorn 35, *101*, 480
Hössle 99, 480
Hövel 17, 302, 507
Hofacker 302, 507
Hofmann 201, *216*, 494
Holz 12, 19, 22, 27, 50, *53*, 474
Hornig *367*, 518
Horst 452, *454f.*, 526
Hupfauer 334, 511
Hurt → Schauß
Hussel → Lugsee
Hutschenreuther 201, *214f., 253*, 494

Israel *62*, 476

Jakob *62*, 476
Jani → Matuschka
Jank 15, 482
Johanna → Rambaldi
Jordan 199, *200*, 201, 492
Judentempel 260, 301, 507
Jummerspach 133, 483
Jung 492

Kalb 261, *263*, 500
Kalle *275*, 279, 504
Karl (Prinz Karl) → Almeida
Karner → Sandner

Kastrup 87, 479
Kegel → Gaßner
Keil *28*, 93 *f.*, 479
Keller (Niederpöcking) → Zenetti
Keller (Berg) → Friedländer
Kirschner → Wartburg
Klee → Leprieur
Klenze (Starnberg) 41, 474
Klenze (Tutzing) → Buchensee
Klinke 87, 478
Knecht 339, 344, *376*, 512
Knittl (Feldafing) *195*, 489
Knittl (Tutzing) *267*, 501
Knorr 15, 22, 143, 151, 159, *166, 171f.*, *183, 184f., 257*, 487, 496
Knote (Pöcking) 137, *138*, 173, 484
Knote (Seeshaupt) 454, 526
Knote (Berg) → Elsholtz
Koch *180*
Kölbl 394, *395*, 520
Kohler 447, *454*, 525
Koppelstätter → Faustner
Koppenmüller *368*, 518
Korff 89, 479
Kornmann, → Keil
Kratzer 409, *444*, 522
Krauß (Starnberg) 17, *111*, 481
Krauss (Feldafing) *195*, 489
Krenner → Leoni
Kretschmann → Griesmayr
Krüzner 344, *352f., 373*, 514
Kühlmann → Fraunberg
Kustermann 13, 22, 256, *279f., 305f.*, 504

Landmann 301, 507
Landrichterhaus 24, 27, *48*, 473
Laubenthal → Eickemeyer
Laubmann 461, 527
Lempuhl Feldafing) 201, 206, *207, 219*, 492
Lempuhl 344, *348*, 514
Lenbach 31, 35, 69, *102 f*, 481
Leoni 13, 15, *309*, 344, *343f.*, 357, *374f.*, 512
Leprieur 24, *45f.*, 472
Lerchenfeld 261, *263*, 500
Lieberknecht → Soxhlet
Liesecke 494
Lindemann → Fraunberg
Liphart 452, *454*, 526
Lodenfrey 301, *302*, 507
Loewith *408*, 521
Lossow (Pöcking) → Soxhlet
Lossow (Münsing) 391, 520
Linprun 33, *42 f*, 472
Lipps *49*, 474
Ludwig 311, *326*, 511
Lugsee 15, 344, *356*, 373, 515
Lutz → Ministervilla

Maffei 13, 19, *196f., 354*, 489 f.
Magg *63*, 476
Mahla → Charlotte
Marie *461*, 527
Matuschka 389, 409, 519
Mayer 31, 68, *69f., 114, 115*, 477

Mayerfels 12, 15, 143, *158f., 183*, 332, 486
Mayr *274*, 503
Mayrink → Prestele
Max 22, 394, *402*, 439, 470, 520
Max-Joseph-Höhe 19, 22, 35, 86*f.*, *113*, 478
Max-Planck-Institut → Riemerschmid
Meder 412, *416*, 522
Mehl → Schimon
Meister 50, *54*, 475
Meß 50, *54*, *55f.*, 475
Mezger → Pachmayr
Midgardhaus 15, 20, 169, 256, *257f.*, 261, *308*, 470, 496, 498
Miller 143, *146, 151f., 183, 188f.*, 485
Ministervilla *133*, 137, *179*, 199, 483
Mössel *193*, 488
Mog 175, *176f.*, 488
Morath 50, *54*, 475
Mühlberg 68 f.
Münchner Yachtclub → Holz
Mussinan, → Ainmiller

Neuner *54, 55*, 475
Neustätter 301, 302, 506,
Neustätter → Prittwitz, → Kalb
Niggl 201, *2zo*, 492
Noël 13, 344, *347*, 383, 514

Oberambach 14, 416, *421, 435*, 523
Obermayer 87, 479
Opitz 344, 347, *348*, 383, 514
Osa, de 148, 311, 313, *318f.*, 332, *370*, 509
Osa, de, Seehaus 226, 311, *324*, 326, *370*, 510
Ostermair → Kalb
Ostini 137, 140, *141*, 484
Oßwald 474

Pachmayr *391*, 394, 520
Parkvilla 201, *204f., 207*, 249, 492
Paulsen 68, *69*, 476
Pellet 311, *313f.*, 508
Pemsel 201, *222*, 495
Perfall 143, *146, 165, 183, 189*, 485
Pettenkofer *457, 458*, 525
Pfauen-Villa *462*, 527
Pfister 201, *220f.*, 217, 495
Pflüger → Morath
Pick, → Sicherer
Piloty 412, *413, 416*, 522
Pixis 15, 482
Plass → Drenhaus
Ploetz *301*, 507
Pössenbacher 311, *332f., 371*, 511
Poppel 391, 520
Poschinger 13, *340*, 512
Poschinger (Fuchs) 12, *338*, 340, *371*, 511
Post-Villa → Pfauen-Villa
Pracher → Schuh
Prange 201, *216*, 494
Pré, du 49, *55, 60*, 475
Prehn → Meß
Prestele 13, 50, *51*, 474

Prinz Karl, → Almeida
Prittwitz 256, 276f., 279, 504
Pschorr (Greite) 201, 218f., 495
Pschorr 199, 201, 491

Rabe 96, 119, 480
Rambaldi 344, 351, 514
Randlkofer → Ministervilla
Rasp 69, 101, 480
Ratzel 391, 394, 520
Reber 15, 129f., 137, 169, 178, 483
Rechberg → Bariatinsky
Reischl → Perfall
Rettenberger 67f., 69, 477
Riccius 17, 134f., 137, 180, 188, 470, 483
Riedel 412, 413, 416, 522
Riederer → Mayerfels
Riedesel → Max-Joseph-Höhe
Riegel → Spreti
Rieger 12, 418, 420, 523
Rieger → Voltz
Riemerschmid (Starnberg) 67, 69, 78f., 477
Riemerschmid (Berg) → Krüzner
Riepert → Bonasi, → Hövel
Rikoff → Rosenthal
Ringseis 274, 503
Rittinghausen → Sack
Rock 35, 49, 474
Rode 408, 521
Röhr 20, 124f., 482
Rösl 335, 394, 396f., 440f., 520
Rosa 194, 488
Rosenberg 158, 163f., 183, 486
Roseninsel 15, 21, 192, 240f., 257, 496f.
Rosenthal 335, 372, 511
Roßmann 452, 454, 526
Rottlervilla → Thudichum

Sack 292f., 306f., 505
Saint-Julien → Kölbl
Sandler 128, 483
Sandner → Noël
Sandner (Karner) 13, 344, 347, 350, 376, 377, 383, 514
Sappel (Berg) 344, 347, 514
Sappel (Seeshaupt) 452, 454, 526
Sarsen 311, 326, 328, 511
Sayn-Wittgenstein 408, 409, 522
Schauß 417, 420, 523
Schimon 344, 347, 514
Schleich → Mayer
Schlösser 256, 275, 504
Schloß Allmannshausen 12, 366, 517

Schloß Bernried 460, 526
Schloß Kempfenhausen 8, 10, 13, 311, 312, 508
Schloß Tutzing 268f., 271, 501f.
Schmid-Kochheim 33, 48, 473
Schmidt 18, 301, 507
Schnell 274, 503
Schöninger 474
Schreiber 95, 480
Schreiber 409, 521
Schrenck-Notzing → Siegle
Schröder → Defregger
Schuh 35, 50, 51, 474
Schulze → Weger
Schurr → Röhr
Schwarz 217, 494
Schwarzmann 143, 146f., 183, 189, 485, 496
Schweiger 340, 512
Schüler 267, 501
Schwendemann → Kölbl
Schwind 143, 144f., 183, 187, 484
Schwind → Ministervilla
Schwörer 201, 216, 494
Schwörer (Seeheim) → Tretter
Seeburg 14, 386, 518
Seehaus (Böhler) 35, 50, 52, 56, 474
Seeseiten 13, 14, 455, 459, 526
Seewies 14, 230f., 250f., 496
Seibt 89f., 118, 479
Sicherer 19, 55, 58f, 474
Sieber → Vogl
Siegle 394, 403, 442, 521
Siemens → Rosenberg
Simmerl 15, 26, 55, 61, 183, 475
Soden 334, 511
Sonnenhof 16, 22, 35, 69, 80f., 89, 117, 477
Soxhlet 132, 137, 483
Sperber → Charlotte
Spitzer → Mayerfels
Spork 479
Spreti 12, 260, 261, 500
Stadler 476
Steffens → Arendt
Steinbrück 267, 501
Steinheil 391
Steininger → Ainmiller
Steub 63, 476
Stöhr 391, 294, 520
Stolberg 260, 262f., 500, → auch Spreti
Stotz 392, 394, 438, 520
Stralenheim → Buchsbaum
Ströll 195, 489

Tanera 461, 527
Tann, von der 35, 49, 50, 113, 474
Tausch 14, 123, 482, 496
Thiem 30, 69, 72, 477
Thieme 97, 480
Thomaß 474
Thudichum 15, 274, 504
Timmermann → Koppenmüller
Tirpiz 201, 229, 496
Trautmann 412, 522
Tretter 409, 411, 445, 522
Trutz 260, 265, 500

Ultsch 95, 479

Vetter 98, 116, 480
Violand 507
Vitzthum v.Eckstädt → Sicherer
Vogl 20, 256, 263, 260, 264, 271 500
Volkhardt → Hössle
Voltz 419, 420, 523

Wadere 87, 479
Waldberta 201, 207f., 217, 219, 247f., 492
Walkoff → Schimon
Wanner 494
Wartburg 88, 478
Wassner 302, 507
Wedel → Mog
Weger 13, 417, 523
Weidenkam 14, 22, 416, 423f., 435f., 524
Weinmann → Himbsel
Weise 473
Werlé 67, 77, 477
Wernberg 16, 91f., 117, 479
Widnmann 12, 417, 420, 523
Wiechmann → Böhler W.
Wiedemann 62, 63, 476
Wiedemann (Ambach) → Trautmann
Willroider 461, 527
Winter → Lerchenfeld

Zenetti 143, 165, 183, 486
Ziegler 63, 476
Ziegler → Billing
Zilcher 201, 494
Zimmermann → Leprieur
Zitzmann 12, 143, 146f., 148f., 183, 189, 485
Zuban 63, 476
Zwisler 334, 511

Personen- und Sachregister

Adam, Eugen (Maler) 169, 171, 182, 346
Ainmiller, Maximilian v. (Glasmalereiinspektor) 52, 474
Akademie für politische Bildung, Tutzing 267, 501
Aktien-Dampfschiffahrts-Gesellschaft auf dem Würmsee 516
Alkens, Heinrich 412

Alma-Tadema, Laura (Malerin) 258, 499
Almeida, Grafen von 36, 471
Ammann, Dr. Friedrich (Arzt) 147, 485
Ammann, Dr. Ottmar (Arzt) 147, 485
Amtmann, Konrad 263, 500
Andersen-Lundby, Anders (Maler) 374
Andreae, Fritz (Bankier) 236, 496
Arbeiterwohlfahrt 511

Arendt, Dr. Eduard 223, 495
Argirov, Valentin (Arzt) 509
Asher, Louis (Maler) 360
Augustiner-Brauerei 166

Baader, Joseph Ritter v. 516
Bachmayer, Heinrich (Kaufmann) 122, 482

Personen- und Sachregister

Bad Liebenstein 470
Bäumler, Hans (Fabrikant) 139, 484
Baeyer, Adolph v. (Chemiker) 60, 475
Baligand, Max v. (Kämmerer) 265, 501
Bamberger, Fritz (Maler) 308
Bannaski, Dr. Heinz (Arzt) 509, 510
Bariatinsky, Fürst Alexander 313, 508
Bariatinsky, Fürstin Anna 313, 317, 508, 509
Baumiller, Ferdinand v. 350, 514
Bayerische Beamtenfachhochschule 91, 479
Bayerische Hypotheken- u. Wechsel-Bank 330, 511
Bayerischer Jugendring 148
Bayerlein, Adolf (Fabrikant) 65, 476
Bayrstorff, Sophie v. 36, 471
Beisele, Dr. Hans (Arzt) 275, 504
Benczúr, Gyula (Maler) 414, 523
Benczúr, Béla (Architekt) 414, 523
Benediktinerinnen, Orden 274, 503, 526
Benjamin, Walter (Schriftsteller) 446
Berchtold, Karl (Jurist) 462, 527
Berg, Schloß und Park 469
Berger, Dr. (Arzt) 61, 475
Bergmann, Sigmund (Fabrikant) 218, 492
Bernheimer, Dr. Max (Kunsthändler) 194, 489
Bernheimer Otto, (Kunsthändler) 203, 492
Bernheimer, Dr. Richard 489
Bernstorff, Johann v. (Botschafter) 77, 83, 477
Bertuch, Ernst (Maler) 100, 476, 480
Beutel, Ferdinand 140
Biberkor → Seeburg
Billing, Karl (Fabrikant) 368, 518
Binding, Rudolf (Schriftsteller) 479
Bing, Rudolf (Intendant) 494
Bischoff, Ernestine 354, 515
Bischoff (Hofgärtner) 123
Blücher, Ursula Gräfin 486
Böhler, Julius sen.(Kunsthändler) 73, 473, 477
Böhler, Julius jun.(Kunsthändler) 52, 81, 474, 477
Böhler, Otto (Kunsthändler) 50, 81, 477
Böhler, Wilhelm (Kunsthändler) 77, 474
Böhm, Josef 418
Boehringer, Christoph (Fabrikant) 366, 517
Bolzmacher, Josef (Zimmerm.) 523
Bonasi, Elisabeth Gräfin 302, 507
Bonn, Emma (Schriftstellerin) 195, 489
Bonsels, Waldemar (Schriftsteller) 414, 523
Bopp v. Oberstadt, Oskar 453, 525
Borchardt, Dr. Carl (Arzt) 463, 528
Bosetti, Hermine (Sängerin) 391, 520
Bouche, Karl (Maler) 483
Boyen, Oskar v. (Maler) 147, 485
Brahms, Johannes (Komponist) 263, 264, 459
Brands, Alphonse 109, 481
Brandt, Willy (Bundeskanzler) 207
Braun, Louis (Maler) 504
Brausewetter & Co. (Terracottafabrik) 483

Breiter, Adalbert (Kaufmann) 317, 509
Brentano, Lujo v. (Universitätsprofessor) 412, 522
Bressensdorf, Adolar v. (Generalleutnant) 68, 476
Bretagne, Pierre de (Schriftsteller) 469
Bronberger, Franz (Hotelier) 513, 514
Brüning, Dr. Adolf v. (Reichsminister) 518
Buchenpauli 357, 515, 516
Buchhof 112, 482
Buchner, Michael (Gärtner) 22, 70, 71, 213, 477, 481, 493, 494
Buchsbaum, Ludwig (Bankier) 99, 480
Buddenbrock, Rudolf v. 341, 512
Bülow, Cosima v. 315, 508
Bülow, Hans v. 315
Buren, Daniel 330
Burgenstil 79, 87, 110, 134, 341, 483, 518
Burger, Dr. Fritz (Arzt) 527
Busch, Wilhelm (Maler) 391
Busch-Woods, Wilhelmina 461 f., 465, 527 f.
Bylandt, Otto Graf 311, 508

Campendonk, Heinrich (Maler) 446
Cantacucene, Fürst Theodor 473
Capuzeau, Samuel 489
Caracciola-Delbrück, Alois (Oberst) 494
Caritas-Verband 230
Carl, Dr. Hans 18, 226, 495
Cassirer, Paul 463
Cloß, Fritz (Maler) 523
Cohen, Anselm 263
Colin, Karl 454
Commichau, Armin (Maler) 48
Compton, Edward Theodore (Maler) 203, 305, 492
Compton Edward Harrison (Maler) 180, 246 f., 492
Corinth, Lovis (Maler) 461, 463

Dahn, Felix (Schriftsteller) 258
Daimler, Gottlieb 392
Dall'Armi, Andreas v. 458, 465
Dall'Armi, August v. 48, 472
Dall'Armi, Heinrich v. 525
Dall'Armi, Joseph v. 451
Dall'Armi, Oskar v. 63, 476
Daume, Willi 207
Dax, Johann, (Fabrikant) 395, 520
Dax, Dr. Robert (Arzt) 494
Dederer, Karl (Privatier) 62, 476
Defregger, Franz (Maler) 461
Deiglmayer, Alois (Apotheker) 34, 471
Deiglmayr, Ludwig (Architekt) 41, 418, 444, 472, 523
Deininger, Johann (Rentier) 514
Diez, Julius (Maler) 393, 307
Dinkelacker, Paul (Fabrikant) 392, 520
Doldi, Dr. Hermann (Arzt) 99, 480
Dorner, Johann Jakob (Maler) 24, 375
Doppelmair, Wilhelm (Maler) 48, 473
Dragendorf, H. (Photograph) 486
Drenhaus-Barathy, Gisa 330, 511
Dresdener Werkstätten 18, 142
Duckstein, Ernst (Bankier) 97, 480

Dürck, Friedrich (Maler) 165, 360, 363, 382, 486, 517
Dürck-Kaulbach, Josepha 514, 517
Dürnitz, Maria v. 194, 489
Durand, G. (Maler) 24
Dziembowski, Maximilian v. 110, 481

Ebers, Georg (Universitätsprofessor) 257 f., 448, 498, 502
Ebers, Hans (Major) 421, 524
Ebers, Hermann (Maler) 259, 446, 448, 525
Ebert, Carl (Maler) 392
Effner, Karl (v., Hofgartendirektor) 192, 258, 272, 282, 460, 482, 498, 501, 502, 526
Ehrengut, L. (Hofzimmermeister) 480
Eichthal, Louise v. 68, 476
Eickemeyer, Karl 141, 484
Eisenbahn 10, 32, 33, 35, 256, 365, 386, 388, 424, 459, 515, 516
Eisenloeffel, Jan 293, 295, 505
Elisabeth, Kaiserin v.Österreich 498, 508
Elsholtz, Franz v. 341, 512
Emminger, Eberhard (Maler) 192, 345
Ende, Hans am (Maler) 258, 308
Enders, Wilhelm (Kaufmann) 229, 496
Englisches Landhaus 470
Erb, Karl (Sänger) 399
Ertl, Franz Michael v. (Staatskassier) 10, 35, 471 f.
Eulenburg-Hertefeld, Philipp Fürst zu 48, 473, 479
Eurasburg 424
Evangelische Akademie Tutzing 268

Faustner, Leonhard (Maler) 417, 523
Feinhals, Fritz (Sänger) 219, 495
Felshof, Charlotte 412, 522
Ferber, August (Fabrikant) 260, 499
Firle, Walter (Maler) 451, 525
Fischer, Heinrich v. (Arzt) 174, 487
Flessa, Karl (Jurist) 389, 519
Förg, Günther 330
Föringer, Karl (Oberst) 453, 527
Fokker, Anton Hermann (Fabrikant) 521
Fränzl, Ferdinand (Hofkapellmeister) 514
Frank, Heinrich (Kaufmann) 424, 524
Fraunberg, Theodor v. 266, 501
Franziska, Erzherzogin v. Österreich → Wernberg
Fresken → Wandmalereien
Frey, Joh. Bapt. (Fabrikant) 301, 507
Frick, Dr. Wilhelm (Reichsinnenminister) 327, 511
Friedberg, Asta 415, 523
Friedländer-Prechtl, Robert 326, 511
Fries, Karl Friedrich 230
Frommel, Hugo (Bankier) 516
Frommel, Dr. Richard (Universitätsprofessor) 365, 516
Fuchs, Karl v. (Rentier) 338, 340, 511
Fürst, Leopold (Hauptmann) 528
Fügen, Julius (Unternehmer) 395, 520

Gänßler, Albert (Jurist) 452, 525
Ganghofer, Ludwig (Schriftsteller) 258

Anhang

Gantner, Benno sen. 509
Garatshausen, Schloß 469
Gartenanlagen → Parkanlagen
Gartenfiguren 478, 482, 500
Gartenpavillons 41, 47, 264, 265, 269, 270, 275, 296, 297, 306, 407, 420, 443,
Gaßner, Ludwig 301
Gay, Francesca 330
Geiger, Ferdinand (Journalist) 471
Geis, Dr. Benedikt (Arzt) 524
Geis, Dr. Oskar (Arzt) 524
Gerlach, Dr. Joseph v. 523
Gerlach, Dr. Leo v. (Universitätsprofessor) 523
Gewerkschaftsbund 148, 485
Gilibert, Mathilde 265, 501
Gleichen-Rußwurm, Alexander v. 508
Goebel, Karl v. 417
Göring, Peter (Major) 386, 518 f.
Goes, Friedrich (Rentier) 53, 474
Goldaté, Karl 491
Graf, Andreas (Kastenjakl) 356, 512, 515
Graf, Oskar Maria (Schriftsteller) 356, 509, 515
Greding, Adolf (Rentier) 500
Greif, Georg (Cafétier) 62, 418, 476, 488, 523
Griehl, A. (Maler) 392
Griesmayr, Dr. Max (Jurist) 175, 487
Grimm, Johann (Maurermeister) 47, 472
Gröschel, Dr. Sebastian (Arzt) 293
Groß, Ferdinand (Rentier) 350, 514
Grützner, Eduard (Maler) 505
Grundner, Joseph Ritter v. 476, 477
Günther, Elisabeth 303
Guenther, Johannes v. (Schriftsteller) 446
Günther, Dr. Karl v. (Jurist) 447, 525
Guggenheimer, Joseph (Kaufmann) 514
Gura, Eugen (Sänger) 368, 369, 518

Haas, Dr. Alfred (Arzt) 463, 527
Habsburg, Otto v. 124
Hackelsberger Dr. Dr. Albert, 273, 501
Hackländer, Wilhelm v. (Schriftsteller) 356, 358, 515
Haeckel, Ernst (Universitätsprofessor) 258, 402
Häußler, Max (Baumeister) 54, 475
Hafenanlagen 55, 57, 162, 285, 386, 406, 521
Halbe, Max (Schriftsteller) 463, 527
Halbig, Johann v. (Bildhauer) 33, 48, 473
Hallberg, Frhr. v. 482
Hallberger, Eduard (v., Verleger) 268, 499, 500 f., 504
Hallberger, Gabriele 272
Hallberger, Helene 272
Hammerstein, Colin v. (General) 481
Hanau, Friedrich August Fürst v. 481
Haniel, Richard (Industrieller) 489
Harffen, Johann (Hotelier) 48, 473
Harnack, Adolf v. 258
Hartl, Rosina 513
Hartlieb, Ludwig v. 68, 476
Hastreiter, Dr. Michael (Arzt) 48, 472 f.
Hauck, Dr. Oskar (Arzt) 462, 527
Haus, Franz (Jurist) 18, 142, 484

Hausmann, Karl 18, 134, 484
Hecht, Julius 217
Hees, Gustav Adolf van (Maler) 21, 399
Hees, Ludwig van 58, 475, 507
Heilmann (Immobiliengesellschaft) 192, 203
Heilmann, Jakob (Ingenieur) 488
Heilmaier, Max 432
Heimatschutzbewegung 19, 77, 95, 97, 132, 196, 225, 332, 486, 487, 489, 500, 515
Heimatstil 70, 77, 95, 97, 144, 196, 332, 350, 489, 493, 515
Heintz, Dr. Karl Friedrich v. 262, 500
Heiß, Dr. Heinrich (Arzt) 476
Heizung 21, 157, 209, 226
Hellberger, Hugo (Ingenieur) 451, 525
Hellerau, Gartenstadt 470
Helmerding, Fritz (Schauspieler) 89, 479
Hertle, Gustav (Fabrikant) 225, 495
Hertz, Dr. Wilhelm (Schriftsteller) 391, 520
Hetznecker, Caroline (Sängerin) 363, 517
Hey, Paul (Maler) 438
Heye, Dr. Otto (Generalkonsul) 524
Heyse, Paul (Schriftsteller) 258
Hilari-Bolgiano, Karl (Konfektmeister) 347, 354, 380, 514, 517
Hildebrand, Adolf v. (Bildhauer) 19, 42, 472
Hilger, Dr. Albert (Universitätsprofessor) 175, 488
Hillern, Wilhelmine v. (Schriftstellerin) 301, 507
Himbsel, Johann Ulrich 10, 19, 22, 32, 357 f., 382, 471, 515 f.
Hirsch, Karl v. 145, 484
Hirschfeld, Elsbeth v. 368, 518
Hirth, Adolf 525
Höch, Heinrich (Bauunternehmer) 386, 518, 522
Höhenbergkolonie 192, 201 f.
Höhenried 463, 469
Höhn, Maximilian Ritter v. (General) 479
Hörner, Karl (Gärtner) 63
Hörtkorn, Theodor (Apotheker) 101, 480
Hörwarth, Ferdinand v. 517
Hössle, Heinrich v. 99, 480
Hövel, Friedrich v. 302
Hofmann, Julius (Intendant) 216, 494
Holm, Korfiz (Verleger) 461
Holmberg, August 399
Holz, Hermann (Maler) 19, 52, 474
Homolatsch, Napoleon (Buchdruckereibesitzer) 521
Horndasch, Ulrich 330
Hornig, Richard (Stallmeister) 376, 518
Horst, Emma 454, 526
Horst, Gustav Adolf (Maler) 454, 526
Huber, Ignaz (Weinwirt) 196, 489
Humperdinck, Engelbert (Komponist) 461
Hunaeus, Elisabeth 315, 508
Hupfauer, Johann 334
Hussel, Dr. Otto (Arzt) 515
Hutschenreuther, Victor (Fabrikant) 215, 493

Isenburg, Karl v. 386, 518
Ivogün, Maria (Sängerin) 399

Jani, Anton (Rentier) 389, 519
Jank, Angelo (Maler) 482
Jank, Christian (Hoftheatermaler) 182, 482
Jordan, Otto (Fabrikant) 492
Judentempel 260, 507
Jugendstil 87, 218, 486
Jung, Ludwig 492

Käß, Georg (Fabrikant) 424, 524
Käß, Maria 429
Kalle, Dr. Wilhelm (Fabrikant) 275, 504
Karl, Prinz von Bayern 10, 471, 472
Kaiser, Hofgarteninspektor 223
Kaiser, Georg (Dramatiker) 260
Kapellen 12, 15, 154, 158 f., 160, 162, 364 f., 378, 386, 388, 426, 439, 489, 517, 518, 519
Kap Her, Dr. Johannes v. 238, 511
Kaselowski, Ida 273, 501
Kastenjakl, → Graf Andreas
Kaulbach, Wilhelm v. (Maler) 358, 360, 363, 378
Keil, Wilhelm (Kaufmann) 93, 479
Kempff, Wilhelm (Pianist) 399
Keller, Ferdinand v. (Maler) 165, 486, 502
Kerr, Alfred (Schriftsteller) 446
Kiefer, Karl (Bildhauer) 213, 493
Kinderklinik Dr. Faul 330, 511
Klassizismus 15, 33, 58, 129, 194, 199, 257, 268, 343, 471, 502
Klee, Dr. Friedrich 47, 472
Klein, Elise 408
Klenze, Hippolyth v. (Oberst) 267, 501
Klenze, Leo v. (Architekt) 483, 496
Klenze, Max v. 474, 476
Klenze, Sophie v. 482
Knabeninstitut Kamber 512
Knabeninstitut Pestalozzi 491
Knecht, Eleonore (Hotelbesitzerin) 339, 512
Knorr, Angelo (Kaufmann) 22, 143, 158, 182, 475, 487, 516
Knorr, Betty 169, 487
Knorr, Dr. Ludwig (Chemiker) 169, 487
Knorr, Dr. Walter (Arzt) 169, 487
Knorr & Hirth, Verlag 166
Knosp, Rudolf (Industrieller) 455, 526
Knote, Gustav (Bankier) 341, 454, 512
Knote, Heinrich (Sänger) 138, 454, 484
Knote, Manfred 454, 526
Kölbl, Peter (Schlossermeister) 395, 520
Koempel, Dr. Franz (Arzt) und Bertha 207, 493
König, Leo v. (Maler) 263, 500
Kompatscher, Bildhauer 336
Koppenmüller, Karl (Rentier) 368, 518
Korff, Gisa v. 330
Korff-Schmising, Max Graf v. 89, 479
Kornmann, Dr. Egon (Kunsthist.) 93, 479
Kotzebue, Alexander v. (Maler) 150, 485
Kramsta, Marie 368, 518
Kratzer, Johann Baptist (Fabrikant) 409, 522

Kraus, Gustav (Maler) 24
Krauss, Georg (Fabrikant) 194, 489
Krauß, Kaspar 110
Krenner, Franz v. (Staatsrat) 10, 15, 512
Kretschmann, Moritz v. (General) 174, 487
Kreuzweg 12, 365, 515
Krüzner, Viktor (Direktor der Isartalb.) 352, 514
Küche 20, 55, 60, 65, 81, 132, 148, 164, 219, 226, 315, 317, 321, 324, 404, 485, 510, 524
Kühlmann, Otto v. (Generaldirektor) 266, 501
Küster, Otto v. (Kollegiensekretär) 448, 525
Kustermann, Franz Seraph (Fabrikant) 282, 504
Kustermann, Hugo (Konsul) 504
Kustermann, Max (Fabrikant) 19, 22, 130, 279, 504

Lachner, Franz (Generalmusikdirektor) 461, 517
Landberg, Carlo Graf 263, 500
Landberg-Hallberger, Gabriele, →Hallberg Gabriele
Landesversicherungsanstalt für Oberbayern 262, 267, 501
Landflucht 11 f.
Landhaustradition 19, 33, 59, 77, 86, 95, 97, 144, 193, 195, 203, 274, 286, 332, 350, 493, 500, 515, 516, 518
Landleben 9, 470, 518
Landmann, Felix v. (Legationsrat) 507
Landmann, Dr. Robert v. (Staatsrat) 301, 507
Landschaft 8 f.
Lang, Anton (Bauunternehmer) 100
Lange, Julius 446, 502
Langheinrich, Franz (Schriftsteller) 516
Lanz, Peter (Architekt) 336, 511
La Rosée, Grafen v. 106, 481, 496
Lasker-Schüler, Else (Dichterin) 526
Laubengang 41, 271, 282, 299, 300, 432, 433, 482, 486, 487, 489, 491, 492, 501, 502, 505, 506, 527
Laubenthal, Rudolf (Sänger) 141, 484
Laubmann, Georg v. 463, 527
Lebschée, Carl August (Maler) 364, 380, 383, 516, 517
Lechleitner, Lukas (Maurermeister) 514
Leibl, Wilhelm (Maler) 461
Leidl, Anton (Maler) 272
Lenbach, Franz v. (Maler) 19, 58, 102, 391, 475, 481, 502
Lenné, Peter Joseph (General-Gartendirektor) 192, 241 f., 497
Lenné-Park Feldafing 469, 490
Leoni, Giuseppe (Hofopernsänger) 343 f., 512
Leoni, Rosina 343, 512
Leprieur, Heinrich Joseph Ritter v. (Münzdirektor) 10, 45 f., 472
Lerchenfeld, August v. (Generalleutnent) 263, 500
Leube, Dr. Wilhelm (Universitätsprofessor) 412, 522

Liebig, Dr. Eugen v. 525
Liebig, Hans v. 463, 527
Liebig, Justus v.(Chemiker) 475
Lindau, Paul (Schriftsteller) 502 f.
Linprun, Dr. Karl v. (Arzt) 42 f., 472, 476
Link, Andreas 469
Lipps, Richard (Maler) 49, 73, 88, 473
Liszt, Franz (Komponist) 315
Lobkowitz, Albrecht v. 523
Löfftz, Ludwig v. (Maler) 72, 518
Löwenstein, Wilhelm Fürst zu 424, 524
Lossow, Paul v. (Universitätsprofessor) 391, 520
Ludwig I., König von Bayern 345
Ludwig II., König von Bayern 50, 161, 313, 332, 340, 341, 367, 386, 402, 412, 497
Ludwigshöhe 100
Lüderitz, Carl (Konsul) 511
Lufft, Ludwig (Hauptmann) 195, 489
Lutz, Johann v. (Staatsminister) 133, 483

Maffei, Guido v. 482
Maffei, Hugo (Industrieller) 489, 490
Maffei Joseph Anton (Industrieller) 32, 195, 196, 489, 516
Maffei, Karl v. 112, 482
Magg, Dr.Rudolf (Arzt) 63, 476
Mahla, Eugen (Regierungsdirektor) 195, 489
Maleskircher, Gabriel (Maler) 311, 508
Mann, Katja 448
Mann, Thomas (Schriftsteller) 229, 419, 446, 448, 491, 515, 525
Matuschka, Alice v. 389
Matuschka, Dr. Franz v. 389, 511, 512
Max, Herzog in Bayern 311, 475
Max II., König v. Bayern 192, 203, 240 f., 341, 496 f.
Max II-Stil 15, 58, 146, 151, 183 f., 240 f., 303, 356, 467, 485 f., 487, 496, 497
Max, Colombo (Maler) 402
Max, Cornel (Maler) 402
Max, Gabriel (v., Maler) 385, 402, 405, 412, 414, 474, 521
Max-Planck-Gesellschaft 79, 477
Mayer, Franz (Inhaber der Hofkunstanstalt) 69, 477
Mayer v.Mayerfels, Dr. Karl (Kaufmann) 158, 486
Mayr, Dr. Georg (Unterstaatssekretär) 274, 503
Mayr, Dr. Alois (Universitätsprofessor) 274, 503
Mayr, Professor August (Kunsthistoriker) 500
Mayr, Carl Friedrich (Konsul) 488
Meder, Professor (Zahnarzt) 411, 522
Mehl, Franz (Haushofmeister) 347, 514
Meier-Graefe, Julius (Kunsthistoriker) 526
Meß, Dr.Eduard (Zuchthausdirektor) 54, 475
Metz, Paul (Direktor) 55, 475
Mezger, Konrad 391
Miller, Ferdinand v. sen. (Erzgießereiinspektor) 19, 151, 485, 516

Miller, Ferdinand v. jun. (Bildhauer) 153
Miller, Fritz v. (Bildhauer) 143, 154
Miller, Hermann v. (Architekt) 157
Miller, Oskar v. (Ingenieur) 157, 391, 485
Möhl → Mehl
Möhl & Schnitzlein, Gartenbaufirma 334
Mörike, Eduard (Dichter) 484
Mössel, Julius (Maler) 193, 488
Mog, Gaston (Jurist) 176, 488
Montecuccoli-Laderche, Gräfin 460, 526
Morath, Dr. Hans (Arzt) 54, 474
Morse, Charles (Fabrikant) 494
Motzet, Dr.Josef 412
Muck, Karl (Dirigent) 354
Müller-Grashoff, Franz (Maler) 130
München, Stadt 207, 358, 411, 419, 515, 525
Münchner Yachtclub 475
Mühleich 100
Mussinan, Oskar (Rentier) 474
Muthesius, Hermann (Architekt) 17, 19, 470, 471

Neboysa, Anton (Schlossermeister) 486
Nemes, Marczell v. 273, 501, 503
Neoklassizismus 81, 89, 276, 481, 482, 483, 488
Neorenaissance 15, 48, 50, 73, 112, 258, 279, 332, 339, 502, 507, 517
Neresheimer, Friedrich (Kaufmann) 55, 475
Neubarock, Neurokoko 77, 89, 102, 204, 295, 324, 332, 349, 430, 478, 481, 482, 498, 515, 524
Neuburger, Martin 317
Neugotik 15, 378, 470, 486, 517
Neuhauser 357, 360, 516
Neuner, Ludwig (Advokat) 54, 475
Neureuther, Eugen Napoleon (Maler) 374
Neureuther, Ludwig (Maler) 10
Neustätter, Angelo (Kaufmann) 276, 504
Neustätter, Julius (Kaufmann) 500
Neustätter, Ludwig (Maler) 507
Neven Du Mont, Dr. Kurt (Verleger) 481
Niestlé, Jean Bloé (Maler) 446
Nissen, Hans Hermann (Sänger) 504
Noë, Heinrich (Schriftsteller) 158
Noël, Dr. Friedrich (Notar) 347, 514
Noerr, Julius (Maler) 392
NSDAP 203, 204, 229, 491 f., 503
Nüsslein, Chr. (Bildhauer) 298
Nymphenburg 470

Oberambach 421, 523
Oberndorff, Marguerite Gräfin 508
Oetker, Rudolf August (Fabrikant) 273, 501
Opitz, Marie (Rentiere) 349, 514
de Osa, Auguste 320 f., 509 f.
de Osa, Federico (Fritz) 324, 509 f.
Oßwald, Fritz (Maler) 48, 474
Ostini, Fritz v. (Kunsthistoriker) 140, 484
Otto, Prinz von Bayern 392

Pachmayr, Emil (Apotheker) 391, 520
Panzenrieder, W. (Maler) 493
Paraquin, Julius (Jurist) 395, 520

Parkanlagen, Gärten 21 f., 33, 35, 40, 47, 70, 74, 83, 85, 91, 93, 96, 101, 106, 110, 122 f., 131, 136, 140, 143, 147, 154, 159, 164, 170 f., 192, 196 f., 204, 212, 213, 215, 223, 225, 227, 230, 236, 241 f., 255, 258, 267, 272, 275, 278, 280 f., 293 f., 313 f., 320, 324, 336, 348, 358 f., 366, 389, 393, 406, 410, 419, 429 f., 438, 448, 455, 458, 477, 478, 481, 482, 485, 487, 490, 492, 493 f., 497 f., 499, 501, 502 f., 505, 506, 540, 515, 517, 524, 526, 528
Paulsen, Dr. Friedrich (Universitätsprofessor) 476
Pechmann, Heinrich v. 185
Pellet, Andreas (Hotelier) 22, 166, 313, 508
Pemsel, Dr.Hermann (Jurist) 222, 495
Roßmann, Dr.Wilhelm (Jurist) 454, 526
Perfall, Karl v. (Hofopernintendant) 502
Perfall, Max v. (Kämmerer) 150, 158, 485
Persius, Ludwig (Architekt) 240
Pettenkofer, Dr. Max v. (Universitätsprofessor) 258, 452, 525
Pfister, Otto v. (Kaufmann) 221, 495
Pflüger, Wilhelm (Fabrikant) 54, 475
Pfordten, Ludwig von der (Staatsminister) 22, 455, 526
Pick, Christoph (Rentier) 58, 475
Piloty, Carl v. (Maler) 72, 258, 412, 414, 522
Piper, Reinhard (Verleger) 526
Pixis, Friedrich Daniel (Jurist) 482
Pixis, Theodor (Maler) 180, 181, 482
Plass, Ernst Ludwig (Maler) 330, 511
Ploetz, Emma v. 301, 507
Pocci, Franz v. 10, 364, 380, 448, 517
Podewith, Karl 34, 471
Poppel, Johann (Maler) 385, 392, 520
Poppel, Dr. Johann (Arzt) 391, 520
Poschinger, Ludwig v. (Rentier) 338, 511, 512
Poschinger, Michael v. (Fabrikant) 276, 475, 504
Poschinger, Richard v. (Maler) 54, 511
Possenhofen 469, 505
Potsdam 496, 498
Pracher, Johann (Rentbeamter) 50, 474
Prange, Otto (Fabrikant) 494
du Prè, Charles (Privatier) 49, 475
Prehn, Thomas (Rentier) 55, 475
du Prel, Karl 402
Prestele, Karl (Kaufmann) 50, 474
Preysing-Lichtenegg, Anton Graf v. 194, 488
Prittwitz und Gaffron, Dr. Friedrich v. (Botschafter) 504
Prittwitz und Gaffron, Sarah v. 276, 504
Protzenhausen 143
Pschorr, Georg (Brauereibesitzer) 199, 491
Pschorr, Joseph (Brauereibesitzer) 218, 491, 495
Pschorr, Dr.Robert (Chemiker und Universitätsprofessor) 491
Pschorr, August (Brauereibesitzer) 491

Quaglio, Lorenz (Maler) 24, 282, 304
Quitzow, Hans (Maler) 494, 505

Raigersberg, Heinrich Graf v. (Justizminister) 473
Rambaldi, Karl Graf v. 517
Rambaldi, Mathilde v. 366, 517
Rambaldi Max Graf v. 517
Rambaldi, Otto Graf v. 366, 516, 517
Ratzel, Dr. Friedrich (Universitätsprofessor) 391, 520
Raucheisen, Michael (Pianist) 399
Reber, Dr. Franz v. (Professor und Galeriedirektor) 129, 483
Rechberg, Arnold (Rittmeister) 317, 509
Reddelien, William Arthur 441, 518
Reger, Max (Komponist) 274, 336
Reichenbach, Georg v. (Ingenieur) 158
Reichsärztekammer 508, 511
Reitzenstein, Emilie v. 424, 524
Riccius, Adolf (Kaufmann) 134, 483
Richter, Ludwig (Maler) 469
Riedel, Emil v. (Finanzminister) 412, 522
Riederer, Karl (Kaufmann) 158, 486
Riegel Dr. Franz (Arzt) 260, 500
Rieger, Martin, (Rentier) 418, 523
Riehl, Dr. Berthold (Universitätsprofessor) 463, 527
Riemerschmid, Eduard (Fabrikant) 79, 477
Rietschel, Ernst (Bildhauer) 153
Rikoff, Theodor (Maler) 335, 511
Ringseis, Dr. Nepomuk (Arzt) 274, 503
Rittinghausen, Hans Walter (Kaufmann) 293, 506
Rode, Wilhelm (Sänger) 408, 521
Röhr, Hugo (Hofkapellmeister) 123, 482
Rösl, Heinrich (Buchdrucker) 520
Rösl, Josef (Maler) 385, 395, 520 f.
Rößler, Carl (Schriftsteller) 463
La Rosee, Grafen von 196 481, 496
Rosenberg, Max v. (Major) 163, 486
Rosenthal, Philipp (Fabrikant) 336, 511
Roßmann, Dr.Wilhelm (Jurist) 454, 526
Roth, Jan 330
Rottmann, Karl (Maler) 364, 517
Rottmannshöhe 516
Ruederer, Josef (Bankier) 487

Sabbadini, Alois (Kaufmann) 47, 166, 472, 487
Sachsen-Meiningen, Georg v. 470
Sack, Dr. Walter (Jurist) 293, 506
Sandler, Dr. Christian 18, 128, 483
Sandner, Heinrich (Oberstleutnant) 347, 514
Sandner, Dr. Karl (Arzt) 350, 354, 514
Sanitäreinrichtungen 11, 21, 38, 40, 42, 89, 90, 92 f., 109, 122, 126, 132, 147, 148, 164, 209, 223, 291, 293, 295, 323, 324, 462, 507, 510, 516, 519, 520
Sappel, Joseph (Maurermeister) 514
Sappel, Max (Fabrikant) 454, 526
Sarsen, Dr. David 328, 511
Sauermann, Dr. Hans (Kunsthistoriker) 479
Sayn-Wittgenstein, Elena v. 408, 522

Schaden, Adolph v. (Schriftsteller) 469, 512, 513, 515
Schallenkam 424
Scharrer, Eduard August (Konsul) 461, 464, 465, 527
Schaumberger, Julius (Schriftsteller) 463
Schauß, Dr. Anton v. (Jurist) 10, 311, 508
Schauß, Dr. Emil v. (Münzdirektor) 417, 508, 523
Schauß, Dr. Friedrich (Bankier) 311, 508
Schelle, Benedikt (Zimmermeister) 392, 520
Scheuermann, Ludwig (Maler) 111
Schiff-Drost, Dr. Max (Schriftsteller) 341, 512
Schiffe, Schiffahrt 34, 35, 41, 154, 186, 364, 383, 498, 516, 517, 525
Schimon, Ferdinand (Rentier) 348, 514
Schinkel, Friedrich (Architekt) 240
Schleich, Fritz (Kaufmann) 293, 506
Schleich, Dr.Martin (Redakteur) 34, 68, 69, 477
Schlösser, Dr.Louis (Arzt) 275, 504
Schmid, Franz von Sales 527
Schmidkunz, Walter (Schriftsteller) 474
Schmid Noerr, Friedrich Alfred (Schriftsteller) 112, 474, 482
Schmidt, Dr. Karl 301, 507
Schmidt, Maximilian (Waldschmidt) 258, 412, 498, 499, 522
Schoen v. Wildenegg, Dr.Ernst (Arzt) 273, 501
Schönchen, Heinrich (Maler) 193, 488
Schoenebeck, August v. (Fabrikant) 363, 515, 516
Scholle, Künstlervereinigung 473
Scholler, Lotte v. 511
Schorn, Ludwig v. 360
Schraudolph, Johann (Maler) 241
Schreiber, Dr. Rudolf (Ministerialrat) 408, 521
Schrenck-Notzing, Gabriele v. 405, 521
Schrenck-Notzing, Dr. Albert v. (Arzt) 474, 521
Schröder, Helene (Sängerin) 392, 520
Schröder, Rudolf Alexander (Architekt) 457
Schröder, Wilhelm (Schreinermeister) 127, 482
Schuch, Karl 461
Schüler, Oskar 267, 501
Schuh, Dr. Georg Ritter v. (Jurist, Bürgermeister) 50, 474
Schuler, Bernhard (Bankier) 207, 493
Schultze, August (Maler) 405, 521
Schultze, Dr. Gustav (Arzt) 523
Schulze, Ida 417
Schulzweckverband Tutzing 504
Schwanthaler, Franz Xaver (Bildhauer) 241
Schwanthaler, Ludwig (Bildhauer) 153
Schwarz, Chlotilde (Schauspielerin) 217, 494
Schwarzmann, Joseph Anton (Maler) 485
Schweiger, Johann (Theaterdirektor) 340, 512
Schweizerhausstil 360, 367, 405, 518

Schwendemann, August 395, 520
Schwind, Hermann 145, 484
Schwind, Moritz v. (Maler) 143, 153, 187, 360, 364, 459, 484
Schwörer, Dr. Emil (Jurist) 410, 522
Schwörer, Fritz (Maler) 419, 494, 523
Schwoyser, Eduard (Maler) 473
Sckell, Friedrich Ludwig v. (Hofgartendirektor) 497
Sckell, Ludwig (Maler) 492, 516
Sedelmayr, Gabriel (Brauereibesitzer) 195, 265, 489, 501
Seeheim 408 f.
Seeleitner 383, 518
Seelos, Gustav (Maler) 244
Seeseiten 455 f.
Seibt, Dr. Anton (Schriftsteller) 89, 479
Seidel, Ina (Dichterin) 258, 259, 499
Seitz, Ludwig Carl (Hofgartendirektor) 240, 497
Seutter, Emilie v. 385, 404, 520
Sicherer, Dr. Josef (Schriftsteller) 59, 475
Sieber, Andreas (Fabrikant) 265, 500
Siegle, Dr. Gustav (Fabrikant) 404, 521
Siegle, Julie 405, 521
Siemens, Dr. Ernst v. 164
Sigmund, Joseph (Sänger) 334, 511
Simmerl, Dr. Joseph (Jurist) 61, 475, 516
Simolin, Rudolf v. 18, 455 f., 526
Simson (Hotel) 274
Soden, Heinrich v. 334, 511
Souché, Bernard (Komponist) 483
Soxhlet, Dr. Franz (Chemiker, Universitätsprofessor) 132, 483
Speidel, Eduard v. (Hofmarschall) 267, 501
Spitzeder, Adele 194, 402, 488
Spitzweg, Carl (Maler) 446, 459
Sporer, Philipp (Maler) 274
Spork, Ferdinand Graf 95, 479
Spreti, Ferdinand v. (Major) 260, 500
Spreti-Weilbach, Graf 488
Stadler, Franz (Sägewerksbesitzer) 476
Stahlmann, Dr. Fritz (Rentier) 335, 511
Starnberger Villenterrain-Gesellschaft 479
Steffan, Johann Gottfried (Maler) 392
Steffens, Dr. Hans v. 224, 495
Steidele, Joseph (Zimmermeister) 263, 500
Steinheil, Dr. Adolf (Fabrikant) 391, 519
Steinmetz, Max (Hoftapezierer) 263, 500
Steub, Friedrich (Maler) 476
Steub, Ludwig (Schriftsteller) 63, 513
Stöhr, Dr. Philipp (Universitätsprofessor) 391, 520
Stolberg-Stolberg, Hubert Graf zu 262, 263, 500
Stotz, Albert (Fabrikant) 392, 520
Strauss, Richard (Komponist) 199

Ströll, Johann Baptist (Bankier) 194, 489
Sythoff, Albertus Willem (Verleger) 207, 493
Székler (ungarischer Volksstamm) 523

Tafelrunde, Gesellschaft 153
Talbot, Gustav (Fabrikant) 327, 511
Tanera, Karl (Schriftsteller) 462, 463, 527
Tann, Melchior von der 488
Tattenbach, Maria Gräfin 429, 524
Thannhauser, Heinrich (Kunsthändler) 195, 489
Thiesenhausen, P. (Maler) 150
Thiem, Adolf (Bankier) 72, 477
Thiem, Paul (Maler) 72, 477
Thomaß, Carl (Juwelier) 48, 474, 516
Thomaß, Eugen (Brauereibesitzer) 42, 472
Thudichum, Marina (Schriftstellerin) 274, 504
Tirpitz, Alfred v. (Großadmiral) 229, 496
Toiletten → Sanitäreinrichtungen
Tschernikow, Gustav 230, 496
Trautmann, Hermann (Fabrikant) 411, 522
Triesdorf, (kgl. Baumplantage) 131
Trübner, Wilhelm (Maler) 53, 147, 461, 474

Uhde, Fritz v. (Maler) 48
Uhde-Bernays, Hermann (Kunsthistoriker) 526
Undosa-Bad 34, 41, 471

Vereinigte Werkstätten München 18, 128, 161, 171, 172, 321, 457
Vetter, Heinrich (Kaufmann) 98, 480
Vieregg, Carl Theodor v. 257, 268
Vieregg, Karl Matthäus v. 268, 498
Vieregg, Maximilian v. 268
Villa Feodora 470
Villa in Italien 470
Villa rustica 470
Villeroy & Boch 506
Violand, Julius (Kaufmann) 301, 507
Vitzthum v. Eckstädt 58, 475, 481
Vogel, Dr. Peter (Universitätsprofessor) 408, 521
Vogl, Heinrich und Therese (Kammersänger) 264, 303, 500, 507
Volkshochschule München 515
Voltz, Dr. Albert (Arzt) 523

Wach, Franz 50
Wackerle, Joseph (Bildhauer) 295, 297, 506
Wadere, Heinrich (Bildhauer) 87, 479
Wagenbauer, Max Joseph 309, 343
Wagner, Richard (Komponist) 50, 313, 474, 508

Waldschmidt → Maximilian Schmidt
Walkoff, Dr. Otto (Universitätsprofessor) 349, 514
Waltershausen, Dr. August Sartorius v. 311, 328, 508
Wandmalereien 93 f., 129, 130, 153, 156, 165, 169, 178, 188, 265, 361, 362, 365, 372, 378 f., 384, 479, 517, 519
Wanner, Ferdinand (Kaufmann) 494
Wasserversorgung 132
Wassner, Maximilian (Oberst) 302, 507
Weber, Wilhelm v. (Staatsrat) 406, 521
Weger, Jakob (Hoftapezierer) 417, 523
Weidenkam 424, 524
Weinmann, Louis (Fabrikdirektor) 358, 515
Weise, Robert (Maler) 473
Weltin auf Rosen, Joseph Anton v. (Landrichter) 473
Wendland, Alexander v. 465, 528
Wendland, August v. 460, 504, 526, 527, 528
Wendland, Max v. 527
Werlé, Elisabeth 77, 477
Wernberg, Franziska Gräfin v. 91, 479
Westenrieder, Lorenz (Historiker) 469
Widmann, Josef 131
Widnmann, Max v. (Bildhauer) 153, 157, 417, 523
Wiedemann-Sanatorium 412, 522
Willroider, Ludwig (Maler) 461, 463, 527
Wittmann, Dr. Eduard (Röntgenologe) 527
Wolzogen, Ernst v. 258
Woods, Sam Edison (Generalkonsul) 465, 528
Wort des Lebens (Religionsgemeinschaft) 386
Wrede, Ilka v. 268
Wrede, Karl Friedrich v. 268

Zeiller, Robert (Bildhauer) 474
Zenetti, August Ferdinand (Kaufmann) 165, 486
Zentz, Eugen 289, 505
Ziegler, Dr. Eugen v. (Jurist) 63, 476
Ziegler, Clara (Hofschauspielerin) 368, 518
Zilcher, Ferdinand (Brauereidirektor) 217, 494
Zimmermann, Clemens (Maler) 360, 382
Zimmermann, Dr. Fritz (Archivdirektor) 483
Zimmermann, Heinrich (Kapitän) 45, 472
Zitzmann, Dr. Karl (Fabrikant) 148, 485
Zuban, Georg (Fabrikant) 63, 476
Zwisler, Joseph 334